高等学校"十二五"规划教材
市政与环境工程系列丛书

基础生物化学简明教程

主　编　李永峰　刘雪梅　熊筱晶　赵　桃
主　审　杨传平

哈尔滨工业大学出版社

内容提要

本书是根据编者的专业背景和教学实践经验,并在近年来国内外一些优秀生物化学教材的基础上编写而成。全书内容丰富,以现代生物化学和分子生物学的基础知识为主要内容,强调生物化学原理在各个领域,尤其是在工科专业中的实际应用,并介绍了生物化学技术的发展趋势及最新成就。全书共分19章:绪论,蛋白质化学,核酸化学,糖类化学,脂类和生物膜化学,酶化学,维生素和辅酶,新陈代谢与生物氧化,糖代谢,脂类代谢,核酸代谢,蛋白质代谢,代谢的调节控制,生物化学代谢工程及其调控,发酵工程机理,制药工程的生物化学过程,高分子材料生物合成的分子机制,化工产品的生物化学工程,环境污染物降解代谢生物化学过程。第1章至第7章为静态生物化学部分,主要介绍各生物大分子的结构、功能及其理化性质;第8章至第13章为动态生物化学部分,主要介绍各生物大分子的代谢及其相互转化规律;第14章至第19章为应用部分,主要介绍各主要工业过程的生物化学应用。每章后附有习题,便于复习所学知识要点。

本书可作为环境科学与工程、化学工程、制药工程、发酵工程和食品工程专业的本科生教材,也可供生物专业的读者自学参考。

图书在版编目(CIP)数据

基础生物化学简明教程/李永峰等主编.——哈尔滨:哈尔滨工业大学出版社,2011.7
ISBN 978-7-5603-3316-8

Ⅰ.①基… Ⅱ.①李… Ⅲ.①生物化学-教材 Ⅳ.①Q5

中国版本图书馆 CIP 数据核字(2011)第 121478 号

策划编辑 贾学斌
责任编辑 张 瑞
封面设计 刘长友
出版发行 哈尔滨工业大学出版社
社　　址 哈尔滨市南岗区复华四道街10号 邮编 150006
传　　真 0451-86414749
网　　址 http://hitpress.hit.edu.cn
印　　刷 哈尔滨市工大节能印刷厂
开　　本 787mm×1092mm 1/16 印张 24 字数 600 千字
版　　次 2011年8月第1版 2011年8月第1次印刷
书　　号 ISBN 978-7-5603-3316-8
定　　价 48.00元

(如因印装质量问题影响阅读,我社负责调换)

《市政与环境工程系列丛书》编审委员会

名誉主任委员 任南琪
主　任　委　员 周　琪　杨传平
执行主任委员 李永峰
委　　　　员（按姓氏笔画排序）

马　放	王　鹏	王爱杰	王晓昌	冯玉杰
刘广民	刘鸣达	刘勇弟	孙德志	李玉文
李盛贤	吴晓芙	汪群惠	张　颖	郑天凌
季宇彬	周雪飞	赵　丹	赵庆良	赵晓祥
姜　霞	徐春霞	徐菁利	黄民生	曾光明
楼国庭	蔡伟民	蔡体久	颜涌捷	薛　刚

《基础生物化学简明教程》编写组

主　编　李永峰　刘雪梅　熊筱晶　赵　桃
副主编　芦振清　刘晓烨
主　审　杨传平

前　言

生物化学，是研究生命物质的化学组成、结构及生命活动过程中各种化学变化的基础科学，它是生命科学中最古老的学科之一，最初在19世纪末从生理化学中分离而来。之后，在医学、农业、某些工业和国防部门的生产实践的推动下逐渐发展起来，如今已成为生物科学、生物技术、食品科学与工程、生物工程、制药工程、化学工程、环境科学等众多专业的最重要的基础理论科学之一。

21世纪是生命科学的世纪，而生物化学无疑是其中发展最为活跃的学科之一。随着新技术、新方法层出不穷，生物化学的研究范畴更是大幅拓宽，学科之间的渗透也不断深化。本书就是在这种背景下，主要面向工科类专业的本科学生而编写的，同时也适合其他相关专业学生选修。作为基础课教材，我们在编写过程中十分重视保持本学科自身的完整性与系统性，使读者掌握生物化学的基本原理、基本理论和基本研究方法，同时力求做到理论与应用结合，原理与技术融汇，开拓读者思路，扩大知识面。

全书内容共分19章：绪论，蛋白质化学，核酸化学，糖类的化学，脂类和生物膜化学，酶化学，维生素和辅酶，新陈代谢与生物氧化，糖代谢，脂类代谢，核酸代谢，蛋白质代谢，代谢的调节控制，生物化学代谢工程及其调控，发酵工程机理，制药工程的生物化学过程，高分子材料生物合成的分子机制，化工产品的生物化学工程，环境污染物降解代谢生物化学过程。第1章至第7章为静态生物化学部分，主要介绍各生物大分子的结构、功能及其理化性质；第8章至第13章为动态生物化学部分，主要介绍各生物大分子的代谢及其相互转化规律；第14章至第19章为应用部分，主要介绍各主要工业过程的生物化学应用。

全书由李永峰、刘雪梅、熊筱晶、赵桃任主编，杨传平教授任主审，刘晓烨博士参与了全程的习题编写和补写，刘方婧、刘春研、王艺璇、杨建宁、段怡彤等硕士参与全部书稿校正、图表制作等工作。本书具体编写分工为：第1章至第2章：李永峰；第3章至第6章：熊筱晶；第7章至第10章：刘雪梅；第11章至第14章：赵桃；第15章：熊筱晶；第16章：芦振清；第17章：刘雪梅；第18章至第19章：芦振清、刘晓烨。采用本教材作为教学用书的学校和老师可以与李永峰教授(mr_lyf@163.com)联系，免费提供电子课件。

本书的出版得到上海市科委重点科技攻关项目(No.071605122)、中央高校基本科研业务费专项资金项目(No.DL09CA06)和"溪水林场生态公园的生态规划与建设项目(43209029)"的技术成果和资金的支持，特此感谢！

由于编者业务水平和编写经验有限，书中难免存在不足之处，希望有关专家、老师及同学们随时提出宝贵意见，使之更臻完善。

编者
2011年7月

目 录

第1章 绪论 ··· 1
  1.1 生物化学的含义 ·· 1
  1.2 生物化学的研究内容 ·· 1
  1.3 生物化学与其他生命科学的关系 ··· 2
  1.4 生物化学与现代工业 ·· 3

第2章 蛋白质化学 ··· 5
  2.1 概述 ·· 5
  2.2 蛋白质的基本单位——氨基酸 ·· 9
  2.3 肽 ·· 17
  2.4 蛋白质的分子结构 ·· 21
  2.5 蛋白质的性质 ··· 25
  2.6 蛋白质及氨基酸的分离纯化与测定 ··· 27
  习题 ·· 37

第3章 核酸化学 ··· 38
  3.1 概述 ··· 38
  3.2 核酸的结构与功能 ·· 43
  3.3 核酸的性质及纯度测定 ·· 48
  3.4 核酸化学中的几种重要技术 ·· 53
  习题 ·· 56

第4章 糖类化学 ··· 57
  4.1 概述 ··· 57
  4.2 单糖的结构和性质 ·· 58
  4.3 寡糖的结构和性质 ·· 70
  4.4 多糖的结构和性质 ·· 72
  4.5 复合糖类 ··· 77
  习题 ·· 79

第5章 脂类和生物膜化学 ··· 80
  5.1 概述 ··· 80
  5.2 油脂的结构和性质 ·· 81
  5.3 磷脂和固醇类 ··· 86
  5.4 生物膜 ·· 91
  习题 ·· 94

第6章 酶化学 ·· 95
  6.1 概述 ··· 95
  6.2 酶的结构与功能的关系 ·· 99
  6.3 酶催化反应的机制 ·· 102

    6.4 酶促反应动力学 …… 103
    6.5 酶的制备 …… 110
    6.6 酶在工业上的应用及酶工程 …… 111
    习题 …… 113
第7章 维生素和辅酶 …… 114
    7.1 概述 …… 114
    7.2 水溶性维生素与辅酶 …… 114
    7.3 脂溶性维生素 …… 126
    习题 …… 130
第8章 新陈代谢与生物氧化 …… 131
    8.1 新陈代谢总论 …… 131
    8.2 生物氧化 …… 137
    习题 …… 148
第9章 糖代谢 …… 149
    9.1 概述 …… 149
    9.2 糖的分解代谢 …… 152
    9.3 糖的合成代谢 …… 171
    9.4 糖代谢在工业上的应用 …… 175
    习题 …… 178
第10章 脂类代谢 …… 179
    10.1 概述 …… 179
    10.2 脂肪的代谢 …… 182
    10.3 磷脂代谢和固醇代谢 …… 197
    10.4 脂质代谢在工业上的应用 …… 202
    习题 …… 204
第11章 核酸代谢 …… 205
    11.1 核酸的降解和核苷酸代谢 …… 205
    11.2 DNA复制与修复 …… 212
    11.3 RNA的生物合成 …… 225
    习题 …… 233
第12章 蛋白质代谢 …… 234
    12.1 概述 …… 234
    12.2 氨基酸的代谢 …… 236
    习题 …… 245
第13章 代谢的调节控制 …… 246
    13.1 生物体内的代谢调控模式 …… 246
    13.2 反馈调节 …… 255
    13.3 诱导与阻遏 …… 258
    13.4 代谢调控在工业上的实践意义 …… 262
    习题 …… 262
第14章 生物化学代谢工程及其调控 …… 263
    14.1 代谢工程概述 …… 263
    14.2 代谢工程的研究内容 …… 264
    14.3 代谢工程的意义 …… 267

14.4	细胞代谢工程的最新进展	269
14.5	代谢流、代谢网络及代谢流分析	271
14.6	代谢工程的基因操作技术	279
14.7	初级代谢的途径工程(以乙醇生产为例)	281
14.8	次级代谢的途径工程(以青霉素和头孢菌素合成为例)	289
习题		291

第15章 发酵工程机理 … 292
- 15.1 发酵与发酵工程——基本概念 … 292
- 15.2 培养条件对发酵的影响——发酵工艺的控制 … 295
- 15.3 分批发酵和连续发酵的发酵动力学 … 302
- 习题 … 305

第16章 制药工程的生物化学过程 … 306
- 16.1 概述 … 306
- 16.2 氨基酸类药物 … 311
- 16.3 多肽与蛋白类药物 … 314
- 16.4 酶类药物 … 317
- 16.5 核酸类药物 … 318
- 16.6 糖类药物 … 322
- 16.7 脂类药物 … 324
- 习题 … 327

第17章 高分子材料生物合成的分子机制 … 328
- 17.1 概述 … 328
- 17.2 天然蛋白质材料的生物合成 … 330
- 17.3 天然多糖材料的生物合成 … 336
- 习题 … 340

第18章 化工产品的生物化学工程 … 341
- 18.1 工业废物的生物化学工程 … 341
- 18.2 有机工业废弃物生产乳酸 … 345
- 18.3 工业废物生产单细胞蛋白 … 351
- 习题 … 354

第19章 环境污染物降解代谢生物化学过程 … 355
- 19.1 环境污染物降解代谢的生物化学基本概念与原理 … 355
- 19.2 环境污染物降解代谢的机理 … 356
- 19.3 环境污染物生物降解代谢的生物化学过程 … 363
- 习题 … 373

参考文献 … 374

第1章 绪 论

1.1 生物化学的含义

　　化学是研究物质组成、性质、结构与变化的一门科学。生物学则是研究生命物质的结构与功能及其与环境相互关系的科学。生物化学(biochemistry)或生物的化学(biological chemistry),即生命的化学,是一门研究生物体的化学组成、体内发生的反应和过程的学科。当代生物化学的研究除采用化学的原理和方法外,还运用物理学的技术方法以揭示组成生物体的物质,特别是生物大分子(biomacromolecules)的结构规律,并且与细胞生物学、分子遗传学等密切联系共同研究和阐明生长、分化、遗传、变异、衰老和死亡等基本生命活动的规律。

　　生物化学利用化学的原理与方法去探讨生命,是生命科学的基础。它是介于化学、生物学及物理学之间的一门综合学科。

1.2 生物化学的研究内容

1. 生物体的物质组成

　　高等生物体主要由蛋白质、核酸、糖类、脂类以及水、无机盐等组成,此外还含有一些低分子物质。现知生物体是由多种化学元素组成的,其中C、H、O和N四种元素的质量分数占活细胞量的99%以上。各种元素进而构成约30种小分子化合物,这些小分子化合物可以构成生物大分子,所以把它们称为生物分子(biomolecules)或构件分子(building block molecules)。例如,20种L-α-氨基酸是蛋白质的构件分子,4种核苷酸是核酸的构件分子,单糖可构建成多糖,脂肪酸组成多种脂类化合物。当前研究的重点为生物大分子的结构与功能,特别是蛋白质和核酸,二者是生命的基础物质,对生命活动起着关键性的作用。

　　组成蛋白质的天然氨基酸虽然只有20种,但可构成数量繁多的蛋白质。由于不同的蛋白质具有特殊的一级结构(氨基酸残基的线性序列)和空间结构,因而具有不同的生理功能,从而能体现瑰丽多彩的生命现象。现在研究已从单一蛋白质深入至细胞或组织中所含有的全部蛋白质,即蛋白质组(proteome)的研究。将研究蛋白质组的学科称为蛋白质组学(proteomics)。

　　蛋白质的一级结构是由核酸决定的,人类基因组(genome)即人的全部遗传信息,是由23对染色体组成,约含3×10^9个碱基对,测定基因组中全部DNA序列,将为揭开生命的奥秘迈开一步。把研究基因组的结构与功能的学科称为基因组学(genomics),经过全世界范围内的科学家十多年的努力,2003年已完成人类基因组计划(Human Genome Project)中全部DNA序列的测定。

生物大分子如何进一步组装成更大的复合体,然后装配成亚细胞结构、细胞、组织、器官、系统,最后成为能体现生命活动的机体,这些都是尚待研究和阐明的问题。

2. 物质代谢、能量代谢及代谢调节

生物体与其外环境之间的物质交换过程就称为物质代谢或新陈代谢。物质代谢的基本过程主要包括三大步骤:消化、吸收→中间代谢→排泄。其中,中间代谢过程是在细胞内进行的最为复杂的化学变化过程,它包括合成代谢、分解代谢、物质代谢调控、能量代谢几方面的内容。代谢的紊乱可影响正常的生命活动,从而发生疾病。因此,研究物质代谢、能量代谢及代谢调节规律是生物化学课程的主要内容,也称为动态生化。

3. 基因的复制、表达及调控

遗传信息传递的"中心法则"可以说是分子生物学的中心法则。DNA是储存遗传信息的物质,通过复制(replication),即DNA合成,可形成结构完全相同的两个拷贝,将亲代的遗传信息真实地传给子代。DNA分子中的遗传信息又是如何表达的呢?现知基因表达的第一步是将遗传信息转录(transcription)成RNA,后者作为蛋白质合成的模板,并决定蛋白质的一级结构,即将遗传信息翻译(translation)成能执行各种各样生理功能的蛋白质。

1.3 生物化学与其他生命科学的关系

生物化学是介乎生物学与化学的一门边缘科学,它与生物科学的许多分支学科均有密切关系。化学,特别是有机化学和物理化学,是生物化学不可或缺的基石;物理学技术在现代生物化学的研究中扮演着越来越重要的角色;数学及计算机技术在生物学或生物化学研究中的地位日渐重要。

近50年来,随着蛋白质和核酸结构与功能的研究进展,尤其是20世纪70年代DNA重组技术的进步,生物化学进入一个崭新的发展时期。生物化学的巨大进步对生物学的其他学科,例如细胞生物学、遗传学、发育生物学和免疫学起到很大的推动作用,也为农学、医学和食品科学提供了理论依据和研究手段。由于生物化学对生物学各领域的渗透,现代生物学已进入分子生物学时代。

可以说生物化学与分子生物学是生物学的最深和最高层次,同时也是生物学各学科中最基础的和最前沿的学科。生物化学既是现代生物学科的基础,又是其发展前沿。说它是基础,是由于生物科学发展到分子水平,必须借助于生物化学的理论和方法来探讨各种生命现象,包括生长、繁殖、遗传、变异、生理、病理、生命起源和进化等,说它是前沿,是因为各生物学科的进一步发展,在很大程度上有赖于生物化学的研究进展。事实上,没有生物化学上生物大分子(核酸和蛋白质)结构与功能的阐明,没有遗传密码和信息传递途径的发现,就没有今天的分子生物学和分子遗传学。没有生物化学对限制性核酸内切酶的发现及纯化,也就没有今天的生物工程。

生物工程是在分子生物学基础上发展起来的新兴技术学科,包括基因工程、酶工程、蛋白质工程、细胞工程、发酵工程和生化工程,其中基因工程是整个生物工程的核心。

1.4 生物化学与现代工业

生物化学是生物工程、食品工程、化工、制药工程和环境工程等专业的重要学科。同时，随着化学与生物学相互交融的深入，生物化学在化工、制药、环境工程、材料学等其他工科领域也占有重要位置。

生物化学的产生和发展源于生产实践，它的迅速进步又有力地推动着生产实践的发展。生物化学在生产和生活中的作用主要体现在以下三方面：

首先是生化知识的应用。随着对生命活动分子机制的逐步了解，人们对各种生理和疾病过程的认识不断深化，并将这些知识应用于医疗保健和工农业生产。在医学上，人们根据疾病的发展机理以及病原体与人体在代谢和调控上的差异，设计或筛选出各种高效低毒的药物；按照生长发育的不同需要，配制合理的饮食。在工业生产尤其是发酵工业上，人们根据某种产物的代谢规律、特别是它的代谢调节规律，通过控制反应条件，或用遗传手段改造生物，突破其限制步骤的调控，大量生产所需要的生物产品。利用发酵法成功地生产出维生素 C 和许多氨基酸就是出色的例证。在农业上，对养殖动物和种植农作物代谢过程的深刻认识，成为制定合理的饲养和栽培措施的依据。人们根据家禽、家畜和农作物与病虫害和杂草在代谢和调控上的差异，设计各种农药和除草剂。此外，农产品、畜产品、水产品的贮藏、保鲜、加工业广泛地利用有关的生化知识。

其次是生化技术的应用。生化分析已经成为现代工业生产和医药实践中常规的检测手段，特别是酶法分析，专一性强、精度高，有广阔的应用前景。在工业生产上，利用生化分析检验产品质量，监测生产过程，指导工艺流程的改造。在农业上，利用生化分析进行品种鉴定，促进良种选育。在医学上，生化分析用于帮助临床诊断，跟踪和指导治疗过程，同时还为探讨疾病产生机制和药物作用机制提供重要的线索。生化分离纯化技术和生物合成技术不仅极大地推动了近代生物化学，特别是分子生物学和生物工程的发展，而且必将给许多传统的生产领域带来一场深刻的变革。

再次是生化产品的广泛应用。这一方面最突出的当首推酶制剂的应用，例如蛋白酶制剂被用作助消化和溶血栓的药物，还用于皮革脱毛和洗涤剂的添加剂；淀粉酶和葡萄糖异构酶用于生产高果糖糖浆；纤维素酶用作饲料添加剂；某些固定化酶被用来治疗相应的酶缺陷疾病；一些酶制剂已在工农业产品的加工和改造、工艺流程的革新和三废治理中得到应用。各种疫苗、血液制品、激素、维生素、氨基酸、核苷酸、抗菌素和抗代谢药物等，已经广泛应用于医疗实践。此外，许多食品添加剂、营养补剂和某些饲料添加剂也是生化制品。

豆科植物的共生固氮作用是生物化学的一个重要课题，近年来对豆科植物与根瘤菌的共生固氮作用已经了解得更加清楚，如果进一步了解固氮机理，则有可能扩大优良根瘤菌种的共生寄主范围，促进豆科植物结瘤，从而增加豆科植物的固氮作用并提高产量。

植物的抗寒性、抗旱性、抗盐性以及抗病性的研究离不开生物化学。以抗寒性为例，抗寒性是作物的重要遗传性状，过去育种要在田间鉴定作物的抗寒性。现在已经知道作物的抗寒性与植物的生物膜有密切关系。生物膜上的膜脂的流动性大的品种抗寒性强，反之抗寒性弱。抗寒品种膜脂中不饱和脂肪酸含量高，非抗寒品种不饱和脂肪酸含量低。另外，抗寒性还与膜上的许多种酶有密切关系，如 ATP 酶、过氧化物歧化酶等。所以现在可利用生物化学方法鉴定作物的抗寒性。

目前,人们在生物化学、分子生物学、生物工程学快速发展的基础上,试图像设计机器或建筑物一样,定向设计并构建具有特定优良性状的新物种、新品系,结合发酵和生化工程的原理和技术,生产出新的生物产品。尽管目前生物工程仍处于起步阶段,但已经大规模生产出动植物体内含量少但为人类所需的蛋白质,如干扰素、生长素、胰岛素、肝炎疫苗等珍贵药物,展示出广阔的应用前景,对人类的生产和生活产生巨大而深远的影响,是21世纪新兴技术产业之一。

第 2 章 蛋白质化学

2.1 概 述

2.1.1 蛋白质的概念

1. 蛋白质的定义

蛋白质(protein)是一种由 20 种 α-氨基酸通过肽键相互连接而成的一类具有特定构象和生物学活性的高分子有机化合物。

2. 蛋白质的元素组成

蛋白质主要由碳、氢、氧、氮四种元素组成,有的蛋白质含有磷、碘,少数含铁、铜、锌、锰、钴、钼等金属元素。单纯蛋白质的元素组成为碳 50%~55%、氢 6%~7%、氧 19%~24%、氮 13%~19%,除此之外还有硫 0%~4%。

各种蛋白质的含氮量很接近,平均为 16%。由于体内组织的主要含氮物是蛋白质,因此,只要测定生物样品中的氮含量,就可以按下式推算出蛋白质大致含量:

每克样品中含氮克数 ×6.25×100 = 100 克样品中蛋白质的质量分数(克%)

3. 蛋白质是生命的物质基础

蛋白质是一切生命的物质基础,不仅因为蛋白质是构成机体组织器官的基本成分,更重要的是蛋白质本身不断地进行合成与分解,这种合成、分解的对立统一过程,推动生命活动,调节机体正常生理功能,保证机体的生长、发育、遗传。

2.1.2 蛋白质的分类

为了便于对蛋白质的结构与功能进行深入研究,需对蛋白质进行分类。蛋白质的分类方法很多,其中最常见的是按照其组成分类,此外,溶解特性、分子形状、化学结构与功能以及生物来源等也都可作为蛋白质的分类依据。

2.1.2.1 按组成成分分类

1. 单纯蛋白质(simple protein)

分子组成中,除氨基酸构成的多肽蛋白成分外,没有任何非蛋白成分称为单纯蛋白质,如核糖核酸酶、胰岛素等。

单纯蛋白质可以根据其物理化学性质,如在水、盐、酸、碱、醇中的溶解度分为:清蛋白、精蛋白、组蛋白、球蛋白、谷蛋白、醇溶蛋白、硬蛋白等。

(1)清蛋白(albumins):又称白蛋白,溶于水,其重要代表是血清蛋白、乳清蛋白、卵清蛋白、麦清蛋白、豆清蛋白及有毒的蓖麻蛋白。

(2)精蛋白(protamine):溶于水及酸性溶液,存在于成熟精细胞中,如鲑精蛋白。

(3)组蛋白(histones):溶于水及稀酸溶液,含碱性氨基酸多,呈碱性,是真核生物体细胞染色质组成成分。

(4)球蛋白(globulins):不溶于水,易溶于稀盐水,如人血清球蛋白、乳球蛋白、肌球蛋白等。植物种子中的蛋白质多属此类。

(5)谷蛋白(glutenin):不溶于水、醇及中性盐溶液,溶于稀酸、稀碱,如麦谷蛋白。

(6)醇溶蛋白(prolamines):不溶于水,可溶于50%~90%乙醇,多存在于禾本科植物的种子,如小麦醇溶蛋白。

(7)硬蛋白(scleroproteins):不溶于水、稀酸、稀碱溶液,主要存在于皮肤、毛发、指甲等,主要起支持和保护作用,如胶原蛋白、角蛋白等。

2. 结合蛋白质

结合蛋白质是单纯蛋白质和其他化合物结合构成,被结合的其他化合物通常称为结合蛋白质的非蛋白部分(辅基)。按其非蛋白部分的不同而分为核蛋白、糖蛋白、脂蛋白、磷蛋白、金属蛋白及色蛋白等。

(1)核蛋白(nucleoproteins):由核酸与组蛋白、精蛋白等单纯碱性蛋白结合而成,为细胞核的主要成分,如细胞核中的核糖核蛋白等。

(2)糖蛋白(glycoproteins):糖蛋白是由短的寡糖链与蛋白质共价相连构成的分子,通常或分泌到体液中或是膜蛋白,包括多种酶、激素、载体、凝集素、抗体等。

(3)脂蛋白(lipoproteins):由简单蛋白与脂类结合而成,在体内脂质的运输方面起重要作用,并参与细胞脂质代谢的调节,不溶性脂蛋白是各种生物膜的主要组成成分,包括血清α-脂蛋白,β-脂蛋白等。

(4)磷蛋白(phosphoproteins):分子中含有磷酸基,磷酸基一般与蛋白质分子中的丝氨酸或苏氨酸通过脂键相连,如酪蛋白、胃蛋白酶等。

(5)金属蛋白(metalloproteins):直接与金属结合的蛋白质,如铁蛋白含铁,乙醇脱氢酶含锌。

(6)色蛋白(chromoprotein):由简单蛋白与色素物质结合而成,如血红蛋白、叶绿蛋白和细胞色素等。

2.1.2.2 按分子形状分类

根据分子形状的不同,可将蛋白质分为球状蛋白质和纤维状蛋白质两大类:以长轴与短轴之比为标准,前者小于5,后者大于5。要注意球状蛋白质不等于球蛋白。

(1)球状蛋白质:球状蛋白质多数溶于水中,在细胞内通常承担动态的功能(dynamic function)。天然的球状蛋白质中,多肽链盘绕成紧密的球状结构。

(2)纤维状蛋白质(fibrous protein):分子对称性差,难溶于水和其他溶剂的蛋白质,从其分子结构上看,可与可溶性球状蛋白加以区别,从这一点来看,它是白明胶、丝心蛋白、胶原(蛋白)、肌肉蛋白等纤维蛋白的总称。

2.1.2.3 按结构分类

(1)单体蛋白:蛋白质由一条肽链构成,最高结构为三级结构,也包括由二硫键连接的几条肽链形成的蛋白质,其最高结构也是三级。多数水解酶为单体蛋白。

(2)寡聚蛋白:包含2个或2个以上三级结构的亚基,可以是相同亚基的聚合,也可以是不同亚基的聚合,如血红蛋白为四聚体,由2个α亚基和2个β亚基聚合而成($α^2β^2$)。

(3)多聚蛋白:由数十个亚基以上,甚至数百个亚基聚合而成的超级多聚体蛋白,如病毒外壳蛋白。

2.1.2.4 按功能分类

根据蛋白质的主要功能可将蛋白质分为活性蛋白和非活性蛋白两大类。属于活性蛋白质的有酶、蛋白质激素、运输和储存蛋白质、运动蛋白质和受体蛋白质等;属于非活性蛋白质的有角蛋白、胶原蛋白等。

1. 活性蛋白质

(1)球蛋白(globularprotein):紧凑的,近似球形的,含有折叠紧密的多肽链的一类蛋白质,许多都溶于水。典型的球蛋白含有能特异的识别其他化合物的凹陷或裂隙部位。

(2)伴娘蛋白(chaperone):与一种新合成的多肽链形成复合物并协助它正确折叠成具有生物功能构象的蛋白质。伴娘蛋白可以防止不正确折叠中间体的形成和没有组装的蛋白亚基的不正确聚集,协助多肽链跨膜转运以及大的多亚基蛋白质的组装和解体。

(3)肌红蛋白(myoglobin):是由一条肽链和一个血红素辅基组成的结合蛋白,是肌肉内储存氧的蛋白质,它的氧饱和曲线为双曲线型。

(4)血红蛋白(hemoglobin):是由含有血红素辅基的4个亚基组成的结合蛋白。血红蛋白负责将氧由肺运输到外周组织,它的氧饱和曲线为S型。

2. 非活性蛋白质

(1)角蛋白(keratin):由处于α-螺旋或β-折叠构象的平行的多肽链组成不溶于水的起着保护或结构作用的蛋白质。

(2)胶原(蛋白)(collagen):是动物结缔组织最丰富的一种蛋白质,它是由原胶原蛋白分子组成。原胶原蛋白是一种具有右手超螺旋结构的蛋白。每个原胶原分子都是由3条特殊的左手螺旋(螺距0.95 nm,每一圈含有3.3个残基)的多肽链右手旋转形成的。

(3)纤维蛋白(fibrousprotein):一类主要的不溶于水的蛋白质,通常都含有呈现相同二级结构的多肽链。许多纤维蛋白结合紧密,并为单个细胞或整个生物体提供机械强度,起着保护或结构上的作用。

2.1.3 蛋白质的生物学功能

在所有生物细胞组织中,蛋白质是除水之外含量最大和最基本的成分,具有多种重要的生理功能。按在机体中的位置的组织、细胞中的蛋白质和血浆蛋白质两部分,将其功能分述如下。

2.1.3.1 组织、细胞中主要蛋白质的功能

人体各组织、细胞中存在着多种蛋白质,它们的性质和功能各异。归纳起来,这些蛋白质

的主要功能有以下几个方面。

1. 催化和调控作用

体内物质代谢中的一系列化学反应几乎都是由酶催化的。目前已知的酶除少量催化活性的 RNA 外都是蛋白质，可见蛋白质在物质代谢中起着重要的催化作用。

人体内全身各细胞所含基因组虽相同，但在不同器官、组织或不同时期基因的表达都受到严格的调控。参与基因调控的蛋白质有组蛋白、非组蛋白、阻遏蛋白、基因激活蛋白、多种生长因子和蛋白类激素等，还有一些蛋白质参与细胞间信息传递。因此，机体内各组织细胞各种代谢的进行及协调都与蛋白质的调控功能密切相关。

2. 在协调运动中的作用

肌肉收缩是一种协调运动，人体生理功能离不开肌肉的收缩，即使在安静时，循环（心血管内的肌肉）、呼吸（膈肌等）、消化（消化道平滑肌）、排泄（括约肌等）及体姿的维持（有关肌肉）等重要功能都与肌肉收缩密切相关，剧烈运动时则更是如此。

3. 在运输及储存中的作用

蛋白质在体内物质运输和储存中起重要作用。例如，物质代谢所需的氧分子就是靠血红蛋白运输的；氧在肌肉组织中的储存靠肌红蛋白来完成，铁在细胞内需与铁蛋白结合才能储存。

4. 在识别、防御和神经传导中的作用

体内各种传递信息的信使需与特异的受体相互识别、结合才能将信息传递至有关细胞，受体多为蛋白质。机体合成的抗体蛋白在对外源性蛋白质的识别与结合、免疫防御中起着十分重要的作用。神经细胞对特异刺激起相应的反应，需要有特异的受体蛋白质的参与。如视网膜细胞中存在的受体蛋白质在感光和视觉传导中起媒介作用；神经细胞连接处的特异受体蛋白在接受神经递质的作用后可引起神经冲动的传递。此外，皮肤及骨骼等组织中含量较大的胶原蛋白，主要起机械支持作用。

2.1.3.2 血浆蛋白质的主要功能

血液除去血细胞等有形成分后的部分称为血浆。血浆是很多种蛋白质和小分子物质的混合水溶液。随着分离技术的提高，目前用分辨率较高的电泳法（如聚丙烯酰胺凝胶电泳和免疫电泳等）能分离出很多的血浆蛋白组分，已分离纯化的有 200 多种，有些蛋白质含量甚微，其结构与功能多不清楚，现将血浆蛋白质的主要功能归纳如下：

1. 对 pH 值的缓冲和胶渗压的维持

血浆蛋白质的 pH 大多在 4.0～7.3 之间。血浆蛋白质的未电离蛋白质（HPr，弱酸）和电离蛋白质（Pr^-，共轭碱）组成缓冲对，参与对血浆正常 pH 为 7.35～7.45 的维持。

血浆胶体渗透压的维持对于血管与组织间水分及物质的交换起重要作用。胶体渗透压是使组织间液从毛细血管静脉端渗回血管内的主要力量，如血浆胶体渗透压下降，可引起水分过多地滞留在组织间隙而出现水肿（如营养不良性水肿）。血浆胶体渗透压的大小取决于血浆中蛋白质分子数的多少。血浆蛋白质中，清蛋白的质量浓度最大（3.8～4.8 g/L），且其分子质量较小（约为 66 000 Da），故其分子数最多，所以，它在维持正常血浆胶体渗透压方面起主要作用（血浆胶体渗透压的 75%～80% 靠清蛋白维持）。清蛋白是在肝细胞合成、分泌入血的，故血浆清蛋白的含量也可反映部分肝脏功能及机体的营养状况。

2. 对多种物质的运输作用

一些难溶于水或不溶于水的物质，在血浆内需以蛋白质作载体才能运输。以清蛋白作为载体运输的物质有脂酸、胆红素、甲状腺素、肾上腺素、视黄醇、Ca^{2+}、Cu^{2+}及一些难溶于水的药物(如毛地黄苷、巴比妥、阿司匹林等);与血浆球蛋白结合而运输的物质有甲状腺素、肾上腺皮质激素、磷脂、三酰甘油、胆固醇及胆固醇酯、脂溶性维生素和Fe^{3+}、Cu^{2+}、Zn^{2+}等。

3. 血浆中存在着多种酶,由组织细胞合成后分泌或逸入血浆

根据来源和作用可将血浆酶分为三类:胞内酶、外分泌酶、血浆功能性酶。血浆功能性酶与血浆正常功能密切相关,如凝血系统及纤维蛋白溶解系统中的多种酶类,它们大多以无活性的酶原形式存在,经激活后才发挥催化活性,如铜蓝蛋白(为一种亚铁氧化酶)、磷脂酰胆碱、胆固醇酰基转移酶、脂蛋白脂肪酶和肾素(一种蛋白水解酶)等。血浆中的外分泌酶是由外分泌腺分泌物异常进入血浆所致,通常表明外分泌腺炎症或通透性增大。血浆中的细胞酶是细胞内酶泄漏入血浆的,原因是细胞破裂死亡、通透性加大、炎症等。

4. 免疫、防护等功能

血浆中存在的抗体蛋白,它们能特异地识别异体蛋白质(外源性蛋白质),并能与之结合成复合体,这类蛋白质被称为免疫球蛋白。还有另一类被称作补体的蛋白酶系统,它能协助免疫球蛋白清除异体蛋白,以防御病原微生物对机体的危害。血浆蛋白质中的凝血因子能在一定条件下促进血液凝固,保护受伤机体不致流血过多。另一些血浆蛋白质有抗凝血或溶解纤维蛋白的作用,使正常血液循环能够畅通无阻,其作用与整个机体功能的完成是密不可分的。

5. 营养功能

血浆蛋白质还可以被组织摄取,用以进行组织蛋白质的更新、组织修补、转化成其他重要含氮化合物、异生糖或直接被氧化分解以供能,在营养缺乏的条件下,血浆蛋白质的这种功能尤为重要。

2.2 蛋白质的基本单位——氨基酸

组成蛋白质的基本单位是氨基酸(amino acid),氨基酸通过脱水缩合形成肽链。蛋白质是由一条或多条多肽链组成的生物大分子,每一条多肽链有二十至数百个氨基酸残基不等;各种氨基酸残基按一定的顺序排列。

2.2.1 氨基酸的结构通式

天然的氨基酸现已经发现的有 300 多种,但组成蛋白质分子的主要氨基酸只有 20 种。除脯氨酸以外的 19 种氨基酸的结构通式是 $H_2NCHRCOOH$(图 2.1)。根据氨基($-NH_2$)连接在羧基($-COOH$)中碳原子的位置,可分为 α、β、γ、δ…基酸($C\cdots C-C-C-C-COOH$)(图 2.2)。

目前自然界中尚未发现蛋白质中有氨基和羧基不连在同一个碳原子上的氨基酸,即蛋白质的氨基酸的羧基和氨基都连在同一个 α 碳原子上,故称为 α-氨基酸。

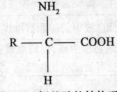

图 2.1 氨基酸的结构通式

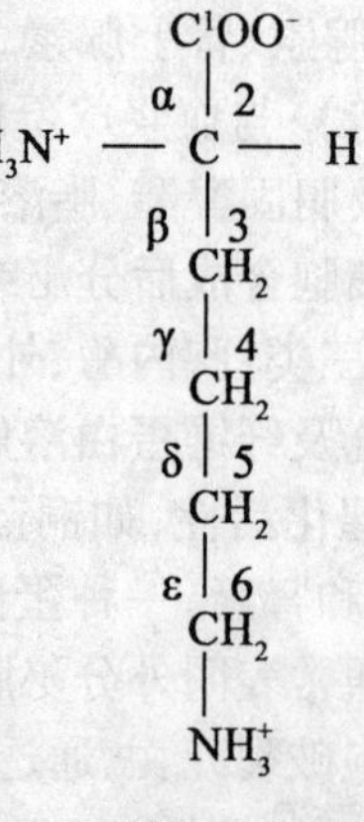

$$\begin{array}{c}\text{C}^1\text{OO}^-\\\text{H}_3\text{N}^+ \underset{\alpha}{} - \underset{|}{\text{C}} - \text{H} \\ \underset{\beta}{}\underset{|}{\text{CH}_2} \; 3\\\underset{\gamma}{}\underset{|}{\text{CH}_2} \; 4\\\underset{\delta}{}\underset{|}{\text{CH}_2} \; 5\\\underset{\varepsilon}{}\underset{|}{\text{CH}_2} \; 6\\ \text{NH}_3^+\end{array}$$

图 2.2 α-赖氨酸的结构式

除甘氨酸（R=H）外,19 种氨基酸的碳原子为不对称碳原子（手性碳原子）,故有 L 和 D 两种构型（图 2.3）。只有 L 型氨基酸才存在于蛋白质中,D 型氨基酸存在于细菌细胞壁和某些抗菌素中,一般不能被人和动物利用。

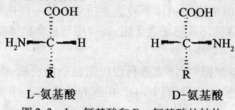

图 2.3 L-氨基酸和 D-氨基酸的结构

2.2.2 氨基酸的分类

2.2.2.1 天然氨基酸的种类

组成蛋白质的 20 种氨基酸被称为天然氨基酸或基本氨基酸。表 2.1 中列出了这 20 种氨基酸的名称、符号与缩写以及生理作用,图 2.4 则分别是它们的分子结构式。

表 2.1 20 种天然氨基酸及其生理作用

中文名称	英文名称	符号与缩写	生理作用
丙氨酸	Alanine	A / Ala	促进血液中酒精的代谢,增强肝功能
精氨酸	Arginine	R / Arg	降低血氨,促进尿素生成,治疗肝昏迷,增加肌肉活力
天冬酰胺	Asparagine	N / Asn	降血压,扩张支气管（平喘）,抗消化性溃疡及胃功能障碍
天冬氨酸	Aspartic acid	D / Asp	降低血氨,对肝和肌肉有保护作用,对心肌梗塞等有防治效果
半胱氨酸	Cysteine	C / Cys	有治疗脂肪肝和解毒效果,治疗皮肤的损伤,对病后、产后脱发有疗效
谷氨酰胺	Glutamine	Q / Gln	治疗消化器官溃疡、醇中毒及改善脑功能
谷氨酸	Glutamic acid	E / Glu	降低血氨,保护皮肤湿润,可维持和促进脑细胞功能
甘氨酸	Glycine	G / Gly	降低血液中的胆固醇浓度和血糖值,提高肌肉活力,防止胃酸过多
组氨酸	Histidine	H / His	促进血液生成,促进血管扩张,增加血管壁的渗透性,促进腺体分泌,可治疗消化性溃疡、发育不良等症状

续表2.1

中文名称	英文名称	符号与缩写	生理作用
异亮氨酸	Isoleucine	I / Ile	参与胸腺、脾脏及脑下腺的调节以及代谢
亮氨酸	Leucine	L / Leu	降低血液中的血糖值,促进皮肤、伤口及骨头的愈合
赖氨酸	Lysine	K / Lys	促进大脑发育,脂肪代谢,调节松果腺、乳腺、黄体及卵巢,防止细胞退化
蛋氨酸	Methionine	M / Met	参与组成血红蛋白、组织与血清,有促进脾脏、胰脏及淋巴的功能
苯丙氨酸	Phenylalanine	F / Phe	参与消除肾及膀胱功能的损耗
脯氨酸	Proline	P / Pro	对高血压有疗效
丝氨酸	Serine	S / Ser	降低血液中的胆固醇浓度,可防治高血压及肺病
苏氨酸	Threonine	T / Thr	有转变某些氨基酸达到平衡以及抗贫血的功能
色氨酸	Tryptophan	W / Trp	促进胃液及胰液的产生
酪氨酸	Tyrosine	Y / Tyr	与色素形成有关,是造肾上腺激素、甲状腺激素和黑色素的必需氨基酸,可防治老年痴呆症
缬氨酸	Valine	V / Val	促使神经系统功能正常

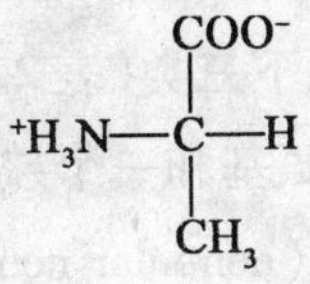

丙氨酸 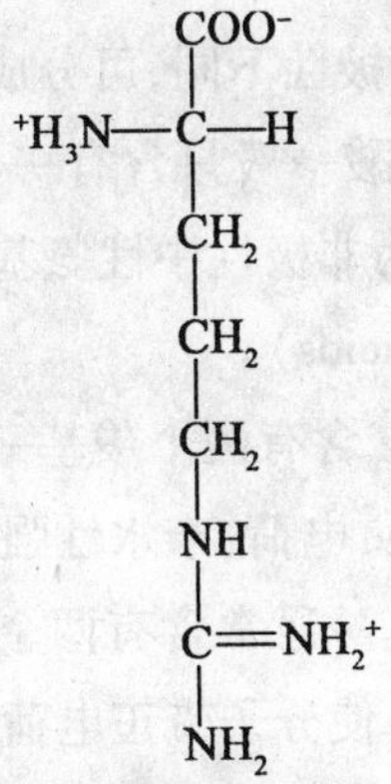　　精氨酸 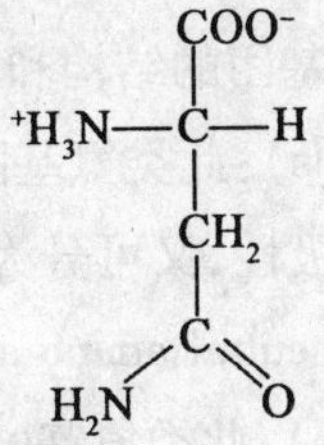　　天冬酰胺 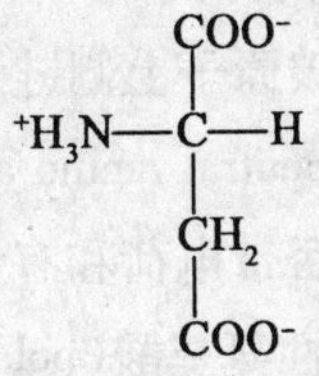　　天冬氨酸 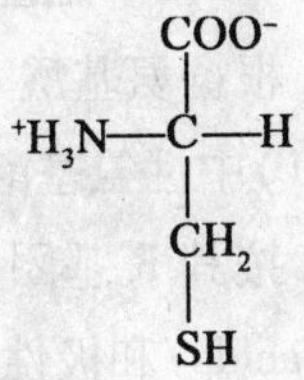　　半胱氨酸

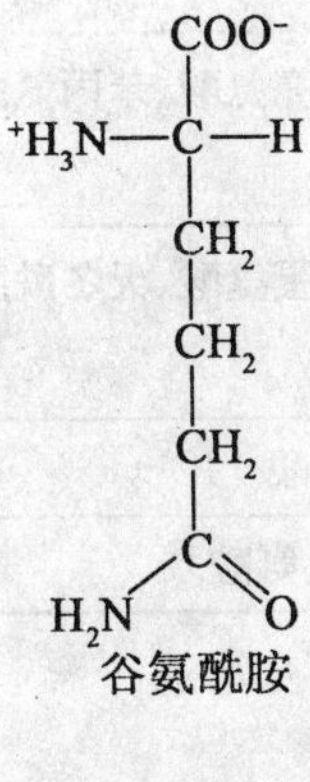

谷氨酰胺 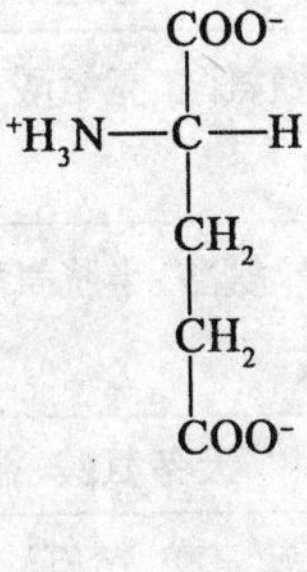　　谷氨酸 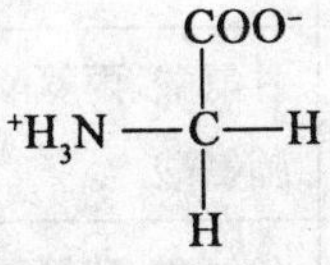　　甘氨酸 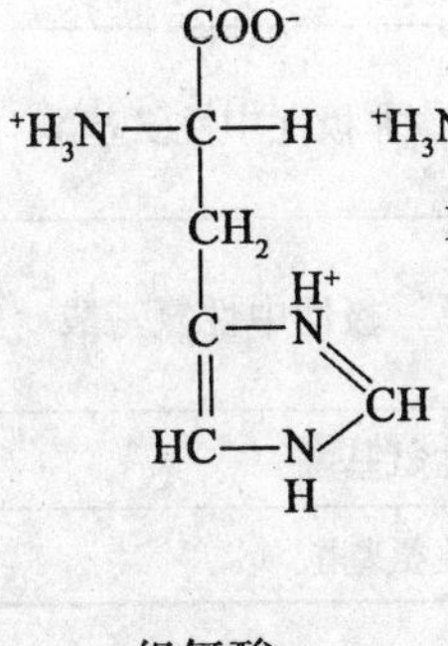　　组氨酸 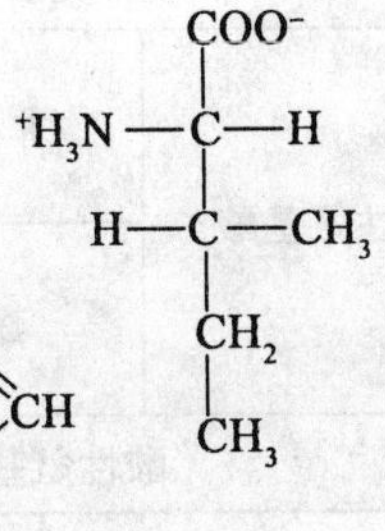　　异亮氨酸

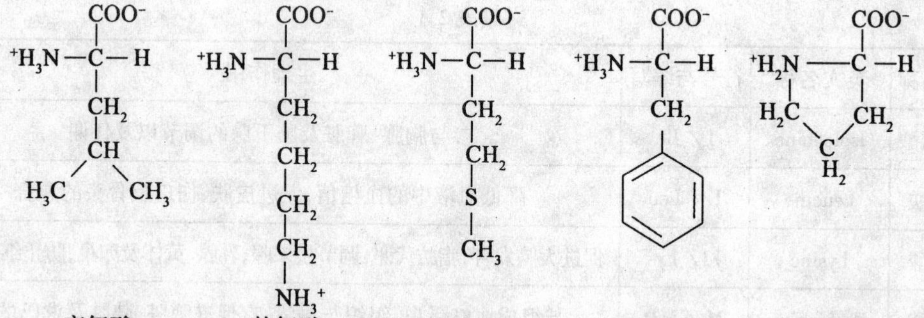

亮氨酸　　赖氨酸　　蛋氨酸　　苯丙氨酸　　脯氨酸

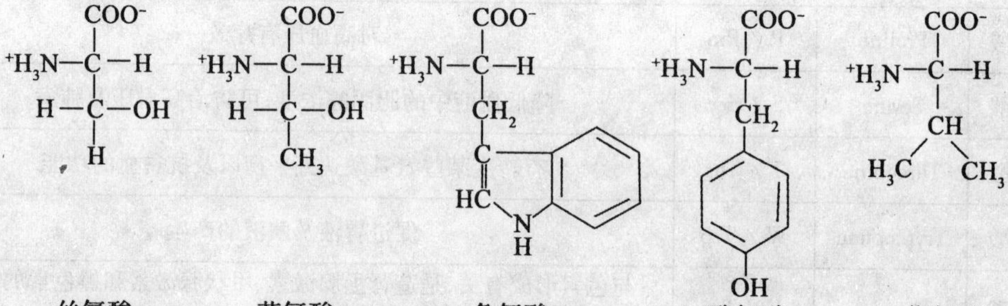

丝氨酸　　苏氨酸　　色氨酸　　酪氨酸　　缬氨酸

图 2.4　20 种常见氨基酸的分子结构式

2.2.2.2　氨基酸的分类

1. 根据氨基酸 α 碳原子上侧链 R 基团的结构和极性不同,可分成以下三类(表2.2)。

(1) 中性氨基酸(neutral amino acids):此类氨基酸一般只含有一个氨基和一个羧基的氨基酸。按其 R 基团是否带电荷和有无极性,又可分为非极性中性氨基酸(nonpolar neutral amino acids)和极性中性氨基酸(polar neutral amino acids)。

(2) 酸性氨基酸(acidic amino acids):此类氨基酸含有两个羧基一个氨基,其 R 基团有极性。在中性溶液中,羧基完全解离呈酸性,使分子带负电荷,亲水性强。

(3) 碱性氨基酸(alkaline amino acids):此类氨基酸通常含有两个氨基一个羧基,其 R 基团有极性,在中性溶液中这些基团可质子化,呈碱性,使分子带正电荷,亲水性强。

表 2.2　按照极性分类氨基酸

类别		氨基酸
中性氨基酸	非极性中性氨基酸	甘氨酸、丙氨酸、缬氨酸、亮氨酸、异亮氨酸、苯丙氨酸、脯氨酸
	极性中性氨基酸	色氨酸、酪氨酸、丝氨酸、半胱氨酸、蛋氨酸、天冬酰胺、谷氨酰胺、苏氨酸
酸性氨基酸		天冬氨酸、谷氨酸
碱性氨基酸		赖氨酸、精氨酸、组氨酸

2. 根据人体是否能自身合成,分为非必需氨基酸和必需氨基酸(表 2.3)。

(1)必需氨基酸(essential amino acid):指人体(或其他脊椎动物)不能合成或合成速度远不满足机体的需要,必须由食物蛋白供给的氨基酸。

(2)非必需氨基酸(nonessential amino acid):指可在动物体内合成,作为营养源不需要从外部补充的氨基酸。一般植物、微生物必需的氨基酸均由自身合成,这些都不称为非必需氨基酸。这些氨基酸由碳水化合物的代谢物或由必需氨基酸合成碳链,进一步由氨基转移反应引入氨基生成氨基酸。已知即使摄取非必需氨基酸,也是对生长有利的。

表 2.3 按照人体是否能自身合成分类氨基酸

类别	氨基酸
必需氨基酸	赖氨酸、色氨酸、苯丙氨酸、蛋氨酸、苏氨酸、异亮氨酸、亮氨酸、缬氨酸
非必需氨基酸	甘氨酸、丙氨酸、丝氨酸、天冬氨酸、天冬酰胺、谷氨酸、谷氨酰胺、脯氨酸、精氨酸、组氨酸、酪氨酸、半胱氨酸

3. 根据氨基酸分子的亲水性、疏水性分为亲水性氨基酸(hydrophilic amino acids)、疏水性氨基酸(hydrophobic amino acids),另有两个尚未定类(表 2.4)。

表 2.4 按照亲水性、疏水性分类氨基酸

类别	氨基酸
亲水性氨基酸	天冬氨酸、天冬酰胺、谷氨酸、组氨酸、赖氨酸、谷氨酰胺、丝氨酸、精氨酸、苏氨酸
疏水性氨基酸	丙氨酸、苯丙氨酸、异亮氨酸、亮氨酸、蛋氨酸、脯氨酸、缬氨酸、色氨酸、酪氨酸
未定类	半胱氨酸、甘氨酸

2.2.3 氨基酸的性质

2.2.3.1 物理性质

(1)紫外吸收:有共轭双键的物质都具有紫外吸收性能,在 20 种基本氨基酸中,有 4 种是具有共轭双键的,Trp、Tyr、Phe、His,其中 His 只有 2 个双键共轭,紫外吸收比较弱,Trp、Tyr、Phe 均有 3 个双键共轭,紫外吸收较强,其中 Trp 的紫外吸收最厉害,是蛋白质紫外吸收特性的最大贡献者,此 3 种氨基酸的紫外吸收特点见表 2.5。

表 2.5 三种紫外吸收较强的氨基酸及其吸收特点

氨基酸	最大吸收波长/nm	消光系数/($A \cdot mol^{-1} \cdot L^{-1}$)
Phe	257	2×10^2
Tyr	275	1.4×10^3
Trp	280	5.6×10^3

(2) 旋光性:除甘氨酸外,氨基酸均含有一个碳原子,因此都具有旋光性,且自然选择为 L-型。比旋光度是氨基酸的重要物理常数之一,是鉴别各种氨基酸的重要依据。

(3) 溶解性:溶解于水,特别是稀酸稀碱溶液,不溶于乙醚、氯仿等有机溶剂。

(4) 熔点:氨基酸都是无色结晶。熔点约在 230℃ 以上,大多没有确切的熔点,熔融时分解并放出 CO_2;都能溶于强酸和强碱溶液中,除半胱氨酸、酪氨酸、二碘甲状腺素外,均溶于水;除脯氨酸和羟脯氨酸外,均难溶于乙醇和乙醚。

2.2.3.2 化学性质

1. 氨基酸的离解性质

氨基酸既含有氨基,可接受 H^+,又含有羧基,可电离出 H^+,所以氨基酸具有酸碱两性性质。氨基酸在结晶形态或在水溶液中,并不是以游离羧基或氨基形式存在,而是离解成两性离子。在两性离子中,氨基是以质子化($—NH_3^+$)形式存在,羧基是以离解状态($—COO^-$)存在的(图 2.5)。

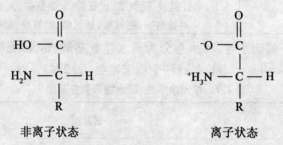

非离子状态　　　　　　　　离子状态

图 2.5　氨基酸的非离子状态与两性离子状态

在不同的 pH 值条件下,氨基酸的两性离子的状态也随之发生变化。在酸性环境中,主要以阳离子的形式存在,在碱性环境中,主要以阴离子的形式存在。

2. 氨基酸的等电点

当溶液浓度为某一 pH 值时,氨基酸分子中所含的 $—NH_3^+$ 和 $—COO^-$ 数目正好相等,净电荷为 0。这一 pH 值即为氨基酸的等电点(isoelectric point),简称 pI。在等电点时,氨基酸既不向正极也不向负极移动,即氨基酸处于两性离子状态(图 2.6)。等电点是氨基酸的特征常数。各种氨基酸的解离常数和等电点的近似值见表 2.6。

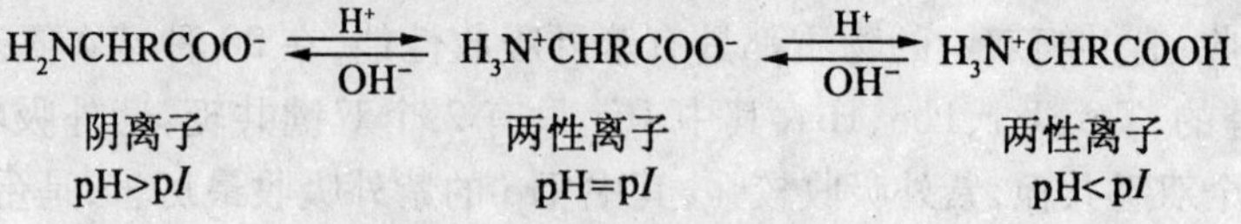

$$H_2NCHRCOO^- \underset{OH^-}{\overset{H^+}{\rightleftharpoons}} H_3N^+CHRCOO^- \underset{OH^-}{\overset{H^+}{\rightleftharpoons}} H_3N^+CHRCOOH$$

阴离子　　　　　　两性离子　　　　　　两性离子
pH>pI　　　　　　pH=pI　　　　　　pH<pI

图 2.6　氨基酸的等电点与两性离子状态

表 2.6　氨基酸的 pKa 和 pI 值

氨基酸	pKa			pI
	pK_1(α-COOH)	pK_2	pK_3	
甘氨酸	2.34	9.60		5.97
丙氨酸	2.34	9.69		6.01
缬氨酸	2.32	9.62		5.97
亮氨酸	2.36	9.60		5.98

续表2.6

异亮氨酸	2.36	9.68		6.02
脯氨酸	1.99	10.96		6.48
苯丙氨酸	1.83	9.13		5.48
酪氨酸	2.20	9.11($\alpha-NH_3^+$)	10.07($-OH$)	5.66
色氨酸	2.38	9.39		5.89
丝氨酸	2.21	9.15		5.68
苏氨酸	2.11	9.62		5.87
半胱氨酸	1.96	8.18($-SH$)	10.28($\alpha-NH_3^+$)	5.07
蛋氨酸	2.28	9.21		5.74
天冬酰胺	2.02	8.80		5.41
谷氨酰胺	2.17	9.13		5.65
天冬氨酸	1.88	3.65($\beta-COO^-$)	9.60($\alpha-NH_3^+$)	2.77
谷氨酸	2.19	4.25($\gamma-COO^-$)	9.67($\alpha-NH_3^+$)	3.22
赖氨酸	2.18	8.95($\alpha-NH_3^+$)	10.53($\alpha-NH_3^+$)	9.74
精氨酸	2.17	9.04($\alpha-NH_3^+$)	12.48(胍基)	10.76
组氨酸	1.82	6.00(咪唑基)	9.17($\alpha-NH_3^+$)	7.59

氨基酸等电点的计算公式为

$$pI = \frac{pK_n + pK_{n+1}}{2}$$

式中,pK 代表解离基团的解离常数;n 为氨基酸(或多肽)完全质子化时带正电荷基团数。计算时可按下列步骤进行:

(1)先将氨基酸/多肽可解离基团的 pK 值自小到大按顺序排列;

(2)判断氨基酸的分类及其 n 值,酸性氨基酸和中性氨基酸的完全质子化数 $n=1$,碱性氨基酸的完全质子化数 $n=2$。例如:

丙氨酸的解离常数 $pK_1=2.34$,$pK_2=9.69$,其等电点 $pI=(2.34+9.69)/2=6.02$
谷氨酸的解离常数 $pK_1=2.19$,$pK_2=4.25$,其等电点 $pI=(2.19+4.25)/2=3.22$
赖氨酸的解离常数 $pK_2=8.95$,$pK_3=10.53$,其等电点 $pI=(8.95+10.53)/2=9.74$

等电点时溶液的 pH 值与氨基酸的浓度无关。通常氨基酸的酸解离与碱解离的程度不同,纯氨基酸溶液不能达到其等电点,可以通过加入酸或碱调节其 pH 以达到等电点 pH。

3. 氨基酸的重要化学反应

(1)氨基酸氨基的反应

①与亚硝酸的反应。氨基酸中的氨基可以与亚硝酸作用,在室温下反应生成羟基酸和水,并放出氮气。

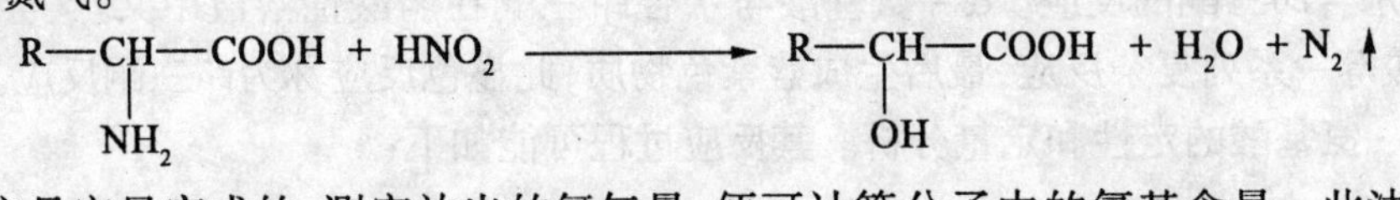

$$R-\underset{NH_2}{CH}-COOH + HNO_2 \longrightarrow R-\underset{OH}{CH}-COOH + H_2O + N_2\uparrow$$

该反应是定量完成的,测定放出的氮气量,便可计算分子中的氨基含量。此法称为范斯来克(Van Slyke)氨基测定法。

②与甲醛的反应。氨基酸能与甲醛反应:可以使—NH_3离解释放出H^+,使氨基的碱性消失,溶液酸性增加,这样就可以用碱来滴定氨基酸的羧基,从而测定氨基酸的含量。这称为氨基酸的甲醛滴定法。

$$R-\underset{\underset{:NH_2}{|}}{CH}-COOH + 2HCHO \longrightarrow R-\underset{\underset{H_2COH-N-CH_2OH}{|}}{CH}-COOH$$

③氧化脱氨反应。氨基酸分子的氨基被氧化剂(如过氧化氢、高锰酸钾)氧化后,首先生成α-亚氨基酸,然后经过水解、脱氨生成α-酮酸。在生物体的蛋白质代谢中,在相应酶的催化下,也有氧化脱氨反应。

$$R-\underset{\underset{NH_2}{|}}{CH}-COOH \xrightarrow{[O]} R-\underset{\underset{NH}{\|}}{C}-COOH \xrightarrow{H_2O} R-\underset{\underset{H_2N\ \ OH}{|}}{C}-COOH \xrightarrow{-NH_2} R-\underset{\underset{O}{\|}}{C}-COOH$$

氨基酸　　　　　　　α-亚氨基酸　　　　　α-羟基-α-氨基酸　　　　α-酮酸

(2) 氨基酸羧基的反应

①脱羧反应。将氨基酸小心加热或与氢氧化钡混合加热,则脱去羧基并生成胺。细菌或动植物体内的脱羧酶也能催化氨基酸发生脱羧反应。

$$H_2N-CH_2(CH_2)_3\underset{\underset{NH_2}{|}}{CH}COOH \xrightarrow[-CO_2]{Ba(OH)_2\Delta} H_2N-(CH_2)_5-NH_2$$

赖氨酸　　　　　　　　　　　　　戊二胺(尸胺)

②与醇反应生成酯。氨基酸在无水乙醇中通入干燥的氯化氢,然后加热回流,可生成氨基酸酯。

$$R-\underset{\underset{NH_2}{|}}{CH}-\overset{O}{\overset{\|}{C}}-OH \xrightarrow[HCl]{C_2H_5OH} R-\underset{\underset{NH_2}{|}}{CH}-\overset{O}{\overset{\|}{C}}-OC_2H_5 + H_2O$$

α-氨基酸乙酯

在醇溶液中α-氨基酸乙酯与氨反应,生成氨基酸酰胺。

$$R-\underset{\underset{NH_2}{|}}{CH}-\overset{O}{\overset{\|}{C}}-OC_2H_5 \xrightarrow[乙醇]{NH_3} R-\underset{\underset{NH_2}{|}}{CH}-\overset{O}{\overset{\|}{CH}}-NH_2 + C_2H_5OH$$

动植物体内的天冬酰胺和谷氨酰胺就是按此反应方式进行的。

(3) 氨基酸中氨基和羧基共同参与的反应

①与水合茚三酮的反应。α-氨基酸与水合茚三酮在弱酸性溶液中共热,会发生氧化、脱氨、脱羧等一系列复杂反应,最后生成蓝紫色物质,此显色反应称为茚三酮反应。这个反应可用于α-氨基酸的定性和定量分析。其反应过程可能如下:

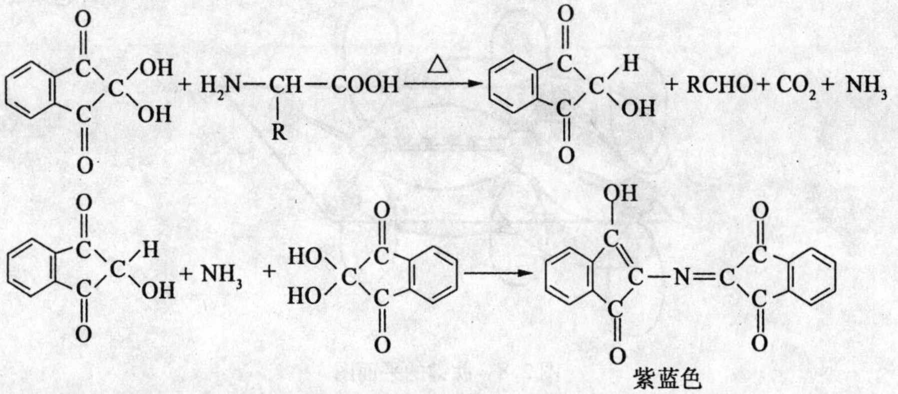

多肽和蛋白质也有此反应,但脯氨酸和羟脯氨酸则生成黄色化合物。

②肽的形成。一分子氨基酸的氨基与另一分子氨基酸的羧基可以发生分子间的脱水缩合,并通过肽键(peptide bond)结合成肽。成肽反应:一个氨基酸的氨基与另一个氨基酸的羧基反应缩合成为肽,是构成蛋白质的基本反应。

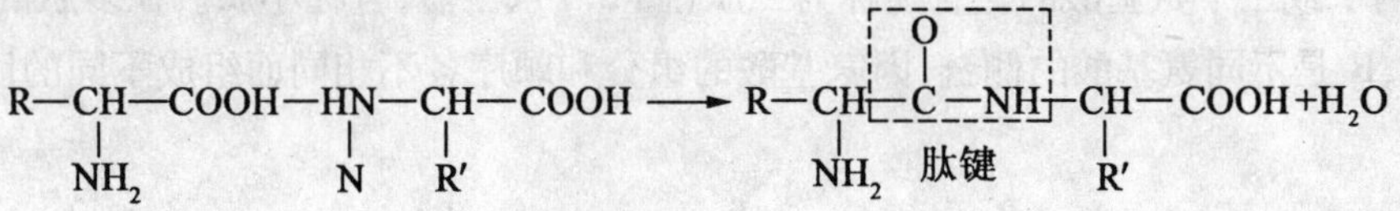

2.3 肽

2.3.1 肽的概念

肽(peptide)是由一个氨基酸分子的 α-羧基与另一个氨基酸分子的 α-氨基在适当的条件下经脱水缩合而形成的化合物(图2.7)。氨基酸脱水所形成的键叫肽键(peptide bond)。肽键是蛋白质分子中的主要共价键,性质比较稳定。它虽是单键,但具有部分双键的性质,难以自由旋转而有一定的刚性,因此形成肽键平面(图2.8)。

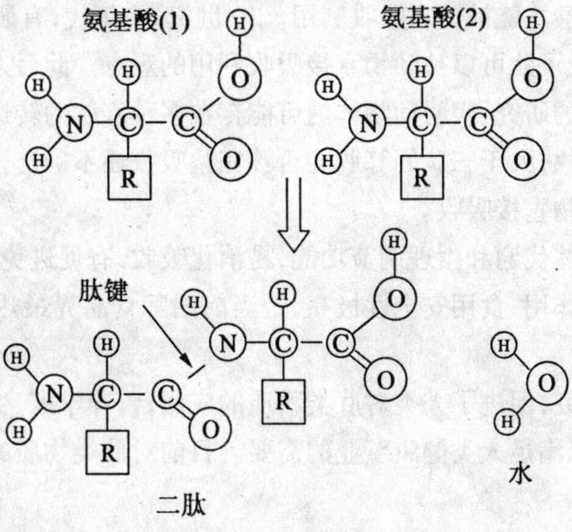

图2.7 肽形成

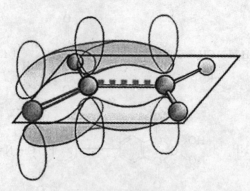

图2.8 肽键的平面图

肽是介于大分子蛋白质和氨基酸之间的一种化合物,一般都由L型α-氨基酸组成,是生物体内一类重要的活性物质。由高于50个氨基酸以肽键相连的化合物称为蛋白质,低于50个氨基酸的称为肽,其中由低于10个氨基酸以肽键相连的化合物称为寡肽(OP,oligopcptide);含两个或三个氨基酸的化合物称为二肽(图2.7)、三肽,合称小肽。在多肽的结构式中(图2.9),R是不同氨基酸的侧链,因氨基酸的组分和顺序各不相同而组成不同的肽。

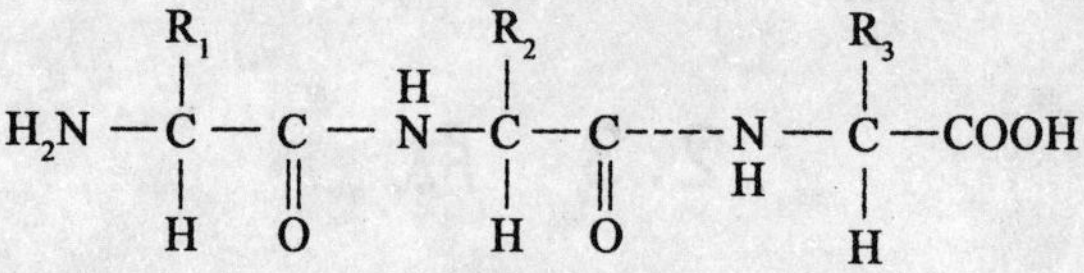

图2.9 多肽的化学结构式

2.3.2 生物活性肽

生物活性肽是一类分子质量小于6 000(Dalton),具有多种生物功能的肽,它是由20种编码氨基酸以不同组成和排列方式构成的从二肽到复杂的线性、环形结构的不同肽类的总称。

由于动物体内存在大量的蛋白酶和肽酶,人们长期以来一直认为,蛋白质降解成寡肽后,只有再降解为游离氨基酸才能被动物吸收利用。20世纪60年代,有研究证明寡肽可以被完整吸收,人们才逐步接受了肽可以被动物直接吸收利用的观点。此后人们对寡肽在动物体内的转运机制进行了大量的研究,表明动物体内可能存在多种寡肽的转运体系。目前的研究认为,二、三肽能被完整吸收,大于三肽的寡肽能否被完整吸收还不确定,但也有研究发现四肽、五肽甚至六肽都能被动物直接吸收。

活性肽具有多种人体代谢和生理调节功能,易消化吸收,有促进免疫、激素调节、抗菌、抗病毒、降血压、降血脂等作用,食用安全性极高,是当前国际食品界最热门的研究课题和极具发展前景的功能因子。

通过活性肽类的研究,促进了人类对肽类物质的应用,营养学家、生物医学家不断开发出各种各样的肽类产品,以满足人类健康事业的需要。目前对肽类物质的应用主要在以下三个方面。

(1)功能性食品:具有一定功能的肽类食品,目前是国际上研究的热点。日本、美国、欧洲已捷足先登,推出具有各种各样功能的食品和食品添加剂,形成了一个具有极大商业前景的产业。

(2)肽类试剂:纯度非常高,主要应用在科学试验和生化检测上,价格十分昂贵。

(3)肽类药物:生物活性肽分子结构复杂程度不一,可从简单的二肽到环形大分子多肽,而且这些多肽可通过磷酸化、糖基化或酰基化而被修饰。依据其功能,生物活性肽大致可分为生理活性肽、调味肽、抗氧化肽和营养肽等,但因一些肽具有多种生理活性,因此这种分类只是相对的。

2.3.2.1 生理活性肽

生理活性肽是沟通细胞间与器官间信息的重要化学信使,通过内分泌等作用方式,使机体形成一个高度严密的控制系统,调节生长、发育、繁殖、代谢和行为等生命过程。这些多肽通称为生理活性肽。

1. 矿物元素结合肽

多数矿物元素结合肽中心位置含有磷酸化的丝氨酸基团和谷氨酰残基,与矿物元素结合的位点存在于这些氨基酸带负电荷的侧链一侧,其最明显的特征是含有磷酸基团。与钙结合需要含丝氨酸的磷酸基团以及谷氨酸的自由羧基基团,这种结合可增强矿物质-肽复合物的可溶性。酪蛋白磷酸肽(简称CPP)是目前研究最多的矿物元素结合肽,它能与多种矿物元素结合形成可溶性的有机磷酸盐,充当许多矿物元素如 Fe^{2+}、Mn^{2+}、Cu^{2+}、Se^{2+},特别是 Ca^{2+} 在体内运输的载体,能够促进小肠对 Ca^{2+} 和其他矿物元素的吸收。

2. 酶调节剂和抑制剂

这类肽包括谷胱甘肽、肠促胰酶肽等,谷胱甘肽在小肠内可以被完全吸收,它能维持红细胞膜的完整性,对于需要巯基的酶有保护和恢复活性的功能,它是多种酶的辅酶或辅基,可以参与氨基酸的吸收及转运,参与高铁血红蛋白的还原作用并促进铁的吸收。

谷胱甘肽(GSH,glutathione)是由谷氨酸、半胱氨酸和甘氨酸通过肽键缩合而成的三肽化合物(图2.10),广泛存在于动物肝脏、血液、酵母和小麦胚芽中,在各种蔬菜等植物组织中也有少量分布。谷胱甘肽具有独特的生理功能,被称为"长寿因子"和"抗衰老因子"。日本在20世纪50年代开始研究并应用于食品,现已在食品加工领域得到广泛应用。我国对谷胱甘肽的研究还处于起步阶段。谷胱甘肽的生产方法主要有溶剂萃取法、化学合成法、微生物发酵法和酶合成法等4种,其中利用微生物细胞或酶生物合成谷胱甘肽极具发展潜力,目前主要以酵母发酵法生产谷胱甘肽。

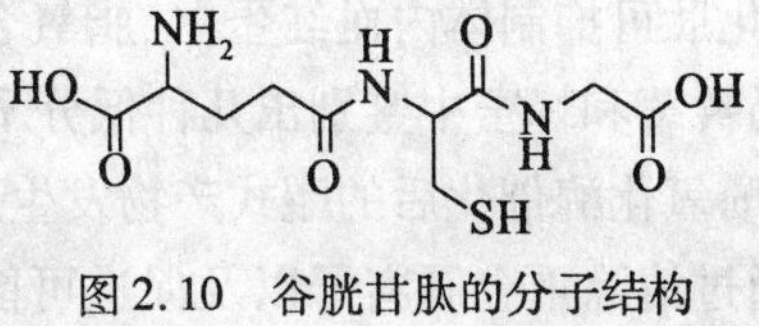

图2.10 谷胱甘肽的分子结构

3. 抗菌肽

抗菌肽又称抗菌活性肽,它通常与抗生素肽和抗病毒肽联系在一起,包括环形肽、糖肽和脂肽,如短杆菌肽、杆菌肽、多粘菌素、乳酸杀菌素、枯草菌素和乳酸链球菌肽等。抗菌肽热稳定性较好,具有很强的抑菌效果。

除微生物、动植物可产生内源抗菌肽外,食物蛋白经酶解也可得到有效的抗菌肽,如从乳铁蛋白中获得的抗菌肽。乳铁蛋白是一种结合铁的糖蛋白,作为一种原型蛋白,被认为是宿主抗细菌感染的一种很重要的防卫机制。研究人员利用胃蛋白酶分裂乳铁蛋白,提纯出了三种抗菌肽,它们可作用于大肠杆菌,均呈阳离子形式。这些生物活性肽接触病原菌后30 min见效,是良好的抗生素替代品。

4. 神经活性肽

多种食物蛋白经过酶解后,会产生神经活性肽,如来源于小麦谷蛋白的类鸦片活性肽,它是体外胃蛋白酶及嗜热菌蛋白酶解产物。神经活性肽包括类鸦片活性肽、内啡肽、脑啡肽和其他调控肽。神经活性肽对人具有重要的作用,它能调节人体情绪、呼吸、脉搏、体温等,与普通镇痛剂不同的是,它无任何副作用。

5. 免疫活性肽

免疫活性肽能刺激巨噬细胞的吞噬能力,抑制肿瘤细胞的生长,我们将这种肽称为免疫活性肽。它分为内源免疫活性肽和外源免疫活性肽两种。内源免疫活性肽包括干扰素、白细胞介素和β-内啡肽,它们是激活和调节机体免疫应答的中心。外源免疫活性肽主要来自于人乳和牛乳中的酪蛋白。

免疫活性肽具有多方面的生理功能,它不仅能增强机体的免疫能力,在动物体内起重要的免疫调节作用,而且还能刺激机体淋巴细胞的增殖和增强巨噬细胞的吞噬能力,提高机体对外界病原物质的抵抗能力。

2.3.2.2 调味肽

某些生物活性肽可以提高食品的适口性,改善食品的风味,我们把这种肽称为调味肽,其中包含酸味肽、甜味肽、苦味肽、咸味肽、激素肽等。运用非常广泛的如甜味肽二肽甜味素和阿力甜素,它们具有味质佳、安全性高、热量低等特点,其中二肽甜味素已经被70多个国家批准在500余种食品和药品中应用,可用于增强食品的甜度,调节风味。此外,赖氨酸二肽被证明是二肽甜味素有效的替代品,其不含酯的功能特性,在食品加工和贮藏过程中更加稳定;而激素类肽可通过自身作为激素或调节激素反应而产生多种生理作用,激素肽作为20世纪90年代发展起来的一类新合成的生物活性肽,在动物体中具有释放生长激素的生物活性。

2.3.2.3 其他

1. 抗氧化肽

某些食物来源的肽具有抗氧化作用,其中人们最熟悉的是存在于动物肌肉中的一种天然二肽——肌肽。据报道,抗氧化肽可抑制体内血红蛋白、脂氧合酶和体外单线态氧催化的脂肪酸败作用。此外,从蘑菇、马铃薯和蜂蜜中鉴别出几种低分子量的抗氧化肽,它们可抑制多酚氧化酶的活性,可直接与多酚氧化酶催化后的醌式产物发生反应,阻止聚合氧化物的形成,从而防止食品的棕色反应。通过清除重金属离子以及促进可能成为自由基的过氧化物的分解,一些抗氧化肽和蛋白水解酶能降低自动氧化速率和脂肪的过氧化物含量。

2. 营养肽

对人或动物的生长发育具有营养作用的肽,称为营养肽,如蛋白质在肠道内酶解消化可释放游离的氨基酸和肽。大量研究表明,肽类的营养价值高于游离氨基酸和完整蛋白质,其原因有以下几个方面：

(1) 一般来说，小肽的抗原性要比大的多肽或原型蛋白质的抗原性低；

(2) 与转运游离氨基酸相比，机体转运小肽通过小肠壁的速度更快；

(3) 肽类的渗透压比游离氨基酸低，因此可提高小肽的吸收效率，减少渗透问题。

4. 小肽还具有良好的感官/味觉效应

目前，生物活性肽的研究领域发展很快，已经受到了各国科学家和政府的高度重视，短短的几年内，就有众多的生物活性肽被辨认出来。有些生物活性肽已经作为功能性食品实现了工业化生产。生物活性肽的研究与开发作为国际上新兴的生物高科技领域，具有极大市场潜力。

此外，活性肽类还可作为药物使用。目前，已经生产出的肽类药物达数百种，涉及大部分疾病的临床治疗。例如，胰岛素的人工合成已解救无数糖尿病患者的生命。2003年，我国爆发了非典型肺炎(SARS)，第四军医大学研究人员在进行抗非典药物研究中，发现了3个对SARS病毒有明确抑制作用的多肽，这一抑制冠状病毒的研究对系列多肽药物的合成，为研制抗非典药物奠定了坚实的基础。

2.4 蛋白质的分子结构

1952年丹麦人Linderstrom–Lang最早提出蛋白质的结构可以分成四个层次：一级结构，即氨基酸序列；二级结构，即α–螺旋，β–折叠；三级结构，即所有原子空间位置；四级结构，即蛋白质多聚体。

2.4.1 蛋白质的一级结构

蛋白质一级结构(primary structure)指蛋白质中共价连接的氨基酸残基的排列顺序，包括二硫键的位置。在每种蛋白质中氨基酸按照一定的数目和组成进行排列，并进一步折叠成特定的空间结构。维系蛋白质一级结构的主要化学键为肽键。

2.4.2 蛋白质的空间结构

蛋白质的空间结构又叫蛋白质的构象(conformation)，指蛋白质分子中原子和基团在三维空间上的排列、分布及肽链的走向。蛋白质的二、三、四级结构均属于蛋白质分子的构象。

维持蛋白质构象的化学键包括：次级键(副键)，由蛋白质分子的主链和侧链上的极性、非极性和离子基团等相互作用而形成的。如：氢键、疏水键、离子键、范德华力、二硫键、配位键。

2.4.2.1 蛋白质的二级结构(secondary structure)

蛋白质分子中某一段肽链的局部空间结构，即该段肽链主链骨架原子的相对空间位置，并不涉及氨基酸残基侧链的构象。其中，由肽键和α–碳原子构成的多肽链骨架称为主链，伸展在外的R基团称为侧链。

蛋白质二级结构的主要维系键为氢键，主要形式包括α–螺旋，β–折叠，β–转角和无规则卷曲。

1. α-螺旋(α-helix)

α-螺旋是蛋白质中最常见最典型含量最丰富的二级结构元件(图2.11),其结构特点包括:

(1)右手螺旋:3.6 AA/圈,螺距0.54 nm。

(2)氢键维系(形成于每个肽键的N—H和第四个肽键的羰基氧之间)。

(3)侧链伸向螺旋外侧。

(4)侧链基团影响螺旋的形成和稳定(带同种电荷,侧链大的R基或Pro存在均妨碍α-螺旋形成)。

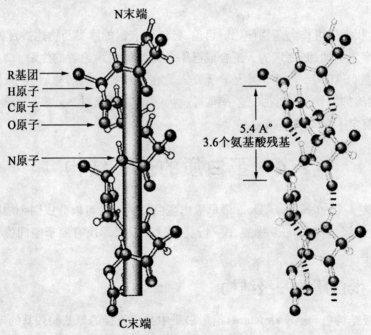

图2.11 蛋白质的α-螺旋

2. β-折叠(β-sheet)

β-折叠也是一种重复性的结构(图2.12),可分为平行式和反平行式两种类型,它们是通过肽链间或肽段间的氢键维系。

3. β-转角(β-turn)

β-转角是种简单的非重复性结构(图2.13)。在β-转角中第一个残基的C═O与第四个残基的N-H氢键形成一个紧密的环,使β-转角成为比较稳定的结构,多处在蛋白质分子的表面。

4. 其他

蛋白质的其他二级结构还包括β-凸起(β-bugle)、无规则卷曲(randon coil)等。

图2.14 显示了RNase的某些典型的二级结构。

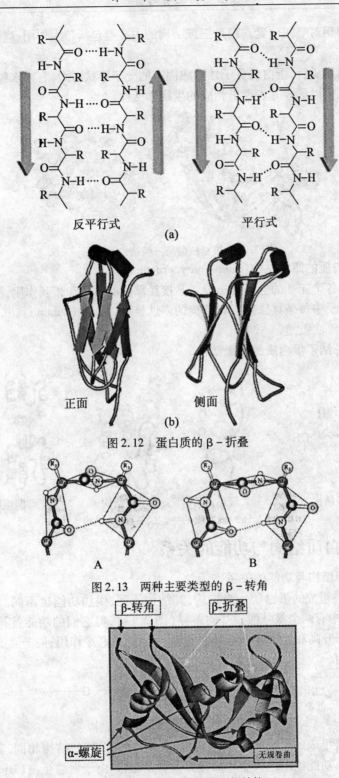

图 2.12 蛋白质的 β-折叠

图 2.13 两种主要类型的 β-转角

图 2.14 RNase 的某些二级结构

2.4.2.2 蛋白质的三级结构(tertiary structure)

整条肽链中所有原子或基团的空间排布称为蛋白质的三级结构(图 2.15),即多肽链中全部氨基酸残基的相对空间位置。维系三级结构的主要键包括疏水作用、离子键、氢键、范德华力等次级键。

只有三级结构形成后,蛋白质分子才形成固有的分子形状;才具有亲水胶体的特性;功能蛋白质的活性部位得以形成并表现出相应的生物学活性。

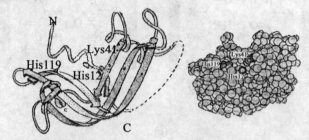

图 2.15　核糖核酸酶三级结构示意图

2.4.2.3　蛋白质的四级结构(quarternary structure)

蛋白质分子中各个亚基的空间排布及亚基接触部位的布局和相互作用,称为蛋白质的四级结构。蛋白质分子中每条具独立三级结构的多肽链称为亚基(subunit),其维系键包括:疏水键、氢键、离子键等次级键。

图 2.16 简要总结了蛋白质的各级结构。

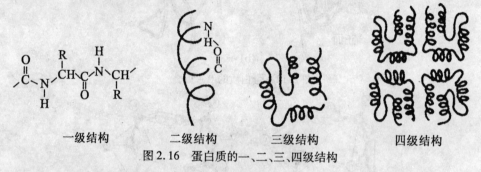

图 2.16　蛋白质的一、二、三、四级结构

2.4.3　蛋白质结构与功能的关系

2.4.3.1　一级结构与功能的关系

(1)由较短肽链组成的蛋白质一级结构,其结构不同,生物功能也不同。如加压素和催产素之间仅在分子中有两个氨基酸残基的差异(图 2.17),但它们的功能差异很大。加压素促进血管收缩、血压升高和促进肾小管对水的重吸收,起抗利尿作用;催产素则刺激子宫平滑肌收缩,起催产作用。

```
              ┌──S─────S──┐
加压素  H₂N—C—Y—F—Q—N—C—P—R—G------
催产素  H₂N-----I---------L-------
```

图 2.17　加压素和催产素的分子结构

(2)由较长肽链组成的蛋白质一级结构中,其中"关键"部分结构相同,其功能也相同;"关键"部分改变,其功能也随之改变。如镰刀型贫血,这是由于血红蛋白(HbA)中的 β 链 N 端第 6 个氨基酸残基谷氨酸被缬氨酸替代所引起的一种遗传性疾病。

2.4.3.2　蛋白质空间结构与功能的关系

蛋白质的空间构象是其功能活性的基础,构象发生变化,其功能活性也随之改变。在生物体内,当某种物质特异地与蛋白质分子的某个部位结合,触发该蛋白质的构象发生一定变化,从而导致其功能活性的变化,这种现象称为蛋白质的变构效应(allostery effect)。变构效应,在生物体内普遍存在,这对物质代谢的调节和某些生理功能的变化都是十分重要的。

以核糖核酸酶的变性与复性及其功能的丧失与恢复为例。核糖核酸酶是由124个氨基酸组成的一条多肽链,含有四对二硫键,空间构象为球状分子。将天然核糖核酸酶在8 mol/L 脲中用β-巯基乙醇处理,分子内的四对二硫键断裂,分子变成一条松散的肽链,此时酶活性完全丧失,但用透析法除去β-巯基乙醇和脲后,此酶经氧化又自发地折叠成原有的天然构象,同时酶活性又恢复。因此,只有当蛋白质以特定的适当空间构象存在时才具有生物活性。

2.5 蛋白质的性质

2.5.1 蛋白质分子的大小

蛋白质是含氮的生物高分子,分子量大,结构复杂。蛋白质的相对分子质量很大,一般在 10 000~1 000 000 之间或更大些。

2.5.2 两性解离和等电点

由于蛋白质分子中氨基酸残基的侧链上存在游离的氨基和游离的羧基,因此蛋白质与氨基酸一样具有两性解离的性质(图2.18),因而也具有特定的等电点(pI)。

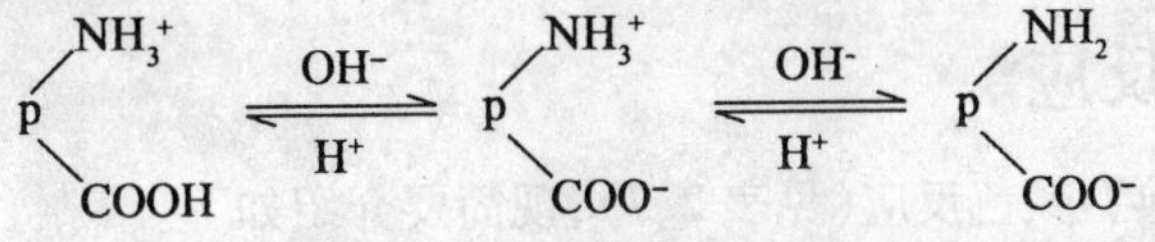

$$P\begin{matrix}NH_3^+\\COOH\end{matrix} \underset{H^+}{\overset{OH^-}{\rightleftharpoons}} P\begin{matrix}NH_3^+\\COO^-\end{matrix} \underset{H^+}{\overset{OH^-}{\rightleftharpoons}} P\begin{matrix}NH_2\\COO^-\end{matrix}$$

图2.18 蛋白质的两性解离

蛋白质的等电点沉淀、离子交换和电泳等基本原理均以氨基酸的两性解离与等电点的特性为基础。

2.5.3 胶体性质

蛋白质分子的颗粒直径已达1~100 nm,处于胶体颗粒的范围。因此,蛋白质具有亲水溶胶的性质。

蛋白质分子表面的水化膜和表面电荷是稳定蛋白质亲水溶胶的两个重要因素,去除这两个稳定因素,蛋白质极易沉淀。

2.5.4 沉淀作用

蛋白质胶体溶液的稳定性是有条件的、相对的。假若改变环境条件,破坏其水化膜和表面电荷,蛋白质亲水胶体失去稳定性,发生絮结沉淀现象,即蛋白质沉淀作用。

常用的蛋白质沉淀方法包括:

(1)盐析法:$(NH_4)_2SO_4$、$NaCl$、Na_2SO_4。
(2)有机溶剂沉淀:乙醇、甲醇、丙酮等。
(3)某些酸类沉淀:$pH < pI$ 时,苦味酸、钨酸、三氯乙酸。
(4)重金属盐沉淀:$pH > pI$ 时,Pb^{2+}、Hg^{2+}、Ag^+、Cu^{2+}。
(5)加热凝固:变性沉淀,偏酸或偏碱不易再溶于强酸和强碱中。

2.5.5 变性作用

在某些物理或化学因素的作用下,蛋白质严格的空间结构被破坏(不包括肽键的断裂),从而引起蛋白质若干理化性质和生物学性质的改变,称为蛋白质的变性(denaturation)。蛋白质变性的本质是蛋白质分子空间构象的改变或破坏(二硫键和非共价键破坏),不涉及一级结构改变或肽键的断裂。

引起蛋白质变性的因素有:
(1)物理因素:高温、高压、紫外线、电离辐射、超声波等。
(2)化学因素:强酸、强碱、有机溶剂、重金属盐等。

蛋白质变性后,生物活性丧失,某些理化性质改变(溶解度降低,黏度增加,结晶能力消失,易被蛋白酶水解)。去除变性因素后,有些变性程度较轻的蛋白质仍可恢复或部分恢复其原有的构象和功能,许多蛋白质的变性为不可逆变性。需要注意的是,变性的蛋白质易于沉淀,而沉淀的蛋白质不一定发生变性。

由于蛋白质具有变性的特性,因此制备、保存蛋白质制剂时需防止变性。

2.5.6 颜色反应

蛋白质具有众多典型颜色反应(见表 2.7),现简要介绍如下。

(1)双缩脲反应(biuret reaction):双缩脲是由两分子尿素缩合而成的化合物。将尿素加热到 180℃,则两分子尿素缩合成一分子双缩脲,并放出一分子氨气。

双缩脲在碱性溶液中能与硫酸铜反应产生红紫色络合物,该反应称为双缩脲反应。蛋白质分子中含有许多和双缩脲结构相似的肽键,因此也能起双缩脲反应,形成红紫色络合物。通常可用此反应定性蛋白质,也可根据反应产生的颜色在 540 nm 处比色,定量测定蛋白质。

$$\underset{\text{尿素}}{\underset{NH_2}{\overset{NH_2}{\underset{|}{C}}}=O} + \underset{\text{}}{\underset{NH_2}{\overset{NH_2}{\underset{|}{C}}}=O} \longrightarrow \underset{\text{双缩脲}}{H_2N-\overset{O}{\underset{|}{C}}-\overset{H}{\underset{|}{N}}-\overset{O}{\underset{|}{C}}-NH_2} + NH_3$$

(2)米伦反应(Millon reaction):反应米伦试剂为硝酸汞、亚硝酸汞、硝酸和亚硝酸的混合物。蛋白质溶液中加入米伦试剂后立即产生白色沉淀,再加热后,沉淀变成红色。酚类化合物有此反应,酪氨酸含有酚基,故含有酪氨酸的蛋白质都有此反应。

(3)黄色反应:这是含有酪氨酸和色氨酸等芳香族氨基酸所特有的反应。蛋白质溶液遇硝酸后,先产生白色沉淀,加热则白色沉淀变成黄色,再加碱,颜色加深呈橘黄色。这是因为硝酸将蛋白质分子中的苯环硝化,产生了黄色硝基苯衍生物。例如,皮肤、指甲和毛发等遇浓硝酸会变成黄色。

(4)乙醛酸反应(glyoxalate reaction):在含有蛋白质的溶液中加入乙醛酸,并沿试管壁慢慢注入浓硫酸,在两液层之间会出现紫色环,凡含有吲哚基的化合物都有此反应。色氨酸及含有色氨酸的蛋白质有此反应,但不含色氨酸的白明胶就无此反应。

(5) 茚三酮反应(ninhydrin reaction):蛋白质和氨基酸一样,也能与水合茚三酮反应,生成蓝紫色化合物。实践中常利用这一反应来检测蛋白质的存在,但不能区别蛋白质与氨基酸。

(6) 福林(folin) - 酚试剂反应:蛋白质分子一般都含有酪氨酸,酪氨酸中的酚基能将福林 - 酚试剂中的磷钼酸及磷钨酸还原成蓝色化合物(即钼蓝和钨蓝的混合物)。这一反应常用来定量测定蛋白质的含量。

(7) 坂口反应(sakoguchi reaction):蛋白质分子中的精氨酸含有胍基,能与次氯酸钠或次溴酸钠及 α - 萘酚在氢氧化钠溶液中产生红色物质。此反应用以测定精氨酸或含有精氨酸的蛋白质。

表 2.7 蛋白质的颜色反应

序号	反应名称	试 剂	颜色	反应有关基团	有此反应的蛋白质及氨基酸
1	双缩脲反应	NaOH 溶液加少量稀 $CuSO_4$ 蓝色溶液	紫红色至蓝紫色	两个以上相邻肽键	所有的蛋白质(氨基酸无)
2	米伦反应	硝酸汞、亚硝酸汞、硝酸和亚硝酸的混合物	红色	⌬—OH	Tyr
3	黄色反应	浓 HNO_3 及氨	黄色至橘黄色	⌬	Phe、Tyr、Trp
4	乙醛酸反应	乙醛酸试剂及浓硫酸	紫红色	(吲哚基)	Trp
5	茚三酮反应	茚三酮	紫蓝色	游离—NH_2	α - 氨基酸
6	福林 - 酚试剂反应	碱性 $CuSO_4$ 及磷钼酸及磷钨酸	紫红色至蓝紫色	⌬—OH	Tyr
7	坂口反应	次氯酸钠或次溴酸钠	红色	$H_2N-C-NH-$ $\quad\ \|$ $\quad NH$	Arg

2.6 蛋白质及氨基酸的分离纯化与测定

2.6.1 分离纯化的一般原则及基本步骤

2.6.1.1 一般原则

蛋白质及氨基酸分离纯化的目的是为了研究其结构、组成、性质和功能等。分离纯化方法的一般原则是要利用不同蛋白间内在的相似性与差异,利用各种蛋白间的相似性来除去非蛋白物质的污染,而利用各蛋白质的差异将目的蛋白从其他蛋白中纯化出来。每种蛋白间的大小、形状、电荷、疏水性、溶解度和生物学活性都会有差异,利用这些差异可将蛋白从混合物中提取出来,如大肠杆菌裂解物得到重组蛋白。

2.6.1.2 基本步骤

(1)取材:选取含有某种蛋白丰富的材料,并要求便于提取。

(2)组织细胞破碎:主要有机械方法、物理方法、化学方法和生物化学方法等。机械法主要通过机械切力的作用使组织细胞破碎的方法,常用的器械有组织捣碎机、匀浆器、研钵和研磨、压榨器等;物理法主要是通过各种物理因素使组织细胞破碎的方法;化学及生物化学法有自溶法、酶解法和表面活性剂法等。不同实验规模、不同实验材料和实验要求,使用的破碎方法和条件也不同。一些坚韧组织,如肌肉、植物的根茎等,常需要强烈的搅拌或研磨作用,才能把其组织细胞破坏,而比较柔软的组织,如肝、脑等,用普通的玻璃匀浆器即可达到完全破坏细胞的目的。对同一实验材料,由于实验目的(要求)的不同,采用的破碎方式也存在一定差异,如提取其中的蛋白质和提取其中的氨基酸,前者必须保持十分温和的条件,以保持分子的完整性;后者可采用强烈手段。

(3)提取:应选用适当的溶剂进行。

(4)分离纯化:根据待分离蛋白质的理化性质进行方法设计。

(5)结晶:进一步分离纯化蛋白质。结晶最佳的条件是使溶液处于过饱和状态,通过控制温度、盐析、加有机溶剂或调节 pH 值等方法来实现。

(6)鉴定和分析:对所制得的蛋白质还需进行纯度、含量、相对分子质量等理化性质的鉴定和分析,主要方法有电泳法、色谱法、定氮法及分光光度法等。

2.6.2 分离纯化的基本方法

根据蛋白质的基本性质,分离纯化方法主要包括以下几种:

(1)溶解性:盐析等。

(2)分子大小和形状:凝胶过滤(分子筛过滤)、透析、超离心、超滤等。

(3)电荷(酸碱性质):电泳、离子交换层析、等电聚焦等。

(4)吸附性质:吸附层析、疏水互做层析。

(5)特异结合亲和性:亲和层析。

在实际操作中,一般要连续采用多种方法才能达到纯化的目的。下面主要介绍几种常见的方法:

1. 盐析(salting out)

在蛋白质溶液中加入大量中性盐,以破坏蛋白质的水化层并中和其电荷,促使蛋白质颗粒相互聚集而沉淀,称为盐析作用。常用的中性盐有:硫酸铵、氯化钠、硫酸钠等。

盐析时,通常不会引起蛋白质的变性,溶液的 pH 值在蛋白质的等电点处效果最好。采用不同盐浓度可将蛋白质分别沉淀,称分级沉淀。

2. 有机溶剂沉淀蛋白质

凡能与水以任意比例混合的有机溶剂,如乙醇、甲醇、丙酮等,均可用于沉淀蛋白质。沉淀原理是：① 脱水作用；② 使水的介电常数降低，蛋白质溶解度降低。为了防止蛋白质在分离过程中发生变性，有机溶剂质量分数不能太高(30%~50%)，且需要在低温条件下进行。

3. 层析(chromatography)

层析是一种利用混合物中各组分理化性质的差异，在相互接触的两相(固定相与流动相)之间的分布不同而进行分离分析的技术方法。

蛋白质分离常用的层析方法包括：

(1) 离子交换层析(ion exchange chromatography)：主要利用各蛋白质的电荷量及性质不同进行分离。由于蛋白质有等电点，当蛋白质处于不同的pH值条件下，其带电状况也不同。阴离子交换基质结合带有负电荷的蛋白质，所以这类蛋白质被留在柱子上，然后通过提高洗脱液中的盐浓度等措施，将吸附在柱子上的蛋白质洗脱下来。结合较弱的蛋白质首先被洗脱下来。反之阳离子交换基质结合带有正电荷的蛋白质，结合的蛋白可以通过逐步增加洗脱液中的盐浓度或是提高洗脱液的pH值洗脱下来。

(2) 凝胶过滤(gel filtration)：又称分子筛层析，利用各蛋白质分子大小不同进行分离(图2.19)，其原理是不同的蛋白质分子对固定化在载体上的特殊配基具有不同的识别和结合能力。选择与待纯化蛋白质具有特殊识别和结合作用的配基，然后应用化学方法将该配基与载体共价链接，将这种有配基的载体装入层析柱中，当含有待纯化的蛋白质溶液通过层析柱时，该蛋白质即与配基发生特异性结合而被吸附在层析柱上，而其他蛋白质则流出柱外。被特异性结合在层析柱上的蛋白质，可以用适当的配体洗脱液洗脱。

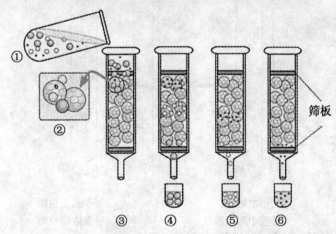

图2.19 凝胶过滤的原理
①样本；②凝胶；③加样；④⑤⑥收集不同的样品

(3) 亲和层析(affinity chromatography)：利用蛋白质与配体的特异性亲和力而建立的层析分离方法。当要被分离的蛋白混合液通过层析柱时，与吸附剂具有亲和能力的蛋白质就会被吸附而滞留在层析柱中。那些没有亲和力的蛋白质由于不被吸附，直接流出，从而与被分离的蛋白质分开，然后选用适当的洗脱液，改变结合条件将被结合的蛋白质洗脱下来。

4. 电泳(electrophoresis)

带电粒子在电场中移动的现象称为电泳。蛋白质分子在溶液中可带净的负电荷或带净的正电荷,故可在电场中发生移动。不同的蛋白质分子所带电荷量不同且分子大小也不同,故在电场中的移动速度也不同,据此可互相分离。蛋白质分离常用的电泳方法包括:

(1)非变性聚丙烯酰胺凝胶电泳(Native PAGE):分离是依据不同蛋白的电泳迁移率的不同和凝胶的分子筛作用。此方法在分离后仍能保持蛋白质和酶等生物大分子的生物活性,对于生物大分子的鉴定有重要意义。

(2)十二烷基硫酸钠-聚丙烯酰胺凝胶电泳(SDS-PAGE):当在样品介质和聚丙烯酰胺凝胶系统中加入SDS后,蛋白质分子之间以及其他物质分子之间的非共价键被破坏。蛋白质分子的电泳迁移率主要取决于它的分子质量大小,其他因素可以忽略不计。因此,SDS-PAGE不仅可以分离鉴定蛋白质,还可以根据迁移率大小测定蛋白质亚基的分子质量。

(3)等电聚焦(Isoelectric focusing):在具有两性电解质形成的pH值梯度的支持物上进行的蛋白质电泳分离技术(图2.20)。电泳时,混合物中的每种蛋白质成分移向并聚焦停留于其等电点pH值梯度处,从而彼此分离。分离的基础是蛋白质分子的pI不同,即正电荷与负电荷基团的相对含量不同。

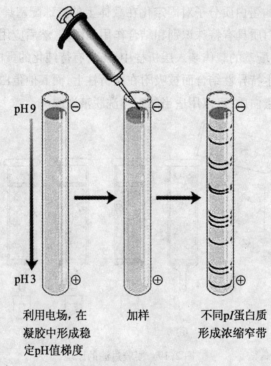

图2.20 蛋白质等电聚焦的原理

5.膜分离法

(1)透析法(dialysis):透析膜是半透膜,蛋白质是大分子物质,它不能透过透析膜,而小分子物质可以自由通过透析膜与周围的缓冲溶液进行溶质交换,进入到透析液中(图2.21)。此法就是利用蛋白质分子不能透过半透膜而使它与其他小分子化合物,如无机盐、单糖、双糖、氨基酸、小肽以及表面活性剂等分离。

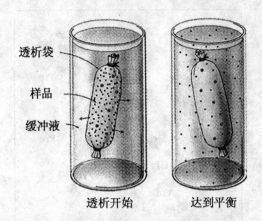

图 2.21 蛋白质透析的原理

(2)超过滤法：该技术是在一定的密封容器,施加一定压力使一定分子质量的物质透过超滤膜,从而去除蛋白大分子中的杂质。

6. 超速离心

超速离心方法利用物质密度的不同,经超速离心后,分布于不同的液层而分离。既可以用来分离纯化蛋白质也可以用作测定蛋白质的分子质量。

2.6.3 氨基酸的分离

为了测定蛋白质中氨基酸的含量、组成或从蛋白质水解液中制取氨基酸,都需要对氨基酸混合物进行分析和分离工作。其方法较多,目前使用较多的是层析法。

所有的层析系统都由两个相组成,一个为固定相或静相(stationary phase),一个为流动相或动相(mobile phase)。混合物各组分的自身特征决定其在两相中的分离分配情况。

1. 分配柱层析

层析柱中的填充剂或支持剂都是一些具有亲水性的不溶物质,如纤维素、淀粉、硅胶等。支持剂表面附着一层不会流动的结合水作为固定相,沿固定相流过的与它互不相溶的溶剂(如苯酚、正丁醇等)是流动相。由填充剂构成的柱床可以设想为由无数的连续的板层组成,每一板层起着微观的"分溶管"作用。当用洗脱剂洗脱时,在柱上端的氨基酸混合物在两相之间按不同的分配系数连续不断地进行分配移动。分部收集层析柱下端的洗脱液,然后分别用茚三酮显色定量,以氨基酸量对洗脱液体积作图得洗脱曲线,曲线中的每个峰相当于某一种氨基酸。

2. 滤纸层析

滤纸纤维素吸附水作为固定相,展层用的溶剂是流动相。层析时,混合氨基酸在这两相中不断分配,使它们分布在滤纸的不同位置上。层析时,将样品点在滤纸的一个角上,称为原点。然后将其放入一个密闭的容器中,用一种溶剂系统进行展层,层析后烘干滤纸,再将其旋转90°采用第二种溶剂系统进行第二相展层。由于各种氨基酸在两个不同的溶剂系统中具有不同的迁移率(R_f),因此它们就会彼此分开。若氨基酸种类较少或一相就能分开,进行一相层析即可。图2.22展示了利用纸层析分离氨基酸的效果图,展开剂(流动相)为正丁醇:醋酸:水(4:1:5)混合溶液。

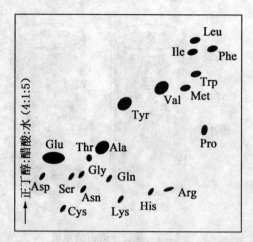

图 2.22　氨基酸的纸层析

3. 薄层层析(thin-layer chromatography)

薄层层析分辨率高,需量极少,层析速度快,可使用的支持剂种类多,如纤维素粉、硅胶、氧化铝等。其步骤大体如下:把支持物涂布在玻璃板上使其成为一个均匀的薄层,把要分析的样品滴加在薄层的一端,然后用合适的溶剂在密闭的容器中进行展层,使样品中各个成分分开,最后进行鉴定和定量分析(图 2.23)。

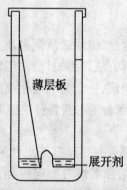

图 2.23　氨基酸的薄层层析示意图

4. 离子交换层析(ion-exchange column chromatography)

离子交换层析是一种用离子交换树脂作支持剂的层析法。离子交换树脂是具有酸性或碱性基团的人工合成的聚苯乙烯-苯二乙烯等不溶性的高分子化合物。聚苯乙烯-苯二乙烯是由苯乙烯(单体)和苯二乙烯(交联剂)进行聚合和交联反应生成的具有网状结构的高聚物。它是离子交换树脂的基质,带电基团是通过后来的反应引入基质的,树脂一般都制成球形颗粒。

5. 气相色谱(gas-liquid chromatography)

当层析系统的流动相为气体,固定相为涂渍在固体颗粒表面的液体时,此层析技术称为气-液色谱或简称为气相色谱。它是利用样品组分在流动的气相和固定在颗粒表面的液相中的分配系数不同而达到分离组分的目的。气相色谱具有微量快速的优点。

6. 高效液相色谱(high performance liquid chromatography,HPLC)

高效液相色谱是目前应用最多的色谱分析方法,高效液相色谱系统由流动相储液体瓶、输液泵、进样器、色谱柱、检测器和记录器组成,其整体组成类似于气相色谱,但是针对其流动相为液体的特点作出很多调整。使用高效液相色谱时,液体待检测物被注入色谱柱,通过压力在固定相中移动,由于被测物种不同物质与固定相的相互作用不同,不同的物质顺序离开色谱柱,通过检测器得到不同的峰信号,最后通过分析比对这些信号来判断待测物所含有的物质。高效液相色谱从原理上与经典的液相色谱没有本质的差别,它的特点是采用了高压输液泵、高灵敏度检测器和高效微粒固定相,适于分析高沸点、不易挥发、分子质量大、不同极性的有机化合物。

高效液相色谱作为一种重要的分析方法,广泛地应用于化学和生化分析中。多种类型的柱层析都可用 HPLC 来代替,例如分配层析、离子交换层析、吸附层析以及凝胶过滤等。

2.6.4 蛋白质及氨基酸的分析测定

2.6.4.1 蛋白质的含量测定

目前常用的蛋白质含量测定方法有凯氏定氮法(kjeldahl nitrogen determination method)、双缩脲法、紫外吸收法、考马斯亮蓝法(Bradford)、Folin-酚试剂法。其中 Bradford 法灵敏度最高,比紫外吸收法灵敏 10~20 倍,比双缩脲法灵敏 100 倍以上。凯氏定氮法虽然比较复杂,但较准确,往往以定氮法测定的蛋白质作为其他方法的标准蛋白质。这 4 种方法并不能在任何条件下适用于任何形式的蛋白质,每种方法都有其优缺点,在选择方法时应考虑:①实验对测定所要求的灵敏度和精确度;②蛋白质的性质;③溶液中存在的干扰物质;④测定所要花费的时间。

1. 凯氏定氮法

其原理是样品中含氮有机化合物与浓硫酸在催化剂作用下共热消化,含氮有机物分解产生氨,氨又与硫酸作用,变成硫酸铵,然后加碱蒸馏放出氨,氨用过量的硼酸溶液吸收,再用盐酸标准溶液滴定求出总氮量换算为蛋白质含量。有关反应为:

$$NH_3 + H_3BO_4 \longrightarrow (NH_4)H_2BO_4 \xrightarrow{HCl 溶液} NH_4Cl + H_3BO_4$$

凯氏定氮法是目前分析有机化合物含氮量常用的方法,是测定试样中总有机氮最准确和最常用的方法之一,被国际和国内作为法定的标准检验方法。该法适用范围广泛,测定结果准确,重现性好,但操作复杂费时,试剂消耗量大。若采用模块式消化炉代替传统的消化装置,可同时测定几份样品,节省时间,提高了工作效率,适用于批量蛋白质的测定,具有准确、快速、简便、低耗、稳定的优点。

2. 双缩脲法

双缩脲法可快速测定蛋白质含量,试剂单一,方法简便,但灵敏度差,测定范围为 1~20 mg 蛋白质。适用于需要快速,但并不需要十分精确的蛋白质测定,常用于谷物蛋白质含量测定。

3. 紫外吸收法

蛋白质分子中,酪氨酸、苯丙氨酸和色氨酸残基的苯环含有共轭双键,使蛋白质具有吸收紫外光的性质,吸收峰在 280 nm 处,其吸光度(即光密度值)与蛋白质含量成正比。此外,蛋白质溶液在 238 nm 的光吸收值与肽键含量成正比。利用一定波长下,蛋白质溶液的光吸收值与蛋白质浓度的正比关系,可以进行蛋白质含量的测定。

紫外吸收法简便、灵敏、快速,不消耗样品,低浓度盐类不干扰测定,测定后仍能回收使用。特别适用于柱层析洗脱液的快速连续检测,因为此时只需测定蛋白质浓度的变化,而不需知道其绝对值。缺点是测定蛋白质含量的准确度较差,干扰物质较多,在用标准曲线法测定蛋白质含量时,对那些与标准蛋白质中酪氨酸和色氨酸含量差异大的蛋白质有一定的误差,故该法适于用测定与标准蛋白质氨基酸组成相似的蛋白质。若样品中含有嘌呤、嘧啶及核酸等吸收紫外光的物质,会出现较大的干扰。核酸在紫外区也有强吸收,但通过校正可以消除。但是因为不同的蛋白质和核酸的紫外吸收是不相同的,虽然经过校正,测定的结果还是存在一定的误差。此外,进行紫外吸收法测定时,由于蛋白质吸收高峰常因 pH 值的改变而有变化,因此要注意溶液的 pH 值,测定样品时的 pH 值要与测定标准曲线的 pH 值相一致。

4. 考马斯亮蓝法

根据蛋白质与染料相结合的原理设计。考马斯亮蓝是一种有机染料,在游离状态下呈红色,在稀酸溶液中与蛋白质的碱性氨基酸(特别是精氨酸)和芳香族氨基酸残基结合后变为蓝色,其最大吸收波长从 465 nm 变为 595 nm,蛋白质在 1~1 000 μg 范围内,蛋白质–色素结合物在 595 nm 波长下的吸光度与蛋白质含量成正比,故可用于蛋白质的定量测定。

考马斯亮蓝 G–250 与蛋白质结合反应十分迅速而稳定,2 min 左右即达到平衡,其结合物室温下 1 h 内保持稳定,且在 5~20 min 之间,颜色的稳定性最好。该方法简便,易于操作,所用试剂较少,显色剂易于配制,干扰物质少,如糖、缓冲液、还原剂和络合剂等均不影响显色。此法的缺点是由于各种蛋白质中的精氨酸和芳香族氨基酸的含量不同,用于不同蛋白质测定时有较大的偏差,在制作标准曲线时通常选用 γ–球蛋白为标准蛋白质,以减少这方面的偏差。标准曲线也有轻微的非线性,因而不能用 Beer 定律进行计算,而只能用标准曲线来测定未知蛋白质的浓度。该方法适用于要求灵敏度高、快速定量测定微量蛋白质的测定。

5. Folin–酚试剂法

Folin–酚试剂法法是最灵敏的蛋白质测定法方法之一。过去此法是应用最广泛的一种方法,由于其中试剂的配制较为困难(现在已可以订购),近年来逐渐被考马斯亮蓝法所取代。此法的显色原理与双缩脲方法是相同的,只是加入了第二种试剂,即 Folin–酚试剂,以增加显色量,从而提高了检测蛋白质的灵敏度。

Folin–酚试剂法的优点是灵敏度高(可检测的最低蛋白质量达 5 mg,通常测定范围是 20~250 mg)。缺点是时间较长,要精确控制操作时间,标准曲线也不是严格的直线形式,且专一性较差,干扰物质较多。对双缩脲反应发生干扰的离子,同样容易干扰 Lowry 反应,而且对后者的影响还要大得多。酚类、柠檬酸、硫酸铵、Tris 缓冲液、甘氨酸、糖类、甘油等均有干扰作用。浓度较低的尿素(0.5%)、硫酸钠(1%)、硝酸钠(1%)、三氯乙酸(0.5%)、乙醇(5%)、乙醚(5%)、丙酮(0.5%)等溶液对显色无影响,但这些物质浓度高时,必须作校正曲线。含硫酸铵的溶液,只需加浓碳酸钠–氢氧化钠溶液,即可显色测定。若样品酸度较高,显色后会色浅,则必须提高碳酸钠–氢氧化钠溶液的浓度 1~2 倍。此法也适用于酪氨酸和色氨酸的定量测定。

2.6.4.2 蛋白质一级结构的测定

1. 测定步骤

测定蛋白质的一级结构,要求样品必须是均一的(纯度大于 97%)而且是已知相对分子质量的蛋白质。一般的测定步骤是:

(1) 通过末端分析确定蛋白质分子由几条肽链构成。
(2) 将每条肽链分开,并分离提纯。
(3) 肽链的一部分样品进行完全水解,测定其氨基酸组成和比例。
(4) 肽链的另一部分样品进行 N 末端和 C 末端的鉴定。
(5) 拆开肽链内部的二硫键。
(6) 肽链用酶促或化学的部分水解方法降解成一套大小不等的肽段,并将各个肽段分离出来。
(7) 测定每个肽段的氨基酸顺序。
(8) 从第二步得到的肽链样品再用另一种部分水解方法水解成另一套肽段,其断裂点与第五步不同。分离肽段并测序。比较两套肽段的氨基酸顺序,根据其重叠部分拼凑出整个肽链的氨基酸顺序。
(9) 测定原来的多肽链中二硫键和酰胺基的位置。

2. 常用方法

(1) N 末端分析

蛋白质的末端氨基与 2,4-二硝基氟苯(DNFB)在弱碱性溶液中作用生成二硝基苯基蛋白质(DNP-蛋白质),产物黄色,可经受酸性 100℃ 高温。水解时,肽链断开,但 DNP 基并不脱落。DNP-氨基酸能溶于有机溶剂(如乙醚)中,这样可与其他氨基酸和 ε-DNP 赖氨酸分开,再经双向滤纸层析或柱层析,可以鉴定黄色的 DNP 氨基酸。

丹磺酰氯法是更灵敏的方法。蛋白质的末端氨基与 5-(二甲胺基)萘-1-磺酰氯(DNS-Cl)反应,生成 DNS-蛋白质。DNS-氨基酸有强荧光,激发波长在 360 nm 左右,比 DNFB 法灵敏 100 倍。

目前应用最广泛的是异硫氰酸苯酯(PITC)法。末端氨基与 PITC 在弱碱性条件下形成相应的苯氨基硫甲酰衍生物,后者在硝基甲烷中与酸作用发生环化,生成相应的苯乙内酰硫脲衍生物而从肽链上掉下来,产物可用气-液色谱法进行鉴定。这个方法最大的优点是剩下的肽链仍是完整的,可依照此法重复测定新生的 N 末端氨基酸。现在已经有全自动的氨基酸顺序分析仪,可测定含 20 个以上氨基酸的肽段的氨基酸顺序。缺点是不如丹磺酰氯灵敏,可与之结合使用。

N 末端氨基酸也可用酶学方法即氨肽酶法测定。

(2) C 末端分析

C 末端氨基酸可用硼氢化锂还原生成相应的 α-氨基醇。肽链水解后,再用层析法鉴定,有断裂干扰。

另一个方法是肼解法,多肽与肼在无水条件下加热,可以断裂所有的肽键,除 C 末端氨基酸外,其他氨基酸都转变为相应的酰肼化合物。肼解下来的 C 末端氨基酸可用纸层析鉴定。精氨酸会变成鸟氨酸,半胱氨酸、天冬酰胺和谷氨酰胺被破坏。

也可用羧肽酶法鉴定,将蛋白质在 pH 8.0,30℃ 与羧肽酶一起保温,按一定时间间隔取样,用纸层析测定释放出来的氨基酸,根据氨基酸的量与时间的关系,就可以知道 C 末端氨基酸的排列顺序。羧肽酶 A 水解除精氨酸、赖氨酸和脯氨酸外所有肽键,羧肽酶 B 水解精氨酸和赖氨酸。

(3) 二硫键的拆开和肽链的分离

一般情况下,蛋白质分子中肽链的数目应等于 N 末端氨基酸残基的数目,可根据末端分析来确定一种蛋白质由几条肽链构成。必须设法把这些肽链分离开来,然后测定每条肽链的氨基酸顺序。如果这些肽链之间不是共价交联的,可用酸、碱、高浓度的盐或其他变性剂处理蛋白质,把肽链分开。如果肽链之间以二硫键交联,或肽链中含有链内二硫键,则必须用氧化或还原的方法将二硫键拆开。最普遍的方法是用过量的巯基乙醇处理,然后用碘乙酸保护生成的半胱氨酸的巯基,防止重新氧化。二硫键拆开后形成的个别肽链,可用纸层析、离子交换柱层析、电泳等方法进行分离。

(4) 肽链的完全水解和氨基酸组成的测定

在测定氨基酸顺序之前,需要知道多肽链的氨基酸组成和比例。一般用酸水解,得到氨基酸混合物,再分离测定氨基酸。目前用氨基酸自动分析仪,2~4 h 即可完成。

蛋白质的氨基酸组成,一般用每分子蛋白质中所含的氨基酸分子数表示。不同种类的蛋白质,其氨基酸组成相差很大。

(5) 肽链的部分水解和肽段的分离

当肽链的氨基酸组成及 N 末端和 C 末端已知后,随后的步骤是肽链的部分水解。这是测序工作的关键步骤。这一步通常用专一性很强的蛋白酶来完成。

最常用的是胰蛋白酶(trypsin),它专门水解赖氨酸和精氨酸的羧基形成的肽键,所以生成的肽段之一的 C 末端是赖氨酸或精氨酸。用丫啶处理,可增加酶切位点(半胱氨酸);用马来酸酐(顺丁烯二酸酐)保护赖氨酸的侧链氨基,或用1,2-环己二酮修饰精氨酸的胍基,可减少酶切位点。此外,经常使用的还有糜蛋白酶,水解苯丙氨酸、酪氨酸、色氨酸等疏水残基的羧基形成的肽键,其他疏水残基反应较慢。

多肽部分水解后,降解成长短不一的小肽段,可用层析或电泳加以分离提纯。经常用双向层析或电泳分离,再用茚三酮显色,所得的图谱称为肽指纹谱。

(6) 多肽链中氨基酸顺序的测定

从多肽链中部分水解得到的肽段可用化学法或酶法测序,然后比较用不同方法获得的两套肽段的氨基酸顺序,根据它们彼此重叠的部分,确定每个肽段的适当位置,拼凑出整个多肽链的氨基酸顺序。

(7) 二硫键位置的确定

一般用蛋白酶水解带有二硫键的蛋白质,从部分水解产物中分离出含二硫键的肽段,再拆开二硫键,将两个肽段分别测序,再与整个多肽链比较,即可确定二硫键的位置。常用胃蛋白酶,因其专一性低,生成的肽段小,容易分离和鉴定,而且可在酸性条件下作用(pH 2),此时二硫键稳定。肽段的分离可用对角线电泳,将混合物点到滤纸的中央,在 pH 6.5 进行第一次电泳,然后用过甲酸蒸汽断裂二硫键,使含二硫键的肽段变成一对含半胱氨磺酸的肽段。将滤纸旋转90°后在相同条件下进行第二次电泳,多数肽段迁移率不变,处于对角线上,而含半胱氨磺酸的肽段因负电荷增加而偏离对角线。用茚三酮显色,分离,测序,与多肽链比较,即可确定二硫键位置。

习 题

1. 组成蛋白质的氨基酸的种类有哪些？如何分类？
2. 什么是生物活性肽？它有何优点？
3. 什么是蛋白质的一级结构？为什么说蛋白质的一级结构决定其空间结构？
4. 什么是蛋白质的空间结构？蛋白质的空间结构与其生物功能有何关系？
5. 蛋白质的 α-螺旋，β-折叠结构有何特点？
6. 举例说明蛋白质的结构与其功能之间的关系。
7. 什么是蛋白质的变性作用和复性作用？蛋白质变性后哪些性质会发生改变？
8. 画图并叙述亲和层析的过程。
9. 简述离子交换层析的原理和过程。
10. 蛋白质分离纯化的基本步骤是什么？

第 3 章 核酸化学

3.1 概 述

核酸(nucleic acid)是一种主要位于细胞核内的生物大分子,对于生物体的遗传性、变异性和蛋白质的生物合成有极其重要的作用。虽然核酸研究起步较晚,但近年来发展迅速,近20年核酸研究的发展已经改变了整个生命科学的面貌,成为21世纪最有活力的学科之一。

3.1.1 核酸的研究历史

1869 年,瑞士外科医生 Friedrich Miescher 从外科绷带上的脓细胞中提取到一种富含磷元素的酸性化合物,因存在于细胞核中而将它命名为"核质"(nuclein),后被证明为核蛋白。1889 年,R. Altman 从动植物细胞分离出了不含核蛋白的核酸(nucleic acid)。1930~1940年,Kossel 和 Levene 等确定核酸的组分,并提出"四核苷酸假说",认为核酸由四种核苷酸组成,缺乏结构方面的多样性,不大可能有重要的生理功能。早期的研究仅将核酸看成是细胞中的一般化学成分,没有人注意到它在生物体内有什么功能。

1944 年,Avery 等为了寻找导致细菌转化的原因,他们发现从 S 型肺炎球菌中提取的 DNA 与 R 型肺炎球菌混合后,能使某些 R 型菌转化为 S 型菌,且转化率与 DNA 纯度呈正相关,若将 DNA 预先用 DNA 酶降解,转化就不发生。因此认为 S 型菌的 DNA 将其遗传特性传给了 R 型菌,DNA 就是遗传物质。从此,核酸是遗传物质的重要地位才被确立,人们把对遗传物质的注意力从蛋白质转移到核酸上。

核酸研究中划时代的工作是 Watson 和 Crick 于 1953 年创立的 DNA 双螺旋结构模型。模型的提出建立在对 DNA 下列三方面认识的基础上:

(1)核酸化学研究中所获得的 DNA 化学组成及结构单元的知识,特别是 Chargaff 于 1950~1953年发现的 DNA 化学组成的新事实;DNA 中四种碱基的比例关系为 A:T = G:C = 1:1。

(2)X 射线衍射技术对 DNA 结晶的研究中所获得的一些原子结构的最新参数。

(3)遗传学研究所积累的有关遗传信息的生物学属性的知识。

综合这三方面的知识所创立的 DNA 双螺旋结构模型,不仅阐明了 DNA 分子的结构特征,而且提出了 DNA 作为执行生物遗传功能的分子,从亲代到子代的 DNA 复制(replication)过程中,遗传信息的传递方式及高度保真性。其正确性于 1958 年被 Meselson 和 Stahl 的实验所证实。DNA 双螺旋结构模型的确立为遗传学进入分子水平奠定了基础,是现代分子生物学的里程碑,从此核酸研究受到了前所未有的重视。

近年来,核酸研究的进展日新月异,其影响面之大,几乎涉及生命科学的各个领域,现代分子生物学的发展使人类对生命本质的认识进入了一个崭新的天地。DNA 双螺旋结构创始人之一 Crick 于 1958 年提出的分子遗传中心法则(centraldogma)揭示了核酸与蛋白质间的内在关系,以及 RNA 作为遗传信息传递者的生物学功能,并指出了信息在复制、传递及表达过程中的一般规律,即 DNA→RNA→蛋白质。遗传信息以核苷酸顺序的形式贮存在 DNA 分子中,它们以功能单位在染色体上占据一定的位置构成基因(gene),因此,测定 DNA 顺序无疑是非常重要的。1975 年,Sanger 发明的 DNA 测序(DNA sequencing)法为实现这一目标起了关键性作用,由此而发展起来的大片段 DNA 顺序快速测定技术——Maxam 和 Gilbert 的化学降解法(1977 年)和 Sanger 的末端终止法(1977 年),已是核酸结构与功能研究中不可缺少的分析手段。我国学者洪国藩于 1982 年提出了非随机的有序 DNA 测序新策略,对 DNA 测序技术的发展作出了重要贡献。目前,DNA 测序的部分工作已经实现了仪器的自动化操作,凭借先进的 DNA 测序技术及其他基因分析手段,人类正在进行一项以探明自身基因组(genome)全部核苷酸顺序(单倍基因组含 3×10^9 bp)为目标的宏伟计划——人类基因组计划(human genome project),此项计划的实现将对全人类的健康产生巨大影响。Watson – Crick 模型创立 36 年后的 1989 年,一项新技术——扫描隧道显微镜(scanning tummeling microscopy,STM)使人类首次能直接观测到近似自然环境中的单个 DNA 分子的结构细节,观测数据的计算机处理图像能在原子级水平上精确度量出 DNA 分子的构型、旋转周期、大沟(major groove)及小沟(minor groove),这一成果是对 DNA 双螺旋结构模型真实性的最直接可信的证明。此项技术无疑会对人类最终完全解开遗传之谜提供有力的帮助。

3.1.2 核酸的化学组成

3.1.2.1 核酸的元素组成

核酸主要由 C、H、O、N、P 等元素组成,其中 P 元素在核酸中含量与在 DNA 中含量比较接近,在 DNA 中约为 9.9%,在 RNA 中约为 9.4%。利用此特性,根据定磷法,只要测出样品中核酸的含磷量就可以计算出其核酸含量。

3.1.2.2 核酸的基本结构单位

核酸分为核糖核酸和脱氧核糖核酸。一分子核糖核酸水解生成一分子核糖(五碳糖)、一分子磷酸和一分子含氮碱基;一分子脱氧核糖核酸水解生成一分子脱氧核糖(五碳糖)、一分子磷酸和一分子含氮碱基。核酸的逐步水解过程如图 3.1 所示。

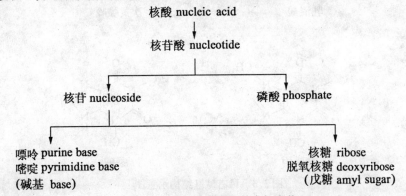

图 3.1 核酸的水解及其水解产物

1. 碱基(base)

构成核苷酸的碱基分为嘌呤(purine)和嘧啶(pyrimidine)两类,它们都是含氮的杂环化合物。前者主要指腺嘌呤(adenine,A)和鸟嘌呤(guanine,G),DNA 和 RNA 中均含有这两种碱基。后者主要指胞嘧啶(cytosine,C)、胸腺嘧啶(thymine,T)和尿嘧啶(uracil,U),胞嘧啶存在于 DNA 和 RNA 中,胸腺嘧啶只存在于 DNA 中,尿嘧啶则只存在于 RNA 中,这五种碱基的结构如图 3.2 所示。

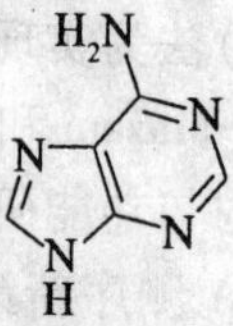

腺嘌呤 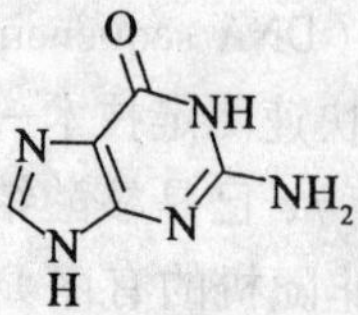　　鸟嘌呤 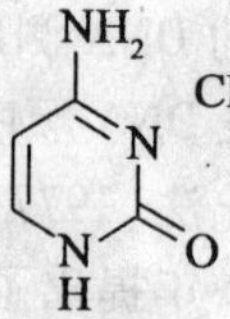　　胞嘧啶 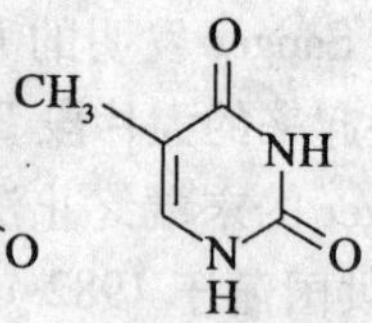　　胸腺嘧啶 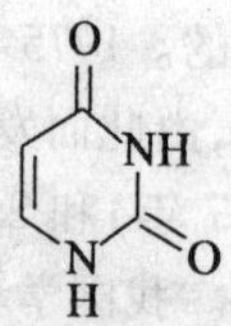　　尿嘧啶

图 3.2　碱基结构示意图

此外,核酸分子中还发现数十种修饰碱基(modified bases),又称稀有碱基,(unusual),它是指上述五种碱基环上的某一位置被一些化学基团(如甲基、甲硫基化等)修饰后的衍生物。一般这些碱基在核酸中的含量稀少,在各类核酸中的分布也不均一,例如转移核糖核酸(transfer ribonucleic acid,tRNA)中含有一些共价修饰的碱基,如 5-甲基胞嘧啶和 N^6-甲基腺嘌呤,还有一些重要的碱基(包括乳清酸和次黄嘌呤)是核酸代谢的中间产物。咖啡因和茶碱是两个甲基化的嘌呤衍生物,是存在于咖啡豆和茶饮料中的兴奋剂(图3.3)。

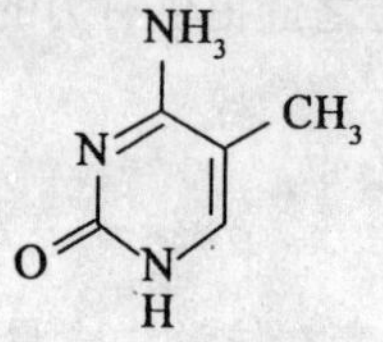

5-甲基胞嘧啶 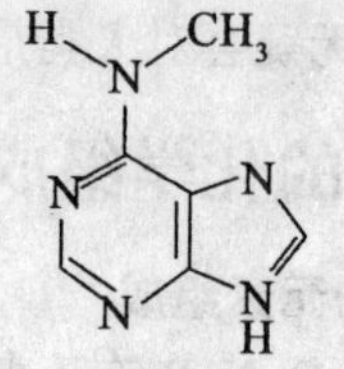　　　　　　N^6-甲基腺嘌呤

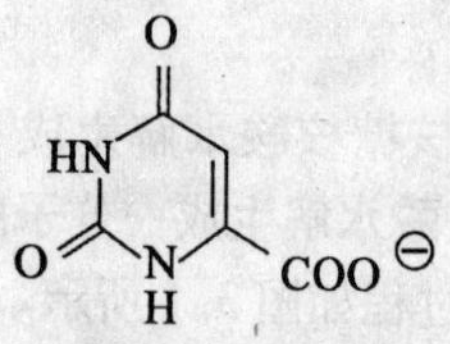

乳清酸 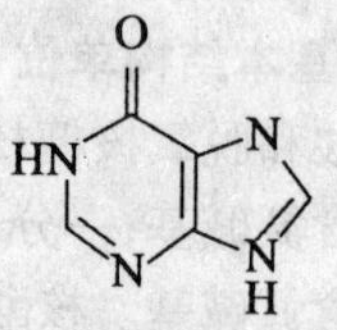　　　　　　　次黄嘌呤

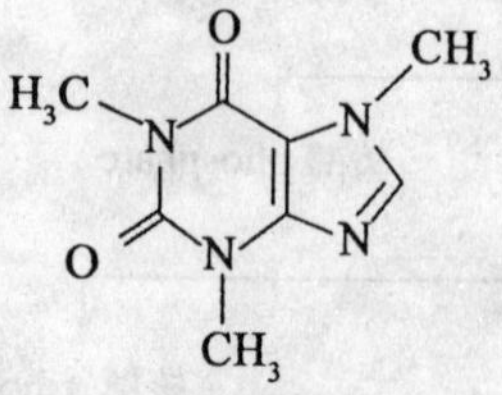

咖啡因 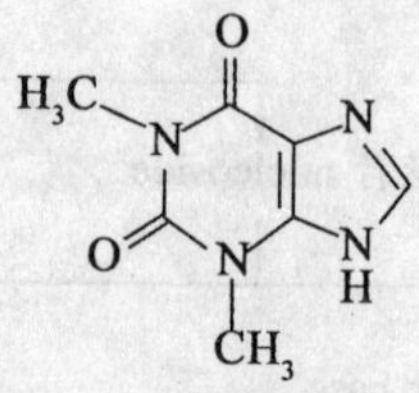　　　　　　　茶碱

图 3.3　稀有碱基结构示意图

2. 戊糖(pentose)

核酸分子中的戊糖有两种:RNA 中的戊糖是 D-核糖,DNA 中的戊糖是 D-2-脱氧核糖。D-核糖的 C-2 所连的羟基脱去氧即为 D-2-脱氧核糖。核酸分子中的核糖都是 β-D 型,二者的结构式如图 3.4 所示。

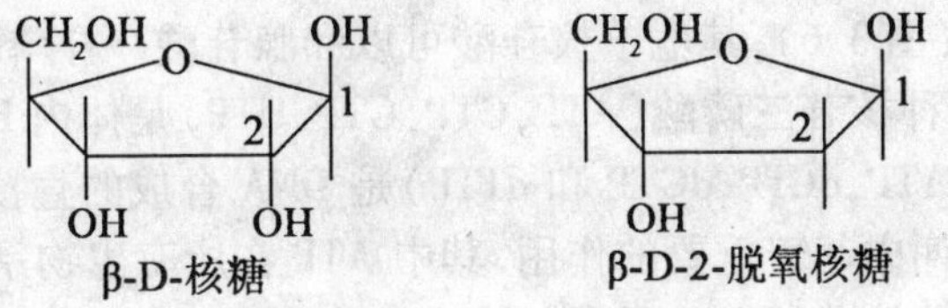

第3章 核酸化学

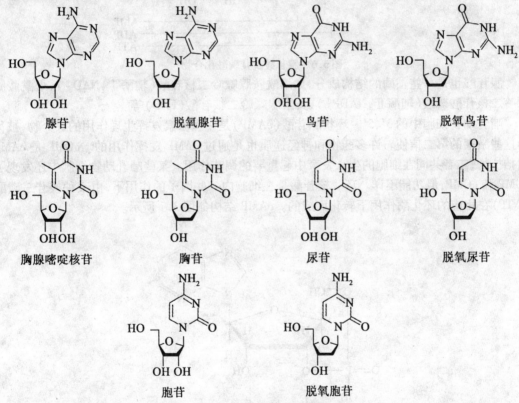

图3.4 核糖结构示意图

3. 核苷(nucleoside)

核苷是由碱基通过糖苷键与戊糖缩合而成的化合物。核糖与碱基一般由糖的异头碳与嘧啶的 N-1 或嘌呤的 N-9 之间形成的 β-N-糖苷键连接,所以,糖与碱基之间的连键是 N—C 键,一般称为 N-糖苷键。核苷中的 D-核糖及 D-2-脱氧核糖均为呋喃环结构。糖环中的 C1 是不对称碳原子,所以有 α-及 β-两种构型,但核酸分子中的糖苷键均为 β-糖苷键。应用 X 射线衍射法已经证明,核苷中的碱基与糖环平面是互相垂直的。核酸中的核苷包括腺苷、鸟苷、胸苷、胞苷、尿苷以及脱氧腺苷、脱氧胸苷、脱氧胞苷等(图3.5)。

图3.5 核苷结构示意图

4. 核苷酸(nucleotide)

核苷酸是核苷与磷酸结合生成的化合物,即核苷的磷酸酯。核苷酸是核酸分子的结构单元,核酸分子中的磷酸酯键是在戊糖 C-3′和 C-5′所连的羟基上形成的,故构成核酸的核苷酸可视为 3′-核苷酸或 5′-核苷酸。生物体内的游离核苷酸多为 5′-核苷酸,通常将核苷 5′-磷酸简称为核苷一磷酸或核苷酸。各种核苷酸通常用英文缩写表示,如腺苷酸为 AMP,鸟苷酸为 GMP 等,脱氧核苷酸则在英文缩写前加小写 d,如 dAMP,dGMP 等。

生物体内的 AMP 可与一分子磷酸结合形成腺苷二磷酸(ADP),ADP 再与一分子磷酸结合成腺苷三磷酸（ATP）（图3.6），其他单核苷酸可以和腺苷酸一样磷酸化，产生相应的二磷酸或三磷酸化合物。各种核苷三磷酸（ATP，CTP，GTP，UTP）是体内 RNA 合成的直接原料，各种脱氧核苷三磷酸（dATP，dCTP，dGTP 和 dTTP）是 DNA 合成的直接原料。核苷三磷酸化合物在生物体的能量代谢中起着重要的作用，其中 ATP 在所有生物系统化学能的贮藏和利用中起着关键作用。有些核苷三磷酸还参与特定的代谢过程，如 UTP 参与糖的互相转化与合成，CTP 参与磷脂的合成，GTP 参与蛋白质和嘌呤的合成等。

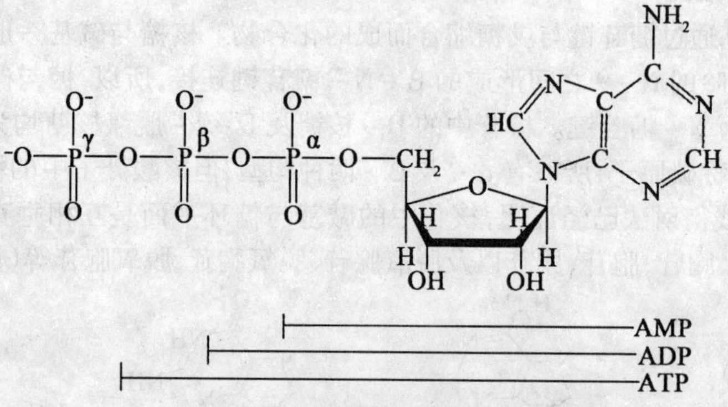

图3.6　腺苷酸及其磷酸化合物

腺苷酸也是一些辅酶的结构成分，如烟酰胺腺嘌呤二核苷酸（辅酶Ⅰ，NAD^+）、烟酰胺腺嘌呤二核苷酸磷酸（辅酶Ⅱ，$NADP^+$）、黄素腺嘌呤二核苷酸（FAD）等。

哺乳动物细胞中的 3′,5′-环状腺苷酸（cAMP）是一些激素发挥生理作用的媒介物，被称为这些激素的第二信使。许多药物和神经递质也是通过 cAMP 发挥作用的。cGMP 是 cAMP 的拮抗物，二者共同在细胞的生长发育中起重要的调节作用。某些哺乳动物细胞中还发现了 cUMP 和 cCMP，但功能不详。环状核苷酸是在细胞内一些因子的作用下，由某种核苷三磷酸（NTP）在相应的环化酶作用下转化而成的。cAMP 结构如图3.7所示。

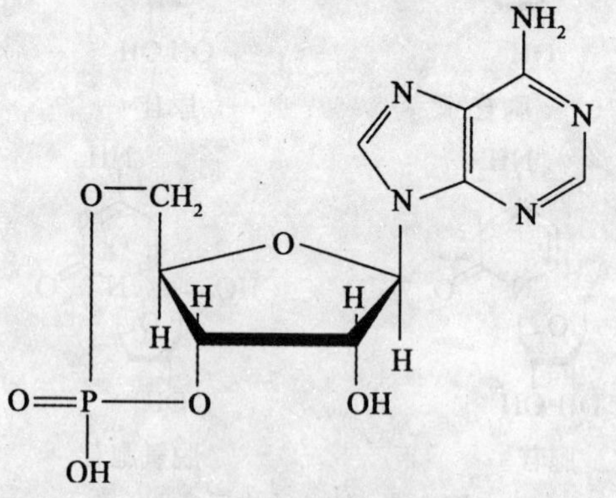

图3.7　cAMP 结构示意图

3.1.2.3　核酸的连接方式

核酸是由众多核苷酸聚合而成的多聚核苷酸（polynucleotide），相邻两个核苷酸之间的连接键为 3′,5′-磷酸二酯键（phosphodiester bond），这种连接可理解为核苷酸糖基上的 3′位羟基与相邻 5′核苷酸的磷酸残基之间，以及核苷酸糖基上的 5′位羟基与相邻 3′核苷酸的磷酸残基之间形成的两个酯键，多个核苷酸残基以这种方式连接而成的链式分子就是核酸。无论是 DNA 还是 RNA，其基本结构都是如此，故又称 DNA 链或 RNA 链。DNA 链的结构如图3.8所示。

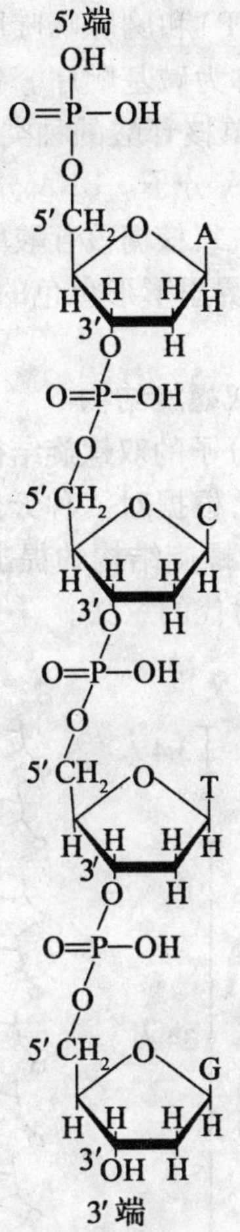

图 3.8 多核苷酸链(DNA 链)的化学式

3.1.2.4 寡核苷酸

寡核苷酸(oligonucleotide),一般是指 2~10 核苷酸残基以磷酸二酯键连接而成的线性多核苷酸片段,但在使用这一术语时,对核苷酸残基的数目并无严格规定,在不少文献中,把含有 30 甚至更多核苷酸残基的多核苷酸分子也称作寡核苷酸。寡核苷酸可由仪器自动合成,它可作为 DNA 合成的引物(primer)、基因探针(probe)等,在现代分子生物学研究中具有广泛的用途。

3.2 核酸的结构与功能

3.2.1 DNA 的结构与功能

DNA(Deoxyribonucleic acid),又称脱氧核糖核酸,是由单体脱氧核糖核苷酸聚合而成的聚合体,是遗传信息的载体。

3.2.1.1 DNA 的一级结构

DNA 的一级结构是指 DNA 分子中的脱氧核糖核苷酸残基的排列顺序。组成 DNA 分子的脱氧核糖核苷酸主要有 4 种,即腺嘌呤脱氧核糖核苷酸(dATP)、胞嘧啶脱氧核糖核苷酸

(dCTP)、鸟嘌呤脱氧核糖核苷酸(dGTP)和胸腺嘧啶脱氧核糖核苷酸(dTTP)。由于核苷酸之间的差异仅仅是碱基的不同,故可称为碱基顺序。各核苷酸之间通过 3′,5′-磷酸二酯键相连形成"磷酸-脱氧核糖"骨架,其单核苷酸的种类虽然不多,但因各种核苷酸的数目、比例和排列顺序不同,可构成不同的 DNA 分子。DNA 分子质量很大,约 $10^6 \sim 10^{10}$ 或更高,即使最小的 DNA 分子,至少也含 5 000 个脱氧核糖核苷酸单位,含如此数目碱基的 DNA 所能容纳的信息量之大是可想而知的。生物世界里形形色色的遗传信息都包含在组成 DNA 的 A,G,C,T 这四种核苷酸的排列顺序之中。

3.2.1.2 DNA 的二级结构——双螺旋结构

DNA 的二级结构一般是指 DNA 分子的双螺旋结构(图 3.9),它是 1953 年由美国物理学家 Watson 和英国生物学家 Crick 联手,根据对一种天然构象的 β-DNA 结晶的 X 射线衍射图谱及其他化学分析创建的。DNA 双螺旋结构的提出开启了分子生物学时代,使生物大分子的研究进入一个新的阶段,具有划时代的意义。

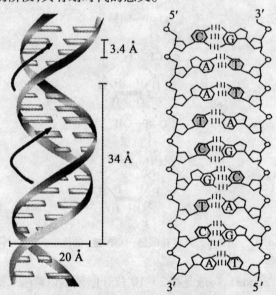

图 3.9 DNA 分子的双螺旋结构模型

1. 双螺旋结构模型的主要依据

(1) X 射线衍射数据

Wilkins 和 Franklin 发现不同来源的 DNA 纤维具有相似的 X 射线衍射图谱。这说明 DNA 可能有共同的分子模型。X 射线衍射数据说明 DNA 含有两条或两条以上具有螺旋结构的多核苷酸链,而且沿纤维长轴有 0.34 nm 和 3.4 nm 两个重要的周期性变化。

(2) 关于碱基成对的证据

①核酸单链间以腺嘌呤与尿嘧啶(RNA)或胸腺嘧啶(DNA)、鸟嘌呤与胞嘧啶的专一氢键结合,碱基配对是 DNA 和 RNA 双螺旋结构的基础。Chargaff 等应用层析法对多种生物 DNA 的碱基组成进行了分析,发现 DNA 中的腺嘌呤数目与胸腺嘧啶的数目相等,胞嘧啶(包括 5-甲基胞嘧啶)的数目和鸟嘌呤的数目相等(表 3.1)。后来又有人证明腺嘌呤和胸腺嘧啶间可以形成两个氢键;而胞嘧啶和鸟嘌呤之间形成 3 个氢键。

表3.1　不同来源 DNA 的碱基组成

DNA 来源	腺嘌呤	鸟嘌呤	胞嘧啶	胸腺嘧啶	5-甲基胞嘧啶
牛胸腺	28.2	21.5	21.2	27.8	1.3
大白鼠骨髓	28.6	21.4	20.4	28.4	1.1
小麦胚	27.3	22.7	16.8	27.1	6.0
酵母	31.3	18.7	17.1	32.9	—
大肠杆菌	26.0	24.9	25.2	23.9	—
结核分支杆菌	15.1	34.9	35.4	14.6	—

（3）电位滴定实验

用电位滴定法证明 DNA 的磷酸基可以滴定，而嘌呤和嘧啶的可解离基团则不能滴定，说明它们是由氢键连接起来的。

2. 双螺旋结构模型的要点

（1）两条反向平行的多核苷酸链围绕同一中心轴缠绕，形成一个右手双螺旋。一条链上的碱基通过氢键与另一条链上的碱基连接，形成碱基对。G 与 C 配对，A 与 T 配对，G 和 C 之间形成 3 个氢键，A 和 T 之间形成两个氢键。

（2）交替的脱氧核糖和带负电荷的磷酸基团骨架位于双螺旋的外侧，糖环平面几乎与碱基平面成直角。两条链上的嘌呤碱基与嘧啶碱基堆积在双螺旋的内部，由于它们的疏水性和近似平面的环结构而紧密叠在一起，碱基平面与螺旋的长轴垂直。

（3）双螺旋的平均直径为 2 nm（实测为 2.37 nm），相邻碱基对的距离为 0.34 nm（实测为 0.33 nm），相邻核苷酸的夹角为 36°（实测为 34.6°）。沿螺旋的长轴每一转含有 10 个（实测测量为 10.4）碱基对，其螺距为 3.4 nm。

（4）由于碱基对的堆积和糖-磷酸骨架的扭转，导致螺旋的表面形成两条不等宽的沟。宽而深的沟叫大沟；窄而浅的沟称之小沟。在这些沟内，碱基对的边缘是暴露的，所以与特定的碱基对有相互作用的分子可以通过这些沟去识别碱基对，而不必将螺旋破坏，这对于与 DNA 结合并识别特殊序列的蛋白质是特别重要的。

（5）一些弱的相互作用可稳定双螺旋 DNA。影响双螺旋 DNA 稳定性的主要作用是疏水相互作用、碱基堆积力、氢键和静电排斥力。

3.2.1.3　DNA 的三级结构

在某些条件下，DNA 双螺旋分子的二级结构在空间上可进一步形成更复杂的超螺旋结构即 DNA 的三级结构。某些细菌及病毒的 DNA 双螺旋分子可形成封闭环状，天然状态的环状 DNA 分子多扭曲成麻花状的超螺旋结构，如图 3.10 所示。

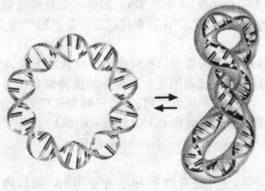

DNA 开环型结构　　　　闭环超螺旋型结构
图 3.10　DNA 三级结构模式

3.2.2 RNA 的结构与功能

RNA(ribonucleic acid),即核糖核酸,存在于生物的遗传信息中间载体,并参与蛋白质合成和基因表达调控。RNA 普遍存在于动物、植物、微生物及某些病毒内,在 RNA 病毒内,RNA 是遗传信息的载体。

3.2.2.1 RNA 的组成和分类

1. RNA 的组成

RNA 一般是单链线形分子,也有双链的如呼肠孤病毒 RNA,环状单链的如类病毒 RNA,1983 年还发现了有支链的 RNA 分子。RNA 的基本碱基有腺嘌呤(A)、鸟嘌呤(G)、胞嘧啶(C)和尿嘧啶(U)4 种,但有些 RNA 还含有多种稀有碱基。组成 RNA 的基本核苷酸主要有 4 种:AMP、GMP、CMP 和 UMP。

2. RNA 的分类

在细胞中,根据结构功能的不同,RNA 主要分 3 类,即转移 RNA(tranfer RNA,tRNA)、核糖体 RNA(ribosomal RNA,rRNA)和信使 RNA(messengerRNA,mRNA)。

(1) tRNA

tRNA 是 mRNA 上遗传密码的识别者和氨基酸的转运者,是分子最小的 RNA,其分子质量平均约为 27 000(25 000~30 000),由 70~90 个核苷酸组成,具有稀有碱基,除甲尿嘧啶核苷与次黄嘌呤核苷外,主要是甲基化了的嘌呤和嘧啶。

(2) rRNA

rRNA 占细胞 RNA 总量的 80%,是组成核糖体的成分,而核糖体是蛋白质合成的工厂。rRNA 一般与核糖体蛋白质结合在一起,形成核糖体(ribosome),如果把 rRNA 从核糖体上除去,核糖体的结构就会发生塌陷。

原核生物核糖体所含的 rRNA 有 5S、16S 及 23S 三种。S 为沉降系数(sedimentation coefficient),用超速离心测定一个粒子的沉淀速度的量度,与粒子的大小直径成比例。5S 含有 120 个核苷酸,16S 含有 1 540 个核苷酸,而 23S 含有 2 900 个核苷酸。真核生物有 4 种 rRNA,分别是 5S、5.8S、18S 和 28SrRNA,分别具有大约 120、160、1 900 和 4 700 个核苷酸。

(3) mRNA

生物的遗传信息主要贮存于 DNA 的碱基序列中,但 DNA 并不直接决定蛋白质的合成。在真核细胞中,DNA 主要贮存于细胞核中的染色体上,而蛋白质的合成场所位于细胞质中的核糖体上,因此需要有一种中介物质,才能把 DNA 的遗传信息传递给蛋白质。现已证明,这种中介物质是一种特殊的 RNA,这种 RNA 起着传递遗传信息的作用,因而称为信使 RNA,约占细胞 RNA 总量的 3%~5%。

mRNA 的功能就是把 DNA 上的遗传信息精确无误地转录下来,然后再由 mRNA 的碱基顺序决定蛋白质的氨基酸顺序,完成基因表达过程中的遗传信息传递过程。在真核生物中,转录形成的前体 RNA 中含有大量非编码序列,大约只有 25% 序列经加工成为 mRNA,最后翻译为蛋白质。由于这种未经加工的前体 mRNA(pre-mRNA)在分子大小上差别很大,所以通常称为不均一核 RNA(heterogeneous nuclear RNA,hnRNA)。

(4) 其他

除 mRNA、rRNA 和 tRNA 外,还有许多种小分子 RNA,如核内小 RNA(small nuclear RNA,snRNA)、端体酶 RNA(telomerase RNA)和反义 RNA(antisenseRNA,asRNA)等,不同种类的 RNA 结构和功能各不相同。

snRNA 主要存于细胞核中,占细胞 RNA 总量的 0.1%~1%,它是真核生物转录后加工过程中 RNA 剪接体(spilceosome)的主要成分。现在发现有 5 种 snRNA,其长度在哺乳动物中约为 100~215 个核苷酸。

端体酶 RNA,它与染色体末端的复制有关。反义 RNA 则参与基因表达的调控,与蛋白质以 RNP(核糖核酸蛋白)的形式存在,在 hnRNA 和 rRNA 的加工、细胞分裂和分化、协助细胞内物质运输、构成染色质等方面有重要作用。

3.2.2.2 RNA 的一级结构

RNA 的一级结构是指由 ATP、GTP、CTP 和 UTP 4 种核糖核苷酸通过 $3',5'$-磷酸二酯键相连而成的多聚核苷酸链的线性结构。

对于 RNA 的一级结构,研究最多的是 tRNA。tRNA 的 $5'$-末端总是磷酸化,而且常是 pG;$3'$-末端最后三个碱基顺序相同,总是 CCA—OH;tRNA 中含有较多的稀有碱基,每分子含 7~15 个,稀有碱基中最常见的是甲基化的碱基。

3.2.2.3 RNA 的二级结构

天然 RNA 的二级结构,一般并不像 DNA 那样都是双螺旋结构,只是在许多区段可发生自身回折,使部分 A—U、G—C 碱基配对,从而形成短的不规则的螺旋区。不配对的碱基区膨出形成环,被排斥在双螺旋之外。RNA 中双螺旋结构的稳定因素,也主要是碱基的堆砌力,其次才是氢键。每一段双螺旋区至少需要 4~6 个碱基对才能保持稳定。在不同的 RNA 中,双螺旋区所占比例不同,rRNA 中双螺旋区占 40% 左右,tRNA 中的双螺旋区占 50% 左右,如图 3.11 所示。

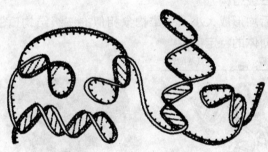

图 3.11 RNA 的二级结构

RNA 的二级结构研究得比较清楚的是 tRNA,各种 tRNA 的一级结构互不相同,但它们的二级结构都呈三叶草形(cloverleaf structure)(图 3.12),此种结构的共同特点如下:

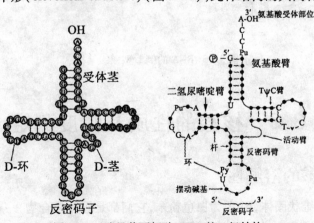

图 3.12 酵母苯丙氨酸 tRNA 的二级结构

(1) 3′端含CCA-OH序列。由于该序列是单链突伸出来,并且氨基酸总是接在该序列腺苷酸残基(A)上,所以CCA-OH序列称为氨基酸接受臂(amino acid acceptor arm)。CCA通常接在3′端第4个可变核苷酸上,3′端第5~11位核苷酸与5′端第1~7位核苷酸形成螺旋区,称为氨基酸受体茎(amino acid acceptor stem)。

(2) TψC环(TψC loop)。TψC环是第一个环,由7个不配对的碱基组成,几乎总是含5′-GTψC-3′序列,该环涉及tRNA与核糖体表面的结合,有人认为GTψC序列可与5 SrRNA的GAAC序列反应。

(3) 额外环或可变环(extro variable loop)。这个环的碱基种类和数量高度可变,在3~18个不等,往往富有稀有碱基。

(4) 反密码子环(anticodon loop)。由7个不配对的碱基组成,处于中间位的3个碱基为反密码子反密码子可与mRNA中的密码子,结合。毗邻反密码子的3′端碱基往往为烷化修饰嘌呤,其5′端为U,即:-U-反密码子-修饰的嘌呤。

(5) 二氢尿嘧啶环(dihydr-U loop或D-loop)由8~12个不配对的碱基组成,主要特征是含有(2+1或2-1)个修饰的碱基(D)。

(6) 上述的TψC环,反密码子环,和二氢尿嘧啶环分别连接在由4或5个碱基组成的螺旋区上,依次称为TψC茎,反密码子茎和二氢尿嘧啶茎。此外,前述15~16个固定碱基几乎全部位于这些环上。

3.2.2.4 RNA的三级结构

所有的tRNA折叠后均形成大小及三维构象相似的三级结构(图3.13),这有利于携带氨基酸的tRNA进入核糖体的特定部位。

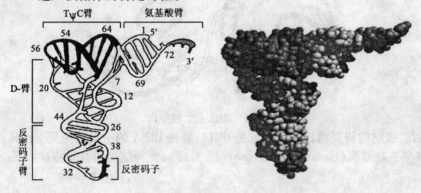

图3.13 tRNA的倒L型三级结构

3.3 核酸的性质及纯度测定

3.3.1 核酸的溶解性

DNA为白色纤维状固体,RNA为白色粉末,它们都是极性化合物,一般都溶于水,不溶于乙醇、乙醚和氯仿等一般的有机溶剂,常用乙醇沉淀核酸。大多数DNA为线形分子,其长度可以达到几个 cm,而分子直径只有 2 nm。DNA 溶液的黏度极高,RNA 溶液的黏度要小得多。

3.3.2 核酸的解离

核酸既含有酸性的磷酸基团,又含有弱碱性的碱基,故可发生两性解离,其解离状态随溶液的 pH 值而改变。由于磷酸基团的酸性很强,所以 pI 较低,整个分子相当于多元酸。利用核酸的两性解离可以通过调节核酸溶液的等电点来沉淀核酸,也可通过电泳分离纯化核酸。

3.3.3 核酸的紫外吸收

核酸中的嘌呤和嘧啶具有共轭双键,能强烈吸收 260~290 nm 的紫外光,在 260 nm 处有最大吸收峰,而蛋白质的最大吸收峰波长在 280 nm。因此,对于纯的 DNA 或 RNA,可以通过测得 A_{260} 来测定核酸的含量。DNA 的紫外吸收光谱如图 3.14 所示。

另外,也可以利用此特性来鉴定核酸样品中是否含有杂质蛋白。一般来说,A_{260}/A_{280} 值可以反映核酸的纯度。即:

纯的 DNA:A_{260}/A_{280} = 1.8

纯的 RNA:A_{260}/A_{280} = 2.0

核酸的光吸收值比各核苷酸光吸收值的和少 30%~40%,当核酸变性或降解时光吸收值显著增加(增色效应),但核酸复性后,光吸收值又回复到原有水平(减色效应),这是由双螺旋结构中的碱基紧密堆积造成的(图 3.14)。

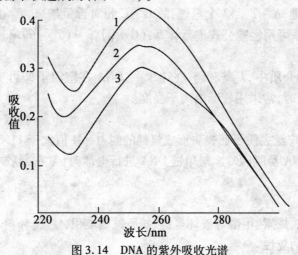

图 3.14 DNA 的紫外吸收光谱

3.3.4 变性与复性

3.3.4.1 核酸的变性

核酸在某些物理或化学因素的作用下,其空间结构发生改变,从而引起理化性质的改变及生物活性的降低或丧失,称为变性。核酸的变性主要是双螺旋区氢键断裂,形成单链无规则线团状,只涉及次级键的破坏。引起变性的因素有:高温、酸碱、尿素、甲醛等。

核酸变性后,在 260 nm 处的吸收值上升,叫做增色效应(hyperchromic effect),同时黏度下降,浮力密度升高,生物学功能部分或全部丧失,增色效应常可用来衡量 DNA 变性的程度。

实验证明,DNA 变性是爆发式的,变性作用发生在一个很窄的湿度范围内。通常将加热引起的核酸变性称为热变性。将 DNA 双螺旋结构变性一半时的温度称熔解温度（melting temperature, T_m）（图 3.15）。T_m = OD 增加值的中点温度（一般为 85~95℃）。

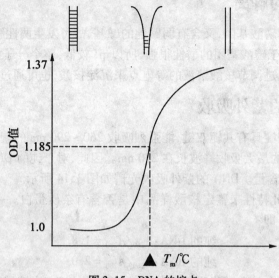

图 3.15　DNA 的熔点

影响 T_m 的因素一般包括以下几方面：

1. G-C 含量

G-C 含 3 个氢键，A-T 含 2 个氢键，故 G-C 相对含量越高，T_m 也越高。DNA 中的 G-C 含量与 T_m 的关系可用经验公式进行计算：(G+C)% = (T_m - 69.3) × 2.44。

2. 溶液的离子强度

离子强度较低的介质中，T_m 较低。在纯水中，DNA 在室温下即可变性。分子生物学研究工作中需核酸变性时，常采用较低的离子强度。

3. 溶液的 pH 值

高 pH 值下碱基广泛去质子而丧失形成氢键的能力，pH 值大于 11.3 时，DNA 完全变性。pH 值低于 5.0 时，DNA 易脱嘌呤。对单链 DNA 进行电泳时，常在凝胶中加入 NaOH 以维持变性状态。

4. 变性剂

变性剂如甲酰胺、尿素、甲醛等破坏氢键，妨碍碱基堆积，使 T_m 下降。

3.3.4.2　核酸的复性

DNA 水溶液加热变性时，双螺旋两条链分开；如果缓慢冷却，两条链可以完全重新结合成和原来一样的双螺旋，此过程即为复性，也叫退火。复性是变性的逆转，但需要一定的条件，要在一定的盐浓度下缓慢降温。

当变性的 DNA 经复性以重新形成双螺旋结构时，其溶液的 A_{260} 值则减小，这种现象称为减色效应（hypochromic effect）。

DNA 的复性不仅受温度影响，还受 DNA 自身特性等其他因素的影响，以下作简要说明。

1. 温度和时间

一般认为比 T_m 低于 25℃ 左右的温度是复性的最佳条件，越远离此温度，复性速度就越慢。复性时温度下降必须是一缓慢过程，若在超过 T_m 的温度下迅速冷却至低温（如 4℃ 以下),复性几乎是不可能的,因为低温下分子的热运动显著减弱,互补链结合的机会自然大大减少。核酸实验中经常以此方式保持 DNA 的变性(单链)状态。

2. DNA 浓度

复性的第一步是两个单链分子间的相互作用"成核"。这一过程进行的速度与 DNA 浓度的平方成正比,即溶液中 DNA 分子越多,相互碰撞结合"成核"的机会越大。

3. DNA 顺序的复杂性

简单顺序的 DNA 分子,如多聚(A)和多聚(U)这两种单链序列复性时,互补碱基的配对较易实现,而复杂的 DNA 序列要实现互补,显然要比简单序列困难得多。

3.3.5 核酸的含量与纯度测定

3.3.5.1 核酸含量测定方法

核酸含量的测定方法包括紫外吸收法、定磷法、地衣酚法、二苯胺法等,其中紫外吸收法在本章前面部分已有叙述,此处不再赘述。

1. 定磷法

在酸性环境中,定磷试剂中的钼酸铵以钼酸形式与样品中的磷酸反应生成磷钼酸,当有还原剂存在时磷钼酸立即转变为蓝色的还原产物——钼蓝。钼蓝的最大光吸收波长在 650~660 nm 波长处。当使用抗坏血酸为还原剂时,测定的最适范围为 1~10 μg 无机磷。测定样品核酸总磷量,需先将它用硫酸或过氯酸消化成无机磷再行测定。总磷量减去未消化样品中测得的无机磷量,即得核酸含磷量,由此可以计算出核酸含量,其反应方程式如下:

$$(NH_4)MoO_4 + H_2SO_4 \longrightarrow H_2MoO_4 + (NH_4)_2SO_4$$

$$H_3PO_4 + 12H_2MoO_4 \longrightarrow H_3P(Mo_3O_{10})_4 + 12H_2O$$

$$H_3P(Mo_3O_{10})_4 \xrightarrow{Vit.\ C} Mo_2O_3 \cdot MoO_3$$

2. 地衣酚法

该法主要用于测定 RNA 的含量,RNA 与浓盐酸共热,降解形成的核糖转变为蓝绿色糖醛,以 670 nm 的光吸收定量,其反应方程式如下:

$$核糖 \xrightarrow[3H_2O]{浓HCl,FeCl_3 \atop \Delta} 糖醛 + 3,5-二羟甲苯 \longrightarrow 绿色化合物$$
$$\qquad\qquad\qquad\qquad\quad 地衣酚 \qquad\qquad 670\ nm 比色$$

该反应特异性差,所有戊糖均有此反应。

3. 二苯胺法

在酸性溶液中,DNA 与二苯胺共热生成蓝色化合物(ω-羟-γ-酮基戊醛),该物质在 595 nm 有最大吸收值,在 40~400 mg/mL 范围内其峰值与 DNA 含量成正比,其反应方程式如下:

$$DNA + \underset{\text{冰醋酸,少量硫酸}}{\diagup\!\!\!\diagdown\text{NH}\diagdown\!\!\!\diagup} \xrightarrow{100℃} 蓝色物$$

除 DNA 外,脱氧木糖、阿拉伯糖也有同样反应。其他多数糖类,包括核糖在内,一般无此反应。

3.3.5.2 核酸纯度测定

核酸纯度测定除了用紫外吸收法之外,还可用凝胶电泳法。

凝胶电泳法的原理是:(1)核酸分子的糖-磷酸骨架中的磷酸基团呈负离子化状态,故核酸分子在一定电场强度的电场中,会向正电极方向迁移;(2)由于在电泳中往往使用无反应活性的稳定的支持介质(琼脂糖或聚丙烯酰胺),电泳迁移率(或迁移速度)与分子的摩擦系数成反比,而摩擦系数是分子大小、介质黏度等的函数,因此,可在同一凝胶中、一定电场强度下在凝胶上分离出不同分子质量大小或相同分子质量但构型有差异的核酸分子。

3.3.6 核酸碱基序列的测定

目前用于测序的技术主要有 Sanger 等(1977 年)发明的双脱氧链末端终止法和 Maxam 和 Gilbert(1977 年)发明的化学降解法。这两种方法在原理上差异很大,但都是根据核苷酸在某一固定的点开始,随机在某一个特定的碱基处终止,产生 A、T、C、G 四组不同长度的一系列核苷酸,然后在尿素变性的 PAGE 胶上电泳进行检测,从而获得 DNA 序列,目前 Sanger 测序法已得到广泛的应用。

Sanger 法测序的原理就是利用一种 DNA 聚合酶来延伸结合在待定序列模板上的引物,直到加入一种双脱氧核苷三碳酸(ddNTP)为止。每一次序列测定由一套四个单独的反应构成,每个反应含有所有四种脱氧核苷酸三磷酸(dNTP),及一种双脱氧核苷三磷酸(ddNTP)。由于 ddNTP 缺乏延伸所需要的 3′-OH 基团,使延长的寡聚核苷酸选择性地在 G、A、T 或 C 处终止,每一种 dNTPs 和 ddNTPs 的相对浓度可以调整,使反应得到一组长几百至几千碱基的链终止产物,它们具有共同的起始点,但终止在不同的核苷酸上,可通过高分辨率变性凝胶电泳分离大小不同的片段,凝胶处理后可用 X-光胶片放射自显影或非同位素标记进行检测,由谱带的位置可以直接读出核苷酸的序列(图 3.16)。

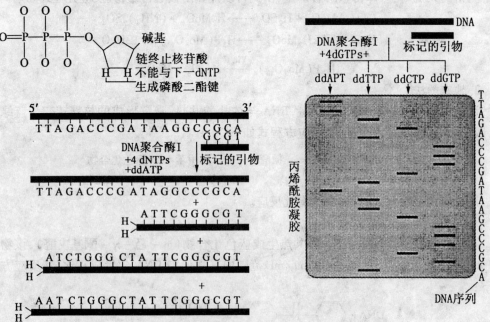

图 3.16 Sanger 测序法原理

3.4 核酸化学中的几种重要技术

3.4.1 核酸的分子杂交技术

在退火条件下，互补的核苷酸序列通过碱基配对形成稳定的杂合双链分子的过程称为杂交。核酸分子杂交技术一般可分成两种：一种是窄缝杂交，另一种是印迹转移杂交。

窄缝杂交也叫原位杂交，操作时使用狭缝点样器直接将探针与菌落或组织细胞中的核酸进行杂交。通常对天然或人工合成的 DNA 或 RNA 片段进行放射性同位素或荧光标记，做成探针，经杂交后，检测放射性同位素或荧光物质的位置，寻找与探针有互补关系的 DNA 或 RNA。由于加样的准确性及特异性较差，现在已很少应用。

印迹转移杂交也分成两种，一种是 Southern blot 杂交，用于检测 DNA 样品；另一种是 Northern blot 杂交，用于检测 RNA 样品。操作时先将样品 DNA 分解成大小不等的片段，经凝胶电泳分离后，用杂交技术寻找与探针互补的 DNA 片段。其原理简要介绍如下。

1. Southern blot 杂交

将一定量的 DNA 样品用适当的限制性内切酶切割成不同长度的 DNA 片段，然后在琼脂糖凝胶上进行电泳分离，如加样量相等，酶解适当，则在用溴化乙锭染色时，应显示长度及亮度均相等的 DNA 拖带。电泳后的凝胶须经碱变性处理，使 DNA 解离成单链，然后用毛细管虹吸法或电转移法，使凝胶上的单链 DNA 片段，按凝胶上相同的位置转移到硝酸纤维素膜或尼龙膜，经适当洗涤、晾干后，在 80℃烤箱中加温 2 h，即可用于杂交。用于检测 DNA 的已知探针，一般由带有该片段的细菌质粒中制备。纯化的探针 DNA 一般用放射性同位素 ^{32}P 或生物素、地高辛等标记，杂交前探针必须加温至 100℃变性处理，杂交后的膜在暗盒中进行放射自显影后，即在一定的位置显示同标记探针特异结合的阳性 DNA 条带。Southern blot 杂交法可检测癌基因的存在及其扩散，也可检测抑癌基因的杂合性丢失。

2. Northern blot 杂交

Northern blot 杂交的原理与 Southern blot 杂交基本相同。不同之处在于，RNA 远不如 DNA 稳定，很容易被 RNA 酶降解，而 RNA 酶不仅广泛存在，而且加热至 100℃也不能使其灭活，所以在操作 RNA 时所用的一切器皿和溶液都必须经过严格的灭活 RNA 酶的处理。另外，RNA 的电泳必须在含甲醛或乙二醛的变性凝胶中进行。Northern blot 杂交主要应用于检测癌基因或其他肿瘤相关基因的过度表达，也可检测抑癌基因的低表达或不表达。

杂交技术和 PCR 技术的结合，使检出含量极少的 DNA 成为可能，促进了杂交技术在分子生物学和医学等领域的广泛应用。

3.4.2 PCR 技术

聚合酶链式反应(Polymerase Chain Reaction)，简称 PCR，是一种分子生物学技术，用于扩增特定的 DNA 片段，可看作生物体外的特殊 DNA 复制。

1985 年，美国 PE - Cetus 公司人类遗传研究室的 Mullis 等在实验中发现，DNA 在高温时也可以发生变性解链，当温度降低后又可以复性成为双链。因此，通过温度变化控制 DNA 的变性和复性，加入引物、DNA 聚合酶和 dNTP 就可以完成特定基因的体外复制。由此 Mullis 等发明了具有划时代意义的聚合酶链反应。

但是,当时所用的 DNA 聚合酶在高温时会失活,因此,每次循环都得加入新的 DNA 聚合酶,不仅操作烦琐,而且价格昂贵,制约了 PCR 技术的应用和发展。1988 年,Saiki 等从温泉中分离的一株水生嗜热杆菌(*Thermus aquaticus*)中提取到一种耐热 DNA 聚合酶,命名为 Taq 酶。该酶可以耐受 90℃以上的高温而不失活,不需要每个循环加酶,使 PCR 技术变得非常简捷、同时也大大降低了成本,从此 PCR 技术得以大量应用,并逐步应用于临床。

PCR 技术的基本原理与 DNA 的天然复制过程相似(图 3.17),其特异性依赖于与靶序列两端互补的寡核苷酸引物。PCR 由变性 – 退火 – 延伸三个基本反应构成:

①模板 DNA 的变性:模板 DNA 经加热至 94℃左右一定时间后,使模板 DNA 双链变为单链,以便它与引物结合,为下轮反应作准备。

②模板 DNA 与引物的退火(复性):模板 DNA 经加热变性成单链后,温度降至 55℃左右,引物与模板 DNA 单链的互补序列配对结合。

③引物的延伸:DNA 模板 – 引物结合物在 Taq DNA 聚合酶的作用下,以 dNTP 为反应原料,靶序列为模板,按碱基互补配对与半保留复制原理,合成一条新的与模板 DNA 链互补的半保留复制链。重复循环变性 – 退火 – 延伸三个过程就可获得更多的半保留复制链,而且这种新链又可成为下次循环的模板。每完成一个循环需 2~4 min,2~3 h 就能将目的基因扩增至几百万倍。

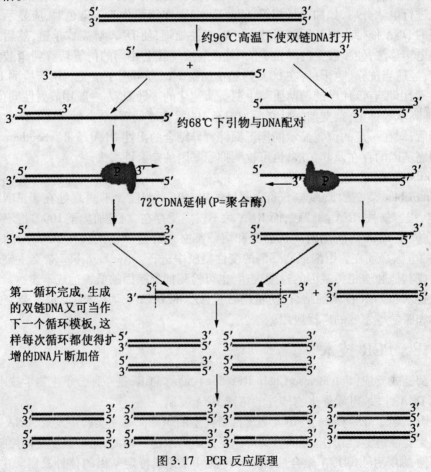

图 3.17　PCR 反应原理

3.4.3 基因定点突变技术

基因定点突变是指通过聚合酶链式反应(PCR)等方法向目的 DNA 片段(可以是基因组,也可以是质粒)中引入所需变化(通常是表型有利方向的变化),包括碱基的添加、删除、点突变等。定点突变能迅速高效地提高 DNA 所表达的目的蛋白的性状及表型,是基因研究工作中一种非常有用的手段。

体外定点突变技术是研究蛋白质结构和功能之间的复杂关系的有力工具,也是实验室中改造或优化基因常用的手段。蛋白质的结构决定其功能,二者之间的关系是蛋白质组研究的重点之一。对某个已知基因的特定碱基进行定点突变、缺失或者插入,可以改变对应的氨基酸序列和蛋白质结构,对突变基因的表达产物进行研究有助于人类了解蛋白质结构和功能的关系,探讨蛋白质的结构及结构域。而利用定点突变技术改造基因,比如野生型的绿色荧光蛋白(wtGFP)是在紫外光激发下能够发出微弱的绿色荧光,经过对其发光结构域的特定氨基酸定点改造,现在的 GFP 能在可见光的波长范围被激发,而且发光强度比原来强上百倍,甚至还出现了黄色荧光蛋白、蓝色荧光蛋白等。定点突变技术的潜在应用领域很广,比如研究蛋白质相互作用位点的结构、改造酶的不同活性或者动力学特性,改造启动子或者 DNA 作用元件,提高蛋白的抗原性、稳定性、活性、研究蛋白的晶体结构,以及药物研发、基因治疗等方面。

3.4.4 定向分子进化

20 世纪 90 年代初,美国科学家 Arnold 博士发明了在试管内对目的酶基因进行快速改造的方法,称之为定向进化技术(directed-evolution technique)。它的原理是在试管内模拟达尔文的自然进化论,按照"生存竞争,适者生存"的原则,在待进化酶基因的 PCR 扩增反应中,利用 Taq DNA 聚合酶不具有 3′→5′校对功能的性质,配合适当条件,以很低的比率向目的基因中随机引入突变,从而获得改造的酶蛋白,再从中筛选特定性能的优良变种,这些优良变种还可进行重复突变与筛选,如此循环,最终可在相对短的周期内(数周或数月),得到符合规定目标的高性能变种。定向进化的基本规则是:获取你所筛选的突变体,简言之,定向进化=随机突变+选择。与自然进化不同,定向进化是人为引发的,起着选择某一方向的进化而排除其他方向突变的作用,整个进化过程完全是在人为控制下进行的,这种技术被认为是当今改造生物分子的一种有效手段。

酶分子体外定向进化证明了进化可以发生在自然界,也可以发生在试管中。在试管中进行的酶分子体外定向进化使在自然界需要几百万年的进化过程缩短至数周或数月,它的出现开创了蛋白质工程的新纪元,也大大加速了我们对生命过程的认识和理解,同时这项技术将为生物化学转化、新药合成、食品制造和环境保护等领域带来巨大的商机。

习 题

1. DNA 与 RNA 一级结构有何异同。
2. 简述 DNA 的二级结构及其特点。
3. 简述 tRNA 二级结构的组成特点及其每一部分的功能。
4. DNA 降解与变性的区别是什么？
5. 核酸分子杂交是如何进行的？有何意义？
6. 一条单链 DNA 与一条单链 RNA 相对分子量相同,如何将其区分开？
7. 简述 Sanger 测序法测序的基本原理。
8. 如何进行核酸的分离、提纯和定量测定？
9. 简述下列因素如何影响 DNA 的复性过程？
   (1) 阳离子的存在;(2) 低于 T_m 的温度;(3) 高浓度的 DNA 链。
10. 已知 DNA 某片段一条链碱基顺序为 5′–CCATTCGAGT–3′,求其互补链的碱基顺序并指明方向。

第4章 糖类化学

4.1 概 述

4.1.1 糖的定义与元素组成

糖(saccharide)是多羟基(2个或以上)的醛类(aldehyde)或酮类(Ketone)化合物,在水解后能变成以上两者之一的有机化合物。在化学上,由于其由碳、氢、氧元素构成,在化学式的表现上类似于"碳"与"水"聚合,故又称之为碳水化合物。

4.1.2 糖的分类与命名

糖类物质是多羟基醛或酮,据此可将糖分为醛糖(aldose)和酮糖(ketose)。

糖还可根据碳原子数多少分为丙糖(triose)、丁糖(chitosan)、戊糖(pentose)、己糖(hexose)。最简单的糖就是丙糖(甘油醛和二羟丙酮)。由于绝大多数的糖类化合物都可以用通式 $C_n(H_2O)_n$ 表示,所以过去人们一直认为糖类是碳与水的化合物,称之为碳水化合物。现在已经发现这种称呼并不恰当,只是沿用已久,仍有许多人称之为碳水化合物。糖还可根据结构单元数目多少分为以下几种:

1. 单糖(monosaccharide)

单糖是糖类中结构最简单的一类,是组成更复杂的碳水化合物的基本单位,不能被水解成更小分子的糖。所有单糖都带有甜味,而且可溶于水,简单的单糖一般是含有3~7个碳原子的多羟基醛或多羟基酮。单糖可以根据每分子内碳原子的数目分成丙糖、戊糖和己糖。戊糖和己糖是最常见的碳水化合物,常见的戊糖有核糖和脱氧核糖,常见的己糖则有葡萄糖、果糖和半乳糖。

2. 寡糖(oligosaccharide)

由2~6个单糖分子脱水缩合而成,不易被人体中消化道的酵素分解,故属于低热量的甜味料,能促进肠内有益细菌的繁殖。

3. 多糖(polysaccharide)

由10个以上单糖分子聚合而成,经水解后可生成多个单糖或低聚糖。根据水解后生成单糖的组成是否相同,可以分为:

(1)同聚多糖:同聚多糖由一种单糖组成,水解后生成同种单糖。如阿拉伯胶、糖原、淀粉、纤维素等。

(2)杂聚多糖:杂聚多糖由多种单糖组成,水解后生成不同种类的单糖。如黏多糖、半纤维素等。

4. 结合糖(glycoconjugate)

结合糖又叫复合糖或糖缀合物,由糖与其他非糖物质共价结合而成,包括糖脂、糖蛋白(蛋白聚糖)、糖-核苷酸等。

5. 糖的衍生物

如糖醇、糖酸、糖胺、糖苷等。

4.1.3 糖类的生物学功能

糖类具有许多重要的生物学功能,现概括如下:
(1)提供能量:植物的淀粉和动物的糖原都是能量的储存形式。
(2)物质代谢的碳骨架:为蛋白质、核酸、脂类的合成提供碳骨架。
(3)细胞的骨架:纤维素、半纤维素、木质素是植物细胞壁的主要成分,肽聚糖是原核生物细胞壁的主要成分。
(4)细胞间识别和生物分子间的识别:细胞膜表面糖蛋白的寡糖链参与细胞间的识别;一些细胞的细胞膜表面含有糖分子或寡糖链,构成细胞的天线,参与细胞通信;红细胞表面ABO血型决定簇就含有岩藻糖。

4.2 单糖的结构和性质

4.2.1 单糖的旋光性与开链结构

单糖分子是不对称分子,具有旋光性。以甘油醛为例,分子中的2位碳是不对称碳原子,分别与4个互不相同的原子和基团 H,CH_2OH,OH,CHO 连接。这样的结构有两种安排,一种是 D-甘油醛,另一种是 L-甘油醛。书写 D-型结构时,把羟基放在右边;L-型的羟基放在左边。D-甘油醛的旋光是右旋,L-甘油醛是左旋。D-甘油醛与 L-甘油醛是立体异构体,它们的构型不同。因此 D 型与 L 型甘油醛为对映体,具有对映体的结构又称"手性"结构(图4.1)。

由于旋光方向与程度是由分子中所有不对称碳原子上的羟基方向所决定,而构型只和分子中离羰基最远的不对称碳原子的羟基方向有关,因此单糖的构型 D 与 L 并不一定与右旋和左旋相对应。单糖的旋光用 d 或(+)表示右旋,l 或(-)表示左旋。

从丙糖(甘油醛)起的单糖都有不对称碳原子。含有 n 个不对称碳原子的化合物,应有 $2n$ 个立体异构体。

第4章 糖类化学

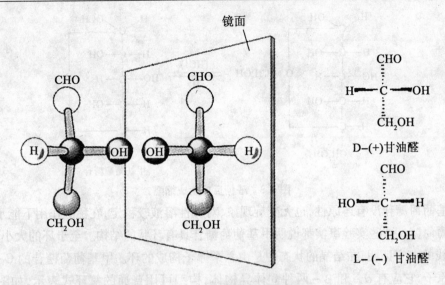

图 4.1 甘油醛的对映体

单糖的开链结构可用 Fischer 式表示,如 D-(+)-葡萄糖结构式为图 4.2(a),该结构式可以省略 H 原子,简化为图 4.2(b),再用"├"表示碳链及不对称碳原子羟基的位置,简化为图 4.2(c),最后可用"△"表示醛基"—CHO","○"表示第一醇基,则葡萄糖结构式简化为图 4.2(d)。

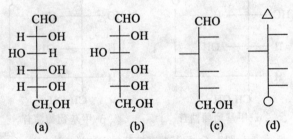

图 4.2 D-(+)-葡萄糖的 Fischer 结构式

4.2.2 单糖的环状结构

某些具有旋光性化合物溶液的旋光度会逐渐改变而达到恒定,这种旋光度会改变的现象叫做变旋现象(mulamerism)。例如,将葡萄糖在不同条件下精制可得到 α-型及 β-型两种异构体,前者的比旋光度是 +112°,后者是 +18.7°,把两者分别配制成水溶液,放置一定时间后,比旋光度都各有改变,前者降低,后者升高,最后都变为 +52.7°。这种变旋现象也无法用葡萄糖的开链结构来说明,因此只用开链结构形式来代表葡萄糖结构,是不足以表达它的理化性质和结构关系的。

自1893年制得 α- 和 β-甲基葡萄糖苷后,就证明糖类还可以环状结构的形式存在。因为经实验证明,醛糖只能和一分子醇形成一个稳定的化合物,是由于醛糖中的羟基可先与它自己分子中的醛基生成一个半缩醛,然后再与一分子甲醇失水而生成缩醛,即甲基葡萄糖苷(图4.3)。

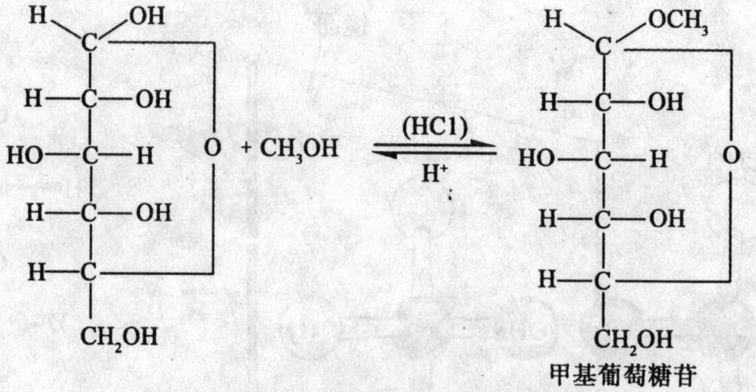

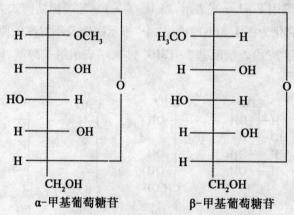

图4.3 醛糖反应生成缩醛

甲基葡萄糖苷没有还原性，也无变旋现象，对碱性溶液较稳定，在稀酸作用下能水解变回原来的葡萄糖。这些实验事实都说明甲基葡萄糖苷具有环状的结构。至于环的大小，根据近代 X 射线的测定证明，在结晶的状态中是由六个原子构成的环。甲基葡萄糖苷的 C-1 也是手性碳原子，它应有 α- 和 β- 两种立体异构体，构型可用普通的氧环式表示，如图 4.4 所示。

图4.4 甲基葡萄糖苷的立体异构体

此后又发现 α-葡萄糖苷可用麦芽糖酶水解，β-葡萄糖苷可用苦杏仁酶水解。用麦芽糖酶水解 α-型的甲基葡萄糖苷后，得到甲醇和旋光度较高的 α-D-葡萄糖；β-型的甲基葡萄糖苷被苦杏仁酶水解后，产生旋光度较小的 β-D-葡萄糖。

从上述甲基葡萄糖苷有环状结构的事实推论：葡萄糖本身应该有环状结构，也应该有 α- 和 β- 两种立体异构体。在溶液中，这两种环状结构可以通过开链结构形成互变异构体的平衡混合物。因此，当有一种异构体（α-或 β-）在溶液中时，由于它能通过开链结构逐渐变成另一种异构体，所以表现出变旋现象，达到平衡后此旋光度就不再改变，这可用图 4.5 表示。

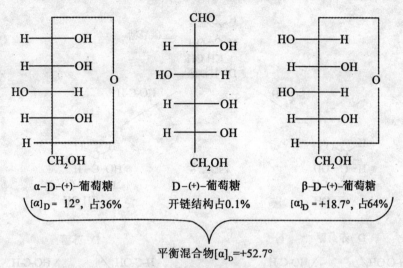

图 4.5 葡萄糖的环状结构及其立体异构体

4.2.3 单糖及其衍生物

4.2.3.1 单糖

单糖是糖的最小单位,自然界存在的单糖少于其光学异构体的理论数目,常见的有醛糖、酮糖、脱氧糖、分支糖、氨基糖等。最小的单糖是三碳糖-甘油醛,长链的醛糖和酮糖都可以认为是将一个手性的 H-C-OH 插入到甘油醛的羰基和相邻的醇基之间的延长产物。图 4.6 和图 4.7 列举一些较常见的 D-醛糖和 D-酮糖及其结构。

D-葡萄糖和 D-果糖是最重要的两种单糖,现简要介绍如下:

1. D-葡萄糖(Glucose)

D-葡萄糖是自然界中分布最广的己醛糖,天然的 D-葡萄糖为右旋体,它的甜度为蔗糖的 70%。葡萄糖除了以游离的形式存在外,常以多糖或糖苷的形式广泛分布于自然界的水果、花草及种子中,最常见的形式就是淀粉和纤维素。

葡萄糖应用很广,在食品中可作为营养剂、甜味剂,常以葡萄糖浆的形式用于点心、糖果的加工中。在医药上,作为营养剂,并具有强心、利尿、解毒等功效,用于病重、病危病人的静脉注射。此外,葡萄糖还是葡萄糖酸钙、维生素 C、山梨糖醇的生产原料。

葡萄糖的生产方法,工业上是用淀粉在淀粉酶和糖化酶的作用下经过水解、脱色、浓缩、结晶而得。如果用于食品加工,常是将糖浆纯化、浓缩后直接使用。

2. D-果糖(Fructose)

D-果糖是最甜的单糖,其甜度约为蔗糖的 1.5 倍,葡萄糖的 2 倍。天然果糖为左旋体,广泛存在于水果、蜂蜜和菊粉中。纯品的果糖是由菊粉水解制得的。

果糖主要用于甜味剂和营养添加剂,由于葡萄糖浆的甜度不够,在食品加工中,常要加入大量的蔗糖,增加了成本,对健康也不利。现在采取的办法是葡萄糖浆通过一种转化酶的作用发生互变异构,转化为果糖,那么糖浆的甜度就明显提高了,这种转化的糖浆就称为果-葡糖浆。

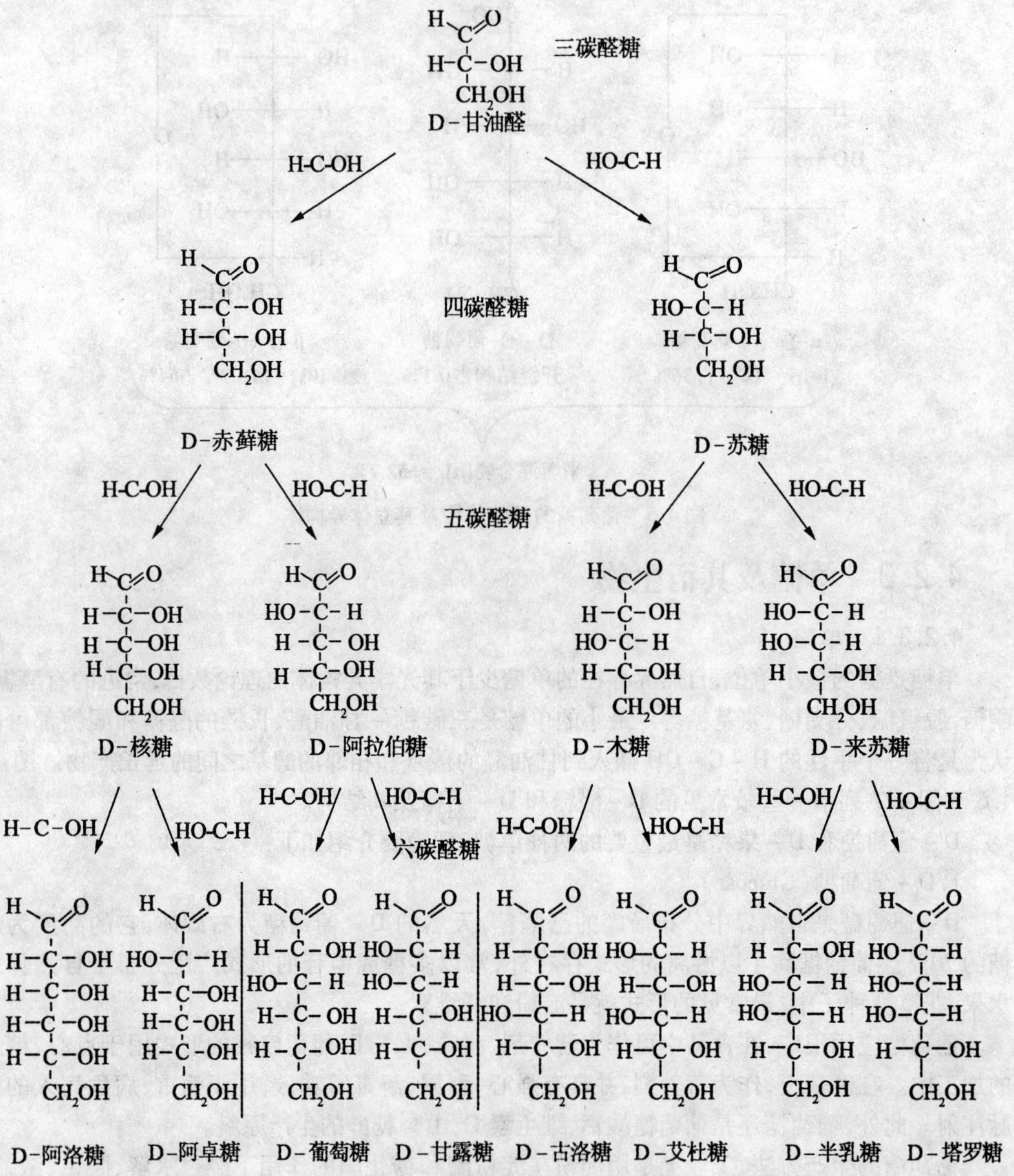

图4.6 三碳至六碳的 D-醛糖结构

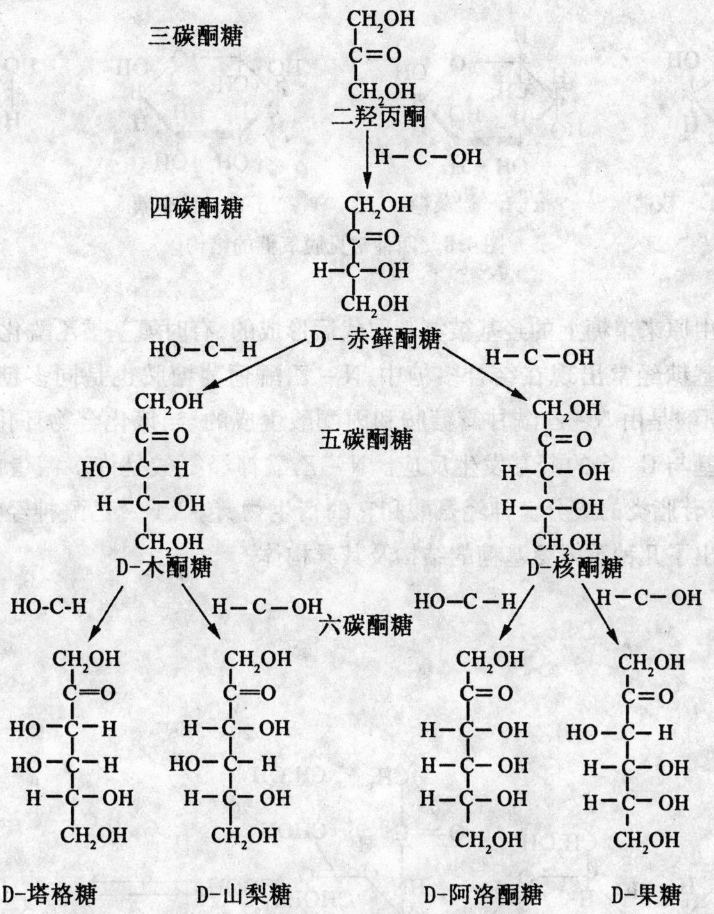

图 4.7 与二羟丙酮相关的长链酮糖

果糖与 $Ca(OH)_2$ 水溶液作用,生成难溶于水的络合物,即:$C_6H_{12}O_6 \cdot Ca(OH)_2 \cdot H_2O$。果糖还能与间苯二酚的稀盐酸溶液作用发生颜色反应,呈红色,这两个反应实际上都可用于果糖的定性鉴别和定量分析。

4.2.3.2 单糖衍生物

单糖的重要衍生物有磷酸糖、脱氧糖、氨基糖、糖醇、糖酸等。

1. 磷酸糖

磷酸丙糖和 5-磷酸核糖是最简单的磷酸糖。在葡萄糖-1-磷酸中,由于磷酸基团是连在异头碳的氧上,所以形成了一个半缩醛磷酸,而不是一个醇磷酸。由于这一化学上的差异,所以用于水解葡萄糖-1-磷酸的 ΔG(自由能)要比水解葡萄糖-6-磷酸的 ΔG 更多。

2. 脱氧糖

图 4.8 给出了 4 种脱氧糖,其中有 3 个是 H 取代了原来单糖的羟基后生成的。2-脱氧-D-核糖是用于 DNA 的合成分子。6-脱氧己糖 L-岩藻糖(6-脱氧-L-半乳糖)和 L-鼠李糖(6-脱氧-L-甘露糖)广泛存在于植物、动物和微生物中,并且常出现在寡糖和多糖中。

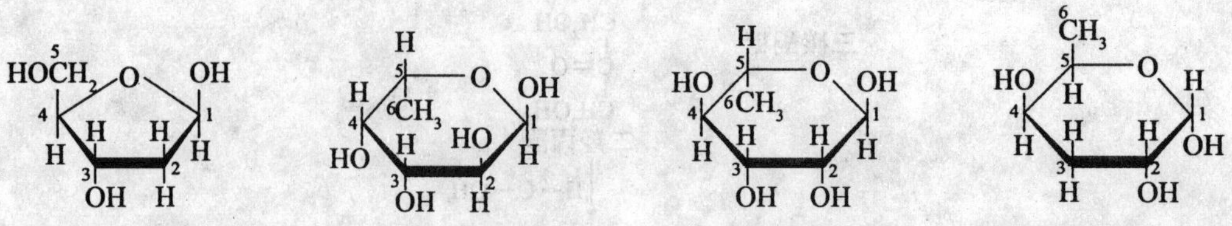

β-2-脱氧-D-核糖　　α-L-岩藻糖　　α-L-鼠李糖　　α-D-脱氧岩藻糖

图4.8　四种常见脱氧糖的结构

3. 氨基糖

很多糖是由原来单糖上的羟基被氨基取代后形成的,有时氨基被乙酰化。由葡萄糖和半乳糖形成的氨基糖经常出现在结合多糖中,N-乙酰葡萄糖胺也是同多糖几丁质的单体。N-乙酰神经氨酸是由N-乙酰甘露糖胺和丙酮酸生成的,当该化合物环化形成吡喃时,来自丙酮酸的羰基与C-6的羟基发生反应。N-乙酰神经氨酸是许多糖蛋白的重要组成成分,也是神经节苷脂类的成分。神经氨酸和它的衍生物,包括N-乙酰神经氨酸都叫做唾液酸。图4.9给出了几种重要氨基糖的结构及其异构体。

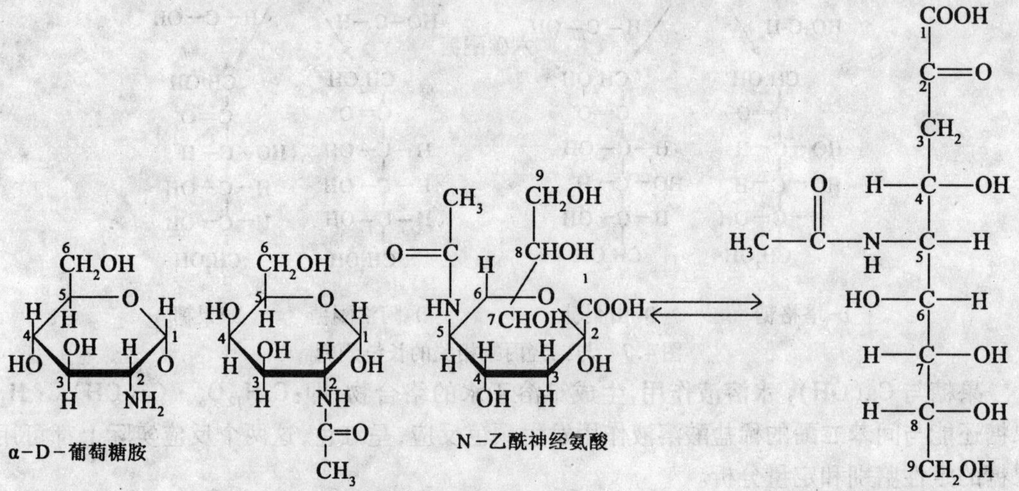

α-D-葡萄糖胺　　N-乙酰-D-半乳糖胺　　N-乙酰神经氨酸　　N-乙酰神经氨酸(开链形式)

图4.9　氨基糖的结构式

4. 糖醇

糖醇是由于单糖的羰基氧被还原而生成的多羟基醇。图4.10给出了5种糖醇的结构。甘油和肌醇都是脂的重要组成成分,核醇是FMN(腺苷酰转移酶)和FAD(黄素腺嘌呤二核苷酸)的成分,也是磷壁酸的成分,磷壁酸是一种复杂的聚合物,常出现在某些革兰氏阳性细菌的细胞壁中。木糖醇是木糖的衍生物,它是无糖的咀嚼胶的成分。D-山梨糖醇是发生在某些组织中由葡萄糖转化为果糖的代谢途径中的中间产物。

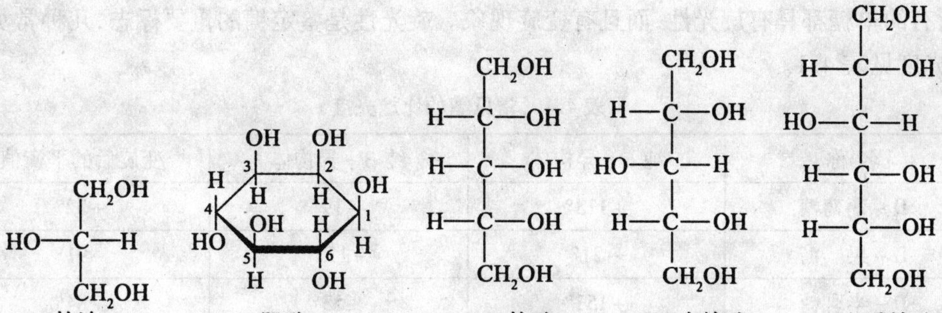

甘油　肌醇　D－核醇　D－木糖醇　D－山香糖醇

图4.10　五种糖醇的结构

5. 糖酸

糖酸是由醛糖衍生的羧酸，葡萄糖通过醛糖的C－1的氧化可以生成葡糖酸，或者是通过最高编号的碳的氧化产生葡糖醛酸。图4.11给出了D－葡萄糖衍生物－D－葡糖酸和葡糖醛酸的结构。葡糖酸以开链的形式存在于碱性溶液中，当酸化时可以形成内酯。葡糖醛酸以吡喃糖的形式存在，因此含有异头碳原子。糖酸是许多多糖的重要组成成分。

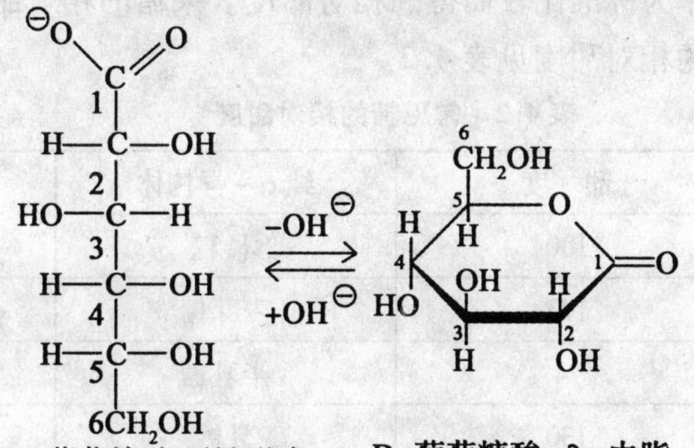

D–葡萄糖酸(开链形式)　D–葡萄糖酸–δ–内脂

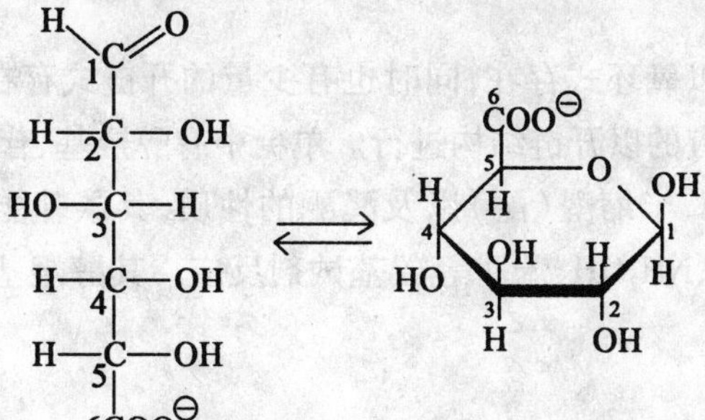

D–葡萄糖醛酸(开链形式)　D–葡萄糖醛酸(β吡喃糖异头物)

图4.11　由D－葡萄糖酸衍生的糖酸结构

4.2.4　单糖的性质

4.2.4.1　物理性质

单糖一般为无色晶体，极易溶解于水，大多数有甜味，有变旋现象，天然的单糖都是D型的，单糖的化学性质与其结构密切相关。

单糖易溶于水，能形成糖浆，也溶于乙醇，但不溶于乙醚、丙酮、苯等有机溶剂。除丙酮糖外,所有的单糖都具有旋光性,而且有变旋现象。旋光性是鉴定糖的重要标志,几种常见糖的比旋光度见表4.1。

表4.1 常见糖的比旋光度

名 称	纯α-异构体	纯β-异构体	变旋后的平衡值
D-葡萄糖	+113°	+19°	+52°
D-果 糖	-21°	-113°	-91°
D-半乳糖	+151°	+53°	+84°
D-甘露糖	+30°	-17°	+14°
D-乳 糖	+90°	+35°	+55°
D-麦芽糖	+168°	+112°	+136°
D-纤维二糖	+72°	+16°	+35°

单糖和二糖都具有甜味,"糖"的名称也由此而来。不同的糖,甜度各不相同。糖的甜度大小是以蔗糖甜度为100作为标准比较而得的相对甜度。果糖的相对甜度为173,是目前已知甜度最大的糖。常见糖的相对甜度见表4.2。

表4.2 常见糖的相对甜度

名 称	甜 度	纯α-异构体	纯β-异构体
蔗 糖	100	木 糖	40
果 糖	173	麦芽糖	32
葡萄糖	74	半乳糖	32
转化糖	130	乳 糖	16

4.2.4.2 化学性质

在单糖的水溶液中,主要以氧环式存在,同时也有少量的开链式存在。因此,单糖的化学反应有的以环式结构进行,有的以开链结构进行。单糖中有醇羟基、苷羟基,又有醛基或酮羰基。所以单糖应同时具有醇、半缩醛(酮)以及醛酮的性质,其羰基能发生羰基的某些反应。例如:氧化、还原、与HCN、NH_2OH、苯肼等羰基试剂反应。其醇羟基能发生羟基的某些反应,例如成醚、成酯等。

1. 差向异构化

葡萄糖用稀碱液处理时,会部分转变为甘露糖和果糖,成为复杂的混合物,这是通过烯醇式中间体来完成的。D-果糖、D-甘露糖和D-葡萄糖的C-3、C-4、C-5和C-6的结构完全相同,只有C-1和C-2的结构不同,但是它们的C-1和C-2的结构互变成烯醇型时,其结构是完全相同的。因此,不单是D-葡萄糖,连D-果糖或D-甘露糖在稀碱的催化下,都能互变为三者的混合物,如图4.12所示。

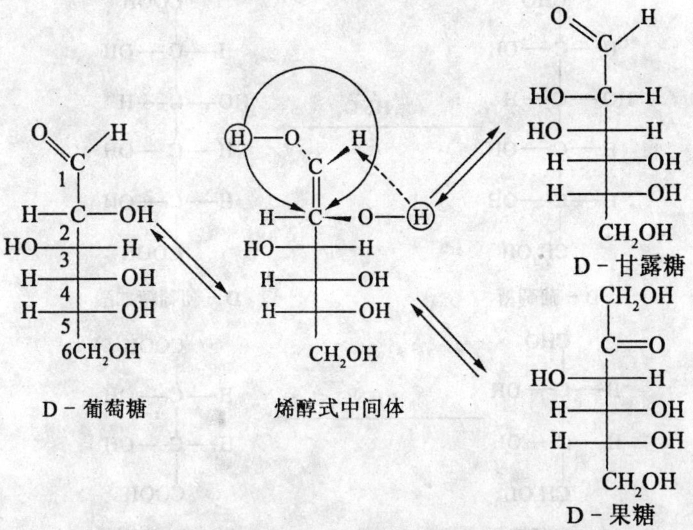

图 4.12 D-葡萄糖,D-果糖和 D-甘露糖的差向异构化

在含有多个手性碳原子的具有旋光性的异构体之间,凡只有一个手性碳原子的构型不同时,互称为差向异构体。D-葡萄糖和 D-甘露糖就是 C-2 差向异构体。因此,用稀碱处理 D-葡萄糖得到 D-甘露糖、D-果糖三种物质的平衡混合物的反应叫做差向异构化。

2. 氧化作用

单糖无论是醛糖或酮糖都可与弱的氧化剂叶伦试剂、斐林试剂和本尼迪特试剂作用,生成金属或金属的低价氧化物。上述三种试剂都是碱性弱氧化剂,单糖易被碱性弱氧化剂氧化说明它们具有还原性,所以才把它们叫做还原糖。

单糖在酸性条件下氧化时,由于氧化剂的强弱不同,单糖的氧化产物也不同。例如,葡萄糖被溴水氧化时,生成葡萄糖酸;而用强氧化剂硝酸氧化时,则生成葡萄糖二酸(图 4.13)。

溴水氧化能力较弱,它把醛糖的醛基氧化为羧基。当醛糖中加入溴水,稍加热后,溴水的棕色即可褪去,而酮糖则不被氧化,因此可用溴水来区别醛糖和酮糖。

3. 成苷作用

单糖环状半缩醛结构中的半缩醛羟基与另一分子醇或羟基作用时,脱去一分子水而生成缩醛,糖的这种缩醛称为糖苷(Glycoside)。例如,α- 和 β-D-葡萄糖的半缩醛羟基与甲醇在干燥氯化氢的催化作用下脱水,生成 α- 和 β-D-甲基葡萄糖苷(图 4.14)。

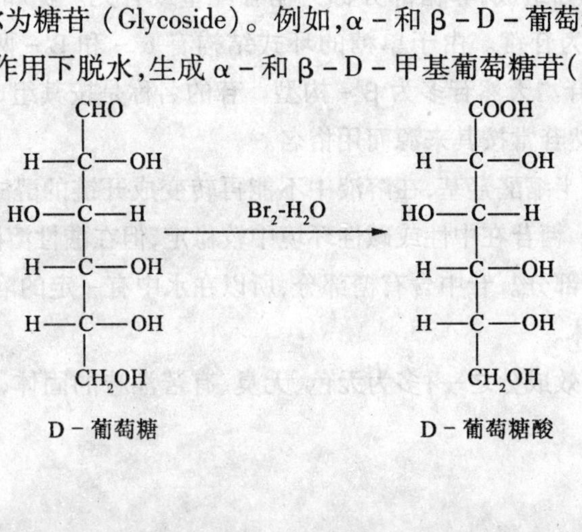

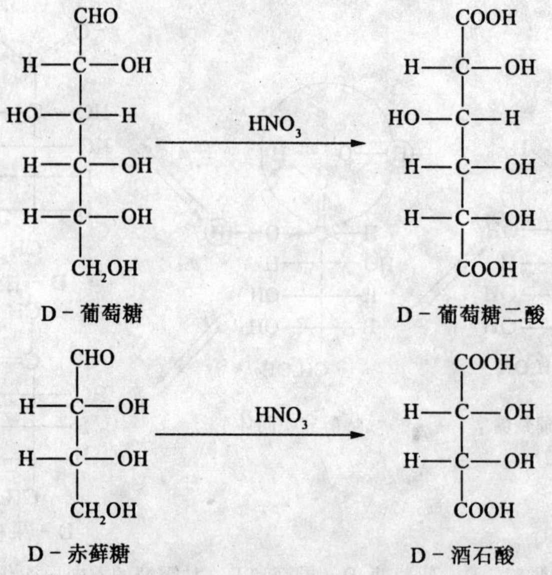

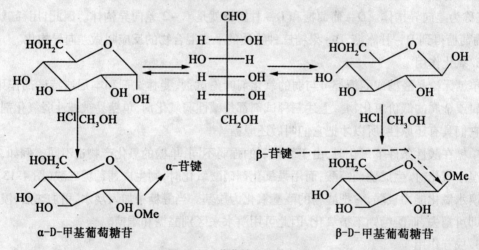

图4.13 葡萄糖在酸性条件下的氧化反应

图4.14 葡萄糖的成苷反应

苷由糖和非糖两部分组成,非糖部分称为糖苷配基或苷元。糖和糖苷配基脱水后通过"氧桥"连接,这种键称为苷键。由于单糖的环式结构有 α- 和 β- 两种构型,所以可生成 α- 和 β- 两种构型的苷。天然苷多为 β- 构型。苷的名称是按其组成成分而命名的,并指出苷键和糖的构型,天然苷常按其来源而用俗名。

糖苷结构中已没有半缩醛羟基,在溶液中不能再转变成开链的醛式结构,所以糖苷无还原性,也没有变旋现象。糖苷在中性或碱性环境中较稳定,但在酸性溶液中或在酶的作用下,则水解生成糖和非糖两部分。苷中含有糖部分,所以在水中有一定的溶解性。苷类都具有旋光性,天然苷多为左旋体。

糖苷是中草药的有效成分之一,多为无色、无臭、有苦涩味的固体,但黄酮苷和蒽醌苷为黄色。

4. 成酯作用

单糖分子中含多个羟基,这些羟基能与酸作用生成酯。人体内的葡萄糖在酶的作用下生成葡萄糖磷酸酯,如1-磷酸吡喃葡萄糖和6-磷酸吡喃葡萄糖等,其结构如图4.15所示。

单糖的磷酸酯在生命过程中具有重要意义,它们是人体内许多代谢的中间产物。

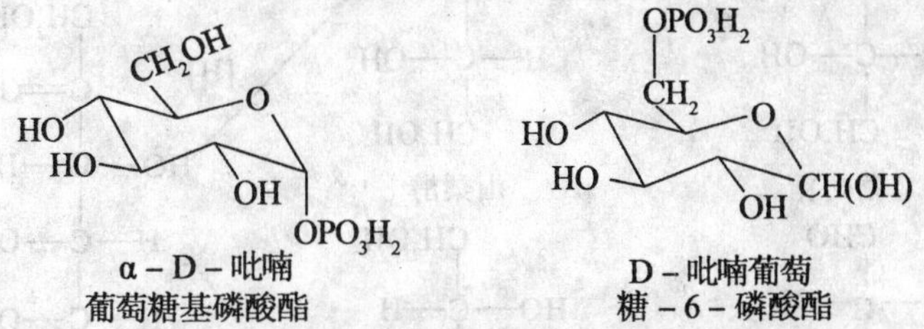

图4.15 磷酸酯中间体的结构

5. 成脎反应

单糖分子与三分子苯肼作用,生成的产物叫做糖脎(Osazone)。例如葡萄糖与过量苯肼作用,生成葡萄糖脎。无论是醛糖还是酮糖都能生成糖脎,成脎反应可以看做是 α-羟基醛或 α-羟基酮的特有反应。糖脎是难溶于水的黄色晶体,不同的脎具有特征性的结晶形状和一定的熔点。常利用糖脎和这些性质来鉴别不同的糖。

成脎反应只在单糖分子的 C-1 和 C-2 上发生,不涉及其他碳原子,因此除了 C-1 和 C-2 以外碳原子构型相同的糖,都可以生成相同的糖脎。例如:D-葡萄糖和D-果糖都生成相同的脎(图4.16)。

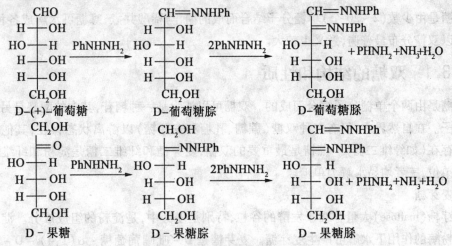

图4.16 葡萄糖和果糖的成脎反应

6. 还原反应

在催化加氢或酶的作用下,羰基可还原成羟基,糖可以还原生成相应的糖醇。例如,葡萄糖还原生成山梨醇,甘露糖还原后生成甘露醇。果糖还原后生成山梨醇和甘露醇的混合物,因为果糖还原时,C-2 成为手性碳原子,所以得到两种产物(图4.17)。

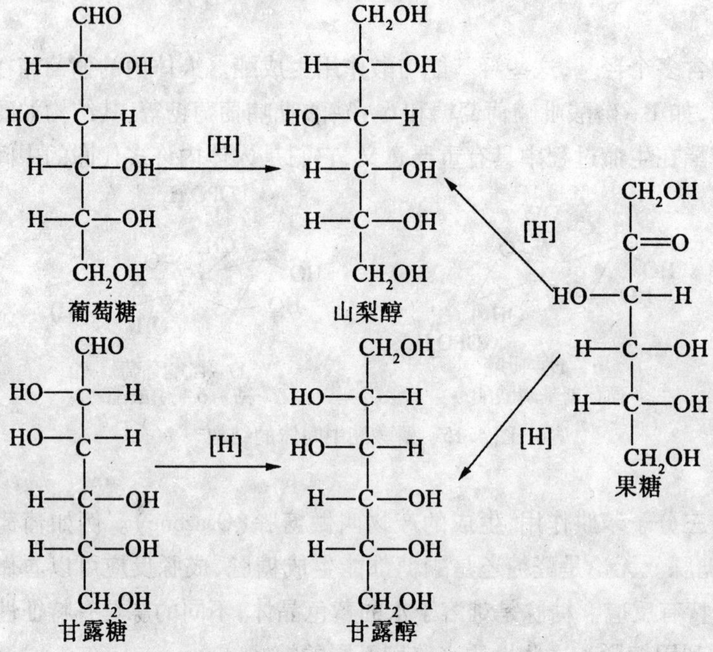

图 4.17 果糖的还原反应

4.3 寡糖的结构和性质

寡糖是由少数(2~20个)单糖分子结合而成的糖,与稀酸共煮,寡糖可水解成各种单糖。寡糖中以双糖分布最普遍,意义也较大。

4.3.1 双糖的结构和性质

双糖是由两个单糖分子缩合而成的。双糖可以认为是一种糖苷,其中的配基是另外一个单糖分子。在自然界中,仅有三种双糖(蔗糖、乳糖和麦芽糖)以游离状态存在,其他多以结合状态存在(如纤维二糖)。蔗糖是最重要的双糖,麦芽糖和纤维二糖是淀粉和纤维素的基本结构单位,三者均易水解为单糖。

1. 麦芽糖

麦芽糖(maltose)大量存在于发酵的谷粒,特别是麦芽中,是淀粉的组成成分。淀粉和糖原在淀粉酶的作用下水解可产生麦芽糖。麦芽糖是 D-吡喃葡萄糖-α(1,4)-D-吡喃葡萄糖苷,其结构如图 4.18 所示。因为有一个醛基是自由的,所有它是还原糖,能还原斐林试剂。

麦芽糖在水溶液中有变旋现象,比旋为 +136°,且极易被酵母发酵,右旋 +130.4°。麦芽糖在缺少胰岛素的情况下也可被肝脏吸收,不引起血糖升高,可供糖尿病人食用。

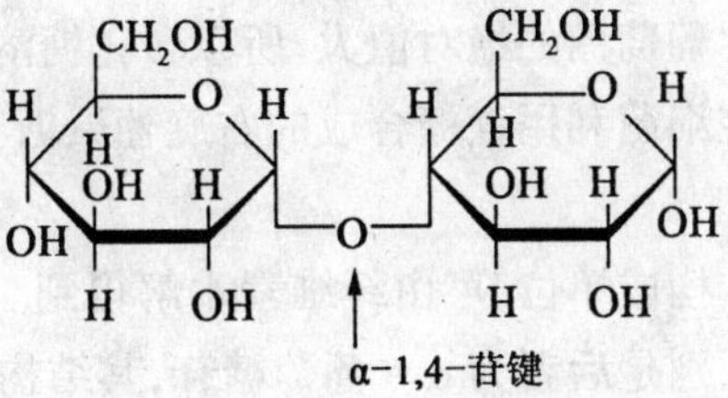

图 4.18 麦芽糖的结构式

2. 乳糖

乳糖(lactose)存在于哺乳动物的乳汁中(牛奶中含 4%~6%),高等植物花粉管及微生物中也含有少量乳糖。它是 β-D-半乳糖-(1,4)-D-葡萄糖苷,其结构如图 4.19 所示。乳糖不易溶解,味不甚甜(甜度只有 16),有还原性,且能成脎,纯酵母不能使它发酵,能被酸水解,右旋 +55.4°。

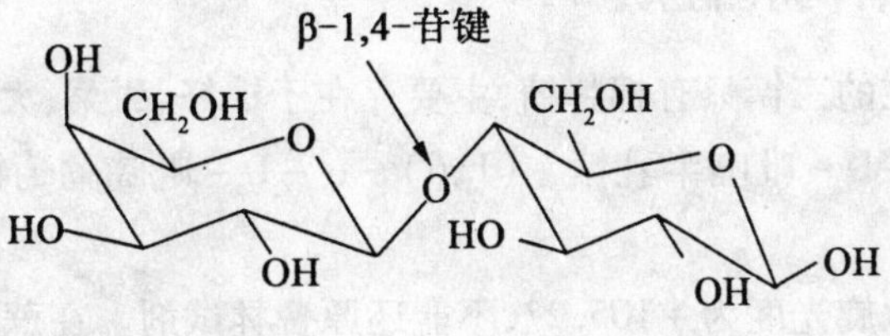

半乳糖　　葡萄糖

图 4.19 乳糖的结构式

乳糖的水解需要乳糖酶,婴儿一般都可消化乳糖,成人则不然。某些成人缺乏乳糖酶,不能利用乳糖,食用乳糖后会在小肠积累,产生渗透作用,使体液外流,引起恶心、腹痛、腹泻。这是一种常染色体隐性遗传疾病,从青春期开始表现。其发病率与地域有关,在丹麦约 3%,泰国则高达 92%。可能是从一万年前人类开始养牛时成人体内才开始出现了乳糖酶。

3. 蔗糖

蔗糖(sucrose)是主要的光合作用产物,也是植物体内糖储藏、积累和运输的主要形式。在甜菜、甘蔗和各种水果中均含有较多的蔗糖。日常食用的糖主要是蔗糖。

蔗糖很甜,易结晶,易溶于水,但较难溶于乙醇。若加热到 160℃,便成为玻璃状的晶体,加热至 200℃ 时成为棕褐色的焦糖。它是 α-D-吡喃葡萄糖-(1→2)-β-D-呋喃果糖苷,其结构如图 4.20 所示。它是由葡萄糖的半缩醛羟基和果糖的半缩酮羟基之间缩水而成的,因为两个还原性基团都包含在糖苷键中,所以没有还原性,是非还原性杂聚二糖,右旋 +66.5°。

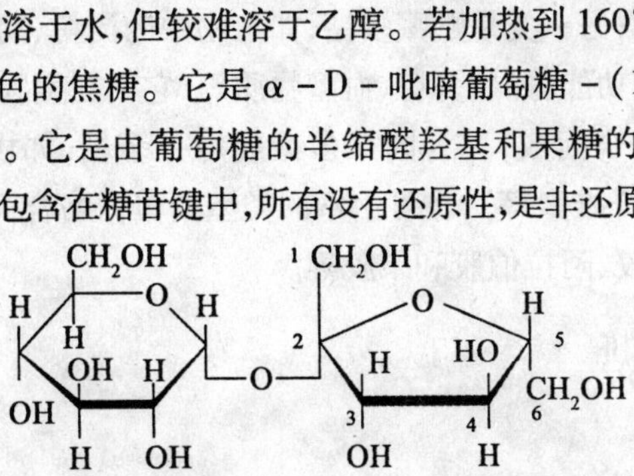

α-D-葡萄糖单位　　β-D-果糖单位

图 4.20 蔗糖的结构式

蔗糖极易被酸水解,其速度比麦芽糖和乳糖大 1 000 倍。水解后产生等量的 D-葡萄糖和 D-果糖,这个混合物称为转化糖,甜度为 160。蜜蜂体内有转化酶,因此蜂蜜中含有大量的转化糖。因为果糖的比旋比葡萄糖的绝对值大,所以转化糖溶液是左旋的。在植物中有一种转化酶催化这个反应。口腔细菌利用蔗糖合成的右旋葡聚糖苷是牙垢的主要成分。

4. 纤维二糖

纤维二糖是纤维素的基本构成单位,可由纤维素水解得到。由两个 β-D-葡萄糖通过 C1-C4 相连,它与麦芽糖的区别是后者为 α-葡萄糖苷,其结构如图4.21所示。

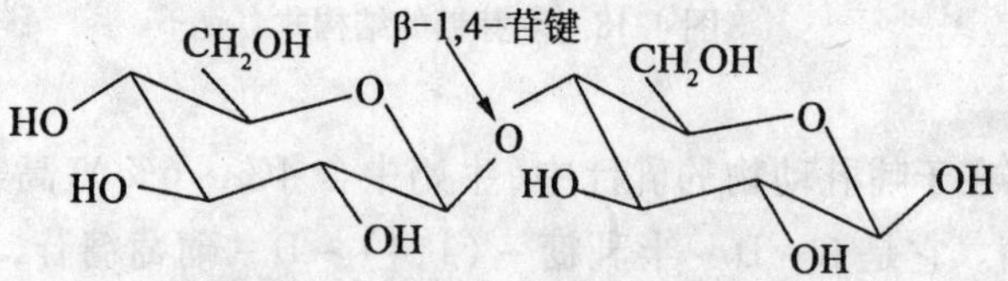

图4.21 纤维二糖的结构式

4.3.2 糖的结构和性质

自然界中广泛存在的三糖只有棉籽糖,主要存在于棉籽、甜菜、大豆及桉树的干性分泌物(甘露蜜)中。它是 α-D-吡喃半乳糖-(1,6)-α-D-吡喃葡萄糖-(1,2)-β-D-呋喃果糖苷。

棉籽糖的水溶液比旋光度为 $+105.2°$,不能还原费林试剂。在蔗糖酶作用下分解成果糖和蜜二糖;在 α-半乳糖苷酶作用下分解成半乳糖和蔗糖。

此外,还有龙胆三糖、松三糖、洋槐三糖等。

4.4 多糖的结构和性质

多糖由多个单糖缩合而成。它是自然界中分子结构复杂且庞大的糖类物质。多糖在水中不能形成真溶液,只能形成胶体。多糖没有甜味,也无还原性。多糖具有旋光性,但无变旋现象。

多糖按功能可分为两大类:一类是结构多糖,如构成植物细胞壁的纤维素、半纤维素,构成细菌细胞壁的肽聚糖等;另一类是贮藏多糖,如植物中的淀粉、动物体内的糖原等。还有一些多糖具有更复杂的生理功能,如黏多糖、血型物质等,它们在生物体内起着重要的作用。

多糖可由一种单糖缩合而成,称为同聚多糖或均一多糖,如戊糖胶(木糖胶、阿拉伯糖胶)、己糖胶(淀粉、糖原、纤维素等),也可由不同类型的单糖缩合而成,称为杂聚多糖或不均一多糖,如半乳糖甘露糖胶、阿拉伯胶和果胶等。

4.4.1 同聚多糖

4.4.1.1 淀粉

淀粉(starch)是绿色植物光合作用的产物,是植物的主要能量储备,也是人类膳食中碳水化合物的主要来源。淀粉不是一个单纯的分子,而是由分子量不同的大分子组成的混合物。从结构上看,淀粉可分为两大类型,即直链淀粉和支链淀粉。二者在结构上和性质上都有许多的区别(表4.3,图4.22和图4.23)。

表 4.3 直链淀粉和支链淀粉的区别

	直链淀粉	支链淀粉
含量	10%~20%	80%~90%
相对分子质量	$1.5 \sim 6 \times 10^5$	$1 \sim 6 \times 10^6$
一级结构	吡喃葡萄糖通过 α-1,4-苷键连接起来的一种线形高聚物	主要通过 α-1,4-苷键相连,但每隔 20~25 个葡萄糖单元,有一个通过 α-1,6-苷键相连的支链
高级结构	直链分子再卷曲成螺旋状	呈树枝状
水溶性	溶于热水,难溶于冷水,叫不溶性淀粉	溶于冷水,与热水膨胀成糊,叫可溶性淀粉
遇碘显色	蓝色	红紫色

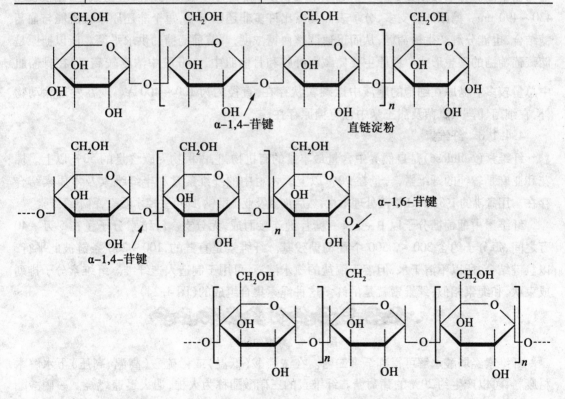

图 4.22 直链淀粉和支链淀粉的分子结构

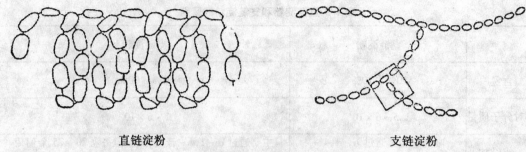

直链淀粉　　　　　　　　　　　　支链淀粉
图4.23　直链淀粉和支链淀粉的空间结构

4.4.1.2　糖原

糖原(glycogen)是动物中的主要多糖,是葡萄糖的一种极容易利用的储藏形式。糖原分子量约为500万,端基含量占9%,而支链淀粉的端基含量为4%,所以糖原的分支程度要比支链淀粉高一倍多。糖原的结构与支链淀粉相似,但分支密度较大,平均链长只有12~18个葡萄糖单位。每个糖原分子有一个还原末端和很多非还原末端。与碘反应呈紫色,光吸收在430~490 nm。糖原的分支多,分子表面暴露出许多非还原末端,每个非还原末端既能与葡萄糖结合,也能分解产生葡萄糖,从而迅速调整血糖浓度,调节葡萄糖的供求平衡。所以糖原是储藏葡萄糖的理想形式。糖原主要储藏在肝脏和骨骼肌中,在肝脏中浓度较高,但在骨骼肌中总量较多。糖原在细胞的胞液中以颗粒状存在,直径约为100~400 Å。现在发现除动物外,在细菌、酵母、真菌及甜玉米中也有糖原存在。

4.4.1.3　纤维素

纤维素(cellulose)是自然界中含量最丰富的有机物,它占植物界碳含量的50%以上。棉花和亚麻是较纯的纤维素,含量在90%以上。木材中的纤维素常和半纤维素及木质素结合存在。用煮沸的1% NaOH溶液处理木材,然后加氯及亚硫酸钠,即可去掉木质素,留下纤维素。

纤维素由葡萄糖分子以β-1,4-糖苷键连接而成,无分支。纤维素分子量在5万~40万之间,每分子约含300~2 500个葡萄糖残基。纤维素是直链的,100~200条链彼此平行,以氢键结合,所以不溶于水,但溶于铜盐的氨水溶液,可用于制造人造纤维。纤维素分子排列成束状,和绳索相似,纤维素就是由许多这种绳索集合组成的(图4.24)。

图4.24　纤维的结构

纤维素经弱酸水解可得到纤维二糖。在浓硫酸(低温)或稀硫酸(高温、高压)下水解木材废料,可以产生约20%的葡萄糖。纤维素的三硝酸酯称为火棉,遇火迅速燃烧。一硝酸酯和二硝酸酯可以溶解,称为火棉胶,常用于医药、工业等行业。

纯净的纤维素是无色、无臭、无味的物质。人和动物体内没有纤维素酶,不能分解纤维素。反刍动物和一些昆虫体内的微生物可以分解纤维素,为这些动物提供营养。

4.4.1.4　几丁质

几丁质(chitin)是在昆虫纲和甲壳纲的外骨骼中发现的,结构同多糖,也存在于大多数真菌和许多藻类的细胞壁中。几丁质是一个线性的聚合物,是由β-(1,4)连接的N-乙酰葡萄糖胺残基(acetylglucosamine, GlcNAc)组成的(图4.25)。相邻链的GlcNAc残基相互形成氢键,形成具有很大强度的线性微原纤维。

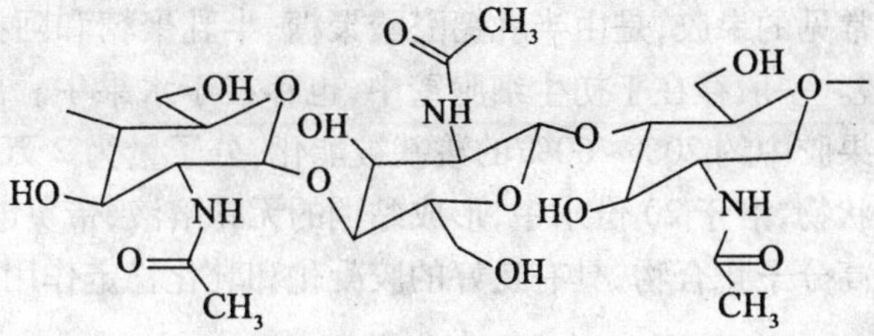

图 4.25 几丁质的结构

4.4.2 杂聚多糖

杂聚多糖是由多种单糖聚合而成,水解后生成不同种类的单糖。如半纤维素水解后可生成五碳糖和六碳糖,包括木糖、阿拉伯糖、甘露糖和半乳糖等。下面将简单介绍几种常见的杂聚多糖。

4.4.2.1 糖胺聚糖

糖胺聚糖(glycosaminoglycan)又称黏多糖(mucopolysaccharide),为含己糖胺的多糖总称。它与蛋白质结合构成蛋白聚糖,又称黏蛋白。糖胺聚糖是由特定二糖单位多次重复构成的杂聚多糖,分子量可达 500 万。不同糖胺聚糖的二糖单位不同,但一般都由一分子己糖胺和一分子己糖醛酸或中性糖构成。单糖之间以 1~3 键或 1~4 键相连。

糖胺聚糖存在于软骨、腱等结缔组织中,构成组织间质。各种腺体分泌出的起润滑作用的黏液中多富含黏多糖。它在组织生长、再生过程和受精过程中以及机体与许多传染源(细菌、病毒)的相互作用上都起着重要作用。糖胺聚糖按其分布和组成分为以下 5 类:硫酸软骨素、硫酸皮肤素、硫酸角质素、肝素和透明质酸(表 4.4)。其中除角质素外,都含有糖醛酸;除透明质酸外,都含有硫酸基。

透明质酸(hyaluronic acid)是动物结缔组织的主要成分,在各种关节中起着润滑和缓冲的作用,也存在于脐带、滑液和皮肤中。透明质酸还有多种用途,如伤口在损伤早期已有透明质酸产生,它在酶的作用下降解成的低分子量透明质酸可以促进伤口愈合。又如肝硬化患者血清中透明质酸的升高幅度与肝硬化程度呈正相关,因此血清透明质酸浓度可作为肝硬化诊断的可靠指标。肝素(heparin)可以防止凝血酶原转变成凝血酶,因而有抗凝作用。临床上用于防止血栓的形成、治疗静脉炎和栓塞。硫酸软骨素(chondroitin sulfate)为软骨的主要成分,有 A、B、C 3 种,它们的硫酸基连接的位置不同。

表 4.4 几种糖胺聚糖的组分

名称	己糖胺	糖醛酸	SO_4^{2-}	分布
透明质酸	N-乙酰葡糖胺	D-葡糖醛酸	-	结缔组织、角膜
硫酸软骨素 A	N-乙酰半乳糖胺	D-葡糖醛酸	+	软骨、骨、角膜
硫酸软骨素 B	N-乙酰半乳糖胺	L-艾杜糖醛酸	+	皮肤、心瓣膜、腱
硫酸软骨素 C	N-乙酰半乳糖胺	D-葡糖醛酸	+	软骨、腱
肝素	葡糖胺	D-葡糖醛酸	+	血、动物组织

4.4.2.2 果胶

杂多糖果胶是最常见的果胶,是由半乳糖醛酸聚糖、半乳聚糖和阿拉伯聚糖以不同比例组成,通常称为果胶酸。一般存在于初生细胞壁中,也存在于水果中。部分甲酯化的果胶酸称为果胶酯酸。天然果胶中约20%～60%的羧基被酯化,分子量为2万～4万。果胶的粗品为略带黄色的白色粉状物,溶于20份水中,形成黏稠的无味溶液,带负电。

果胶是一种天然高分子化合物,具有良好的胶凝化和乳化稳定作用,已广泛用于食品、医药、日化及纺织行业。

4.4.2.3 琼脂

琼脂(agar),学名琼胶,冻粉,燕菜精,洋粉,寒天。琼脂由琼脂糖(agarose)和琼脂果(agaropectin)两部分组成,作为凝胶剂的琼脂糖是不含硫酸酯(盐)的非离子型多糖,是形成凝胶的组分,其大分子链链节在1,3-苷键交替地相连的 β-D-吡喃半乳糖残基和3,6-α-L-吡喃半乳糖残基(图4.26)。

琼脂是由海藻中提取的多糖体组成,是目前世界上用途最广泛的海藻胶之一。它在食品工业、医药工业、日用化工、生物工程等方面有着广泛的应用,琼脂用于食品中,能明显改变食品的品质,提高食品的档次,价格很高。其特点是具有凝固性,稳定性,能与一些物质形成络合物等物理化学性质较稳定的物质,可用作增稠剂、凝固剂、悬浮剂、乳化剂、保鲜剂和稳定剂。广泛用于制造各种饮料,食品等行业。琼脂在化学工业,医学科研等领域,可作培养基、药膏基及其他用途。

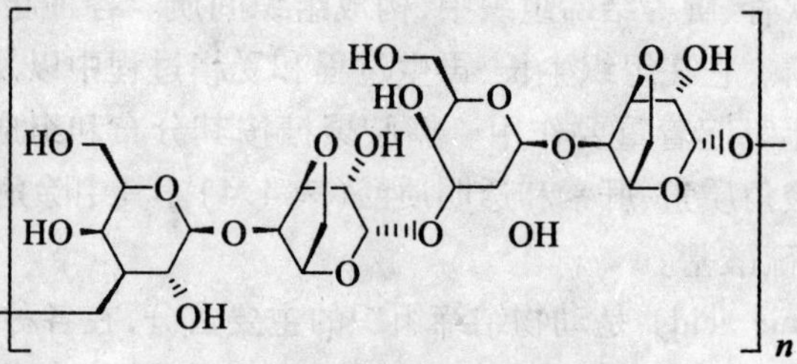

图4.26 琼脂糖分子结构式

4.4.2.4 肽聚糖

肽聚糖(peptidoglycan)是细菌细胞壁的主要成分,是由连有小肽的聚糖成分组成的多层网状大分子,是许多细菌细胞壁的主要成分。聚糖成分由交替的N-乙酰葡糖胺(N-acetyl glucosamine)和N-乙酰胞壁酸(N-acetylmuramic acid)通过 β-1,4糖苷键连接形成的聚糖链(图4.27,4.28)。

革兰氏阳性细菌(G^+)胞壁所含的肽聚糖占干重的50%～80%。

由N-乙酰葡萄糖胺和N-乙酰胞壁酸通过 β-1,4糖苷键连接而成,糖链间由肽链交联,构成稳定的网状结构,肽链长短视细菌种类不同而异,革兰氏阴性细菌(G^-)胞壁所含的肽聚糖占干重的5%～20%,其双糖单位跟革兰氏阳性菌一样,但是四肽尾的第三个不是L-Lys而是外消旋二氨基庚二酸。

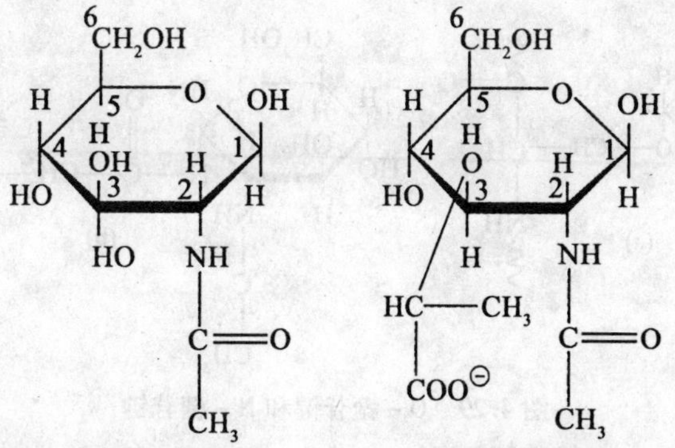

N-乙酰葡糖胺　　N-乙酰胞壁酸

图4.27 N-乙酰葡糖胺和N-乙酰胞壁酸的结构

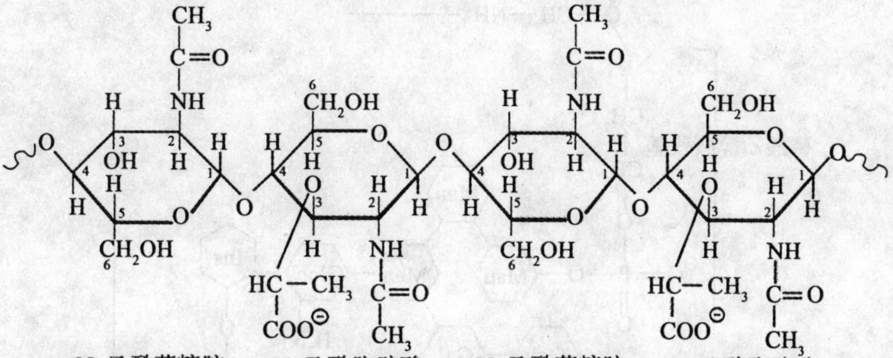

N-乙酰葡糖胺　N-乙酰胞壁酸　N-乙酰葡糖胺　N-乙酰胞壁酸

图4.28 肽聚糖中聚糖成分的结构

4.5 复合糖类

复合糖是指糖与非糖物质的结合物,常见的是与蛋白质的结合物。它们的分布很广泛,生物功能多种多样,且都含有一类含氮的多糖,即黏多糖。根据含糖量的多少可分为:以糖为主的蛋白多糖和以蛋白为主的糖蛋白。

4.5.1 糖蛋白

糖蛋白是以蛋白质为主体的糖-蛋白质复合物,在肽链的特定残基上共价结合着一个、几个或十几个寡糖链。寡糖链一般由2~15个单糖构成。糖蛋白中的糖链的长度变化很大,由1~30个糖残基组成,这些糖链有时决定了糖蛋白的结构和生物学作用。糖蛋白分为3种主要类型:O-糖苷键型糖蛋白(O-linked glycoproteins)、N-糖苷键型糖蛋白(N-linked glycoproteins)(图4.29)和连有磷脂酰肌醇-聚糖的糖蛋白(phosphatidylinositol-glycan-linked glycoproteins)(图4.30)。细胞膜和血浆中都发现有O-和N-糖苷键型的糖蛋白,而连有磷脂酰肌醇-聚糖的糖蛋白主要出现在质膜的外表面。

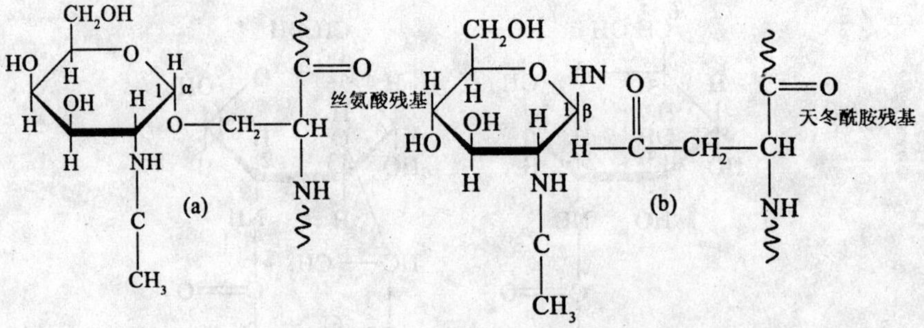

图 4.29　O-糖苷键和 N-糖苷键

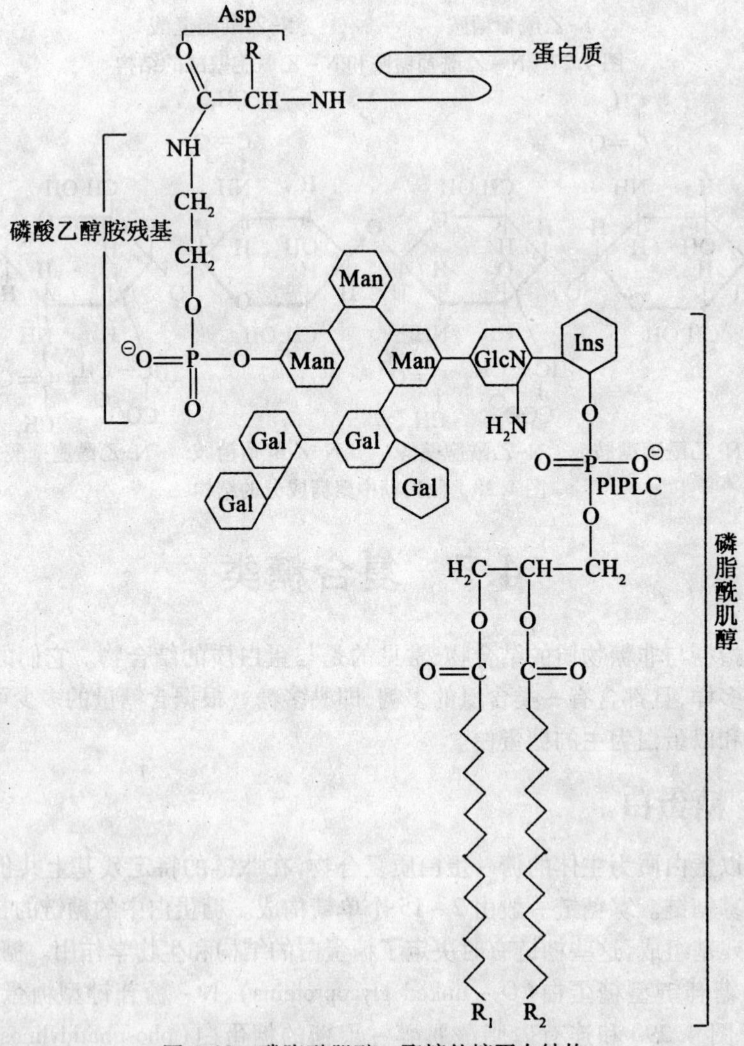

图 4.30　磷脂酰肌醇-聚糖的糖蛋白结构

糖蛋白在体内分布十分广泛，许多酶、激素、运输蛋白、结构蛋白都是糖蛋白。糖成分的存在对糖蛋白的分布、功能、稳定性等都有影响。糖成分通过改变糖蛋白的质量、体积、电荷、溶解性、黏度等发挥着多种效应。

4.5.2 蛋白聚糖

蛋白聚糖是以糖胺聚糖为主体的糖-蛋白质复合物。蛋白聚糖以蛋白质为核心,以糖胺聚糖链为主体,在同一条核心蛋白肽链上,密集地结合着几十条至千百条糖胺聚糖糖链,形成瓶刷状分子(图4.31)。每条糖胺聚糖链由100~200个单糖分子构成,具有二糖重复序列,一般无分支。糖胺聚糖主要借O-糖苷键与核心蛋白的丝氨酸或苏氨酸羟基结合。核心蛋白的氨基酸组成和序列也比较简单,以丝氨酸和苏氨酸为主(可占50%),其余氨基酸以甘氨酸、丙氨酸、谷氨酸等居多。

蛋白聚糖是细胞外基质的主要成分,广泛存在于高等动物的一切组织中,对结缔组织、软骨、骨骼的构成至关重要。蛋白聚糖具有极强的亲水性,能结合大量的水,能保持组织的体积和外形并使之具有抗拉、抗压强度。蛋白聚糖链相互间的作用,在细胞与细胞、细胞与基质间相互结合,维持组织的完整性中起重要作用。糖链的网状结构还具有分子筛效应,对物质的运送有一定意义。

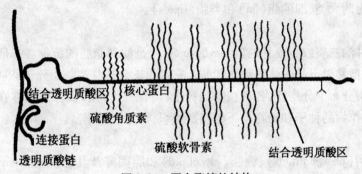

图4.31 蛋白聚糖的结构

习 题

1. 糖类物质如何分类?
2. 环状己醛糖有多少个可能的旋光异构体? 为什么?
3. 列举你所了解的糖的生物学功能。
4. 什么是同聚多糖? 有哪些同聚多糖?

第5章 脂类和生物膜化学

5.1 概述

5.1.1 脂质的概念

由脂肪酸和醇作用生成的酯及其衍生物统称为脂质(Lipids)或脂类。脂质不溶于水而易溶于脂肪溶剂(醇、醚、氯仿、苯)等非极性有机溶剂,成为机体利用的重要有机化合物。

5.1.2 脂质的分类

脂类一般分为两大类,即油脂(fat)和类脂(lipids)。

1. 油脂

油脂又称为甘油三脂或脂酰甘油(triacylglycerol),是油和脂肪的统称。一般把常温下是液体的称作油,而把常温下是固体的称作脂肪。它是由1分子甘油与3分子脂肪酸通过酯键相结合而成。油脂分布十分广泛,各种植物的种子、动物的组织和器官中都存在一定数量的油脂,特别是油料作物的种子和动物皮下的脂肪组织,油脂含量丰富。

2. 类脂

类脂包括磷脂(phospholipids)、糖脂(glycolipid)和胆固醇及其酯(cholesterol and cholesterol ester)三大类。磷脂是含有磷酸的脂类,包括由甘油构成的甘油磷脂(phosphoglycerides)和由鞘氨醇构成的鞘磷脂(sphingomyelin)。

按化学组成分可将脂质分为以下几类:

(1) 单纯脂

单纯脂是由脂肪酸与醇脱水缩合形成的化合物,包括:蜡、甘油脂等。

(2) 复合脂

复合脂即单纯脂加上磷酸等基团产生的衍生物,主要包括磷脂(甘油磷脂、鞘磷脂等)。

(3) 脂的前体及衍生物

脂的前体及衍生物主要包括萜类和甾类及其衍生物(不含脂肪酸,都是异戊二烯的衍生物)、衍生脂(上述脂类的水解产物,包括脂肪酸及其衍生物、甘油、鞘氨醇等)、高级脂肪酸、甘油、固醇、前列腺素等。

(4) 结合脂

脂质与其他生物分子形成的复合物,包括糖脂(糖与脂类以糖苷键连接起来的化合物,如霍乱毒素)、脂蛋白(脂类与蛋白质非共价结合的产物如血中的几种脂蛋白,包括VLDL、LDL、HDL、VHDL)。

按脂质在水中和水界面上的行为,又可将其分为:非极性脂质(不具有容积可溶性,不具有界面可溶性)、Ⅰ类极性脂质(不具有容积可溶性,具有界面可溶性,能渗入膜内,但自身不能形成膜)、Ⅱ类极性脂质(成膜分子,能形成双分子层和微囊,如磷脂和鞘磷脂)以及Ⅲ类极性脂质(可溶性脂质,具有界面可溶性,但形成的单分子层不稳定,可用作去污剂)。

5.1.3 脂类的生理功能

脂类具有多种生理功能,主要包括:

(1)脂类是最佳的能量储存方式。与体内的另一种能源物质——糖相比,脂类的单位重量供能 9.3kcal/g,远大于糖的 4.1kcal/g。

(2)脂类是生物膜的结构组分。生物膜的骨架中所包含的磷脂双酯层、胆固醇、糖脂、甘油磷脂和鞘磷脂等都是脂类物质。

(3)脂类是电与热的绝缘体。动物的脂肪组织有保温、防机械压力等保护功能,植物的蜡质可以防止水分的蒸发。

(4)固醇类激素,如:PIP2(磷脂酰肌醇二磷酸)、前列腺素等都与体内信号传递密切相关。

此外,脂类物质还具有酶的激活剂、糖基载体、激素、维生素和色素的前体(萜类、固醇类)、生长因子与抗氧化剂等功能,并参与信号识别和免疫(糖脂)。

5.2 油脂的结构和性质

5.2.1 油脂的结构

油脂广泛存在于动、植物体中,它是构成动、植物的必要成分,包括脂肪酸和甘油组成的一酯、二酯和三酯,分别称为一酰基甘油、二酰基甘油和三酰基甘油,也称脂肪酸甘油一酯、脂肪酸甘油二酯和脂肪酸甘油三酯。习惯上把在常温下为固态或半固态的叫做脂,液态的叫做油。从化学结构和组成上看,油脂是直链高级脂肪酸和甘油生成的酯的混合物。常用下列结构式表示:

$$
\begin{array}{l}
CH_2-O-\overset{\overset{\displaystyle O}{\|}}{C}-R \\
\ \ \ \ \ \ \ \ \ \ \ \ \ \ \ \ \ \overset{\displaystyle O}{\|} \\
CH-O-\overset{}{C}-R' \\
\ \ \ \ \ \ \ \ \ \ \ \ \ \ \ \ \ \overset{\displaystyle O}{\|} \\
CH_2-O-\overset{}{C}-R''
\end{array}
$$

如果 R、R′、R″相同,叫做单甘油酯,R、R′、R″不同则叫做混合甘油酯。天然的油脂大多为混合甘油酯。

组成油酯的脂肪酸的种类很多,但主要是含偶数碳原子的饱和或不饱和的直链羧酸。常见的饱和酸以十六碳酸(棕榈酸)分布最广,几乎所有的油脂都含有;十八碳酸(硬脂酸)在动物脂肪中含量最多。不饱和酸以油酸、亚油酸分布最广。常见油脂所含的主要脂肪酸及其组成见表 5.1、5.2。

表 5.1 油脂中常见的脂肪酸

类别	名称	系统命名	结构式	溶点/℃
饱和脂肪酸	月桂酸	十二酸	$CH_3(CH_2)_{10}COOH$	44
	豆蔻酸	十四酸	$CH_3(CH_2)_{12}COOH$	52
	棕榈酸	十六酸	$CH_3(CH_2)_{14}COOH$	68
	硬脂酸	十八酸	$CH_3(CH_2)_{16}COOH$	70
	花生酸	二十酸	$CH_3(CH_2)_{18}COOH$	76.5
不饱和脂肪酸	油酸	Δ^9-十八碳烯酸	$CH_3(CH_2)_7CH=CH(CH_2)_7COOH$	18
	亚油酸	$\Delta^{9,12}$-十八碳烯二酸	$CH_3(CH_2)_4CH=CHCH_2CH=CH(CH_2)_7COOH$	-5
	蓖麻油酸	12-羟基-Δ^9-十八碳烯酸	$CH_3(CH_2)_5CHOHCH_2CH=CH(CH_2)_7COOH$	50
	亚麻油酸	$\Delta^{9,12,15}$-十八碳烯三酸	$CH_3CH_2(CH=CHCH_2)_3(CH_2)_6COOH$	-11
	桐油酸	$\Delta^{9,11,13}$-十八碳烯三酸	$CH_3(CH_2)_3(CH=CH)_3(CH_2)_7COOH$	49

脂肪酸越不饱和,由它所组成的油脂的熔点越低。因此固体的脂含有较多的饱和脂肪酸甘油酯,而液体的油则含有较多的不饱和(或者不饱和程度大的)脂肪酸甘油酯。

5.2.2 油脂的性质

油脂比水轻,比重在 0.9~0.95 之间,不溶于水,易溶于乙醚、汽油、苯、石油醚、丙酮、氯仿和四氯化碳等有机溶剂中。油脂没有明显的沸点和熔点,因为它们一般都是混合物。

油脂的主要化学性质如下:

5.2.2.1 皂化

油脂在酸、碱或酶的催化下,易水解生成甘油和羧酸(或羧酸盐)。油脂进行碱性水解时,所生成的高级脂肪酸盐就是肥皂。因此油脂的碱性水解叫做皂化。

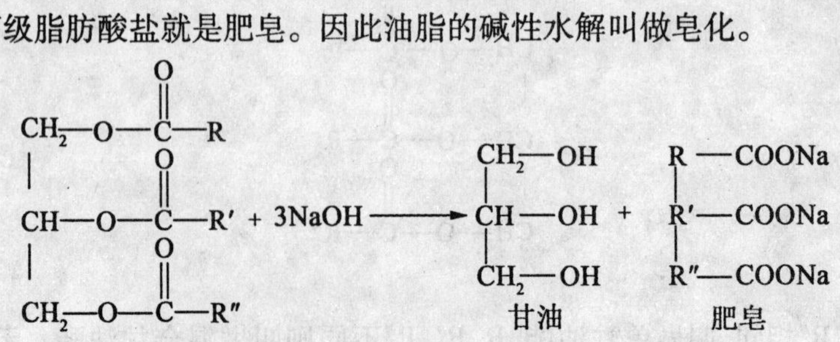

$$\begin{array}{c} CH_2-O-\overset{O}{\underset{\|}{C}}-R \\ | \\ CH-O-\overset{O}{\underset{\|}{C}}-R' \\ | \\ CH_2-O-\overset{O}{\underset{\|}{C}}-R'' \end{array} + 3NaOH \longrightarrow \begin{array}{c} CH_2-OH \\ | \\ CH-OH \\ | \\ CH_2-OH \end{array} + \begin{array}{c} R-COONa \\ R'-COONa \\ R''-COONa \end{array}$$

甘油　　　肥皂

例如：

$$\begin{matrix} CH_2-O-\overset{O}{\underset{\|}{C}}-C_{17}H_{33} \\ | \\ CH-O-\overset{O}{\underset{\|}{C}}-C_{15}H_{31} \\ | \\ CH_2-O-\overset{O}{\underset{\|}{C}}-C_{17}H_{35} \end{matrix} + 3NaOH \xrightarrow[\triangle]{皂化} \begin{matrix} CH_2-OH \\ | \\ CH-OH \\ | \\ CH_2-OH \\ 甘油 \end{matrix} + \begin{matrix} C_{17}H_{33}COONa & (油酸钠) \\ C_{15}H_{31}COONa & (棕榈酸钠) \\ C_{17}H_{35}COONa & (硬脂酸钠) \\ 肥皂 & \end{matrix}$$

工业上把水解 1 g 油脂所需要的氢氧化钾的质量(以 mg 计)叫做皂化值。各种油脂的成分不同,皂化时需要碱的量也不同,油脂的平均分子质量越大,单位重量油脂中含甘油酯的物质的量就越少,那么皂化时所需碱的量也就越小,即皂化值越小。反之,皂化值越大,表示脂肪酸的平均分子质量越小。常见油脂的皂化值见表 5.2。

表 5.2 一些常见油脂的组成及皂化值、碘值

名称	皂化值	碘值	脂肪酸的组成					
			肉豆蔻酸	棕榈酸	硬脂酸	油酸	亚油酸	其他
椰子油	250~260	8~10	17~10	4~10	1~5	2~10	0~2	
奶油	216~235	26~45	7~9	23~26	10~13	30~40	4~5	
牛油	190~200	31~47	2~3	24~32	14~32	35~48	2~4	
蓖麻油	176~187	81~90		0~1		0~9	3~4	蓖麻油酸 80~92
花生油	185~195	83~93		6~9	2~6	50~70	13~26	
棉籽油	191~196	103~115	0~2	19~24	1~2	23~33	40~48	
豆油	189~194	124~136	0~1	6~10	2~4	21~29	50~59	
亚麻油	189~196	170~204		4~7	2~5	9~38	3~43	亚麻油酸 25~58
桐油	189~195	160~170				4~10	0~1	桐油酸 74~91

皂化 1 g 油脂所需氢氧化钾的毫克数称为该油脂的皂化值。根据皂化值的大小,可以计算油脂的平均分子量:

$$平均分子量 = \frac{3 \times 56 \times 1\,000}{皂化值}$$

式中,56 为氢氧化钾的摩尔质量,由于皂化 1 mol 油脂要消耗 3 mol 的氢氧化钾,故乘以 3。

从计算式可以看出,皂化值越小,平均分子量越大;皂化值越大,平均分子量越小。皂化值是检验油脂质量的重要数据之一。天然油脂都有一定的皂化值范围(见表 5.2),不纯的油脂,因含有不能被皂化的杂质,故其皂化值偏低。

5.2.2.2 加成

油脂的羧酸部分有的含有不饱和键,可发生加成反应。

1. 氢化

含有不饱和脂肪酸的油脂,在催化剂(如 Ni)作用下可以加氢,叫做油脂的氢化。

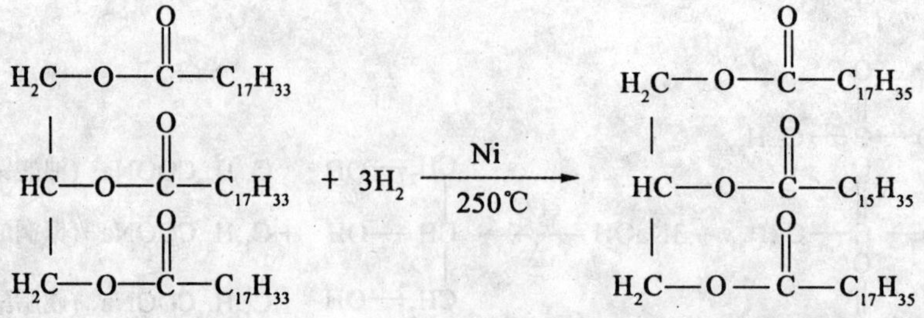

$$\begin{matrix} H_2C-O-\overset{O}{\underset{\|}{C}}-C_{17}H_{33} \\ | \\ HC-O-\overset{O}{\underset{\|}{C}}-C_{17}H_{33} \\ | \\ H_2C-O-\overset{O}{\underset{\|}{C}}-C_{17}H_{33} \end{matrix} + 3H_2 \xrightarrow[250℃]{Ni} \begin{matrix} H_2C-O-\overset{O}{\underset{\|}{C}}-C_{17}H_{35} \\ | \\ HC-O-\overset{O}{\underset{\|}{C}}-C_{15}H_{35} \\ | \\ H_2C-O-\overset{O}{\underset{\|}{C}}-C_{17}H_{35} \end{matrix}$$

甘油三油酸酯　　　　　　　　　　甘油三硬脂酸酯

因为通过加氢后所得产物是由液态转化为固态的脂肪，所以这种氢化通常又称为油的硬化。油脂硬化在工业上有广泛用途，因为制肥皂、贮存、运输等都以固态或半固态的脂肪为好。

2. 加碘

利用油脂与碘的加成，可判断油脂的不饱和程度。工业上把 100 g 油脂所能吸收碘的质量（以 g 计），叫做碘值。碘值是油脂分析中的一个重要常数，一些常见油脂碘值见表 5.2。

医药上使用的一些油脂，对其皂化值和碘值都有一定的标准，例如：

蓖麻油　　　　　碘值 82~90　　　　　皂化值 176~186
花生油　　　　　碘值 84~100　　　　　皂化值 185~195

碘值越大，表示油脂的不饱和程度越大；反之，表示油脂的不饱和程度越小。据此，可检查油脂的不饱和度。由于碘和 C=C 双键加成很慢，在实际测定时常用氯化碘或溴化碘的冰醋酸作试剂，以加快反应速度。氯化碘与 C=C 双键的加成反应可表示为：

$$-\underset{H}{C}=\underset{H}{C}- + ICl \longrightarrow -\underset{H}{\overset{I}{C}}-\underset{H}{\overset{Cl}{C}}-$$

待反应完全后，加入定量的 KI 溶液，使过量的 ICl 和 KI 作用析出一定量碘，然后再用硫代硫酸钠标准溶液滴定析出的碘。

$$ICl \xrightarrow{+KI} I_2 + KCl \qquad I_2 + 2Na_2 \xrightarrow{S_2O_3} Na_2S_4O_6 + 2NaI$$

这样可根据被吸收的氯化碘的量换算成碘量，由碘量即可求出油脂的碘值。

5.2.2.3 酸败和干化

油脂在空气中放置过久，逐渐变质，会产生异味、异臭，这种变化叫做酸败。酸败的原因是由于空气中氧、水或细菌的作用，使油脂氧化和水解而生成具有臭味的低级醛、酮、羧酸等。酸败产物有毒性或刺激性，所以药典规定药用的油脂都应没有异臭和酸败味。因此，在贮存油脂时，应保存在干燥、不见光的密封容器中。

引起酸败的原因主要有两个方面：

1. 自氧化作用

油脂受光照、潮湿或气温高、通风不良时，很容易引起自氧化作用，在未饱和脂肪酸的双键处吸收 1 个氧分子而形成过氧化合物，过氧化合物进一步氧化或分解，就产生具有臭味的醛、酮或羧酸。

$$—(CH_2)_nCH=CH(CH_2)_n— \xrightarrow[\text{空气}]{O_2} —(CH_2)_nCH—CH(CH_2)_n—$$
$$\underset{O—O}{|\quad\quad|}$$

$$\downarrow \text{过氧化合物}$$

$$—(CH_2)_nC\overset{H}{\underset{O}{\diagdown\!\!\diagup}} + \overset{H}{\underset{O}{\diagdown\!\!\diagup}}C(CH_2)_n—$$

一般来说,油脂不饱和程度越大,其酸败速度越快。

2. 微生物作用

微生物在生长活动过程中经常分泌出各种各样的酶,这些酶能引起各类油脂酸败。酸败过程是油脂先水解生成甘油和游离脂肪酸,游离脂肪酸再经微生物进一步作用,发生 β - 氧化,生成 β - 酮酸。

$$—CH_2CH_2CH_2COOH \xrightarrow[\text{微生物}]{[O]} —CH_2—\overset{O}{\underset{\|}{C}}—CH_2—COOH$$
$$\text{β- 酮酸}$$

$$\begin{array}{c}\xrightarrow{\text{脱羧}} —CH_2—\overset{O}{\underset{\|}{C}}—CH_3 + CO_2\uparrow \\ \xrightarrow{\text{酸式分解}} —CH_2—COOH + CH_3COOH\end{array}$$

不论哪种酸败,都产生低级的醛、酮和羧酸。油脂酸败后不仅气味难闻,而且氧化过程中产生的过氧化物能破坏一些脂溶性维生素。为了防止酸败,须将油脂保存在密闭的容器中,且要保持阴凉干燥和避光;也可在油脂中加入少量抗氧化剂如维生素 E 等,来延缓或抑制酸败。麦胚油中富含维生素 E,芝麻油中含有抗氧剂芝麻酚,因此这两种油脂不易酸败。

5.2.2.4 干化

一些油放置在空气中可生成一层具有弹性而坚硬的固体薄膜,这种现象称为油脂的干化。在我国富产的桐油中的桐油酸[$CH_3(CH_2)_3(CH=CH)_3(CH_2)_7COOH$],把它刷在一个平面上和空气接触时,就逐渐变为一层干硬而有韧性的膜。这种干化过程目前还不十分清楚,可能是一系列氧化聚合过程的结果。氧化聚合的机理尚不清楚,但实践证明,油的干性强弱(即结膜的快慢)和分子中所含双键数目及双键结构体系有关。含双键数目多的,结膜快;数目少的,结膜慢;有共轭双键结构的比孤立双键结构体系的结膜快。因此,有人认为油的干性是由于双键旁的亚甲基容易和空气中的氧发生自动氧化形成一个自由基,自由基可以自行结合成高分子化合物的缘故。共轭双键两边的亚甲基同时受两个或三个双键的影响,更为活泼,因此更易与氧结合。

$$—CH=CH—CH=CH—CH_2— \longrightarrow —CH=CH—CH=CH—$$
$$\underset{\underset{O}{|}}{\overset{|}{O}}$$
过氧化自由基

根据各种油干化程度不同,可将油脂分为干性油(桐油、亚麻油)、半干性油(向日葵油、棉籽油)及不干性油(花生油、蓖麻油)三类。经油脂分析:

干性油　　　　　　　碘值大于130
半干性油　　　　　　碘值为100~130

不干性油　　　　　　　　碘值小于 100

5.2.2.5 酸值

油脂酸败后有游离脂肪酸产生,油脂中游离的脂肪酸含量,可以用氢氧化钾中和来测定。中和 1 g 油脂中游离的脂肪酸的质量(以 mg 计),叫做酸值。酸值是油脂中游离的脂肪酸的量度标准,酸值越小,油脂则越新鲜。一般油脂的酸值很低,酸败后游离脂肪酸增多,酸值升高,所以说酸值低的油脂品质好,酸值大于 6 的油脂不宜食用。

5.3　磷脂和固醇类

5.3.1　磷脂

磷脂是一类含有磷酸的脂类,机体中主要含有两大类磷脂,甘油磷脂(phosphoglyceride)和鞘磷脂(sphingolipid)。磷脂是重要的两亲物质,它们是生物膜的重要组分、乳化剂和表面活性剂(表面活性剂是指能降低液体,通常是水的表面张力,沿水表面扩散的物质),具有重要的生物学意义。

5.3.1.1　甘油磷脂

甘油磷脂是机体含量最多的一类磷脂,它除了构成生物膜外,还是胆汁和膜表面活性物质等其他的成分之一,并参与细胞膜对蛋白质的识别和信号传导。

甘油磷脂含有甘油、脂肪酸、磷酸及含碱性化合物(胆碱或胆胺)或其他成分。它们的结构通式如下:

$$\begin{array}{c} X \\ | \\ O \\ | \\ ^{\ominus}O-P=O \\ | \\ O \\ | \\ \overset{1}{H_2C}-\overset{2}{CH}-\overset{3}{CH_2} \\ | \qquad | \\ O \qquad O \\ | \qquad | \\ O=C \quad C=O \\ | \qquad | \\ R_1 \qquad R_2 \end{array}$$

最简单的甘油磷脂是磷脂酸(phosphatidate),它是由甘油 - 3 - 磷酸的 C - 1 和 C - 2 处成酯的脂酰基组成的。在更复杂的甘油磷脂中,磷酸与甘油以及另一个带有一个—OH 的化合物都发生酯化反应。

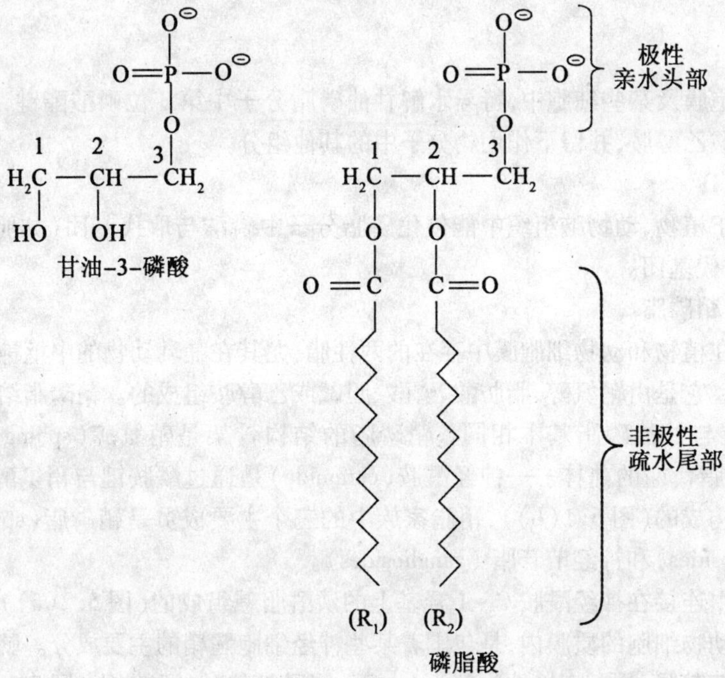

第5章 脂类和生物膜化学

（图：甘油-3-磷酸 和 磷脂酸 结构式；标注极性亲水头部和非极性疏水尾部）

甘油磷脂根据取代基团不同又可以分为许多类，其中重要的有：

胆碱（choline） + 磷脂酸 → 磷脂酰胆碱（phosphatidylcholine）又称卵磷脂（lecithin）

乙醇胺（ethanolamine） + 磷脂酸 → 磷脂酰乙醇胺（phosphatidylethanolamine）又称脑磷脂（cephain）

丝氨酸（serine） + 磷脂酸 → 磷脂酰丝氨酸（phosphatidylserine）

甘油（glycerol） + 磷脂酸 → 磷脂酰甘油（phosphatidylglycerol）

肌醇（inositol） + 磷脂酸 → 磷脂酰肌醇（phosphatidylinositol）

心磷脂（cardiolipin）是由甘油的 C-1 和 C-3 与两分子磷脂酸结合而成。心磷脂是线粒体内膜和细菌膜的重要成分，而且是唯一具有抗原性的磷脂分子。

除以上6种以外，在甘油磷脂分子中甘油第1位的脂酰基被长链醇取代形成醚，如缩醛磷脂（plasmalogen）及血小板活化因子（plateletactivating factor, PAF），它们都属于甘油磷脂。

在生物体内存在一些可以水解甘油磷脂的磷脂酶类，其中主要的有磷脂酶 A_1、A_2、B、C 和 D，它们特意地作用于磷脂分子内部的各个酯键，形成不同的产物，这一过程也是甘油磷脂的加工改造过程。

1. 磷脂酶 A_1

在自然界中分布广泛，主要存在于细胞的溶酶体内，此外蛇毒及某些微生物中亦有，能催化甘油磷脂的第1位酯键断裂，产物为脂肪酸和溶血磷脂2。

2. 磷脂酶 A_2

普遍存在于动物各组织细胞膜及线粒体膜上，能使甘油磷脂分子中第2位酯键水解，产物为溶血磷脂1及其产物脂肪酸和甘油磷酸胆碱或甘油磷酸乙醇胺等。

溶血磷脂具有较强的表面活性，能使红细胞及其他细胞膜破裂，引起溶血或细胞坏死。经磷脂酶 B 作用脱去脂肪酸后，转变成甘油磷酸胆碱或甘油磷酸乙醇胺，即失去溶解细胞膜的作用。

3. 磷脂酶 C

存在于细胞膜及某些细胞中,特异水解甘油磷脂分子中第 3 位磷酸酯键,其结果是释放磷酸胆碱或磷酸乙醇胺,并留下作用物分子中的其他组分。

4. 磷脂酶 D

主要存在于植物,动物脑组织中能催化磷脂分子中磷酸与取代基团(如胆碱等)间的酯键,并释放出取代基团。

5.3.1.2 鞘磷脂

鞘磷脂是在植物和动物细胞膜中存在的两性脂,尤其在哺乳动物的中枢神经系统组织中含量特别丰富。它是由鞘氨醇、脂肪酸、磷酸、胆碱或乙醇胺组成的。鞘磷脂结构与甘油磷脂相似,因此性质与甘油磷脂基本相同。鞘磷脂的结构骨架是鞘氨醇(sphingosine)(图 5.1(a))。所有鞘脂代谢的前体——神经酰胺(ceramide)是通过酰胺键与鞘氨醇的 C-2 氨基连接的脂肪酸构成的(图 5.1(b)),鞘脂家族中的三个主要成员是鞘磷脂(sphingomyelins)、脑苷脂(cerebrosides)和神经节苷脂(gangliosides)。

鞘磷脂是由连接在神经酰胺 C-1 羟基上的磷酰胆碱组成的(图 5.2(a))。鞘磷脂存在于大多数哺乳动物细胞的质膜内,是包围着某些神经细胞髓鞘的主要成分。脑苷脂是含有一个单糖残基的糖鞘脂,是一个极性头部为 b-D-半乳糖残基的脑苷脂(图 5.2(b))。而神经节苷脂是最复杂的糖鞘脂,分子中含有的 N-乙酰神经氨酸的寡糖链连接在神经酰胺上(图 5.3)。

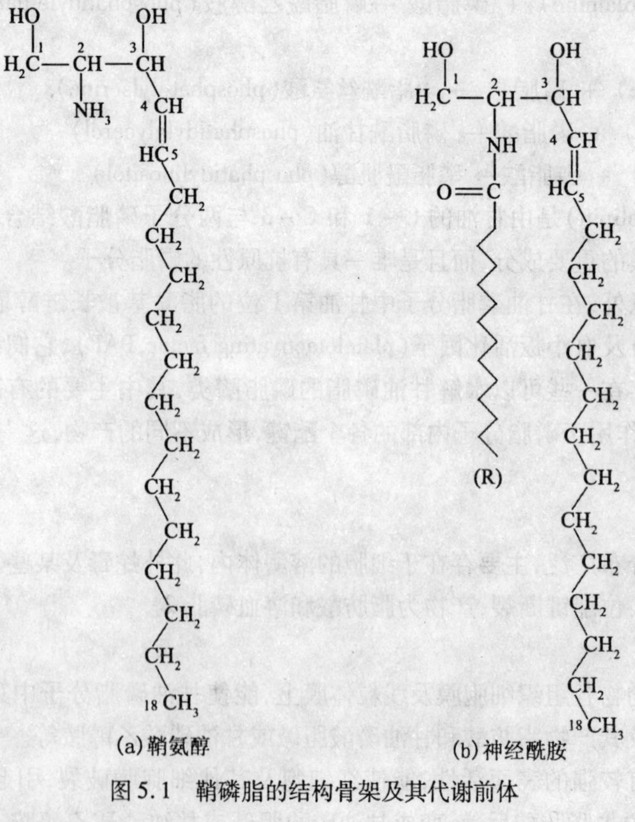

(a) 鞘氨醇　　(b) 神经酰胺

图 5.1　鞘磷脂的结构骨架及其代谢前体

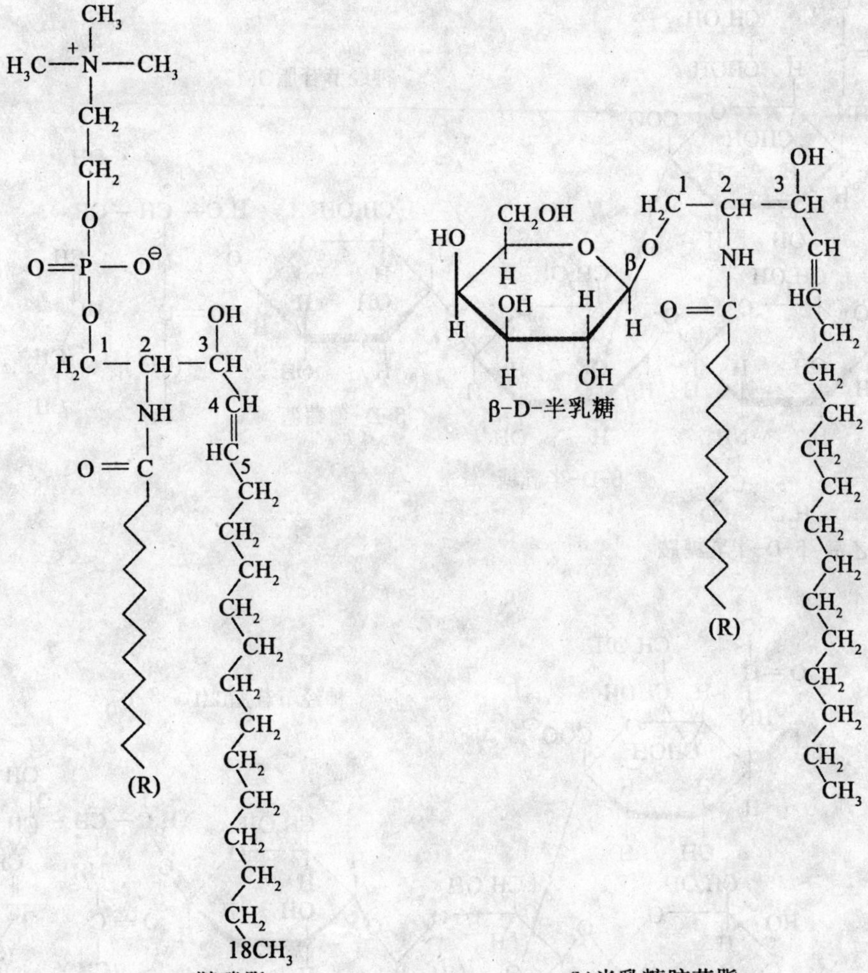

图 5.2 鞘磷脂及脑苷脂的结构

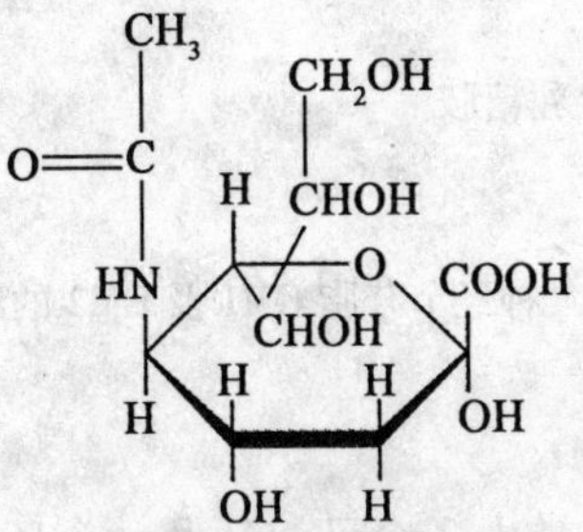

(a) 鞘磷脂　　(b) 半乳糖脑苷脂

N-乙酰神经氨酸
(NeuNAc)

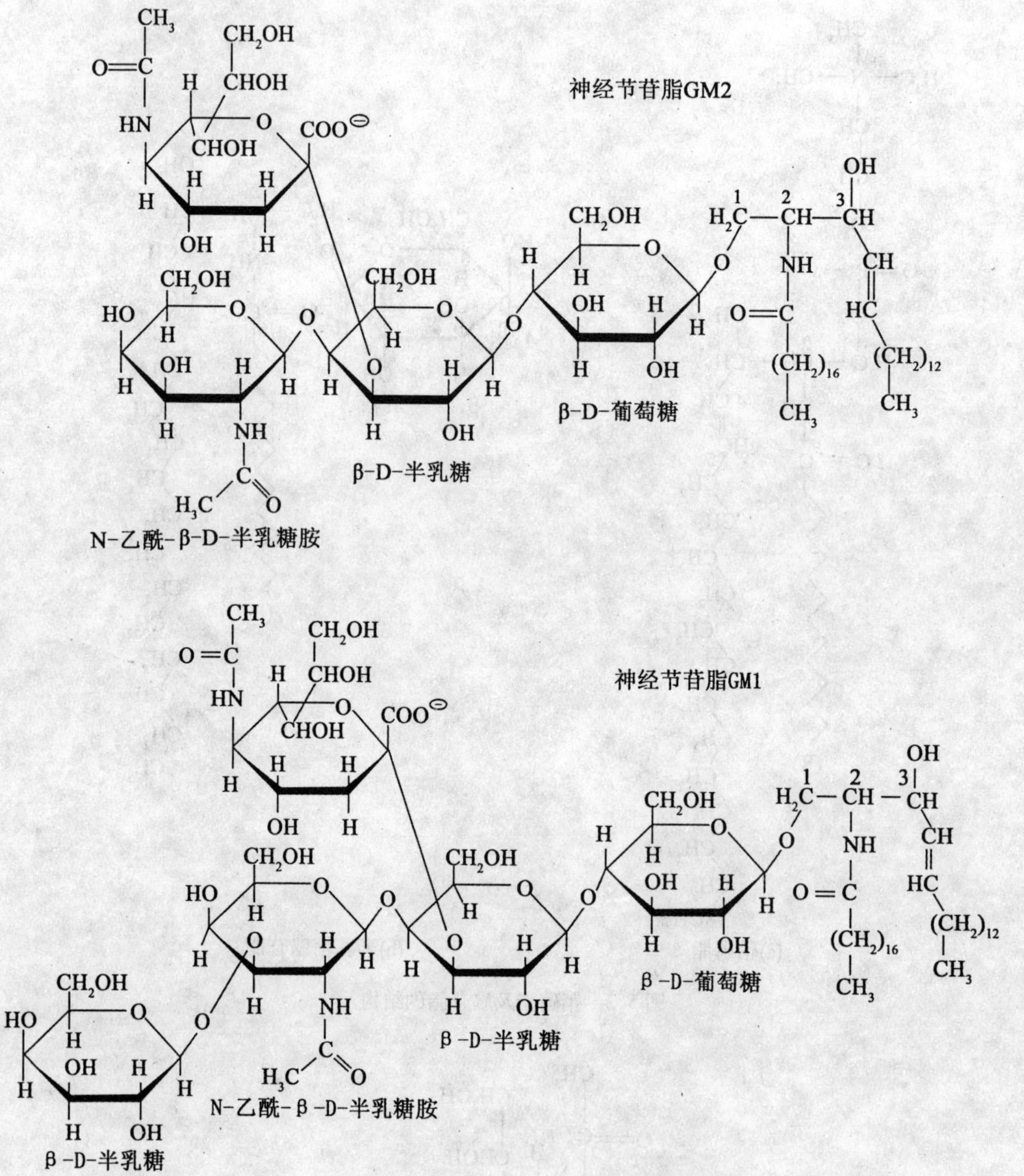

图 5.3 神经节苷脂 GM1 及 GM2 的结构图

5.3.2 固醇类

固醇(sterol),又称甾醇,是一类由3个己烷环及一个环戊烷稠合而成的环戊烷多氢菲衍生物(图5.4),由于含有醇基故命名为固醇。除细菌中缺少外,广泛存在于动植物的细胞及组织中。

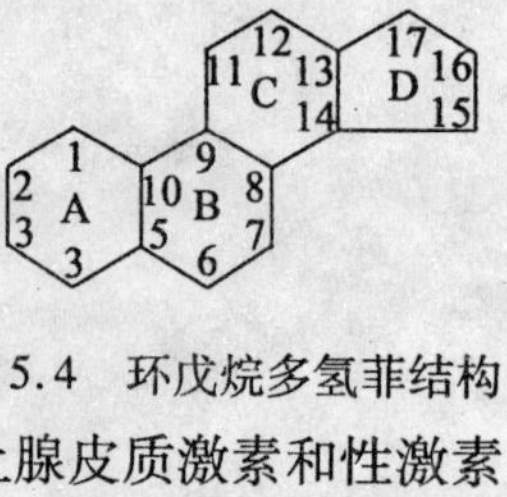

图 5.4 环戊烷多氢菲结构

固醇有多种不同的生物学功能,如作为细胞膜脂的成分及构成肾上腺皮质激素和性激素等。不少植物固醇还具有很强的药理或毒理效应,如洋地黄及哇巴因可增强心肌收缩,是治疗心力衰竭的良药。植物中含β-谷固醇,酵母中含麦角固醇。动物中的固醇类以胆固醇的含量最丰富,它在体内可转变成固醇类激素——孕酮、雌二醇、睾酮、皮质醇及醛固酮等。许多避孕药物均属孕酮的衍生物;有的睾酮类似物则是体内蛋白质生物合成的促进剂。7-脱氢胆固醇在皮肤中经紫外线的照射可转变成维生素 D_3(胆钙化醇),后者在体内又可转变成调节钙磷代谢的激素——1,25-二羟胆钙化醇。引起昆虫蜕皮的蜕皮素及抗葡萄球菌的褐毒素也是固醇类化合物。哥伦布氏毒箭蛙(Phyllobates aurotaenia)分泌的蛙毒素仅需微量即可阻断神经冲动在神经肌肉间的传导。胆固醇在体内的代谢终产物是胆汁酸,而其他固醇类化合物则经生物转化使其增加极性,排出体外。

胆固醇及与长链脂肪酸形成的胆固醇酯是血浆蛋白及细胞外膜的重要组分。植物细胞膜则含有其他固醇如豆固醇,后者与胆固醇结构的不同点在于 C_{22}—C_{23} 之间有一双键。胆固醇分子的一端有一极性头部基因羟基因而亲水,分子的另一端具有烃链及固醇的环状结构而疏水。因此固醇与磷脂类化合物相似也属两性分子。

5.4 生物膜

细胞是人体和其他生物体一切生命活动结构与功能的基本单位。体内所有的生理功能和生化反应都是在细胞内进行的。一切动物细胞都被一层细胞膜所包裹,使得细胞内容物和细胞周围环境分割开来。此外,细胞内还存在着各种细胞器,包括细胞核、线粒体、内质网、高尔基体等,这些细胞器也是由膜包裹着,细胞膜和各种细胞器膜统称为生物膜(biomembrane)。

5.4.1 生物膜的组成及结构模型

所有生物膜几乎都是由蛋白质和脂类组成,此外还含有少量糖、金属离子和水(15%~20%)。一个典型的生物膜含有磷脂、糖鞘脂和胆固醇(在一些真核细胞中)。膜含有的脂有一共同的特点,它们都是两性分子,含有极性成分和非极性成分。磷脂和糖鞘脂在一定的条件下可以像肥皂那样形成单层膜或微团,然而在体内这些脂倾向于组装成一个脂双层。由于磷脂和糖鞘脂含有两条烃链的尾巴,不能很好地包装成微团,却可以精巧地组装成脂双层(图5.5)。但并不是所有的两性脂都可以形成脂双层,如胆固醇,其分子中的极性基团—OH相对于疏水的循环系统太小了。在生物膜中,不能形成脂双层的胆固醇和其他脂(大约占整个膜脂的30%)可以稳定地排列在其余70%的脂双层中。

脂双层内脂分子的疏水尾巴指向双层内部,而它们的亲水头部与每一面的水相接触,磷脂中带正电荷和负电荷的头部基团为脂双层提供了两层离子表面,双层的内部是高度非极性的。脂双层倾向闭合形成球形结构,这一特性可以减少脂双层的疏水边界与水相之间的不利的接触。在实验室里可以合成由脂双层构成的小泡,小泡内是一个水相空间,这样的脂双层结构称为脂质体(liposomes)。它相当稳定,并且对许多物质是不通透的,可以包裹药物分子,将药物带到体内特定组织。

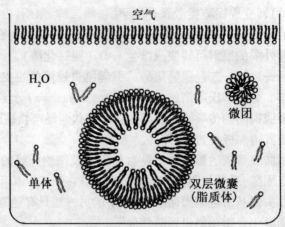

图 5.5 脂双层(脂质体)断面结构图

脂双层是所有生物膜的基础,而蛋白质是生物膜的必要成分。不含蛋白质的脂双层的厚度大约是 5~6 nm,而典型的生物膜的厚度大约是 6~10 nm,这是由于存在着镶嵌在膜中或与膜结合的蛋白质的缘故。

1972 年,S. Jonathan Singer 和 Garth L. Nicolson 就生物膜的结构提出了流动镶嵌模型(fluid mosaic model)。根据这一模型的描述,膜蛋白看上去像是圆形的"冰山"飘浮在高度流动的脂双层"海"中(图 5.6)。内在膜蛋白(integral membrane proteins)插入或跨越脂双层,与疏水内部接触,外周膜蛋白(peripheral membrane proteins)与膜表面松散连接。生物膜是一个动态结构,即膜中的蛋白质和脂可以快速地在双层中的每一层内侧向外扩散。尽管现在对原来的流动镶嵌模型中的某些方面做了一些修正和补充,但该模型时至今日仍然是基本正确的。

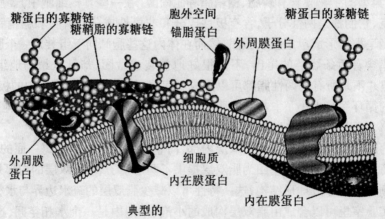

图 5.6 典型的真核细胞膜结构

5.4.2 生物膜的特性

生物膜具有两个明显的特性,即膜的流动性和膜的不对称性。

5.4.2.1 膜的流动性

生物膜的流动性使膜脂与膜蛋白处于不断的运动状态,它是保证膜正常功能的重要条件。在生理状态下,生物膜既不是晶态,也不是液态,而是液晶态,即介于晶态与液态之间的过渡状态。在这种状态下,其既具有液态分子的流动性,又具有固态分子的有序排列。当温度下降至某一点时,液晶态转变为晶态;若温度上升,则晶态又可溶解为液晶态。这种状态的相互转化称为相变,引起相变的温度称为相变温度。在相变温度以上,液晶态的膜脂总是处于可流动状态。膜脂分子有以下几种运动方式:①侧向移动;②旋转运动;③左右摆动;④翻转运动。膜蛋白分子的运动形式有侧向运动和旋转运动两种。

5.4.2.2 膜的不对称性

以脂双层分子的疏水端为界,生物膜可分为近胞质面和非胞质面内外两层,生物膜内外两层的结构和功能有很大差异,这种差异称为生物膜的不对称性。

膜脂分布的不对称性主要体现在膜内外两层脂质成分明显不同。如磷脂中的磷脂酰胆碱和鞘磷脂多分布在膜的外层,而磷脂酰乙醇胺、磷脂酰丝氨酸和磷脂酰肌醇多分布在膜的内层,其中磷脂酰乙醇胺和磷脂酰丝氨酸的头部基团均带负电,致使生物膜内侧的负电荷大于外侧。膜蛋白分布的不对称主要体现在三个方面:① 即使是膜内在蛋白都贯穿膜全层,但其亲水端的长度和氨基酸的种类与顺序不同;②外在蛋白分布在膜内外表面的定位也是不对称的,如具有酶活性的膜蛋白 Mg-ATP 酶、5′核苷酸酶、磷酸二酯酶等均分布在膜的外表面,而腺苷酸环化酶分布在膜的内表面;③含低聚糖的糖蛋白,其糖基部分布在非胞质面。

5.4.3 生物膜的功能

在细胞中,生物膜以不同的形式存在,其功能主要有以下几个方面:

5.4.3.1 物质传送作用

细胞在生命活动过程中,不断地与外界进行物质交换,需依赖细胞膜上专一性的传送载体蛋白或通道蛋白,实现细胞内外物质的传送。

5.4.3.2 保护作用

生物膜具有自我封闭的特点,细胞膜作为细胞外周界膜,对保持细胞内环境稳定起主要作用。

5.4.3.3 信息传递作用

细胞膜上有各种受体,能特意地结合激素等信号分子。例如,肝脏及肌肉细胞的细胞膜上含有能够识别并结合胰岛素、胰高血糖素、肾上腺素的受体,一旦这些受体与激素结合,就可将信号跨膜传向细胞内的酶系产生特定的生理效应。

5.4.3.4 细胞的识别作用

细胞识别是指细胞有识别异己的能力,尤其是生殖细胞和免疫细胞(如吞噬细胞、淋巴细胞)的识别能力更为明显。一般来讲,识别作用是一种发生在细胞表面的现象,其本质是细胞通过细胞膜上特定的膜受体或膜抗原与外来信号物质的特意结合。淋巴细胞依赖细胞膜上特定的抗原受体识别并结合外来抗原,产生相应的抗体引起免疫反应。细胞膜上的特定抗原(如组织相容性抗原)也参与细胞识别。相同个体内的各组织器官都有相同的相容性抗原,可自相识别。不同个体间因相容性抗原不同而相互排斥。现在知道,鉴于这些特定的膜受体和膜抗原的化学本质都是糖蛋白或糖脂,因此认为细胞识别的分子基础是糖链结构的特异性。

在高等生物中,细胞内膜系统的功能已高度分化。线粒体内膜及叶绿体类囊体膜含有许多酶及蛋白质组成的复杂体系,是进行氧化磷酸化及光合磷酸化的主要场所,具有能量转换的功能。内质网中的糙面内质网膜与蛋白质合成及运输有关;光面内质网则与脂肪、胆固醇代谢、糖原分解、脂溶性毒素的解毒有关。高尔基体膜的主要功能是为细胞提供一个内部的运输系统。把由内质网合成并转运来的分泌蛋白质进行浓缩加工,通过高尔基液泡或以酶原颗粒形式运出细胞。核膜作为细胞质与细胞核之间的一个重要界膜,对稳定细胞核的形态和化学成分起着十分重要的作用。

5.4.4 膜生物工程

膜生物工程又叫做人工膜技术,是生物工程的一个新的分支。这个技术是把磷脂制成微球体,包裹着酶、抗体、核酸等生物大分子或小分子药物,运输到患病部位的细胞,通过脂质微球体的膜与细胞膜的相互作用(包括膜相互融合,被吞噬等),把这些物质送入细胞中,从而达到诊断、治疗疾病或改变细胞代谢和遗传特性等目的。

目前比较成熟的人工膜模型是平面双层脂膜和脂质体两种。

平面双层脂膜是由脂在两水相之间的小孔中形成的,面积可达几平方毫米,厚度为5 nm。它主要用于研究膜电位、膜两侧的 pH 梯度及离子梯度。

脂质体(liposome)是利用人工技术使磷脂分子亲水头部插入水中,疏水尾部伸向空气,搅动后形成双层脂分子的球形脂质体,直径 25~1 000 nm 不等。脂质体可用于转基因,或制备的药物,利用脂质体可以和细胞膜融合的特点,将药物送入细胞内部。脂质体作为药物载体的应用,虽然具备了许多优点和特点,但就目前来看,也还存在一定的局限性,首先表现在其制备技术给工业化生产带来了一定难度;此外对于某些水溶性药物包封率较低,药物易从脂质体中渗漏;稳定性差亦是脂质体商品化过程急需解决的问题,目前的冻干方法可能是延长脂质体的贮存期的有效途径。

习　题

1. 生物膜由哪些脂类化合物组成?它们共同的理化性质是什么?
2. 在动植物组织中,脂肪酸在组成和结构上有何特点?
3. 甘油磷酸酯类化合物在分子组成与结构上有何特点?在水中能形成怎样的结构?为什么?
4. 何谓生物膜?在结构上有何特点?
5. 生物膜流动镶嵌模型的主要论点是什么?该模型能解释哪些生物膜的特性?
6. 从植物种子中提取 1 g 油脂,分为两等份,分别用于测定其皂化值和碘值。测定皂化值的一份消耗 KOH 65 mg,测定碘值的一份消耗 I_2 510 mg。试计算该油脂的平均相对分子量和碘值。

第6章 酶化学

6.1 概 述

6.1.1 酶的概念

生物体的最基本特征是新陈代谢,而新陈代谢过程包括各种化学反应,这些化学反应都是由酶来催化的。酶是指由活细胞产生的具有催化功能的蛋白质,它是生物体内的一类特殊催化剂。酶的存在是生物体进行新陈代谢的必要条件。

酶所催化的化学反应称为酶促反应。在酶促反应中被酶催化的物质叫底物(substrate,S);经酶催化所产生的物质叫产物(product,P);酶所具有的催化能力称为酶的"活性",如果酶丧失催化能力称为酶失活。

各种生物所含的酶在数量上和种类上都有所不同,这种差异决定了生物的代谢类型,同时细胞还可以通过调节酶的活性大小来控制代谢速度,甚至改变代谢过程,从而使生物的代谢过程能经常与周围环境和自身生理活动的需要保持平衡。

6.1.2 酶的催化特性

酶是生物催化剂,既有与一般催化剂相同的催化性质,又有一般催化剂所没有的生物大分子的特征。

6.1.2.1 酶与非生物催化剂的共性

1. 降低反应活化能

对于某一化学反应,底物→产物,要经历一个过渡态,也叫活化态,活化态的能量高于底物和产物。所谓反应活化能是指反应物分子从初态转化为活化态所需要的自由能。酶参与的反应是通过底物和酶的结合为反应创设了一条新的途径,使得过渡态能量要比反应没有酶参与的条件下低得多。这样同样初态的分子所需的活化能就低,活化分子数就更多,反应更容易进行。

例如图6.1中,反应:$H_2O_2 + H_2O_2 \rightarrow 2H_2O + O_2$在无催化剂时,需活化能75.6 kJ/mol;胶体钯催化时,需活化能49 kJ/mol;过氧化氢酶催化时,仅需活化能8.4 kJ/mol。

2. 加快反应速度,不改变反应平衡点

酶和一般催化剂一样,在反应过程中只能加快反应到达平衡点的速度,但不能改变反应的平衡点。这意味着酶对正逆反应按同一倍数加速。

3. 酶作为催化剂在化学反应的前后没有质和量的改变

在反应前后,酶本身不发生质和量的变化。

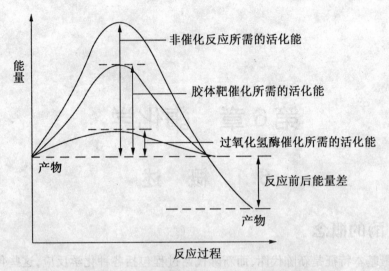

图 6.1 催化剂催化化学反应中活化能的改变

6.1.2.2 酶作为生物催化剂的特点

1. 催化效率高

酶的催化效率比无催化剂的自发反应速度高 $10^8 \sim 10^{20}$ 倍,比一般催化剂的催化效率高 $10^7 \sim 10^{13}$ 倍。

2. 高度的催化特异性

酶对其所催化的底物和催化的反应具有较严格的选择性,常将这种选择性称为酶的特异性或专一性(specificity)。根据酶对底物选择的严格程度不同,酶的特异性通常分为以下三种:

(1) 绝对特异性(absolute specifictity):有的酶只能催化一种底物发生一定的反应,称为绝对特异性。如脲酶只能催化尿素水解成 NH_3 和 CO_2,而不能催化甲基尿素水解。

(2) 相对特异性(relative specificity):一种酶可作用于一类化合物或一种化学键,这种不太严格的特异性称为相对特异性。如脂肪酶不仅水解脂肪,也能水解简单的酯类。

(3) 立体异构特异性(stereopecificity):酶对底物的立体构型的特异要求,称为立体异构特异性。如 L - 乳酸脱氢酶的底物只能是 L 型乳酸,而不能是 D 型乳酸。

3. 酶活性的不稳定性,反应条件要求高

酶是蛋白质,酶促反应要求一定的 pH 值、温度等温和的条件,强酸、强碱、有机溶剂、重金属盐、高温、紫外线、剧烈震荡等任何使蛋白质变性的理化因素都可使酶变性而失去其催化活性。

4. 酶活性的可调节性

物质代谢在正常情况下处于错综复杂、有条不紊的动态平衡中。酶活性的调节作用是维持这种平衡的重要环节。通过各种调控方式,例如,酶的生物合成的诱导和阻遏、酶的化学修饰、酶的变构调节以及神经体液因素的调节等,改变酶的催化活性,以适应生理功能的需要,促进体内物质代谢的协调统一,保证生命活动的正常进行。

6.1.3 酶的组成及分类

1926 年,Sumner 首次从刀豆中提取脲酶结晶并率先提出酶的化学本质是蛋白质。到目前为止,纯化和结晶的酶已超过 2 000 余种。

根据酶的化学组成成分不同,可将其分为单纯酶(simple enzyme)和结合酶(conjugated enzyme)两类。

(1) 单纯酶

这类酶的基本组成单位仅为氨基酸,通常只有一条多肽链。它的催化活性仅仅决定于它的蛋白质结构,如淀粉酶、脂肪酶、蛋白酶等均属于单纯酶。

(2) 结合酶

这类酶由蛋白质部分和非蛋白质部分组成,前者称为酶蛋白(apoenzyme),后者称为辅助因子(cofactor)。酶蛋白与辅助因子结合形成的复合物称为全酶(holoenzyme)。只有全酶才有催化作用。酶蛋白在酶促反应中起着决定反应特异性的作用,辅助因子则决定反应的类型,参与电子、原子、基团的传递。

辅助因子的化学本质是金属离子或小分子有机化合物,按其与酶蛋白结合的紧密程度不同可分为辅酶(coenzyme)与辅基(prosthetic group)。辅酶与酶蛋白结合疏松,可用透析或超滤的方法除去。辅基则与酶蛋白结合紧密,不能通过透析或超滤将其除去。B 族维生素是形成体内结合酶辅酶或辅基的重要成分。

按酶促反应的性质,酶可分为 6 大类:

(1) 氧化还原酶类(oxidoreductases)

催化底物进行氧化还原反应的酶类。例如:乳酸脱氢酶、细胞色素氧化酶、过氧化氢酶等。

以下反应是乳酸脱氢酶催化的反应。

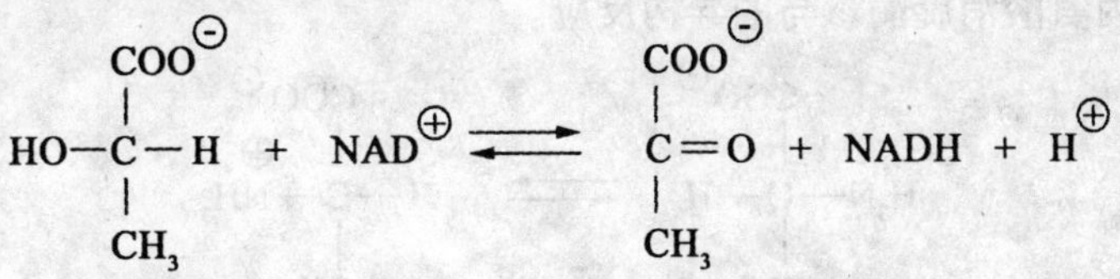

$$\text{L-乳酸} + NAD^{\oplus} \rightleftharpoons \text{丙酮酸} + NADH + H^{\oplus}$$

(2) 转移酶类(transferases)

催化底物之间进行某些基团的转移或交换的酶类。例如:氨基转移酶、已糖激酶、磷酸化酶等。

以下反应是丙氨酸转移酶催化的氨基转移反应。

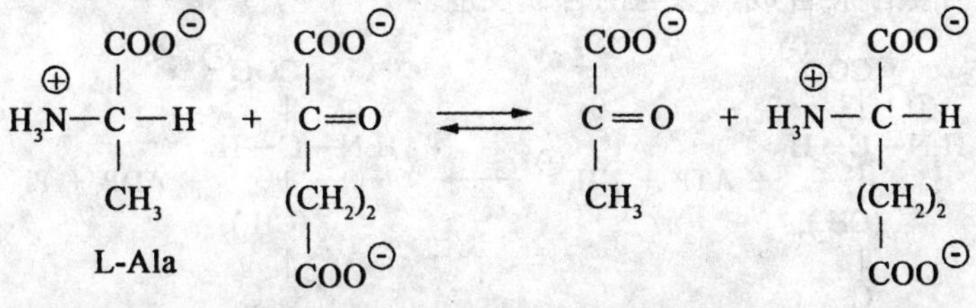

$$\text{L-Ala} + \alpha\text{-酮戊二酸} \rightleftharpoons \text{丙酮酸} + \text{L-Glu}$$

(3) 水解酶类(hydrolases)

催化底物发生水解反应的酶类。例如:淀粉酶、蛋白酶、脂肪酶等。

以下反应是胰蛋白酶水解多肽链的反应。

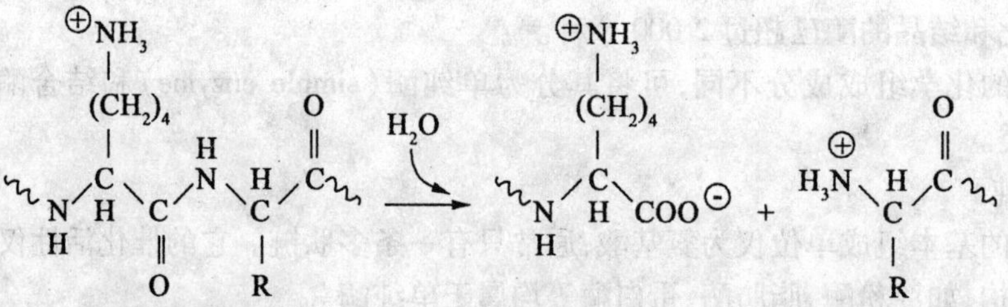

[含Lys残基的多肽链片段] + H₂O → [C-末端Lys多肽链片段] + [新N-末端多肽链片段]

(4) 裂解酶类（或裂合酶类，lyases）

催化一种化合物分解为两种化合物或两种化合物合成为一种化合物的酶类。如醛缩酶、碳酸酐酶、柠檬酸合成酶。

以下反应是丙酮酸脱羧酶参与的脱羧反应。

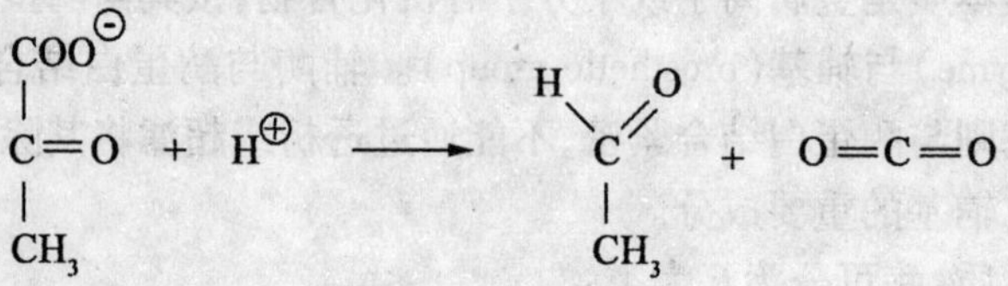

丙酮酸 → 乙醛 + CO_2

(5) 异构酶类（isometases）

催化各种同分异构体间相互转变的酶类，如磷酸丙糖异构酶、磷酸己糖异构酶等。

以下反应是丙氨酸消旋酶参与的异构反应。

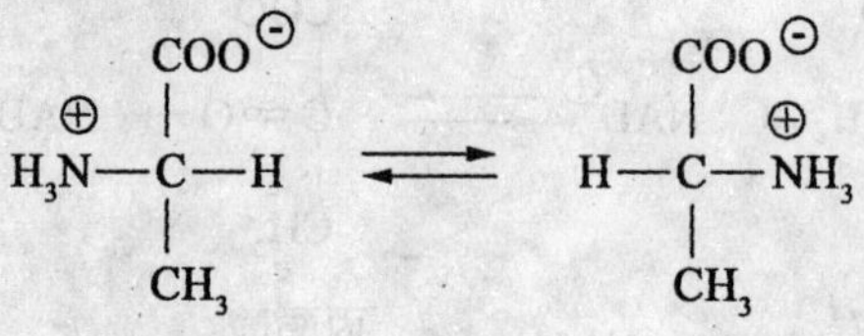

L-Ala ⇌ D-Ala

(6) 合成酶类（ligases）

催化两分子底物合成一分子化合物，同时偶联有 ATP 的磷酸键断裂的酶类。如谷氨酰胺合成酶、谷胱甘肽合成酶等。

以下反应是谷氨酰胺合成酶参与的合成反应。

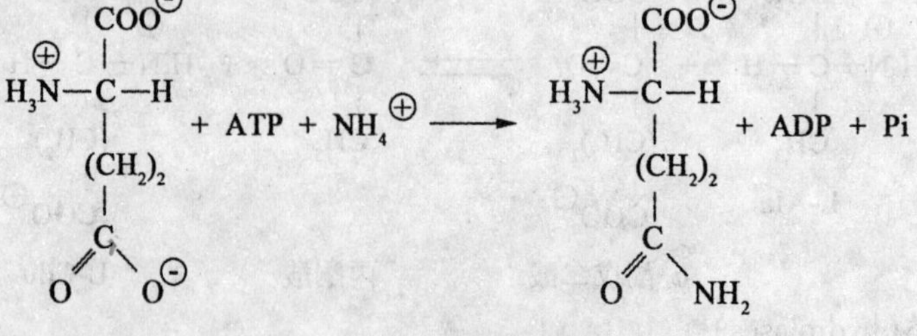

L-Glu + ATP + NH_4^+ → L-Gln + ADP + Pi

除了以上常见的酶类以外，还存在个别特殊酶类：

(1) 核酶

1982 年，Thomas Cech 从四膜虫 rRNA 前体的加工研究中首先发现 rRNA 分子在没有任何蛋白质的存在下发生了自我催化的剪接反应,20世纪90年代H.F.Noller证明大肠杆菌的23SrRNA具有催化肽键形成的作用,此后更多的证据表明,某些RNA分子有固有的催化活性。这种具有催化作用的RNA被称为核酶或催化性RNA(catalytic RNA)。

核酶的发现一方面推动了对于生命活动多样性的理解,另外在医学上也有其特殊的用途。由于核酶结构的阐明,可以用人工合成的小片段RNA,使其结合在有害RNA(病毒RNA,癌基因mRNA等)上,将其特异性降解。这一思路已经在实验中获得成功,针对HIV(人类免疫缺陷病毒)的核酶在美国和澳大利亚已进入临床试验。理论上讲,核酶几乎可以被广泛用来尝试治疗所有基因产物有关的疾病。

(2)脱氧核酶

最初发现的核酶都是RNA分子,后来证实人工合成的具有类似结构的DNA分子也具有特异性降解RNA的作用。相对应于催化性RNA,具有切割RNA作用的DNA分子称为脱氧核酶或催化性DNA(catalytic DNA)。由于DNA分子较RNA稳定,而且合成成本低,因此在未来的治疗药物发展中可能具有更广泛的前景。目前尚未发现天然存在的催化性DNA。

6.2 酶的结构与功能的关系

6.2.1 活性部位和必需基团

组成酶分子的氨基酸中有许多化学基团,如—NH_2、—COOH、—SH、—OH等,但这些基团并不都与酶活性有关。其中那些与酶的活性密切相关的基团称为酶的必需基团(essential group)。这些必需基团在一级结构上可能相距很远,但在空间结构上彼此靠近,形成一个能与底物特异地结合并将底物转变为产物的特定空间区域,这一区域称为酶的活性中心(active center)。对结合酶来说,辅酶或辅基也参与酶活性中心的组成。

酶活性中心内的必需基团分两种:能直接与底物结合的必需基团称为结合基团(binding group);影响底物中某些化学键的稳定性,催化底物发生化学变化的必需基团称为催化基团(catalytic group)。还有一些必需基团虽然不参加活性中心的组成,但却为维持酶活性中心应有的空间构象所必需,这些基团是酶活性中心外的必需基团。

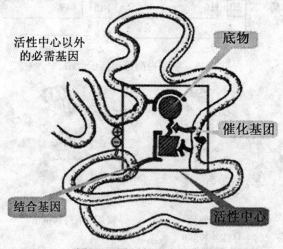

图6.2 酶活性中心示意图

酶的活性中心往往位于酶分子表面或凹陷处，是酶催化作用的关键部位。不同的酶有不同的活性中心，故对底物有高度的特异性。形成或暴露酶的活性中心，可使无催化活性的酶原转变成具有催化活性的酶。相反，酶的活性中心一旦被其他物质占据或某些理化因素使酶的空间结构破坏，酶则丧失催化活性。

6.2.2 酶原的激活

有些酶在细胞内合成或初分泌时，没有催化活性，这种无活性状态的酶的前身物称为酶原(zymogen)。在一定条件下，酶原受某种因素作用后，分子结构发生变化，形成或暴露出活性中心，使无活性的酶原转变成有活性的酶，这一过程称为酶原的激活。

胃蛋白酶、胰蛋白酶、胰糜蛋白酶等在它们初分泌时都是以无活性的酶原形式存在，在一定条件下才转化成相应的酶。例如，胰蛋白酶原进入小肠后，受肠激酶或胰蛋白酶本身的激活，第6位赖氨酸与第7位异亮氨酸残基之间的肽键被切断，水解掉一个六肽，酶分子空间构象发生改变，形成酶的活性中心，于是胰蛋白酶原变成了有活性的胰蛋白酶(图6.3、6.4)。

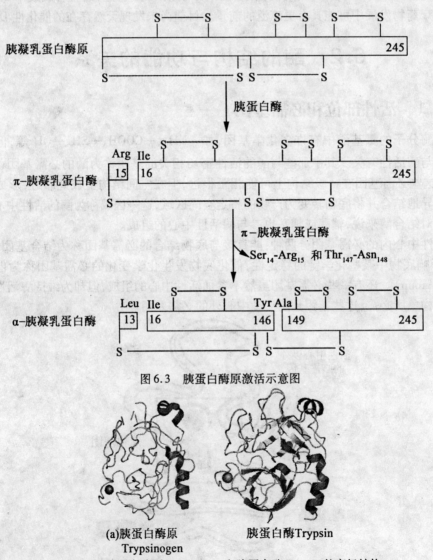

图6.3 胰蛋白酶原激活示意图

(a)胰蛋白酶原 Trypsinogen   胰蛋白酶 Trypsin

图6.4 胰蛋白酶原 Trypsinogen 和胰蛋白酶 Trypsin 的高级结构

酶原激活的生理意义在于避免细胞内产生的蛋白酶对细胞进行自身消化,并可使酶在特定的部位和环境中发挥作用,保证体内代谢的正常进行。

除消化道的蛋白酶外,血液中有关凝血和纤维蛋白溶解的酶类,也都以酶原的形式存在。

6.2.3 同工酶

同工酶(isoenzyme)是指催化的化学反应相同,但酶蛋白的分子结构、理化性质乃至免疫学性质不同的一组酶。这类酶存在于生物的同一种属或同一个体的不同组织、甚至同一组织或细胞中。近年来,由于蛋白质分离技术的发展,特别是凝胶电泳的应用,使同工酶可以从细胞提取物中分离出来。这类酶存在于生物的同一种属或同一个体的不同组织中,甚至同一组织的同一细胞中。这类酶由两个或两个以上的亚基聚合而成,它们催化同一个反应,但是它们的生理性质、理化性质及反应机理却是不相同的,现已发现有数种同工酶。如,6-磷酸葡萄糖脱氢酶、乳酸脱氢酶、酸性和碱性磷酸酶、肌酸磷酸激酶等。

其中乳酸脱氢酶(LDH)最为大家所熟悉,存在于哺乳动物中的有 5 种,它们都催化同样的反应:

$$\begin{array}{c}CH_3\\|\\CHOH\\|\\COO^-\end{array} + NAD^+ \xrightleftharpoons{LDH} CH_3-\overset{O}{\underset{\|}{C}}-COO^- + NADH + H^+$$

但它们对底物的 K_m 值却有显著的区别。它们的相对分子质量都相近,大约是130 000～150 000,都含有 4 个亚基,每个亚基即每条肽链的相对分子质量都是 35 000 左右。现在已经知道这些亚基分为两类:一类为骨骼肌型的,以 M 表示;另一类为心肌型的,以 H 表示。5 种同工酶的亚基组成分别为 HHHH(这一种在心肌中占优势),HHHM、HHMM、HMMM 及 MMMM(这一种在骨骼肌中占优势)。M 亚基及 H 亚基可以分开,但无活性。它们的氨基酸组成及顺序不同,电泳行为亦不同。LDH 是由两种亚基组成的四聚体,即骨骼肌型(M 型)和心肌型(H 型)亚基。两种亚基以不同比例组成 5 种四聚体:$LDH_1(H_4)$、$LDH_2(H_3M)$、$LDH_3(H_2M_2)$、$LDH_4(HM_3)$ 和 $LDH_5(M_4)$。电泳时它们都移向正极,其速度以 LDH_1 为最快,依次递减,以 LDH_5 为最慢。

LDH 同工酶在不同组织中的比例不同(图 6.5),心肌中以 LDH_1 较为丰富,在心肌以催化乳酸脱氢生成丙酮酸为主;肝脏和骨骼肌中含 LDH_5 较多,以催化丙酮酸还原为乳酸为主。

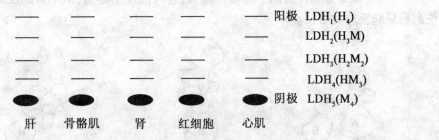

图 6.5　LDH 同工酶在某些组织中的含量

最近的研究表明,LDH 同工酶中的两种不同的肽链是受不同的基因控制而产生的。电泳图谱可以表示出 LDH 同工酶在不同组织中的不同比例。在动物的胚胎发育及细胞分化过程中,LDH 同工酶的相对比例是会改变的。现在同工酶的研究已经成为细胞分化及形态遗传的分子学基础中的重要内容。

同工酶分析法在农业上已开始用于优势杂交组合的预测。例如,番茄优势杂交组合种子与弱优势杂交组合的种子中的脂酶同工酶是有差异的,从这种差异中可以看出杂种优势。在临床检验中,通过检测病人血清中 LDH 同工酶的电泳图谱,辅助诊断哪些器官组织发生病变。例如,心肌受损病人血清 LDH_1 含量上升,肝细胞受损者血清 LDH_5 含量增高,冠心病及冠状动脉血栓引起的心肌受损患者血清中 $LDH(H_4)$ 及 $LDH_2(H_3M)$ 含量增高,而肝细胞受损患者血清中 $LDH_5(M_4)$ 增高。当某种组织发生病变时,就有某种特殊的同工酶释放出来。对病人及正常人同工酶电泳图谱进行比较,有助于上述疾病的诊断。

同工酶不仅存在于动物中,还存在于植物及微生物中。例如,苹果酸脱氢酶就存在于猪心、牛心、豌豆及大肠杆菌中。

6.3 酶催化反应的机制

酶和化学催化剂都能降低反应的活化能,但酶比一般化学催化剂降低活化能作用要大得多,故表现为酶作用的高度催化效率。

酶能大幅度降低反应活化能的原因是:

1. 酶能与底物形成中间复合物

酶催化底物反应时,首先酶的活性中心与底物结合生成酶-底物复合物,此复合物再进行分解而释放出酶,同时生成一种或数种产物,此过程可用下式表示:

$$E + S \longrightarrow ES \longrightarrow E + P$$

式中,E 代表酶;S 代表底物;ES 代表酶底物复合物;P 代表反应产物。ES 的形成,改变了原来反应的途径,大幅度降低了反应活化能,从而使反应加速。

2. 趋近效应和定向效应

酶与底物形成复合物后,使底物与底物(如双分子反应)之间,酶的催化基团与底物之间结合于同一分子而使有效浓度得以极大地升高,从而使反应速度大大增加,这种效应称为趋近效应。趋近效应使酶活性中心处的底物浓度急剧增高,从而增加底物分子的有效碰撞。酶还能使靠近活性中心处的底物分子的反应基团与酶的催化基团取得正确定向,这就是定向作用。定向作用提高了酶与底物反应的适宜时机,从而降低了反应活化能,加快了反应速度。

图 6.6 中,A、B 分别代表两个底物,当它们进入活性中心后,从不易起反应的 I 位,定向转位到最易起反应的 III 位。

　　　　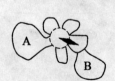

Ⅰ 不合适的靠近　　Ⅱ 合适的靠近　　Ⅲ 合适的靠近
　不合适的定位　　　不合适的定位　　　合适的定位

图 6.6　趋近效应与定向作用

3. "变形"与"契合"

酶与底物接触后,酶在底物的诱导下其空间构象发生变化,另一方面底物也因某些敏感键受力而发生"变形",酶构象的改变与底物的变形,使两者彼此互补"契合"(图6.7)致底物分子内部产生张力,受牵拉力影响底物化学键易断裂,容易反应。

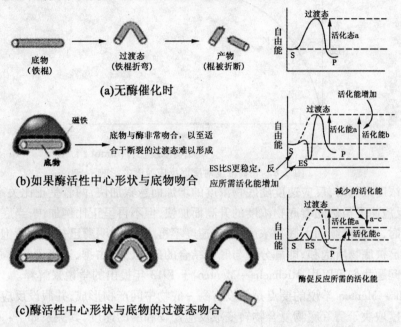

图6.7 酶-底物"变形"与"契合"示意图

4. 酸碱催化作用

酶的活性中心具有某些氨基酸残基的R基团,这些基团有许多是酸碱功能基团(如氨基、羧基等)它们在体液条件下,往往是良好的质子供体或受体,极有利于进行酸碱催化作用,从而提高酶的催化效能。

5. 共价催化作用

某些酶能与底物形成极不稳定的、共价结合的ES复合物,这些复合物极易变成过渡态,从而降低反应的活化能,加速化学反应速度。

6.4 酶促反应动力学

酶促反应动力学是研究酶促反应速度及其影响因素的科学。这些因素主要包括底物浓度、酶浓度、温度、pH值、激活剂和抑制剂等。在研究某一因素对酶促反应速度的影响时,应该维持反应中其他因素不变,而只改变要研究的因素。

6.4.1 底物浓度对酶反应速率的影响

在酶的浓度不变的情况下,底物浓度对反应速度影响的作用呈现矩形双曲线(图6.8)。

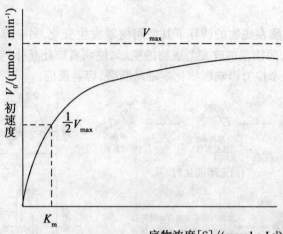

图 6.8 底物浓度对酶促反应速度的影响

在底物浓度很低时,反应速度随底物浓度的增加而急骤加快,两者呈正比关系;当底物浓度较高时,反应速度虽然随着底物浓度的升高而加快,但不再呈正比例加快;当底物浓度增高到一定程度时,如果继续加大底物浓度,反应速度不再增加,说明酶已被底物所饱和。这时所有的酶分子已被底物所饱和,即酶分子与底物结合的部位已被占据,速度不再增加,如图6.8所示。这个问题我们可以用 Michaelis – Menten 于 1913 年提出的学说来解释。

Michaelis – Menten 学说的要点是假设有酶-底物中间产物形成,并假设反应中底物转变成产物的速度取决于酶-底物复合物转变成反应产物和酶的速度,其关系如下:

$$E + S \underset{K_{-1}}{\overset{K_1}{\rightleftharpoons}} ES \overset{K_2}{\longrightarrow} E + P$$

式中,E 表示酶,S 表示底物,ES 表示酶-底物复合物,P 表示产物,K_1、K_{-1} 和 K_2 为三个假设过程的速度常数。

酶促反应速度与底物浓度之间的变化关系,反映了[ES]的形成与生成产物[P]的过程。在[S]很低时,酶的活性中心没有全部与底物结合,增加[S],[ES]的形成与[P]的生成均呈正比关系增加;当[S]增高至一定浓度时,酶全部形成了[ES],此时再增加[S]也不会增加[ES],反应速度趋于恒定。

若形成 ES 的速度为 V_f,则

$$V_f = K_1([E_t] - [ES])[S]$$

式中,$[E_t]$ 为酶的总浓度;$[E_t] - [ES]$ 为未结合的酶的浓度。ES 生成的速度 V_f 与未结合的酶浓度及底物浓度成正比。ES 消失的速度 V_d 为

$$V_d = K_{-1}[ES] + K_2[ES]$$

这是由于 ES 因生成初反应物(K_{-1})或生成产物(K_2)而消失。

当 ES 的生成速度与消失速度相等时,即

$$V_f = V_d$$

则

$$K_1([E_t] - [ES])[S] = K_{-1}[ES] + K_2[ES]$$

将上式移项

$$K_1[E_t][S] = K_1[ES][S] + K_2[ES] + K_{-1}[ES]$$

$$K_1[E_t][S] = (K_1[S] + K_2 + K_{-1})[ES]$$

$$[ES] = \frac{K_1[E_t][S]}{(K_1[S] + K_2 + K_{-1})} = \frac{[E_t][S]}{[S] + \frac{K_2 + K_{-1}}{K_1}}$$

设 $V = K_2[ES]$，V 为观察所得的初速度，代入上式

$$\frac{[E_t][S]}{[S] + \frac{K_2 + K_{-1}}{K_1}}$$

设 $\frac{K_2 + K_{-1}}{K_1} = K_m$，$V_{max} = K_2[E_t]$，则

$$V = \frac{V_{max}[S]}{[S] + K_m}$$

这就是米氏方程(Michaelis – Menten equation)，K_m 称之为米氏常数(Michaelis – constant)。这个方程式表明了当已知 K_m 及 V_{max} 时，酶反应速度与底物之间的定量关系。

当酶促反应处于 $V = \frac{1}{2} V_{max}$ 的特殊情况时

$$\frac{V_{max}}{2} = \frac{V_{max} \cdot [S]}{K_m + [S]}$$

$$\frac{1}{2} = \frac{[S]}{K_m + [S]}$$

所以 $\qquad K_m = [S]$

由此可以看出 K_m 值的物理意义，即 K_m 值是当酶反应速度达到最大反应速度一半时的底物浓度，它的单位是 mol/L，与底物浓度的单位一样。

K_m 具有重要意义，米氏常数是酶学研究中的一个极重要的数据，关于 K_m 还可作以下几点分析：

（1）K_m 值是酶的特征常数之一，一般只与酶的性质有关，而与酶的浓度无关。不同的酶 K_m 值不同。

（2）如果一个酶有几种底物，则该酶对每一种底物都有一个特定的 K_m 值。并且 K_m 值还受 pH 值及温度的影响。因此，K_m 值作为常数只是对一定的底物、一定的 pH 值、一定的温度条件而言的。测定酶的 K_m 值可以作为鉴别酶的一种手段，但是必须在指定的实验条件下进行。

(3) $1/K_m$ 近似地表示酶对底物亲和力的大小,$1/K_m$ 愈大,表明亲和力越大,因为 $1/K_m$ 愈大,K_m 值就愈小,达到最大反应速度一半所需要的底物浓度就愈小。显然,最适底物与酶的亲和力最大,不需很高的底物浓度就可以很容易地达到 V_{max}。

测定 K_m 值有许多种方法,最常用的是 Lineweaver – Burk 的双倒数作图法。求 Michaelis – Menten 方程的倒数,可得下式:

$$\frac{1}{V} = \frac{K_m}{V_{max}} \times \frac{1}{[S]} + \frac{1}{V_{max}}$$

此方程相当于一直线的数学表达: $y = ax + b$,以 $1/V$ 为纵坐标,$1/[S]$ 为横坐标,将数据作图,则得一直线,其斜率为 K_m/V_{max},将直线延长,在 $1/[S]$ 及 $1/V$ 上的截距分别为 $-1/K_m$ 及 $1/V_{max}$,这样 K_m 就可以从直线上的截距计算出来。以转化数每秒钟每个酶分子能催化多少个 μmol 的底物发生变化表示,大部分酶为 1 000,最大可达几十万,甚至可达 100 万以上。

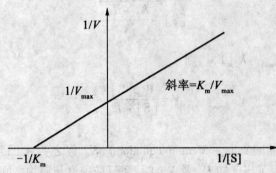

图 6.9 双倒数作图法,以 $1/V$ 对 $1/[S]$ 作图求 K_m

6.4.2 酶浓度对酶反应速率的影响

在一定的温度和 pH 值条件下,当底物浓度足以使酶饱和的情况下,酶的浓度与酶促反应速度呈正比关系(图 6.10)。

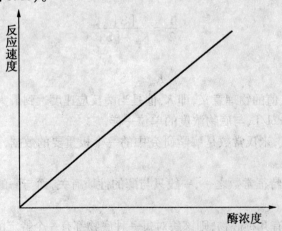

图 6.10 酶浓度对酶促反应速度的影响

6.4.3 温度对酶反应速率的影响

化学反应的速度随温度增高而加快,但酶是蛋白质,可随温度的升高而变性。在温度较低时,前一影响较大,反应速度随温度升高而加快。但温度超过一定范围后,酶受热变性的因素占优势,反应速度反而随温度上升而减慢。常将酶促反应速度最大的某一温度范围,称为酶的最适温度(图6.11)。

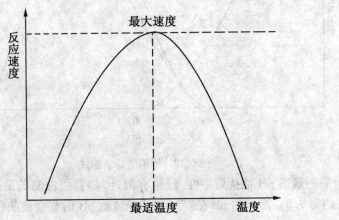

图6.11 温度对酶促反应速度的影响

人体内酶的最适温度接近体温,一般为37~40℃之间,若将酶加热到60℃即开始变性,超过80℃,酶的变性不可逆。

温度对酶促反应速度的影响在临床实践中具有指导意义。低温条件下,酶的活性下降,但低温一般不破坏酶,温度回升后,酶又恢复活性。所以在护理技术操作中对酶制剂和酶检测标本(如血清等)应放在冰箱中低温保存,需要时从冰箱取出,在室温条件下等温度回升后再使用或检测。临床上低温麻醉就是利用酶的这一性质以减慢组织细胞代谢速度,提高机体对氧和营养物质缺乏的耐受力,有利于进行手术治疗。温度超过80℃后,多数酶变性失活,临床应用这一原理进行高温灭菌。

酶的最适温度与反应所需时间有关,酶可以在短时间内耐受较高的温度,相反,延长反应时间,最适温度便降低。据此,在生化检验中,可以采取适当提高温度,缩短时间的方法,进行酶的快速检测。

6.4.4 pH值对酶反应速率的影响

酶反应介质的pH可影响酶分子,特别是活性中心上必需基团的解离程度和催化基团中质子供体或质子受体所需的离子化状态,也可影响底物和辅酶的解离程度,从而影响酶与底物的结合。只有在特定的pH条件下,酶、底物和辅酶的解离情况,最适宜于它们互相结合,并发生催化作用,使酶促反应速度达最大值,这种pH值称为酶的最适pH。

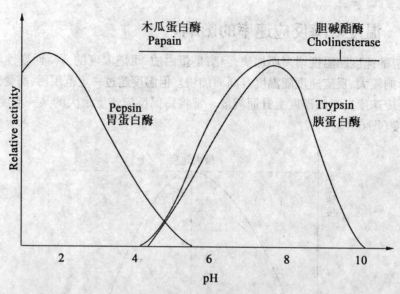

图6.12 卵磷脂的结构式

体内多数酶的最适 pH 值接近中性,但也有例外,如胃蛋白酶的最适 pH 约1.8,肝精氨酸酶最适 pH 约为9.8。溶液的 pH 值高于和低于最适 pH 时都会使酶的活性降低,远离最适 pH 值时甚至导致酶的变性失活。所以测定酶的活性时,应选用适宜的缓冲液,以保持酶活性的相对恒定。临床上根据胃蛋白酶的最适 pH 偏酸这一特点,配制助消化的胃蛋白酶合剂时加入一定量的稀盐酸,使其发挥更好的疗效。

6.4.5 激活剂对酶反应速率的影响

凡能提高酶的活性或使酶原转变成酶的物质均称作酶的激活剂。从化学本质看,激活剂包括无机离子和小分子有机物。例如,Mg^{2+}是多种激酶和合成酶的激活剂,Cl^-是淀粉酶的激活剂,胆汁酸盐是胰脂肪酶的激活剂。

大多数金属离子激活剂对酶促反应不可缺少,称必需激活剂,如 Mg^{2+};有些激活剂不存在时,酶仍有一定活性,这类激活剂称非必需激活剂,如 Cl^-。

6.4.6 抑制剂对酶反应速率的影响

凡能使酶的活性降低或丧失而不引起酶蛋白变性的物质称酶的抑制剂。通常将抑制作用分为不可逆性抑制和可逆性抑制两类。

1. 不可逆性抑制(irreversible inhibition)

这类抑制剂与酶分子中的必需基团以共价键的方式结合,从而使酶失活,其抑制作用不能用透析、超滤等方法解除,这种抑制称为不可逆抑制作用。在临床上这种抑制作用可以靠某些药物解除抑制,使酶恢复活性。

例如,有机磷农药能特异性地与胆碱酯酶活性中心丝氨酸的羟基结合,使酶失活。当胆碱酯酶被有机磷农药抑制后,胆碱能神经末梢分泌的乙酰胆碱不能及时分解,过多的乙酰胆碱会导致胆碱能神经过度兴奋的症状,表现为一系列中毒的症状。临床上用碘解磷定(解磷定)治疗有机磷农药中毒(图6.13)。

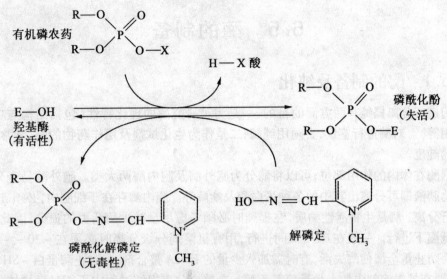

图 6.13 有机磷农药对羟基酶的抑制和解磷定的解抑制

2. 可逆性抑制(reversible inhibition)

抑制剂与酶以非共价键结合,在用透析等物理方法除去抑制剂后,酶的活性能恢复,即抑制剂与酶的结合是可逆的。这类抑制剂大致可分为以下两类:

(1)竞争性抑制(competitive inhibition)

竞争性抑制剂(I)与底物(S)结构相似,因此两者互相竞争与酶的活性中心结合,当I与酶结合后,就不能结合S,从而引起酶催化作用的抑制,称竞争性抑制。竞争性抑制作用有以下特点:①抑制剂结构与底物相似;②抑制剂结合的部位是酶的活性中心;③抑制作用的大小取决于抑制剂与底物的相对浓度,在抑制剂浓度不变时,通过增加底物浓度可以减弱甚至解除竞争性抑制作用;④V_{max}不变,K_m增大。

例如,丙二酸是琥珀酸脱氢酶的竞争性抑制剂。很多药物是酶的竞争性抑制剂。例如,磺胺药是通过竞争性抑制作用抑制细菌生长的,某些细菌在二氢叶酸合成酶的作用下,利用对氨基苯甲酸(PABA)、二氢喋呤及谷氨酸合成二氢叶酸,后者能转变为四氢叶酸,四氢叶酸是细菌合成核酸不可缺少的辅酶。由于磺胺药与PABA结构相似,是二氢叶酸合成酶的竞争性抑制剂,进而细菌核酸合成障碍,达到抑菌作用。

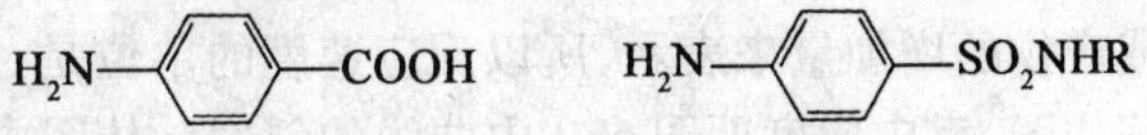

$H_2N-\underset{PAPA对氨基苯甲酸}{\underline{}}-COOH$ $H_2N-\underset{磺胺药}{\underline{}}-SO_2NHR$

图 6.14 PAPA 与磺胺药

抗癌药物氨甲蝶呤(MTX)的结构与二氢叶酸相似,是二氢叶酸还原酶的竞争性抑制剂,抑制四氢叶酸的合成,进而抑制肿瘤的生长。

(2)非竞争性抑制(non-competitive inhibition)

非竞争性抑制剂(I)和底物(S)的结构不相似,I常与酶活性中心外的部位结合,使酶催化作用抑制叫做非竞争性抑制。这种抑制作用的特点是:①抑制剂与底物结构不相似;②抑制剂结合的部位是酶活性中心外;③抑制作用的强弱取决于抑制剂的浓度,此种抑制不能通过增加底物浓度而减弱或消除,哇巴因抑制Na^+-K^+-ATP酶活性是非竞争性抑制;⑤V_{max}下降,K_m不变。

6.5 酶的制备

6.5.1 酶的制备及纯化

对酶进行分离提纯有两方面的目的：一是为了研究酶的理化特性（包括结构与功能、生物学作用等）。对酶进行鉴定，必须用纯酶；二是作为生化试剂及用作药物的酶，常常也要求有较高的纯度。

根据酶在体内的作用部位，可以将酶分为胞外酶及胞内酶两大类。胞外酶易于分离，如收集动物胰液即可分离出其中的各种蛋白酶及酯酶等。胞内酶存在于细胞内，必须破碎细胞才能进行分离，酶是生物活性物质，在提纯时必须考虑尽量减少酶活力的损失，因此全部操作需在低温下进行。一般在 $0\sim5℃$ 间进行，用有机溶剂分级分离时必须在 $-20\sim-15℃$ 下进行。为防止重金属使酶失活，有时需加入少量的 EDTA 螯合剂；为防止酶蛋白 –SH 被氧化失活，需要在抽提溶剂中加入少量巯基乙醇。在整个分离提纯过程中不能过度搅拌，以免产生大量泡沫，使酶变性。

在分离提纯过程中，必须经常测定酶的比活力，以指导提纯工作正确进行。若要得到纯度更高的制品，还需进一步提纯，常用的方法有磷酸钙凝胶吸附、离子交换纤维素（如 DEAE – 纤维素，CM – 纤维素）分离、葡聚糖凝胶层析、离子交换 – 葡聚糖凝胶层析、凝胶电泳分离及亲和层析分离等。

6.5.2 酶活性的测定

酶活力（enzyme activity）也称为酶活性，是指酶催化一定化学反应的能力。检查酶的含量及存在，不能直接用重量或体积来表示，常用它催化某一特定反应的能力来表示，即用酶的活力来表示。酶活力的高低是研究酶的特性、生产及应用酶制剂的一项不可缺少的指标。

1. 酶活力与酶反应速度

酶活力的大小可以用在一定条件下它所催化的某一化学反应的反应速度来表示，即酶催化的反应速度愈快，酶的活力就愈高；速度愈慢，酶活力就愈低。所以测定酶活力（实质上就是测定酶的量）就是测定酶促反应的速度（用 V 表示）。酶促反应速度可用单位时间内、单位体积中底物的减少量或产物的增加量来表示，所以反应速度的单位是：底物浓度/单位时间。将产物浓度对反应时间作图，反应速度即图 6.9 中曲线的斜率。从图中可知，反应速度只在最初一段时间内保持恒定，随着反应时间的延长，酶反应速度下降。引起下降的原因很多，如底物浓度的降低，酶在一定的 pH 值及温度下部分失活；产物对酶的抑制、产物浓度增加而加速了逆反应的进行等。因此，研究酶反应速度应以酶促反应的初速度为准，这时上述各种干扰因素尚未起作用，速度基本保持恒定不变。

测定产物增加量或底物减少量的方法很多。常用的方法有化学滴定、比色、比旋光度、气体测压、测定紫外吸收、电化学法、荧光测定以及同位素技术等。选择哪一种方法，要根据底物或产物的物理化学性质而定。在简单的酶反应中，底物的减少与产物增加的速度是相等的，但一般以测定产物为好，因为实验设计规定的底物浓度往往是过量的，反应时底物减少的量只占总量的一个极小部分，所以不易准确；而产物则从无到有，只要方法足够灵敏，就可以准确测定。

2. 酶活力单位(U, active unit)

酶的活力大小也就是酶量的大小,用酶的活力单位来度量。1961年国际酶学会议规定:1个酶活力单位是指在特定条件下1 min内能转化1 μmol底物的酶量,或是转化底物中1 μmol的有关基团的酶量。特定条件是指:温度选定为25℃,其他条件(如pH值及底物浓度)均采用最适条件。这是一个统一的标准,但使用起来不如习惯方法方便。

被人们普遍采纳的习惯用法较方便,如α-淀粉酶,可用每小时催化1 g可溶性淀粉液化所需要的酶量来表示,也可以用每小时催化1 mL 2%可溶性淀粉液化所需要的酶量作为1个酶单位。不过这些表示法都不够严格,同一种酶有好几种不同的单位,也不便于对酶活力进行比较。

3. 酶的比活力(specific activity)

比活力的大小,也就是酶含量的大小,即每毫克酶蛋白所具有的酶活力,一般用单位/毫克蛋白质(U/mg蛋白质)来表示。有时也用每克酶制剂或每毫升酶制剂含有多少个活力单位来表示(U/g或U/mL)。它是酶学研究及生产中经常使用的数据,可以用来比较每单位重量酶蛋白的催化能力。对同一种酶来说,比活力愈高,酶愈纯。

4. 酶的转换数(K_{cat})

转换数为每秒钟每个酶分子转换底物的微摩尔数(μmol)。它相当于产物-酶中间产物(ES)形成后,酶将底物转换为产物的速度。在数值上,$K_{cat} = K_3$,此处的K_3即米氏方程导出的K_3,是由ES形成产物的速度常数。

6.6 酶在工业上的应用及酶工程

6.6.1 酶在食品工业中的应用

酶制剂主要用于果汁、啤酒、葡萄酒、乳制品、甜味剂、淀粉加工、糖果、面包等的生产。

1. 食品加工方面

固定化葡萄糖异构酶在高果糖浆生产中的应用:固定化葡萄糖异构酶是世界上生产规模最大的一种固定化酶,1973年就已应用在工业化生产,它可以用来催化玉米糖浆和淀粉生产高甜度的高果糖糖浆。用淀粉生产高果糖浆包含三步:

(1)用淀粉酶液化淀粉;

(2)用糖化酶将其转化为葡萄糖,即糖化;

(3)用葡萄糖异构酶将葡萄糖异构为果糖。固定化酶用于水解牛奶中的乳糖:牛奶中含有4.3%~4.5%的乳糖。患乳糖酶缺乏症的人饮用牛奶后将导致不良后果。用乳糖酶可以将乳糖分解为组成乳糖的两个单糖:半乳糖和葡萄糖。用固定化乳糖酶反应器可以连续处理牛奶,将乳糖分解,用于连续化生产低乳糖奶。该技术已于1977年实现工业化。此外,乳糖在温度较低时易结晶,用固定化乳糖酶处理后,可以防止其在冰淇淋类产品中结晶,改善口感,增加甜度。固定化乳糖酶还可以用来分解乳糖,制造具有葡萄糖和半乳糖甜味的糖浆。

2. 食品保鲜方面

生物酶用于食品保鲜主要就是制造一种有利食品保质的环境,它主要根据不同食品所含的酶和种类,而选用不同的生物酶,使食品所含的不利食品保质的酶受到抑制或降低其反应速度,从而达到保鲜的目的。例如,葡萄糖氧化酶加在瓶装饮料中,吸去瓶颈空隙中的氧而延长保鲜期;溶菌酶对革兰氏阳性菌有较强的溶菌作用,用于肉制品、干酪、水产品等的保鲜;细胞壁溶解酶可消除某些微生物的繁殖,已被用作代替有害人体健康的化学防腐剂,对食品进行保鲜。

3. 食品分析与检测方面

由于酶具有特异性,因此,它适合于植物和动物材料的化合物的定性和定量分析。例如,采用乙醇脱氢酶测定食品中的乙醇含量;采用柠檬酸裂解酶测定柠檬酸的含量等。另外,在食品中加入一种或几种酶,根据它们作用于食品中某些组分的结果,可以评价食品的质量,这是一种十分简便的方法。

6.6.2 酶在医药工业中的应用

酶已作为药剂用于临床治疗。
(1) 帮助消化:胃蛋白酶、胰蛋白酶、淀粉酶、脂肪酶和木瓜蛋白酶都可用于帮助消化。
(2) 消炎抑菌:溶菌酶、木瓜蛋白酶可缓解炎症,促进消肿;糜蛋白酶可用于外科清创和烧伤病人痂垢的清除以及防治脓胸病人浆膜粘连,雾化吸入可稀释痰液便于咳出等。
(3) 防治血栓:链激酶、尿激酶和纤溶酶等可溶解血栓,可用于脑血栓,心肌梗塞等疾病的防治。
(4) 治疗肿瘤:天冬酰胺具有促进血癌生长的作用,利用天冬酰胺酶分解天冬酰胺可抑制血癌细胞的生长。人工合成的 6-巯基嘌呤、5-氟尿嘧啶等药物,通过酶的竞争性抑制作用阻碍肿瘤细胞的异常生长,可起到抑制肿瘤的作用。
(5) 作为试剂用于临床检验:酶偶联测定法是利用酶作为分析试剂,对一些酶的活性、底物浓度、激活剂和抑制剂等进行定量分析的一种方法。其原理是利用一些酶(称指示酶)的底物或产物直接简便地监测,将该酶偶联到待测的酶促反应体系中,将本来不易直接测定的反应转化为可以直接监测的系列反应。

6.6.3 科研中的应用

(1) 工具酶:利用酶具有高度特异性的特点,将酶作为工具,在分子水平上对某些生物大分子进行定向的分割与连接。例如,基因克隆用工具酶——限制性核酸内切酶、连接酶、TaqDNA 聚合酶等。
(2) 酶标记测定法:酶可以代替同位素与某些物质结合,使该物质被酶所标记。通过测定酶的活性来判断被标记物质或与其定量结合的物质的存在与含量。
(3) 抗体酶:底物与酶的活性中心结合可诱导底物变构形成过渡态底物。设计由这种过渡态底物产生的抗体,具有促使底物转变为过渡态进而发生催化反应的酶活性,故称之为抗体酶。抗体酶的研究是酶工程研究的前沿学科,制造抗体酶的技术比蛋白质工程和生产酶制剂简单,可以大量生产,因此,关于抗体酶的应用研究必会引起重视和发展。
(4) 固定化酶:酶可经物理或化学方法处理,连接在载体(如凝胶、琼脂糖、树脂和纤维素等)上形成固定化酶,然后装柱组成反应管道化和自动化。在固定条件下只要定速地注入底物,即可自动流出和收集产物。

6.6.4 酶工程

分子酶工程学就是采用基因工程和蛋白质工程的方法和技术,研究酶基因的克隆和表达、酶蛋白的结构与功能的关系以及对酶进行再设计和定向加工,以发展更优良的新酶或新功能酶。

(1)酶分子的定向改造和进化:分子酶工程设计可以采用定点突变和体外分子定向进化两种方式对天然酶分子进行改造。体外定向进化是近几年新兴的一种蛋白质改造策略,可以在尚不知道蛋白质的空间结构,或者根据现有的蛋白质结构知识尚不能进行有效的定点突变时,借鉴实验室手段在体外模拟自然进化的过程(随机突变、重组和选择),使基因发生大量变异,并定向选择出所需性质或功能,从而使几百万年的自然进化过程在短期内得以实现。

(2)融合蛋白与融合酶:蛋白质的结构常常可以允许某个结构域的插入与融合。DNA重组技术的发展与应用使不同基因或基因片段的融合可以方便地进行。融合蛋白经合适的表达系统表达后,即可获得由不同功能蛋白拼合在一起而形成的新型多功能蛋白。目前,融合蛋白技术已被广泛应用于多功能下酶的构建与研究中,并已显现出较高的理论及应用价值。随着基因组、后基因组时代的到来和重组酶生产技术的开发。必将会有大量的、新的酶蛋白被人类发现。

(3)酶的人工模拟:模拟酶是根据酶作用原理,用人工方法合成的具有活性中心和催化作用的非蛋白质结构的化合物。它们一般都具高效和高适应性的特点,在结构上比天然酶简单;由于不含氨基酸,其热稳定性与pH稳定性都大大优于天然酶。

习 题

1. 什么是酶? 酶与别的催化剂相比有什么共同和不同之处?
2. 解释酶的活性部位、必需基团及两者关系。
3. 试述酶催化的作用机理。
4. 什么是酶活力? 测定酶活力时应该注意什么?
5. 影响酶催化反应速度的因素有哪些?
6. 试写出米氏方程并加以讨论。
7. 名词解释:酶;辅酶;辅基;调解酶;同工酶;抗体酶。
8. 试述酶工程的研究内容。

第7章 维生素和辅酶

7.1 概述

7.1.1 维生素的含义及其生理功能

维生素(vitamin)是参与生物生长发育和代谢所必需的一类微量有机物质。由于体内不能合成这类物质或者合成量不足,所以必须通过食物获取。维生素在生物体内既不是主要原料构成各种组织,也不是体内能量的来源,它们的生理功能主要是对物质代谢过程起非常重要的调节作用。已知绝大多数维生素作为酶的辅酶或辅基的组成成分发挥功能,机体缺乏维生素时,引起维生素缺乏症。总的来说维生素具有如下特点:不参与机体构成;不是能源物质;需要量少;主要以辅酶形式广泛参与体内代谢;缺乏时产生缺乏症,危害很大;过量则会导致中毒症。

7.1.2 维生素的分类

维生素包含很多种类,它们的化学结构差别很大,通常按溶解性质将其分为水溶性和脂溶性两大类。

1. 水溶性维生素(water soluble vitamins)

水溶性维生素包括 B 族维生素和维生素 C。B 族维生素有 B_1、B_2、B_3、B_5、B_6、生物素、叶酸、B_{12} 及硫辛酸。它们在化学结构上各不相同,但都是水溶性的,故成一族。与脂溶性维生素不同,水溶性维生素在体内不能存贮,多余的即从尿液中排出,因此需经常从食物中摄取。B 族维生素的主要生理功能是作为某些酶的辅酶或辅基的主要成分,参与体内的物质代谢。维生素 C 是体内重要的抗氧化剂,又是参与体内某些羟化反应的必需辅助因子。

2. 脂溶性维生素(fat-soluble vitamins)

脂溶性维生素包括维生素 A、D、E、K,它们都是异戊二烯或异戊烯的衍生物。脂溶性维生素均可在体内如肝、脂肪组织中贮存,因此只有长期摄入不足才会发生缺乏症。食物中的脂溶性维生素必须和脂类一起吸收,因此影响脂类消化吸收的因素(如胆汁缺乏,长期腹泻等)均可造成脂溶性维生素吸收减少,甚至会引起缺乏症。维生素 A 和维生素 D 摄入过量可引变中毒。

7.2 水溶性维生素与辅酶

7.2.1 维生素 B_1 与硫胺素焦磷酸(TPP)

1. 化学本质及来源

维生素 B_1 又称硫胺素,其分子中有含硫的噻唑环和含氨基的嘧啶环。一般使用的维生素 B_1 都是化学合成的硫胺素盐酸盐,硫胺素结构式如图 7.1 所示。

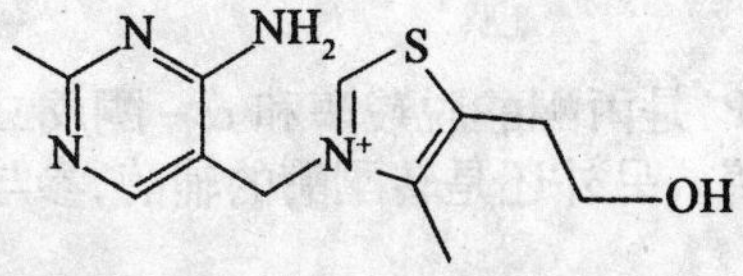

第7章 维生素和辅酶

图7.1 硫胺素结构

维生素 B_1 含量丰富的食物有瘦肉,动物的肝、心及肾等内脏,豆类,干果,酵母及不过度碾磨的粮谷类。

维生素 B_1 在体内以硫胺素焦磷酸(TPP)形式存在,维生素 B_1 在体内经硫胺素激酶催化,可与 ATP 作用转变成硫胺素焦磷酸(TPP),硫胺素焦磷酸结构式如图7.2所示。

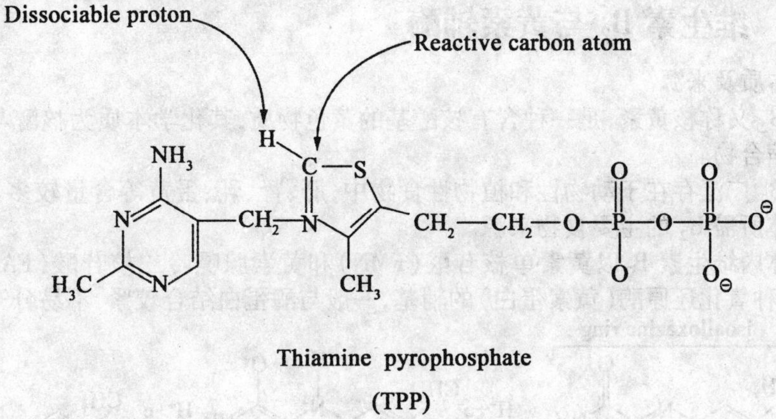

图7.2 TPP 的结构

TPP 的合成途径如图7.3所示。

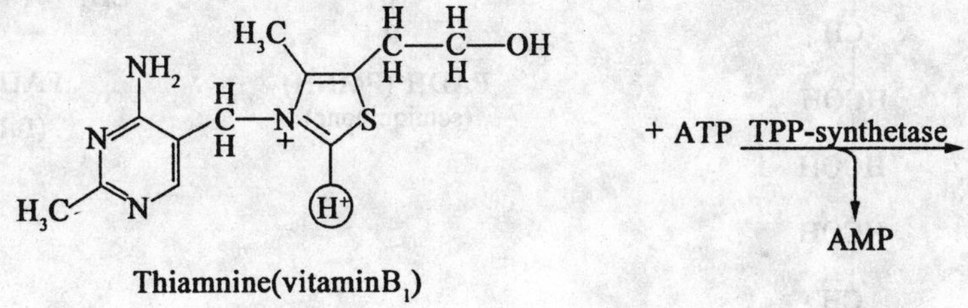

图7.3 TPP 的生物合成

TPP 分子的重要特点是它的噻唑环上氮原子与硫原子之间的碳原子与通常所见的 CH 基团相比,表现出更强的酸性,它可离子化生成负碳离子,后者容易接受 α-酮酸或酮糖的羰基,而带正电荷的氮原子作为一个电子库(electron sink)对于稳定负碳离子以及 α-酮酸的脱羧作用起重要作用,由于这些酶对糖代谢具有十分重要的作用,故与糖的分解供能过程关系密切。

2. 功能

维生素 B_1 的辅酶形式 TPP,是丙酮酸脱羧酶和 α-酮戊二酸脱羧酶的辅酶,参与 α-酮酸的氧化脱羧,又称为羧化辅酶。另外还是转酮酶的辅酶,参与糖代谢;促进年幼动物的生长发育;保护神经系统。

3. 缺乏症

由于维生素 B_1 与糖代谢有密切关系,所以当维生素 B_1 缺乏时,体内 TPP 含量减少,可引起丙酮酸的氧化脱羧受阻,使组织内丙酮酸堆积,导致细胞功能障碍,特别是神经传导的障碍,最终导致肌肉萎缩、心肌无力、周围神经疾患,以及中枢容易兴奋及疲劳等,即所谓干性脚气病,如果伴有水肿,则为湿性脚气病。

7.2.2 维生素 B_2 与黄素辅酶

1. 化学本质及来源

维生素 B_2 又称核黄素,是一种含有核醇基的黄色物质,其化学本质为核醇与6、7-二甲基异咯嗪的缩合物。

维生素 B_2 广泛存在于动物性和植物性食物中,肝、肾、乳、蛋黄等含量较多。乳类、蛋类及瘦肉是人体所需 B_2 的主要食物来源。

在生物体内维生素 B_2 以黄素单核苷酸(FMN)和黄素腺嘌呤二核苷酸(FAD)的形式存在,它们是多种氧化还原酶(黄素蛋白)的辅基,一般与酶蛋白结合较紧,不易分开。

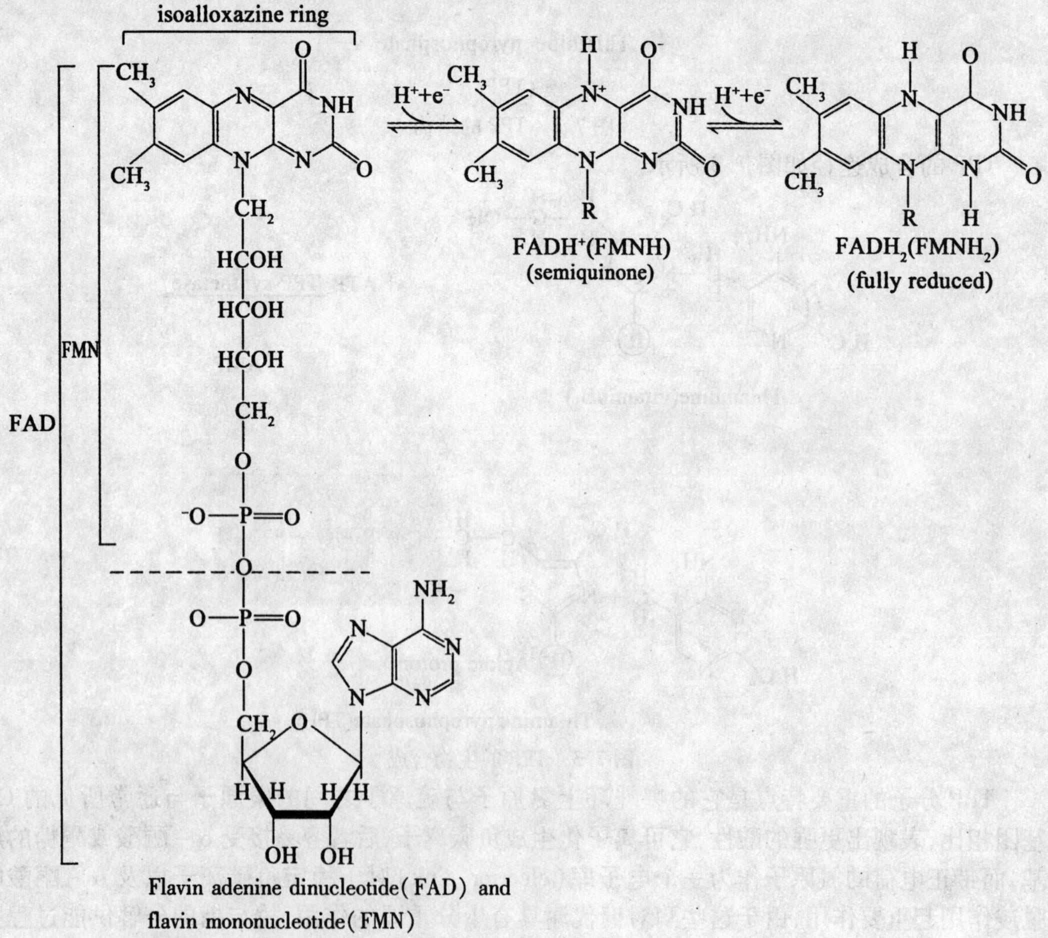

图 7.4 FMN 与 FAD

2. 生化功能

维生素 B_2 是两种重要辅酶即黄素单核苷酸(flavin mononucleotide,FMN)和黄素腺嘌呤二核苷酸(flavin adenine dinucleotide,FAD)的组成成分。它作为辅基与酶蛋白紧密结合组成黄素蛋白,黄素核苷酸的异咯嗪环的1,5位N原子能可逆的还原,可以接受两个电子和两个质子并以 $FADH_2$ 和 $FMNH_2$ 表示它们的还原形式。所以 FAD、FMN 是电子载体,起着递电子体的作用。由于黄素蛋白参与一个或两个电子的转移,故在体内参与多种多样的反应。在生物氧化过程中,FMN 和 FAD 通过分子中咯嗪环上的氮原子的加氢和脱氢,把氢从底物传递给受体。FAD 是琥珀酸脱氢酶、脂酰 CoA 脱氢酶等的辅基,FMN 是 L-氨基酸氧化酶、NADH-CoQ 还原酶等的辅基。

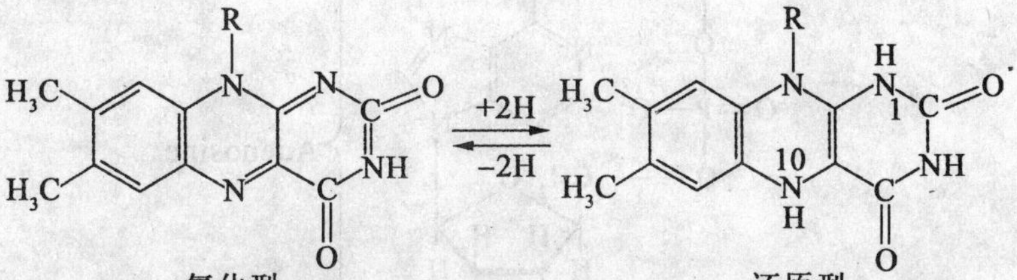

图 7.5　FMN 和 FAD 催化的氧化还原反应
R—FMN 或 FAD 分子的其余部分

3. 缺乏症

缺乏维生素 B_2 时,有口舌炎、唇炎、舌炎、眼角膜炎等。

7.2.3　维生素 PP 与辅酶 I、辅酶 II

1. 化学本质及来源

维生素 PP 也称为维生素 B_5、抗癞皮病维生素或烟酰胺、尼克酰胺,包括尼克酸(又称烟酸)和尼克酰胺(又称烟酰胺)两种物质。维生素 PP 在体内主要以烟酰胺形式存在,烟酸是烟酰胺的前体,是吡啶的衍生物

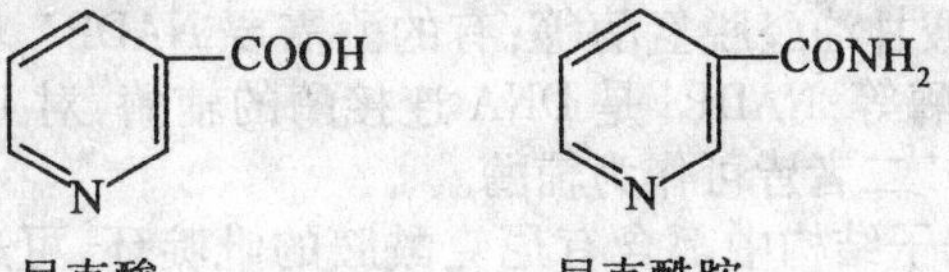

图 7.6　尼克酸和尼克酰胺的结构

维生素 PP 在自然界分布很广,肉类、谷物及花生中含量丰富。

2. 辅酶形式

已知的烟酰胺核苷酸类辅酶有两种:一个是烟酰胺腺嘌呤二核苷酸,简称 NAD^+,又称为辅酶 I;另一个是烟酰胺腺嘌呤二核苷酸磷酸,简称 $NADP^+$,又称为辅酶 II。NAD^+ 和 $NADP^+$ 结构如图 7.7 所示。

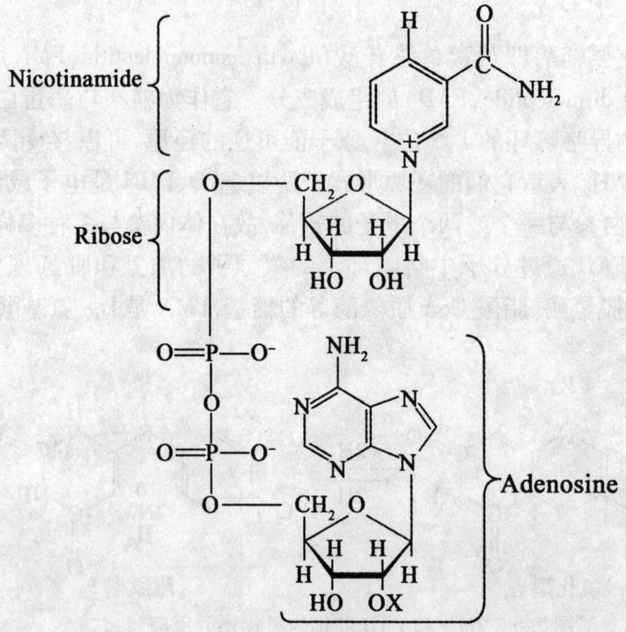

```
             H   O
              \\ ||
               C—NH₂
Nicotinamide {  |
              [pyridinium ring]
              N⁺
              |
         O   CH₂  O
          \\ /   \
Ribose  {  P—O⁻   
          /      
         O    H    H
              HO  OH
         
         O=P—O⁻          NH₂
            |             |
            O          [adenine]
            |        N   N
         O=P—O⁻      ||  |
            |       N   N
            O       /
                  CH₂ O     } Adenosine
                   H   H
                   HO  OX
```

X=H   Nicotinamide adenine dinucleotide (NAD⁺)
X=PO₃²⁻   Nicotinamide adenine dinucleotide phosphate (NADP⁺)

图 7.7 NAD 和 NADP 的结构

NAD$^+$ 与 NADP$^+$ 的区别是后者的腺苷 2 -羟基被磷酸化,这两种辅酶分子中的烟酰胺环可以进行可逆的还原,当底物分子脱下两个氢原子(氧化)时,NAD$^+$(NADP$^+$)接受一个氢化离子(:H$^-$ 这相当于一个质子和两个电子),分子吡啶环第 4 位碳是接受氢化离子的部位,于是生成还原型 NADH(NADPH),该碳原子接受一个氢原子,同时吡啶环上的 N 原子由原来的五价变为三价,同时留一个 H$^+$ 在溶液中。

3. NAD$^+$ 和 NADP$^+$ 功能

NAD$^+$ 和 NADP$^+$ 都是脱氢酶的辅酶,有的酶需要 NAD$^+$ 为其辅酶,如醇脱氢酶、乳酸脱氢酶、苹果酸脱氢酶、3 -磷酸甘油醛脱氢酶等;有的酶需要 NADP$^+$ 为其辅酶,如 6 -磷酸葡萄糖脱氢酶、谷胱甘肽还原酶等;NADP$^+$ 是 DNA 连接酶的辅酶,对 DNA 复制有重要作用。但也有些酶,NAD$^+$ 或 NADP$^+$ 二者皆可作为辅酶。

NAD$^+$ 和 NADP$^+$ 的分子结构中都含有尼克酰胺的吡啶环,可通过它可逆地进行氧化还原,在代谢反应中起递氢作用。

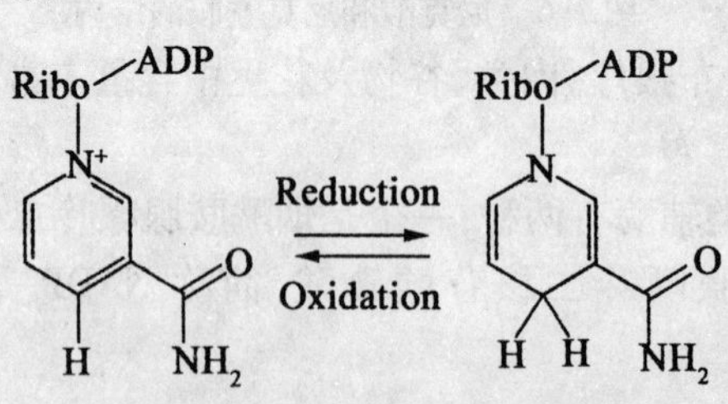

$$NAD^+ + H^+ + 2e^- \longrightarrow NADH$$

图 7.8 NAD 的递氢作用

例如,乙醇在醇脱氢酶的作用下脱氢变为乙醛,底物分子的一个 H$^+$ 和两个电子转给 NAD$^+$ 的尼克酰胺环。使氮原子由五价变为三价,同时第 4 位碳原子上添加一个氢原子,变成还原型的 NADH。底物的另一个 H$^+$ 则释放到溶液中。其反应式如下:

$$CH_3CH_2OH + NAD^+ \underset{}{\overset{\text{醇脱氢酶}}{\rightleftharpoons}} CH_3CHO + NADH + H^+$$

有时反应生成的 NADH(或 NADPH)又可在其他的脱氢酶的作用下,把氢传递给另一底物,本身又恢复成氧化型的 NAD^+ 或 $(NADP^+)$。

例如,甘油醛-3-磷酸脱氢酶可催化甘油醛3-磷酸脱氢变成甘油酸-1,3-二磷酸,此时生成的 NADH,又可在乳酸脱氢酶的作用下,把氢转给丙酮酸,使之变为乳酸,而本身又恢复成氧化型。

图 7.9 NAD 作为脱氢酶的辅酶

4. 缺乏症

缺乏时出现癞皮病的症状,由于体内色氨酸可转变成尼克酰胺(成人男子 60 mg 色氨酸合成 1 mg 尼克酰胺),故人类一般不感到缺乏。但玉米中缺乏色氨酸和尼克酸,故长期只食用玉米,则有可能患癞皮病(糙皮病),故烟酸又称抗糙皮病因子。

7.2.4 泛酸与辅酶 A

1. 化学本质及来源

泛酸又称遍多酸或维生素 B_3。泛酸是含有肽键的酸性物质,由 α,γ-二羟基-β,β-二甲基丁酸与 β-丙氨酸通过肽键缩合而成。其结构式如图 7.10 所示。

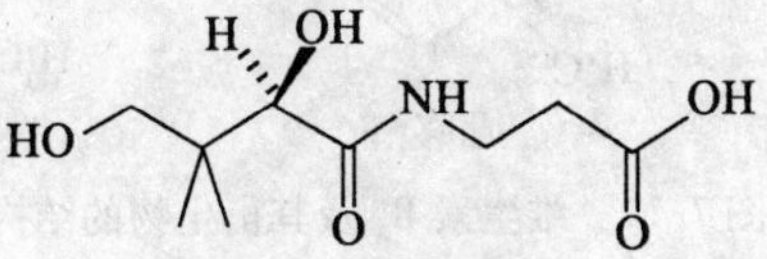

图 7.10 泛酸的结构

2. 泛酸辅酶形式

辅酶 A(简写为 CoASH 或 CoA)分子中含有泛酰巯基乙胺,是含泛酸的复合核苷酸。其结构式如图 7.11 所示。

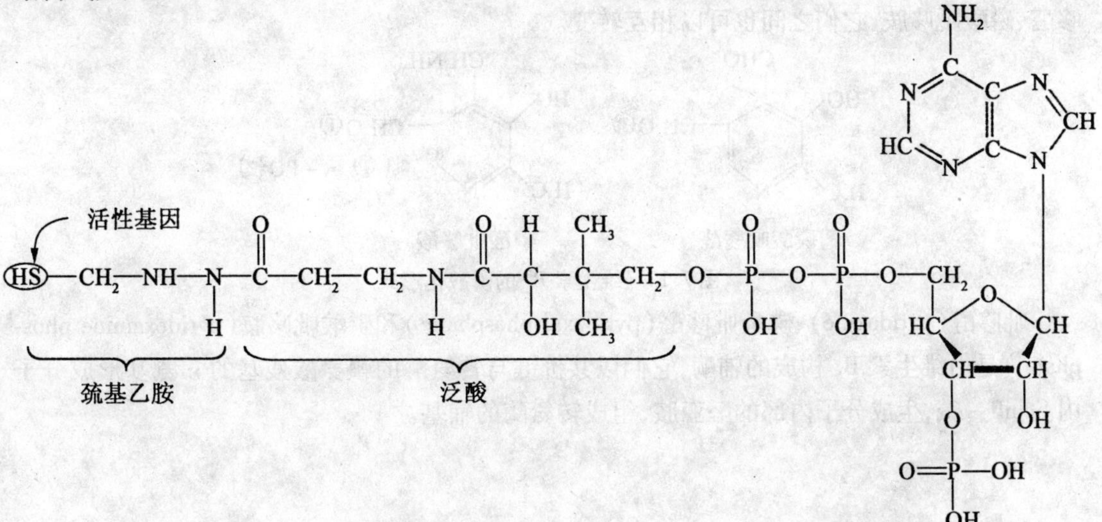

图 7.11 辅酶 A 的结构

3. 辅酶 A 生化功能

泛酸的生物学重要性在于它是辅酶 A(coenzyme A CoA)和酰基载体蛋白(acyl carrier protein)的组成成分。辅酶 A 是酰基转移酶的辅酶,在代谢过程中作为酰基载体起传递酰基的作用,可充当多种酶的辅酶参加酰化反应及氧化脱羧等反应。辅酶 A 依赖它分子中的反应性巯基(—SH)与脂酰基结合生成硫酯(thioester),因为硫酯键具有相对高的标准自由能,故硫酯有较高的酰基转移的潜能,使它们有可能提供酰基给各种受体分子,如许多蛋白质的酰化修饰所需的酰基就由辅酶 A 提供的。乙酰辅酶 A 是糖、脂、蛋白质分解代谢重要的中间产物,它提供的乙酰基既可参加三羧酸循环,进一步分解供能,也可作为许多生物分子合成的原料以及为体内许多需要乙酰化的反应提供乙酰基。

7.2.5 维生素 B_6 与磷酸吡哆素

1. 化学本质及来源

维生素 B_6 包括三种物质:即吡哆醇、吡哆醛和吡哆胺。在体内这三种物质可以互相转化。

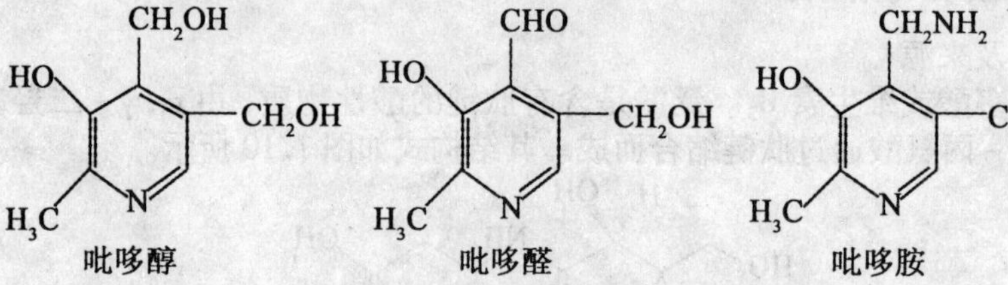

图 7.12 维生素 B_6 及其衍生物的结构

维生素 B_6 在食物中分布广泛,肉类、蔬菜、水果、硬果类及谷类食物都有一定含量。

2. 辅酶形式

维生素 B_6 在体内经磷酸化作用转变为相应的磷酸酯,即维生素 B_6 的辅酶形式:磷酸吡哆醛、磷酸吡哆胺,它们之间也可以相互转变。

($Ⓟ = -PO_3^{2-}$)

图 7.13 维生素 B_6 的磷酸化形式

吡哆醇(pyridoxine)、磷酸吡哆醛(pyridoxal phosphate)和磷酸吡哆胺(pyridoxamine phosphate)是由维生素 B_6 构成的辅酶,它们以共价键与转氨酶的赖氨酸残基的 ε 氨基形成分子内 Schiff - 碱,生成分子内部的醛亚胺,组成转氨酶的辅基。

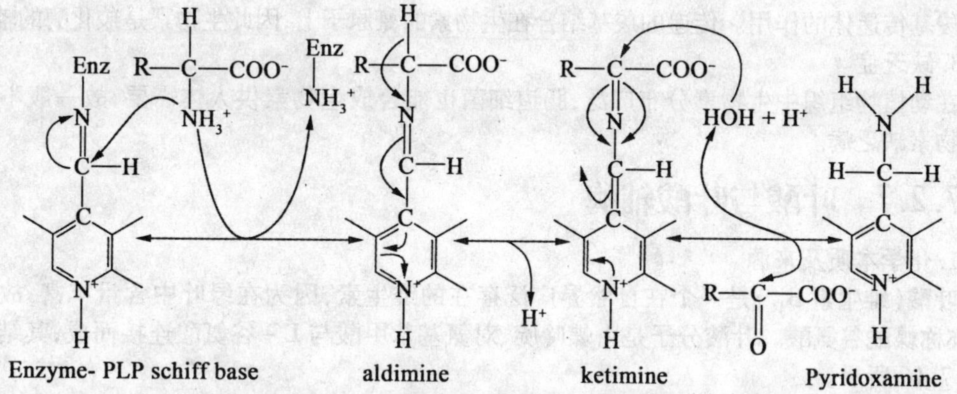

图 7.14 维生素 B_6 辅酶的作用机制

当有氨基酸存在时,磷酸吡哆醛作为转氨酶氨基的中间载体可以接受 L-氨基酸的氨基生成分子外的醛亚胺,也就是说,氨基酸底物的 α-氨基代替了酶活性中心的赖氨酸残基的 ε-氨基,生成的醛亚胺通过质子化和水解过程成为磷酸吡哆胺。磷酸吡哆胺又可以逆向过程将氨基传递给 α-酮酸而成为磷酸吡哆醛,所以在转氨基反应中没有氨基的丢失,只是原来的氨基酸转变为 α-酮酸,而原来的 α-酮酸接受氨基成为 L-氨基酸。在细胞内有各种不同的转氨酶,其中许多酶都能催化以 α-酮戊二酸作为氨基受体的反应,但酶对提供氨基的 L-氨基酸有特异性,于是转氨基反应的结果是从许多不同的氨基酸中收集氨基并以 L-谷氨酸的形式保存于细胞内,这些谷氨酸再作为氨基的供体参与含氮化合物或含氮废物合成。磷酸吡哆醛同时是氨基酸脱羧酶、胱硫醚酶等多种酶的辅酶。胱硫醚酶催化同型半胱氨酸分解,缺乏维生素 B_6 时,反应受阻致使血中同型半胱氨酸含量增高,发生高同型半胱氨酸血症,后者是诱发动脉粥样硬化的重要因素。

3. 缺乏症

人类未发现典型的缺乏症,酵母、蛋黄、肝脏、谷类等中含量丰富,肠道细菌可以合成。鸡、猪等由于血红蛋白合成减弱而发生小红细胞性贫血。

7.2.6 生物素

1. 化学本质及来源

生物素是由噻吩环和尿素相结合的骈环并带有戊酸侧链的化合物。自然界存在 α-生物素和 β-生物素两种形式。

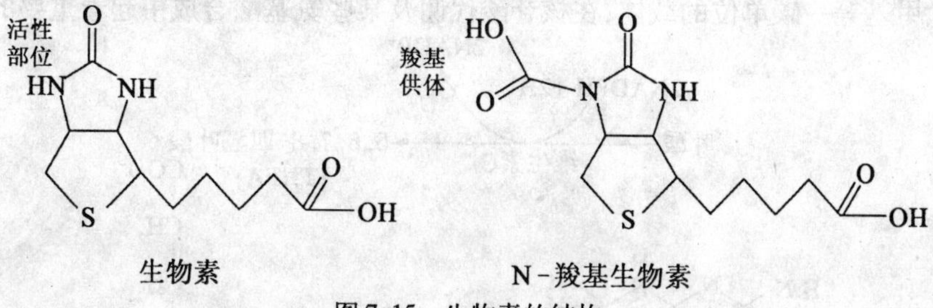

图 7.15 生物素的结构

动物性食物、番茄、酵母、花菜等是生物素的主要食物来源。

2. 生理功能

生物素是羧化酶辅酶的组成成分,参与体内的固定和羧化过程。
生物素侧链上的羧基与羧化酶蛋白分子中的赖氨酸残基中的 ε-氨基以酰胺键相连接,

并起羧基传递体的作用。传递的羧基结合在生物素的氮原子上,因此生物素是羧化酶的辅基。

3. 缺乏症

在动植物组织中生物素分布广泛,肠道细菌也能合成生物素供人体需要,故一般不易发生生物素缺乏病。

7.2.7 叶酸与叶酸辅酶

1. 化学本质及来源

叶酸(维生素 B_{11})是一个在自然界广泛存在的维生素,因为在绿叶中含量丰富,故名叶酸,亦称蝶酰谷氨酸。叶酸分子是由蝶呤啶、对氨基苯甲酸与 L-谷氨酸连接而成,其结构式如图 7.16 所示。

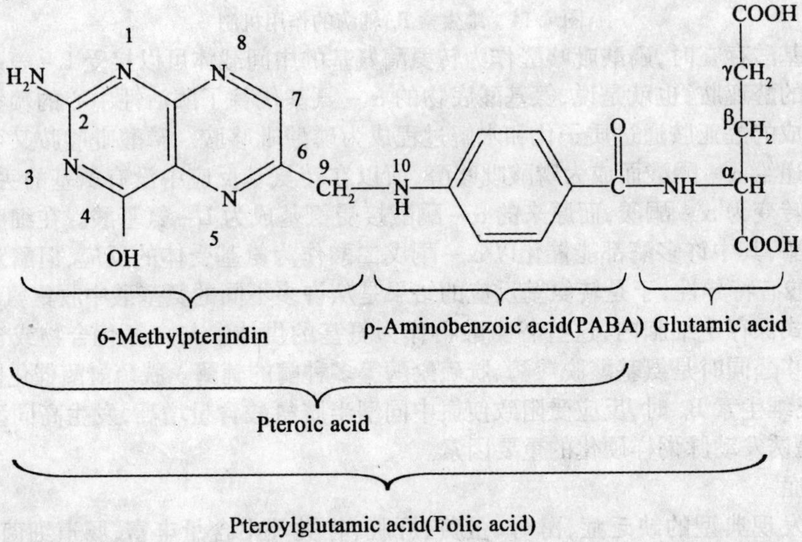

图 7.16 叶酸的结构

叶酸广泛存在于动植物性食物,如肝、肾、绿叶及黄叶蔬菜、酵母等含量丰富,蛋、肉类、豆类、谷类及水果中的含量也较多。

2. 生理功能

在体内叶酸经叶酸还原酶作用生成二氢叶酸,后者再经二氢叶酸还原酶还原成四氢叶酸(tetrahydrofolate FH4)。四氢叶酸(FH4)是叶酸在体内的活性形式。FH4 又叫辅酶 F,是甲酰基、羟酰基、甲基等一碳单位的载体,在核苷酸代谢及某些氨基酸合成中起着重要的作用。

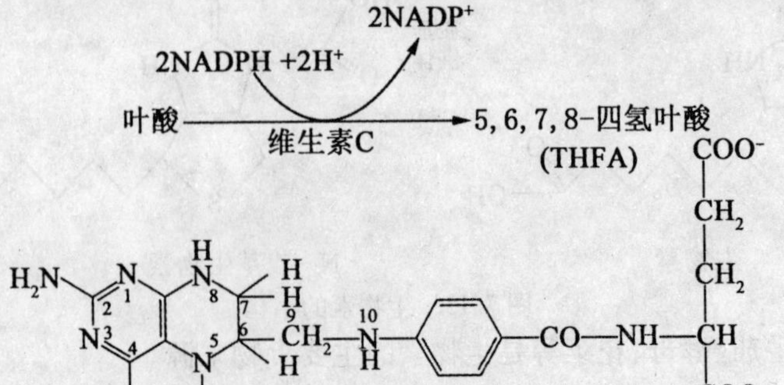

图 7.17 四氢叶酸的合成及其结构

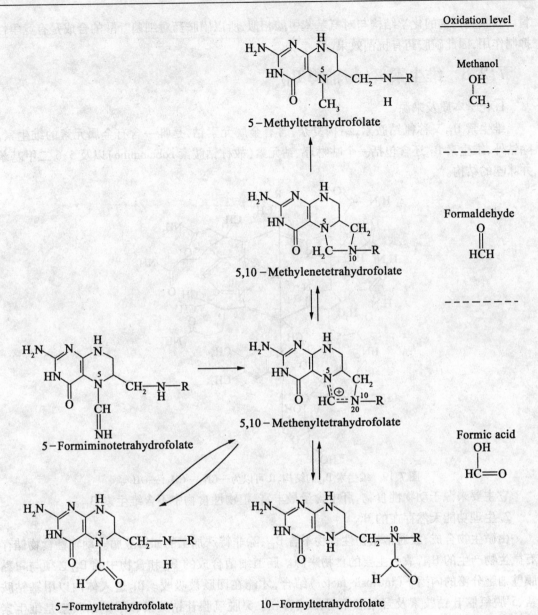

图7.18 四氢叶酸-碳衍生物

四氢叶酸在代谢中起着重要的作用,其主要的生理功能如下:

①N5,10亚甲基四氢叶酸作为亚甲基的载体,使甘氨酸转变成丝氨酸。

②N10甲酰四氢叶酸作为甲酰基的载体,在转甲酰酶的作用下,参与嘌呤环的合成,形成环中C-2。作为次甲基的载体N5,10次甲基四氢叶酸也参与嘌呤环的合成。

③N5,10亚甲基四氢叶酸通过亚甲基的转移,使脱氧尿苷酸变为胸苷酸。

④N5-甲基四氢叶酸,通过转甲基酶作用,使高半胱氨酸变为甲硫氨酸。

3. 缺乏症

人体缺乏叶酸时,影响血细胞的发育和成熟,易造成巨幼红细胞贫血症。FH4缺乏亦可造成红细胞分化成熟障碍,导致贫血。细菌能合成叶酸,但必须以对氨基苯甲酸作为合成原料。磺胺类药物的化学结构与对氨基苯甲酸相似,所以磺胺药对细菌叶酸的合成是有竞争性抑制作用,因此磺胺药有抗菌效果。

7.2.8 维生素 B_{12} 与辅酶 B_{12}

1. 化学本质及来源

维生素 B_{12} 又称氰钴胺素,结构复杂,含有金属元素钴,是唯一含有金属元素的维生素。除钴外,维生素 B_{12} 还含包括一个咕啉环、钴元素(故称钴胺素 cobalamine)以及 5,6 二甲基苯并咪唑的结构。

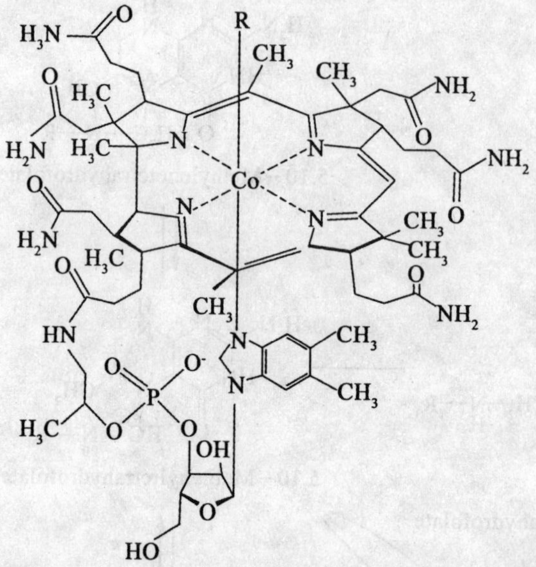

图 7.19 维生素 B_{12} 的结构,R 可以为 —CN,—CH_3,—OH 等

它主要来源于动物性食物,肝中含量最丰富,植物性食物中不含维生素 B_{12}。

2. 生理功能天然存在的 B_{12}

由微生物合成,故通常植物性食物不含 B_{12},除非特殊加工的如霉豆腐。动物性食物储存有微生物产生的 B_{12},故为主要的食物来源。肠道细菌合成的 B_{12} 和食物中的 B_{12} 必须与胃黏膜壁细胞分泌的内因子(intrinsic factor)结合,才能在回肠被吸收。B_{12} 进入体内以甲基钴胺素、5′脱氧腺苷钴胺素及羟钴胺素等形式存在。5′脱氧腺苷钴胺素和甲基钴胺素是维生素 B_{12} 的辅酶形式。甲基钴胺素酶存在于大多数生物,它们催化三种类型的反应:(1)分子内的重排;(2)甲硫氨酸合成时的甲基化反应;(3)核糖核苷酸还原为脱氧核糖核苷酸反应。在哺乳类催化 L-甲基丙二酰 CoA 转变为琥珀酰 CoA 和同型半胱氨酸甲基化生成甲硫氨酸的酶均需维生素 B_{12} 作为辅酶。

维生素 B_{12} 参与体内一碳单位的代谢。它与叶酸的功能常相关联,可以通过增加叶酸的利用率来影响蛋白质的生物合成,从而促进细胞的发育和成熟。

3. 缺乏症

肝、肉、鱼、蛋等都富于维生素 B_{12},人类肠道细菌也可合成维生素 B_{12},所以一般情况下不感缺乏。但维生素 B_{12} 的特异性吸收与胃黏膜分泌的一种糖蛋白(称为内在因子)和内在因子受体有关。维生素 B_{12} 只有与这种糖蛋白结合才能透过肠壁被吸收。有的人缺乏"内在因子",因而导致维生素 B_{12} 的缺乏。

维生素 B_{12} 缺乏时,可发生巨幼红细胞贫血症。维生素 B_{12} 和叶酸是同型半胱氨酸再生为甲硫氨酸反应所必需的维生素,故缺乏这两种维生素,也可致高同型半胱氨酸血症,诱发动脉粥样硬化。

7.2.9 维生素 C

1. 化学本质及来源

维生素 C 又称抗坏血酸,化学本质是六碳的不饱和多羟基内酯化合物,其 C_2 和 C_3 烯醇式羟基上的氢不仅可以解离出 H^+,也可以 H 原子的形式释放。因此,维生素 C 既具有较强的酸性,又具有较强的还原性。

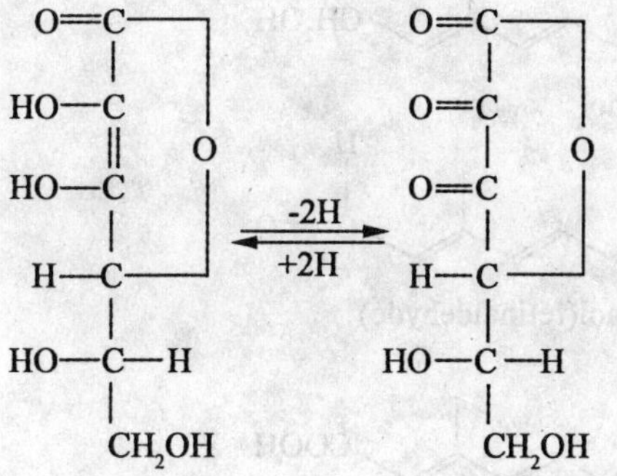

L-抗坏血酸　　　　脱氢抗坏血酸

维生素 C 广泛存在于新鲜水果和蔬菜中。人体不能自身合成,必须由食物中摄取。

2. 生理功能

(1) 维生素 C 参与体内的羟化反应,是羟化酶的辅酶。当维生素 C 缺乏时,羟化酶的活性降低,导致胶原蛋白合成不足,细胞间隙增大,微血管的通透性和脆性增加,易破裂出血,这种维生素 C 缺乏症称为"坏血病"。

(2) 参与氧化还原反应,维生素 C 能可逆地加氢和脱氢,既可作氢受体,又可作氢供体,在物质代谢中构成了重要的氧化还原体系。维生素 C 能保护细胞膜上的不饱和脂肪酸,使之不被氧化为过氧化物,所以有抗衰老的作用。

(3) 具有良好地抗癌效果。

3. 缺乏症

缺乏维生素 C 时,即产生所谓的坏血病。其症状为创口溃疡不易愈合,骨骼和牙齿易于折断或脱落,毛细血管通透性增大,皮下、粘膜、肌肉出血等。

维生素 C 的缺乏或过量均影响健康,故应合理服用。

7.3 脂溶性维生素

7.3.1 维生素A

1. 化学本质和来源

维生素A是含有白芷酮环的不饱和一元醇类,包括维生素A_1(视黄醇 retinol)和维生素A_2(3-脱氢视黄醇,3-dehydroretinol),两者均为20C含白芷酮环的多烯烃一元醇。A_1和A_2的差别仅后者在3位多一个双键。

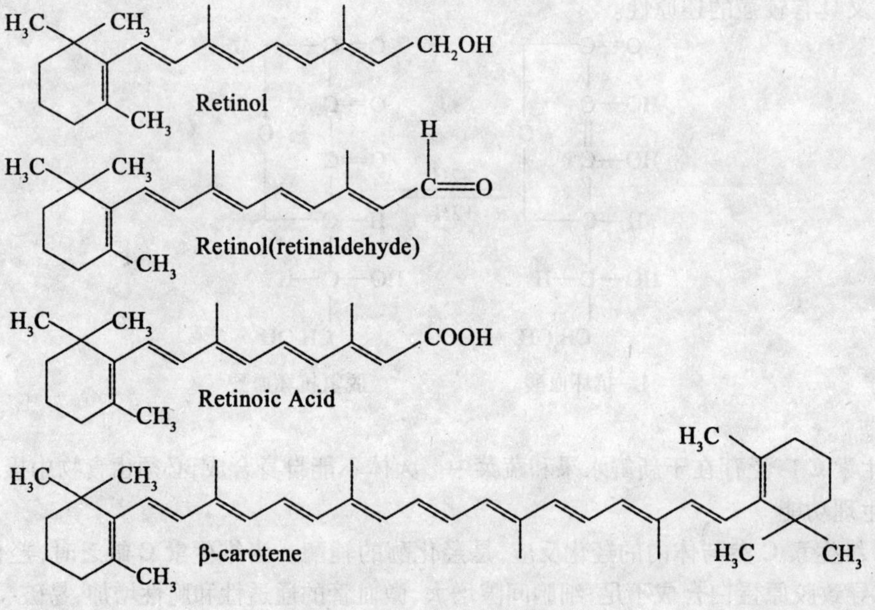

图7.20 维生素A及其衍生物

A_1和A_2分别存在于海水及淡水鱼肝中。植物中的β-胡萝卜素在肠道可转变为二分子视黄醛(retinal),因此胡萝卜素是一种维生素A原。体内视黄醛可以还原成视黄醇,此反应为可逆的。视黄醛亦可进一步氧化成视黄酸(retinoic acid)。

维生素A主要来自动物性食品,肝、乳制品及鱼肝油中含量最多。植物体内不含维生素A,但红萝卜、红辣椒中含β-胡萝卜素,被人体吸收后可转变为维生素A。

2. 生理功能

视黄醇与视黄醛的互变是脊椎动物眼睛视觉色素生成的重要条件,维甲酸已作为一种激素,参与基因表达的调节,在上皮等组织的发生发展中起重要作用。人体的维生素A主要摄自动物肝、未脱脂乳及其制品、蛋类等食物,富含β-胡萝卜素的植物性食物如菠菜、青椒、韭菜、胡萝卜、南瓜等也是重要的食物来源。

维生素A与视觉人视网膜有两类细胞,光受体细胞(photoreceptor cells)和视黄醛色素上皮细胞(retinal pigment epithelium cells)。光受体细胞因形态不同分为杆状细胞和圆锥细胞两类,这两类细胞产生视觉的蛋白分子均以11-顺视黄醛作为辅基,但两类细胞的视蛋白(opsin)各不相同。在杆状细胞11-顺视黄醛与视蛋白的296位赖氨酸残基的ε-氨基生成

Schiff 氏碱成为视紫红质 rhodopsin,此时 Schiff 氏碱的 N 原子被质子化,视紫红质的最大吸收光谱在 500 nm,相当于眼睛在暗光最低视阈的波长,故视紫红质是暗视觉的基础。圆锥细胞 11 - 顺视黄醛与三种不同的视蛋白各自生成视红质(porphyropsin)、视青质(iodopsin)和视紫质(cyanopsin),它们的光吸收最大值分别为 560 nm、530 nm 和 426 nm,相当于红色、绿色和蓝色的光吸收区,因此圆锥细胞是感受亮光和产生色觉的细胞。

维生素 A 的激素作用:维生素 A 中的视黄酸是一种激素,它们的靶细胞(如眼结膜、角膜、视网膜的上皮细胞、皮肤上皮细胞)核内存在视黄酸受体(retinoic acid receptor,RAR),视黄酸与受体蛋白结合能激活特异基因的转录表达,从而对这些细胞的分化成熟起重要作用。

视黄醇是保持健康的上皮组织所必需的,其作用可能是参与糖蛋白的合成有关,大多数含甘露糖的糖蛋白合成时,均以磷酸视黄酯(retinyl phosphate)接受来自 UDP - 甘露糖的甘露糖基去参与合成糖蛋白。上皮组织尤其黏膜细胞缺乏糖蛋白就会角化、干枯,这在眼、呼吸、消化、泌尿生殖道更为明显,维生素 A 缺乏导致干眼病就是例证。

β - 胡萝卜素是一类脂溶性抗氧化因子,它在清除组织中氧自由基起重要的作用,故对肿瘤和心血管疾病的发生有预防的作用。

现已发现长期进食过量的维生素 A 会引起中毒,可发生骨疼痛、胃痛、多鳞性皮炎、肝脾肿大、恶心、腹泻等,所以在服用大量维生素 A 制剂用作治疗时须注意。

3. 缺乏症

维生素 A 缺乏时,除了感受弱光发生障碍,引起夜盲症以外,还会影响人的正常生长发育,使上皮组织干燥以及抵抗病菌能力降低,因而易于感染疾病。服用维生素 A 时勿过量,以免中毒。

7.3.2 维生素 D

1. 化学本质和来源

维生素 D 为类甾醇类衍生物,种类较多,其中以维生素 D_2(麦角钙化醇 ergocalciferol)及维生素 D_3(胆钙化醇 cholecalciferol)为最重要,D_2 和 D_3 结构相似,D_2 比 D_3 仅多一个甲基和一个双键。人体内的胆固醇可转变为 D_3,植物油中的麦角固醇可转变为 D_2。

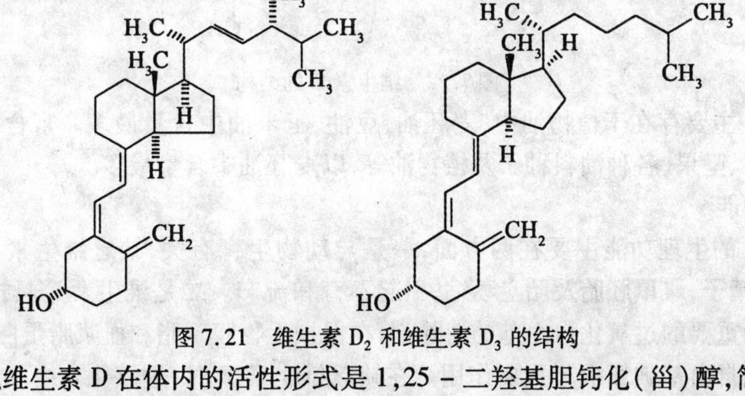

图 7.21 维生素 D_2 和维生素 D_3 的结构

研究发现维生素 D 在体内的活性形式是 1,25 - 二羟基胆钙化(甾)醇,简写为 1,25 - $(OH)_2D_3$。它是由维生素 D_3 在肝脏被羟基化为 25 - OHD_3 后运至肾脏再被羟基化为 1,25 - $(OH)_2D_3$。在维生素 D 的各种衍生物中 1,25 - $(OH)_2D_3$ 的生物活性最高。实验证明 1,25 - $(OH)_2D_3$ 是一个由肾脏产生的激素。其前体是维生素 D,故维生素 D 被称为激素原。

维生素 D_3 主要存在于肝、牛奶及蛋黄中,鱼肝油中含量最丰富。

2. 生理功能

促进钙磷吸收,调节钙磷代谢,促进骨骼正常发育。

3. 缺乏症

酵母的麦角甾醇和人、脊椎动物皮肤的7-脱氢胆固醇经紫外光照射下,使两者的 B 环破裂和双键移位分别生成维生素 D_2 和 D_3。两者有相同的生物学功能,但 D_3 的生理活性强于 D_2,故只要经常有日光照射,人体一般不会发生维生素 D 缺乏症。小儿和老人的需要量增高,还可从乳品和鱼肝油补充。

维生素 D 缺乏会导致钙、磷代谢失常,影响骨质形成,在儿童导致佝偻病,成人导致骨软化病。现已清楚维生素 D 本身并不具调节钙磷代谢的作用,需在体内代谢成 1,25-二羟 D_3 后才能对钙磷代谢起调节作用,1,25-$(OH)_2$-D_3 是维生素 D 的活性形式。维生素 D 的第一次羟化生成 25-OH-D_3 在肝中进行,然后再在肾脏进行第二次羟化,生成 1,25-$(OH)_2$-D_3。后者由血液中维生素 D 结合蛋白质运送到靶器官如小肠黏膜、骨、肾细胞,与这些细胞的核内特异受体结合,使钙结合蛋白基因激活表达,所以 1,25-$(OH)_2$-D_3 已被认为是一种激素,对钙、磷代谢起调节作用。

服用正常需要量的 10~100 倍的维生素 D 亦可造成中毒,使血钙升高,异位钙化,尿钙过多,易形成肾结石。

7.3.3 维生素 E

1. 化学本质及来源

维生素 E 又称生育酚,是苯骈二氢吡喃的衍生物,由于环上甲基的数目和位置不同可分为 8 种,α-生育酚的活性最高。

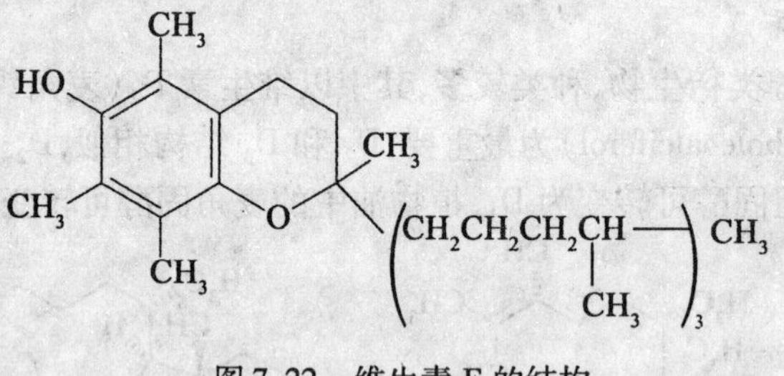

图7.22 维生素 E 的结构

维生素 E 主要存在于植物油中,麦胚油、豆油、玉米油中含量最多。富含维生素 E 的天然食物有蔬菜、坚果、各种油料种子及植物油等,以麦胚油中含量最多。

2. 生理功能

维生素 E 的生理功能主要在两方面,一是与动物生育有关,缺乏维生素 E 雄鼠睾丸退化,不能生成精子,雌鼠胚胎及胎盘萎缩,引起不育和流产。二是维生素 E 具抗氧化作用,它是一类人体内重要的过氧化自由基的清除剂,在保护生物膜磷脂和血浆脂蛋白中的多不饱和脂肪酸免遭氧自由基破坏中起重要作用。在缺乏维生素 E 时,过氧化自由基(ROO·)可与多不饱和脂肪酸(RH)反应,生成有机过氧化物(ROOH)与新的有机自由基(R·)。R·经氧化又生成新的过氧化自由基,于是形成一条过氧化自由基生成的锁链,使自由基的损伤作用进一步放大。

维生素 E 是一种断链抗氧化剂(chain-breaking antioxidant),阻断酯类过氧化链式反应的产生与扩展,从而保护细胞膜的完整性。

3. 缺乏症

维生素 E 缺乏可致红细胞脆性增高,细胞膜及生物大分子的结构与功能失常。老年人组织中脂褐质的堆积,也是自由基作用的结果,故认为维生素 E 有抗衰老的作用。维生素 E 过多发生中毒的现象很少见。

7.3.4 维生素 K

1. 化学本质和来源

维生素 K 是 2-甲基-1,4 萘醌的衍生物,有 K_1、K_2 两种。动物肝脏和绿叶植物中 K_1 含量较多,K_2 是人体肠道细菌的代谢产物。

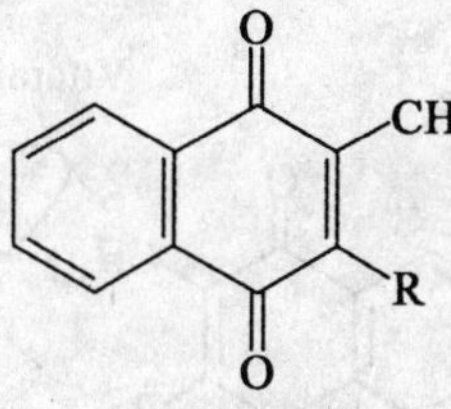

(a) 维生素 K_1

$$R = -CH_2-CH=C(CH_3)-(CH_2-CH_2-CH_2-CH(CH_3)-)_3 CH_3$$

(b) 维生素 K_2

$$R = -(CH_2-CH_2-C(CH_3)=CH_2-)_8 H$$

$R = -H$

(c) 维生素 K_3

图 7.23 维生素 K 的结构

2. 生理功能

促进凝血酶原的合成,并使凝血酶原转变为凝血酶。

维生素 K 的主要生理功能是促进肝脏合成凝血酶原,调节凝血因子Ⅶ、Ⅸ及Ⅹ的合成,因而促进血液凝固。经研究发现凝血因子Ⅱ(凝血酶原)、Ⅶ、Ⅸ、Ⅹ的 N 端区域都有 Ca^{2+} 结合部位——γ-羧基谷氨酸残基(Gla)。上述 4 种因子中含有的 γ-羧基谷氨酸残基是由羧化酶催化,在它们特定的谷氨酸残基的 γ 碳位上进一步羧基化形成的。而维生素 K 作为羧化酶的辅因子参与这一反应。具体反应过程如下:

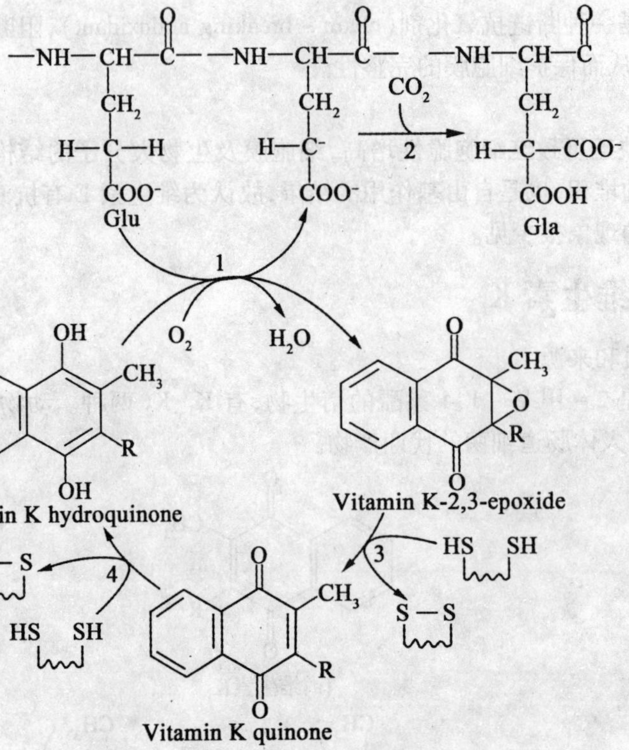

图 7.24 维生素 K 作为羧化酶的辅因子参与反应

式中维生素 K(H_2)代表维生素 K 的还原形式,维生素 K(O)代表维生素 K 的环氧化物形式。

此外,维生素 K 还可能作为电子传递体系的一部分,参与氧化磷酸化过程。

3. 缺乏症

由于绿叶蔬菜含有丰富的维生素 K_1,肠道细菌能合成提供部分维生素 K_2,故通常情况下人体不会出现缺乏症。

当口服抗生素造成肠道菌谱紊乱或胆汁分泌障碍(如阻塞性黄疸)等脂肪吸收不良情况下,可发生维生 K 缺乏,值得注意。维生素 K 缺乏表现为凝血过程出现障碍,凝血时间延长。

服用维生素 K 过量对身体有害。

习 题

1. 什么是维生素?
2. 试总结维生素与辅酶的关系。
3. 举例说明维生素的缺乏症和过量服用的后果。
4. 简述脂溶性维生素种类及其生理功能。

第8章 新陈代谢与生物氧化

8.1 新陈代谢总论

8.1.1 新陈代谢的概念

新陈代谢是指生物活体与外界环境不断交换物质的过程,是生物最基本的特征之一。从广义上讲,可以将代谢描述为发生在活细胞内的所有化学反应。机体从外界摄取营养物质,转化为机体自身需要的物质称为同化作用,是由小分子合成生物大分子,需要能量;而机体自身原有的物质的分解、排泄称为异化作用,是由生物大分子降解为生物小分子,最后分解成 CO_2 和 H_2O,并释放能量。

机体与外界环境进行物质交换的过程称为物质代谢,物质代谢又分为分解代谢反应(catabolic reactions)和合成代谢反应(anabolic reactions)。分解代谢反应可以使生物大分子降解,释放出小的构件分子和能量;活细胞利用释放的能量去驱动合成代谢反应,合成用于细胞维持和生长所需的分子。在物质交换中伴随着能量的交换,也称为能量代谢。植物通过光合作用将太阳的光能转变为糖的化学能,当糖在体内进行分解代谢时,再将化学能释放出来,用于合成代谢,也可转变为机械能、光能、电能等各种形式的能,以满足生命活动的需要。生物体的代谢基本上可以总结为图8.1所示。

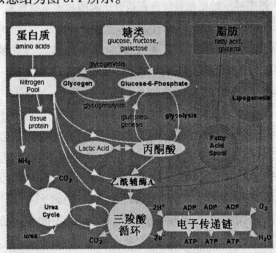

图8.1 新陈代谢概图

分解代谢由三个阶段组成,在第一个阶段,大分子营养物如蛋白质、多糖、脂等降解成小分子,例如氨基酸、葡萄糖、甘油和脂肪酸等。在第二个阶段,构件分子进一步代谢,只生成少数几种分子,其中有两个重要的化合物丙酮酸和乙酰CoA。另外在蛋白质的分解代谢中,氨基酸经脱氨作用可生成氨。在第三个阶段,乙酰CoA进入柠檬酸循环,分子中的乙酰基被氧

化成 CO_2 和 H_2O。总的来看,分解代谢只生成三种主要的终产物:CO_2、H_2O 和 NH_3。

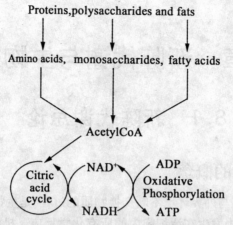

图 8.2　分解代谢途径的概要图

伴随着物质分解代谢的同时也产生了大量的化学能,这些能量一般都是以核苷三磷酸(如 ATP 或 GTP)(图 8.3(a))和还原型辅酶(例如 NADH 或 $FADH_2$)(图 8.3(b))的形式保存的。

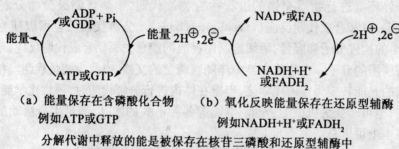

(a) 能量保存在含磷酸化合物例如 ATP 或 GTP　　(b) 氧化反映能量保存在还原型辅酶例如 $NADH+H^+$ 或 $FADH_2$

分解代谢中释放的能是被保存在核苷三磷酸和还原型辅酶中

图 8.3　分解代谢产生的能量存储

与分解代谢相反,合成代谢是由少数几种简单前体生成各式各样的生物大分子。类似于分解代谢的逆过程(不是分解代谢的简单逆过程),CO_2、H_2O 和 NH_3 合成构件分子氨基酸等,再由构件分子合成生物学功能各异的生物大分子。

各种生物都具有各自特异的新陈代谢类型,此特异方式取决于遗传,环境条件也有一定的影响。不同生物的新陈代谢过程虽然复杂,但却有共同的特点。生物体内的绝大多数代谢反应是在温和的条件下,由酶催化进行;生物体内反应虽然繁多,但相互配合,有条不紊,彼此协调,具有严格的顺序性;生物体对内外环境条件有高度的适应性和灵敏的自动调节能力。新陈代谢实质上就是错综复杂的化学反应相互配合,彼此协调,对周围环境高度适应而成的一个有规律的总过程。新陈代谢包括营养物质的消化吸收、中间代谢以及代谢产物的排泄等阶段。中间代谢一般仅指物质在细胞中的合成和分解过程,不涉及营养物质的消化吸收与代谢产物的排泄等,本章着重讨论中间代谢。

8.1.2　新陈代谢的研究方法

研究新陈代谢的方法有多种,下面简要介绍最常用的几种方法。

1. 活体内与活体外实验

文献中通常用"in vivo"表示活体内实验,"in vitro"表示活性外实验。活体内实验结果代表生物体在正常生理条件下,在神经、体液等调节机制下的整体代谢情况,比较接近生物体的实际。活体内实验为搞清许多物质的中间代谢过程提供了有力的实验依据。例如,1904年,德国化学家(Knoop)根据体内实验提出了脂肪酸的β氧化学说(见脂类代谢)。

活体外实验是利用从生物体分离出来的组织切片,组织匀浆或体外培养的细胞、细胞器及细胞抽提物研究代谢过程。活体外实验可同时进行多个样本,或进行多次重复实验,曾为代谢过程的研究提供了许多重要的线索和依据,例如糖酵解、三羧酸循环、氧化磷酸化等反应过程均是从体外实验获得了证据。

2. 同位素示踪法

同位素示踪法是研究代谢的最有效和最常用的方法,一般是向制备的组织、细胞或亚细胞成分中加入同位素标记的底物,然后追踪生成的中间产物和终产物,绘制出代谢物的转换图。用同位素标记的化合物与非标记物的化学性质、生理功能及在体内的代谢途径完全相同。追踪代谢过程中被标记的中间代谢物、产物及标记位置,可获得代谢途径的丰富资料。例如将 ^{14}C 标记在乙酸的羧基上,同时喂饲动物,如果在动物呼出的 CO_2 中发现 ^{14}C,说明乙酸的羧基转变成 CO_2。

同位素示踪法特异性强,灵敏度高,测定方法简便,是现代生物学研究中不可缺少的手段。放射性同位素对人体有毒害,某些同位素的半衰期长,容易造成环境污染,因此应在专门的同位素实验室工作。

3. 代谢途径阻断法

研究代谢抑制剂的作用也有助于判定代谢途径中的某一步反应,即用抗代谢物或酶的抑制剂来阻抑中间代谢的某一环节,观察这些反应被抑制或改变以后的结果,以推测代谢情况。

4. 突变研究方法

近年来对突变体营养缺陷型微生物及人类遗传性代谢病的研究,为进一步搞清代谢过程开辟了新的实验途径。通过放射性和能引起突变的化学试剂对生物体进行处理可以产生一系列的突变体,然后将它们分离出来,研究它们的营养需求和积累的代谢物,也有可能描绘出整个代谢的途径。通过研究与某个不正常蛋白有关系的基因的突变也可以提供有价值的信息,某些突变是致死的,不能传给下一代,而有些突变是后代容忍的,对这些突变的生物体的研究有助于鉴别出代谢途径中的酶和中间代谢物。

此外,在整体实验动物的代谢研究方面,也可以应用药物来造成异常的实验动物,进行代谢研究。例如,用根皮苷毒害狗的肾小管,使之不能吸收葡萄糖,或者用四氧嘧啶毒害狗的胰岛,使之不能产生胰岛素,这两种方法都可用于糖尿病的研究。

8.1.3 生物体内能量代谢的基本规律

在热力学概念中对生物化学特别有用的是自由能(Gibbs free energy, G),自由能是一个化合物分子结构中所固有的能量。一种物质 A 自由能的含量是不能用实验方法测得的。但是在一个化学反应中,当 A 转化为 B 时

$$A \rightleftharpoons B$$

其自由能的变化(ΔG),即 A 转化为 B 时所得到的最大的可利用的能量是可以测定的。

如果产物 B 自由能的含量(G_B)比反应物 A 自由能的含量(G_A)小,则 ΔG 为负值,即:

$$\Delta G = G_B - G_A = 负值（当 G_A > G_B 时）$$

当 ΔG 为负值时,便意味着反应进行时自由能降低。同样,当 B 逆转为 A 时,自由能则增加,亦即 ΔG 为正值。实验证明:当自由能降低(即 ΔG 为负)时反应能自发地进行;反之,则必须采取某种方式供给能量才能推动反应进行。ΔG 为负值的反应称为"放能反应"(exogonic reaction),而 ΔG 为正值的反应则称为"吸能反应"(endogonic reaction)。

自由能变化与另外两个热力学函数焓(enthalpy)和熵(entropy)有关,在标准温度和压力下,他们之间的关系可表示为:

$$dG = H - TdS$$

一个反应的标准自由能变化与反应的平衡常数有如下关系:

$$G^{0'} = -RT\ln K_{eq}$$

对于反应 A + B $\rightleftharpoons$ C + D,实际的自由能变化可以表示为:

$$dG = dG^{0'} + RT\ln\frac{[C][D]}{[A][B]}$$

达到平衡点时

$$0 = dG^{0'} + RT\ln\frac{[C]_{eq}[D]_{eq}}{[A]_{eq}[B]_{eq}}$$

或

$$dG^{0'} = -RT\ln K_{eq}$$

评价在特定细胞内一个反应的自发性和方向的标准是 dG,而不是 $dG^{0'}$。dG 为负值,反应的 $dG^{0'}$ 也可能为正值。

对活细胞中的所有反应来说,dG 值至少应当是稍负的值,而对于不可逆反应 dG 不仅是负值,而且其绝对值数值应当很大。代谢途径中的调控部位一般都是代谢中的不可逆反应,催化这些反应的酶都受到某种方式的调控,代谢中的不可逆反应控制着代谢的进程。

8.1.4 高能化合物与 ATP

在生化反应中,某些化合物含自由能特别多,随水解反应或基团转移反应可放出大量自由能,这类化合物称为高能化合物。高能化合物一般对酸、碱和热不稳定。

机体内存在着各种磷酸化合物,它们所含的自由能多少不等,含自由能特多的磷酸化合物称为高能磷酸化合物。含自由能高的磷酸化合物水解时,每摩尔化合物放出的自由能高达 30~67 kJ,含自由能少的磷酸化合物如葡糖-6-磷酸、甘油磷酸等水解时,每摩尔仅释放出 8~20 kJ 自由能。高能磷酸化合物常用 ~P 或 ~Ⓟ 来表示。

机体内高能化合物的种类很多,不只是高能磷酸化合物,根据其键型的特点,可将高能化合物分为以下几种类型:

1. 磷氧键型(—O~P)

属于这种键型的化合物很多,这种类型又可分成几类:

第 8 章 新陈代谢与生物氧化

(1) 酰基磷酸化合物

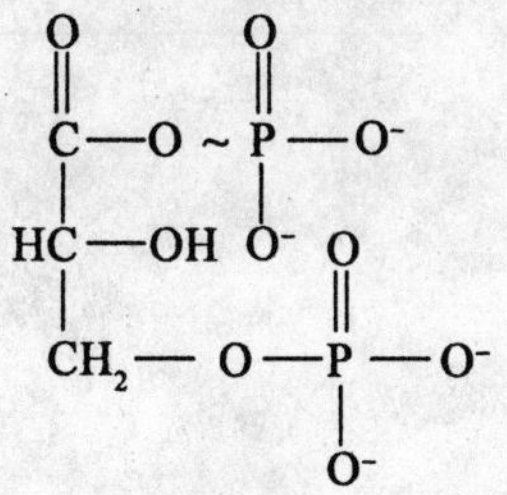

1,3-二磷酸甘油酸 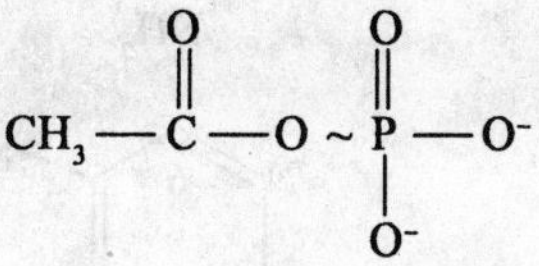　　　　乙酰-磷酸 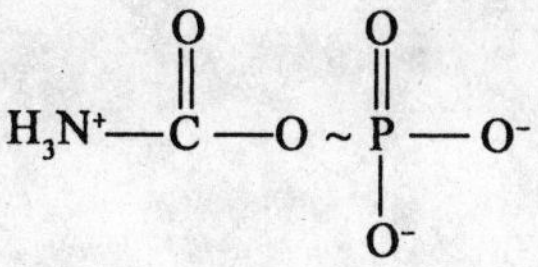　　　　氨甲酰磷酸

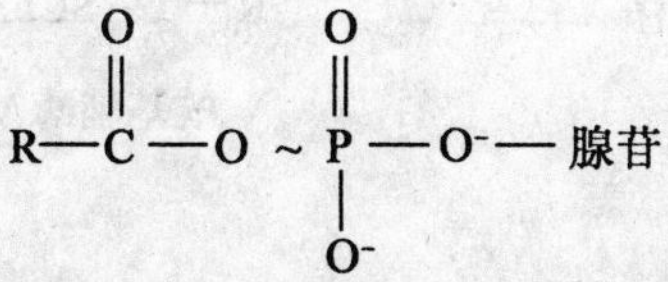

酰基腺苷酸 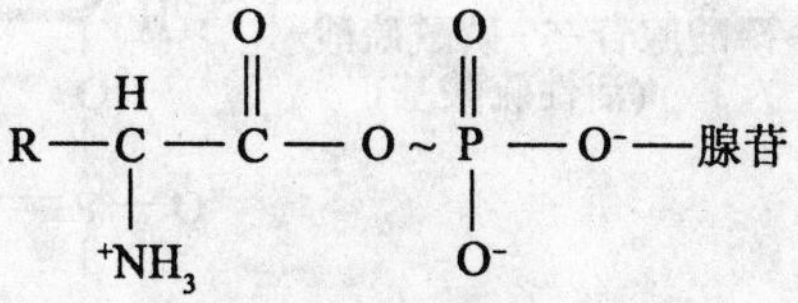　　　　　　氨酰腺苷酸

(2) 焦磷酸化合物

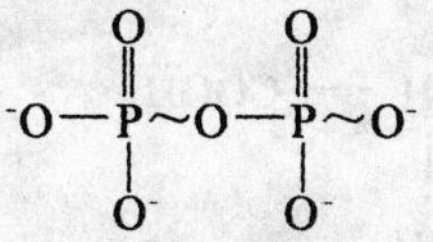

无机焦磷酸　　　腺一苷,AMP　　腺二苷,ADP　　腺三苷,ATP

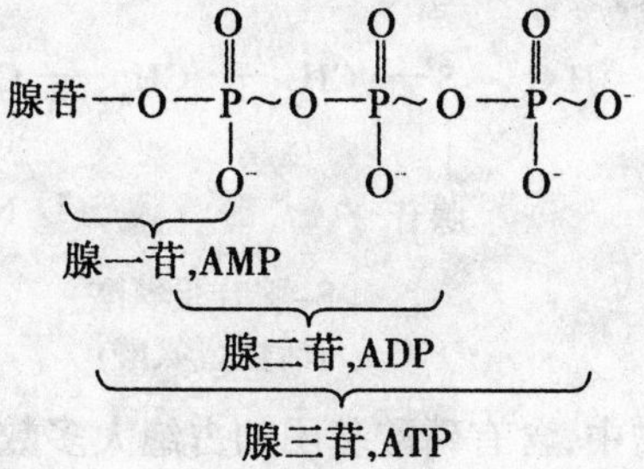

(3) 烯醇式磷酸化合物：

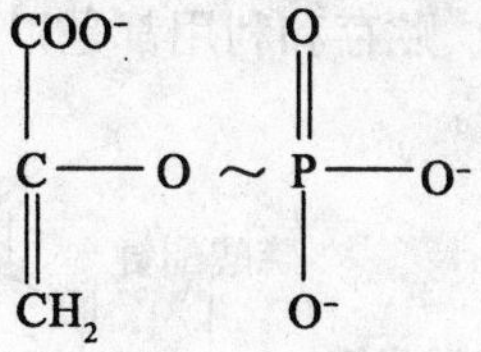

磷酸烯醇式丙酮酸

2. 氮磷键型
如胍基磷酸化和物：

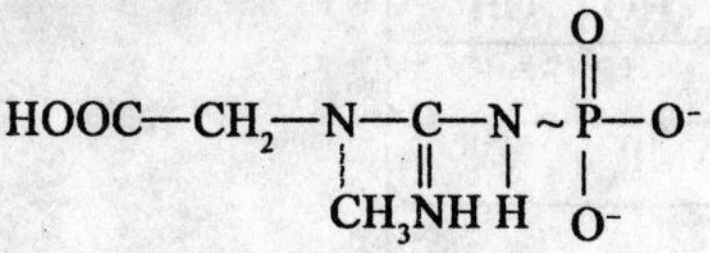

磷酸肌酸 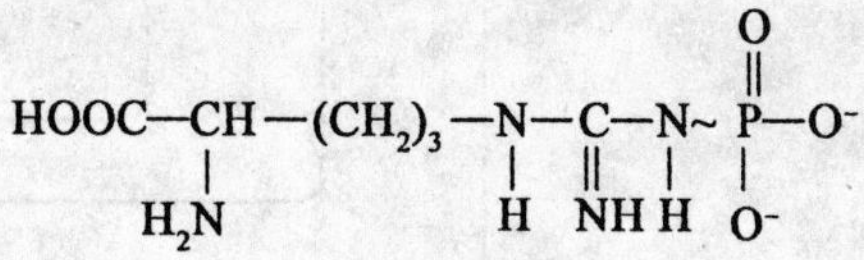　　　　　　　磷酸精氨酸

3. 硫酯键型

如活性硫酸基：

$$\text{3}'\text{-磷酸腺苷-5}'\text{-磷酰硫酸} \quad (活性硫酸基) \qquad R-\overset{O}{\underset{}{C}}\sim SCoA \quad 酰基辅酶A$$

4. 甲硫键型

如活性甲硫氨酸：

$$H_3C\sim \overset{+}{S}-CH_2-CH_2-\underset{NH_2}{\overset{|}{CH}}-COOH$$

腺苷

S-腺苷蛋氨酸
(活性蛋氨酸)

以上高能化合物中，含有磷酸基团的占绝大多数，但并不是所有含磷酸基团的化合物都属于高能磷酸化合物。例如，葡萄糖 – 6 – 磷酸，甘油磷脂等化合物，水解时每摩尔只能释放出较少量的能量，属于低能磷酸化合物。在高能化合物中，ATP 的作用最重要。从低等的单细胞生物到高等的人类，能量的释放、贮存和利用都是以 ATP 为中心的。ATP 是生物能的主要载体，ATP 是一个腺苷三磷酸。

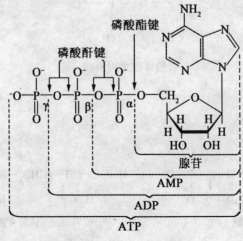

图 8.4　ATP 的结构

ATP 是生物细胞内能量代谢的偶联剂。由于 ATP + $H_2O \longrightarrow$ ADP + Pi 其 $\Delta G^{0'}$ = -30.51 kJ/mol;当 ADP + Pi→ATP 时,也需吸收 30.51 kJ/mol 的自由能。ATP 可以把分解代谢的放能反应与合成代谢的吸能反应偶联在一起。利用 ATP 水解释放的自由能可以驱动各种需能的生命活动,例如原生质的流动、肌肉的运动、电鳗放出的电能、萤火虫放出的光能,以及动植物分泌、吸收的渗透能。

体内有些合成反应不一定都直接利用 ATP 供能,而利用其他核苷三磷酸,例如 UTP 用于多糖合成,CTP 用于磷脂合成,GTP 用于蛋白质合成等。但物质氧化时释放的能量大都必须先合成 ATP,然后 ATP 可使 UDP、CDP 或 GDP 生成相应的 UTP、CTP 或 GTP。

ATP 是能量的携带者或传递者,但严格地说它不是能量的贮存者。在可兴奋组织,如肌肉、神经组织,但肌酸磷酸是能量的贮存形式。当 ATP 合成迅速时,在肌酸磷酸激酶催化下,ATP 将能量和磷酰基传给肌酸生成肌酸磷酸,但肌酸磷酸含有的能量不能直接为生物体利用,必须把能量传给 ADP 生成 ATP 后再利用。在脊椎动物的肌肉中,大量的磷酸肌酸是在 ATP 供应充足时生成的。在静止的肌肉中,磷酸肌酸的浓度大约是 ATP 的 5 倍。当需要 ATP 时,肌酸激酶催化激活的磷酰基团从磷酸肌酸转移给 ADP,快速地补充 ATP。在许多无脊椎动物(例如软体动物和节肢动物)中,磷酸精氨酸是激活的磷酰基团的来源。

Phosphocreatine-ATP Interaction

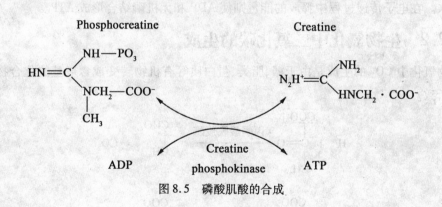

图 8.5 磷酸肌酸的合成

8.2 生物氧化

8.2.1 生物氧化的概念和特点

生物的一切活动(包括内部的脏器活动和各种合成作用以及个体的生活活动)均需要能量,其来源为糖、脂、蛋白质在体内的氧化。糖、脂、蛋白质等有机物质在活细胞内氧化分解,产生 CO_2、H_2O 并释放出能量的过程称生物氧化。这类反应进行过程中细胞要摄取 O_2,释放 CO_2 故又形象地称之为细胞呼吸(cellular respiration)。生物氧化实际上是需氧细胞呼吸作用中的一系列氧化还原作用。

在生物体内进行的氧化反应与体外氧化反应有许多共同之处:它们都遵循氧化反应的一般规律,常见的氧化方式有脱电子、脱氢和加氧等类型,最终氧化分解产物是 CO_2 和 H_2O,同时释放能量。但是生物氧化反应又有其特点:(1)体外氧化反应主要以热能形式释放能量;

而生物氧化主要以生成 ATP 方式释放能量,为生物体所利用。电子由还原型辅酶传递到氧的过程中形成大量的 ATP,占全部生物氧化产生能量的绝大部分。例如,1 个葡萄糖分子氧化时生成 36 个 ATP 分子,其中 32 个是还原型辅酶氧化时得到的。(2)与体外氧化往往在高温、强酸、强碱或强氧化剂的催化下进行,相比,生物氧化是在恒温(37℃)和中性 pH 环境下进行,催化氧化反应的催化剂是酶。(3)生物氧化所产生的能量是逐步发生、分次释放的。这种逐步分次的放能方式,不会引起体温的突然升高,而且可使放出的能量得到最有效的利用,与此相反,有机物在体外燃烧产生大量的光和热且能量是骤然放出的。

代谢物在体内的氧化可以分为三个阶段,首先是糖、脂肪和蛋白质经过分解代谢生成乙酰辅酶 A 中的乙酰基;接着乙酰辅酶 A 进入三羧酸循环脱氢,生成 CO_2 并使 NAD^+ 和 FAD 还原成 $NADH + H^+$、$FADH_2$;第三阶段是 $NADH + H^+$ 和 $FADH_2$ 中的氢经呼吸链将电子传递给氧生成水,氧化过程中释放出来的能量用于 ATP 合成。从广义来讲,上述三个阶段均为生物氧化,狭义地说只有第三个阶段才算是生物氧化,这是体内能量生成的主要阶段。需氧生物细胞内糖、脂肪、氨基酸等分子所途经的各自分解过程,将在有关章节中叙述。这些有机物在氧化分解途径中所形成的还原型辅酶,包括 NADH 和 $FADH_2$,通过电子传递途径,使其再重新氧化。在这个过程中,还原型辅酶上的氢以质子形式脱下,其电子沿着一系列的电子传递体转移(称为电子传递链),最终转移到分子氧,使氧激活,质子和离子型氧(激活后的氧)结合生成水。在电子传递过程中释放的能量则使 ADP 和无机磷结合形成 ATP。

8.2.2 生物氧化中二氧化碳的生成

生物氧化中 CO_2 的生成是由于糖、脂类、蛋白质等有机物转变成含羧基的化合物进行脱羧反应所致。

$$H^+ + \begin{array}{c} \boxed{COO^-} \\ | \\ C=O \\ | \\ CH_3 \end{array} \xrightarrow{\text{丙酮酸脱羧酶}} \begin{array}{c} CHO \\ | \\ CH_3 \end{array} + CO_2$$

$$H^+ + \begin{array}{c} COO^- \\ | \\ C=O \\ | \\ CH_2 \\ | \\ \boxed{COO^-} \end{array} \xrightarrow{\text{丙酮酸羧化酶}} \begin{array}{c} COO^- \\ | \\ C=O \\ | \\ CH_3 \end{array} + CO_2$$

草酰乙酸

$$\begin{array}{c} R \\ | \\ CH-NH_3^+ \\ | \\ \boxed{COO^-} \end{array} \longrightarrow \begin{array}{c} R \\ | \\ CH_2-NH_2 \end{array} + CO_2$$

α-氨基酸

脱羧反应已在糖代谢中遇到,有直接脱羧和氧化脱羧两种类型。由于脱羧基的位置不同,又有 α-脱羧和 β-脱羧之分。

氧化脱羧是在脱羧过程中伴随着氧化（脱氢）。例如，丙酮酸、α-酮戊二酸的氧化脱羧及苹果酸的氧化脱羧等。

8.2.3 生物氧化中水的生成

生物氧化作用主要是通过脱氢反应来实现的。脱氢是氧化的一种方式，生物氧化中所生成的水是代谢物脱下的氢和吸入的氧结合而成的。生物体主要是以脱氢酶、传递体及氧化酶组成的生物氧化体系促进水的生成。

生物体内代谢物种类繁多，其氧化过程也不尽相同。需要多种酶催化氧化反应的称为多酶体系，只需一种酶的称为一酶体系。生物氧化过程可以下列图解表示：

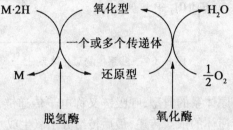

图8.6 生物氧化过程

传递体有多种，有的是传氢体，如辅酶Ⅰ（NAD^+）、Ⅱ（$NADP^+$）、黄酶（FAD、FMN）、辅酶Q等；有的是传电子体，如细胞色素酶系b、c_1、c、a、a_3等。

根据现有的证据，证明生物氧化体系有需传递体与不需传递体两类。

不需传递体的生物氧化体系（一酶体系）最为简单，不需传递体参加，代谢物经氧化酶（含金属离子的酶）或需氧脱氢酶（黄酶中的一种，以FAD或FMN为辅酶）作用后脱出的氢以分子氧为受氢体，产生H_2O或H_2O_2。

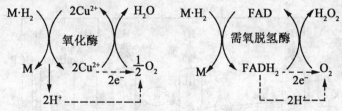

图8.7 不需传递体的生物氧化体系

由需氧脱氢酶催化产生的H_2O_2，可用来氧化体内的其他物质或分解为H_2O及O_2。

氧化酶的作用在于其分子中的金属离子（例如Cu^{2+}）能直接从代谢物脱出的氢取得电子，并将电子传给分子氧使之活化，活化氧（O^{2-}）与游离在溶液中的氢质子H^+结合成水。由氧化酶催化的反应不能在无氧情况下进行，因为不能用其他受氢体代替氧。

需氧脱氢酶能激活代谢物的氢，脱出的氢能直接以分子氧为受体。因需氧脱氢酶的辅酶（FMN或FAD）能将由氢放出的2个电子传给分子氧使之活化。在无氧情况下，可以亚甲蓝或醌为受氢体而使反应进行。

醛氧化成酸，氨基酸氧化脱氨的反应皆属此型。

需传递体的生物氧化体系是生物体内的主要氧化体系，由不需氧脱氢酶传递体参与反应，分二酶及多酶氧化体系两类。

二酶氧化还原体系如：黄素脱氢酶与细胞色素体系组成的氧化体系，由黄酶（即黄素核苷酸脱氢酶)激活代谢物的氢,氢还原黄酶的氧化型辅酶(FAD 或 FMN)成还原型(FADH$_2$ 或 FMNH$_2$),后者遇氧化型细胞色素时放出氢,氢丢失电子变为质子 H$^+$ 后留在溶液中,电子传给细胞色素体系(细胞色素 b→c→a),再由细胞色素氧化酶传给分子氧使氧激活成 O^{2-}。H$^+$ 与 O^{2-} 结合成水,这一体系如图 8.8 所示。

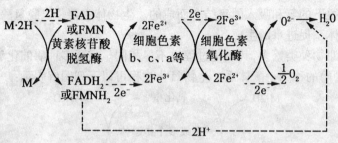

图 8.8 二酶系生物氧化体系

8.2.3.1 呼吸链

呼吸链是多酶氧化还原体系的典型,呼吸链又称电子传递链,它是指代谢物脱下的氢经一系列氢传递体或电子传递体的依次传递,最后传给分子氧生成水的全部体系。原核细胞的呼吸链存在于质膜上,真核细胞的呼吸链存在于线粒体的内膜上。

目前普遍认生物体有两条典型的呼吸链,即 NADH 呼吸链和 FADH$_2$ 呼吸链。NADH 呼吸链是由 NAD$^+$-连接的脱氢酶或 NADP$^+$-连接的脱氢酶、黄酶、辅酶 Q(简写为 CoQ 或 Q)、细胞色素体系和一些铁硫蛋白组成的氧化还原体系。FADH$_2$ 呼吸链与 NADH 呼吸链相比,底物脱下的氢不经 NAD$^+$ 而直接交给黄酶的辅基 FAD,即少了 NADH 呼吸链中的前面一个组分(NAD$^+$-连接的脱氢酶或 NADP$^+$-连接的脱氢酶)。

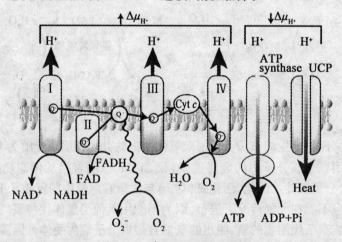

图 8.9 电子传递链示意图

NADH 呼吸链在生物体中应用最广,糖类、脂类、蛋白质 3 大代谢物质分解代谢中的脱氢氧化绝大部分是通过这一体系完成的。实验结果表明,细胞所利用的氧有 95% 是通过这一体系与代谢物脱出的氢结合成水的。

琥珀酸脱下的氢通过 FADH$_2$ 呼吸链传递,最后与氧生成水。

生物体除了这两条典型的呼吸链外,还有其他形式的呼吸链。有的是中间传递体的成员不同，有的缺少辅酶 Q 用其他物质代替等，尽管有很多差异，但是呼吸链中传递电子的顺序基本上是一致的。

8.2.3.2　呼吸链中酶和递体的作用机制

为了进一步了解呼吸链中各步骤的反应机制，现以甘油醛－3－磷酸氧化成甘油酸－1，3－二磷酸脱下的氢经 NADH 呼吸链传递的过程为例说明如下：

(1)脱氢

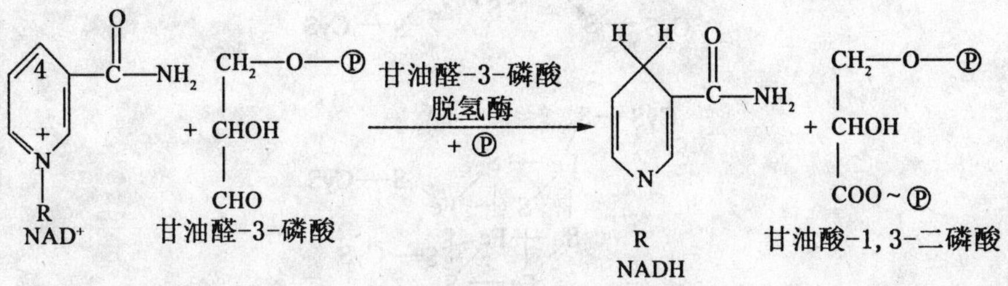

上式中的 R 代表 NAD^+ 分子的其余部分。

在此反应中 NAD^+ 是氧化剂，也是甘油醛－3－磷酸脱氢酶的辅酶，NAD^+ 第 4 位能被还原，故能接受氢。

(2)NADH 被黄酶氧化

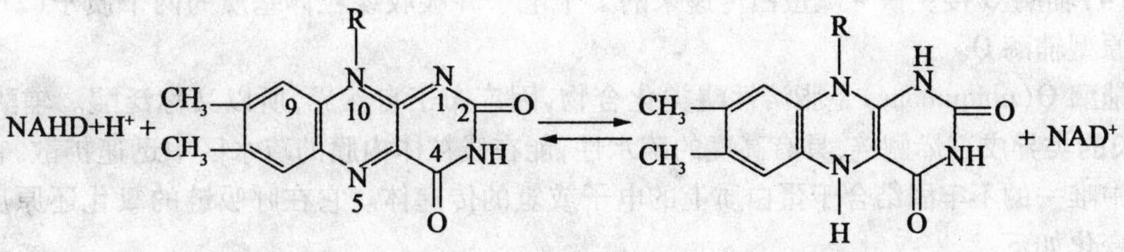

黄酶 (FP)　①　　还原型黄酶 (FP -H)

NADH 被氧化成 NAD^+ 后，NAD^+ 再与脱氢酶结合，可继续催化其他有机物的脱氢。黄酶具递氢作用是因黄素基的第 1,5 两位 N 可被还原。

(3)还原型黄酶($FP-H_2$)释放出 2 个电子经铁－硫蛋白的传递，传给辅酶 Q

铁－硫蛋白(iron－sulfur protein)是相对分子质量较小的蛋白质，分子中含有非血红素铁和对酸不稳定的硫，所以通常简写为 Fe－S 或 FeS，铁硫成等量关系，已知的有一铁四硫(FeS_4)、二铁二硫(Fe_2S_2)和四铁四硫(Fe_4S_4)3 种类型(图 8.10)。

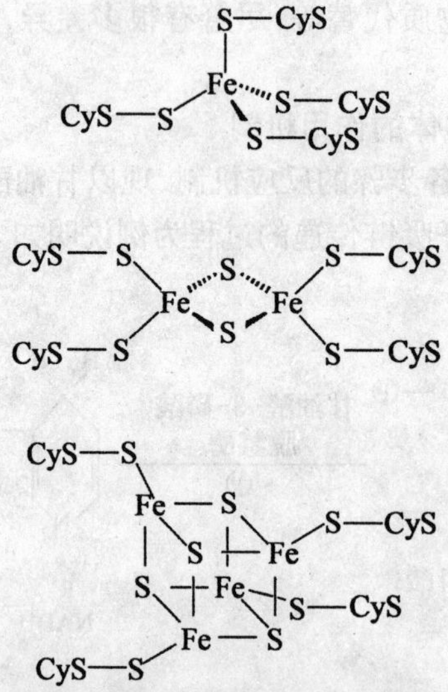

图8.10 铁-硫蛋白的几种类型

铁-硫蛋白在线粒体内膜上常与黄酶、细胞色素结合成复合物,有人将这种复合物内的铁-硫蛋白称为铁-硫中心(ion - sulfur centre)。Fe-S是很敏感的部分,往往受抑制剂的抑制,它们的作用是通过铁价数的改变进行电子传递。

(4)辅酶Q接受铁-硫蛋白传递来的2个电子并吸收线粒体基质的两个质子($2H^+$)成为还原型辅酶Q。

辅酶Q(ubiquinone)是脂溶性醌类化合物,因广布于自然界,所以又称泛醌。辅酶Q有1个长的类异戊三烯侧链,具有高度的疏水性,能在线粒体内膜的疏水区中迅速扩散,它是呼吸链中唯一的不牢固结合于蛋白质上的电子或氢的传递体。它在呼吸链的氧化还原反应中结构变化如下:

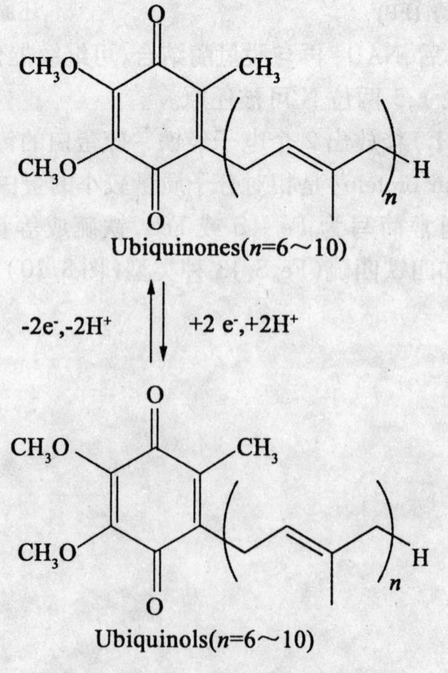

Ubiquinones($n=6\sim10$)

$-2e^-,-2H^+$ ⇌ $+2e^-,+2H^+$

Ubiquinols($n=6\sim10$)

(5) 辅酶 $Q \cdot H_2$ 被细胞色素氧化

细胞色素（cytochromes, Cyt）是一类以传递电子作为主要生物功能的色蛋白，电子的传递借助于其辅基铁卟啉铁价的可逆变化。细胞色素在组织中分布极广，已知的至少有 a、a_3、b、c、c_1 5 种。细胞色素的辅基虽然都是铁卟啉，但不同细胞色素的辅基还是不同的，这可从它们的吸收光谱和摩尔氧化还原电位看出。

细胞色素 c 的辅基为取代过的铁卟啉（铁原卟啉区），其结构式如图 8.11。

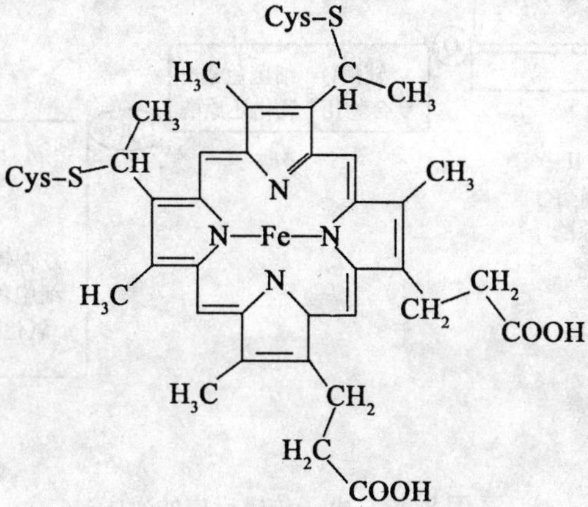

图 8.11 细胞色素 c 的结构

在细胞色素辅基中心的铁，自成氧还原体系。

$$\text{氧化型细胞色素 c} \underset{-e^-}{\overset{+e^-}{\rightleftharpoons}} \text{还原型细胞色素 c}$$
$$(Fe^{3+}) \qquad\qquad (Fe^{2+})$$

还原型辅酶 $Q(QH_2)$ 被氧化型细胞色素氧化的过程是 QH_2 将电子传给氧化型细胞色素 b，使之变为还原型细胞色素 b，H^+ 质子留在溶液中。还原型细胞色素 b 将电子传给铁-硫中心，再转给细胞色素 c 和细胞色素 aa_3，细胞色素 aa_3 以复合物形式存在，又称细胞色素氧化酶，是呼吸链的末端成员。细胞色素 aa_3 的辅基为血红素 A，血红素 A 与细胞色素 c 的铁原卟啉Ⅸ辅基的不同在于第 8 位上以甲酰基代替了甲基，第 2 位上以长达 17 个碳的疏水侧链代替乙烯基。细胞色素 aa_3 中除含 2 个血红素 A 外，还含 2 个铜离子，在电子传递过程中，铜离子的价态也发生变化（$Cu^+ Cu^{2+}$），细胞色素 aa_3 接受电子后成为还原型，它再将电子传给分子氧使之活化。活化的氧（O_2^-）与活化氢（H^+）结合成水。由细胞色素 b 到 O_2^- 与 H^+ 结合成水这一阶段只传递电子，示意如下：

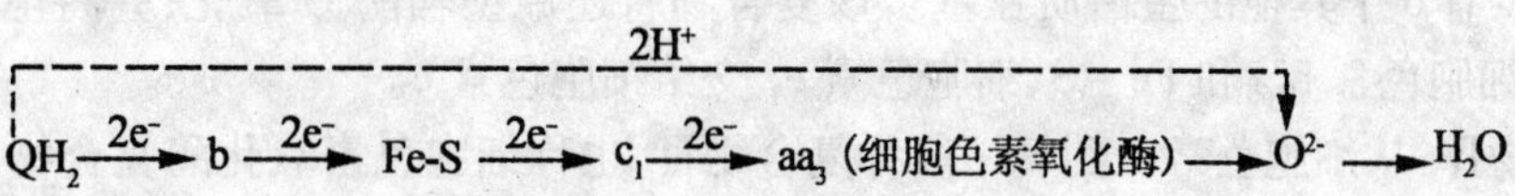

$$QH_2 \xrightarrow{2e^-} b \xrightarrow{2e^-} Fe\text{-}S \xrightarrow{2e^-} c_1 \xrightarrow{2e^-} aa_3(\text{细胞色素氧化酶}) \xrightarrow{2H^+} O^{2-} \longrightarrow H_2O$$

8.2.3.3 呼吸链中的 4 个氧化还原酶复合物

现已知道呼吸链在线粒体内形成 4 个含氧化还原酶与其辅基的复合物，每个复合物都含有不止一种成分，这 4 个复合物在呼吸链中的排列如图 8.12 所示。

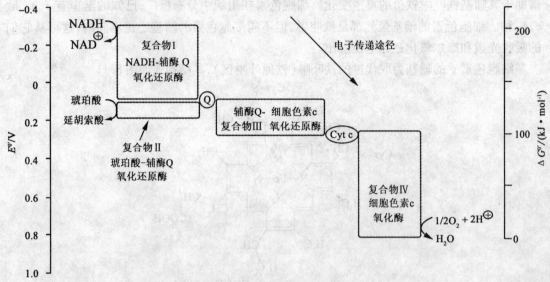

图 8.12 电子传递反应的次序

复合物Ⅰ:呼吸链中从 NADH 到辅酶 Q 一段组分称复合物Ⅰ,也称 NADH 脱氢酶复合物或 NADH–Q 还原酶复合物,它是含 25 条以上多肽链的 1 个大的黄素蛋白的复合物,该复合物除了含 FMN 辅基外,至少还含有 2 个铁–硫中心。在该酶复合物催化下,使 NADH 脱氢氧化,脱下的 H^+ 和 2 个 e^- 由黄素蛋白中的 FMN 接受,生成 $FMNH_2$,$FMNH_2$ 中的电子通过铁–硫中心,传给辅酶 Q,辅酶 Q 在接受电子的同时还从基质吸取 2 个 H^+ 形成还原型辅酶 Q($CoQH_2$)。

复合物Ⅱ:从琥珀酸到辅酶 Q 的复合物称复合物Ⅱ,也称琥珀酸脱氢酶复合物或琥珀酸–Q 还原酶复合物,该复合物含有琥珀酸脱氢酶和 3 个其他小的疏水亚基。琥珀酸脱氢酶以 FAD 为辅酶,并含有铁–硫中心,催化琥珀酸氧化成延胡索酸,同时使 FAD 还原成 $FADH_2$,$FADH_2$ 的氢放出的电子通过铁–硫中心传递给辅酶 Q 进入呼吸链。琥珀酸脱氢酶复合物和 NADH 脱氢酶复合物一样,都是线粒体内膜整体不可分割的组成部分。此外,糖酵解途径中的 α–甘油磷酸脱氢酶或脂酸 β–氧化途径中的脂酰 CoA 脱氢酶等也可以类似的方式将电子转移给辅酶 Q,进入呼吸链。

复合物Ⅲ:从辅酶 Q 到细胞色素 c 的复合物称复合物Ⅲ,也称辅酶 Q–细胞色素还原酶复合物或细胞色素 bc_1 复合物。该复合物含细胞色素 b_{562}、细胞色素 b_{566}、细胞色素 c_1、铁–硫蛋白和至少有 6 个其他的蛋白质亚基。该复合物将还原型辅酶 Q 氧化,并将电子通过细胞色素 b_{562}、细胞色素 b_{566} 和 Fe–S、细胞色素 c_1 交给细胞色素 c。

复合物Ⅳ:从细胞色素 c 到氧一段称复合物Ⅲ,也称细胞色素氧化酶复合物,它是由 6~13 个亚基组成的跨膜蛋白质。该复合物的主要成分为细胞色素 aa_3 和 2 个铜(Cu)离子。这 2 个铜离子可在 +1 和 +2 价之间变化。由于 2 个血红素 A 定位在细胞色素氧化酶的不同部位,所以 1 个称细胞色素 a,另 1 个称细胞色素 a_3;同样的原因,2 个铜离子分别称为 CuA 和 CuB。细胞色素 a 紧靠在 CuA 上,细胞色素 a_3 紧靠在 CuB 上,还原型细胞色素 c 提供它的电子给血红素 a – CuA,然后传递给血红素 a_3 – CuB,血红素 a_3 – CuB 上有 O_2 的结合位,最后将 O_2 还原。在这个电子传递过程中,除铁离子外,铜离子也参与电子传递。1 分子氧还原成水,是一个 4 个电子转移的过程。

$$O_2 + 4H^+ + 4e^- \longrightarrow 2H_2O$$

辅酶 Q 和细胞色素 c 是呼吸链中不同复合物之间可流动的氢或电子传递体。

线粒体内重要代谢物的氧化与电子传递链的关系总结如图 8.13 所示。

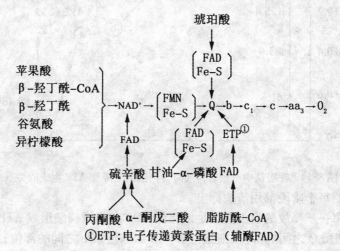

①ETP:电子传递黄素蛋白(辅酶FAD)

图 8.13　线粒体内重要代谢物氧化与呼吸链的关系

8.2.4　氧化磷酸化作用

氧化磷酸化作用是细胞生命活动的基础,是主要的能量来源。

8.2.4.1　氧化磷酸化作用的概念及磷酸化作用部位

与生物氧化过程相伴而生的磷酸化作用称为氧化磷酸化作用。氧化磷酸化作用是将生物氧化过程中释放的能量转移至 ADP 形成 ATP。

氧化磷酸化作用有两种类型:一是底物水平磷酸化;二是电子传递磷酸化。底物水平磷酸化即是底物在代谢过程中先生成磷酸化或硫酯化的高能化合物,然后将其高能释放出来,用以形成 ATP 的过程。电子传递磷酸化是在电子由 NADH 或 $FMNH_2$ 到分子氧的传递过程中,同时伴有 ADP 磷酸化生成 ATP 的过程。

实验证明,当电子沿着呼吸链进行传递时就发生磷酸化作用。在什么部位发生磷酸化? 根据呼吸链中电子传递体的 $E^{0'}$ 值,可以证明呼吸链中的磷酸化部位:

$$\text{NAD}^+ \longrightarrow \text{FMN} \longrightarrow \text{辅酶 Q} \longrightarrow b \longrightarrow c_1 \longrightarrow c \longrightarrow aa_3 \longrightarrow O_2$$

E_0'　　– 0.32 V　– 0.06 V　　0.00 V　　+ 0.26 V　+ 0.28 V　　+ 0.82 V

在电子传递过程中,其自由能的变化可以根据下式算出:

$$\Delta G^{0'} = -nF\Delta E^{0'}$$

将标准氧化 – 还原电势代入上式即可求得,而且自由能有较大变化的部位即是氧化 – 还原电位有较大变化的部位。图 8.14 表明呼吸链中在三个部位有较大的自由能变化。

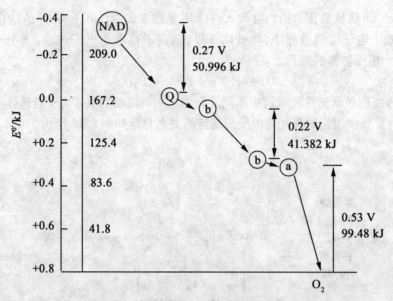

图8.14 呼吸链中电子对传递时自由能的下降和ATP生成的关系

三个阶段中的每个阶段都用箭头标出。

这三个部位每一步释放的自由能都足以保证ADP和无机磷酸形成ATP。这三个部位分别是：NADH和辅酶Q之间的部位；细胞色素b和细胞色素c之间的部位；细胞色素a和O_2之间的部位。

电子传递过程是产能的过程，而生成ATP的过程是贮能的过程。呼吸链中电子传递和ATP的形成在正常细胞内总是相偶联的，可以用P/O值（磷氧比）来表示电子传递与ATP生成之间的关系。P/O值即是呼吸链每消耗一个氧原子所用去的磷酸分子数或生成ATP的分子数。因此，由NADH到分子氧的传递链中，其P/O为3。而有些代谢物，则由黄素酶类催化脱氢，它直接通过辅酶Q进入呼吸链，结果只能生成2个ATP，其P/O为2。

8.2.4.2 解偶联作用

呼吸链中电子传递与磷酸化作用紧密偶联，但这两个过程可被解偶联剂分离，失掉它们的紧密联系。它只抑制ATP的形成过程，不抑制电子传递过程，使电子传递所产生的自由能都变为热能。这类试剂使电子传递失去正常的控制，造成过分地利用氧和燃料底物，而能量得不到储存。典型的解偶联剂是2,4-二硝基苯酚，其他一些酸性芳香族化物也有作用。但解偶联剂对底物水平的磷酸化作用没有影响，这就使得这些解偶联剂对于氧化磷酸化的研究成为很有用的试剂。解偶联试剂在代谢研究中是一种非常有用的手段，2,4-二硝基苯酚的解偶联作用机制如图8.15所示。

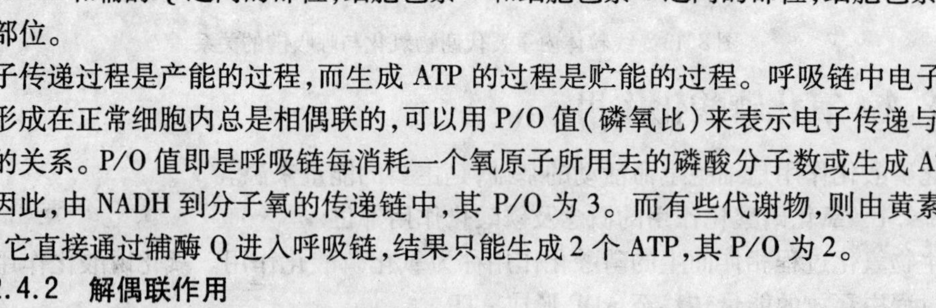

图8.15 2,4-二硝基苯酚的解偶联作用

8.2.4.3 线粒体内膜的 ATP 合成系统

ATP 合成酶是最精妙的生物分子马达之一,有关它的研究尽管经历了 60 多年,但突破性的进展则在最近的 10 年,这要归功于物理学家、生化学家和计算学家的联合交叉研究。有关 ATP 合成酶的研究已经催生了 6 位诺贝尔奖得主。

电子显微镜观察到,完整的线粒体在适当的条件下可以看到内膜球体排列在嵴的上面,这个球体称为 F_1,其柄称为 F_0。F_1 由多种不同的多肽构成,ATP 合成酶系统的另外部分就是 F_0,它嵌在线粒体内膜之中,当跨膜质子流蕴藏的能量用于合成 ATP 时,F_0 起质子流通道的作用,它可能有调节质子流的作用,从而控制 ATP 的合成。因此,ATP 合成酶系统又称为 F_0F_1-ATP 酶。

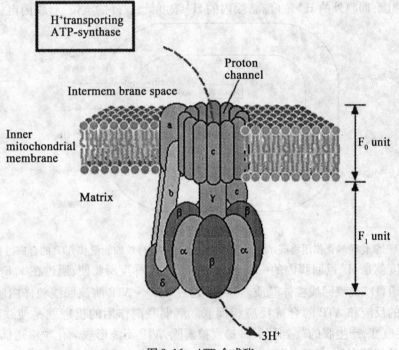

图 8.16　ATP 合成酶

8.2.4.4 氧化磷酸化的偶联机理

在正常的生理条件下,电子传递与磷酸化紧密地偶联,但是电子在从一个中间载体到另一个中间载体的传递过程中究竟怎样促使 ADP 磷酸化成 ATP 的。这其中的分子机理仍不很清楚。目前有三种假说来解释氧化磷酸化的偶联机理。这三种假说,一是化学偶联假说;二是构象偶联假说;三是化学渗透偶联假说。现将这三种假说的主要内容分别介绍如下:

(1) 化学偶联假说

这一假说是 E. C. Slater 于 1953 年提出来的,是用来解释氧化磷酸化偶联机制的最早的一个假说。该假说认为电子传递和 ATP 生成的偶联是通过一系列连续的化学反应而形成一个高能共价中间物,这个中间物在电子传递中形成,随后又裂解,将其能量供给 ATP 的合成。但是人们并未从呼吸链中找到实际的例子,也不能解释为什么线粒体内膜的完整性对氧化磷酸化是必要的。

(2) 构象偶联假说

该假说是由 P. Boyer 提出来的。他认为电子沿呼吸链传递,使线粒体内膜蛋白质组分发生了构象变化而形成一种高能状态,这种高能状态将能量传递给 F_0F_1 – ATP 酶分子而使之激活,也转变为高能态。F_0F_1 – ATP 酶的复原即将能量提供给 ATP 的合成,并从酶上游离下来。

这一假说实质上与化学偶联假说相似,只不过认为电子传递所释放的自由能不是贮存在高能化学中间物上,而是贮存在蛋白质的立体构象中。

(3) 化学渗透偶联假说

该假说由英国生物化学家 Peter Mitchell 于 1961 年提出的。他认为电子传递链是一个 H^+ 泵,电子传递的结果是将 H^+ 从线粒体内膜基质"泵"到内膜外液体中,于是形成了一个跨内膜的 H^+ 梯度,即膜外的 H^+ 浓度高,膜内的 H^+ 浓度低;膜外的电位高,膜内电位低。

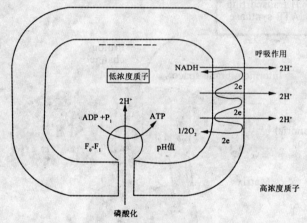

图 8.17 氧化磷酸化作用将碳水化合物和脂肪氧化时所释放的能量和 ATP 的合成过程偶联

这种梯度就是 H^+ 返回膜内的一种动力,为 H^+ 浓度梯度所驱使,通过在 F_0F_1 ATP 酶分子上的特殊通道,H^+ 又流回线粒体基质。当 H^+ 通过 F_0F_1 – ATP 酶流回线粒体内膜基质时,释放出自由能的反应和 ATP 的合成反应相偶联。解偶联剂作用的机理就是使线粒体内膜对 H^+ 的通透性改变,产生膜的"漏洞",H^+ 梯度被解除,ATP 不能形成。化学渗透偶联假说和许多实验结果是相符合的,是目前能较圆满解释氧化磷酸化作用机理的一种学说。例如,现已发现氧化磷酸化作用确实需要线粒体内膜保持完整状态;电子传递链确能将 H^+ 排出到内膜外,而 ATP 的形成又伴随着 H^+ 向膜内的转移运动;破坏 H^+ 浓度梯度的形成都必然破坏氧化磷酸化作用的进行等。

习 题

1. 什么是新陈代谢,生物体的新陈代谢有哪些共同的特点?研究代谢有哪些主要方法?
2. 名词解释:生物氧化;呼吸链;细胞色素氧化酶。
3. 说明生物体内 H_2O、CO_2、ATP 都是怎样生成的?
4. 1mol 丙酮酸彻底氧化为 CO_2 和 H_2O 时,净生成多少 ATP?
5. 在呼吸链中,NAD^+、FAD、COQ 及细胞色素类物质是如何行使传递氢原子和电子功能的?

第9章 糖代谢

9.1 概 述

糖是有机体重要的能源和碳源物质。在人体内糖的主要形式是葡萄糖(glucose)及糖原(glycogen),葡萄糖是糖在血液中的运输形式,在机体糖代谢中占据主要地位;糖原是葡萄糖的多聚体,包括肝糖原、肌糖原和肾糖原等,是糖在体内的储存形式。葡萄糖与糖原在体内氧化并提供能量。糖代谢包括糖的合成与糖的分解两方面。

糖的最终来源是植物或光合细菌通过光合作用将 CO_2 和水同化成葡萄糖。除此之外糖的合成途径还包括糖的异生——非糖物质转化成糖的途径。在植物和动物体内葡萄糖可以进一步合成寡糖和多糖作为储能物质(如蔗糖、淀粉和糖元),或者构成植物或细菌的细胞壁(如纤维素和肽聚糖)。

在生物体内,糖(主要是葡萄糖)的降解是生命活动所需能量(如 ATP)的来源。食物中的糖是机体中糖的主要来源,被机体摄入经消化成单糖吸收后,经血液运输到各组织细胞进行合成代谢和分解代谢。生物体从糖中获得能量大致分成三个阶段:在第一阶段,大分子糖变成小分子糖,如淀粉、糖元等变成葡萄糖;在第二阶段,葡萄糖通过糖酵解(糖的共同分解途径)降解为丙酮酸,丙酮酸再转变为活化的酰基载体——乙酰辅酶 A;在第三阶段,乙酰辅酶 A 通过三羧酸循环(糖的最后氧化途径)彻底氧化成 CO_2,将电子传递给最终的电子受体 O_2 并生成 ATP,这是动物、植物和微生物获得能量用以维持生存的共同途径。糖的中间代谢还包括磷酸戊糖途径、乙醛酸途径等。

9.1.1 多糖及寡糖的降解

糖类中的二糖及多糖在被生物体利用之前必须水解成单糖。生物水解糖类的酶为糖酶,糖酶分多糖酶和糖苷酶两类。多糖酶可水解多糖,糖苷酶可催化单糖及二糖的水解。

9.1.1.1 二糖的酶水解

二糖酶中最重要的为蔗糖酶、麦芽糖酶和乳糖酶,它们都属于糖苷酶类,这3种酶广泛分布于微生物、人体及动物小肠液中,其催化反应为:

(1) 蔗糖的水解

蔗糖的水解主要是通过转化酶的作用,转化酶又称蔗糖酶(sucrase),它广泛存在于植物体内。所有的转化酶都是 β-果糖苷酶,其作用如下:

$$蔗糖 + H_2O \xrightarrow{转化酶} 葡萄糖 + 果糖$$

上述反应是不可逆的,这是由于蔗糖水解时放出大量的热能。

(2) 乳糖的水解

乳糖的水解由乳糖酶(又称为 β-半乳糖苷酶)催化,生成半乳糖和葡萄糖:

$$\text{乳糖} + H_2O \xrightarrow{\text{乳糖酶}} \text{半乳糖} + \text{葡萄糖}$$

(3) 麦芽糖的水解

由麦芽糖酶催化 1 分子麦芽糖水解生成 2 分子葡萄糖：

$$\text{麦芽糖} + H_2O \xrightarrow{\text{麦芽糖酶}} 2 \text{ 葡萄糖}$$

9.1.1.2 淀粉(糖元)的酶促降解

多糖酶的种类很多，如淀粉酶、纤维素酶、木聚糖酶、果胶酶等。现以淀粉酶所催化的淀粉(及糖原)的酶水解为代表加以阐述。

淀粉可以通过两种不同的途经降解成葡萄糖。其中一个途径是水解，动物的消化或植物种子萌发时就是利用这一途径使多糖降解成糊精、麦芽糖、异麦芽糖和葡萄糖，其中的麦芽糖和异麦芽糖又可被麦芽糖酶和异麦芽糖酶降解生成葡萄糖，葡萄糖进入细胞后被磷酸化并经糖酵解作用降解。淀粉的另一个降解途径为磷酸降解途径。

(1) 淀粉的水解

催化淀粉水解的酶称为淀粉酶(amylase)，它又可分两种：一种称为 α-1,4-葡聚糖水解酶，又称为 α-淀粉酶(α-amylase)，是一种内淀粉酶(endoamylase)，能以一种无规则的方式水解直链淀粉(amylose)内部的键，生成葡萄糖与麦芽糖的混合物，如果底物是支链淀粉(amylopectin)，则水解产物是含有支链和非支链的寡聚糖的混合物，其中存在 α-1,6 键。第二种水解酶称为 α-1,4-葡聚糖基-麦芽糖基水解酶，又称为 β-淀粉酶，是一种外淀粉酶(exoamylase)，它作用于多糖的非还原性末端而生成麦芽糖，所以当 β-淀粉酶作用于直链淀粉时能生成定量的麦芽糖，当底物为分支的支链淀粉或糖元时，则生成的产物为麦芽糖和多分枝糊精，这是因为此酶仅能作用于 α-1,4 键而不能作用于 α-1,6 键。淀粉酶在动物、植物及微生物中均存在，在动物中主要在消化液(唾液及胰液)中存在。图 9.1 为 α-淀粉酶及 β-淀粉酶水解支链淀粉的示意图。

α-淀粉酶仅在发芽的种子中存在，但大麦发芽后，则 α-淀粉酶及 β-淀粉酶均有存在。在 pH 值 3.3 时，α-淀粉酶被破坏，但它能耐高温，温度可高达 70℃(约 15 min)仍稳定。而 β-淀粉酶主要存在于休眠的种子中，在 70℃高温时容易破坏，但对酸比较稳定，在 pH 值 3.3 时仍不被破坏，所以利用高温或调节 pH 值的方法可以将这两种淀粉酶分开，这两种淀粉酶现在都能制成结晶。α-淀粉酶和 β-淀粉酶中的 α 与 β，并非表示其作用于 α 或 β 糖苷键，而只是用来标明两种不同的水解淀粉的酶。由于 α-淀粉酶和 β-淀粉酶只能水解淀粉的 α-1,4 键，因此只能使支链淀粉水解 54%~55%，剩下的分支组成了一个淀粉酶不能作用的糊精，称为极限糊精。

极限糊精中的 α-1,6 键可被 R 酶水解，R 酶又称脱支酶，脱支酶仅能分解支链淀粉外围的分支，不能分解支链淀粉内部的分支，只有与 β-淀粉酶共同作用才能将支链淀粉完全水解，生成麦芽糖和葡萄糖。麦芽糖被麦芽糖酶水解生成葡萄糖，进一步被植物利用。

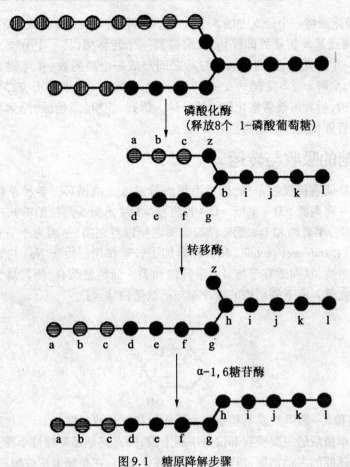

图 9.1 糖原降解步骤

(1) 淀粉的磷酸解 α-1,4 键的降解

淀粉的磷酸解是在淀粉磷酸化酶的催化下,用磷酸代替水,将淀粉降解生成 1-磷酸葡萄糖的作用。

淀粉磷酸解的好处是生成的 1-磷酸葡萄糖不能扩散到细胞外,可直接进入糖酵解途径,节省了能量;而淀粉的水解产物葡萄糖,能进行扩散,但必须经过磷酸化消耗一个 ATP 才能进入糖酵解途径。淀粉磷酸解步骤可表示如下:

淀粉
↓ 淀粉磷酸化酶
1-磷酸葡萄糖
↓ 磷酸葡萄糖变位酶
6-磷酸葡萄糖
↓ 6-磷酸葡萄糖脂酶
葡萄糖+Pi

(2) α-1,6 支链的降解

α-淀粉酶、β-淀粉酶和淀粉磷酸化酶只能水解淀粉(或糖原)的 α-1,4 键,不能水解

α-1,6键。磷酸化酶将一个分支上的5个α-1,4糖苷键和另一个分支上的3个α-1,4糖苷键水解,至末端残基 a 和 d 处即停止,此时需要一个转移酶,将一个分支上的3个糖残基(abc)转移到另一个分支上,在糖残基 c 与 d 之间形成一个新的α-1,4键,然后在α-1,6糖苷酶的作用下,水解 z 与 h 之间的α-1,6糖苷键,从而将一个具有分支结构的糖原转变成为线型的直链结构,后者可被磷酸化酶继续分解。因此,淀粉(或糖原)降解生成葡萄糖是几种酶相互配合进行催化反应的结果。

9.1.2 糖的吸收与转运

人和动物小肠能直接吸收单糖,通过毛细血管进入血液循环。各种单糖的吸收率不同(D-半乳糖>D-葡萄糖>D-果糖>D-甘露糖>D-木糖>阿拉伯糖),吸收机制不单纯是单糖的扩散。D-半乳糖和 D-葡萄糖吸收率之所以特别高,是因为小肠黏膜细胞膜有一种专一性运载蛋白(transport protein)和 Na^+ 参加了转运作用。由于 Na^+ 与运载蛋白结合使运载蛋白的构象改变,从而适宜于与 D-半乳糖和 D-葡萄糖结合,使其易于通过小肠黏膜细胞膜进入毛细血管。有下列结构的糖才能与运载蛋白结合:

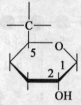

2-D-羟基和5-羟甲基或甲基是作为活性运载机制的必需基团。

糖被消化成单糖后的主要吸收部位是小肠上段,糖尤其是葡萄糖被小肠上皮细胞摄取是一个依赖 Na^+ 的耗能的主动摄取过程,有特定的载体参与:在小肠上皮细胞刷状缘上,存在着与细胞膜结合的 Na^+-葡萄糖联合转运体,当 Na^+ 经转运体顺浓度梯度进入小肠上皮细胞时,葡萄糖随 Na^+ 一起被移入细胞内,这时对葡萄糖而言是逆浓度梯度转运。这个过程的能量是由 Na^+ 的浓度梯度(化学势能)提供的,它足以将葡萄糖从低浓度转运到高浓度。当小肠上皮细胞内的葡萄糖浓度增高到一定程度,葡萄糖经小肠上皮细胞基底面单向葡萄糖转运体(unidirectional glucose transporter)顺浓度梯度被动扩散到血液中。小肠上皮细胞内增多的 Na^+ 通过钠钾泵(Na^+-K^+ ATP 酶),利用 ATP 提供的能量,从基底面被泵出小肠上皮细胞,进入血液,从而降低小肠上皮细胞内 Na^+ 浓度,维持刷状缘两侧 Na^+ 的浓度梯度,使葡萄糖能不断地被转运。

9.2 糖的分解代谢

9.2.1 酵解途径(EMP)——糖的无氧分解

9.2.1.1 糖酵解的概念

糖酵解(glycolysis)是葡萄糖在无氧的条件下分解成丙酮酸,同时生成 ATP 的过程。糖酵解途径几乎是具有细胞结构的所有生物所共有的葡萄糖降解的途径,它最初是从研究酵母的酒精发酵发现的,故名糖酵解。整个糖酵解过程在1940年得以阐明,为纪念在这方面贡献较大的三位生化学家,也称糖酵解过程为 Embden – Meyerhof – Parnas 途径(简称 EMP 途径)。

9.2.1.2 糖酵解生化途径

糖酵解过程是在细胞液中进行的,不论有氧还是无氧情况下均能发生,其过程如图 9.2 所示。

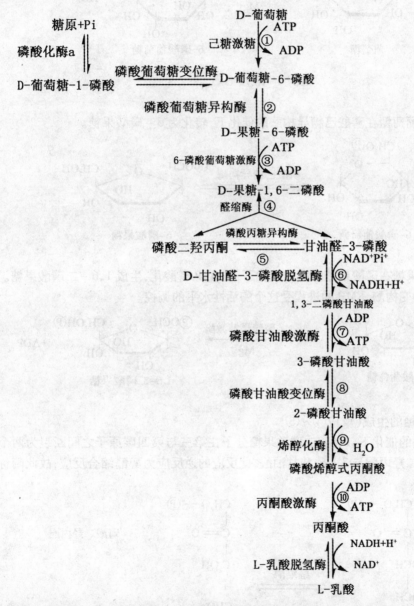

图 9.2 糖酵解途径

糖酵解全部过程从葡萄糖或淀粉开始,分别包括 12 或 13 个步骤,可简单划分为 4 个阶段:

(1)由葡萄糖形成 1,6 – 二磷酸果糖(反应①~③)

①葡萄糖在己糖激酶的催化下,被 ATP 磷酸化,生成 6 – 磷酸葡萄糖。磷酸基团的转移

在生物化学中是一个基本反应。催化磷酸基团从 ATP 转移到受体上的酶称为激酶(kinase)。己糖激酶是催化从 ATP 转移磷酸基团至各种六碳糖(葡萄糖、果糖)上去的酶。激酶都需要 Mg^{2+} 作为辅助因子。

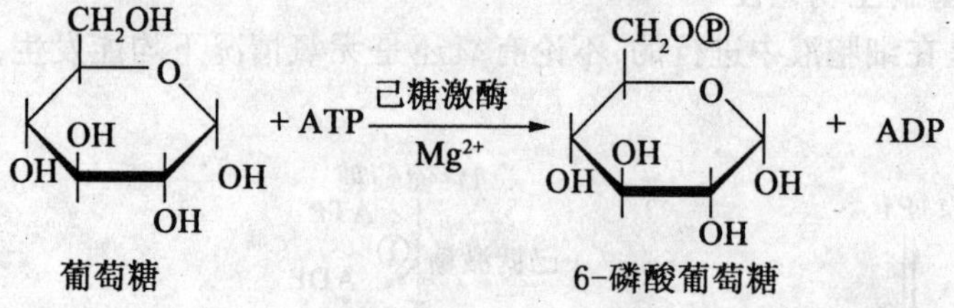

葡萄糖 + ATP —己糖激酶/Mg^{2+}→ 6-磷酸葡萄糖 + ADP

$\Delta G'' = -16.72 \text{ kJ}$

② 6-磷酸葡萄糖在磷酸己糖异构酶的催化下,转化为 6-磷酸果糖。

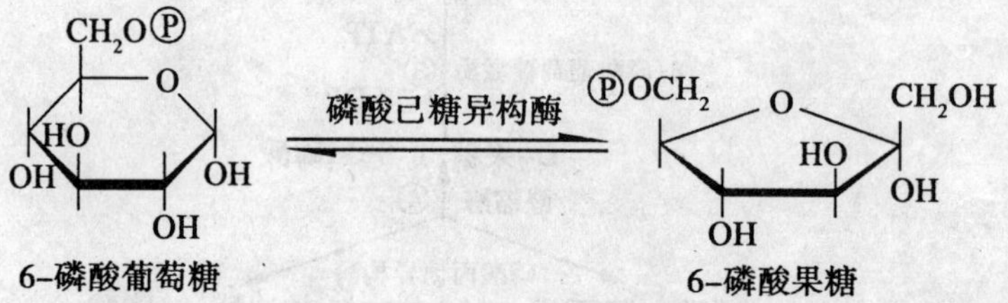

6-磷酸葡萄糖 ⇌ 磷酸己糖异构酶 ⇌ 6-磷酸果糖

③ 6-磷酸果糖在磷酸果糖激酶的催化下,被 ATP 磷酸化,生成 1,6-二磷酸果糖。磷酸果糖激酶是一种变构酶,EMP 的进程受这个酶活性水平的调控。

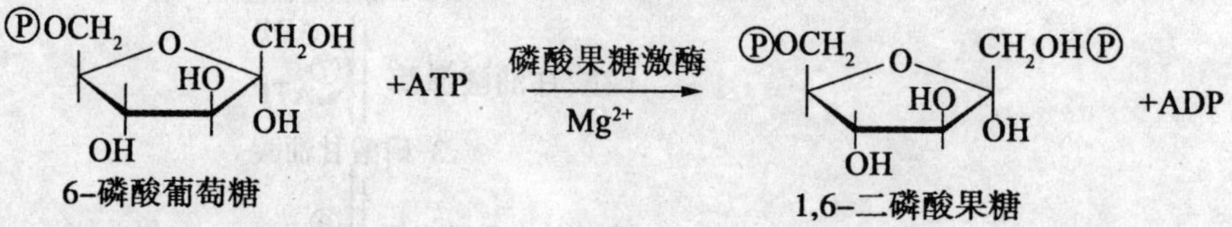

6-磷酸葡萄糖 + ATP —磷酸果糖激酶/Mg^{2+}→ 1,6-二磷酸果糖 + ADP

(2) 磷酸丙糖的生成(反应④~⑤)

④ 在醛缩酶的催化下,1,6-二磷酸果糖分子在第三与第四碳原子之间断裂为两个三碳化合物,即磷酸二羟丙酮与 3-磷酸甘油醛,此反应的逆反应为醇醛缩合反应,故此酶称为醛缩酶。

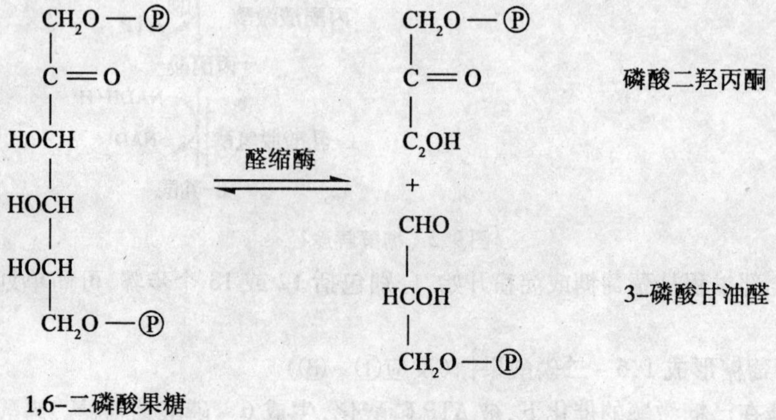

1,6-二磷酸果糖 ⇌ 醛缩酶 ⇌ 磷酸二羟丙酮 + 3-磷酸甘油醛

⑤ 在磷酸丙糖异构酶的催化下,两个互为同分异构体的磷酸三碳糖之间存在同分异构的互变,这个反应进行得极快并且是可逆的。当平衡时,96% 为磷酸二羟丙酮,但在正常进行着的酶解系统里,由于下一步反应的影响,平衡易向生成 3 - 磷酸甘油醛的方向移动。

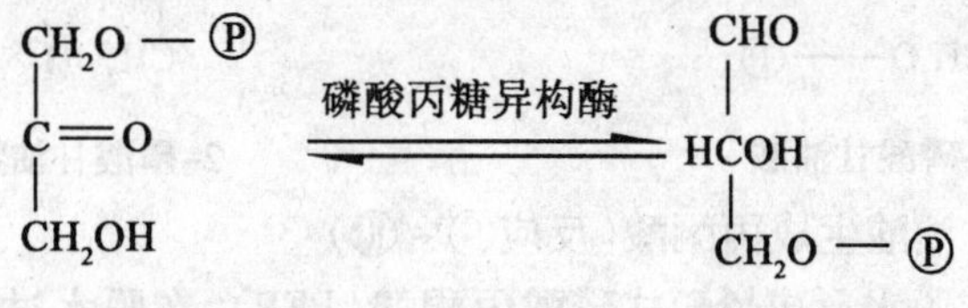

$$\begin{array}{c} CH_2O-\textcircled{P} \\ | \\ C=O \\ | \\ CH_2OH \end{array} \quad \underset{}{\overset{\text{磷酸丙糖异构酶}}{\rightleftharpoons}} \quad \begin{array}{c} CHO \\ | \\ HCOH \\ | \\ CH_2O-\textcircled{P} \end{array}$$

磷酸二羟丙酮　　　　　　　　　　　　3-磷酸甘油醛

(3) 3 - 磷酸甘油醛氧化并转变成 2 - 磷酸甘油酸(反应⑥~⑧)

在此阶段有两步产生能量的反应,释放的能量可由 ADP 转变成 ATP 贮存。

⑥ 3 - 磷酸甘油醛氧化为 1,3 - 二磷酸甘油酸,此反应由 3 - 磷酸甘油醛脱氢酶催化:

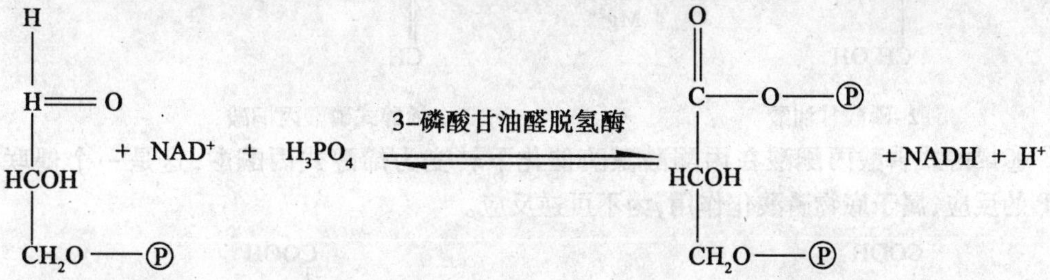

$$\begin{array}{c} H \\ \| \\ H=O \\ | \\ HCOH \\ | \\ CH_2O-\textcircled{P} \end{array} + NAD^+ + H_3PO_4 \quad \underset{}{\overset{\text{3-磷酸甘油醛脱氢酶}}{\rightleftharpoons}} \quad \begin{array}{c} O \\ \| \\ C-O-\textcircled{P} \\ | \\ HCOH \\ | \\ CH_2O-\textcircled{P} \end{array} + NADH + H^+$$

3-磷酸甘油醛　　　　　　　　　　　　　　　　　　　1,3-二磷酸甘油酸

3 - 磷酸甘油醛的氧化是酵解过程中首次发生的氧化作用,3 - 磷酸甘油醛 C1 上的醛基转化成酰基磷酸。酰基磷酸是磷酸与羧酸的混合酸酐,具有高能磷酸基团性质,其能量来自醛基的氧化。生物体通过此反应可以获得能量。

⑦ 1,3 - 二磷酸甘油酸在磷酸甘油酸激酶的催化下生成 3 - 磷酸甘油酸:

1,3 - 二磷酸甘油酸中的高能磷酸键在磷酸甘油酸激酶(一种可逆性的磷酸激酶)作用下转变为 ATP,生成了 3 - 磷酸甘油酸。由于 1 mol 的己糖代谢后生成 2 mol 的丙糖,所以在这个反应及随后的放能反应中有 2 倍高能磷酸键产生,这种直接利用代谢中间物氧化释放的能量产生 ATP 的磷酸化类型称为底物磷酸化。在底物磷酸化中,ATP 的形成与一个代谢中间物(如 1,3 - 二磷酸甘油酸、磷酸烯醇式丙酮酸等)上的磷酸基团的转移相偶联。

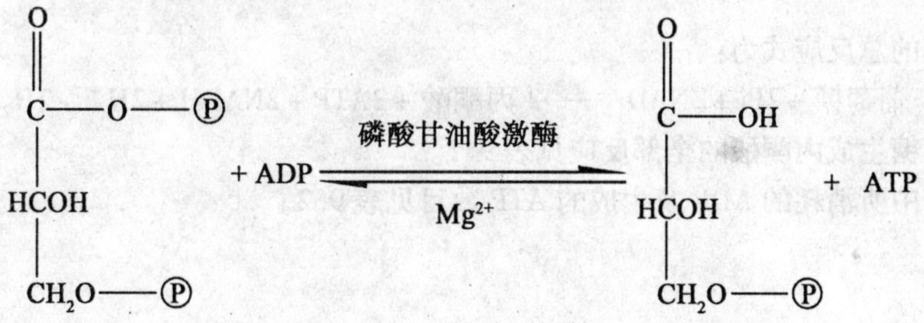

$$\begin{array}{c} O \\ \| \\ C-O-\textcircled{P} \\ | \\ HCOH \\ | \\ CH_2O-\textcircled{P} \end{array} + ADP \quad \underset{Mg^{2+}}{\overset{\text{磷酸甘油酸激酶}}{\rightleftharpoons}} \quad \begin{array}{c} O \\ \| \\ C-OH \\ | \\ HCOH \\ | \\ CH_2O-\textcircled{P} \end{array} + ATP$$

1,3-二磷酸甘油酸　　　　　　　　　　　　　　　　3-磷酸甘油醛

⑧ 3-磷酸甘油酸变为2-磷酸甘油酸,由磷酸甘油酸变位酶催化:

$$\underset{\text{3-磷酸甘油酸}}{\begin{array}{c}\text{COOH}\\|\\\text{HCOH}\\|\\\text{CH}_2\text{O}—\text{P}\end{array}} \underset{}{\overset{\text{磷酸甘油酸变位酶}}{\rightleftharpoons}} \underset{\text{2-磷酸甘油酸}}{\begin{array}{c}\text{COOH}\\|\\\text{CHO}—\text{P}\\|\\\text{CH}_2\text{OH}\end{array}}$$

(4) 由2-磷酸甘油酸生成丙酮酸(反应⑨~⑩)

⑨ 2-磷酸甘油酸脱水形成烯醇式磷酸丙酮酸(PEP),在脱水过程中分子内部能量重新排布,使一部分能量集中在磷酸键上,从而形成一个高能磷酸键。该反应被 Mg^{2+} 所激活,被氟离子所抑制。

$$\underset{\text{2-磷酸甘油酸}}{\begin{array}{c}\text{COOH}\\|\\\text{CHO}—\text{P}\\|\\\text{CH}_2\text{OH}\end{array}} \underset{Mg^{2+}}{\overset{\text{烯醇化酶}}{\rightleftharpoons}} \underset{\text{烯醇式磷酸丙桐酸}}{\begin{array}{c}\text{COOH}\\|\\\text{C}—\text{O}—\text{P}\\\|\\\text{CH}_2\end{array}} + \text{H}_2\text{O}$$

⑩ 烯醇式磷酸丙酮酸在丙酮酸激酶催化下转变为烯醇式丙酮酸,这是一个偶联生成ATP的反应,属于底物磷酸化作用,为不可逆反应。

$$\underset{\text{烯醇式磷酸丙酮酸}}{\begin{array}{c}\text{COOH}\\|\\\text{C}—\text{O}—\text{P}\\\|\\\text{CH}_2\end{array}} + \text{ADP} \xrightarrow{\text{丙酮酸激酶}} \underset{\text{烯醇式丙酮酸}}{\begin{array}{c}\text{COOH}\\|\\\text{C}—\text{OH}\\\|\\\text{CH}_2\end{array}} + \text{ATP}$$

烯醇式丙酮酸极不稳定,很容易自动变为比较稳定的丙酮酸。这一步不需要酶的催化。

$$\underset{\text{烯醇式丙酮酸}}{\begin{array}{c}\text{COOH}\\|\\\text{C}—\text{OH}\\\|\\\text{CH}_2\end{array}} \rightleftharpoons \underset{\text{丙酮酸}}{\begin{array}{c}\text{COOH}\\|\\\text{CO}\\|\\\text{CH}_3\end{array}}$$

糖酵解的总反应式为:

$$\text{葡萄糖} + 2\text{Pi} + 2\text{NAD}^+ \longrightarrow 2\text{ 丙酮酸} + 2\text{ATP} + 2\text{NADH} + 2\text{H}^+ + 2\text{H}_2\text{O}$$

由葡萄糖生成丙酮酸的全部反应见表9.1。

糖酵解中所消耗的ADP及生成的ATP数目见表9.2。

表9.1 糖酵解的反应及酶类

序号		反应	酶
（一）	(1)	葡萄糖 + ATP ⟶ 6-磷酸葡萄糖 + ADP	己糖激酶
	(2)	6-磷酸葡萄糖 ⇌ 6-磷酸果糖	磷酸己糖异构酶
	(3)	6-磷酸果糖 + ATP ⟶ 1,6-二磷酸果糖 + ADP	磷酸果糖激酶
（二）	(4)	1,6-二磷酸果糖 ⇌ 磷酸二羟丙酮 + 3-磷酸甘油醛	醛缩酶
	(5)	磷酸二羟丙酮 ⇌ 3-磷酸甘油醛	磷酸丙糖异构酶
（三）	(6)	3-磷酸甘油醛 + NAD^+ + Pi ⇌ 1,3-二磷酸甘油酸 + NADH + H^+	3-磷酸甘油醛脱氢酶
	(7)	1,3-二磷酸甘油酸 + ADP ⇌ 3-磷酸甘油酸 + ATP	磷酸甘油酸激酶
	(8)	3-磷酸甘油酸 ⇌ 2-磷酸甘油酸	磷酸甘油酸变位酶
（四）	(9)	2-磷酸甘油酸 ⇌ 烯醇式磷酸丙酮酸 + H_2O	烯醇化酶
	(10)	烯醇式磷酸丙酮酸 + ADP ⟶ 丙酮酸 + ATP	丙酮酸激酶

表9.2 1分子葡萄糖酵解产生的 ATP 分子数

反应	形成 ATP 分子数
葡萄糖 ⟶ 6-磷酸葡萄糖	-1
6-磷酸果糖 ⟶ 1,6-二磷酸果糖	-1
1,3-二磷酸甘油酸 ⟶ 3-磷酸甘油酸	+1×2
磷酸烯醇式丙酮酸 ⟶ 丙酮酸	+1×2
1分子葡萄糖 ⟶ 2分子丙酮酸	+2

9.2.1.3 糖酵解的化学计量与生物学意义

糖酵解是一个放能过程。每分子葡萄糖在糖酵解过程中形成2分子丙酮酸，净得2分子 ATP 和2分子 NADH。在有氧条件下，当1分子 NADH 经呼吸链被氧化生成水时，原核细胞可形成3分子 ATP，而真核细胞可形成2分子 ATP；原核细胞1分子葡萄糖经糖酵解总共可生成8分子 ATP。按每摩尔 ATP 含自由能 33.4 kJ 计算，共释放 8×33.4 kJ = 267.2 kJ，还占不到葡萄糖所含自由能 2867.5 kJ 的 10%，大部分能量仍保留在2分子丙酮酸中。糖酵解的生物学意义就在于它可在无氧条件下为生物体提供少量的能量。糖酵解的中间产物是许多重要物质合成的原料，如丙酮酸是物质代谢中的重要物质，可根据生物体的需要而进一步转化为多种物质；3-磷酸甘油酸可转变为甘油而用于脂肪的合成。糖酵解在非糖物质转化成糖的过程中也起重要作用，因为糖酵解的大部分反应是可逆的，非糖物质可以逆着糖酵解的途径异生成糖，但必需绕过不可逆反应。

9.2.1.4 丙酮酸的去向

葡萄糖经糖酵解生成丙酮酸是一切有机体及各类细胞所共有的途径，而丙酮酸的继续变化则有多条途径：

（1）丙酮酸彻底氧化

在有氧条件下，丙酮酸脱羧变成乙酰辅酶 A，而进入三羧酸循环，氧化成 CO_2 和 H_2O。

$$丙酮酸 + NAD^+ + CoA \longrightarrow 乙酰 CoA + CO_2 + NADH + H^+$$

在无氧条件下,为了糖酵解的继续进行就必须将还原型的 NADH 再氧化成氧化型的 NAD^+,以保证辅酶的周转,如乳酸发酵、酒精发酵等。

(2)丙酮酸还原生成乳酸

在乳酸脱氢酶的催化下,丙酮酸被从 3-磷酸甘油醛分子上脱下的氢($NADH+H^+$)还原,生成乳酸,称为乳酸发酵。

从葡萄糖酵解成乳酸的总反应式为:

$$葡萄糖 + 2Pi + 2ADP \longrightarrow 2\ 乳酸 + 2ATP + 2H_2O$$

$$\begin{array}{c} COOH \\ | \\ CO \\ | \\ CH_3 \\ 丙酮酸 \end{array} + NADH_3 + H^+ \rightleftharpoons \begin{array}{c} COOH \\ | \\ HCOH \\ | \\ CH_3 \\ 乳酸 \end{array} + NAD^+$$

某些厌氧乳酸菌或肌肉由于剧烈运动而缺氧时,NAD^+ 的再生是由丙酮酸还原成乳酸来完成的,乳酸是乳酸酵解的最终产物。乳酸发酵是乳酸菌的生活方式。

(3)生成乙醇

在酵母菌或其他微生物中,在丙酮酸脱羧酶的催化下,丙酮酸脱羧变成乙醛,继而在乙醇脱氢酶的作用下,由 NADH 还原成乙醇。反应如下:

①丙酮酸脱羧

$$CH_3COCOOH \xrightarrow{丙酮酸脱羧酶} CH_3CHO + CO_2$$

②乙醛被还原为乙醇

$$CH_3CHO + NADH + H^+ \xrightarrow{乙醇脱氢酶} CH_3CH_2OH + NAD^+$$

葡萄糖进行乙醇发酵的总反应式为:

$$葡萄糖 + 2Pi + 2ADP \longrightarrow 2\ 乙醇 + 2CO_2 + 2ATP$$

对高等植物来说,不论是在有氧或者是在无氧的条件下,糖的分解都必须先经过糖酵解阶段形成丙酮酸。

$$糖 \longrightarrow 中间产物 \longrightarrow 2丙酮酸 \begin{array}{c} \xrightarrow{无氧} 2乙醇 + 2CO_2 + 2ATP \\ \xrightarrow{有氧} 6CO_2 + 6H_2O + 38ATP \end{array}$$

酵解和发酵可以在无氧或缺氧的条件下供给生物能量,但糖分解得不完全,停止在二碳或三碳化合物状态,放出极少的能量(38:2)。所以对绝大多数生物来说,无氧只能是短期的,因为消耗大量的有机物,才能获得少量的能量。例如当肌肉强烈运动时,由于氧气不足,NADH 即还原丙酮酸,产生乳酸,生成的 NAD^+ 继续进行糖酵解的脱氢反应。

9.2.1.5 糖酵解的调控

糖酵解途径具有双重作用:使葡萄糖降解生成 ATP,并为合成反应提供原料。因此,糖酵解的速度就要根据生物体对能量与物质的需要而受到调节与控制。在糖酵解中,由己糖激酶、磷酸果糖激酶、丙酮酸激酶所催化的反应是不可逆的,这些不可逆的反应均可成为控制糖酵解的限速步骤,从而控制糖酵解进行的速度。催化这些限速反应步骤的酶就称为限速酶。

己糖激酶是变构酶,其反应速度受其产物 6-磷酸葡萄糖的反馈抑制。当磷酸果糖激酶被抑制时,6-磷酸果糖的水平升高,6-磷酸葡萄糖的水平也随之相应升高,从而导致己糖激酶被抑制。

磷酸果糖激酶是糖酵解中最重要的限速酶。磷酸果糖激酶也是变构酶,受细胞内能量水平的调节,它被 ADP 和 AMP 促进,即在能荷低时活性最强,但受高水平 ATP 的抑制,因为 ATP 是此酶的变构抑制剂,可引发变构效应而降低对其底物的亲和力。磷酸果糖激酶受高水平柠檬酸的抑制,柠檬酸是三羧酸循环的早期中间产物,柠檬酸水平高就意味着生物合成的前体很丰富,糖酵解就应当减慢或暂停。当细胞既需要能量又需要原材料时,如 ATP/AMP 值低及柠檬酸水平低时,则磷酸果糖激酶的活性最高,而当物质与能量都丰富时,磷酸果糖激酶的活性几乎等于零。

丙酮酸激酶也参与糖酵解速度的调节。丙酮酸激酶受 ATP 的抑制,当 ATP/AMP 值高时,磷酸烯醇式丙酮酸转变成丙酮酸的过程即受到阻碍。糖酵解的调节控制如图 9.3 所示。

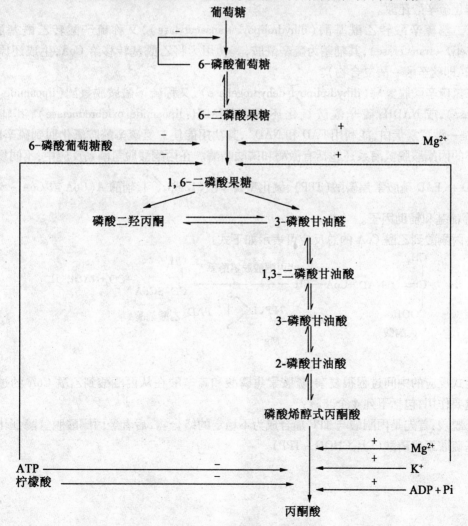

图 9.3 糖酵解的调控

9.2.2 羧酸循环(TCA)——糖的需氧分解

总反应：丙酮酸→$CO_2 + H_2O$。

9.2.2.1 概况

糖通过酵解产生的丙酮酸在有氧情况进一步完全氧化成 H_2O 和 CO_2，并产生大量的能力。这一氧化过程相当复杂，分两个阶段完成：第一阶段：丙酮酸氧化脱羧（丙酮酸→乙酰CoA）。第二阶段：三羧酸循环（由乙酰CoA进入三羧酸循环氧化成 H_2O 及 CO_2 并放出能）。

9.2.2.2 丙酮酸的氧化脱羧

丙酮酸氧化脱羧是丙酮酸在有氧情况下经"丙酮酸脱氢酶系"（亦称丙酮酸氧化脱羧酶系）催化产生乙酰CoA和CO_2的作用。所谓"丙酮酸脱氢酶系"是多酶系复合物，由下列3种酶组成：

①依赖 TPP – 丙酮酸脱氢酶（TPP – dependent pyruvate dehydrogenase），又称丙酮酸：硫辛酸氧化还原酶（pyruvate：lipoate oxido – reductase），其辅基为TPP，它的功用是催化丙酮酸脱羧和催化硫辛酸还原。

②二氢硫辛酸转乙酰基酶（dihydrolipoyl transacetylase），又称硫辛酸转乙酰基酶（lipoateacetyl – transferase），其辅基为硫辛酰胺，其功用为将乙酰基转移给CoA，生成还原型硫辛酰胺（即硫辛酸 – 酶复合物）。

二氢硫辛酸脱氢酶（dihydrolipoyl dehydrogenase），又称硫辛酰胺脱氢酶（lipoamide dehydrogenase），或NADH：硫辛酰胺氧化还原酶（NADH：lipoamide oxidoreductase），其辅基为FAD，是一种黄素蛋白，能利用FAD和NAD^+，其功用能使二氢硫辛酰胺氧化回到硫辛酰胺。哺乳类的丙酮酸脱氢酶系还包括有激酶和磷酸酯酶。在丙酮酸脱氢酶系反应中，不同场合需要NAD^+、FAD硫胺素焦磷酸（TPP）、氧化型硫辛酸（L或L⟨S S⟩、辅酶A（CoA 或 CoA – SH）及Mg^{2+}等辅基和辅助因子。

由丙酮酸到乙酰CoA的总反应可表示如下式：

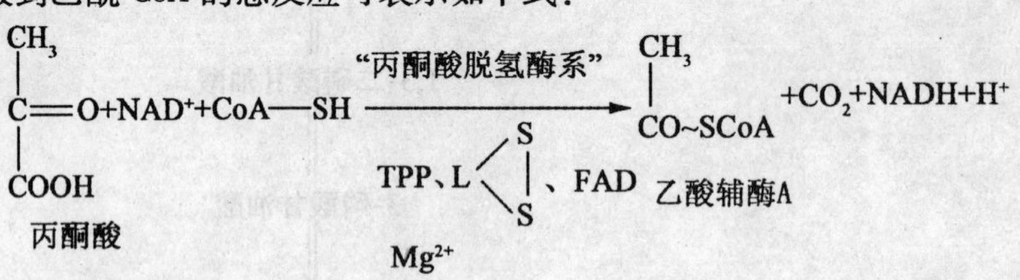

$$\underset{\text{丙酮酸}}{\begin{array}{c}CH_3\\|\\C=O\\|\\COOH\end{array}} + NAD^+ + CoA-SH \xrightarrow[\substack{TPP、L\langle S\ S\rangle、FAD\\Mg^{2+}}]{\text{"丙酮酸脱氢酶系"}} \underset{\text{乙酸辅酶A}}{\begin{array}{c}CH_3\\|\\CO\sim SCoA\end{array}} + CO_2 + NADH + H^+$$

上式反应的中间过程很复杂，硫胺素焦磷酸和硫辛酸在从丙酮酸到乙酰CoA的过程中都有重要作用，包括下列4个步骤：

①脱羧：首先是丙酮酸与TPP加合成为不稳定的络合物，后者经丙酮酸脱氢酶催化生成羟乙基硫胺素焦磷酸（CH_3CHOH – TPP）。

式中，R 为嘧啶环；PPi 为焦磷酸根。

② 与硫辛酸结合形成乙酰基 这一步反应包括与 TPP 连接的羟乙基氧化成乙酰基并同时转移给硫辛酸-酶复合物，即硫辛酰胺(lipoamide)，产生乙酰硫辛酸-酶复合物，又称乙酰硫辛酰胺(acetyllipoamide)。参加这一反应的酶为二氢硫辛酸转乙酰基酶(dihydrolipoyl transacetylase 又称 lipoate acetyltransferase)。

③ 转酰基

④ 再生 L—E还原型硫辛酸脱氢，脱出的氢由 FAD 接受生成 $FADH_2$，$FADH_2$ 被 NAD^+ 氧化成 FAD。与此同时产生 $NADH + H^+$，参加这一反应的酶为二氢硫辛酰胺脱氢酶(dihydrolipoyl dehydrogenase 又称 lipoamide dehydrogenase)。

$$\underset{HS}{\overset{HS}{\diagup}}L-E \xrightarrow[\text{二氢硫辛酰胺脱氢酶}]{FAD \quad FADH_2} \underset{S}{\overset{S}{\diagup}}L-E$$

$FADH_2$ 再将氢转给 NAD^+ 最后 $FADH_2$ 被 NAD^+ 再氧化。

$$\begin{bmatrix} FADH_2 \\ -SHS- \end{bmatrix} + NAD^+ \rightleftharpoons \begin{bmatrix} FAD \\ -S-S- \end{bmatrix} + NADH + H^+$$

式中,方括弧内的 $-SHS-$ 和 $-S-S-$ 表示脱氢酶分子中的 $-SHS-$ 和 $-S-S-$ 基团同辅基 FAD 共同参加电子传递。

参加上述丙酮酸氧化脱羧各反应中的辅酶(TPP、$L\underset{S}{\overset{S}{\diagup}}$、FAD)都是同它们各自的有关酶蛋白(E)结合在一起的。

上述丙酮酸氧化脱羧各反应可总结为图9.4。

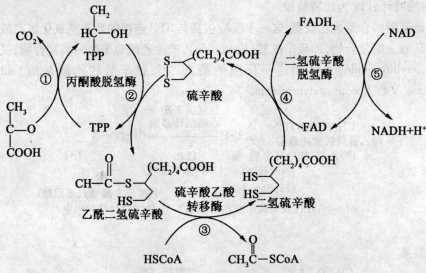

图9.4 丙酮酸脱氢酶系作用模式

在微生物体中丙酮酸氧化脱羧成乙酰 CoA 可能还有其他途径,例如变形杆菌使丙酮酸→乙酰 CoA 的过程中即不需 NAD 和硫辛酸,而大肠杆菌的丙酮酸氧化脱羧过程中显然需要 TPP 与 $L\underset{S}{\overset{S}{\diagup}}$ 的结合体 LTPP。

9.2.2.3 三羧酸循环概要

三羧酸循环是乙酰 CoA 与草酰乙酸结合进入循环经一系列反应再回到草酰乙酸的过程,在这个过程中乙酰 CoA 被氧化成 H_2O 和 CO_2 并产生大量的能。其反应途径可表示如图 9.5 所示。

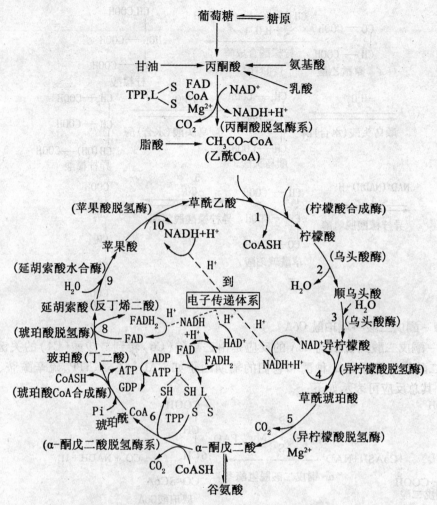

图 9.5 三羧酸循环(又称 Krebs 循环或柠檬酸循环)

9.2.2.4 三羧酸循环的化学途径

各生化途径如下:

(1) 草酰乙酸→α-酮戊二酸

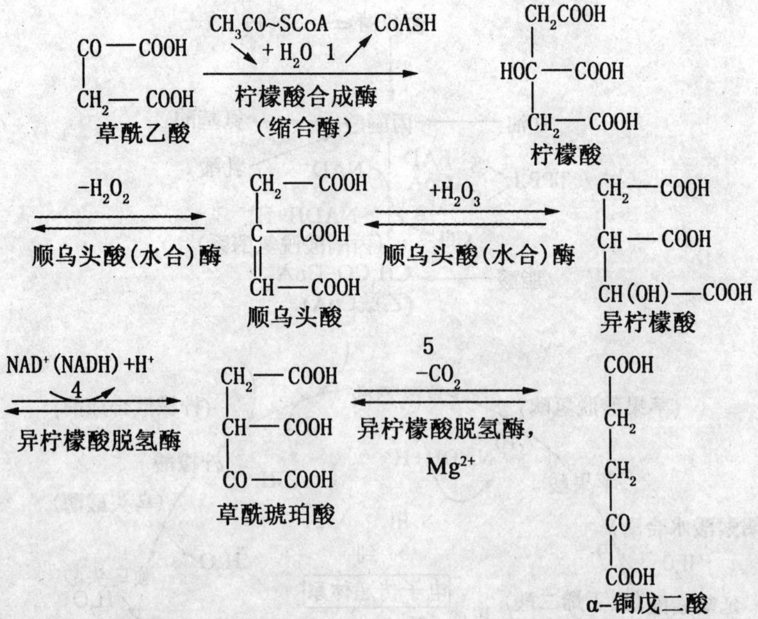

$$\underset{\text{草酰乙酸}}{\begin{array}{c}\text{CO——COOH}\\|\\\text{CH}_2\text{——COOH}\end{array}} \xrightarrow[\text{柠檬酸合成酶}]{\text{CH}_3\text{CO~SCoA}\;+\;H_2O\;\;1\;\;\text{CoASH}} \underset{\text{柠檬酸}}{\begin{array}{c}\text{CH}_2\text{COOH}\\|\\\text{HOC——COOH}\\|\\\text{CH}_2\text{——COOH}\end{array}}$$

$$\xleftarrow[\text{顺乌头酸（水合）酶}]{-H_2O} \underset{\text{顺乌头酸}}{\begin{array}{c}\text{CH}_2\text{——COOH}\\|\\\text{C——COOH}\\\|\\\text{CH——COOH}\end{array}} \xrightarrow[\text{顺乌头酸（水合）酶}]{+H_2O\;\;3} \underset{\text{异柠檬酸}}{\begin{array}{c}\text{CH}_2\text{——COOH}\\|\\\text{CH——COOH}\\|\\\text{CH(OH)——COOH}\end{array}}$$

$$\xleftarrow[\text{异柠檬酸脱氢酶}]{NAD^+(NADH)+H^+\;\;4} \underset{\text{草酰琥珀酸}}{\begin{array}{c}\text{CH}_2\text{——COOH}\\|\\\text{CH——COOH}\\|\\\text{CO——COOH}\end{array}} \xrightarrow[\begin{array}{c}\text{异柠檬酸脱氢酶,}\\Mg^{2+}\end{array}]{5\;\;-CO_2} \underset{\alpha\text{-酮戊二酸}}{\begin{array}{c}\text{COOH}\\|\\\text{CH}_2\\|\\\text{CH}_2\\|\\\text{CO}\\|\\\text{COOH}\end{array}}$$

（2）α-酮戊二酸→琥珀酰 CoA

由 α-酮戊二酸到琥珀酰 CoA 的反应是由三羧酸(C6)转到二羧酸(C4)的关键。需要 α-酮戊二酸脱氢酶系的 3 种酶和它们的辅助因子如 NAD^+、CoA、TPP、硫辛酰胺、FAD 和 Mg^{2+} 等。其总反应可表示如下：

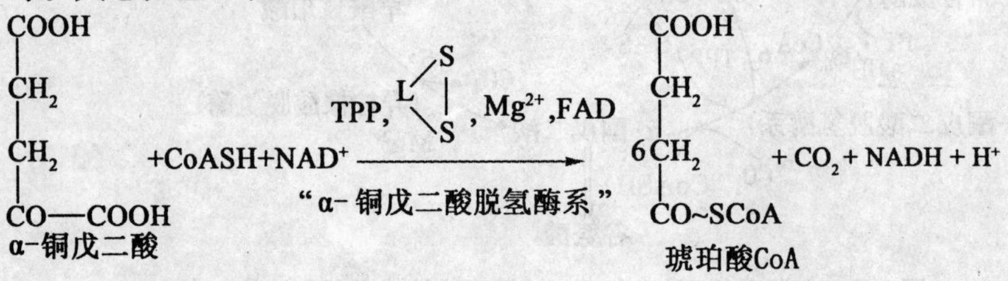

$$\underset{\alpha\text{-酮戊二酸}}{\begin{array}{c}\text{COOH}\\|\\\text{CH}_2\\|\\\text{CH}_2\\|\\\text{CO——COOH}\end{array}} \xrightarrow[\text{"α-酮戊二酸脱氢酶系"}]{+CoASH+NAD^+\;\;TPP,L\overset{S}{\underset{S}{<}},Mg^{2+},FAD} \underset{\text{琥珀酸CoA}}{\begin{array}{c}\text{COOH}\\|\\\text{CH}_2\\|\\6\text{CH}_2\\|\\\text{CO~SCoA}\end{array}} + CO_2 + NADH + H^+$$

其过程与丙酮酸氧化脱羧生成乙酰 CoA 相似，参加的酶有：

①α-酮戊二酸脱氢酶（TPP-dependent α-keto-glutarate dehydrogenase component），系统名为 2-氧戊二酸:硫辛酸氧化还原酶(2-oxo-glutarate:lipoate oxido-reductase)。其辅基为 TPP，功用为使 α-酮戊二酸脱羧和使硫辛酸还原。

②二氢硫辛酸琥珀酰基转移酶（lipoate succinyl transferase），辅基为硫辛酸，功用为转琥珀酰基。能将琥珀酰硫辛酰胺的琥珀酰基转给 CoA，形成琥珀酰 CoA。

③二氢硫辛酰胺脱氢酶（lipoamide dehydrogenase），系统名为 NADH:硫辛酰胺氧化还原酶(NADH:lipoamide oxido-reductase)，其辅基为 FAD，功用与丙酮酸脱氢酶系中的硫辛酰胺脱氢酶相似。

丙酮酸脱氢酶系的 3 种酶和 α-酮戊二酸脱氢酶系的 3 种酶都各有其组织性。前者以二氢硫辛酸乙酰基转移酶为核心，其他两种酶与核心相连。后者以二氢硫辛酸琥珀酰基转移酶为核心，α-酮戊二酸脱氢酶以非共价键与核心酶相连，二氢硫辛酰胺脱氢酶以共价键与核心酶组分相连。两个脱氢酶系的硫辛酰胺脱氢酶是相同的，其余两种都不相同。

反应与丙酮酸到乙酰 CoA 的反应相似，包括脱羧、与硫辛酰胺结合产生琥珀酰二氢硫辛酰胺,转琥珀酰基给 CoA 和最后将二氢硫辛酰胺氧化成硫辛酰胺等步骤。

脱羧：

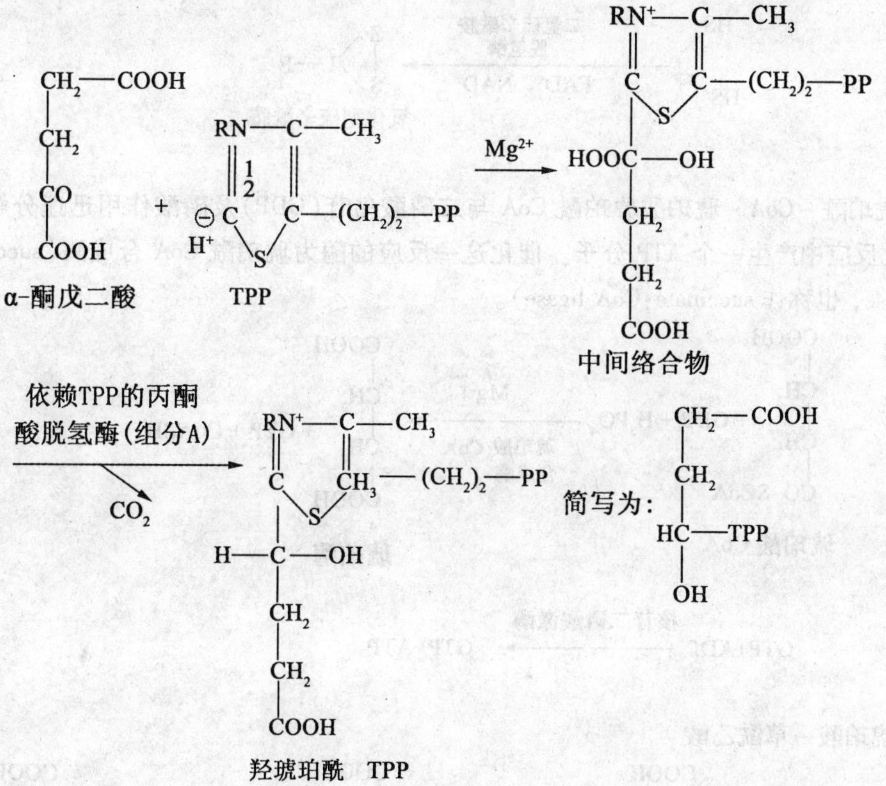

α-酮戊二酸 + TPP $\xrightarrow{Mg^{2+}}$ 中间络合物

$\xrightarrow[\text{酸脱氢酶(组分A)}]{\text{依赖TPP的丙酮}}$ 羟琥珀酰 TPP (−CO_2) 简写为: 羟琥珀酰TPP

② 与氧化型硫辛酰胺结合产生琥珀酰二氢硫辛酰胺

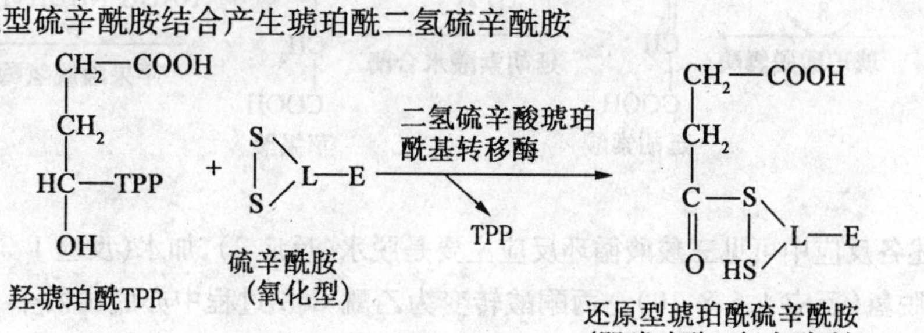

羟琥珀酰TPP + 硫辛酰胺(氧化型) $\xrightarrow[\text{−TPP}]{\text{二氢硫辛酸琥珀酰基转移酶}}$ 还原型琥珀酰硫辛酰胺（即琥珀酰二氢辛酰胺）

③ 转琥珀酰基

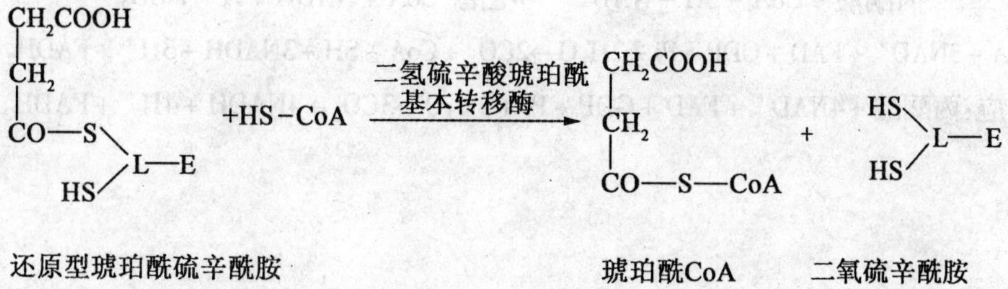

还原型琥珀酰硫辛酰胺 + HS−CoA $\xrightarrow{\text{二氢硫辛酸琥珀酰基本转移酶}}$ 琥珀酰CoA + 二氢硫辛酰胺

④再生 L⟨S S⟩ 这一反应与丙酮酸脱氢酶系中的反应相同。

$$HS{-}L{-}E{-}SH \xrightarrow[FAD^+、NAD^+]{\text{二氢硫辛酰胺脱氢酶}} S{-}L{-}E{-}S \text{(氧化型硫辛酰胺)}$$

(3) 由琥珀酰-CoA-琥珀酸 琥珀酰 CoA 与二磷酸鸟苷(GDP)及磷酸作用迅速分解成琥珀酸,在此反应中产生一个 ATP 分子。催化这一反应的酶为琥珀酰 CoA 合成酶(succinyl CoA synthetase,也称作 succinate:CoA ligase)。

$$\begin{array}{c}COOH\\CH_2\\CH_2\\CO{\sim}SCoA\end{array} + GDP + H_3PO_4 \xrightarrow[\text{琥珀酸 CoA 合成酶}]{7\ Mg^{2+}} \begin{array}{c}COOH\\CH_2\\CH_2\\COOH\end{array} + GTP + CoASH$$

琥珀酰 CoA   琥珀酸

$$GTP + ADP \xrightarrow{\text{核苷二磷酸激酶}} GDP + ATP$$

(4) 由琥珀酸→草酰乙酸

$$\begin{array}{c}COOH\\CH_2\\CH_2\\COOH\end{array} \xrightarrow[\text{琥珀酸脱氢酶}]{FAD\ \ FADH_2\ 8} \begin{array}{c}COOH\\CH\\\|\\CH\\COOH\end{array} \xrightarrow[\text{延胡索酸水合酶}]{9\ +H_2O} \begin{array}{c}COOH\\CH(OH)\\CH_2\\COOH\end{array} \xrightarrow[\text{苹果酸脱氢酶}]{10\ NAD^+\ NADH+H^+} \begin{array}{c}COOH\\C{=}O\\CH_2\\COOH\end{array}$$

琥珀酸   延胡索酸   苹果酸   草酰乙酸

从上述各反应中可见三羧酸循环反应主要是脱水(反应2)、加水(反应1、3、9)、脱羧(反应5、6)及脱氢(反应4、6、8、10)。丙酮酸转变为乙酰 CoA 过程中亦脱出两个 H。在脱氢作用中脱氢酶及 NAD、NADP、FAD、TPP、硫辛酸各辅酶均发生了重要作用。

由丙酮酸氧化成 CO_2 的各反应可总结如下式:

丙酮酸 + CoA-SH + NAD^+ ⟶ 乙酰 CoA + NADH + H^+ + CO_2

乙酰-CoA + $3NAD^+$ + FAD + GDP + Pi + $2H_2O$ → $2CO_2$ + CoA-SH + 3NADH + $3H^+$ + $FADH_2$ + GTP

净反应:丙酮酸 + $4NAD^+$ + FAD + GDP + Pi + $2H_2O$ → $3CO_2$ + 4NADH + $4H^+$ + $FADH_2$ + GTP

9.2.2.5 丙酮酸氧化分解所产生的能量

在丙酮酸到乙酰 CoA 及在三羧酸循环中反应 4、6、8 和 10 各步骤皆脱出氢,氢通过电子传递体系与氧化合成水即有能量释出(以 ATP 形式贮存)。每 1 分子 $NAD^+ \rightarrow NADH + H^+$ 或 $+ NADP^+ \rightarrow NADPH + H^+$ 释出的能产生 3 个 ATP,每 1 分子 $FAD \rightarrow FADH_2$ 释出的能量产生 2 个 ATP。反应 7 产生 1 个 ATP。总计由每 1 分子丙酮酸完全氧化成水及 CO_2 过程中共净增 15 个 ATP。每两分子丙酮酸氧化后共净增 30 个 ATP(见表 9.3)。

表 9.3　1 分子丙酮酸完全氧化成水及 CO_2 过程

反应阶段	反 应	ATP 的生成与消耗/mol			净得
		消耗	合成		
			底物磷酸化	氧化磷酸化	
酵解	葡萄糖→6-磷酸葡萄糖	1			−1
	6-磷酸果糖→1,6-二磷酸果糖	1			−1
	3-磷酸甘油醛→1,3-二磷酸甘油酸			3×2	6
	1,3-二磷酸甘油酸→3-磷酸甘油酸		1×2		2
	2-烯醇式丙酮酸→烯醇式丙酮酸		1×2		2
丙酮酸氧化脱羧	丙酮酸→乙酰 CoA			3×2	6
三羧酸循环	异柠檬酸→草酰琥珀酸			3×2	6
	α-酮戊二酸→琥珀酰 CoA			3×2	6
	琥珀酰 CoA→琥珀酸		1×2		2
	琥珀酸→延胡索酸			2×2	4
	苹果酸→草酰乙酸			3×2	6
总计		2	6	34	38

至此可见,包括糖酵解所产生的 8 个 ATP 在内,1 mol 葡萄糖完全氧化成 H_2O 及 CO_2 共产生 38 mol ATP。丙酮酸有氧氧化阶段所产生的能量近于糖酵解阶段所产生能量的 4 倍。

9.2.2.6 三羧酸循环的生物学意义

三羧酸循环为完成糖代谢、产生大量能量供机体生命活动之用的重要反应,它不仅是糖代谢所需的重要反应,而且亦是脂类和氨基酸分解代谢共同必需的重要反应。

三羧酸循环反应的中间产物可供生物合成之用。例如,为脂酸的生物合成提供 NADH,为谷氨酸合成提供 α-酮戊二酸。

此外,进入三羧酸循环的乙酰 CoA,还可从脂肪和氨基酸分解而来,草酸乙酸可从天冬氨酸来,α-酮戊二酸可从谷氨酸来,这说明糖、脂肪和氨基酸在代谢上有相互关系,而且说明三羧酸循环是糖、脂和某些氨基酸分解代谢最后阶段的共同途径。

9.2.2.7 三羧酸循环的调节

三羧酸循环的主要功用之一是给机体提供 ATP。为了满足细胞的 ATP 需要,三羧酸循环反应必须受到严格的控制。已知三羧酸循环有三个调节点。

第一个调节点是草酰乙酸与乙酰 CoA 结合成柠檬酸的反应。柠檬酸合成酶是负责催化这一反应的酶,而柠檬酸是三羧酸循环的起点物。柠檬酸合成酶的活性受草酰乙酸的有效浓度和能与乙酰 CoA 竞争的其他脂酰 CoA 水平所限制。草酰乙酸有效浓度过低会降低柠檬酸的合成,从而降低三羧酸循环反应的速度。同样,能与乙酰 CoA 竞争的其他脂酰 CoA 水平增高即减少乙酰 CoA 与草酰乙酸的结合机会,降低柠檬酸的形成,妨碍三羧酸循环的运行。此外,ATP 对柠檬酸合成酶有抑制(别构抑制)作用,当 ATP 水平增高时,柠檬酸的合成即降低。

第二个调节点是异柠檬酸转变为 α-酮戊二酸的反应。参加这个反应的异柠檬酸脱氢酶可被 ADP 激活,因 ADP 能增强异柠檬酸脱氢酶同异柠檬酸之间的亲和力。但 NADH 及琥珀酰 CoA 都对异柠檬酸脱氢酶有抑制作用。

第三个调节点是 α-酮戊二酸转变为琥珀酰 CoA 的反应。参加这一反应的 α-酮戊二酸脱氢酶系中的二氢硫辛酸琥珀酰基转移酶是使三羧酸进入二羧酸的关键酶,也是使其他来源的化合物(如由谷氨酸脱氨产生的 α-酮戊二酸)进入三羧酸循环的关键,它能调节三羧酸循环正常运行,并限制外来的 α-酮戊二酸进入三羧酸循环。琥珀酰 CoA 是二氢硫辛酸琥珀酰基转移酶的强抑制剂,ATP 和 NADH 也可抑制这个酶的活力,都可降低三羧酸循环的速度。只有当柠檬酸合成酶与硫辛酸琥珀酰基转移酶的活力得到适当的调节,三羧酸循环才能正常运行。

9.2.3 磷酸己糖途径(HMP)——糖需氧分解的代谢旁路

糖酵解及三羧酸循环无疑是葡萄糖氧化的重要途径,但许多实验指出:生物体中除三羧酸循环外,尚有其他糖代谢途径,其中戊糖磷酸途径为较重要的一种。在动物及多种微生物体中,约有30%的葡萄糖可能由此途径进行氧化。磷酸戊糖途径(pentose phosphate pathway)由 6-磷酸葡萄糖开始,全过程可分为两个阶段:第一阶段是 6-磷酸葡萄糖脱氢氧化生成 NADPH+H^+、CO_2 和 5-磷酸核糖。第二阶段为一系列基团转移反应。

9.2.3.1 磷酸己糖途径的反应过程

反应过程如图 9.6 所示。

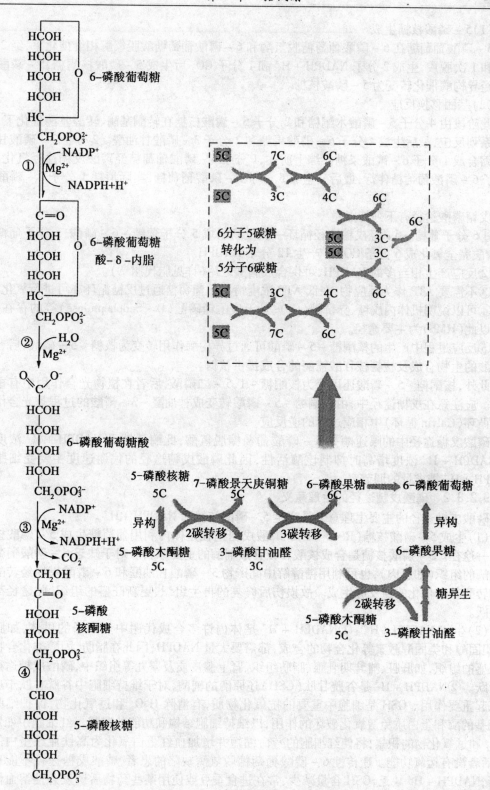

图9.6 磷酸戊糖途径

①5-磷酸葡萄糖脱氢酶；②内酯酶；③5-磷酸葡萄糖酸脱氢酶；④5-磷酸核酮糖异构酶

(1) 5-磷酸核糖生成

6-磷酸葡萄糖在6-磷酸葡萄糖脱氢酶和6-磷酸葡萄糖酸脱氢酶相继催化下,经2次脱氢和1次脱羧,生成2分子NADPH+H$^+$和1分子CO_2后生成5-磷酸核酮糖,5-磷酸核酮糖经异构酶催化转变为5-磷酸核糖。

(2) 基团移换反应

此阶段由4分子5-磷酸木酮糖和2分子5-磷酸核糖在转酮基酶、转醛基酶催化下,通过一系列反应,最后生成4分子6-磷酸果糖和2分子3-磷酸甘油醛。2分子3-磷酸甘油醛可缩合成1分子6-磷酸果糖。综上所述,1分子6-磷酸葡萄糖经磷酸戊糖途径氧化,需5分子6-磷酸葡萄糖伴行,最后又生成5分子6-磷酸葡萄糖,实际消耗1分子6-磷酸葡萄糖。

戊糖磷酸途径有下列特点:

①6分子葡糖-6-经戊糖途径循环一次重新组成5分子葡糖-6-磷酸,1分子葡糖-6-磷酸完全氧化成6分子CO_2并产生12分子NADPH。

②反应产生相当多的NADPH,可供合成脂酸之用(详见脂代谢章)。

③不需要ATP作为反应物,在低ATP浓度情况下葡萄糖通过戊糖循环亦可进行氧化。

④可以说明机体内戊糖、赤藓糖(C_4)、景天庚酮糖磷酸(D-Sedoheptulose)等的存在,显然是以此(HMS)为主要途径。

⑤反应过程中产生的核酮糖-5-磷酸可通过异构酶作用转变为核糖-5-磷酸,后者可为核酸的生物合成及核糖核苷酸辅酶的合成提供核糖。

此外,核酮糖-5-磷酸还可变为核酮糖-1,5-二磷酸,后者在植物光合作用中有重要作用。应注意在戊糖途径中,由核酮糖-5-磷酸转变成甘油醛-3-磷酸的过程是光合作用三碳循环(Calvin循环)中相应过程的逆反应。

磷酸戊糖途径中的限速酶是6-磷酸葡萄糖脱氢酶,此酶活性受NADPH+H$^+$浓度影响,NADPH+H$^+$浓度增高时抑制该酶活性,因此磷酸戊糖途径的代谢速度主要受细胞内NADPH+H$^+$需求量的调节。

9.2.3.2 磷酸戊糖途径的生理意义

磷酸戊糖途径的主要生理意义是产生5-磷酸核糖和NADPH+H$^+$。

(1) 生成5-磷酸核糖(R-5-P):磷酸戊糖途径是体内利用葡萄糖生成5-磷酸核糖的唯一途径。5-磷酸核糖是合成核酸和核苷酸辅酶的重要原料。对于缺乏6-磷酸葡萄糖脱氢酶的组织(如肌肉),也可利用糖酵解中间产物3-磷酸甘油醛和6-磷酸果糖经转酮基酶和转醛基酶催化的逆反应生成。故损伤后修复的再生组织、更新旺盛的组织,此途径都比较活跃。

(2) 生成NADPH+H$^+$:①NADPH+H$^+$是体内许多合成代谢中氢原子的供体,如脂肪酸、胆固醇和类固醇激素等化合物的合成,都需要大量NADPH,因此在脂肪、固醇类化合物合成旺盛的组织,如肝脏、哺乳期乳腺、脂肪组织、肾上腺皮质及睾丸等组织中,磷酸戊糖途径特别活跃。②NADPH+H$^+$是谷胱甘肽(GSH)还原酶的辅酶,对于维持细胞中谷胱甘肽于还原状态起重要作用。GSH是细胞中重要的抗氧化物质,有清除H_2O_2和过氧化物,保护细胞中含巯基的酶和蛋白质免遭氧化破坏的作用,以维持细胞结构和功能的完整。红细胞中如发生H_2O_2和过氧化物的积累,将使红细胞的寿命缩短并增加血红蛋白氧化为高铁血红蛋白的速率,后者没有运氧功能。遗传性6-磷酸葡萄糖脱氢酶缺陷的患者,磷酸戊糖途径不能正常进行,NADPH+H$^+$缺乏,GSH含量减少,常在进食蚕豆或使用某些药物后诱发急性溶血性黄疸。③NADPH+H$^+$是加单氧酶系的组成成分,参与激素、药物、毒物的生物转化过程。

9.3 糖的合成代谢

9.3.1 糖异生作用

糖异生作用指的是以非糖物质为前体合成葡萄糖或糖原的过程。非糖物质包括乳酸、丙酮酸、丙酸、甘油以及氨基酸等。凡能生成丙酮酸的物质都可以异生成葡萄糖，如三羧酸循环的中间产物柠檬酸、异柠檬酸、α-酮戊二酸、琥珀酸、延胡索酸和苹果酸都可转变成草酰乙酸而进入糖异生途径。大多数氨基酸是生糖氨基酸，它们转变成丙酮酸、α-酮戊二酸、草酰乙酸等三羧酸循环的中间产物进入糖异生途径。脂肪酸先经β-氧化作用生成乙酰辅酶A，2分子乙酰辅酶A经乙醛酸循环(见脂类代谢)，生成1分子琥珀酸，琥珀酸经三羧酸循环转变成草酰乙酸，再转变成烯醇式磷酸丙酮酸，而后经糖异生途径生成糖。

糖异生对于人类及其他动物是绝对必须的途径。即使每日从摄食得到葡萄糖，并且体内有贮存的糖原，机体仍需要不断地从非糖物质合成葡萄糖以保证不间断地将葡萄糖提供给那些主要依赖葡萄糖为能源的组织。

糖异生的全过程如图9.7所示。为便于理解糖异生和糖酵解的联系，用糖酵解途径的次序和相反的箭头方向相对比。

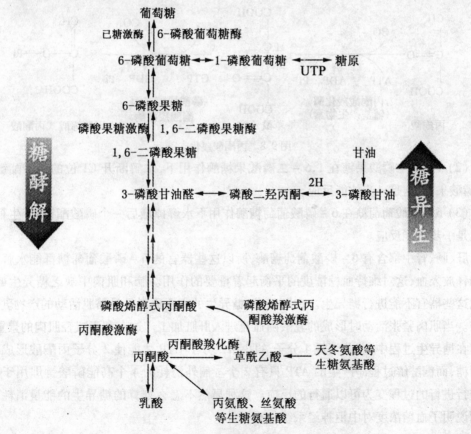

图9.7 糖异生

糖异生作用并不是糖酵解作用的直接逆反应。虽然葡萄糖可由丙酮酸生成，其所经历的途径绝大部分是糖酵解过程的逆反应，但并不完全是糖酵解过程的逆反应。在糖酵解过程中有三步反应是不可逆的,即由己糖激酶、磷酸果糖激酶和丙酮酸激酶催化的反应是不可逆的。糖异生作用要利用糖酵解过程的可逆反应步骤,就要绕过这三个不可逆反应。糖异生作用和糖酵解作用中酶的差异可用表9.4表明。

表9.4　糖酵解和糖异生反应中酶的差异

	糖酵解作用	糖异生作用
1	己糖激酶	6-磷酸葡萄糖酶
2	磷酸果糖激酶	1,6-二磷酸果糖酶
3	丙酮酸激酶	丙酮酸羧化酶
		磷酸烯醇式丙酮酸羧激酶

(1) 丙酮酸通过羧化为草酰乙酸形成磷酸烯醇式丙酮酸:此过程首先由丙酮酸羧化酶催化,使丙酮酸加上一个羧基成为4碳单位的草酰乙酸,然后草酰乙酸在磷酸烯醇式丙酮酸羧激酶作用下形成磷酸烯醇式丙酮酸。这个过程是耗能反应,其中第一步反应消耗1个ATP,第2步反应消耗1个GTP。

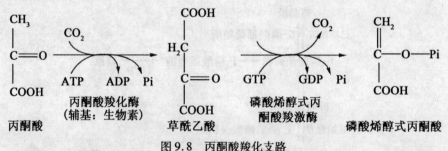

图9.8　丙酮酸羧化支路

(2) 1,6-二磷酸果糖在1,6-二磷酸果糖酶作用下,水解断开C1位的磷酸酯键,形成6-磷酸果糖,这是一步放能反应。

(3) 6-磷酸葡萄糖在6-磷酸葡萄糖酶作用下水解掉最后一个磷酸酯键,产生葡萄糖,这也是一步放能反应。

肝、肠、肾中都含有6-磷酸葡萄糖酶,所以这些器官的6-磷酸葡萄糖都能水解产生葡萄糖释放入血,这对维持血糖浓度的平衡起着重要的作用。脑和肌肉中缺乏糖异生的酶系,因此这些器官不能进行糖异生。在肝脏中,糖异生的主要原料是骨骼肌活动的产物乳酸和丙酮酸。当肌肉紧张活动时形成的乳酸随血流进入肝脏加工。这有利于减轻肌肉的繁重负担。

在糖异生过程中,总共消耗4分子ATP和2分子GTP才能使2分子丙酮酸形成1分子葡萄糖,而糖酵解过程净产生的ATP只有2个。额外消耗的4个高能磷酸键即用于将不可能逆行进行的过程变为可以通行的反应。这种显然不怎么划算的糖异生的能量消耗从一个侧面说明了血糖浓度对中枢神经系统的重要性。

9.3.2 糖原合成

糖原是体内糖的储存形式,主要以肝糖原、肌糖原形式存在。肝糖原的合成与分解主要是为了维持血糖浓度的相对恒定;肌糖原是肌肉糖酵解的主要来源。糖原由许多葡萄糖通过 α-1,4-糖苷键(直链)及 α-1,6-糖苷键(分支)相连而成的带有分支的多糖(图9.9),存在于细胞质中。

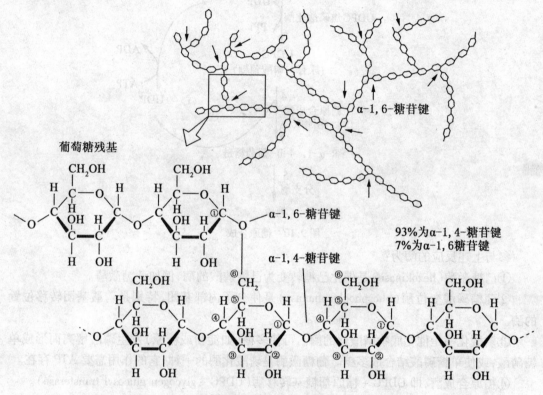

图9.9 糖原结构示意图

糖原合成(glycogenesis)是由葡萄糖合成糖原的过程。与糖原分解反应相同,糖原合成也是从糖原分支的非还原性末端开始,在糖原的合成过程中需己糖激酶、葡糖磷酸变位酶、尿苷二磷酸葡糖(以下简称 UDPG)焦磷酸化酶、糖原合成酶、分支酶及 ATP 参加作用。其过程如图9.10 所示。

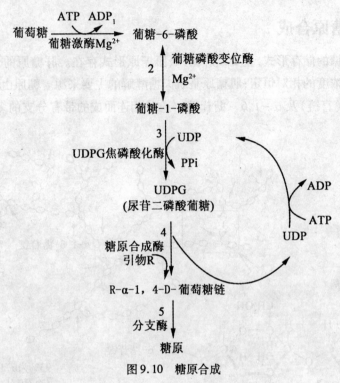

图9.10 糖原合成

参与上述反应的酶为：

①己糖激酶(hexokinase)是催化己糖转变为己糖磷酸的酶,例如葡糖激酶。

②葡糖磷酸变位酶(phosphoglucomutase)是使分子内部基团,特别是磷酸基团转移位置的酶。

③磷酸化酶是催化底物磷酸化的酶。可使多糖(如淀粉或糖原)发生磷酸解离而形成单糖磷酸,或使单糖磷酸结合成多糖。葡糖激酶是磷酸化酶的一种,它的作用需要 ATP 存在。

④糖原合成酶,即 UDPG - 糖原葡糖基转移酶(UDPG - glycogen glucosyl transferase)。

⑤分支酶,即 α - 1,4 - 葡聚糖:α - 1,4 - 葡聚糖 - 6 - 葡糖基转移酶(1,4 - glucan:α - 1,4 - glucan6 - glucosyltransferase)。又称 α - 葡聚糖分支葡糖基转移酶(α glucan branching glycosyl transferase)。糖原合成首先以葡萄糖为原料合成尿苷二磷酸葡萄糖(uridine diphosphate glucose,UDP - Glc),在限速酶糖原合酶(glycogen synthase)的作用下,将 UDP - Glc 转给肝、肌肉中的糖原蛋白(glycogenin)上,延长糖链合成糖原。其次糖链在分支酶的作用下再分支合成多支的糖原。反应可以分为两个阶段：

(1)第一阶段：糖链的延长

游离的葡萄糖不能直接合成糖原,它必须先磷酸化为 G - 6 - P 再转变为 G - 1 - P,后者与 UTP 作用形成 UDP - Glc 及焦磷酸(PPi)。UDP - Glc 是糖原合成的底物,葡萄糖残基的供体,称为活性葡萄糖。UDP - Glc 在糖原合酶催化下将葡萄糖残基转移到糖原蛋白中糖原的直链分子非还原端残基上,以 α - 1,4 - 糖苷键相连延长糖链。

(2)第二阶段：糖链分支

糖原合酶只能延长糖链,不能形成分支。当直链部分不断加长到超过 11 个葡萄糖残基时,分支酶可将一段糖链(至少含有 6 个葡萄糖残基)转移到邻近糖链上,以 α - 1,6 - 糖苷键相连接,形成新的分支,分支以 α-1,4-糖苷键继续延长糖链。

糖原蛋白是一个分子质量为 37 kDa 的蛋白质,它既是糖链延长的引物,又具有酶活性,在糖原合成起始中具有重要作用:

①UDP-Glc 提供的一个葡萄糖残基和糖原蛋白上的酪氨酸残基进行共价连接,这一步是由糖原蛋白本身具有的糖基转移酶(glucosyltransferase)所催化的。

②结合了一个葡萄糖残基的糖原蛋白和糖原合酶一起三者形成一个牢固的复合物,以后的反应都在这个复合物上进行。

③UDP-Glc 在糖基转移酶催化下提供葡萄糖残基,糖原合酶催化合成,以 α-1,4-糖苷键延长,形成 7 个葡萄糖残基以上的短链。

④随着糖链的延长,糖原合酶最终和糖原蛋白分离。

⑤在糖原合酶和分支酶的联合作用下完成糖原的合成,糖原蛋白仍然保留在糖原分子中。

糖原合酶是糖原合成的限速酶,是糖原合成的调节点。糖原蛋白每增加一个葡萄糖残基要消耗 2 分子 ATP(葡萄糖磷酸化以及生成 UDP-Glc)。葡萄糖为合成糖原的唯一原料,半乳糖和果糖都要通过磷酸葡萄糖才能变为糖原。

合成糖苷键所需的能,直接由 UTP 供给,UTP 的再合成则由 ATP 供应高能磷酸键,反应的逆反应需要磷酸酯酶(phosphatase)参加。磷酸酯酶是催化水解磷酸酯键的酶,如催化葡糖-6-磷酸水解成葡萄糖和磷酸的酶。③、④两反应的逆反应需要磷酸化酶(phosphorylase)才能完成。

9.4 糖代谢在工业上的应用

丙酮酸除了变成乙酰 CoA 进入三羧酸循环氧化外,在不同条件下还可转变为乳酸、丙氨酸、酒精、乙酸(醋酸)、丁酸、丁醇和丙酮等。工业上常利用微生物发酵制造这些物质。

图 9.11 所示丙酮酸的分解代谢途径及其在生产实践上的重要性可简述如图 9.11 所示。

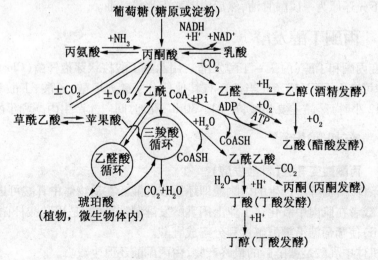

图 9.11 丙酮酸主要代谢途径

9.4.1 酒精发酵

丙酮酸变乙醇(酒精发酵)由葡萄糖转变成乙醇的过程称酒精发酵,又称生醇发酵,是用酵母使糖变为乙醇的过程。生醇发酵的化学过程在从糖至丙酮酸一段反应与葡萄糖无氧酵解完全相同。所不同者是从丙酮酸起以后的变化。酵母(和其他一些微生物同)能使丙酮酸脱羧成乙醛,乙醛在醇脱氢酶催化下被 $NADH_2$ 还原成乙醇:

$$\underset{\text{丙酮酸}}{\begin{array}{c}C-OH\\\|\\C=O\\\|\\CH_3\end{array}} \xrightarrow[TPP\ CO_2]{\text{丙酮酸脱羧酶}} \underset{\text{乙醛}}{\begin{array}{c}H\\\|\\C=O\\\|\\CH_3\end{array}} \xrightarrow[NADH+H^++NAD^+]{\text{醇脱氢酶}} \underset{\text{乙醇}}{CH_3-CH_2-OH}$$

醇脱氢酶(alcohol dehydrogenase)的活性部位含有 Zn^{2+} 离子,Zn^{2+} 可使乙醛的 CO 基极化,从而使乙醛到乙醇的转变过程稳定。

乙醇在人体及动物体中可氧化成乙醛,再经 $CH_3CO \sim SCoA$ 进入三羧酸循环氧化。在微生物作用下乙醇可直接氧化成乙酸。

9.4.2 甘油发酵

淀粉发酵法生产甘油可以追溯到 21 世纪初。甘油的产生是除去了乙醛而改变了乙醇发酵。在培养液中加入重亚硫酸钠或亚硫酸钠,使之生成一种叫做重亚硫酸乙醛的化合物,在酵解时则产生了磷酸甘油,而后转化成甘油。在生产中首先将淀粉制成糖化液,然后加入亚硫酸盐或重甘硫酸盐和一定数量的酒酵母,亚硫酸盐或重亚硫酸盐在发酵过程中起诱导作用,使反应向着有利于生成甘油的方向进行。酒酵母中因含有多种酶,这些酶具有不同的功能。其中所含的醛酶和己糖异构酶,使淀粉所生成的葡萄糖转变为 1,6 - 磷酸果糖,这种果糖在醛缩酶的作用下分解为磷酸甘油醛和磷酸二羟丙酮,磷酸二羟丙酮在氧化还原酶和烯醇化酶的作用下先还原为一磷酸甘油,然后脱磷酸而生成甘油。

9.4.3 丙酮丁醇发酵

丙酮酸变丙酮和丁醇(丙酮 - 丁醇发酵):用乙酰丁酸梭状芽孢杆菌(Clostridium acetobutyricum)发酵可产生丙酮和丁醇(当然还有其他低分子酸如甲酸、乙酸、丁酸等副产物)。发酵初期(8 ~ 12 小时)产品主要为酸,在 24 ~ 30 h 一段时间内才产生丙酮和丁醇。

9.4.4 有机酸发酵

9.4.4.1 丙酮酸变乳酸(乳酸发酵)

在无氧条件下,糖酵解产生的丙酮酸即还原成乳酸。在动物体中乳酸可进入血液在肝脏合成肝糖原,或者在肌肉中氧化。工业上用乳酸发酵制造乳酸,是用乳酸杆菌(如 Lactobacillus delbrueckii)使葡萄糖沿糖酵解过程分解成乳酸。

在生物机体中乳酸是糖酵解的最终产物,由丙酮酸还原生成。

$$\text{丙酮酸} + NADH + H^+ \xrightleftharpoons{\text{乳酸脱氢酶}} L-\text{乳酸} + NAD^+$$

催化这个反应的乳酸脱氢酶,在高等脊椎动物体中,有5种形式,可用琼胶糖(agarose)电泳将其分开。每种都是由4个亚基组成的四聚体蛋白质。每个亚基的相对分子质量约为350 000。亚基有两种类型:一种是心肌乳酸脱氢酶的主要组分称H型,另一种是骨骼肌乳酸脱氢酶的重要组分,称M型。5种不同形式的乳酸脱氢酶中,有的由H亚基所组成,有的由M亚基组成,有的是由H和M两种亚基混合组成,分别用HR、M4、H3M、H2M2和HM3代表(H4表示由4个H亚基所组成,M4表示由4个M亚基所组成,H3M表示由3个H亚基和1个M亚基共同组成,余类推)。心肌乳酸脱氢酶为H4型,骨骼肌乳酸脱氢酶为M4型。

H4型乳酸脱氢酶的活力易被高浓度丙酮酸所抑制,故心肌产生的乳酸甚少。M4型乳酸脱氢酶不易被丙酮酸抑制,故骨骼肌大量产生乳酸。在供氧不足时,人体的绝大多数组织都能通过酵解途径生成乳酸。乳酸的pH为3.8,在生理pH范围内可全部解离,故乳酸被吸收进血液可影响血液的酸碱度。

乳酸在肝、肾组织内可转变为丙酮酸,再由丙酮酸转变为葡萄糖,或进入三羧酸循环氧化。肝脏可利用57%~60%的乳酸以合成葡萄糖。肝脏将乳酸转变为葡萄糖或通过三羧酸循环使乳酸分解都消耗氢离子,这两种反应都可纠正由乳酸引起的代谢性酸中毒。如果血液的乳酸浓度过高(阈值为7.7 mg/1 000 mL),则大量乳酸可从肾脏随尿排出。常人每天由尿排出的乳酸约为400 mg,当血液的乳酸含量因剧烈运动而增高时,若运动持续进行,肌肉可利用乳酸作为燃料。

乳酸的生成与丙酮酸的浓度和$NADH/NAD^+$浓度比值都有关系。这种关系可表示如下:

$$\frac{[乳酸]}{[丙酮酸]} = K \frac{[NADH]}{[NAD^+]} \cdot H^+$$

式中,K为丙酮酸还原成乳酸反应的平衡常数,当$[H^+]$不变时

$$[乳酸] = [丙酮酸] \times K \frac{[NADH]}{[NAD^+]}$$

[丙酮酸]和(或)$[NADH]/[NAD^+]$增高时,乳酸的生成即加快;若$[NADH]/[NAD^+]$比值不变,则乳酸的浓度随丙酮酸的浓度而改变。

9.4.4.2 丙酮酸变醋酸和丁酸(醋酸和丁酸发酵)

丙酮酸经氧化脱羧产生的$CH_3CO \sim SCoA$与H_3PO_4作用即生成乙酰磷酸,后者经乙酸激酶催化即生成乙酸。

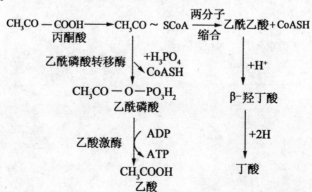

工业上制醋和乙酸即利用这一化学原理作乙酸发酵。常用方法是用淀粉作原料,加入霉菌为糖化剂,再接种酵母产生酒精,最后加入醋酸菌如纹膜醋酸杆菌(Acetobacter aceti)。丁酸发酵则需用丁酸梭状芽孢杆菌(Clostridium butyricum)。

习　题

1. 什么是糖酵解? 写出糖酵解过程各个步骤的酶促反应方程式。
2. 分别写出葡萄糖在无氧条件下生成乳酸及二氧化碳与乙醇的总反应式。
3. 说明三羧酸循环的生理意义。
4. 计算 1 mol 草酸琥珀酸彻底氧化为 CO_2 和 H_2O 时,净生成多少 ATP?

第10章 脂类代谢

10.1 概述

脂代谢主要包括脂质在机体内的合成和分解,其重要性在于:脂质是细胞质和细胞膜的重要组分,脂代谢与糖代谢和某些氨基酸的代谢密切相关。脂肪是机体的良好能源,每克脂肪的潜能比等量蛋白质或糖的高一倍以上,通过氧化可为机体提供丰富的热能。固醇类物质是某些动物激素和维生素D及胆酸的前体。脂代谢与人类的某些疾病(如冠心病、脂肪肝、胆病、肥胖病等)有密切关系,对动物的催肥也有重要意义。近来利用石油烃类作某些微生物的养料(石油发酵)制造脂肪酸(假丝酵母能使链烷变成脂酸)更是确立了一种新的发展方向。

10.1.1 脂肪的降解

脂类在活体内经酶水解作用,在动物的小肠中和动植物组织中都含有不同种类的脂类水解酶(小肠中的脂肪酶为胰脂酶)。中性脂肪在被动物肠道吸收之前约95%先被水解。体内脂类的代谢,例如油料种子发芽和动物体脂的氧化,也需要水解。

10.1.1.1 脂肪的酶促水解

三酰基甘油、二酰基甘油和单酰基甘油的 α - 位酯键皆可被脂酶水解。例如,一种三酰基甘油首先被 α - 脂酶水解成 α,β - 二酰基甘油,然后再水解成 β - 单酰基甘油,α - 脂酶亦能水解 β - 单酰基甘油的 β - 酯键(即第2 - 碳位上的酯键),但作用很慢。β - 酯键是由另一酯酶(esterase)水解成脂酸和甘油,其总反应可表示如下:

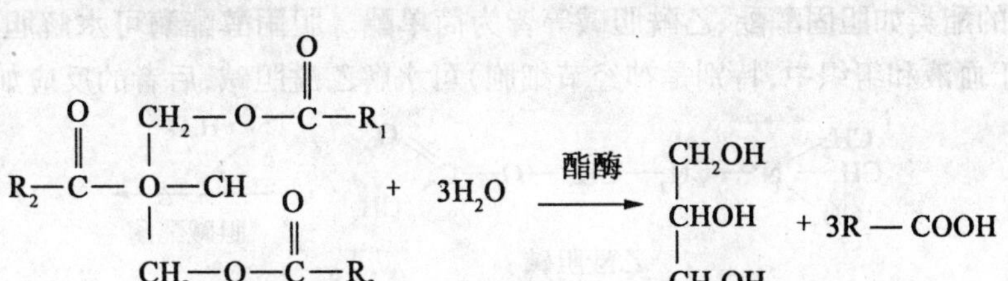

$$\begin{array}{c} CH_2-O-\overset{O}{\overset{\|}{C}}-R_1 \\ R_2-\overset{O}{\overset{\|}{C}}-O-CH \\ CH_2-O-\overset{O}{\overset{\|}{C}}-R_3 \end{array} + 3H_2O \xrightarrow{\text{酯酶}} \begin{array}{c} CH_2OH \\ CHOH \\ CH_2OH \end{array} + 3R-COOH$$

三酰甘油　　　　　　　　　　　甘油　　　脂酸

R为R_1、R_2或R_3

上式反应包括下列各步骤：

$$\text{L-三酰甘油} \xrightarrow[\alpha-\text{酯酶}]{H_2O} \text{L-}\alpha,\beta\text{-二酰甘油} + R_1COOH\text{(脂酸)}$$

$$\xrightarrow[\alpha-\text{酯酶}]{H_2O} \text{L-}\beta\text{-单酰甘油} + R_3COOH\text{(脂酸)}$$

$$\xrightarrow[\text{酯酶}]{+H_2O} R_2COOH\text{(脂酸)} + \text{甘油}$$

水解（消化）脂肪的酶主要是胰脏分泌的胰脂酶，胰脂酶在水解脂肪时，需要共脂肪酶（colipase）和胆汁酸盐的协同作用。胰脂酶必需吸附在乳化脂肪微团（micelle）的水油界面上才能作用于微团内的脂肪，共脂肪酶是相对分子质量较小的蛋白质，与胰脂酶形成 1:1 复合物存在于胰液中，它能与胆汁酸盐及胰脂酶结合，并促进胰脂酶吸附在微团的水油界面上，因而增加胰脂酶的活性，促进脂肪的水解。

10.1.1.2 简单酯类的酶水解

一元醇的酯类如胆固醇酯、乙酰胆碱等皆为简单酯。胆固醇酯酶可水解胆固醇酯，胆碱酯酶（存在于血液和组织中，特别是神经节细胞）可水解乙酰胆碱，后者的反应如下：

$$\text{乙酸胆碱} \xrightarrow[\text{胆碱酯酶}]{H_2O} \text{胆碱} + CH_3COOH\text{（乙酸）}$$

10.1.2 脂肪的吸收与转运

10.1.2.1 人体和动物的脂类吸收、转移

在人体和动物体中，小肠可吸收脂类的水解产物，包括脂酸（70%）、甘油、β-甘油一酯（25%）以及胆碱、部分水解的磷脂和胆固醇等，其中甘油、单酰基甘油同脂酸在小肠粘膜细

胞内重新合成三酰基甘油。新合成的脂肪与少量磷脂和胆固醇混合在一起,并被一层脂蛋白包围形成乳糜微粒,然后从小肠黏膜细胞分泌到细胞外液,再从细胞外液进入乳糜管和淋巴,最后进入血液。乳糜微粒在血液中留存的时间很短,很快被组织吸收。脂质由小肠进入淋巴的过程需要β-脂蛋白的参加,先天性缺乏β-脂蛋白的个体,脂质进入淋巴管的过程就显著受阻。脂蛋白是血液中载运脂质的工具。C6~C10的低分子游离脂酸与血浆清蛋白结合,大部分由毛细血管经门静脉进入肝脏进行氧化,或延长碳链变成长链脂酸。

C6~C10低分子脂酸比C12~C18的脂酸易被吸收,不饱和脂酸比饱和脂酸易被吸收。

胆固醇的吸收需要有脂蛋白存在,胆固醇还可以与脂酸结合成胆固醇酯被吸收。胆固醇酯和脂蛋白起了载运脂酸的作用。磷脂无助于脂肪的转运,但与脂类代谢关系甚大。

胆汁酸盐为表面活性物质,能使脂肪乳化,同时又可促进胰脂酶的活力,能促进脂肪和胆固醇的吸收。不被吸收的脂类则进入大肠被细菌分解。

进入血液的脂类有下列3种主要形式:

①乳糜微粒:由三酰基甘油81%~82%、蛋白质2%、磷脂7%、胆固醇9%所组成。餐后血液呈乳状即由于乳糜微粒的增加。

②β-脂蛋白:由三酰基甘油52%、蛋白质7%、磷脂胆固醇20%所组成。

③未酯化的脂酸(与血浆清蛋白结合):血浆的未酯化脂酸水平是受激素控制的,肾上腺素、促生长素、甲状腺素和ACTH皆可使之增高,胰岛素可使之降低,其作用机制尚不完全明白。

上述3类脂质进入肝脏后,乳糜微粒的部分三酰基甘油被脂酶水解成甘油和脂酸,进行氧化,一部分转存于脂肪组织,还有一部分转化成磷脂,再运到血液分布给器官和组织。

β-脂蛋白和其他脂肪-蛋白质络合物的三酰基甘油部分被脂蛋白脂酶(lipoprotein lipase)水解。水解释出的脂酸可以运往脂肪组织再合成三酰基甘油储存起来,也可供其他代谢之用。这一系列反应可表示如下:

脂蛋白脂酶存在于多种组织中,脂肪组织和心肌的含量相当高。肝素对脂蛋白脂酶有辅助因子的作用。

未酯化的脂酸可从储脂和吸收的食物脂肪分解而来。它们的更新率很高,主要是供机体氧化之用。

10.1.2.2 植物的脂质吸收、转移和储存

植物不从体外吸收脂质,但体内仍进行脂质的转运和储存。植物体内脂质的转运、储存虽不如动物的明显,但肯定是有类似的转运和储存。油料植物种子(如油菜子、大豆、花生、胡桃、油桐子、蓖麻子等)含脂量都很高。大豆除含中性脂外,还含有比较多的卵磷脂。这都是植物的储脂。

储脂是储备起来供机体需要脂肪合成其他物质时动用的脂质。这对一切生物都大体相同。例如当植物种子萌发时,储脂即减少,同时糖类增多,这说明部分储脂已转变成糖类。在动物方面,当需要能量时,储脂一部分可直接进行氧化,另一部分则回到血液变为血脂,并由血液转移到肝脏,在肝脏中进行代谢(如合成磷脂,脱饱和与分解氧化)及变为组织的组织脂。

机体的脂肪可转变为糖类,糖类和蛋白质的生糖氨基酸也可变为脂肪。脂肪的储存和转移关系可表示如图10.1所示。

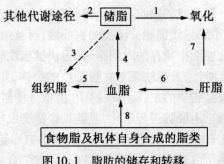

图 10.1 脂肪的储存和转移

10.2 脂肪的代谢

脂肪中间代谢主要是指脂肪的合成和分解。脂肪是体内脂质的主要存在形式,而且供给机体能量的脂质是靠脂肪的分解形成的。

机体内的脂肪不断在合成和分解。在合成方面,首先合成脂酸和甘油,再合成脂肪;在分解方面,首先是脂肪分解为甘油和脂酸,甘油基本上按照糖代谢途径进行分解,而脂酸的分解代谢则经 β-氧化成乙酰 CoA,进入三羧酸循环完成氧化,并产生能量,脂肪的代谢概况如图10.2 所示。

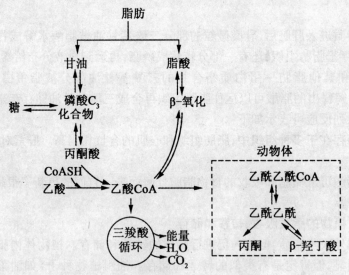

图 10.2 脂肪代谢主要途径示意

10.2.1 甘油代谢

10.2.1.1 甘油的生物合成

合成脂肪所需的 L-α-甘油磷酸可由糖酵解产生的二羟丙酮磷酸还原而成,亦可由脂肪水解产生的甘油与 ATP 作用而成:

10.2.1.2　甘油的降解及转化

甘油的分解代谢，一般按照糖的分解途径进行，在动物体中甘油还可转变成肝糖原，其分解过程如图 10.3 所示。

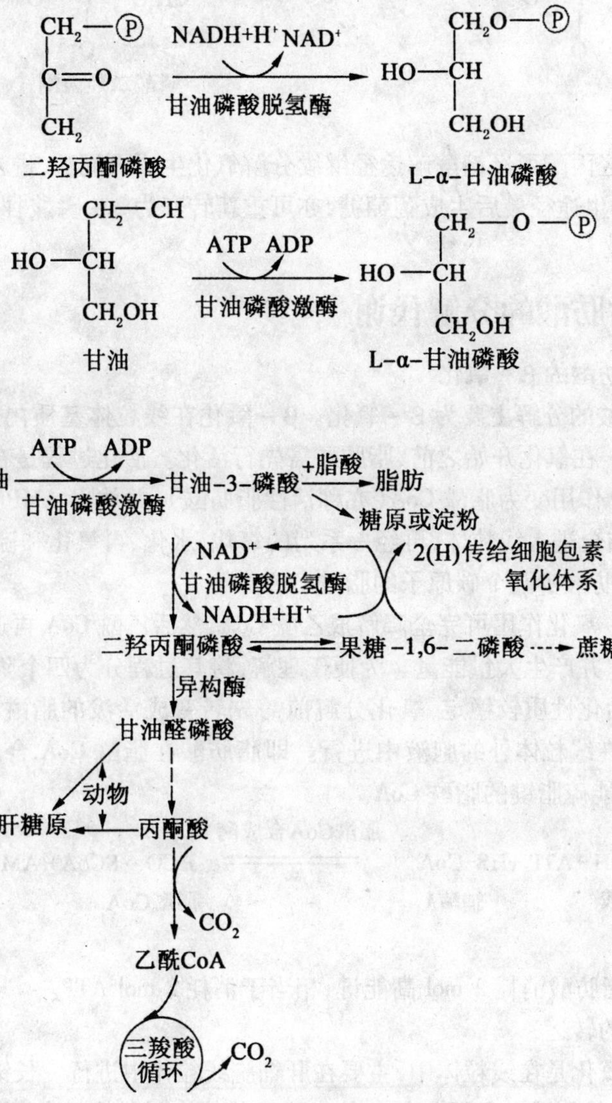

图 10.3　甘油的分解代谢途径

甘油经下列途径和相应的酶催化，形成糖酵解中间产物——磷酸二羟丙酮。反应如下：

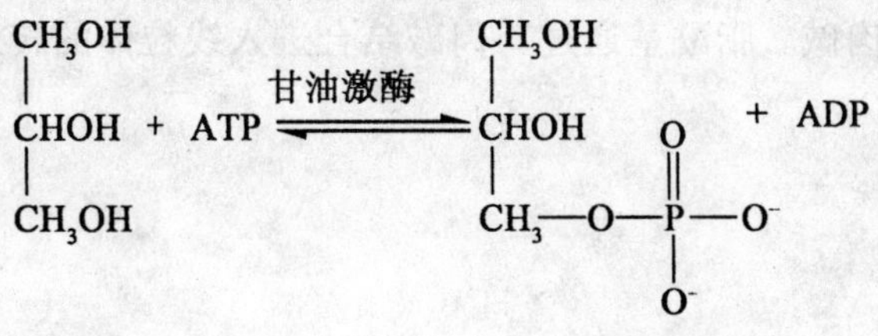

甘油　　　　　　　　3-磷酸甘油

$$\underset{\text{}}{\underset{|}{\overset{|}{\text{CH}_2\text{OH}}} \atop \underset{|}{\overset{|}{\text{CHOH}}} \atop \underset{|}{\overset{|}{\text{CH}_2\text{—O—P—O}^-}} \atop \underset{}{\overset{}{\text{O}^-}}} + \text{NAD}^+ \underset{}{\overset{\text{磷酸甘油脱氢酶}}{\rightleftharpoons}} \underset{\text{磷酸二羟丙酮}}{\underset{|}{\overset{|}{\text{CH}_2\text{OH}}} \atop \underset{|}{\overset{|}{\text{C=O}}} \atop \underset{|}{\overset{|}{\text{CH}_2\text{—O—P—O}^-}} \atop \underset{}{\overset{}{\text{O}^-}}} + \text{NADH} + \text{H}^+$$

生成的磷酸二羟丙酮可经糖酵解途径继续分解氧化生成丙酮酸,进入三羧酸循环途径彻底氧化,也可经糖异生途径最后生成葡萄糖,亦可重新转变为 3 - 磷酸甘油,作为体内脂肪和磷脂等的合成原料。

10.2.2 脂肪酸的分解代谢

10.2.2.1 脂肪酸的 β - 氧化

生物体内脂肪酸的分解主要为 β - 氧化。β - 氧化在线粒体基质内进行,首先是在脂肪酸的 β - 碳位发生。在氧化开始之前,脂肪酸需先行活化。活化过程是在脂肪酸硫激酶催化下与 ATP 及 CoASH 作用变为脂酰 CoA(亦称活性脂肪酸),并放出 AMP 和焦磷酸,脂酰 CoA 与肉碱(carnitine)结合进入线粒体,再经一系列的氧化、水化、再氧化和硫解加 CoA 基而产生乙酰 CoA 及比原脂肪酸少两个碳原子的脂酰 CoA。

脂肪酸通过 β - 氧化作用可完全降解成乙酰 CoA,然后乙酰 CoA 再进入三羧酸循环彻底氧化成 CO_2 和 H_2O,并产生大量能量。为便于理解,将其过程分为四个阶段:

(1)脂肪酸的活化性质较稳定,氧化分解前需先转变成活泼的脂酰 CoA,此过程称为活化。脂肪酸的活化在线粒体外的胞液中进行。即脂肪酸在脂酰 CoA 合成酶的催化下,与辅酶 A 结合生成含高能硫脂键的脂酰 CoA。

$$\underset{\text{脂肪酸}}{\text{RCOOH}} + \text{ATP} + \underset{\text{辅酶A}}{\text{HS—CoA}} \underset{}{\overset{\text{脂酰CoA合成酶}}{\rightleftharpoons}} \underset{\text{脂酰CoA}}{\text{RCO~SCoA}} + \text{AMP} + \underset{\text{焦磷酸}}{\text{PPi}}$$

每活化 1 mol 脂肪酸消耗 2 mol 高能键,相当于消耗 2 mol ATP。

(2)脂酰 CoA 的转运

脂肪酸的 β - 氧化是在线粒体中,主要在肝细胞线粒体中进行。长链脂肪酸不能透过线粒体内膜,细胞质内的脂肪酸是要先与一种脂肪酸载体肉碱结合才能透过线粒体内膜,进入线粒体进行氧化。其作用机制是通过肉碱棕榈酰基转移酶(carnitine patmitoyl transferase)催化使肉碱变成了脂酰肉碱。脂酰基通过与肉碱结合进入线粒体的转运机制可用图 10.4 表示。

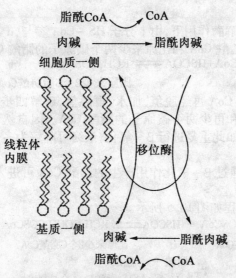

图 10.4　脂酸穿过线粒体膜的机制

线粒体内膜细胞质一侧的脂酰 CoA 由肉碱脂酰基转移酶 I（carnitine acyl transferase I）催化与肉碱结合形成脂酰肉碱,脂酰肉碱通过线粒体内膜的移位酶（translocase）的作用穿过线粒体内膜,进入线粒体。在线粒体内膜基质一侧的肉碱脂酰基转移酶 II（carnitine acyl transferase II）的催化下,脂酰肉碱上的脂酰基又转移到 CoA 上,重新形成了脂酰 CoA,成为 β-氧化的底物。最后肉碱经移位酶的作用回到线粒体外的细胞质中。肉碱脂酰基转移酶和移位酶皆为该转运机制中的介导酶。

(3) 脂酰 CoA 的 β-氧化降解

脂酰 CoA 进入线粒体基质后,通过 β-氧化作用逐步降解为乙酰 CoA。脂酰 CoA 每进行一次 β-氧化要经过脱氢、加水、再脱氢、硫解四步反应,从而生成 1 分子乙酰 CoA 和再少两个碳原子的脂酰 CoA。具体是:

① 脱氢

进入线粒体的脂酰 CoA,经脂酰 CoA 脱氢酶催化,其 α-碳原子和 β-碳原子各脱去一个氢原子,生成反式的 α,β-烯脂酰 CoA。这一反应需要 FAD 作为氢的受体。

$$RCH_2CH_2CH_2COSCoA + FAD \rightleftharpoons RCH_2C=CHCOSCoA + FADH_2$$

脂肪酰CoA　　　　　　　　　　　　　　　α,β-反烯脂肪酰 CoA

② 水化

在水化酶催化下,使 α,β-反烯脂酰 CoA 经过烯脂酰 CoA 水化酶的催化,加水生成 β-羟脂酰 CoA。

$$RCH_2CH=CHCOSCoA + H_2O \rightleftharpoons RCH_2CHOHCH_2COSCoA$$

α,β-反烯脂肪酰CoA　　　　　　　　β-羟脂肪酰CoA

③ 再脱氢

β-羟脂酰 CoA 在羟脂酰 CoA 脱氢酶的催化,β 位脱去两个氢原子变成 β-酮脂酰 CoA。脱去氢的受体为 NAD^+。

$$RCH_2COCH_2COSCoA + NAD^+ \rightleftharpoons RCH_2COCH_2COSCoA + NADH + H^+$$

β-羟脂肪酰CoA　　　　　　　　　　　β-酮脂肪酰CoA

④硫解

β-酮脂酰 CoA 在硫解酶作用下,由 1 分子 HS-CoA 参与,α 与 β-碳原子间断裂,切去两个碳原子,生成 1 分子乙酰 CoA 和比原来少两个碳原子的脂酰 CoA。

$$RCH_2COCH_2COSCoA + HSCOA \rightleftharpoons RCH_2COSCoA + CH_3COSCoA$$
　　β-酮脂肪酰CoA　　　　　　　　　比原来少2个C脂肪酰CoA　　乙酰CoA

少两个碳原子的脂酰 CoA 再经脱氢、加水、再脱氢、硫解四步反应进行又一次的 β-氧化,生成 1 分子乙酰 CoA 和再少两个碳原子的脂酰 CoA。因自然界脂肪酸碳原子数大多为偶数,所以长链脂酰 CoA 如此重复进行 β-氧化,最终可降解为多个乙酰 CoA。

(4) 三羧酸循环

在生物体内,脂肪酸通过 β-氧化作用产生的乙酰 CoA 可进入三羧酸循环,彻底氧化成 CO_2 和 H_2O,并产生能量。

脂肪酸的 β-氧化过程如图 10.5 所示。

$$RCH_2COCH_2COSCoA + HSCOA \rightleftharpoons RCH_2COCH_2COSCoA + CH_3COSCoA$$
　　β-酮脂肪酰CoA　　　　　　　　　比原来少2个C脂肪酰CoA　　乙酰CoA

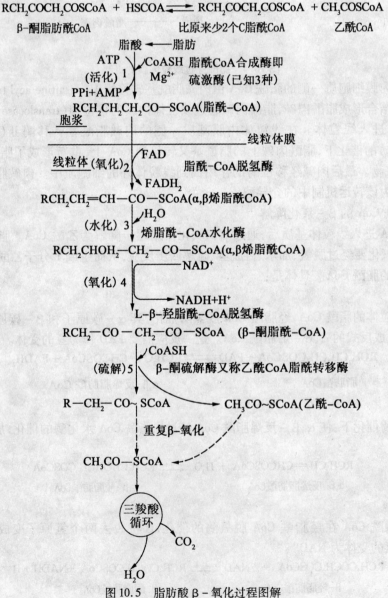

图 10.5 脂肪酸 β-氧化过程图解

由图 10.5 可见每经一次 β-氧化,脂肪酸的烃链即失去 2 个碳原子,同时放出 1 分子乙酰 CoA。经重复 β-氧化,则 1 个脂肪酸分子可全部变为乙酰 CoA。这些乙酰 CoA 在正常生理情况下,一部分用来合成新的脂肪酸,大部分是进入三羧酸循环,完全氧化。在动物体中如生理反常(如胰岛素分泌不足),则乙酰 CoA 可变为酮体。

由图 10.5 还可看出,脂肪酸 β-氧化包括氧化、水化、氧化和硫解 4 个步骤。如果将 β-氧化过程与线粒体酶系延长饱和脂肪酸碳链的途径相比,则可见饱和脂肪酸的合成反应基本上是分解反应的逆行过程,其唯一不同点是分解过程反应 2 是需要以 FAD 为辅酶的脱氢酶,而在脂肪酸合成反应中是需要以 NADPH 为辅酶的还原酶,而且有实验证明在 β-氧化过程中这一步骤的反应是不可逆的。

由脂肪酸 β-氧化形成乙酰 CoA 同糖和氨基酸代谢形成的乙酰 CoA 合在一起形成乙酰 CoA 代谢库供各种合成代谢之用。

天然不饱和脂肪酸的氧化途径同饱和脂肪酸的氧化途径基本相同,所不同的是含一个双键的不饱和脂肪酸,还需要一个顺-反-烯酰-CoA 异构酶,将不饱和脂肪酸分解产物中的顺式结构中间产物变为反式结构;含一个以上双键的脂肪酸除需要顺-反异构酶外,还需要 β-羟脂酰 CoA 立体异构酶将中间产物中的 D-β-羟脂酰 CoA 转变成 L-β-羟脂酰 CoA,才可按照 β-氧化途径进行氧化。

在每一轮 β-氧化中,由于氧化每分子 $FADH_2$ 可产生 2 个 ATP,氧化每分子 NADH 可产生 3 个 ATP,故每轮脂肪酸 β-氧化可产生 5 个 ATP。从糖代谢章已知 1 分子乙酰 CoA 经过三羧酸循环完全氧化后,可产生 12 个 ATP,因此,1 分子乙酰 CoA 完全氧化后,可产生 17 个 ATP(未减去活化脂肪酸所用去的 1 个 ATP)。

由于 1 个单位重量的脂肪酸所含碳原子数比同重量的糖多,故同一单位重量脂肪酸所能产生的能量远比葡萄糖多(约 3 倍多)。

上面所述的脂肪酸 β-氧化途径是对偶数碳脂肪酸而言。某些植物、海洋生物和石油酵母等体内还含有奇数碳脂肪酸,这些为数很少的奇数碳脂肪酸也可经 β-氧化途径进行代谢。所不同者,偶数碳脂肪酸氧化的产物为 2 分子乙酰 CoA,而奇数脂肪酸的 β-氧化产生 1 分子丙酰 CoA 和 1 分子乙酰 CoA。乙酰 CoA 按照偶数碳脂肪酸氧化后进入三羧酸循环。丙酰 CoA 则转变为琥珀酰 CoA 后进入三羧酸循环。

10.2.2.2 脂肪酸 β-氧化分解过程中能量的生成

脂肪酸氧化是生物体能量的重要来源。脂肪酸含碳原子数不同,氧化分解所产生的能量也不一样。现以 16 碳的软脂酸($C_{15}H_{31}COOH$)为例,计算净产生 ATP 的数量。

1 mol 软脂酸共经过 7 次上述的 β-氧化循环,将软脂酸转变为 8 mol 乙酰 CoA,并产生 7 mol $FADH_2$ 和 7 mol $NAD+H^+$。可表示为:

$C_{15}H_{31}COOH + 8CoASH + 7FAD + 7NAD + 7H_2O \rightarrow 8CH_3COSCoA + 7FADH_2 + 7 NADH + H^+$

由前面所学生物氧化知识可知,每 1 mol $FADH_2$ 进入呼吸链,生成 2 mol ATP;每 1 mol $NADH + H^+$ 进入呼吸链,生成 3 mol ATP。因此,软脂酸 β-氧化降解过程中脱下的氢经呼吸链共产生 ATP 的数量是:$2 \times 7 + 3 \times 7 = 35$ mol ATP。

每 1 mol 乙酰 CoA 进入三羧酶循环,可产生 12 mol ATP。因此,经 β-氧化降解所产生的 8 mol 乙酰 CoA 彻底分解,共产生 $12 \times 8 = 96$ mol ATP。

另外,软脂酸在活化时消耗了两个高能键,相当于消耗了 2 分子 ATP。

因此,1 mol 软脂酸完全氧化时可净生成 $2 \times 7 + 3 \times 7 + 12 \times 8 - 2 = 129$ mol ATP。

具体如表 10.1 所示。

表 10.1 1 mol 软脂酸完全氧化产生的 ATP

7mol	$FADH_2$	$2 \times 7 = 14$ mol ATP
7mol	$NADH + H^+$	$3 \times 7 = 21$ mol ATP
8mol 总计	$CH_3CO-SCoA$	$12 \times 8 = 96$ mol ATP 131 mol ATP
净生成	减去脂肪酸活化时消耗的	2 mol ATP 129 mol ATP

由上述可知,对于一个碳原子数为 $2n$ 的脂肪酸来说,经 β-氧化作用彻底分解成 CO_2 和 H_2O,则需 1 次活化(消耗 2 个高能键,相当于消耗 2 分子 ATP),1 次转运(没有能量的生成与消耗),$n-1$ 次 β-氧化(两处脱氢,氢受体为 $FADH_2$ 和 $NADH + H^+$,进入呼吸链可产生 2 和 3 mol ATP),产生 n 个乙酰 CoA,每分子乙酰 CoA 又进入三羧酶循环产生 12 分子 ATP。所以一个饱和脂肪酸(C_{2n})通过 β-氧化分解生成的 ATP 的量,可用如下通式来表示:$-2 + 0 + (n-1)(2+3) + n \times 12$。

10.2.2.3 脂肪酸的其他氧化途径——α-氧化和 ω-氧化

脂肪酸的氧化除 β-氧化外,还有其他氧化方式,如 α-氧化和 ω-氧化等。植物及微生物可能还有其他氧化途径。

(1) α-氧化

在植物种子萌发时,脂肪酸的 α-碳被氧化成羟基,产生 α-羟脂肪酸。α-羟脂肪酸可进一步脱羧、氧化转变为少 1 个碳原子的脂肪酸。这两种反应都由单氧化酶催化,需要 O_2、Fe^{2+} 和抗坏血酸参加。

$$R-CH_2-CH_2-COOH \xrightarrow[\text{单氧酶}]{\frac{1}{2}O_2} R-CH_2-\underset{\text{α-羟脂酸}}{CH(OH)-COOH}$$

$$R-CH_2-\underset{OH}{C}-COOH \xrightarrow[\text{脱氢酶}]{NAD^+ \quad NADH} R-CH_2-\underset{O}{\overset{\parallel}{C}}-COOH$$

$$\xrightarrow{CO_2} \qquad \xrightarrow[\text{单氧酶}]{\frac{1}{2}O_2}$$

$$R-CH_2-COOH$$

α-氧化在植物组织、动物脑和神经细胞的微粒体中都有发现。

(2) ω-氧化

在动物体中 C_{10} 或 C_{11} 脂肪酸可在碳链烷基端碳位（ω-碳原子）上氧化成二羧酸。所产生的二羧酸在两端继续进行 β-氧化。细胞色素在此反应中作为电子载体参加作用。

$$H_3C-(CH_2)_n-COOH+O_2 \xrightarrow{NADPH+H^+ \quad NADP^+} HO-CH_2-(CH_2)_n-COOH+H_2O$$

$$\downarrow$$

$$COOH-(CH_2)_n-COOH$$

这两种氧化方式都是使脂肪酸分子的碳链缩短，是脂肪酸分解的辅助途径。

10.2.3 脂肪酸的合成代谢

10.2.3.1 饱和脂肪酸的生物合成

据用含同位素乙酸（$CH_3^{13}COOH$）喂食大鼠的实验结果,发现大鼠肝脏脂肪酸分子含有此两种同位素,D 出现在甲基及碳链中,而 ^{13}C 则出现于碳链的间位碳（$CH_3^{13}CH_2-CH_2-^{13}COOH$）。这说明从乙酸可以合成脂肪酸。经进一步的研究,阐明了脂肪酸的前体为乙酸与 CoA 结合的乙酰 CoA。

乙酰 CoA 如何合成长链脂肪酸的问题直至 1961 年才比较清楚。目前认为,饱和脂肪酸的生物合成有两种途径：①粒体酶系（即细胞浆酶系）合成饱和脂肪酸的途径；②酸碳键延长的途径。

1. 细胞浆酶系合成饱和脂肪酸的途径

脂肪酸的合成在胞液中进行,合成原料是乙酰 CoA,乙酰 CoA 由线粒体中的丙酮酸氧化脱羧、氨基酸氧化降解、脂肪酸 β-氧化生成。脂肪酸的合成是以其中 1 分子乙酰 CoA 作为引物,以其他乙酰 CoA 作为碳源供体,通过丙二酸单酰 CoA 的形式,在脂肪酸合成酶系的催化下,经缩合、还原、脱水、再还原反应步骤来完成的。脂肪酸合成酶系是一个多酶复合体,它包括 6 种酶和一个酰基载体蛋白（用 ACP-SH 表示）。

(1) 合成前的准备

① 乙酰 CoA 的转运

在线粒体中形成的乙酰 CoA 不能直接透过线粒体膜到胞液中,而是先与草酰乙酸缩合成柠檬酸,柠檬酸透过线粒体膜后,再裂解成草酰乙酸和乙酰 CoA。从而将乙酰 CoA 从线粒体转移到胞液中。其转移过程见图 10.6。

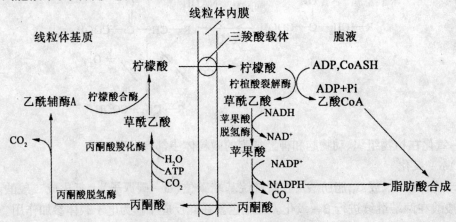

图 10.6 乙酰 CoA 转移过程示意图

② 供体的准备(丙二酸单酰 ACP 的形成)

作为碳源供体的乙酰 CoA 先在乙酰 CoA 羧化酶催化下,利用 ATP 供给的能量,与 CO_2 缩合成丙二酸单酰 CoA。

$$CH_3-\overset{O}{\overset{\|}{C}}-S-CoA + ATP + HCO_3^- \longrightarrow O^--\overset{O}{\overset{\|}{C}}-CH_2-\overset{O}{\overset{\|}{C}}-S-CoA + ADP + Pi + H^+$$

乙酰CoA   丙二酸单酰CoA

乙酰 CoA 羧化酶是脂肪酸合成酶系的关键酶,其辅基为生物素,它是 CO_2 的中间载体。丙二酸单酰 CoA 再与酰基载体蛋白反应,生成丙二酸单酰 ACP。

$$\begin{array}{c} COSCoA \\ | \\ CH_2COOH \end{array} + ACP-SH \underset{}{\overset{\text{丙二酸单酰转移酶}}{\rightleftharpoons}} \begin{array}{c} COSACP \\ | \\ CH_2COOH \end{array} + CoASH$$

丙二酸单酰CoA   丙二酸单酰ACP

③ 引物的准备

作为引物的 1 分子乙酰 CoA 需先与酰基载体蛋白反应,生成乙酰 ACP。

$$\begin{array}{c} CO\sim SCoA \\ | \\ CH_3 \end{array} + ACP-S-SH \underset{}{\overset{\text{乙酰转移酶}}{\rightleftharpoons}} \begin{array}{c} CO-S-ACP \\ | \\ CH_3 \end{array} + CoASH$$

乙酰CoA   乙酰ACP

乙酰 ACP 中的乙酰基随即转移到 β-酮脂酰 ACP 合成酶的巯基(-SH)上,形成乙酰-

S-合成酶。

$$\underset{\text{乙酰ACP}}{\text{CH}_3-\text{CO}-\text{S}-\text{ACP}} + \text{HS-合成酶} \rightleftharpoons \underset{\text{乙酰-S-合成酶}}{\text{CH}_3-\text{CO}-\text{S}-\text{合成酶}} + \text{ACP-SH}$$

(2) 开始合成

① 缩合反应

在缩合酶(β-酮脂酰ACP合成酶)催化下，乙酰-S-合成酶与丙二酸单酰ACP进行缩合，生成乙酰乙酰ACP，同时放出CO_2。

$$\underset{\text{乙酰-S-合成酶}}{\text{CH}_3-\text{CO}-\text{S}-\text{酶}} + \underset{\text{丙二酸单酰ACP}}{\overset{\text{CO}-\text{S}-\text{ACP}}{\underset{\text{COOH}}{\text{CH}_2}}} \longrightarrow \underset{\text{乙酰乙酰ACP}}{\text{CH}_3-\overset{O}{\text{C}}-\text{CH}_2-\overset{O}{\text{C}}-\text{S}-\text{ACP}} + \text{酶-SH} + CO_2$$

② 还原反应

在β-酮脂酰ACP还原酶催化下，乙酰乙酰ACP被$NADPH+H^+$还原，生成β-羟丁酰ACP。

$$\underset{\text{乙酰乙酰ACP}}{\text{CH}_3-\overset{O}{\text{C}}-\text{CH}_2-\overset{O}{\text{C}}-\text{S}-\text{ACP}} + NADPH+H^+ \rightleftharpoons \underset{\beta-\text{羟丁酰ACP}}{\text{CH}_3-\overset{OH}{\text{CH}}-\text{CH}_2-\overset{O}{\text{C}}-\text{S}-\text{ACP}} + NADP^+$$

③ 脱水反应

在β-羟脂酰ACP脱水酶催化下，β-羟丁酰ACP脱水，生成α,β-烯丁酰ACP。

$$\underset{\beta-\text{羟脂酰ACP}}{\text{CH}_3-\overset{\text{OH}}{\text{CH}}-\text{CH}_2-\overset{O}{\text{C}}-\text{S}-\text{ACP}} \rightleftharpoons \underset{\alpha,\beta-\text{烯丁酰ACP}}{\text{CH}_3-\text{CH}=\text{CH}-\overset{O}{\text{C}}-\text{SACP}} + H_2O$$

④ 再还原

在烯脂酰ACP还原酶催化下，α,β-烯丁酰ACP被$NADPH+H^+$还原为丁酰ACP。

$$\underset{\alpha,\beta-\text{烯丁酰ACP}}{\text{CH}_3-\text{CH}=\text{CH}-\overset{O}{\text{C}}-\text{SACP}} + NADPH+H^+ \rightleftharpoons \underset{\text{丁酰ACP}}{\text{CH}_3-\text{CH}_2-\text{CH}_2-\overset{O}{\text{C}}-\text{SACP}} + NADP^+$$

产生的丁酰ACP是脂肪酸合成的第一轮产物，通过这一轮反应，使碳链延长了两个碳原子。在下一轮循环中,以前一轮的产物丁酰 ACP 作为受体,把丁酰基先转移到 β-酮脂酰 ACP 合成酶上,形成丁酰-S-合成酶,再经缩合、还原、脱水、再还原等反应过程,使碳链又延长两个碳原子。如此重复进行 7 次可合成 16 个碳的软脂酰 ACP。

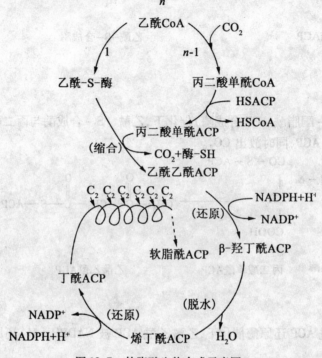

图 10.7 软脂酸生物合成示意图

实验表明,脂肪酸合成所需的 $NADPH+H^+$ 主要是由糖磷酸戊糖途径提供的。

对比可知,脂肪酸的合成过程与脂肪酸的 β-氧化过程有明显不同:第一,脂肪酸氧化是在线粒体内进行的,而脂肪酸合成主要是在胞浆中进行的;第二,脂肪酸每经一次 β-氧化,脱下来 1 分子乙酰 CoA,虽然脂肪酸合成是以乙酰 CoA 为原料,但是每次结合上去的却不是乙酰 CoA,而是丙二酸单酰 CoA;第三,参与脂肪酸氧化的酶都是单体酶,而催化脂肪酸合成的是脂肪酸合成酶复合体系;第四,在脂肪酸氧化过程中,脂酰基的载体为辅酶 A,而在脂肪酸合成过程中,脂酰基载体是 HS-ACP;第五在脂肪酸氧化过程中,氢的受体为 FAD 和 NAD^+,而脂肪酸合成过程中氢的供体为 NADPH。

2. 饱和脂肪酸碳链延长的途径

线粒体酶系、内质网酶系与微粒体酶系都能使短链饱和脂肪酸的碳链延长,每次延长两个碳原子。线粒体酶系延长碳链的碳源不是加入丙二酸单酰-ACP,而是加入乙酰 CoA。例如,线粒体中的 C_{16} 饱和脂肪酸都可经逐步加入乙酰 CoA 而延长,其反应过程可表示如图 10.8。

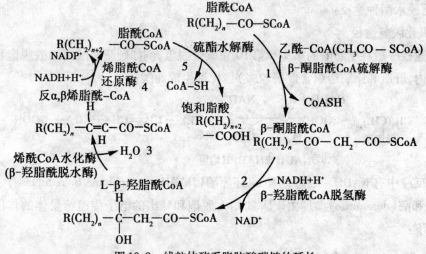

图10.8 线粒体酶系脂肪酸碳链的延长

(1) 线粒体酶系合成饱和脂肪酸包括下列各酶：

① β-酮脂酰-CoA 硫解酶（β-ketoacyl-CoA thiolase）；
② β-羟脂酰-CoA 脱氢酶（β-hydroxyacyl-CoA dehydrogenase）；
③ 烯酰基-CoA 水化酶（enoyl-CoA hydratase），或 β-羟脂酰脱水酶；
④ 烯脂酰-CoA 还原酶（acyl-CoA reductase）；
⑤ 脂酰-CoA 硫酯水解酶（acyl-CoA thioester hydrolase）。

(2) 反应中的各种脂酰衍生物是脂酰 CoA 衍生物，而不是脂酰-ACP 衍生物。

(3) 上述两种合成饱和脂肪酸途径有其共同规律性，即都是从乙酰 CoA 开始，通过缩合、还原、脱水、再还原 4 个步骤。

除线粒体可延长脂肪酸碳链外，微粒体内质网酶系也可延长 C_{16} 脂肪酸（包括饱和和不饱和）的碳链。这个酶系是用丙二酸单酰 CoA 为延长脂肪酸碳链的碳源而不是用乙酰-CoA。NADPH 为这个酶系必需的辅酶，也不用 ACP 为酰基载体。其总反应如下式：

$$R-CO-CoA + 丙二酸单酰-CoA + 2NAPDH + 2H^+ \rightleftharpoons$$
$$R(CH_2)_2CO-CoA + 2NADP^+ + CO_2 + CoA$$

在植物则细胞溶质酶系可利用丙二酸单酰 ACP 延长脂肪酸碳链，例如：

$$棕榈酰ACP \xrightarrow[NADPH]{丙二酸单酰-ACP} 硬脂酰ACP$$

10.2.3.2 不饱和脂肪酸的生物合成

许多生物体能使饱和脂肪酸的第 9 和第 10 碳位之间脱氢，形成一个双键成为不饱和脂肪酸，例如硬脂肪酸脱氢即成油酸。但只有植物和某些微生物才能使第 12 和第 13 碳位之间脱氢形成双键，例如从油酸（十八碳一烯酸）合成亚油酸（十八碳二烯酸）。某些微生物如大肠杆菌、某种酵母和霉菌能合成含 2 个、3 个、4 个甚至更多双键的不饱和脂肪酸。动物细胞的脱饱和酶与内质网密切结合。不饱和脂肪酸的生物合成途径有氧化脱氢和 β-碳位氧化

成羟酸,再脱水两种途径:

(1) 氧化脱氢途径

这个途径一般在脂肪酸的第9和第10位碳位脱氢,例如硬脂肪酸由脂酰脱饱和酶(存在于微粒体内,肝脏和脂肪组织含此酶较多)催化即生成油酸:

$$CH_3(CH_2)_{16}-COOH \xrightarrow[O_2 \quad 2H_2O]{NADH+H^{+②} \quad NAD^+} CH_3(CH_2)_7-CH=CH-(CH_2)_7-COOH$$

硬脂酸　　　　　　　　　　　　　　　　　　油酸

② NADH或NADPH均可

在此反应中有 NADH - 细胞色素 b_5 还原酶(NADH - cytochrome b_5 reductase)、细胞色素 b_5 和脱饱和酶(desaturase)参加由硬脂酰CoA脱饱和释出的电子传递给受体的作用,其机制可表示如下:

$$H^++NADH \xrightarrow{} E\text{-}FAD \xrightarrow{} Fe^{2+} \xrightarrow{} Fe^{3+} \to 油脂酰CoA+2H_2O$$
NADH-细胞色素b_5还原酶　　细胞色素b_5　　脱饱和酶
$$NAD^+ \xleftarrow{} E\text{-}FADH_2 \xleftarrow{} Fe^{3+} \xleftarrow{} Fe^{2+} \leftarrow 硬脂酰CoA+O_2$$

首先电子从 NADH 转移到 NADH - 细胞色素 b_5 还原酶的 FAD 辅基上,然后使细胞色素 b_5 血红素中的铁离子还原成 Fe^{2+},再使脱饱和酶中的非血红素铁还原成 Fe^{2+},最后与分子氧(O_2)和硬脂酰CoA作用,形成双键并释放2个分子水。2个电子来自NADH,另外2个电子来自底物饱和脂肪酸中的单键。

植物合成不饱和脂肪酸的机制与此类似。所不同者,植物是用铁-硫蛋白代替细胞色素 b_5。脱饱和酶是可溶性的,它以硬脂酰ACP为底物。

(2) β-氧化、脱水途径

这一途径是先在饱和脂肪酸的 β-碳位氧化成羟酸,在 α、β 碳位间脱水形成双键,再经碳链延长作用即可得油酸。例如,一个 C_{10} 脂肪酸,经 β-氧化、脱水、双键移位和连续4次延长碳链,即得油酸:

$$CH_3(CH_2)_6-\overset{\beta}{CH_2}-\overset{\alpha}{CH_2}-COOH \xrightarrow{\beta\text{-}氧化} CH_3(CH_2)_6-\underset{OH}{\overset{H}{C}}-CH_2-COOH \xrightarrow{脱水}$$

十碳脂酸　　　　　　　　　　　　　　　　β-羟十碳脂酸

$$CH_3(CH_2)_6-\overset{\beta}{CH}=CH-COOH \xrightarrow{碳链延长} CH_3(CH_2)_7-CH=CH-(CH_2)_7-COOH$$

烯十碳脂酸　　　　　　　　　　　　　　　油酸

含2、3或4个双键的高级不饱和脂肪酸,也可能用此类似方法(即氧化脱饱和、脱水和碳链延长)合成。

人体及有些高等动物(哺乳类)不能合成或不能合成足够维持其健康的十八碳二烯酸(亚油酸)和十八碳三烯酸(亚麻酸),必须从食物摄取,因此这些不饱和脂肪酸对人类和哺乳类动物是必需脂肪酸。但动物能用脱饱和及延长碳链方法从十八碳二烯酸或十八碳三烯酸合成二十碳四烯酸。

10.2.3.3 三酰基甘油的合成

由甘油与脂酸合成三酰基甘油的途径不止一种。较重要的一种是脂酸先与 CoA 结合成脂酰 CoA（上段脂酸合成过程中亦产生脂酰 CoA），脂酰 CoA 随即与 α-甘油磷酸作用产生 α-二酰基甘油磷酸，在磷酸酯酶的作用下，α-二酰基甘油磷酸脱去磷酸根，再与一分子脂酰 CoA 作用生成三酰基甘油。

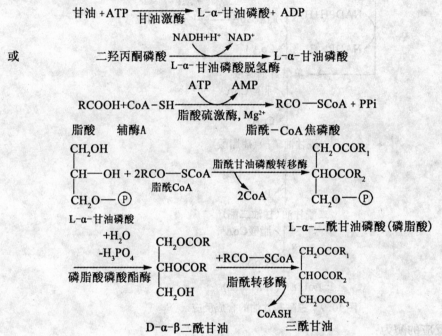

上述各反应是简化了的三酰基甘油生物合成反应，实际上由 α-甘油磷酸到二酰基甘油之间是两个步骤，即先变成单酰基甘油，再经第二次酰基化变成二酰基甘油。此外，二羟丙酮磷酸除经还原成 α-甘油磷酸再酰基化产生单酰基甘油磷酸外，也可经酰基化和还原变成单酰基甘油磷酸。这些途径可一并归纳入图 10.9。

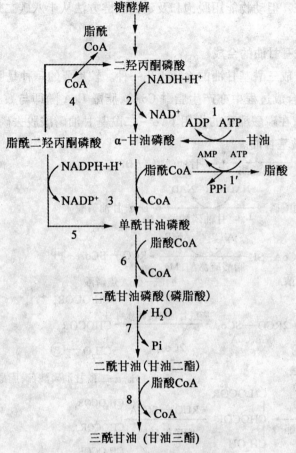

图 10.9 三酰基甘油的合成反应

参与上图各反应的酶为：

1—甘油激酶(glycerol kinase)；

1′—脂酸硫激酶(fatty acid thiokinase)，又称脂酰 CoA 合成酶(acylCoA synthetase)；

2—α-甘油磷酸脱氢酶(glycerol-3-phosphate dehydrogenase)；

3—甘油脂酰基磷酸转移酶(glycerol phosphate acyl transferase)；

4—二羟丙酮脂酰基磷酸转移酶(dihydroxy acetone-phosphate acyltransferase)；

5—脂酰二羟丙酮磷酸还原酶(acyl dihydroxyacetone phosphatereductase)；

6—磷脂酸脂酰基转移酶(phosphatidate acyl transferase)；

7—磷脂酸磷酸酯酶(phosphatidate phosphatase)；

8—二酰基甘油脂酰基转移酶(diacyl glycerol acyl transferase)。

10.3 磷脂代谢和固醇代谢

10.3.1 磷脂代谢

磷脂是细胞和细胞膜的主要成分。对调节细胞膜的透过性起着重要作用,可促进三酰基甘油和胆固醇在水中的溶解度,对血液凝固也有一定促进作用。

10.3.1.1 磷脂的生物合成

磷脂的生物合成,近年有所进展,中间产物磷脂酸是合成甘油醇磷脂(包括磷脂酰胆碱、磷脂酰乙醇胺、磷脂酰丝氨酸、磷脂酰肌醇和心磷脂)的关键物质,而胞嘧啶衍生物 CTP 和 CDP 则是合成所有磷脂的关键。血浆中的磷脂,大部分在肝脏中合成。脑组织中的磷脂含量很高,但它合成磷脂的效率最慢。

甘油醇磷脂和鞘氨醇磷脂的生物合成途径是有区别的。

(1) 甘油醇磷脂的生物合成

甘油醇磷脂的生物合成包括磷脂酰胆碱、磷脂酰乙醇胺、磷脂酰丝氨酸、磷脂酰肌醇、心磷脂、醚磷脂和缩醛磷脂等。在生理 pH 下,磷脂酰胆碱与磷脂酰乙醇胺所带的净电荷为零,属于中性磷脂,而磷脂酰肌醇与磷脂酰丝氨酸带有负的净电荷属于酸性磷脂。

磷脂酰胆碱、磷脂酰乙醇胺和三脂酰甘油是通过一个共同途径合成的。先由甘油-3-磷酸作为酰化反应的骨架与提供酰基的脂酰 CoA 反应生成磷脂酸,脱磷酸后生成二脂酰甘油(DG)。DG 直接酰化形成 TG 或与 CDP-胆碱或 CDP-乙醇胺反应生成磷脂酰胆碱和磷脂酰乙醇胺。DG 是合成的重要中间物。CDP-胆碱与 CDP-乙醇胺是胆碱与乙醇胺在激酶的催化下先生成磷酸胆碱和磷酸乙醇胺,再在转移酶作用下,与 CTP 反应生成。磷脂酰乙醇胺可接受 S-腺苷蛋氨酸提供的—CH_3 而转化成磷脂酰胆碱。

磷脂酸是两个酸性磷脂合成的直接前体。磷脂酸与 CTP 反应生成 CDP-二脂酰甘油。在 E. coli,CDP-二脂酰甘油与丝氨酸结合生成磷脂酰丝氨酸;在原核生物和真核生物中,与肌醇结合形成磷脂酰肌醇,或与 1 分子磷脂酰甘油结合生成心磷脂,心磷脂是心肌线粒体内膜的主要磷脂。在哺乳动物中,磷脂酰丝氨酸是在碱基交换酶的作用下形成的。该酶催化丝氨酸取代磷脂酰乙醇胺中的乙醇胺,反应是可逆的。

(2) 鞘氨醇磷脂的生物合成

鞘氨醇磷脂如鞘磷脂在动物体中,可从棕榈酸开始经一系列反应形成鞘氨醇,再经同长链脂酰 CoA 和 CDP-胆碱作用即生成鞘磷脂。鞘脂是一类以鞘氨醇为结构骨架的脂,骨架是由软脂酰 CoA 及丝氨酸为原料合成。鞘氨醇酰化生成 N-脂酰鞘氨醇(神经酰胺),再与 CDP-胆碱或磷脂酰胆碱形成鞘磷脂,也可与 UDP-半乳糖反应生成脑苷脂。

10.3.1.2 磷脂的分解

甘油醇磷脂分子有 4 处可被不同磷脂酶分裂成不同产物,但完全水解后的产物则为甘油、脂酸、磷酸和氮碱。

$$\begin{array}{c}
\overset{A_1}{\downarrow}\\
H_2C-O-C-R\\
\overset{A_2}{\downarrow}\\
O\\
R'-C-O-CH\\
\overset{C}{\downarrow}\;\overset{D}{\downarrow}\\
O\\
H_2C-O-P-O-X\\
OH
\end{array}$$

式中,虚线箭头指向的键为磷脂分子可被不同磷脂酶水解的部位;X 代表氮碱(如胆碱、乙醇胺、丝氨酸)及其他基团如 m-肌醇等,A_1、A_2、C、D 代表不同的磷脂酶。

鞘氨醇磷脂也可经有些酶类水解成鞘氨醇、磷酸和胆碱。

10.3.2 固醇代谢

胆固醇代谢对人类来说极为重要,因为除可变为许多生理活性重要物质外,某些疾病如心血管硬化及胆结石疾症,亦可能由于胆固醇代谢失常而引起。植物固醇的代谢,也只知道麦角固醇在体外经紫外线照射可变为维生素 D_2 以及粗链孢霉可从乙酸合成麦角固醇。为此,本节只能就胆固醇的吸收合成和分解略作介绍。

10.3.2.1 胆固醇的吸收

人体及动物小肠能吸收胆固醇,不能吸收植物固醇。胆固醇的吸收一定伴随脂肪的吸收进行,是不饱和脂酸的载体。部分胆固醇在吸收时与脂酸结合成胆固醇酯。自由胆固醇同胆固醇酯同样可被吸收。胆汁酸盐和脂肪可促进胆固醇的吸收。

被吸收的胆固醇与脂肪同一途径进入乳糜管,再到血循环,可转变成多种物质,其主要者为胆酸类及固醇激素。大部分被吸收的胆固醇不经分解留在肝脏和随粪便排出。皮肤的7-脱氢胆固醇经紫外线照射可变为维生素 D_3。胆固醇是细胞膜和神经纤维的成分。

70 kg 体重的男性约含 140 g 胆固醇。肾上腺含胆固醇约 10%,脑及神经组织含 2%,肝 0.3%,皮 0.3%,小肠 0.2%。成人正常血液每 100 mL 血清含胆固醇 130~250 mg。

10.3.2.2 胆固醇的生物合成

从同位素示踪实验结果,已知乙酸及其前体(如乙醇及丙酮酸等)皆可能变为胆固醇。

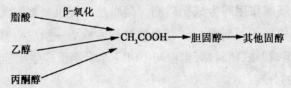

用 $^{13}CH_3-^{14}COOH$ 做胆固醇生物合成试验,发现乙酸的甲基碳(^{13}C)是胆固醇的第 1、3、

5、7、9、13、15、17、18、19、21、22、24、26 和 27 等 15 个碳的碳源,羧基碳(^{14}C)是胆固醇第 2、4、6、8、10、11、12、14、16、20、23 和 25 等 12 个碳的碳源。

又经用类似方法证明了乙酸是 3-甲基-3,5-二羟戊酸(mevalonic acid,简称 MVA)的前身。MVA 是鲨烯(squalene)的前身,而鲨烯又是胆固醇的直接前身。这就为胆固醇的生物合成提供了两个关键性中间产物。

根据现有的实践证明,胆固醇的生物合成可分为 3 个阶段:第一阶段,由乙酸→3-甲基-3,5-二羟戊酸(MVA);第二阶段,由 MVA→鲨烯;第三阶段,由鲨烯→胆固醇。胆固醇的合成步骤主要是从乙酰-CoA 起,经乙酰化及还原生成 3-甲基-3,5-二羟戊酸(MVA)。MVA 经一系列反应(磷酸化、脱羧、脱磷酸)产生异戊烯焦磷酸酯(IPP)。IPP 起异构作用产生二甲基丙烯焦磷酸酯(DPP);DPP 与另一分子 IPP 缩合产生二甲基辛二烯焦磷酸酯(GPP)。后者再同 IPP 缩合产生三甲基十二碳三烯焦磷酸酯(FPP)。两分子 FPP 连接,脱去两分子焦磷酸生成鲨烯。鲨烯再经一系列反应(折叠、氧化、环化、脱甲基、还原等)通过羊毛固醇、14 脱甲基羊毛固醇生成胆固醇。

总计 3 个阶段共有 16 个以上的反应步骤。各反应的化学过程现都已比较清楚。为简明起见,将各化学途径总结如图 10.10。

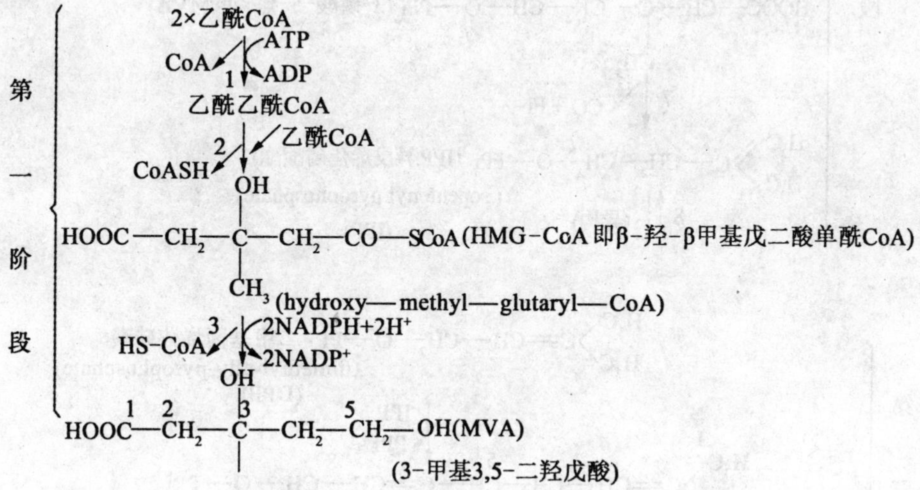

第一阶段

$$2\times\text{乙酰CoA} \xrightarrow[\text{1}]{\text{ATP, ADP, CoA}} \text{乙酰乙酰CoA} \xrightarrow[\text{2}]{\text{乙酰CoA, CoASH}}$$

$$\text{HOOC}-\text{CH}_2-\underset{\underset{\text{CH}_3}{|}}{\overset{\overset{\text{OH}}{|}}{\text{C}}}-\text{CH}_2-\text{CO}-\text{SCoA} \text{ (HMG-CoA 即 }\beta\text{-羟-}\beta\text{甲基戊二酸单酰CoA)}$$

(hydroxy—methyl—glutaryl—CoA)

$$\xrightarrow[\text{3}]{\text{2NADPH+2H}^+, \text{2NADP}^+, \text{HS-CoA}}$$

$$\text{HOOC}-\overset{1}{\text{CH}}_2-\overset{2}{\underset{\underset{\text{CH}_3}{|}}{\overset{\overset{\text{OH}}{|}}{\text{C}}}}-\overset{3}{\text{CH}}_2-\overset{4}{\text{CH}}_2-\overset{5}{\text{OH}} \text{ (MVA)}$$

(3-甲基3,5-二羟戊酸)

第二阶段

$$\text{HOOC—CH}_2\overset{\underset{|}{\text{CH}_3}}{\underset{|}{\text{C}}}\text{—CH}_2\text{—CH}_2\text{—O—Pi} \quad (5\text{-磷酸MVA})$$

4 ↓ ATP → ADP (位于上方)

$$\text{HOOC—CH}_2\overset{\underset{|}{\text{CH}_3}}{\underset{|}{\text{C}}}\text{—CH}_2\text{—CH}_2\text{—O—PPi} \quad (5\text{-焦磷酸MVA})$$

5 ↓ ATP → ADP

$$\text{HOOC—CH}_2\overset{\underset{|}{\text{CH}_3}}{\underset{|}{\text{C}}}\text{—CH}_2\text{—CH}_2\text{—O—PPi} \quad (3\text{-磷酸-5-焦磷酸MVA})$$
(C 上接 O—P, 经 ATP→ADP, 步骤 6)

7 ↓ CO$_2$ + Pi

$$\overset{\text{H}_2\text{C}}{\underset{\text{H}_3\text{C}}{>}}\text{C—CH}_2\text{—CH}_2\text{—O—PPi} \quad (\text{IPP 异戊烯焦磷酸酯})$$
(isopentenyl pyrophosphate) (IPP)

8 ⇅ (异构)

第三阶段

$$\overset{\text{H}_3\text{C}}{\underset{\text{H}_3\text{C}}{>}}\text{C=CH—CH}_2\text{—O—PPi} \quad \text{二甲基丙烯焦磷酸}$$
(dimethyl-ally-pyrophosphate) (DPP)

9 ↓ IPP → PPi

$$\overset{\text{H}_3\text{C}}{\underset{\text{H}_3\text{C}}{>}}\overset{1}{\text{C}}=\overset{2}{\text{CH}}\text{—CH}_2\overset{5}{\text{—}}\text{CH}_2\overset{|}{\underset{\text{CH}_3}{\text{C}}}=\text{CH}\overset{8}{\text{—}}\text{CH}_2\text{—O—PPi}$$

二甲基辛二烯焦磷酸脂 (geranyl pyrophosphate) ① (GPP)

10 ↓ IPP → PPi

$$\overset{\text{CH}_3}{\underset{\text{CH}_3}{>}}\text{C=CH—CH}_2\text{—CH}_2\overset{|}{\underset{\text{CH}_3}{\text{C}}}=\text{CH—CH}_2\text{—CH}_2\overset{|}{\underset{\text{CH}_3}{\text{C}}}=\text{CH—CH}_2\text{—O—PPi}$$

三甲基十二碳三烯焦磷酸脂 (farnesyl pyrophosphate) ② (FPP)

11 ↓ NADPH+H$^+$ → NADP$^+$, 2PPi (2分子FPP连接)

$$\overset{\text{H}_3\text{C}}{\underset{\text{H}_3\text{C}}{>}}\text{C=CH—CH}_2\text{—(CH}_2\underset{\text{CH}_3}{\text{—}}\text{C=CH—CH}_2)_4\text{—CH}_2\text{—CH=C}\overset{\text{CH}_3}{\underset{\text{CH}_3}{<}}$$
(折叠)

鲨烯,三十碳六烯

第四阶段

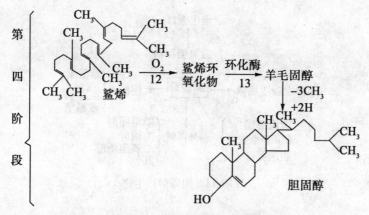

图10.10 胆固醇生物合成

参加胆固醇生物合成各反应的酶类：

①乙酰 CoA 乙酰基转移酶(acetyl CoA acetyltransferase)，存在于细胞质内；

②2HMG – CoA（即 β – 羟 – β – 甲基戊二酸单酰 – CoA）合成酶(hydroxy methyl glutaryl – CoA synthetase)存在于细胞质内；

③HMG – CoA 还原酶，存在于细胞内质网；

④MVA 激酶(mevalonate kinase)；

⑤磷酸 – MVA 激酶(phosphomevalonate kinase)；

⑥焦磷酸 – MVA 磷酸化激酶(pyrophosphomevalonate kinase)；

⑦异戊烯焦磷酸酯合成酶(isopentenyl pyrophosphate synthase)；

⑧异戊烯焦磷酸酯异构酶(isopentenyl pyrophosphate isomerase)；

⑨GPP 合成酶(geranyl pyrophosphate synthetase)；

⑩FPP 合成酶(farnesyl pyrophosphate synthetase)；

⑪鲨烯合成酶(squalene synthetase)；

⑫鲨烯环氧化酶(squalene mono – oxygenase)；

⑬鲨烯单氧化物环化酶(squalene oxide cyclase)。

脊椎动物自身可合成胆固醇，合成胆固醇的主要脏器为肝脏，其他器官如心、脾、肾、血管、皮肤和肾上腺等亦能合成少量胆固醇。

食物中的胆固醇可抑制机体合成新的胆固醇，这可能与反馈抑制相似。饥饿对机体合成胆固醇也有抑制作用。

10.3.2.3 胆固醇的降解和转变

胆固醇的环核结构不在动物体内彻底分解为最简单化合物排出体外，但其支链可被氧化。更重要的是胆固醇可转变成许多具有重要生理意义的化合物，例如性激素、肾上腺皮质素、胆酸、维生素 D_3 胆固醇酯及其他类固醇。这些转变过程很复杂，而且有许多还未弄清楚，现只能将各种可能产生的产物列出如图10.11 所示。

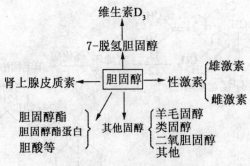

图10.11 胆固醇衍生物

10.4 脂质代谢在工业上的应用

10.4.1 脂质代谢在食品工业中的应用（以共轭亚油酸为例）

亚油酸是组成脂肪的多种脂肪酸中的一种。亚油酸既是人和动物不可缺少的脂肪酸之一，又是人和动物无法合成的一种物质，必须从食物中摄取。共轭亚油酸（Conjugated linoleic acid，以下简称CLA）是亚油酸的同分异构体，是一系列在碳9、11或10、12位具有双键的亚油酸的位置和几何异构体，是普遍存在于人和动物体内的营养物质。大量的科学研究证明，共轭亚油酸具有抗肿瘤、抗氧化、抗动脉粥样硬化、提高免疫力、提高骨骼密度、防治糖尿病等多种重要生理功能，还能降低动物和人体胆固醇以及甘油三酯和低密度脂蛋白胆固醇，还可以降低动物和人体脂肪、增加肌肉。

天然的CLA主要存在于瘤胃动物如牛、羊的乳脂及肉制品中，每克乳脂中含量从2~25 mg不等。这是因为反刍动物肠道中厌氧的溶纤维丁酸弧菌产生的亚油酸异构酶能使亚油酸转化为CLA，且主要以顺9-，反11-异构体形式存在，而哺乳动物还能把比较多的CLA分泌到乳液中。共轭亚油酸也少量存在于其他动物的组织、血液中，但植物中CLA含量很少，海洋食品中CLA含量也很少。人类CLA的膳食来源主要是奶制品和反刍动物的肉。有人发现，发酵乳制品中的CLA含量较原料乳要高得多，且奶酪等乳制品中CLA的含量会受到加工过程、贮存期的影响。天然的CLA可通过来源于无害微生物的12c-11t-异构酶，作用于LA而生成，且主要产物是9c,11t-CLA和9c-11t-15c-亚麻酸，它们分别是LA和亚麻酸生物氢化的中间产物。把LA添加入乳酸菌培养液中，乳酸菌含有的亚油酸异构酶能将LA转化为CLA。

关于共轭亚油酸的生产，目前大都采用植物油碱催化共轭化的方法，但此方法存在耗能大、设备腐蚀严重等问题。因此由微生物转化亚油酸为共轭亚油酸的研究近年来备受关注，目前已有报道乳酸菌可以转化亚油酸并获得较高浓度的共轭亚油酸，微生物代谢诱导产生亚油酸异构化酶有利于合成共轭亚油酸。

10.4.2 多不饱和脂肪酸发酵

多不饱和脂肪酸(polyunsaturated, PUFA)一般是指含两个或两个以上双键,碳链长度在十八或十八以上的脂肪酸。PUFA具有许多重要的生理活性。利用微生物生产PUFA,具有生产周期短、生产所占空间小,不受原料、产地和季节限制等独特优势。因此利用微生物发酵生产PUFA已成为当前研究的热点和发展的趋势。微生物发酵生产PUFA的基础研究主要集中在高产菌株的筛选、工程菌株的构建和发酵工艺的改进等三大方面。旨在提高PUFA产量,降低成本,更好地推动微生物发酵生产PUFA的产业化。目前在PUFA的生产中具有开发潜力的主要有霉菌和藻类。藻类中可以用来生产PUFA的主要有螺旋藻、小球藻、紫球藻、三角褐指藻、隐甲藻、绿光等鞭金藻等,它们生产的PUFA含量最高可以达到总脂肪酸的50%;常见的产油霉菌有:土霉菌、紫癜麦角菌、高粱褶袍黑粉菌、高山被孢霉、深黄被孢霉、拉曼被孢霉、雅致小克银汉霉等。发酵条件对PUFA产量有较大影响,同一种微生物在不同的发酵条件下,其生物量、油脂产量、油脂组成成分也会不同。对PUFA产量产生影响的主要因素有培养基组成和培养条件,其中培养基组成包括碳源、氮源、C/N比、无机盐、微量元素等,培养条件包括发酵温度、pH值、通气量等。

10.4.3 石油工业中的应用

石油是一种天然存在于地表之下,黏稠易燃的混合物。从成分上看,是含有多种烃类(正烷烃、支链烷烃、芳烃、脂环烃等)和少量其他有机物(硫化物、氮化物、环烷酸类等)的复杂混合物。随着石油工业飞速发展,在石油生产、运输、加工及使用过程中由于事故等原因土壤石油污染迅速蔓延。微生物修复由于经济、有效并对环境破坏性小等诸多优点,在一定程度上给污染土壤的修复带来了技术上的革命。现已鉴定出许多能降解土壤中石油烃的细菌,放线菌和真菌。

(1)烷烃的微生物好氧代谢

直链烷烃最常见的好氧代谢途径是单末端氧化,即首先通过氧化烷烃末端的一个甲基转变为相应的醇,然后再依次氧化为相应的醛和脂肪酸,在转化为相应的脂肪酸后,一种情况是直接经历随后的 β - 氧化,即形成羧基并脱落两个碳单元;另一种情况是经历 ω - 羟基化形成 ω - 羟基脂肪酸,然后在非专一羟基酶的参与下被氧化为二羧基酸,最后再经历 β - 氧化,这种氧化途径称之为双末端氧化。通常支链烷烃比相应碳数的直链烷烃难以降解。

(2)芳烃的微生物好氧代谢

原核微生物和真核微生物都具有氧化芳香烃的能力,但细菌和真菌氧化芳烃的机理并不一样。细菌通过过氧化物酶将分子氧的两个氧原子结合进芳香烃中形成顺式构型的二氢二醇,顺式二氢二醇在另外一种过氧化物酶的催化下将芳香环破裂成邻苯二酚。与细菌相反,真菌通过P450催化单氧化酶和环氧化物水解酶使芳烃转化为反式构型二氢二醇。

习 题

1. 比较脂肪酸 β-氧化和脂肪酸生物合成有哪些异同?
2. 脂肪酶促水解的产物是什么? 何为脂肪的消化?
3. 甘油在生物体内经哪些反应产生磷酸二羟丙酮? 磷酸二羟丙酮继续代谢的途径有哪些?
4. 计算 1 mol 甘油在生物体内彻底氧化成 CO_2 和 H_2O, 共产生多少 ATP? 净产生多少 ATP?
5. 写出 1 mol 软脂酸在体内氧化分解成 CO_2 和 H_2O 的反应历程, 并计算产生的 ATP 摩尔数。
6. 计算 1 mol 三硬脂酰甘油在生物体内彻底氧化, 可净产生多少 ATP?

第11章 核酸代谢

11.1 核酸的降解和核苷酸代谢

11.1.1 核酸的酶促降解

核苷酸经核酸酶(nucleotidase)催化核酸中连接核苷酸的磷酸二酯键水解为低级多核苷酸和单核苷酸及无机磷酸的过程即为核酸的酶促降解。

11.1.1.1 核酸酶

凡能水解核酸的酶均称为核酸酶(nucleases),所有细胞都含有不同的核酸酶。核酸酶催化的反应都是使磷酸二酯键水解,故核酸酶属磷酸二酯酶。由于多核苷酸链内部每个磷酸基涉及与两端的两个戊糖残基上 C-3 位和邻近戊糖残基 C-5 位的—OH 形成磷酸二酯键,酯键可能是在磷酸基的 3 端或者 5 端被水解,因而产物的 3 端或 5 端含有磷酸基。

有些核酸酶的作用部位位于多核苷酸链的内部,这样的核酸酶称为核酸内切酶(endonucleases),有些核酸酶是从核苷酸链的一端依次水解产生单核苷酸,这类酶称为核酸外切酶(exonucleases)。核酸内切酶是特异性强的磷酸二酯酶,如:牛胰核酸酶作用于嘧啶核苷酸的磷酸二酯键生成嘧啶核苷-3′-磷酸或末端为嘧啶核苷-3′-磷酸的寡核苷酸。如 RnaseA 也叫牛胰核糖核酸酶具有一定的专一性。核酸外切酶是非特异性的磷酸二酯键的酶,如蛇毒磷酸二酯酶是从 DNA 或 RNA 的游离 3′-羟基端开始,逐个水解 5′-核苷酸,牛脾磷酸二酯酶则相反,从游离 5′-羟基端开始,逐个水解 3′-核苷酸。像大多数酶一样,核酸酶对它们所作用的底物具有不同的选择性。作用于 DNA 的酶称为 DNA 酶(DNases),而催化 RNA 水解的酶称作 RNA 酶(RNases)。

有些核酸酶催化核苷酸链水解较广泛,即对戊糖和碱基识别能力差,它们既作用于 DNA,又能作用于 RNA,这类酶称为非专一性核酸酶。有些核酸酶可能对多核苷酸链中的碱基具有不同的选择性,因而表示出不同的专一性。有的核酸酶只能识别特定的碱基序列,并在该序列内降解核酸。

1. 非专一性核酸酶

脱氧核糖核酸酶(DNases)能催化单股的或双股的多聚脱氧核苷酸链水解。从牛胰中分离的 DNases Ⅰ 是一种 a 型内切酶,其产物的 5 端含有磷酸基,并对嘧啶和嘌呤核苷酸之间的磷酸酯键表现出某种程度的优先。在低浓度下,这个酶能使 dsDNA 随机地在内部位置产生具有游离 3′-OH 的缺口(nick)。DNase Ⅱ 是一种 b 型内切酶,产物是 3 端含磷酸基的寡核苷酸片段。从动物的胸腺和脾脏中都可以分离到这种酶。

核糖核酸酶催化 RNA 水解。胰核糖核酸酶 A(RNase A)是一种被详细研究和具有广泛应用的核酸内切酶。该酶催化核糖核苷酸链内嘧啶核苷酸 C-3 位磷酸基与相邻核苷酸 C-5 位—OH 之间的酯键水解,产生 3 端含磷酸基的寡核苷酸片段。

2. 专一性核酸酶——限制性内切酶

能识别并水解外源双链 DNA 的核酸内切酶,其特点是具有极高的专一性,能识别 DNA 双链上的特定位点,按对称顺序将两条链切断,称为限制性内切酶,也称限制酶,限制酶由于在基因工程上的重要作用而受到重视。

细菌除具有限制酶外,还具有一种对自身 DNA 起修饰作用的甲基化酶,修饰酶的限制酶对底物的识别和作用部位是相同的,修饰酶使该部位的碱基甲基化,从而使限制酶对这种修饰过的 DNA 不再起作用。在细胞中,限制酶的生物学功能是降解外源侵入的 DNA,但不降解自身细胞中的 DNA,因为自身 DNA 的酶切位点经修饰甲基化而受到保护。

限制酶的作用特点如下:

①专一性很强;

②对底物 DNA 有特异的识别位点,这些位点的长度一般在 4~8 碱基对范围,底物通常具有回纹结构,切割后形成平末端或黏性末端,如:

HindⅡ 限制性内切酶位点和切割位点如下,切割后产生平末端:

$$5'\cdots GTPy \downarrow PuAC \cdots 3'$$
$$3'\cdots CAPu \uparrow PyTG \cdots 5'$$

EcoRⅠ 是应用最广泛的限制性内切酶,酶切位点和切割位点如下,切割后产生黏性末端:

$$5' \; G \downarrow AATTC \; 3'$$
$$3' \; CTTAA \uparrow G \; 5'$$

11.1.1.2 核苷酸的降解

各种单核苷酸受细胞内磷酸单脂酶水解成为核苷与磷酸。核苷的进一步分解过程及其产物在各种动物体内略有不同,但是一般都要经过磷酸解的反应生成嘌呤碱与嘧啶碱以及戊糖-1-磷酸。后者能转变为戊糖-5-磷酸。核糖-5-磷酸可以通过戊糖磷酸途径进行代谢,而磷酸脱氧核糖则可能在组织中分解生成乙醛和甘油醛-3-磷酸,再进一步氧化分解。

11.1.2 核苷酸的分解代谢

11.1.2.1 嘌呤的分解

嘌呤(鸟嘌呤和腺嘌呤)均经脱氨氧化转变为黄嘌呤再进行降解。由于不同种类的生物的降解酶系不一样,因而降解的终产物也不同。

人类、灵长类、鸟类、爬虫类以及大多数昆虫对嘌呤分解很不彻底,其最终产物为尿酸,仍保留了嘌呤的环状结构(图11.1),其他哺乳动物则为尿囊素。硬骨钱中尿素继续分解为尿囊酸,大多数鱼类,两栖类中尿囊酸再分解为尿素和乙醛酸,低等动物将尿素分解为氨和二氧化碳。

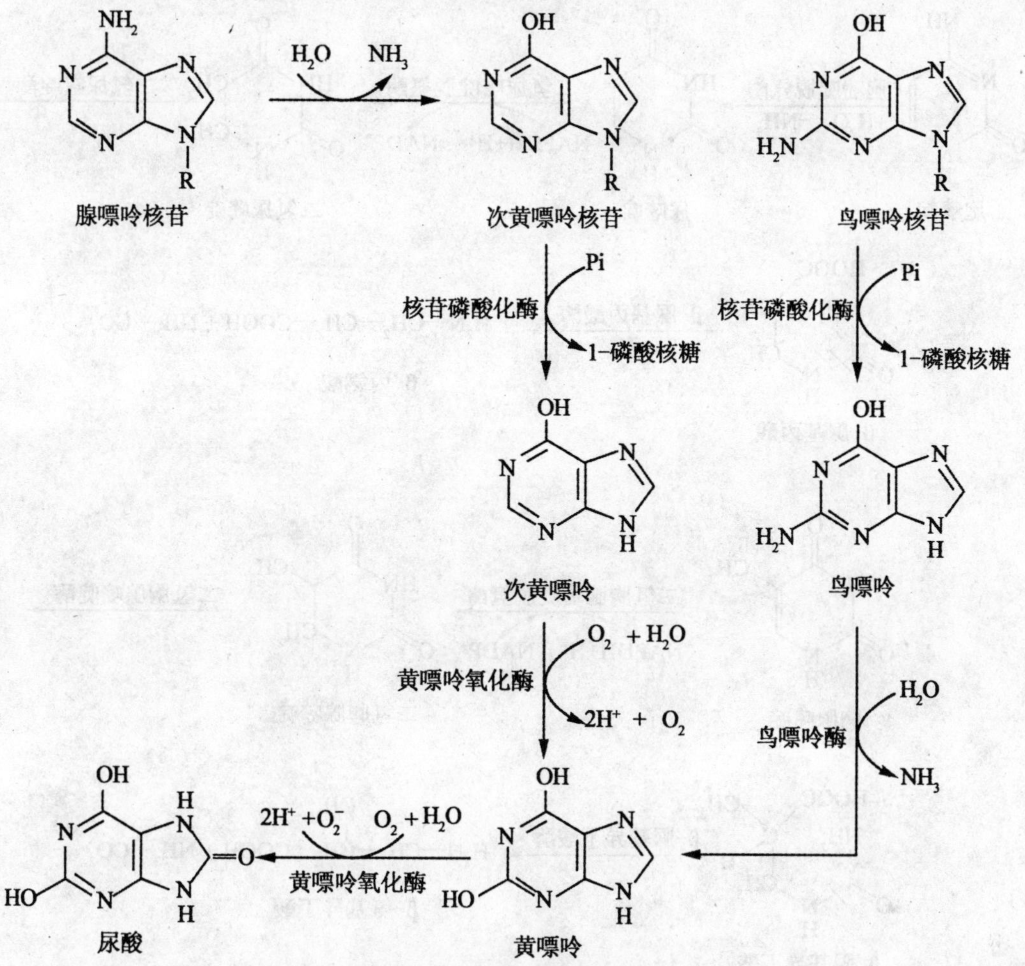

图 11.1 嘌呤的分解代谢

嘌呤碱分解代谢产生过多的尿酸。正常人血浆中尿酸质量浓度为 20～60 mg/L，超过 80 mg/L 时，由于其溶解性很差，易形成尿酸钠结晶，沉积于男性的关节、软组织、软骨、肾等部位，导致关节炎、尿路结石以及肾脏疾病，引起疼痛或灼痛，即"痛风症"。摄取大量嘌呤食物或尿酸排泄障碍时易患痛风症。

植物的嘌呤的分解主要是在衰老叶子及储藏性的胚乳组织内，在胚和幼苗内不发生嘌呤的分解。当叶子进入衰老期，核酸发生分解，生成的嘌呤碱进一步分解为尿囊酸，然后从叶子内运输出并储藏起来，供来年生长用。这表明植物与动物不同，植物有保存并利用同化氮的能力。

11.1.2.2 嘧啶的分解

不同种类的生物对嘧啶的分解过程不一样，一般胞嘧啶先水解脱去氨基生成尿嘧啶，尿嘧啶和胸腺嘧啶分解时，先还原对应的二氢衍生物，然后水解使环开裂分别产生 β-丙氨酸及 β-氨基异丁酸。嘧啶的分解代谢过程如图 11.2 所示。

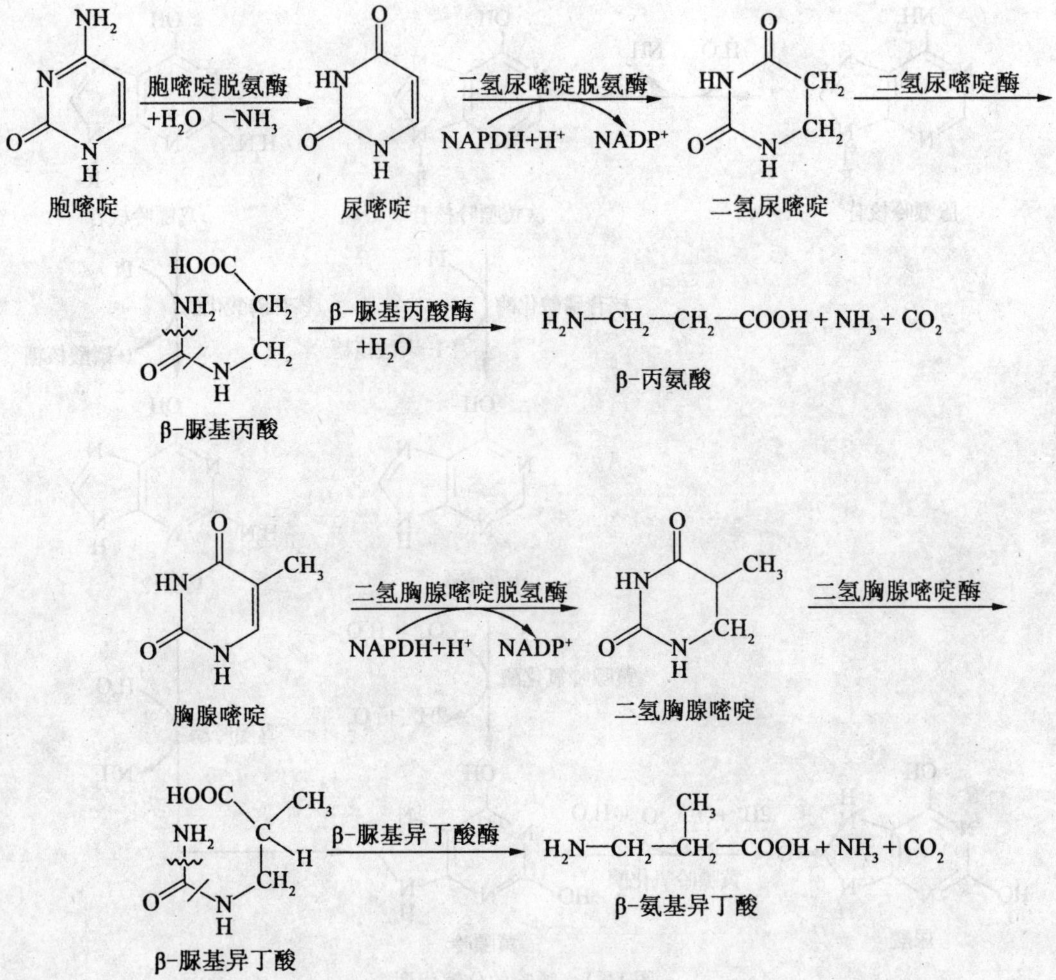

图 11.2　嘧啶的分解代谢

11.1.3 核苷酸的合成代谢

核苷酸的合成可以通过两条完全不同的途径进行：

(1) 从头合成途径：由磷酸戊糖先和尚未完成的 Pu 或 Py 环结合，在未完成的环上添加必要的部分，然后闭合成环。

(2) 补救途径：由现成的 Pu，Py，Pentose 及 Pi 在酶的作用下直接合成核苷酸（Nt – Salvage Pathway）。

11.1.3.1 嘌呤核苷酸的合成代谢

1. 从头合成途径

从头合成（de novo synthesis）是指通过利用一些简单的前体物，如 5 – 磷酸核糖，氨基酸，一碳单位及 CO_2 等，逐步合成嘌呤核苷酸的过程。这一途径主要见于肝脏，其次为小肠和胸腺。图 11.3 显示了嘌呤分子上各元素的来源。

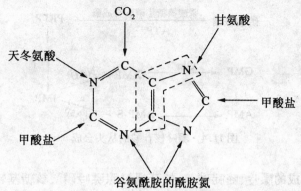

图 11.3 嘌呤环元素的来源

嘌呤核苷酸的从头合成先直接合成次黄嘌呤核苷酸(IMP,肌苷酸),不先形成嘌呤环,再转变为腺苷酸 AMP、黄苷酸 XMP、尿苷酸 GMP。该过程较为复杂,可分为三个阶段:

(1)第一阶段:5′-磷酸核糖-1-焦磷酸(PRPP)的生成。

首先在磷酸核糖焦磷酸合成酶催化下,消耗 ATP,由 5′-磷酸核糖合成 PRPP。

(2)第二阶段:次黄嘌呤核苷酸(IMP)的合成。经过以下 10 步反应,合成第一个嘌呤核苷酸-次黄苷酸。

①5-磷酸核糖焦磷酸与谷氨酰胺反应生成 5-磷酸核糖胺、谷氨酸和无机焦磷酸。催化此反应的酶是磷酸核糖焦磷酸酰胺基转移酶。

②5-磷酸核糖胺在 ATP 参与下与甘氨酸合成甘氨酰胺核苷酸。催化此反应的酶是甘氨酰胺核苷酸合成酶。

③甘胺酰胺核苷酸在甘胺酰胺核苷酸甲酰基转移酶作用下生成甲酰甘胺酰胺核苷酸。

④甲酰甘胺酰胺核苷酸与谷氨酰胺、ATP 作用,闭环之前在第 3 位上加上氮原子。催化此反应的酶是甲酰甘氨咪唑核苷酸合成酶。

⑤闭环。在氨基咪唑核苷酸合成酶作用下生成 5-氨基咪唑核苷酸。

⑥六圆环的合成开始。在氨基咪唑核苷酸羧化酶催化下,5-氨基咪唑核苷酸与二氧化碳生成 5-氨基咪唑-4-羧酸核苷酸。

⑦嘌呤环的第 1 位氮的固定。在氨基咪唑琥珀酸氨甲酰核苷酸合成酶催化下,5-氨基咪唑-4-羧酸核苷酸与天冬氨酸和 ATP 生成 5-氨基咪唑-4-琥珀酸甲酰胺核苷酸。

⑧脱掉延胡索酸。反应由腺苷酸裂解酶催化,生成 5-氨基咪唑-4-甲酰胺核苷酸和延胡索酸。

⑨嘌呤环上最后的碳原子由甲酰基供给,催化此反应的酶是氨基咪唑酰胺核苷酸甲酰基转移酶。

⑩脱水环化。在次黄苷酸环水解酶作用下脱水环化生成次黄嘌呤核苷酸。

(3)第三阶段:腺苷酸及鸟苷酸的合成。

IMP 在腺苷酸代琥珀酸合成酶的催化下,由天冬氨酸提供氨基合成腺苷酸代琥珀酸(AMP-S),然后裂解产生 AMP;IMP 也可在 IMP 脱氢酶的催化下,以 NAD^+ 为受氢体,脱氢氧化为黄苷酸(XMP),后者再在鸟苷酸合成酶催化下,由谷氨酰胺提供氨基合成鸟苷酸(GMP)。

图 11.4 简要描述了嘌呤核苷酸的从头合成途径。

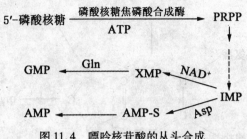

图 11.4　嘌呤核苷酸的从头合成

2. 补救途径

组织细胞利用现成的嘌呤、嘧啶碱基、核苷通过腺嘌呤磷酸核糖基转移酶(APRT)及次黄嘌呤-鸟嘌呤磷酸核糖基转移酶(HGPRT)合成嘌呤核苷酸称为补救合成途径。人体细胞大多为从头合成,但脑、骨髓、脾等不具备从头合成酶系的组织,只能通过补救途径合成嘌呤核苷酸。补救合成有两种途径(图 11.5),其中以第一种为主。

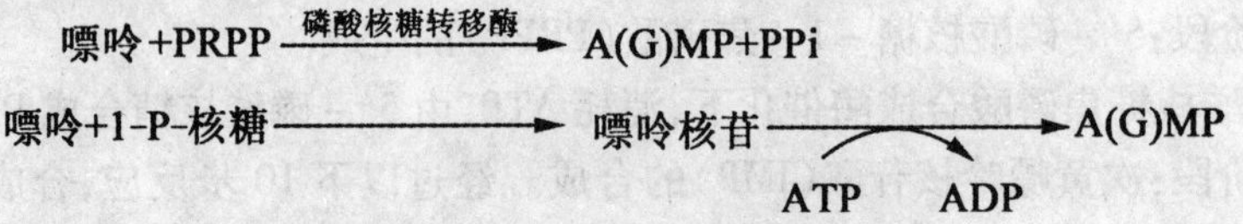

嘌呤 +PRPP $\xrightarrow{\text{磷酸核糖转移酶}}$ A(G)MP+PPi

嘌呤+1-P-核糖 $\longrightarrow$ 嘌呤核苷 $\xrightarrow[\text{ATP}\quad\text{ADP}]{}$ A(G)MP

图 11.5　嘌呤核苷酸的补救合成

11.1.3.2　嘧啶核苷酸的合成代谢

1. 从头合成途径

嘧啶环的从头合成主要在肝脏胞液中进行。图 11.6 显示了嘧啶分子上各元素的来源。

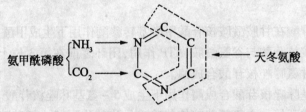

图 11.6　嘧啶环元素的来源

嘧啶核苷酸的主要合成步骤为:

(1)尿苷酸(uridine monophosphate)的合成。

在氨基甲酰磷酸合成酶Ⅱ的催化下,以 Gln,CO_2,ATP 为原料合成氨基甲酰磷酸。后者在天冬氨酸转氨甲酰酶的催化下,转移一分子天冬氨酸,从而合成氨甲酰天冬氨酸,然后再经脱氢、脱羧、环化等反应,合成第一个嘧啶核苷酸,即 UMP(图 11.7)。

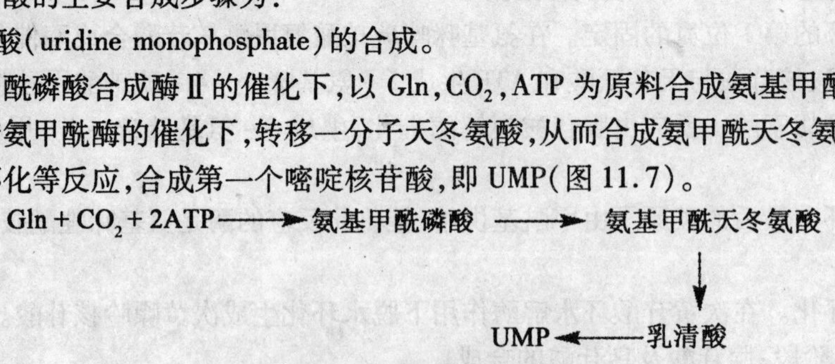

Gln + CO_2 + 2ATP $\longrightarrow$ 氨基甲酰磷酸 $\longrightarrow$ 氨基甲酰天冬氨酸
$\qquad\qquad\qquad\qquad\qquad\qquad\qquad\qquad\qquad\qquad\qquad\downarrow$
$\qquad\qquad\qquad\qquad\qquad\qquad$ UMP $\longleftarrow$ 乳清酸

图 11.7　UMP 的合成途径

(2) UMP 转化为其他嘧啶类核苷酸(图11.8)。

$$\text{UMP} \xrightarrow[\text{ATP} \quad \text{ADP}]{\text{激酶}} \text{UDP} \xrightarrow[\text{ATP} \quad \text{ADP}]{\text{激酶}} \text{UTP} \xrightarrow[\text{Glu+ATP} \quad \text{Glu+ADP+Pi}]{\text{CTP 合成酶}} \text{CTP}$$

图11.8 胞苷酸的合成

2. 补救途径

UMP 还可由尿嘧啶磷酸化转变而来,即:

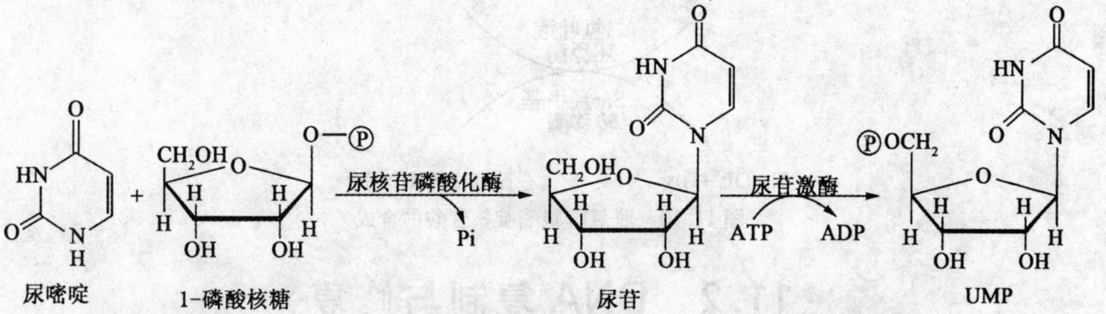

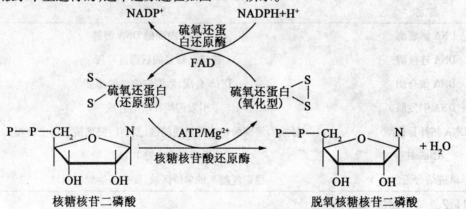

嘧啶也可以和 PRPP 作用生成 UMP,反应式为:

$$\text{尿嘧啶} + \text{PRPP} \xrightarrow{\text{磷酸焦化酶}} \text{UMP} + \text{PPi}$$

3. 脱氧核糖核苷酸的合成

脱氧核糖核苷酸是由核糖核苷酸转变而来,这种转变对大多数生物来说都是在二磷酸核糖核苷酸水平上进行的,这个还原过程如图11.9所示。

图11.9 脱氧核糖核苷酸的合成

按此方式生成的 dNDP 仅包括 dADP、dGDP 和 dCDP,不包括 dTDP。

胸腺嘧啶脱氧核苷酸的合成则由另外的途径生成,有以胸腺嘧啶为原料的途径和由 UMP 转变的途径,如图11.10所示。

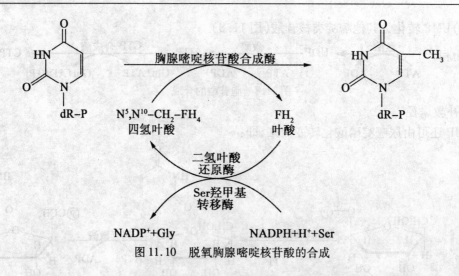

图 11.10 脱氧胸腺嘧啶核苷酸的合成

11.2 DNA 复制与修复

11.2.1 DNA 复制有关的酶

与 DNA 复制相关的酶及其主要功能如表 11.1 所示。下面对其进行简要的介绍。

表 11.1 与 DNA 复制相关的酶

名称	功能
DNA 解旋酶	使复制叉前面的 DNA 解链
DNA 连接酶	连接已修复的后滞链片段
DNA 聚合酶	DNA 合成,后滞链缺口的修复
DNA 引发酶	引发冈崎片段的合成
DNA 拓扑异构酶	释放因解旋酶造成的扭曲的链,复制后使连接的环去链接
RNaseH	从后滞链中去除 RNA 引物
单链结合蛋白	稳定复制叉的单链区域,促进其他酶的活性

11.2.1.1 DNA 解旋酶

解旋酶(helicase)是一类解开氢键的酶,由水解 ATP 来供给能量,它们常常依赖于单链存在,并能识别复制叉的单链结构。在细菌中类似的解旋酶很多,都具有 ATP 酶的活性。大部分的移动方向是 $5'\rightarrow 3'$,但也有 $3'\rightarrow 5'$ 移到的情况,如 n'蛋白在 $\varphi\times 174$ 以正链为模板合成复制叉的过程中,就是按 $3'\rightarrow 5'$ 移动。

11.2.1.2 DNA 连接酶

DNA 连接酶(ligase)是 1967 年在三个实验室同时发现的,最初是在大肠杆菌细胞中发现的。它是一种封闭 DNA 链上缺口酶,借助 ATP 或 NAD 水解提供的能量催化 DNA 链的 $5'-PO_4$ 与另一 DNA 链的 $3'-OH$ 生成磷酸二酯键。但这两条链必须是与同一条互补链配对结合的(T4DNA 连接酶除外),而且必须是两条紧邻 DNA 链才能被 DNA 连接酶催化成磷酸二酯键。

11.2.1.3 DNA 聚合酶

DNA 聚合酶(DNA polymerase)是细胞复制 DNA 的重要作用酶。其主要活性是催化 DNA 的合成(在具备模板、引物、dNTP 等的情况下)及其相辅的活性。

真核细胞有 5 种 DNA 聚合酶,分别为 DNA 聚合酶 α(定位于胞核,参与复制引发具 5→3 外切酶活性),β(定位于核内,参与修复,具 5→3 外切酶活性),γ(定位于线粒体,参与线粒体复制具 5→3 和 3→5 外切活性),δ(定位核,参与复制,具有 3→5 和 5→3 外切活性),ε(定位于核,参与损伤修复,具有 3→5 和 5→3 外切活性)。

原核细胞有 3 种 DNA 聚合酶,都与 DNA 链的延长有关。DNA 聚合酶 I 是单链多肽,可催化单链或双链 DNA 的延长;DNA 聚合酶 II 则与低分子脱氧核苷酸链的延长有关;DNA 聚合酶 III 在细胞中存在的数目不多,是促进 DNA 链延长的主要酶。表 11.2 展示了大肠杆菌中发现的 3 种 DNA 聚合酶的特性。

表 11.2 大肠杆菌 3 种 DNA 聚合酶的特性

功能	pol I	pol II	pol III
聚合作用 5′→3′	+	+	+
外切酶活性 3′→5′	+	+	+
外切酶活性 5′→3′	+	-	+
焦磷酸解和焦磷酸交换作用	+	-	+
模板及引物的选择			
完整的 DNA 双链	-	-	-
带引物的长单链 DNA	+	-	-
带缺口的双链 DNA	+	-	-
双链而有间障的 DNA	+	+	+

11.2.1.4 DNA 引发酶

DNA 引发酶(primase)为 DNA 复制中引物 – RNA 的合成酶,狭义的引发酶是指大肠杆菌 dnaG 遗传因子的产物。dnaG 遗传因子的产物为分子量约 6 万的蛋白质,是大肠杆菌及以大肠杆菌为寄主的许多噬菌体的 DNA 复制所必需的。通过以 φ×174,G4 噬菌体的 DNA 为模板的离体(in vitro)复制系的分析,也可决定由引发酶所合成的 RNA 结构。在大肠杆菌的 T 系噬菌体方面,与 dnaG 机能相对应的噬菌体固有遗传因子可被测出。

在复制开始时须有一段 RNA 作为引物,这段引物在合成后并不与模板分离,而是以氢键与模板结合。这种引物即由一种独特的 RNA 聚合酶引发酶所合成。在大肠杆菌中这种酶是一条单链,分子量 60 000,每个细胞中有 50~100 个分子。它们是由 dnaG 基因所编码的。该酶单独存在时是相当不活泼的,只有与有关蛋白质结合成一个复合物时才有活性。

11.2.1.5 DNA 拓扑异构酶

DNA 拓扑异构酶(topoisomerase)是存在于细胞核内的一类酶,他们能够催化 DNA 链的断裂和结合,从而控制 DNA 的拓扑状态。近来的研究表明,在 RNA 转录过程中,拓扑异构酶参与了超螺旋结构模板的调节。主要存在两种哺乳动物拓扑异构酶。DNA 拓扑异构酶 I 通过形成短暂的单链裂解 – 结合循环,催化 DNA 复制的拓扑异构状态的变化;相反,拓扑异构酶Ⅱ通过引起瞬间双链酶桥的断裂,然后打通和再封闭,以改变 DNA 的拓扑状态。哺乳动物拓扑异构酶Ⅱ又可以分为 αⅡ型和 βⅡ型。拓扑异构酶毒素类药物的抗肿瘤活性与其对酶 – DNA 可分裂复合物的稳定性相关。这类药物通过稳定酶 – DNA 可分裂复合物,有效地将酶转换成纤维毒素。

11.2.1.6　RNaseH

RNaseH 是通过水解磷酸二酯键消化核酸的酶,属于核酸酶(nucleases),在复制中需起去除引物的作用。

11.2.1.7　单链结合蛋白

单链结合蛋白(SSB,single strand DNA – binding protein):结合于螺旋酶沿复制叉方向向前推进产生的单链区,防止新形成的单链 DNA 重新配对形成双链 DNA 或被核酸酶降解的蛋白质。

螺旋酶沿复制叉方向向前推进产生了一段单链区,但是这种单链 DNA 不会长久存在,会很快重新配对形成双链 DNA 或被核酸酶降解。然而,在细胞内有大量单链 DNA 结合蛋白(single strand DNA binding protein SSBP)能很快地和单链 DNA 结合,防止其重新配对形成双链 DNA 或被核酸酶降解。SSBP 与螺旋酶不一样,它不具备酶的活性,不和 ATP 结合。在大肠杆菌细胞中主要 SSBP 是 177 肽所组成的四聚体,可以和单链 DNA 上相邻的 32 个核苷酸结合。一个 SSBP 四聚体结合于单链 DNA 上可以促进其他 SSBP 四聚体相邻的单链 DNA 结合,这个过程称为协同结合(cooperative binding),SSBP 结合到单链 DNA 上后,使其呈伸展状态,没有弯曲和结节,有利于单链 DNA 作为模板。SSBP 可以重复使用,当新生的 DNA 链合成到某一位置时,该处的 SSBP 便会脱落,并被重复利用。

11.2.2　DNA 的复制方式

DNA 作为遗传物质的基本特点就是在细胞分裂前进行准确的自我复制(self-replication),使 DNA 的量成倍增加,这是细胞分裂的物质基础。1953 年,Watson 和 Crick 提出 DNA 双螺旋结构模型,指出 DNA 是由二条互补的脱氧核苷酸链组成,所以一条 DNA 链上的核苷酸排列顺序是由双螺旋 DNA 另一条的复制决定的。这就说明 DNA 的复制是由原来存在的分子为模板来合成新的链,即为半保留复制。

DNA 的复制是一个边解旋边复制的过程(图 11.11)。复制开始时,DNA 分子首先利用细胞提供的能量,在解旋酶的作用下,把两条螺旋的双链解开,这个过程叫做解旋。然后,以解开的每一段母链为模板,以周围环境中游离的四种脱氧核苷酸为原料,按照碱基互补配对原则,在有关酶的作用下,各自合成与母链互补的一段子链。随着解旋过程的进行,新合成的子链也不断地延伸,同时,每条子链与其对应的母链盘绕成双螺旋结构,从而各形成一个新的 DNA 分子。这样,复制结束后,一个 DNA 分子就形成了两个完全相同的 DNA 分子。新复制出的两个子代 DNA 分子,通过细胞分裂分配到子细胞中去。由于新合成的每个 DNA 分子中,都保留了原来 DNA 分子中的一条链,因此,这种复制方式叫做半保留复制。由 DNA 的复制过程可以看出,DNA 分子复制需要模板、原料、能量和酶等基本条件。DNA 分子独特的双螺旋结构,为复制提供了精确的模板,通过碱基互补配对,保证了复制能够准确地进行。DNA 分子通过复制,使遗传信息从亲代传给了子代,从而保持了遗传信息的连续性。

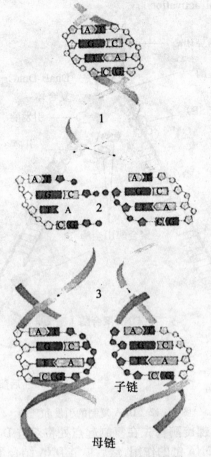

图 11.11　DNA 的半保留复制

除半保留复制模型之外,还有两种未发现过的模型:

(1) 全保留复制(Conservative replication)的复制结果中,其中一条双螺旋含有两条旧的 DNA 单链,另一条则含有两条新的 DNA 单链。

(2) 分散复制(Dispersive replication)的复制结果中,有一些段落是由两条旧 DNA 单链组成,也有一些段落含有两条新 DNA 单链。两条双螺旋皆如此。

11.2.3　DNA 复制过程

DNA 复制过程大致可以分为复制的引发、DNA 链的延伸和 DNA 复制的终止三个阶段。

11.2.3.1　DNA 复制的引发

复制的引发(Priming)阶段包括 DNA 复制起点双链解开,通过转录激活步骤合成 RNA 分子,RNA 引物的合成,DNA 聚合酶将第一个脱氧核苷酸加到引物 RNA 的 3′-OH 末端(图 11.12)。

在所有前导链开始聚合之前有一必需的步骤就是由 RNA 聚合酶沿滞后链模板转录一短的 RNA 分子。在有些 DNA 复制中,该 RNA 分子经过加式成为 DNA 复制的引物。但是,在大部分 DNA 复制中,该 RNA 分子没有引物作用。它的作用似乎只是分开两条 DNA 链,暴露出某些特定序列以便引发体与之结合,在前导链模板 DNA 上开始合成 RNA 引物,这个过程称为转录激活(transcriptional activation)。

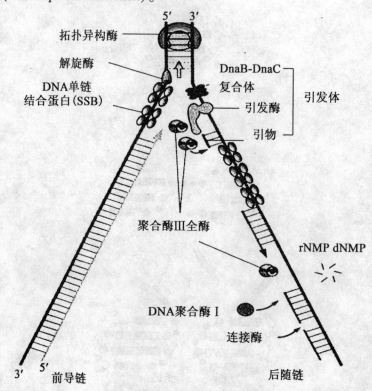

图11.12 DNA复制的引发和延伸

DNA复制开始时,DNA螺旋酶首先在复制起点处将双链DNA解开,通过转录激活合成的RNA分子也起分离两条DNA链的作用,然后单链DNA结合蛋白质结合在被解开的链上。由复制因子X(n蛋白),复制因子Y(n'蛋白),n″蛋白,i蛋白,DNAB蛋白和DNAC蛋白等6种蛋白质组成的引发前体(preprimosome),在单链DNA结合蛋白的作用下与单链DNA结合生成中间物,这是一种前引发过程。引发前体进一步与引物酶(primase)组装成引发体(primosome)。引发体可以在单链DNA上移动,在dnaB亚基的作用下识别DNA复制起点位置。首先在前导链上由引物酶催化合成一段RNA引物,然后,引发体在滞后链上沿5'→3'方向不停的移动,在一定距离上反复合成RNA引物供DNA聚合酶Ⅲ合成冈崎片段使用,引发体中许多蛋白因子的功能尚不清楚。但是,这些成分必须协同工作才能使引发体在滞后链上移动,识别合适的引物合成位置,并将核苷酸在引发位置上聚合成RNA引物。由于引发体在滞后链模板上的移动方向与其合成引物的方向相反,所以在滞后链上所合成的RNA引物非常短,一般只有3~5个核苷酸长。而且,在同一种生物体细胞中这些引物都具有相似的序列,表明引物酶要在DNA滞后链模板上比较特定的位置(序列)上才能合成RNA引物。

为什么需要有RNA引物来引发DNA复制呢?这可能尽量减少DNA复制起始处的突变有关。DNA复制开始处的几个核苷酸最容易出现差错,因此,用RNA引物即使出现差错最后也要被DNA聚合酶Ⅰ切除,提高了DNA复制的准确性。RNA引物形成后,由DNA聚合酶Ⅲ催化将第一个脱氧核苷酸按碱基互补原则加在RNA引物3'-OH端而进入DNA链的延伸阶段。

11.2.3.2 DNA链的延伸

在DNA聚合酶Ⅲ催化下,DNA新生由螺旋酶在复制叉处边合成、移动边解开双链。这样就产生了一种拓扑学上的问题:由于 DNA 的解链,在 DNA 双链区势必产生正超螺旋,在环状 DNA 中更为明显,当达到一定程度后就会造成复制叉难再继续前进,从而终止 DNA 复制。但是,在细胞内 DNA 复制不会因出现拓扑学问题而停止。有两种机制可以防止这种现象发生:

(1) DNA 在生物细胞中本身就是超螺旋,当 DNA 解链而产生正超螺旋时,可以被原来存在的负超螺旋所中和。

(2) DNA 拓扑异构酶 I 要打开一条链,使正超螺旋状态转变成松弛状态,而 DNA 拓扑异构酶 II (旋转酶) 可以在 DNA 解链前方不停地继续将负超螺旋引入双链 DNA。

这两种机制保证了无论是环状 DNA 还是开环 DNA 的复制顺利的解链,再由 DNA 聚合酶 III 合成新的 DNA 链。

在 DNA 复制叉附近,形成了以两套 DNA 聚合酶 III 全酶分子(在同一时间分别进行复制 DNA 前导链和滞后链)、引发体和螺旋构成的类似核糖体大小的复合体,称为 DNA 复制体 (replisome)。复制体在 DNA 前导链模板和滞后链模板上移动时便合成了连续的 DNA 前导链和由许多冈崎片段组成的滞后链。在 DNA 合成延伸过程中主要是 DNA 聚合酶 III 的作用。当冈崎片段形成后,DNA 聚合酶 I 通过其 5′→3′ 外切酶活性切除冈崎片段上的 RNA 引物,同时,利用后一个冈崎片段作为引物由 5′→3′ 合成 DNA。最后两个冈崎片段由 DNA 连接酶将其接起来,形成完整的 DNA 滞后链(后随链)(图 11.12)。

11.2.3.3 DNA 复制的终止

环状 DNA 复制到最后,由 DNA 拓扑异构酶 II 切开双链 DNA,将两个 DNA 分子分开成为两个完整的与亲代 DNA 分子一样的子代 DNA。

线性 DNA 分子复制的终止主要有两种模式:

(1) 在研究 T7DNA 复制时,发现其两端的 DNA 序列区有 160 bp 长的序列完全相同。此外,它产生的子代 DNA 分子不是一个 T7DNA 单位长度,而是许多单位长度的 T7DNA 首尾连接在一起。T7DNA 两个子代 DNA 分子都会有一个 3′ 端单链尾巴,两个子代 DNA 的 3′ 端尾巴以互补结合形成两个单位 T7DNA 的线性连接。然后由 DNA 聚合酶 I 填充和 DNA 连接酶连接后,继续复制便形成 4 个单位长度的 T7DNA 分子。这样复制下去,便可形成多个单位长度的 T7DNA 分子。这样的 T7DNA 分子可以被特异的内切酶切开,用 DNA 聚合酶填充与亲代 DNA 完全一样的双链 T7DNA 分子。

(2) 在研究痘病毒复制时,发现了线性 DNA 分子完成末端复制的第二种方式。痘病毒 DNA 在两端都形成发夹环状结构。DNA 复制时,在线性分子中间的一个复制起点开始,双向进行,将发夹环状结构变成双链环状 DNA。然后,在发夹的中央将不同 DNA 链切开,使 DNA 分子变性,双链分开。这样,在每个分子两端形成一个单链尾端要以自我互补,形成完整的发夹结构,与亲代 DNA 分子一样。在真核生物染色体线性 DNA 分子复制时,尚不清楚末端的复制过程是怎样进行的。也可能像痘病毒那样形成发夹结构而进行复制。

最近的实验表明,真核生物染色体末端 DNA 复制是由一种特殊的酶将一个新的末端 DNA 序列加在刚刚完成复制的 DNA 末端。这种机制首先在四膜虫中发现。该生物细胞的线性 DNA 分子末端有 30~70 拷贝的 5′TTGGGG3′ 序列,该细胞中存在一种酶可以将 TTGGGG 序列加在事先已存在的单键 DNA 末端的 TTGGGG 序列上。这样有较长的末端单链 DNA,可以被引物酶重新引发或其他的酶蛋白引发而合成 RNA 引物,并由 DNA 聚合酶将其变成双链 DNA。这样就可以避免其 DNA 随着复制的不断进行而逐渐变短。

11.2.4 DNA畸变与遗传病

基因突变(gene mutation)是基因组DNA分子在结构上发生碱基对组成或排列顺序的改变(通常它只涉及基因中部分序列的变化),并引起个体表型的改变,而使生物体发生遗传性变异。DNA畸变主要指突变后致畸、致病的基因突变。

在自然界中生物体由于受到某种突变剂的作用,偶然会由于基因复制的错误而发生突变,这种突变称为自发突变(spontaneous mutation)。自发突变的频率较低,基因的每个核苷酸突变率平均为 $10^{-9} \sim 10^{-10}$。相反如果在人为条件下,使用某种突变剂处理生物体而产生的突变称为诱发突变(induced mutation)。诱发突变频率高得多(千倍以上),而且现在可在离体条件下,使细胞发生定向诱发突变,称为定向突变。有生殖细胞突变和体细胞突变。

广义的突变包括染色体畸变。狭义的突变专指点突变(1个基因内部可以遗传的结构的改变,通常可引起一定的表型变化)。实际上畸变和点突变的界限并不明确,特别是微细的畸变更是如此。

导致遗传病DNA畸变可分为两类:单基因遗传病和多基因遗传病。

11.2.4.1 单基因遗传病

单基因遗传病是指受一对等位基因控制的遗传病,有6 600多种,并且每年在以10~50种的速度递增,单基因遗传病已经对人类健康构成了较大的威胁。较常见的有红绿色盲、血友病、白化病等。根据致病基因所在染色体的种类,通常又可分4类:

1. 常染色体显性遗传病

致病基因为显性并且位于常染色体上,等位基因之一突变,杂合状态下即可发病。致病基因可以是生殖细胞发生突变而新产生,也可以是由双亲任何一方遗传而来的。此种患者的子女发病的概率相同,均为1/2。此种患者的异常性状表达程度可不尽相同。在某些情况下,显性基因性状表达极其轻微,甚至临床不能查出,这种情况称为失显(non penetrance)。由于外显不完全,在家系分析时可见到中间一代人未患病的隔代遗传系谱,这种现象又称不规则外显(irregular dominance)。还有一些常染色体显性遗传病,在病情表现上可有明显的轻重差异,纯合子患者病情严重,杂合子患者病情较轻,这种情况称不完全外显(incomplete dominance)。

常见常染色体显性遗传病的病因和临床表现:

(1)多指(趾)、并指(趾)。临床表现:5指(趾)之外多生1~2指(趾),有的仅为一团软组织,无关节及韧带,也有的有骨组织。

(2)珠蛋白生成障碍性贫血。病因:珠蛋白肽链合成不足或缺失。临床表现:贫血。

(3)多发性家族性结肠息肉。病因:息肉大小不等,可有蒂,也可以是广底的,分布在下段结肠或全部结肠。临床表现:便血,常有腹痛、腹泻。

(4)多囊肾。病因:肾实质形成大小不等的囊泡,多为双侧。临床表现:腹痛,血尿,腹部有肿块,高血压和肾功能衰竭。

(5)先天性软骨发育不全。病因:长骨干骺端软骨细胞形成障碍,软骨内成骨变粗,影响骨的长度,但骨膜下成骨不受影响。临床表现:四肢粗短,躯干相对长,垂手不过髋关节,手指短粗,各指平齐,头围较大,前额前突出,马鞍形鼻梁,下颌前突,腰椎明显前突,臀部后凸。

(6)先天性成骨发育不全。临床表现:以骨骼易折、巩膜蓝色、耳聋为主要特点。

(7)视网膜母细胞瘤。临床表现:视力消失,瞳孔呈黄白色,发展可引起青光眼,眼球突出。

2. 常染色体隐性遗传病

致病基因为隐性并且位于常染色体上，基因性状是隐性的，即只有纯合子时才显示病状。此种遗传病父母双方均为致病基因携带者，故多见于近亲婚配者的子女。子代有1/4的概率患病，子女患病概率均等。许多遗传代谢异常的疾病，属常染色体隐性遗传病。按照"一基因、一个酶"(one gene one enzyme)或"一个顺反子、一个多肽"(one cistron one polypeptide)的概念，这些遗传代谢病的酶或蛋白分子的异常，来自各自编码基因的异常。

常见常染色体隐性遗传病的病因和临床表现：

(1) 白化病。病因：黑色素细胞缺乏酪氨酸酶，不能使酪氨酸变成黑色素。临床表现：毛发银白色或淡黄色，虹膜或脉络膜不含色素，因而虹膜和瞳孔呈蓝或浅红色，且惧光，部分有曲光不正、斜视及眼球震颤，少数患者智力低下。

(2) 苯丙酮尿症。肝脏中缺乏苯丙氨酸羟化酶，使苯丙氨酸不能氧化成酪氨酸，只能变成苯丙酮酸，大量苯丙氨酸及苯丙酮酸累积在血和脑积液中，并随尿排出，对婴儿神经系统造成不同程度的伤害，并抑制产生黑色素的酪氨酸酶，致使患儿皮肤毛发色素浅。临床表现：不同程度的智力低下，皮肤毛发色浅，尿有发霉臭味，发育迟缓。

(3) 半乳糖血症。病因：由于 $\alpha 1$ -磷酸半乳糖尿苷转移酶缺乏，使半乳糖代谢被阻断而积聚在血、尿、组织内，对细胞有损害，主要侵害肝、肾、脑及晶体体。临床表现：婴儿出生数周后出现体重不增、呕吐、腹泻、腹水等症状，可出现低血糖性惊厥、白内障、智力低下等。

(4) 黏多糖病。病因：黏多糖类代谢的先天性障碍，各种组织细胞内积存大量的黏多糖，形成大泡。临床表现：出生时正常，6个月到2岁时开始发育迟缓，可有智力及语言落后，表情呆板，皮肤略厚，似黏液水肿，可有骨关节多处畸形。

(5) 先天性肾上腺皮质增生症。病因：肾上腺皮质合成过程中的各种酶缺乏。临床表现：女性患者男性化，严重者可呈两性畸形；男性患者外生殖器畸形，假性性早熟，可合并高血压、低血钾等症状。

3. X连锁显性遗传病

X连锁显性遗传病病种较少，有抗维生素D性佝偻病等。这类病女性发病率高，这是由于女性有两条X染色体，获得这一显性致病基因的概率高之故，但病情较男性轻。男性患者病情重，他的全部女儿都将患病。

常见X伴性显性遗传病的病因和临床表现：

(1) 抗维生素D佝偻病。病因：甲状腺功能不足，影响体内磷、血钙的代谢过程，致使血磷降低，且维生素D治疗效果不好。临床表现为：身材矮小，可伴佝偻病和骨质疏松症的各种表现。

(2) 家族性遗传性肾炎。病因：肾小管发育异常，集合管比常人分支少，呈囊状，远曲小管薄，但近曲小管变化轻。临床表现为：慢性进行性肾炎，反复发作性血尿，1/3~1/2患者伴神经性耳聋。

4. X连锁隐性遗传病

致病基因在X染色体上，性状是隐性的，女性只是携带者，这类女性携带者与正常男性婚配，子代中的男性有1/2概率患病，女性不发病，但有1/2的概率是携带者。男性患者与正常女性婚配，子代中男性正常，女性都是携带者。因此X连锁隐性遗传在患病系中常表现为女性携带，男性患病。男性的致病基因只能随着X染色体传给女儿，不能传给儿子，称为交叉遗传。

常见X伴性隐性遗传病的病因和临床表现：

(1) 血友病A。病因：血浆中抗血友病球蛋白减少，AHG即第Ⅷ因子凝血时间延长。临床表现：轻微创伤即出血不止，不出血时与常人无异。

（2）血友病 B。病因：血浆中缺乏凝血酶成分 PTC，即第Ⅸ因子。临床表现同血友病 A。

（3）色盲。临床表现：全色盲对所有颜色看成无色，红绿色盲为不能区别红色和绿色。

（4）进行性肌营养不良。病因：为原发性横纹肌变性并进行性发展。临床表现：初为行走笨拙，易跌到，登梯及起立时有困难，从仰卧到起立必须先俯卧，双手撑地，再用两手扶小腿、大腿才能站起。进行性肌肉萎缩，但一般不累及面部及手部肌肉。

11.2.4.2 多基因遗传病

多基因遗传病是遗传信息通过两对以上致病基因的累积效应所致的遗传病，其遗传效应较多地受环境因素的影响。与单基因遗传病相比，多基因遗传病不是只由遗传因素决定，而是遗传因素与环境因素共同起作用。与环境因素相比，遗传因素所起的作用大小叫遗传度，用百分数表示。如精神病中最常见的也是危害人类精神健康最大的疾病——精神分裂症，是多基因遗传病，其遗传度为 80%，也就是说精神分裂症的形成中，遗传因素起了很大作用，而环境因素所起的作用则相对较小。多基因遗传病一般有家族性倾向，如精神分裂症患者的近亲中发病率比普通人群高出数倍，与患者血缘关系越近，患病率越高。多基因遗传病的易患性是属于数量性状，它们之间的变异是连续的。孟德尔式遗传即单基因遗传性状属于质量性状，它们之间的变异是不连续的。

多基因遗传病的特点：

（1）这类病有家族聚集现象，但患者同胞中的发病率远低于 1/2～1/4，且患者的双亲和子代的发病率与同胞相同。因此，不符合常染色体显、隐性遗传。

（2）遗传度在 60% 以上的多基因病中，病人的第一级亲属（指有 1/2 的基因相同的亲属，如双亲与子女以及兄弟姐妹之间，即为一级亲属）的发病率接近于群体发病率的平方根。例如唇裂，人群发病率为 1.7/1 000，其遗传度 76%，患者一级亲属发病率 4%，近于 0.001 7 的平方根。

（3）随着亲属级别的降低，患者亲属发病风险率明显下降。又如唇裂在一级亲属中发病率为 4%，二级亲属（叔、伯、舅、姨）中约 0.7%，三级亲属（堂兄弟姐妹、姑、姨表兄弟姐妹等）仅为 0.3%。

（4）亲属发病率与家族中已有的患者人数和患者病变的程度有关，家族病例数越多，病变越严重，亲属发病率就越高。

（5）近亲结婚所生子女的发病率比非近亲结婚所生子女的发病率高 50%～100%。

（6）有些多基因病有性别的差异和种族的差异。例如：先天性幽门狭窄，男子为女子的 5 倍；先天性髋脱臼，日本人发病率是美国人的 10 倍；唇裂在黑人中发病率为 0.04‰，白人为 1‰，而黄种人为 1.7‰，且男性发病率高于女性；无脑儿在英国发病率为 2‰，在北欧为 0.05‰，且女性高于男性。

（7）再发危险率（recurrent risk）与患儿数目有关。患儿愈多，发病率愈高。如一对夫妇已生育一例唇裂患儿时，再生唇裂的机会是 4%（一级亲属发病率）；如已生二例唇裂患儿，则再生唇裂机会增至 10%；三例唇裂患儿则再生唇裂的发病率可增至 16%。

常见的多基因遗传病种：

如先天性心脏病、小儿精神分裂症、家族性智力低下、脊柱裂、无脑儿、少年型糖尿病、先天性肥大性幽门狭窄、重度肌无力、先天性巨结肠、气道食道瘘、先天性腭裂、先天性髋脱位、先天性食道闭锁、马蹄内翻足、原发性癫痫、躁狂抑郁精神病、尿道下裂、先天性哮喘、睾丸下降不全、脑积水等。

11.2.5 DNA 损伤与修复

11.2.5.1 DNA 的损伤类型

DNA 分子的损伤类型有多种。UV 照射后 DNA 分子上的两个相邻的胸腺嘧啶(T)或胞嘧啶(C)之间可以共价键连接形成环丁酰环,这种环式结构称为二聚体(图 11.13)。胸腺嘧啶二聚体的形成是 UV 对 DNA 分子的主要损伤方式。

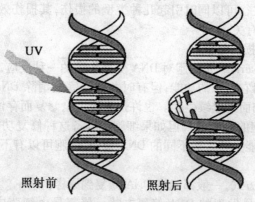

图 11.13 紫外线对 DNA 造成的损伤

X 射线、γ 射线照射细胞后,由细胞内的水所产生的自由基既可使 DNA 分子双链间氢键断裂,也可使它的单链或双链断裂(图 11.14)。化学物中的博莱霉素、甲基磺酸甲烷等烷化剂也能造成链的断裂。

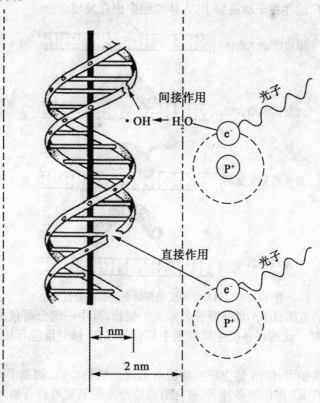

图 11.14 电离辐射引起的 DNA 损伤

丝裂霉素 C 可造成 DNA 分子单链间的交联,这种情况常发生在两个单链的对角的鸟嘌呤之间。链的交联也往往带来 DNA 分子的断裂。

DNA 分子还可以发生个别碱基或核苷酸的变化。例如碱基结构类似物 5 - 溴尿嘧啶等可以取代个别碱基,亚硝酸能引起碱基的氧化脱氨反应,原黄素(普鲁黄)等吖啶类染料和甲基氨基偶氮苯等芳香胺致癌物可以造成个别核苷酸对的增加或减少而引起移码突变(见基因突变)。

一种 DNA 损伤剂往往可以同时引起几种类型的损伤,其损伤效应的大小和类型与剂量及细胞所处的周期状态有关。

11.2.5.2 DNA 的损伤修复

DNA 修复(DNA repairing)是细胞对 DNA 受损伤后的一种反应,这种反应可能使 DNA 结构恢复原样,重新能执行它原来的功能;但有时并非能完全消除 DNA 的损伤,只是使细胞能够耐受这种 DNA 的损伤而能继续生存。也许这未能完全修复而存留下来的损伤会在适合的条件下显示出来(如细胞的癌变等),但如果细胞不具备这种修复功能,就无法对付经常发生的 DNA 损伤事件,就不能生存。对不同的 DNA 损伤,细胞可以有不同的修复反应。

1. 回复修复

这是较简单的修复方式,一般都能将 DNA 修复到原样。

(1)光修复:这是最早发现的 DNA 修复方式。修复是由细菌中的 DNA 光解酶(photolyase)完成,此酶能特异性识别紫外线造成的核酸链上相邻嘧啶共价结合的二聚体,并与其结合,这步反应不需要光;结合后如受 300~600 nm 波长的光照射,则此酶就被激活,将二聚体分解为两个正常的嘧啶单体,然后酶从 DNA 链上释放,DNA 恢复正常结构(图 11.15)。后来发现类似的修复酶广泛存在于动植物中,人体细胞中也有发现。

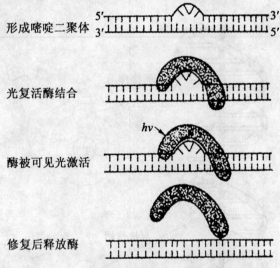

图 11.15 DNA 紫外线损伤的光复合酶直接修复

(2)单链断裂的重接:DNA 单链断裂是常见的损伤,其中一部分可仅由 DNA 连接酶(ligase)参与而完全修复。此酶在各类生物细胞中都普遍存在,修复反应容易进行。但双链断裂几乎不能修复。

(3)碱基的直接插入:DNA 链上嘌呤的脱落造成无嘌呤位点,能被 DNA 嘌呤插入酶(insertase)识别结合,在 K^+ 存在的条件下,催化游离嘌呤或脱氧嘌呤核苷插入生成糖苷键,且催化插入的碱基有高度专一性、与另一条链上的碱基严格配对,使 DNA 完全恢复。

(4)烷基的转移:在细胞中发现有一种 O^6 甲基鸟嘌呤甲基转移酶,能直接将甲基从 DNA 链鸟嘌呤 O^6 位上的甲基移到蛋白质的半胱氨酸残基上而修复损伤的 DNA。这个酶的修复能力并不很强,但在低剂量烷化剂作用下能诱导出此酶的修复活性。

2. 切除修复(excision repair)

切除修复是修复 DNA 损伤最为普遍的方式,对多种 DNA 损伤包括碱基脱落形成的无碱基位点、嘧啶二聚体、碱基烷基化、单链断裂等都能起修复作用。这种修复方式普遍存在于各种生物细胞中,也是人体细胞主要的 DNA 修复机制。修复过程需要多种酶的一系列作用,基本步骤如下(图 11.16):

(1)首先由核酸酶识别 DNA 的损伤位点,在损伤部位的 5′侧切开磷酸二酯键。不同的 DNA 损伤需要不同的特殊核酸内切酶来识别和切割。

(2)由 5′→3′核酸外切酶将有损伤的 DNA 片段切除。

(3)在 DNA 聚合酶的催化下,以完整的互补链为模板,按 5′→3′方向 DNA 链,填补已切除的空隙。

(4)由 DNA 连接酶将新合成的 DNA 片段与原来的 DNA 断链连接起来。这样完成的修复能使 DNA 恢复原来的结构。

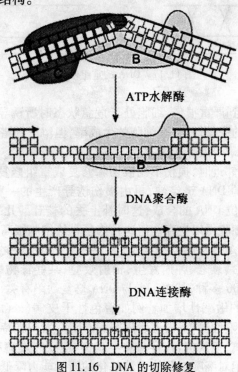

图 11.16 DNA 的切除修复

3. 重组修复(recombinational repair)

上述的切除修复在切除损伤段落后是以原来正确的互补链为模板来合成新的段落而做到修复的。但在某些情况下没有互补链可以直接利用,例如在 DNA 复制进行时发生 DNA 损伤,此时 DNA 两条链已经分开,其修复方式如下(图 11.17):

(1)受损伤的 DNA 链复制时,产生的子代 DNA 在损伤的对应部位出现缺口。

(2)另一条母链 DNA 与有缺口的子链 DNA 进行重组交换,将母链 DNA 上相应的片段填补子链缺口处,而母链 DNA 出现缺口。

(3)以另一条子链 DNA 为模板,经 DNA 聚合酶催化合成一新 DNA 片段填补母链 DNA

的缺口,最后由 DNA 连接酶连接,完成修补。

重组修复不能完全去除损伤,损伤的 DNA 段落仍然保留在亲代 DNA 链上,只是重组修复后合成的 DNA 分子是不带有损伤的,但经多次复制后,损伤就被"冲淡"了,在子代细胞中只有一个细胞是带有损伤 DNA 的。

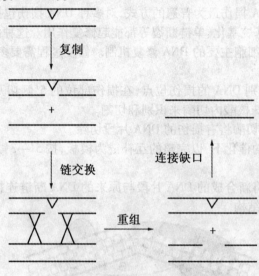

图 11.17　DNA 的重组修复

4. SOS 修复

SOS 修复是指 DNA 受到严重损伤、细胞处于危急状态时所诱导的一种 DNA 修复方式,修复结果只能维持基因组的完整性,提高细胞的生成率,但留下的错误较多,故又称为错误倾向修复(error prone repair),使细胞有较高的突变率。

当 DNA 两条链的损伤邻近时,损伤不能被切除修复或重组修复,这时在核酸内切酶、外切酶的作用下造成损伤处的 DNA 链空缺,再由损伤诱导产生的一整套的特殊 DNA 聚合酶 SOS 修复酶类,催化空缺部位 DNA 的合成,这时补上去的核苷酸几乎是随机的,但仍然保持了 DNA 双链的完整性,使细胞得以生存。但这种修复带给细胞很高的突变率。

目前对真核细胞的 DNA 修复的反应类型、参与修复的酶类和修复机制了解还不多,但 DNA 损伤修复与突变、寿命、衰老、肿瘤发生、辐射效应、某些毒物的作用都有密切的关系。人类遗传性疾病已发现 4 000 多种,其中不少与 DNA 修复缺陷有关,这些 DNA 修复缺陷的细胞表现出对辐射和致癌剂的敏感性增加。例如着色性干皮病(xeroderma pigmentosum)就是发现的第一个 DNA 修复缺陷性遗传病,患者皮肤和眼睛对太阳光特别是紫外线十分敏感,身体曝光部位的皮肤干燥脱屑、色素沉着、容易发生溃疡、皮肤癌发病率高,常伴有神经系统障碍、智力低下等,病人的细胞对嘧啶二聚体和烷基化的清除能力降低。

11.3 RNA 的生物合成

DNA 贮存着决定生物特征的遗传信息,只有通过蛋白质才能表达出它的生命意义,直接决定蛋白质合成及蛋白质特征的不是 RNA 而是 DNA,因而人们确定 DNA 是遗传信息贮存者后就推测 DNA 是通过 RNA 的去决定蛋白质合成的。20 世纪 50 年代末 RNA 聚合酶的发现开始证实了这一推测。

以 DNA 为模板合成 RNA 的过程称为转录(transcription)。转录是生物界 RNA 合成的主要方式,是遗传信息从 DNA 向 RNA 的传递过程,也是基因表达的开始。

11.3.1 RNA 聚合酶

转录也是一种酶促的核苷酸聚合过程,所需的酶叫做 RNA 聚合酶(RNA polymerase),也叫做依赖 DNA 的 RNA 聚合酶(DNA - dependent RNA polynerase, DDRP)。其主要功能是以一条 DNA 链或 RNA 为模板催化由核苷 - 5′- 三磷酸合成 RNA。

真核和原核细胞内都存在有 DDRP,迄今发现的 DDRP 有以下特点:

(1) 以 DNA 为模板:在 DNA 的两条多苷酸链中只有其中一条链作为模板,这条链叫做模板链(template strand),又叫做无意义链。DNA 双链中另一条不做为模板的链叫做编码链,又叫做有意义链,编码链的序列与转录本 RNA 的序列相同,只是在编码链上 T 在 RNA 转录为 U,由于 RNA 的转录合成是以 DNA 的一条链为模板而进行的,所以这种转录方式又叫做不对称转录。

(2) 都以四种三磷酸核苷的底物为原料。

(3) 都遵循 DNA 与 RNA 之间的碱基配对原由,A = U,T = A,C = G,合成与模板 DNA 序列互补的 RNA 链。

(4) RNA 链的延长方向是 5′→3′的连续合成。

(5) 需要 Mg^{2+} 或 Mn^{2+} 离子。

(6) 并不需要引物。RNA 聚合酶缺乏 3′→5′外切酶活性,所以没有校正功能。

RNA 聚合酶催化下列反应:

$$(NMP)_n + NTP \xrightarrow[DNA,Mg^{2+}]{RNA\ 聚合酶} (NMP)_{n+1} + PPi$$

11.3.1.1 原核细胞的 RNA 聚合酶

大肠肝菌 RNA 聚合酶的研究是比较透彻的,这是一个分子量达 50 多万,全酶由五亚基组成,去掉 δ 亚基的部分称为核心酶,核心酶本身就能催化苷酸间磷酸二酸键形成。利福平和利福霉素能结合在 β 亚基上而对此酶发生强烈的抑制作用。β 亚基似乎是酶和核苷酸底物结合的部位。细胞内转录是在 DNA 特定的起始点上开始的。δ 亚基的功能是辨认转录起始点的。β′亚基是酶与 DNA 模板结合的主要成分。α 亚基可能与转录基因的类型和种类有关(表 11.3)。

表 11.3 大肠杆菌 RNA 聚合酶

亚单位	分子量	亚单位数目	功能
α	36 512	2	决定哪些基因被转录
β	150 618	1	与转录全过程有关
β	155 613	1	结合 DNA 模板
δ	70 263	1	辨认

11.3.1.2 真核细胞的 RNA 聚合酶

真核生物中已发现有四种 RNA 聚合酶,分别称为 RNA 聚合酶Ⅰ、Ⅱ、Ⅲ和线粒体 RNA 聚合酶,分子量大致都在 50 万道尔顿左右,它们专一性地转录不同的基因,因此由它们催化的转录产物也各不相同。RNA 聚Ⅰ合成 RNA 的活性最显著,它位于核仁中,负责转录编码 rRNA 的基因。而细胞内绝大部分 RNA 是 rRNA。RNA 聚合酶Ⅱ,位于核质中,负责核内不匀一 RNA 的合成,而 hnRNA 是 mRNA 的前体。RNA 聚合酶Ⅲ负责合成 tRNA 和许多小的核内 RNAs。鹅膏蕈碱是真核生物 RNA 聚合酶特异性抑制剂,三种真核生物 RNA 聚合酶对鹅膏蕈碱的反应不同,见表 11.4,原核生物靠 RNA 聚合酶就可完成从起始、延长、终止的转录全过程,真核生物转录除 RNA 聚合酶外还需另一叫做转录因子的蛋白质分子参与转录的全过程。

表 11.4 真核生物的 RNA 聚合酶

种类	分布	合成的 RNA 类型	对 α-鹅膏蕈碱的敏感性
Ⅰ	核仁	rRNA	不敏感
Ⅱ	核质	hnRNA	低浓度敏感
Ⅲ	核质	tRNA,5sRNA	高浓度敏感
Mt	线粒体	线粒体 RNAs	不敏感

11.3.2 基因转录的过程

基因的转录过程分为识别与起始、延长和终止三个阶段。

11.3.2.1 识别

转录是从 DNA 分子的特定部位开始的,这个部位也是 RNA 聚合酶全酶结合的部分,这就是启动子。RNA 聚合酶能够仅在启动子处结合是由于启动子处的核苷酸序列具有特殊性。为了方便,人们将在 DNA 上开始转录的第一个碱基定为 +1,沿转录方向顺流而下的核苷酸序列均用正值表示;逆方向而上的核苷酸序列均用负值表示。

对原核生物的 100 多个启动子的序列进行了比较后发现:在 RNA 转录起始点上游大约 -10 bp 和 -35 bp 处有两个保守的序列,在 -10 bp 附近,有一组 5′-TATAATpu 的序列,这是 Pribnow 首先发现的称为 Pribnow 框,RNA 聚合酶就结合在此部位上。-35 bp 附近,有一组 5′-TTGACG- 的序列;已被证实与转录起始的辨认有关,是 RNA 聚合酶中的 δ 亚基识别并结合的位置。-35 序列的重要性还在于在很大程度上决定了启动子的强度。

由于 RNA 聚合酶分子很大,大约能覆盖 70 bp 的 DNA 序列,因此酶分子上的一个适合部位就能占据从 -35 到 -10 序列区域(图 11.18)。

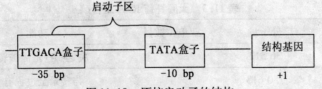

图 11.18 原核启动子的结构

真核生物的启动子有其特殊性,真核生物有三种 RNA 聚合酶,每一种都有自己的启动子类型。以 RNA 聚合酶Ⅱ的启动子结构为例,人们比较了上百个真核生物 RNA 聚合酶Ⅱ的启动子核苷酸序列发现:在-25区有TATA框,又称为Hogness框或Goldberg-Hogness框。其一致序列为T28A97A93A85A63T37A83A50T37,基本上都由A、T碱基所组成,离体转录实验表明,TATA框决定了转录起点的选择,天然缺少TATA框的基本可以从一个以上的位点开始转录。在-75区有CAAT框,其一致的序列为GGTCAATCT。有实验表明,CAAT框与转录起始频率有关,例如缺失GG,兔子的β珠蛋白基因转录效率只有原来的12%。

除启动子外,真核生物转录起始点上游处还有一个称为增强子的序列,它能极大地增强启动子的活性,它的位置往往不固定,可存在于启动子上游或下游,对启动子来说它们正向排列和反向排列均有效,对异源的基因也起到增强作用,但许多实验证实它仍可能具有组织特异性,例如免疫球蛋白基因的增强子只有在B淋巴细胞内活性最高,胰岛素基因和胰凝乳蛋白酶基因的增强子也都有很高的组织特异性。

11.3.2.2 延长

在原核生物中,当RNA聚合酶的δ亚基发现其识别位点时,全酶就与启动子的-35区序列结合形成一个封闭的启动子复合物。由于全酶分子较大,其另一端可到-10区的序列,在某种作用下,整个酶分子向-10序列转移并与之牢固结合,在此处发生局部解链形成全酶和启动子的开放性复合物。在开放性启动子复合物中起始位点和延长位点被相应的核苷酸前体充满,在RNA聚合酶β亚基催化下形成RNA的第一个磷酸二酸键。RNA合成的第一个核苷酸总有GTP或ATP,以GTP常见,此时δ因子从全酶解离下来,靠核心酶在DNA链上向下游滑动,而脱落的δ因子与另一个核心酶结合成全酶反复利用。

真核生物转录起始十分复杂,往往需要多种蛋白因子的协助,已知在所有的细胞中有一类叫做转录因子的蛋白质分子,它们与RNA聚合酶Ⅱ形成转录起始复合物,共同参与转录起始的过程。这些转录因子大致分为两类:第一类为普遍转录因子,它们与RNA聚合酶Ⅱ共同组成转录起始复合物,转录才能在正确的位置上开始。普遍转录因子是由多种蛋白质分子组成的,其中包括特异结合在TATA盒上的蛋白质,叫做TATA盒结合蛋白,还有自成一组复合物叫做转录因子ⅡD。TFⅡD再与RNA聚合酶Ⅱ结合完成转录起始复合物的形成(图11.19)。

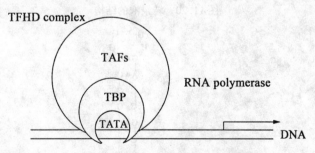

图11.19 转录起始复合物的模式

除TFⅡD以外,在细胞核提取物中还发现TFⅡA,TFⅡF,TFⅡE,TFⅡH等,它们在转录起始复合物组装的不同阶段起作用,像TFⅡH就有旋转酶活性,它可利用ATP分解产生的能量,导致起始点双螺旋的打开,使RNA聚合酶得以发挥作用。

第二类转录因子为组织细胞特异性转录因子或者叫可诱导性转录因子,这些TF是在特异的组织细胞或是受到一些类固醇激素,生长因子或其他刺激后,开始表达某些特异蛋白质分子时，才需要的一类转录因子。

RNA 的转录过程是由同一个 RNA 聚合酶来完成的一个连续下断的反应，转录本 RNA 生成后，暂时与 DNA 模板链形成 DNA·RNA 杂交体，长度约为 12 个碱基对，形成一个转录泡（图 11.20）。转录速度约为每秒钟 30～50 个核苷酸，但并不是以恒定速度进行的。在电子显微镜下观察转录现象，可以看到同一 DNA 模板上，有长短不一的新合成的 RNA 链散开成羽毛状图形，这说明在同一 DNA 基因上可以有很多的 RNA 聚合酶在同时催化转录，生成相应的 RNA 链。而且较长的 RNA 链上已看到核糖体附着，形成多聚核糖体。说明某些情况下，转录过程未完全终止，即已开始进行翻译。

11.3.2.3 终止

合成移到终止信号时，酶不滑动，聚合停止，转录完成。DNA 模板上的转录终止信号有两种情况：一类是不依赖于蛋白质因子而实现的终止作用，另一类是依赖蛋白质辅因子才能实现的终止作用，这种蛋白质辅因子称为释放因子，通常又称 ρ 因子。两类终止信号有共同的序列特征，在转录终止之前有一段回文结构（图 11.21），回文序列是一段方向相反，碱基互补的序列，在这段互补序列之间由几个碱基隔开，不依赖 ρ 因子的终止序列中富含 G·C 碱基对，其下有 6～8 个 A；而依赖 ρ 因子的终止序列中 G·C 碱基对含量较少，其下游也没有固定的特征，其转录生成的 RNA 可形成二级结构——发夹结构，可与 RNA 聚合酶某种特定的空间结构相嵌合，阻碍了 RNA 聚合酶进一步发挥作用。除 DNA 模板本身的终止信号外，在 λ 噬菌体中，发现一些蛋白质有协助 RNA 聚合酶跨越终止部位的作用，叫做抗转录终止蛋白，例如 λ 噬菌体的 N 基因产物。

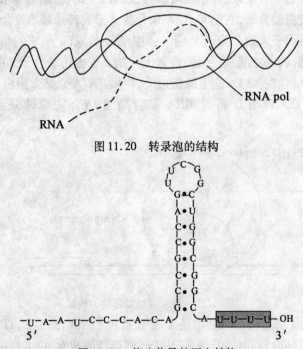

图 11.20　转录泡的结构

图 11.21　终止信号的回文结构

11.3.3 基因转录的方式

11.3.3.1 对称转录

同时由许多不同的 RNA 聚合酶与互补的 DNA 两条单链识别并在每条单链 DNA 模板上按 $3'→5'$ 移动,合成新生 RNA 链,RNA 链的延长方向是 $5'→3$,这种转录方式为对称转录 (sysmmetric transcription)。该转录方式并不是主要的。

11.3.3.2 不对称转录

对于不同的基因来说,其转录信息可以存在于两条不同的 DNA 链上。能够转录 RNA 的那条 DNA 链称为有意义链(模板链),而与之互补的另一条 DNA 链称为反意义链(编码链)。以双链 DNA 中的一条链作为模板进行转录,从而将遗传信息由 DNA 传递给 RNA 的转录方式成为不对称转录。

11.3.4 转录产物的加工修饰

各种 RNA 合成时,先以 DNA 为模板生成分子量较大的 RNA 前体(初级转录产物),然后在专一酶的作用下切除多余的部分,或进行修饰,最后才生成有活性的"成熟"RNA。这个过程称为"转录后加工"。转录时产生的 tRNA 和 rRNA 前体需要进一步加工,真核生物 mRNA 前体也进行加工,原核生物 mRNA 不需要加工,它在合成尚未完成时已开始在蛋白质生物合成系统中发挥作用。转录产物的加工可分为剪切与剪接、末端添加核苷酸、修饰、RNA 编辑等等。

11.3.4.1 mRNA 前体的加工

原核生物中转录生成的 mRNA 为多顺反子,即几个结构基因,利用共同的启动子和共同终止信号经转录生成一条 mRNA,所以此 mRNA 分子编码几种不同的蛋白质。例如乳糖操纵子上的 Z、Y 及 A 基因,转录生成的 mRNA 可翻译生成三种酶,即半乳糖苷酶,透过酶和乙酰基转移酶。原核生物中没有核模,所以转录与翻译是连续进行的,往往转录还未完成,翻译已经开始了,因此原核生物中转录生成的 mRNA 没有特殊的转录后加工修饰过程。真核生物转录生成的 mRNA 为单顺反子,即一个 mRNA 分子只为一种蛋白质分子编码。

真核生物 mRNA 的加工修饰,主要包括对 $5'$ 端和 $3'$ 端的修饰以及对中间部分进行剪接。

1. $5'$ 端加帽

成熟的真核生物 mRNA,其结构的 $5'$ 端都有一个通过三磷酸键连接在 mRNA $5'$ 端核苷酸残基上的 7-甲基鸟苷的帽子(图 11.22)。

真核生物 mRNA $5'$ 端帽子结构的重要性在于它是 mRNA 作为翻译起始的必要的结构,对核糖体对 mRNA 的识别提供了信号,这种帽子结构还可能增加 mRNA 的稳定性,保护 mRNA 免遭 $5'$ 外切核酸酶的攻击。

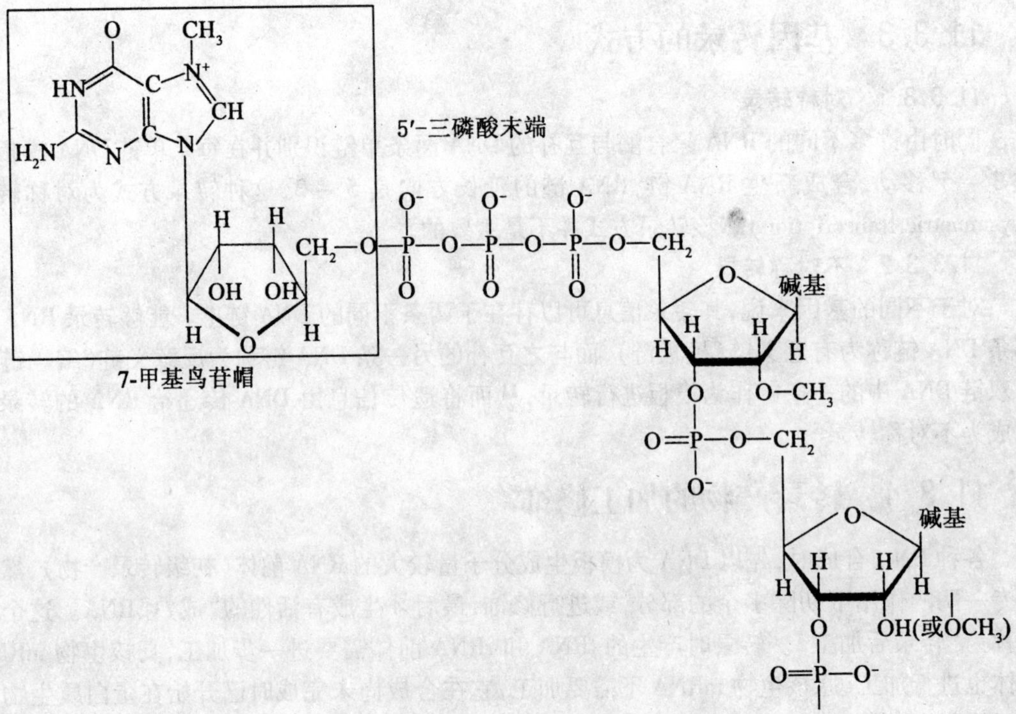

图 11.22　真核 mRNA 的 5′帽子结构

2. 3′端加尾

大多数的真核 mRNA 都有 3′端的多聚尾巴(A),多聚(A)尾巴大约为 200 bp。多聚(A)尾巴不是由 DNA 编码的,而是转录后在核内加上去的。受 polyA 聚合酶催化,该酶能识别 mRNA 的游离 3′-OH 端,并加上约 200 个 A 残基。

近年来已知,在大多数真核基因的 3′—端有一个 AATAA 序列,这个序列是 mRNa 3′-端加 polyA 尾的信号。靠核酸酶在此信号下游 10-15 碱基外切断磷酸二酯键,在 polyA 聚合酶催化下,3′-OH 上逐一引入 100~200 个 A 碱基(图 11.23)。

polyA 尾巴的功能目前还不完全清楚。有人推测 polyA 可能与 mRNA 从细胞核转送到细胞质有关,但是相当数量的没有 polyA 尾巴的 mRNA,如组蛋白 mRNA,也照样通过核膜进入细胞质。还有人认为这种结构对真核 mRNA 的翻译效率具有某种作用,并能稳定 mRNA 结构,保持一定的生物半衰期。

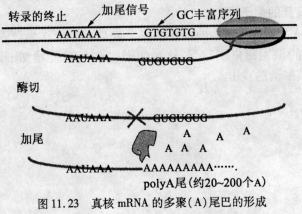

图 11.23　真核 mRNA 的多聚(A)尾巴的形成

3. mRNA 前体(hnRNA)的拼接

原核生物的结构基因是连续编码序列,而真核生物基因往往是不连续的,或称断裂基因(split gene),即一个完整的基因被一个或多个插入的片段所间隔。这些插入片段可有几百乃至上千个碱基,它们不编码任何蛋白质分子或成熟的 RNA。把这些插入而不编码的序列称为内含子(intron),而把被间隔的编码蛋白质的基因部分称为外显子(extron)。真核生物的 mRNA 转录后,先加上"帽子"和接上"尾巴",后除去内含子。真核生物 mRNA 前体物的剪切加工,包括内含子的剪除、留下的片段拼接为成熟 mRNA 等过程,故称为 RNA 剪接(RNA splicing)(图 11.24)。整个剪接过程完成后,5′端的"帽子"和 3′端的"尾巴"并不丢失。

一个真核生物结构基因中内含子的数量,往往与这个基因的大小有关,例如胰岛素是一个很小的蛋白质,它的结构基因只有两个内含子,而有些很大的蛋白质,它的结构基因中可以有几十个内含子。

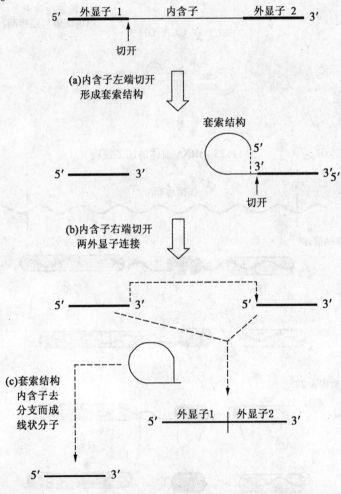

图 11.24　mRNA 的剪接

11.3.4.2　tRNA 前体的加工

原核生物和真核生物刚转录生成的 tRNA 前体一般无生物活性,需要进行以下三个步骤的加工(图 11.25):

(1)切除多余的核苷酸:tRNA 前体在 tRNA 剪切酶的作用下,切成一定小的 tRNA 分子。

RNase p 切除 5′-端多余的核苷酸；RNase D 切除 3′端多余的核苷酸。

(2) 剪切内含子：核酸内切酶切除内含子，并且连接酶进行连接。

(3) 修饰与 3′末端加 -CCA：修饰包括甲基化，脱氨基，还原反应等，在核苷酸基转移酶催化下完成 3′末端添加 CCA。

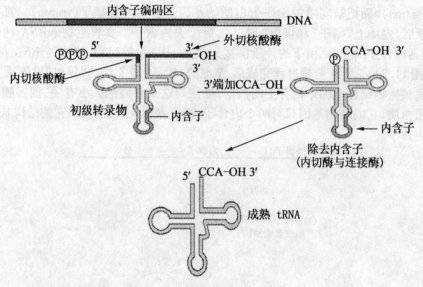

图 11.25 tRNA 前体的加工过程

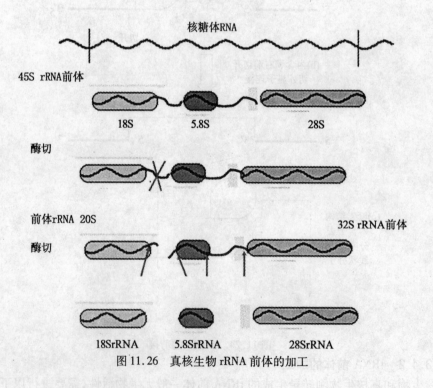

图 11.26 真核生物 rRNA 前体的加工

11.3.4.3 rRNA 转录后加工

原核生物 rRNA 转录后加工，包括以下几方面：

(1) rRNA 前体被大肠杆菌 RNaseⅢ、RNaseE 等剪切成一定链长的 rRNA 分子;
(2) rRNA 在修饰酶催化下进行碱基修饰;
(3) rRNA 与蛋白质结合形成核糖体的大、小亚基。

真核生物 rRNA 前体比原核生物大,哺乳动物的初级转录产物为 45S,低等真核生物的 rRNA 前体为 38S,真核生物 5SRNA 前体独立于其他三种 rRNA 的基因转录(图 11.26)。

1982 年,T. Cech 在研究原生动物四膜虫的 26SrRNA 的时候,发现它的一个内含子在除去了所有蛋白质后,剪接仍可完成,只需有鸟苷或鸟苷酸(但两者要有 3′-OH),就能自我剪接。这种 rRNA 的自身剪接反应给人们一个提示:即 RNA 分子也有酶的催化活性。这向酶的化学本质是蛋白质这一传统概念提出了挑战。这种有酶催化活性的 RNA 分子命名为核酶 (Ribozyme)。

11.3.5 RNA 的复制合成

前述以 DNA 为模板合成 RNA 是生物界 RNA 合成的主要方式(DNA 指导的 RNA 合成,即转录),但有些生物像某些病毒,噬菌体它们的遗传信息贮存在 RNA 分子中,当它们进入宿细胞后,靠复制而传代,它们在 RNA 指导的 RNA 聚合酶催化下合成 RNA 分子,当以 RNA 为模板时,在 RNA 复制酶作用下,按 5′→3′方向合成互补的 RNA 分子,但 RNA 复制酶中缺乏校正功能,因此 RNA 复制时错误率很高,这与反转录酶的特点相似。RNA 复制酶只对病毒本身的 RNA 起作用,而不会作用于宿主细胞中的 RNA 分子。

习 题

1. 请列举与 DNA 复制有关的几种酶。
2. 请比较原核生物和真核生物 DNA 复制的异同。
3. 环状 DNA 双链的复制类型有哪些?
4. 列举 DNA 损伤的类型?生物体是如何对损伤进行修复的?
5. DNA 突变的类型有哪些?
6. 真核生物的 mRNA 前体加工包括哪几个步骤?
7. 真核生物 mRNA 的 5′-帽子结构和 3′-多聚 A 有何生物功能?
8. 什么是核酶?其发现有何重要意义?

第12章 蛋白质代谢

12.1 概 述

蛋白质由氨基酸组成,我们日常生活中食用的如肉、蛋、奶等食物都含有丰富的蛋白质,蛋白质是肌体细胞的重要组成部分,是人体组织更新和修补的主要原料。人体不能直接用食物蛋白质来更新和修补组织,必须先经过消化、消除蛋白质的种属特异性,将复杂的大分子蛋白质转变为简单的小分子氨基酸,以便吸收后再重新合成人体自身特有的蛋白质。

12.1.1 蛋白质的消化与吸收

12.1.1.1 蛋白酶

1. 概述

蛋白酶(protease)又称肽链内切酶,是生物体内的一类能够催化肽键断裂,从而分解蛋白质的酶。

蛋白酶分布广泛,主要存在于人和动物的消化道内,在植物和微生物中含量丰富。由于动植物资源有限,工业上生产蛋白酶制剂主要利用枯草杆菌、栖土曲霉等微生物发酵制备。

2. 分类

蛋白酶种类很多,主要有胃蛋白酶、胰蛋白酶、组织蛋白酶、木瓜蛋白酶和枯草杆菌蛋白酶等。

按其水解多肽的方式可以将其分为内肽酶和外肽酶两类。内肽酶将蛋白质分子内部切断,形成分子量较小的朊和胨。外肽酶从蛋白质分子的游离氨基或羧基的末端逐个将肽键水解,而游离出氨基酸,前者为氨基肽酶后者为羧基肽酶。工业生产上应用的蛋白酶,主要是内肽酶。

按其活性中心和最适 pH 值,又可将蛋白酶分为丝氨酸蛋白酶、巯基蛋白酶、金属蛋白酶和酸性蛋白酶。按其反应的最适 pH 值,分为酸性蛋白酶、中性蛋白酶和碱性蛋白酶。

3. 专一性

蛋白酶对所作用的反应底物有严格的选择性,一种蛋白酶仅能作用于蛋白质分子中一定的肽键。例如胰蛋白酶水解由碱性氨基酸的羧基所形成的肽键,胰凝乳蛋白酶水解由芳香族氨基酸的羧基所形成的肽键,而胃蛋白酶能迅速水解由芳香族氨基酸的氨基和其他氨基酸形成的肽键,也能较缓慢地水解其他一些氨基酸(如亮氨酸)和酸性氨基酸参与形成的肽键。

4. 应用

蛋白酶已广泛应用在皮革、毛皮、丝绸、医药、食品、酿造等方面。皮革工业的脱毛和软化已大量利用蛋白酶,既节省时间,又改善劳动卫生条件。蛋白酶还可用于蚕丝脱胶、肉类嫩化、酒类澄清。临床上可作药用,如用胃蛋白酶治疗消化不良,用酸性蛋白酶治疗支气管炎,用弹性蛋白酶治疗脉管炎以及用胰蛋白酶、胰凝乳蛋白酶对外科化脓性创口的净化及胸腔间浆膜粘连的治疗。加酶洗衣粉是洗涤剂中的新产品,含碱性蛋白酶,能去除衣物上的血渍和蛋白污物,但使用时注意不要接触皮肤,以免损伤皮肤表面的蛋白质,引起皮疹、湿疹等过敏现象。

12.1.1.2 蛋白质的消化

蛋白质的消化过程主要分为两部分,首先是在胃里进行初步消化,胃蛋白酶初步分解蛋白质成分子量较小的多肽,进入小肠后受到来自胰脏的胰蛋白酶和胰糜蛋白酶的作用,进一步分解为更小的肽。最后小肽被肠粘膜里的二肽酶、氨肽酶及羧肽酶分解为氨基酸,氨基酸可以被直接吸收利用,也可以进一步氧化供能。

蛋白质的完全降解需要多种酶之间复杂的相互作用。胃蛋白酶、胰蛋白酶和胰凝乳蛋白酶是内肽酶它们从长的多肽链内部将肽键水解,水解的最终产物仍然是相当大的小肽,即寡肽。这三种酶的区别在于它们的特异性和它们水解的氨基酸的位点不同(氨基端或者羟基端)。胰蛋白酶水解赖氨酸和精氨酸残基羟基端的肽键,而胰凝乳蛋白酶则对于酪氨酸、苯丙氨酸或色氨酸残基羟基端的肽键专一。与胰蛋白酶和胰凝乳蛋白酶相比,胃蛋白酶的效率略低,它对于酪氨酸和苯丙氨酸氨基端肽键特异。这三种内肽酶可能使长链多肽降解为小的多肽。

12.1.1.3 蛋白质的吸收

无论是食入的蛋白质(100 g/d)或内源性蛋白质(25~35 g/d),经消化分解为氨基酸后,几乎全部被小肠吸收。经煮过的蛋白质因变性而易于消化,在十二指肠和近端空肠就被迅速吸收,未经煮过的蛋白质和内源性蛋白质较难消化,需进入回肠后才基本被吸收。

氨基酸的吸收具有主动性。目前在小肠壁上已确定出3种主要的转运氨基酸的特殊运载系统,它们分别转动中性、酸性或碱性氨基酸。一般来讲,中性氨基酸的转运比酸性或碱性氨基酸速度快。与单糖的吸收相似,氨基酸的吸收也是通过与钠吸收耦联的,钠泵的活动被阻断后,氨基酸的转运便不能进行。氨基酸吸收的路径几乎完全是经血液的,当小肠吸收蛋白质后,门静脉血液中的氨基酸含量即行增加。

二肽和三肽也可完整地被小肠上皮细胞吸收,而且肽的转运系统吸收效率可能比氨基酸更高。进入细胞内的二肽和三肽,可被细胞内的二肽酶和三肽酶进一步分解为氨基酸,再进入血液循环。

此外,许多实验证明,小量的食物蛋白可完整地进入血液,由于吸收的量很少,从营养的角度来看是无意义的;相反,它们常可作为抗原而引起过敏反应或中毒反应,对人体不利。

12.1.2 蛋白质的营养价值

大多数微生物和植物能够合成所有20种标准氨基酸;动物则由于缺乏某些氨基酸合成途径中特定氨基酸合成反应所需的关键酶,如从天冬氨酸生成赖氨酸、甲硫氨酸和苏氨酸的合成反应第一步中发挥催化作用的天冬氨酸激酶,而只能合成部分氨基酸。因此,动物必须从食物中获取这些自身无法合成的氨基酸。一个生物体所无法合成而需从食物中获取的氨基酸被称为必需氨基酸。如果环境中存在所需氨基酸,微生物能够直接摄取这些氨基酸,而下调其自身的合成水平,从而节省了原来需要用于合成反应的能量。

动物所摄取的氨基酸来源于食物中所含的蛋白质。摄入的蛋白质通过消化作用而被降解,这一过程通常包括蛋白质在消化系统的酸性环境下发生变性,变性后的蛋白质被蛋白酶水解成氨基酸或小段的肽。随后这些降解片断就可以被吸收。部分吸收后的氨基酸被用于蛋白质的合成,其余的则通过糖异生作用被转化为葡萄糖或进入三羧酸循环进行代谢。蛋白质的营养作用在饥饿环境下显得特别重要,此时机体可以利用自身的蛋白质,特别是肌肉中的蛋白质,来产生能量以维持生命活动。蛋白质/氨基酸也是食物中重要的氮源。

人体所需蛋白质在许多食物中都含量丰富,如动物肌肉、乳制品、蛋、豆类、谷类和薯类等。人体中蛋白质缺乏可以导致全身浮肿、皮肤干燥病变、头发稀疏脱色、肌肉重量减轻、免疫力下降等。食物中的蛋白质有时会引起过敏反应。

一般来说,动物蛋白质所含的必需氨基酸的种类、数量和比例,都比较合乎人体的需要。植物蛋白质则差一些,但也有完全蛋白质,如豆类蛋白质的氨基酸组成和人体蛋白质的组成接近,因此有较高的营养价值。此外,葵花子、杏仁、栗、荞麦、芝麻、花生、马铃薯及绿色蔬菜中均含有完全蛋白质。例如:人体组织蛋白质每 100 g 中含有苯丙氨酸 1 g、蛋氨酸 1 g、亮氨酸 1 g,这三种氨基酸组成比为 1:1:1。如果某种食物蛋白质 100 g 中含有苯丙氨酸 1 g、蛋氨酸 1 g,而亮氨酸只有 0.5 g,即这三种氨基酸组成比为 1:1:0.5 时,当该蛋白质摄入体内,经消化分解成氨基酸,并再组成人体组织蛋白质,人体只能按 1:1:1 的比例利用其苯丙氨酸 0.5 g、蛋氨酸 0.5 g、亮氨酸 0.5 g,即只能以这种蛋白质中含量最低的氨基酸来决定其他氨基酸的利用程度,并以此决定了这种蛋白质的营养价值,也就是说这种蛋白质仅有 50% 的部分被利用。

多种食物蛋白质混合食用时,其所含的氨基酸之间可取长补短,相互补充,从而提高了食物蛋白质的营养价值。两种以上非优质蛋白质混合食用,或在非优质蛋白质的食品中加入少量完全蛋白质,其营养价值也可提高。此外,各种氨基酸必须同时摄取,才能达到最高利用率,即使仅相隔 1~2 h,其利用率也会受到影响。因此,8 种必需氨基酸应当按一定比例同时存在于血液和组织中,人体才能最有效地利用它们来组成组织蛋白质。

12.2 氨基酸的代谢

氨基酸分解代谢时先脱去氨基,产生氨和 α-酮酸。氨主要在肝中合成尿素然后排出。α-酮酸则进一步氧化成 H_2O 和 CO_2,或转化为糖和脂肪。

12.2.1 氨基酸的脱氨基作用

脱氨基作用是指氨基酸在酶的催化下脱去氨基生成 α-酮酸的过程,这是氨基酸在体内分解的主要方式。参与人体蛋白质合成的氨基酸共有 20 种,它们的结构不同,脱氨基的方式也不同,主要有氧化脱氨、转氨、联合脱氨和非氧化脱氨等,以联合脱氨基最为重要。

12.2.1.1 氧化脱氨基作用

氧化脱氨基作用(oxidative deamination)是指在酶的催化下氨基酸在氧化脱氢的同时脱去氨基的过程。其反应通式为:

$$R-\underset{\underset{NH_2}{|}}{\overset{\overset{H}{|}}{C}}-COOH + 1/2\ O_2 \longrightarrow R-\underset{\underset{O}{\|}}{C}-COOH + NH_3$$

氨基酸   酮酸

上式可以看出,每消耗 1/2 分子氧产生一分子 α-酮酸和一分子氨。该反应实际包括脱氢和水解两个化学反应。脱氢反应是酶促反应,其产物为亚氨基酸,亚氨基酸在水中极不稳定,能自发分解为氨和 α-酮酸,其过程如下:

$$\underset{NH_2}{\underset{|}{R-\overset{H}{\underset{|}{C}}-COOH}} \xrightarrow[\underset{(FMD)}{FMN} \quad \underset{(FADH_2)}{FMNH_2}]{\text{氨基酸氧化酶}} \underset{\text{亚氨基酸}}{R-\underset{\|}{C}-COOH} \xrightarrow[H_2O \quad NH_3]{} R-\underset{\|}{\overset{O}{C}}-COOH$$

氨基酸氧化酶(amino acid oxidase)并不是体内氨基酸代谢的主要酶类。体内存在广泛,活性最强的是谷氨酸脱氢酶(glutamate dehydrogonase)。谷氨酸脱氢酶系不需氧脱氢酶,以 NAD^+ 或 $NADP^+$ 作为辅酶。氧化反应通过谷氨酸 $C\alpha$ 脱氢转给 $NAD(P)^+$ 形成 α-亚氨基戊二酸,再水解生成 α-酮戊二酸和氨,其过程如下:

$$\underset{\text{谷氨酸}}{\begin{array}{c}COO^-\\|\\^+H_3N-C-H\\|\\CH_2\\|\\CH_2\\|\\COO^-\end{array}} + H_2O \underset{\text{谷氨酸脱氢酶}}{\overset{NAD(P)^+ \quad NAD(P)H+H^+}{\rightleftharpoons}} \underset{\text{α-酮戊二酸}}{\begin{array}{c}COO^-\\|\\C=O\\|\\CH_2\\|\\CH_2\\|\\COO^-\end{array}} + NH_4^+$$

谷氨酸脱氢酶为变构酶。GDP 和 ADP 为变构激活剂,ATP 和 GTP 为变构抑制剂。在体内,谷氨酸脱氢酶催化可逆反应,一般情况下偏向于谷氨酸的合成($\Delta G^{o'} \approx 30 \text{ kJ} \cdot \text{mol}^{-1}$),因为高浓度氨对机体有害,此反应平衡点有助于保持较低的氨浓度。但当谷氨酸浓度高而 NH_3 浓度低时,则有利于脱氨和 α-酮戊二酸的生成。这对于体内氨基酸分解供能起到重要的调节作用。

12.2.1.2 转氨基作用

转氨基作用(transamination)指在转氨酶催化下将 α-氨基酸的氨基转给另一个 α-酮酸,生成相应的 α-酮酸和一种新的 α-氨基酸的过程,反应通式为:

$$R_1-\underset{\underset{NH_2}{|}}{\overset{\overset{H}{|}}{C}}-COOH + R_2-\underset{\underset{O}{\|}}{C}-COOH \xrightleftharpoons[]{\text{转氨酶}} R_2-\underset{\underset{NH_2}{|}}{\overset{\overset{H}{|}}{C}}-COOH + R_1-\underset{\underset{O}{\|}}{C}-COOH$$

转氨酶(aminotransferase; transaminase)是催化氨基酸与酮酸之间氨基转移的一类酶。普遍存在于动物、植物组织和微生物中,心肌、脑、肝、肾等动物组织以及绿豆芽中含量较高。其种类很多,体内除赖氨酸、苏氨酸外,其余 α-氨基酸都可参加转氨基作用并各有其特异的转氨酶。其中以谷丙转氨酶(ALT)和谷草转氨酶(GOT)最为重要。前者是催化谷氨酸与丙酮酸之间的转氨作用,后者是催化谷氨酸与草酰乙酸之间的转氨作用。GOT 以心脏中活力最大,其次为肝脏;GPT 则以肝脏中活力最大,当肝脏细胞损伤时,GPT 释放到血液内,于是血液内酶活力明显地增加。在临床上测定血液中转氨酶活力可作为诊断的指标。如测定 GPT 活力可诊断肝功能的正常与否,急性肝炎患者血清中 GPT 活力可明显地高于正常人;而测定

GOT 活力则有助于对心脏病变的诊断,心肌梗塞时血清中 GOT 活性显示上升。

转氨基作用起着十分重要的作用。通过转氨作用可以调节体内非必需氨基酸的种类和数量,以满足体内蛋白质合成时对非必需氨基酸的需求。转氨基作用还是联合脱氨基作用的重要组成部分,从而加速了体内氨的转变和运输,沟通了机体的糖代谢、脂代谢和氨基酸代谢的互相联系。

12.2.1.3 联合脱氨基作用

联合脱氨基作用是体内主要的脱氨方式,主要有两种反应途径:

1. 由 L-谷氨酸脱氢酶和转氨酶联合催化的联合脱氨基作用

先在转氨酶催化下,将某种氨基酸的 α-氨基转移到 α-酮戊二酸上生成谷氨酸,然后,在 L-谷氨酸脱氢酶作用下将谷氨酸氧化脱氨生成 α-酮戊二酸,而 α-酮戊二酸再继续参加转氨基作用(图 12.1)。

图 12.1　L-谷氨酸脱氢酶和转氨酶联合催化的联合脱氨基作用

L-谷氨酸脱氢酶主要分布于肝、肾、脑等组织中,而 α-酮戊二酸参加的转氨基作用普遍存在于各组织中,所以此种联合脱氨主要在肝、肾、脑等组织中进行。联合脱氨反应是可逆的,因此也可称为联合加氨。

2. 嘌呤核苷酸循环(purine nucleotide cycle)

骨骼肌和心肌组织中 L-谷氨酸脱氢酶的活性很低,因而不能通过上述形式的联合脱氨反应脱氨。但骨骼肌和心肌中含丰富的腺苷酸脱氨酶(adenylate deaminase),能催化腺苷酸加水、脱氨生成次黄嘌呤核苷酸(IMP)。

一种氨基酸经过两次转氨作用可将 α-氨基转移至草酰乙酸生成门冬氨酸。门冬氨酸又可将此氨基转移到次黄嘌呤核苷酸上生成腺嘌呤核苷酸(通过中间化合物腺苷酸代琥珀酸)。其脱氨过程如下:

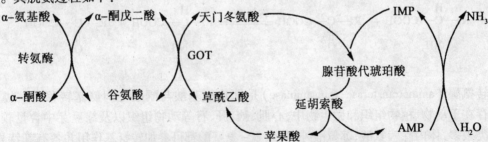

图 12.2　腺苷酸脱氨酶催化的联合脱氨基作用

嘌呤核苷酸循环在肌肉组织代谢中具有重要作用。肌肉活动增加时需要三羧酸循环增强以供能。而此过程需三羧酸循环中间产物增加,肌肉组织中缺乏能催化这种补偿反应的酶。肌肉组织则依赖此嘌呤核苷酸循环补充中间产物——草酰乙酸。研究表明肌肉组织中催化嘌呤核苷酸循环反应的三种酶的活性均比其他组织中高几倍。AMP 脱氨酶遗传缺陷患者(肌腺嘌呤脱氨酶缺乏症)易疲劳,而且运动后常出现痛性痉挛。

这种形式的联合脱氨是不可逆的,因而不能通过其逆过程合成非必需氨基酸。这一代谢途径不仅把氨基酸代谢与糖代谢、脂代谢联系起来,而且也把氨基酸代谢与核苷酸代谢联系起来。

12.2.2 氨基酸的脱羧基作用

氨基酸在氨基酸脱羧酶催化下进行脱羧作用(decarboxylation),生成二氧化碳和一个伯胺类化合物,反应通式为:

$$\underset{NH_2}{\overset{H}{R-C-COOH}} \xrightarrow{\text{脱羧酶}} \underset{\text{伯胺}}{R-\overset{H_2}{C}-NH_2} + CO_2$$

氨基酸的脱羧作用,在微生物中较为普遍,在高等动植物组织内也有此作用,但不是氨基酸代谢的主要方式。

氨基酸脱羧酶的专一性很高,除个别脱羧酶外,一种氨基酸脱羧酶一般只对一种氨基酸起脱羧作用。氨基酸脱羧后形成的胺类中有一些是组成某些维生素或激素的成分,有一些具有特殊的生理作用,例如脑组织中游离的 γ-氨基丁酸就是谷氨酸脱羧酶催化脱羧的产物,它对中枢神经系统的传导有抑制作用。

天冬氨酸脱羧酶促使天冬氨酸脱羧形成 β-丙氨酸,它是维生素泛酸的组成成分。

组胺可使血管舒张、降低血压,而酪胺则使血压升高。前者是组氨酸的脱羧产物,后者是酪氨酸的脱羧产物。

12.2.3 氨与 α-酮酸的转化

12.2.3.1 氨的代谢

氨基酸经脱羧基生成的氨是体内氨的主要来源。氨是有毒的物质,机体必须及时将氨转变成无毒或毒性小的物质,然后排出体外。不同生物由 NH_3 转变成的化合物不同。在大多数植物和某些微生物体内主要以天门冬酰胺的形式进行氨的贮存,而动物体中氨的转变形式较多,主要包括:

1. 生成谷氨酰胺重新利用

氨与谷氨酸在谷氨酰胺合成酶(glutamine synthetase)的催化下生成谷氨酰胺(glutamine),并由血液运输至肝或肾,再经谷氨酰胺酶(glutaminaes)水解成谷氨酸和氨。谷氨酰胺主要从脑、肌肉等组织向肝或肾运氨。因此,谷氨酰胺既是氨的解毒形式,又是氨的运输形式。

2. 转变成废物排出体外

这是动物体内氨转变的主要方式,不同动物其体内氨转变成的终产物不同,如人和哺乳动物为尿素,鸟类和爬行类为尿酸,水栖动物则可直接排 NH_3。

在正常情况下体内的氨主要在肝中合成尿素而解毒,只有少部分氨在肾以铵盐形式由尿排出。正常成人尿素占排氮总量的 80%～90%,可见肝在氨解中起着重要作用。1932 年,Krebs 等人利用大鼠肝切片做体外实验,发现在供能的条件下,可由 CO_2 和氨合成尿素。若在反应体系中加入少量的精氨酸、鸟氨酸或瓜氨酸可加速尿素的合成,而这种氨基酸的含量并不减少。为此,Krebs 等人提出了鸟氨酸循环(ornithine cycle)学说。其后由 Ratner 和 Cohen 详细论述了其各步反应,主要可分为以下四步:

1. 合成氨基甲酰磷酸

在 Mg^{2+}、ATP 及 N-乙酰谷氨酸(AGA)存在下,氨与 CO_2 在氨基甲酰磷酸合成酶 I (CPS-I)催化下,合成氨基甲酰磷酸,反应消耗 2 分子 ATP,合成部位在线粒体:

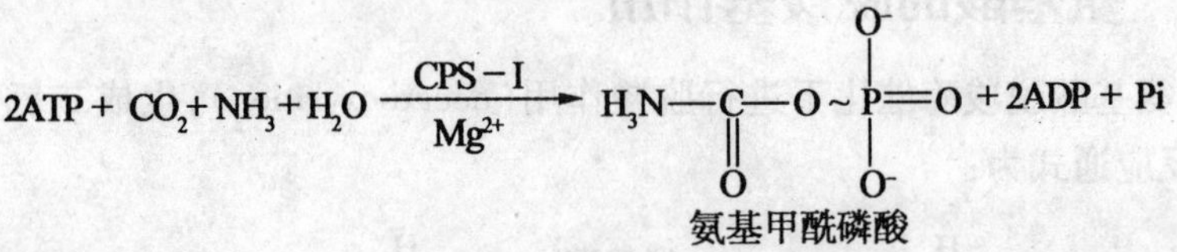

$$2ATP + CO_2 + NH_3 + H_2O \xrightarrow[Mg^{2+}]{CPS-I} H_2N-\overset{O}{\underset{\|}{C}}-O\sim\overset{O}{\underset{\underset{O^-}{\|}}{P}}=O + 2ADP + Pi$$

氨基甲酰磷酸

2. 瓜氨酸的合成

鸟氨酸氨基甲酰转移酶(ornithine transcarbamoylase)存在于线粒体中,通常与 CPS-I 形成酶的复合物催化氨基甲酰磷酸转甲酰基给鸟氨酸生成瓜氨酸。(注意:鸟氨酸、瓜氨酸均非标准 α-氨基酸,不出现在蛋白质中)。此反应在线粒体内进行,而鸟氨酸在胞液中生成,所以必须通过一特异的穿梭系统进入线粒体内。

3. 精氨酸的合成

瓜氨酸在线粒体合成后,即被转运到胞液,在胞液经精氨酸代琥珀酸合成酶的催化下,与天冬氨酸反应生成精氨酸代琥珀酸,此反应由 ATP 供能。其后,精氨酸代琥珀酸再经精氨酸代琥珀酸裂解酶作用下,裂解成精氨酸及延胡索酸。反应部位在胞液。

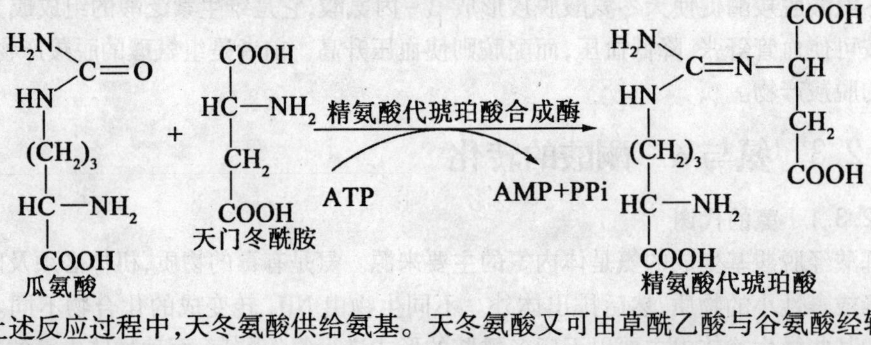

在上述反应过程中,天冬氨酸供给氨基。天冬氨酸又可由草酰乙酸与谷氨酸经转氨基作用而生成,而谷氨酸的氨基又可来自体内多种氨基酸。因此,多种氨基酸的氨基也可通过天冬氨酸的形式参与尿素合成。

精氨酸代琥珀酸裂解酶(Argininosuccinase)催化精氨酸代琥珀酸裂解成精氨酸和延胡索酸。

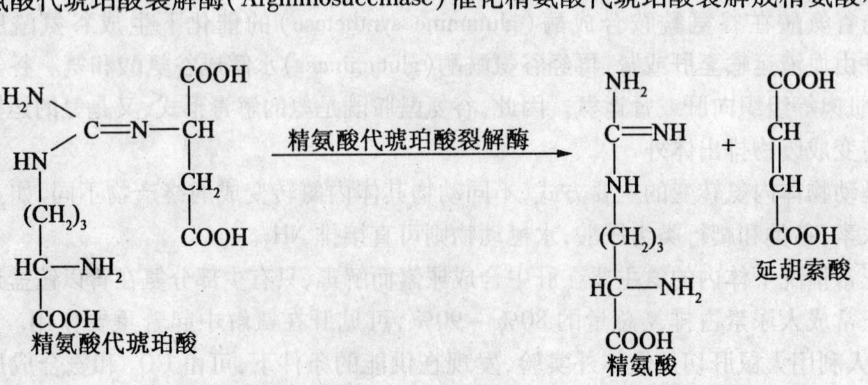

该反应中生成的延胡索酸可经三羧酸循环的中间步骤生成草酰乙酸,再经谷草转氨酶催

化转氨作用重新生成天冬氨酸。由此,通过延胡索酸和天冬氨酸,使三羧酸循环与尿素循环联系起来。

4. 尿素的生成

精氨酸受精氨酸酶的作用,水解生成尿素与鸟氨酸,反应部位在胞液。鸟氨酸可再进入线粒体并参与瓜氨酸的合成。

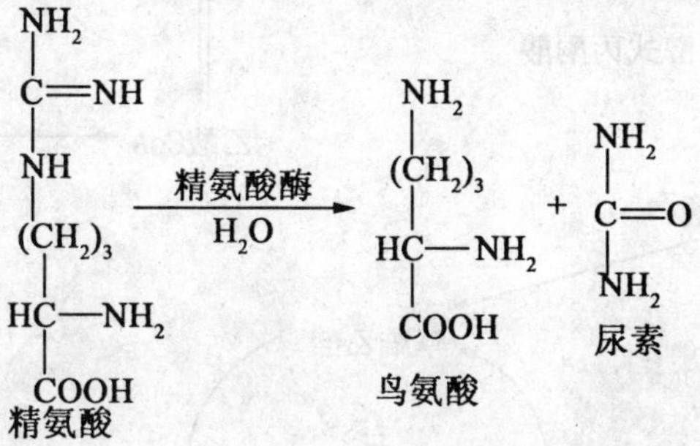

$$\text{精氨酸} \xrightarrow[\text{H}_2\text{O}]{\text{精氨酸酶}} \text{鸟氨酸} + \text{尿素}$$

12.2.3.2 α-酮酸的代谢

氨基酸脱氨基后生成的 α-酮酸在体内主要有以下三种代谢途径。

1. 生成非必需氨基酸

α-酮酸经联合加氨反应可生成相应的氨基酸。八种必需氨基酸中,除赖氨酸和苏氨酸外其余六种亦可由相应的 α-酮酸加氨生成。但和必需氨基酸相对应的 α-酮酸不能在体内合成,所以必需氨基酸依赖于食物供应。

2. 氧化生成 CO_2 和水

这是 α-酮酸的重要去路之一。α-酮酸通过一定的反应途径先转变成丙酮酸、乙酰 CoA 或三羧酸循环的中间产物,再经过三羧酸循环彻底氧化分解。三羧酸循环将氨基酸代谢与糖代谢、脂肪代谢紧密联系起来。

3. 转变生成糖和酮体

根据使用四氧嘧啶(alloxan)破坏犬的胰岛 β 细胞建立人工糖尿病犬的模型,能使动物尿中排出的葡萄糖增多的氨基酸称为生糖氨基酸(glucogenic amino acid);使尿中酮体含量增多的,则称为生酮氨基酸(ketogenic amino acid)。尿中二者都增多者称为生糖兼生酮氨基酸(glucogenic and ketogenic amino acid)。凡能生成丙酮酸或三羧酸循环的中间产物的氨基酸均为生糖氨基酸;凡能生成乙酰 CoA 或乙酰乙酸的氨基酸均为生酮氨基酸;凡能生成丙酮酸或三羧酸循环中间产物同时能生成乙酰 CoA 或乙酰乙酸者为生糖兼生酮氨基酸。

亮氨酸为生酮氨基酸,赖氨酸、异亮氨酸、色氨酸、苯丙氨酸和酪氨酸为生糖兼生酮氨基酸,其余氨基酸均为生糖氨基酸。

由此可见,糖、脂肪和氨基酸(蛋白质)三大物质代谢是紧密相关的,通过一定中间产物可将它们互相联系起来(图 12.3)。

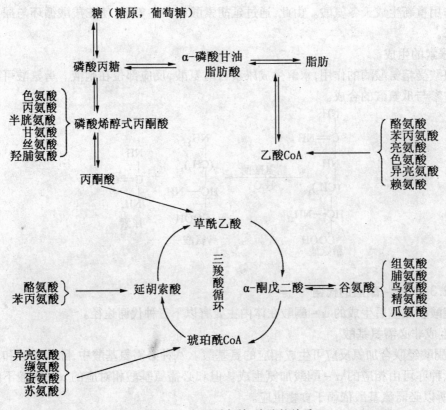

图 12.3 氨基酸与糖、脂肪的关系

12.2.4 个别氨基酸的分解代谢

12.2.4.1 一碳单位代谢

某些氨基酸在代谢过程中能生成含一个碳原子的基团，经过转移参与生物合成过程。这些含一个碳原子的基团称为一碳单位（C1 unit 或 one carbon unit）。有关一碳单位生成和转移的代谢称为一碳单位代谢。

体内的一碳单位有：甲基（—CH_3）、甲烯基（—CH_2）、甲炔基（—CH=）、甲酰基（—CHO）及亚氨甲基（—CH=NH）等。它们可分别来自甘氨酸、组氨酸、丝氨酸、色氨酸、蛋氨酸等。

一碳单位的主要生理功能是作为嘌呤、嘧啶合成的原料，故在核酸合成中占有重要地位。与乙酰辅酶 A 在联系糖、脂、氨基酸代谢中所起的枢纽作用相类似，一碳单位将氨基酸与核酸代谢联系起来。一碳单位代谢障碍可造成巨幼红细胞贫血。

12.2.4.2 含硫氨基酸的代谢

含硫氨基酸共有蛋氨酸、半胱氨酸和胱氨酸三种，蛋氨酸可转变为半胱氨酸和胱氨酸，后两者也可以互变，但后者不能变成蛋氨酸，所以蛋氨酸是必需氨基酸。

1. 蛋氨酸的代谢

（1）蛋氨酸与转甲基作用

蛋氨酸与 ATP 反应生成 S-腺苷蛋氨酸（SAM），SAM 又称活性蛋氨酸，是体内最重要的甲基供体。

(2)蛋氨酸循环(methionine cycle)

SAM 提供甲基后可转变成同型半胱氨酸,继而由 N5 – CH$_3$ – FH4 提供甲基再转变成蛋氨酸,反应由 N5 甲基四氢叶酸转甲基酶催化,辅酶是维生素 B$_{12}$。当维生素 B$_{12}$ 缺乏时,一碳单位代谢障碍,核酸合成抑制,而造成巨幼红细胞性贫血。尽管上述循环可以生成蛋氨酸,但体内不能合成同型半胱氨酸,它只能由蛋氨酸转变而来,所以实际上体内仍然不能合成蛋氨酸,必须由食物供给。

(3)肌酸的合成

SAM 可将甲基提供给胍乙酸生成肌酸,肝脏是合成肌酸的主要器官,在肌酸激酶催化下,再由 ATP 提供一个高能磷酸键生成磷酸肌酸,磷酸肌酸是体内能量的贮存形式。磷酸肌酸在心肌、骨骼肌及大脑中含量丰富。肌酸和磷酸肌酸代谢的终产物是肌酸酐,肾功能障碍时,血肌酸酐浓度升高。

2. 半胱氨酸与胱氨酸的代谢

两分子半胱氨酸可以生成一分子胱氨酸,其二硫键对维持蛋白质的结构具有重要作用。

含硫氨基酸氧化分解均可产生硫酸根,半胱氨酸代谢是体内硫酸根的主要来源。体内一部分硫酸根可经 ATP 活化生成 3′磷酸腺苷 5′磷酸硫酸(3′ – phospho – adenosine – 5′ – phosphosullfate, PAPS),又称活性硫酸根,如图 12.4 所示。

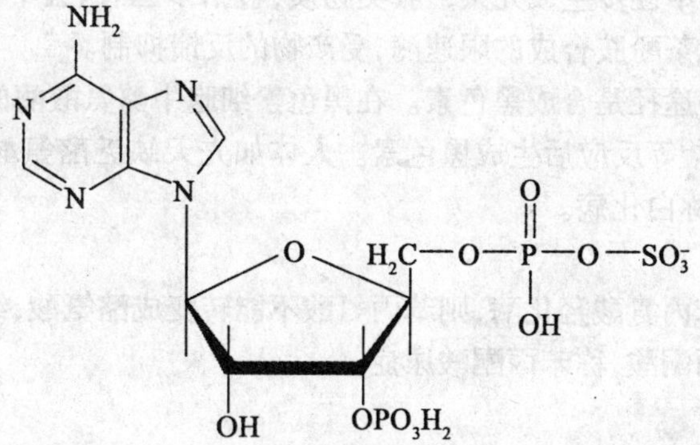

图 12.4 PAPS 的结构式

PAPS 是体内硫酸基的供体。例如,类固醇激素可形成硫酸酯而被灭活;一些外源性酚类化合物可形成硫酸酯而排出体外;PAPS 还参与硫酸角质素及硫酸软骨素等分子中硫酸化氨基糖的合成。

12.2.4.3 芳香族氨基酸的代谢

芳香族氨基酸包括苯丙氨酸、酪氨酸和色氨酸,苯丙氨酸在结构上与酪氨酸相似,在体内苯丙氨酸可转变成酪氨酸。

1. 苯丙氨酸和酪氨酸的代谢

苯丙氨酸在苯丙氨酸羟化酶作用下,经羟化后生成酪氨酸,反应不可逆,因而酪氨酸不能变成苯丙氨酸(图 12.5)。

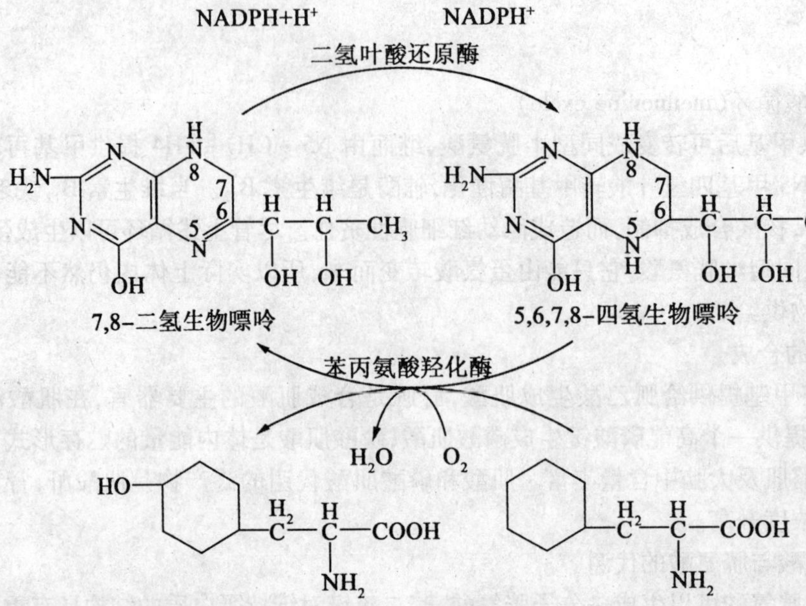

图 12.5 酪氨酸的生成

酪氨酸代谢主要有以下意义：

(1) 合成儿茶酚胺与黑色素

酪氨酸在代谢过程中逐步生成儿茶酚胺类物质，包括多巴胺、去甲肾上腺素和肾上腺素等。酪氨酸羟化酶是儿茶酚胺合成的限速酶，受产物的反馈抑制。

酪氨酸代谢的另一途径是合成黑色素。在黑色素细胞中酪氨酸酶的催化下，酪氨酸羟化生成多巴，再经氧化脱羧等反应后生成黑色素。人体如先天缺乏酪氨酸酶，则黑色素合成受阻，皮肤、毛发等发白，称白化病。

(2) 苯丙酮酸尿症

若体内先天缺乏苯丙氨酸羟化酶，则苯丙氨酸不能转变成酪氨酸，继而转变成苯丙酮酸，此时尿中出现大量苯丙酮酸，称苯丙酮酸尿症。

2. 色氨酸的代谢

色氨酸是必需氨基酸。大多数蛋白质中含量均较少，机体对其摄取少，分解亦少。除参加蛋白质合成外，还可经氧化脱羧生成 5-羟色胺。并可降解产生生糖、生酮成分，此过程中产生一碳单位及尼克酸等。

12.2.4.4 支链氨基酸的代谢

支链氨基酸(branched-amino acid, BCAA)包括亮氨酸、异亮氨酸和缬氨酸。三者均为必需氨基酸。分解代谢主要在肌肉组织中进行。它们分属于三类，亮氨酸为生酮氨基酸，缬氨酸为生糖氨基酸，异亮氨酸为生糖兼生酮氨基酸。

三种支链氨基酸分解代谢过程均较复杂，一般可分为两个阶段。第一阶段，三种氨基酸前三步反应性质相同，产物类似。均为 CoA 的衍生物，可称为共同反应阶段。第二阶段则反应各异，经若干步反应，亮氨酸产生乙酰 CoA 及乙酰乙酰 CoA，缬氨酸产生琥珀酸单酰 CoA，异亮氨酸产生乙酰 CoA 及琥珀酸单酰 CoA 分别纳入生糖或生酮的代谢(图 12.6)。

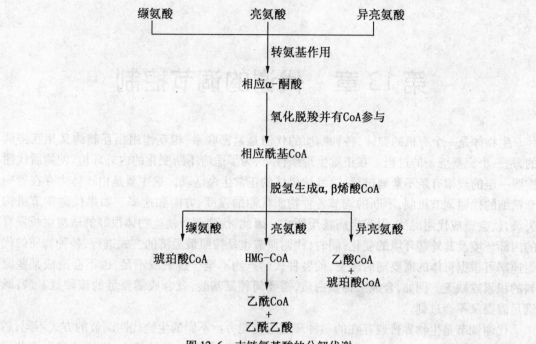

图 12.6 支链氨基酸的分解代谢

习 题

1. 简述蛋白酶的主要功能及其分类。
2. 蛋白质在动物肠道中是如何降解的?
3. 为什么说转氨基作用在氨基酸的合成和降解中都起到重要的作用?
4. 联合脱氨基作用对生物体有什么重要意义?
5. 说明尿素形成的机制和意义。
6. 酪氨酸的代谢方式和途径是什么?

第13章 代谢的调节控制

生物体是一个有机的整体,各种物质的代谢是紧密联系、相互作用相互制约又相互协调的,是一个完整统一的过程。在正常生理条件下,为了适应不断变化的内外环境,使物质代谢按照一定的规律有条不紊地进行,以维持机体的正常生命活动。这主要是由于体内存在着一套精细的代谢调节机制,不断的调节各种物质代谢的强度、方向和速率。如果代谢调节机构失灵,就会造成代谢混乱,引起疾病甚至死亡。因此,代谢调节使生物体很好的适应生长发育的内部环境及其外部环境的变化;同时,代谢调节也是按照最经济的方式进行,各种物质的代谢速率可根据机体的需要随时改变,使各种代谢产物不至于过剩或不足,也不会造成某些原料的积累或缺乏。例如,合成某种蛋白质,需要何种氨基酸,就合成需要量的该种氨基酸,既满足需要又不会过剩。

代谢调节是生物界普遍存在的一种环境适应能力。不同的生物代谢调节的方式不同,越高级的生物代谢调节越复杂,越低级的生物代谢调节越简单。归纳起来,生物的代谢调节可在细胞和分子水平、激素水平、神经水平3个不同水平上进行。细胞水平调节是最基本、最原始的调节方式,细胞和分子水平的调节可有两种方式:一种是酶量的调节,为缓慢调节类型,通过改变酶分子合成或降解的速度来改变细胞内酶的含量。另一种是酶活性的调节,属于快速调节类型,通过酶分子结构的改变来实现对酶促反应速度的调节。进化级别越高的生物,其代谢调节的机构就越复杂,随着生物由单细胞进化为多细胞,除了在细胞和分子水平的调节外,还有更高层次的激素水平(组织和器官)和整体水平(神经和维管束系统)的调节。

生物机体的代谢是和机体的内外环境分不开的,生物具有适应环境的能力,当内外条件改变时,生物机体能调整和改变其体内的代谢过程,建立新的代谢平衡,以适应变化了的环境,因此代谢平衡是动态的、相对的。生物体生长发育的全过程就是一个不断地进行代谢调节的过程。

13.1 生物体内的代谢调控模式

13.1.1 细胞分子水平的调控

细胞水平调节主要是通过细胞内代谢物质浓度或活性的改变来调节某些酶促反应的速率,以满足机体的需要,所以细胞水平调节也称为酶水平调节或分子水平调节。

细胞水平的调节主要包括酶的定位调节、酶含量的调节和酶活性的调节3种方式,其中以酶活性的调节最为重要。

13.1.1.1 酶的定位调节

细胞是具有精细结构的生命活动的基本单位,特别是真核生物的膜结构比较复杂。细胞由细胞膜包围,根据电子显微镜观察结果可将细胞分为膜相、胞质相和核相三部分。膜相结构占细胞干重的 70%~80%。它一般包括细胞膜(也称质膜)、内质网、高尔基体、线粒体、质体、液泡、核膜、溶酶体、过氧化体和乙醛酸循环体。

胞液约占细胞总体积的 55%,大部分中间代谢都在胞液中进行,因此与糖酵解、糖、脂肪酸、氨基酸和核苷酸的生物合成等有关的酶类分布于其中。此外,胞液中还分布有大量的核糖体以及与蛋白质合成有关的酶类和蛋白质因子。内质网是一个大的膜体系,约占细胞总膜的一半以上,与蛋白质、糖和脂的合成相关的酶类分布在内质网中。高尔基体中存在着加工寡聚糖的酶类,其膜上分布着与吞噬作用相关的受体和蛋白质因子。溶酶体中分布着各种水解酶类,过氧化体中存在着过氧化物酶和多种氧化酶类,线粒体的基质中含有与脂肪酸 β-氧化、三羧酸循环以及丙酮酸氧化脱羧、氨基酸分解代谢有关的大量的酶类,在其膜上还分布着大量与呼吸电子传递链相关的细胞色素和氧化还原酶类、ATP 合成酶,以及代谢物运输载体蛋白和离子通道蛋白。叶绿体除了有内外被膜外,还有许多堆积成垛的内囊体基粒,这些复杂的膜上分布了全部的细胞色素和光反应中心蛋白,以及光合电子传递链上的氧还原酶和 ATP 合成酶,在其被膜上还有许多膜运输载体蛋白和离子通道蛋白。质膜是细胞和外界环境的屏障,它控制着细胞与环境之间的物质、能量和信息的交换,质膜上分布着各种运输载体蛋白、受体蛋白、信号转导蛋白、离子通道蛋白、识别(糖)蛋白、H+-ATPase、K+/Na-ATPase 和氧化还原酶类。液泡是细胞渗透势和胞液 pH 值的重要调节者,也是有机酸、无机离子的重要贮存库。在液泡膜上也分布着各种离子通道、运输载体蛋白以及 H+-ATPase、H+-PPiase 等。

真核细胞中广泛而又精细的内膜系统将细胞分隔成许多特殊区域,形成多种细胞器,酶的分布是高度区域化的,代谢反应是分室分工进行的。在动物机体内,各种代谢途径都是一系列酶催化的连续反应,每种酶在细胞内都有一定的位置。真核生物细胞内由于细胞被膜系统分隔成不同的细胞器,使酶形成区域划分布,保证了不同代谢过程在细胞内的不同部位进行,使细胞代谢能顺利进行,而不致造成混乱。此外,酶的这种分隔分布使酶、辅助因子和底物在细胞器内高度浓缩,从而加快代谢反应的速率。酶在细胞内的区域化分布见表 13.1。

表 13.1 主要酶及代谢途径在细胞内的分布

细胞器	主要酶及代谢途径
胞浆	糖酵解途径、磷酸戊糖途径、糖原分解、脂肪酸合成、嘌呤和嘧啶的降解、肽酶、转氨酶、胺酰合成酶
线粒体	三羧酸循环、脂肪酸 β-氧化、氨基酸氧化、脂肪酸链的延长、尿素形成、氧化磷酸化作用
内质网	NADH 及 NADPH 细胞色素 C 还原酶、多功能氧化酶、6-磷酸葡萄糖氧化酶、脂肪酶,蛋白质合成途径、磷酸甘油酯及三酰甘油合成、类固醇合成与还原
细胞器	DNA 与 RNA 的合成途径

13.1.1.2 酶的活性调节

为了使细胞内的各种代谢物既不缺乏也不过多地产生,生物体针对内外环境的变化和需要,在转录、翻译和降解水平上对胞内各种酶的含量及时加以调整。生物体除了上述这种慢速的调节之外,还具有更灵敏、更迅速的调节能力,直接使酶分子有活性或失去活性,如对酶分子的变构调节、共价调节和酶原的激活等。

在生物体内,酶活性的高低受到调节和控制,只有这样才不会引起某些代谢产物的不足或积累,也不会造成某些底物的缺乏或过剩,使得各种代谢产物的含量保持着动态平衡。酶活性的调节是细胞中最快速,最经济的调节方式。

酶活性调节不是由于代谢途径中全部酶活性的改变,而常常只取决于某些甚至某一个关键酶活性的变化。这些酶又称调节酶、关键酶或限速酶(表13.2)。

表13.2 主要代谢途径的限速酶

代谢途径	限速酶
糖酵解途径	己糖激酶、1-磷酸果糖激酶、丙酮酸激酶
磷酸戊糖途径	葡萄糖-6-磷酸脱氢酶
三羧酸循环	柠檬酸合酶、异柠檬酸脱氢酶、α-酮戊二酸脱氢酶复合体
糖异生	丙酮酸羧化酶、磷酸烯醇式丙酮酸羧激酶、果糖-1,6-二磷酸酶、葡萄糖-6-磷酸酶

限速酶活性改变不但可以影响酶体系催化反应的总速率,甚至还可以改变代谢反应的方向。例如,细胞中 ATP/ADP 的比值增加,可以抑制磷酸果糖激酶-1,6-二磷酸酶而促进葡糖异生。可见,通过调节限速酶的活性而改变代谢途径的速率与方向是体内代谢快速调节的重要方式,其调节途径有多种。

1. 酶原激活

下面以消化系统中的胰凝乳蛋白酶原为例讨论酶原的激活。

胰凝乳蛋白酶原是由245个氨基酸残基组成的,具有5对二硫键的一条多肽链。胰凝乳蛋白酶是在胰脏中被合成。开始合成的是胰凝乳蛋白酶原(胰凝乳蛋白酶的前体),不具有酶活性。在随胰液进入小肠后,被胰蛋白酶剪切为两部分(两部分之间依然通过二硫键相连),随后被剪切的胰凝乳蛋白酶原可以互相剪切去一段短的肽段,形成由二硫键相连的三条多肽链的具有完整活性的胰凝乳蛋白酶。

2. 共价修饰调节

有些酶分子肽链上的某些氨基酸残基可在其他酶的催化下发生可逆的共价修饰,或通过可逆的氧化还原互变使酶分子的局部结构或构象产生改变,从而引起酶活性的变化,这种修饰调节作用称为共价修饰调节作用,被修饰的酶称为共价调节酶。目前已知的共价调节酶有100多种,其调节方式主要有磷酸化和去磷酸化,腺苷酰化与去腺苷酰化,乙酰化与去乙酰化,尿苷酰化与去尿苷酰化,甲基化与去甲基化,-SH 基和 -S-S- 基互变等,其中最常见的是磷酸化和去磷酸化,这也是真核生物酶共价修饰调节的主要形式。下面以糖原代谢中的磷酸化酶和糖原合成酶为例加以说明。

糖原磷酸化酶和糖原合成酶分别在糖原分解和合成中起重要的调节作用(图13.1)。这两种酶都有活性(a)和非活性(b)两种构象,构象的变化可通过酶分子上丝氨酸侧链的磷酸化和脱磷酸化作用或者变构效应物(如 AMP 和 G-6-P)的作用发生。酶的磷酸化/脱磷酸化对磷酸化酶和糖原合成酶是共同的控制机制,但是对两者的效果却正好相反。前者磷酸化之后成为有活性的磷酸化酶 a,而后者是脱磷酸化之后成为有活性的糖原合成酶 a。兔肌的糖原磷酸化酶 a 是由4个相同亚基组成的四聚体,分子量为400 kDa。磷酸酶催化其脱磷酸基,生成无活性的二聚体磷酸化酶 b,变构效应物 AMP 可提高其活性。在磷酸化酶激酶的作用下催化相反的过程,即磷酸化酶 b 的丝氨酸侧链加上磷酰基团,使之从无活性的构象转变为有活性的磷酸化酶 a。糖原合成酶的分子量为 90 kDa,它至少可以被三种蛋白激酶(蛋白激酶 A,不依赖于 cAMP 的蛋白激酶和糖原合成酶激酶)催化,发生多位点的磷酸化过程,使之转变成活性较低的糖原合成酶 b,其活性依赖于变构效应物 G-6-P。糖原磷酸化酶和糖原合成酶的这种相反的调节方式正好使一种酶活化时另一种酶抑制,使得糖原降解和合成两个相反的过程协调统一,防止水解 ATP 的无效循环发生。

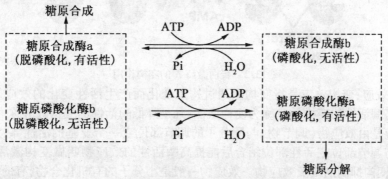

图 13.1 糖原磷酸化酶和糖原合成酶构象变化

当有大量葡萄糖供应时可以促进糖原的合成,因为糖原合成酶被激活而糖原磷酸化酶被抑制。当没有葡萄糖供应时,细胞中大量消耗 ATP,积累 AMP,AMP 能激活糖原磷酸化酶促使糖原更快地分解,以提供更多的能量。

通过蛋白激酶和磷酸(酯)酶催化蛋白质的磷酸化/脱磷酸化作用,通常发生在酶(蛋白)分子的特定的丝氨酸、苏氨酸或酪氨酸侧链的羟基上,是高等动、植物细胞调节的一种主要方式,广泛存在于细胞的各类代谢过程中,这充分表现出生物体具有对内外环境灵活迅速、准确应答的自我调控能力。

腺苷酰化和脱腺苷酰化(adenylylation and deadenylylation)则是细菌中共价修饰调节酶活性的一种重要方式,如大肠杆菌谷氨酰胺合成酶只有完全脱腺苷酰的状态才是高活性的。

酶促共价修饰反应作用迅速,并且有放大效应。因为共价修饰是连续进行的,即一个酶发生共价修饰后,被修饰的酶又可催化另一种酶分子发生修饰,每修饰一次发生一次放大效应,连续放大后,即可使极小量的调节因子产生显著的生理效应。肾上腺素对糖原的分解作用就是通过酶蛋白变构和酶蛋白修饰反应逐级放大产生的效应。已知的变构剂和化学修饰作用不仅通过酶的变构效应调节生化反应,保持代谢的动态平衡,而且通过控制其他蛋白的变构效应,对肌肉收缩、血红蛋白运输、膜的通透性、物质转运、分泌等生理现象同样起着重大作用。

3. 变构调节

(1)变构酶:变构酶是指具有变构效应的酶。其酶分子都是多亚基的寡聚酶,分子中除了有催化中心(活性部位)外还有调节中心(调节部位,别构中心),催化中心负责对底物分子的结合和催化;调节中心负责结合调节物,对催化中心的活性起调节作用。催化中心与调节中心一般不在同一亚基上,这种催化中心与调节中心不在同一部位的变构酶叫做异促变构酶。例如,蛋白激酶 A 分子含有 2 个催化亚基和 2 个调节亚基(图 13.2)。

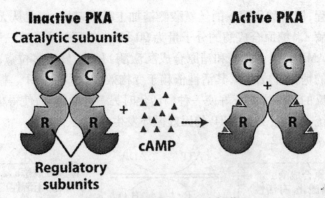

图 13.2　蛋白激酶 A 的变构作用

(2)变构效应：变构效应是指变构酶通过构象变化而产生活性变化的效应,也叫协同效应。凡是提高酶活性的变构效应称为变构激活；凡是降低酶活性的变构效应称为变构效应抑制。变构效应是由效应物（调节物）与酶分子的调节部位或一个亚基的活性部位结合之后产生的。凡是与调节部位或活性部位结合后能提高酶活性的效应物叫做变构激活剂或正效应物；反之叫做变构抑制剂或负效应物。效应物一般是小分子的有机化合物,有的是底物,有的是非底物物质。在细胞内,变构酶的底物通常是它的变构激活剂。变构调节效应如图 13.3 所示。

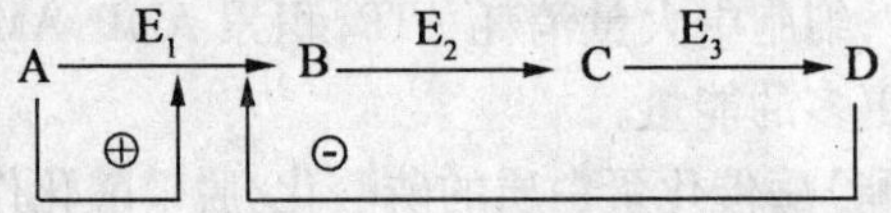

$$A \xrightarrow{E_1} B \xrightarrow{E_2} C \xrightarrow{E_3} D$$

图 13.3　变构调节效应

图中,A 是原始底物；B、C 是中间产物；D 是终产物；E_1、E_2、E_3 分别是催化 A、B、C 的不同酶,其中 E_1 是异促变构酶,D 是 E_1 的变构抑制剂,A 是 E_1 的变构激活剂。

在变构抑制中,当终产物过多,将导致细胞中毒时,变构抑制剂（D）与变构酶（E_1）的调节部位结合,快速抑制该酶催化部位的活性,从而降低代谢途径的总反应速率,可有效地减少原始底物的消耗,避免终产物的过多产生,这对维持生物体内代谢的恒定起着重要作用。

13.1.1.3　酶的含量调节

生物体除通过改变酶分子的结构来调节细胞内原有酶的活性快速适应需要外,还可通过改变酶的合成或降解速率以控制酶的绝对含量来调节代谢。但酶蛋白的合成与降解调节需要消耗能量,所需时间和持续时间都较长,故酶的含量的调节属迟缓调节。

(1)酶蛋白合成的调控

酶的化学本质是蛋白质,酶的合成也就是蛋白质的合成。酶的底物或产物,药物以及激素等都可以影响酶蛋白的合成。一般将增加酶蛋白合成的化合物称为诱导剂,减少酶蛋白合成的化合物称为阻遏剂。诱导剂和阻遏剂影响酶蛋白合成可发生在转录水平或翻译水平,以转录水平较常见。这种调节作用需要通过蛋白质生物合成的各个环节,故需一定时间才出现相应效应。但一旦酶蛋白被诱导合成,即使除去诱导剂,酶仍能保持活性,直至酶蛋白被完全分解。因此,这种调节效应出现迟缓但持续时间较长。

(2)酶蛋白降解的调控

改变酶蛋白的降解速率也能调节胞内酶的含量,从而达到调节酶活性的的作用。溶酶体的蛋白水解酶可催化酶蛋白的降解。因此,凡能改变蛋白质水解酶活性或蛋白质水解酶在溶酶体内的分布的因素,都可间接影响酶蛋白的降解速率。除溶酶体外,细胞内还存在蛋白酶体,由多种蛋白水解酶组成,当待降解的酶与泛肽结合而被泛肽化即可使该酶蛋白迅速降解。目前认为,通过酶蛋白的降解来调节酶含量远不如酶蛋白合成的诱导和阻遏重要。

近年来的研究表明,蛋白质的寿命与其成熟的蛋白质 N 末端的氨基酸有关,当 N 末端为 M、S、A、I、V 和 G 氨基酸时,成为稳定的长寿命蛋白质,而 N 末端为精氨酸和天冬氨酸时,则很不稳定。改变 N-末端氨基酸可以明显改变其降解半衰期。

真核细胞内普遍存在一种称为泛肽(ubiquitin)的蛋白质,一旦泛肽与蛋白质结合,蛋白水解酶即能识别并降解该蛋白质。泛肽通常是由 76 个氨基酸组成的一条多肽链,其序列从酵母到人类几乎很少变化,可能是已知蛋白质中最保守的一种。有 ATP 提供能量时,泛肽羧基端的甘氨酸残基与靶蛋白的赖氨酸残基上的 $\varepsilon-NH_2$ 形成异肽键,该过程有三种酶参与,首先是泛肽末端羧基与酶Ⅰ的巯基形成硫脂键,然后活化的泛肽又转移到酶Ⅱ的巯基上,最后酶Ⅲ催化泛肽转移到靶定的蛋白质上,通常一个靶蛋白可结合多个泛肽分子。泛肽化的蛋白质即被迅速降解,释放的泛肽还可被再利用。

13.1.2 体液激素的调控

激素是一类由特定的细胞合成并分泌的化学物质,它随血液循环至全身,作用于特定的靶组织或靶细胞,引起细胞物质代谢沿着一定的方向进行而产生特定的生物学效应。激素对特定的组织或细胞发挥作用,是由于该组织或细胞具有能特异识别和结合相应激素的受体。激素作为第一信使与受体结合后,受体分子的构象发生改变而引起一系列生物学效应。按激素受体在细胞的不同部位,可将激素分为细胞膜受体激素和细胞内受体激素两类。

13.1.2.1 激素通过细胞膜受体的调节

激素通过细胞膜受体的调节作用通常通过靶细胞膜上的特异性 G 蛋白受体起作用,即激素到达靶细胞后,先与细胞膜上的特异受体结合,激活 G 蛋白,G 蛋白在激活细胞内膜的腺苷酸环化酶,活化后的腺苷酸环化酶可催化 ATP 转化为 cAMP,cAMP 作为激素的第二信使,再激活胞内的蛋白激酶 A(PKA),产生一系列的生理效应。这样,激素的信号通过一个酶促的酶活性的级联发大系统逐级放大,使细胞在短时间没作出快速应答反应。例如,肾上腺素作用与肌细胞受体导致肌糖原分解的过程,肾上腺素的信息经 cAMP 传达到细胞内,同时抑制糖原合酶 b(无活性)脱磷酸化转变为糖原合酶 a(有活性)。从而在瞬间内使糖原分解,以适应动物在应激状态下能量的要求(图 13.4)。

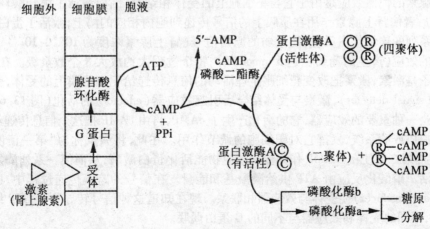

图 13.4 肾上腺素作用图

激素或神经递质作用于细胞质膜外侧的受体,从而使细胞内产生第二信使,这是一级放大作用。第二信使活化一些特异的酶系,又进行二级、三级的放大。下面以肾上腺素引起的级联放大效应为例加以说明(图 13.5)。

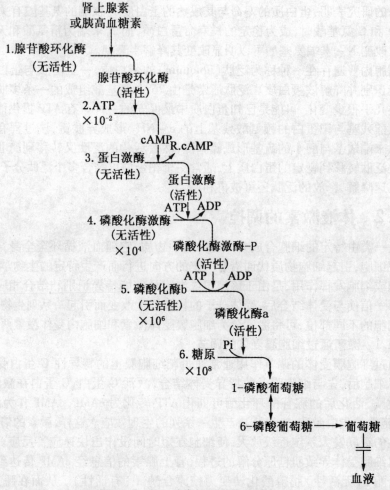

图 13.5 肾上腺素的级联放大反应

肾上腺素的代谢效应是由于它与靶细胞上的受体相结合,因而激活了腺苷酸环化酶,产生 cAMP,后者使肾上腺素作用在质膜上的信号传递到胞内相应的酶上,激活了蛋白激酶,然后引起一系列的连锁代谢反应,使微弱的原始信号(肾上腺素浓度为 $10^{-8} \sim 10^{-10}$ mol/L),引起强烈的效应(产生的葡萄糖达 5 mmol/L),整个过程大约放大 8 个数量级。在这里,原始信号分子是激素,激素把改变靶细胞生理活动的信息传递给靶细胞膜上的受体,受体是信号检测器(signal detector),激素与受体结合后引起效应器(effector)的活化(图 13.6)。腺苷酸环化酶是一种重要的效应器,它的活化产生了 cAMP,再由 cAMP 把这个信息传递给靶细胞内某些蛋白质或酶系统,发挥它对靶细胞的调节作用。在此,将激素称为"第一信使",而将 cAMP 称为"第二信使"。cAMP 作为变构效应物能活化蛋白激酶,从而使一系列酶发生磷酸化并被激活。磷酸化反应由 ATP 供给磷酰基和能量。在信号的跨膜传递过程中,由信号转导物(signal transducer)使受体与效应器相联系。现在知道这种信号转导物是 GTP 结合蛋白(G 蛋白),不同的受体和效应器与不同的 G 蛋白偶联。

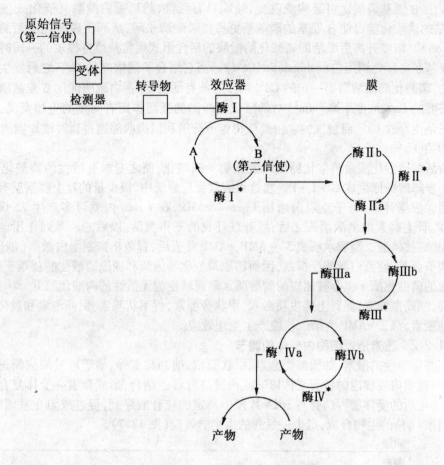

图 13.6 级联放大模式图

依赖于 cAMP 的蛋白激酶称为蛋白激酶 A(protein kinase A,PKA)。蛋白激酶 A 是由两个相同的调节亚基(R)和两个相同的催化亚基(C)组成的四聚体(R_2C_2),四聚体是无活性的。当 4 个分子 cAMP 与两个调节亚基结合时,无活性的 4 聚体解离为具有激酶活性的催化亚基和结合 cAMP 的调节亚基,反应是可逆的。

活化的蛋白激酶 A 可使多种蛋白质的丝氨酸或苏氨酸的羟基磷酸化,它的底物包括膜蛋白、胞浆蛋白和核内蛋白。图 13.2 所示的底物为磷酸化酶激酶。蛋白激酶 A 有两种同工酶形式,即 I 型和 II 型。它们的催化亚基相同而调节亚基不同。调节亚基至少有 4 个功能域:两个 cAMP 结合区域、一个二聚化区域和一个与催化亚基结合区域。II 型调节亚基可自身磷酸化(autophosphorylation),这种自身磷酸化作用也是大部分蛋白激酶的共性。调节亚基 Ser-95 自身磷酸化后即与催化亚基解离(解除抑制),并可与 cAMP 形成复合物。被磷酸化的调节亚基不易与催化亚基再结合,也不进入核内影响基因转录。在特异的磷蛋白磷酸酯酶作用下,磷酸化的调节亚基脱磷酸,使调节亚基又能与催化亚基结合。此外,脱磷酸化的调节亚基与 cAMP 的复合物还能进入核内,改变 RNA 聚合酶结合位点,调节基因的表达。

磷酸化酶激酶是一种依赖 Ca^{2+} 的蛋白激酶,它在细胞内的主要底物是磷酸化酶 b。低活性的磷酸化酶激酶经 ATP 磷酸化后转变成高活性的磷酸化形式,反应需要 Ca^{2+} 作为激活剂。该酶是由四种亚基组成的四聚体,即 $(\alpha\beta\gamma\delta)_4$。丁亚基是催化亚基,其余为调节亚基。当 Ca^{2+} 结合到 δ 亚基上时,可使酶活性提高,并发生自身磷酸化。活化的蛋白激酶 A 首先使 β

亚基磷酸化，β亚基磷酸化引起构象改变，使酶具有活性，然后蛋白激酶又催化α亚基磷酸化，α亚基的磷酸化能促使β亚基的磷酸基更易被磷酸酶水解，从而使磷酸化酶激酶失去活性，所以cAMP浓度升高后激活的磷酸化酶激酶的活性形式通常只维持很短的一段时间。已证明δ亚基是一种钙调蛋白（calmodulin，CaM）。当它结合不同浓度的Ca^{2+}之后发生相应的构象变化，磷酸化酶激酶需要一定的Ca^{2+}浓度才能有活性，当蛋白激酶催化β亚基磷酸化之后使所需要的Ca^{2+}浓度下降。Ca^{2+}对磷酸化酶激酶的激活作用有明显的生物意义，因为肌肉收缩正是由释放Ca^{2+}而触发的。由此使得糖原分解和肌肉收缩通过暂时增加胞质中Ca^{2+}水平而相关联。

新激活的磷酸化酶激酶催化糖原磷酸化酶b磷酸化，使之变成有活性的磷酸化酶a，后者又进一步降解糖原生成G-1-P。在这组级联反应系统中，极少量的肾上腺素就有十分明显的作用。根据计算，每千克肌肉增加1 μmol cAMP，在1 min内就可多产生25 000倍的G-1-P。肾上腺素的刺激消失之后，腺苷酸环化酶不再激活，以后的一系列作用也不再发生；cAMP则被磷酸二酯酶水解成5'-AMP，cAMP移去后，释放出抑制蛋白激酶（催化亚基）活性的调节亚基，使蛋白激酶受抑制，因而糖原磷酸化酶激酶和糖原磷酸化酶就难于磷酸化，已磷酸化的磷酸化酶a也会被相应的磷酸酶水解而转变为无活性的磷酸化酶b。

此外，胰高血糖素，促肾上腺皮质激素，甲状旁腺素，促甲状腺素，促卵泡素和黄体素等都属于胞外激素，都是cAMP为第二信使产生生理效应。

13.1.2.2 激素通过细胞内受体的调节

有一些脂溶性的激素，如固醇类激素、甲状腺素、前列腺素等，易于透过细胞膜进入细胞内，直接与胞质内或核内的特异受体以非共价键进行可逆结合，形成激素-受体复合物使受体活化，活化后的受体型再结合与DNA片段中特定的核苷酸序列，促进或阻止基因的表达，调节蛋白质（酶）的生物合成，产生一系列的生物学效应（图13.7）。

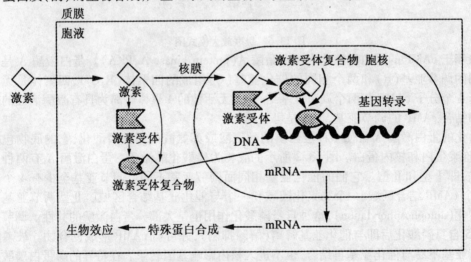

图13.7 激素通过细胞内受体的调节途径

13.1.3 神经系统的调控

正常机体的代谢反应是在共济与协调方式下十分规律地进行的。激素与酶直接或间接参加这些反应，但整个活体内的代谢反应则由中枢神经系统所控制。中枢神经系统对代谢作用的控制与调节有直接的，亦有间接的。直接的控制是大脑接受某种刺激后直接对有关组织、细胞或器官发出信息,使它们兴奋或抑制以调节其代谢。凡由条件反射所影响的代谢反应都受大脑直接控制。例如由反射性"假饮"所引起的水代谢改变(如水分进入组织引起血液浓缩);"假食"葡萄糖所引起的组织中糖代谢的增高;又如人在精神紧张或遭遇意外刺激时,肝糖原即迅速分解使血糖含量增高等都是由大脑直接控制的代谢反应。大脑对代谢的间接控制则为大脑接受刺激后通过丘脑的神经激素传到垂体激素,垂体激素再传达到各种腺体激素,腺体激素再传到各自有关的靶细胞对代谢起控制和调节作用。大脑对酶的影响是通过激素来执行的。胰岛素和肾上腺素对糖代谢的调节、类固醇激素对多种代谢反应(水、盐、糖、脂、蛋白质代谢)的调节都是中枢神经系统对代谢反应的间接控制。代谢调节机构的正常运转是维持正常生命活动的必需条件。酶和激素功能的正常是取得正常代谢的关键,中枢神经系统功能的正常是保持正常代谢的关键。

机体主要通过神经体液途径对各组织的物质代谢进行调节,以适应不断变化的内外环境,力求在动态中维持相对的稳定,以维持正常生命活动。现以应激为例简要说明整体水平的代谢调节。

应激是动物体受到一些诸如创伤、剧痛、冻伤、缺氧、中毒、感染,以及剧烈情绪激动等异乎寻常的刺激所作出的一系列反应"紧张状态"。应激伴有一系列神经-体液的改变,包括交感神经兴奋、肾上腺髓质和皮质激素分泌增加、血浆胰高血糖素和生长激素水平升高,胰岛素水平降低等,引起糖、脂肪和蛋白质等物质代谢发生相应变化。

13.2 反馈调节

13.2.1 前馈与反馈

前馈(feed forward)和反馈(feedback)这两个术语来自电子工程学。这里分别借用来说明代谢底物和代谢产物对代谢过程的作用。前馈或反馈又可分正作用和负作用两种。凡反应物能使代谢过程速度加快者,称为正作用;反之,则称为负作用。

13.2.2 反馈调节的机理

13.2.2.1 前馈

1. 正前馈

在代谢途径中前面的底物对其后某一催化反应的调节酶起激活作用,则称为正前馈作用。正前馈的例子很多,例如,在糖原合成中,6-磷酸葡萄糖是糖原合成酶的变构激活剂,因此可促进糖原的合成。二磷酸果糖对磷酸烯醇式丙酮酸羧化酶的激活作用也是正前馈作用。反应式如下:

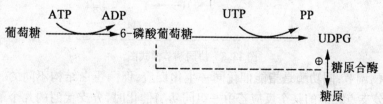

2. 负前馈

在某些特殊的情况下,为避免代谢途径的过分拥挤,当代谢底物过量存在时,对代谢过程亦可呈现负前馈作用。此时过量的代谢底物还可以转向另外的途径。例如,高浓度的乙酰辅酶 A 是乙酰辅酶 A 羧化酶的变构抑制剂,因而避免丙二酸单酰辅酶 A 过多合成。反应式如下:

$$\text{乙酰辅酶A} + CO_2 + H_2O + ATP \xrightarrow{\text{乙酰辅酶A羧化酶}} \text{丙二酸单酰辅酶A} + ADP + Pi$$

13.2.2.2 反馈

1. 负反馈(反馈抑制)

代谢反应产物使代谢过程速度加快者称为正反馈;反之为负反馈(或称反馈抑制)。下面举一些例子来说明代谢过程中的负反馈。

例一,葡萄糖的磷酸化:

$$\text{葡萄糖} \xrightarrow{\text{己糖激酶}} \text{磷酸葡萄糖}$$

当 6-磷酸葡萄糖累积太多时,反应就慢下来,这不仅与质量作用效应有关,还存在酶的变构调节作用。

例二,大肠杆菌中当胞苷三磷酸(CTP)的利用率低,胞苷三磷酸积累时,即出现反馈抑制,CTP 抑制其合成途径的第一个酶——天冬氨酸转氨甲酰酶。如果胞苷三磷酸的利用率高,胞苷三磷酸的浓度低时,即不出现反馈抑制。

在不分支的代谢过程中,最终产物对第一个酶的抑制可以成为一个完善的调节系统。但对于具有分支点、交叉点的复杂的代谢网络来讲,如果一种终产物过多就能抑制第一个酶,会影响其他几种终产物的形成。对此生物体通过以下几种调节方式加以控制。

(1) 协同调节:几个最终产物($E、G、I$)同时过多时才能对第一个酶(E_1)发生抑制作用(图13.8)。这就保证了在分支代谢过程中,不至于因为一个最终产物的过多而造成所有其他最终产物的缺乏。如从天冬氨酸合成赖氨酸、苏氨酸、甲硫氨酸的代谢过程中的第一个酶——天冬氨酸激酶(AK),受到终产物苏氨酸和赖氨酸的协同反馈抑制。

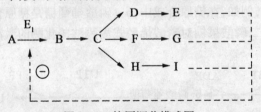

图 13.8 协同调节模式图

(2) 同功酶调节:同功酶是指能催化同一生化反应,但酶蛋白结构不同的一组酶。在分支代谢中,在分支点之前的某个反应若由一组同功酶催化时,分支代谢的几个最终产物往往分别对这一组同功酶中的某个酶发生抑制(图13.9),如天冬氨酸激酶在大肠杆菌中有三种同功酶 $AK_1、AK_2$ 和 AK_3,它们分别被终产物苏氨酸、甲硫氨酸和赖氨酸所抑制。

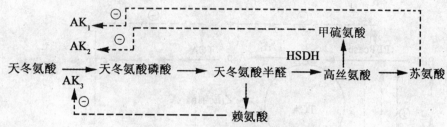

图 13.9 天冬氨酸代谢的同功酶调节

(3) 累积调节：几个最终产物中任何一个产物过多时都能对某一酶发生部分抑制作用，但要达到最大效果，则必须几个最终产物同时过多。例如，谷氨酰胺是合成 AMP、CTP、6-磷酸葡萄糖胺、组氨酸、氨甲酰磷酸的前体。实验证明，在大肠杆菌中以上几种代谢物均能部分地抑制谷氨酰胺合成酶的活力，当它们同时过多时，反馈抑制程度大大提高。

(4) 逐步反馈调节：图 13.10 表示在分支代谢途径中，一种最终产物 F 过多时，对酶 E_3 抑制，于是中间产物 C 就会积累，而促使反应向 G、H 方向进行，造成另一个最终产物 H 的浓度增加，引起对酶 E_4 的抑制，造成 C 的浓度进一步增加；C 过多对酶 E_1 发生反馈抑制。这种调节方式称为逐步反馈调节。

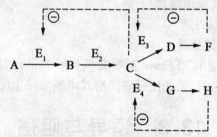

图 13.10 逐步反馈调节模式

反馈调节作用的机理研究表明，具有反馈调节的酶分子上除了与底物结合的活性部位外，还有一个能和效应物（往往是最终产物）结合的调节部位，当它与效应物结合之后就改变了酶分子的构象，从而影响了底物与活性部位结合。效应物与酶的调节部位的结合是可逆的，因此当效应物的浓度降低时，即与酶解离，从而恢复酶的原有构象，使酶和底物可以结合而发生催化反应。凡是能与调节部位结合的小分子物质称为变构效应物。调节部位也称变构部位；具有变构部位的酶称为变构酶，例如天冬氨酸转氨甲酰酶（ATC 酶）的最终产物 CTP 可以抑制其活力，但是 CTP 结合部位和活性部位并不在同一亚基上。ATC 酶由 6 个催化亚基和 6 个调节亚基组成。当 CTP 与调节亚基上的变构部位结合后通过亚基与亚基之间的相互作用，影响了催化亚基上活性部位的构象，从而减弱了底物与酶的亲和力，产生抑制作用，最大抑制约为 86%。

2. 正反馈

代谢产物对酶活性的调节不仅表现为负反馈（反馈抑制），也可以表现为对酶激活，即正反馈作用。在鼠伤寒沙门氏菌（Salmonella typhimurium）中，磷酸烯醇式丙酮酸羧化酶 PEP-case 活性的调节，就存在这种代谢物的激活作用（图 13.11）。磷酸烯醇式丙酮酸通过羧化反应形成草酰乙酸，这是复杂分支代谢的共同第一步。由草酰乙酸可以转变成各种氨基酸和核苷酸。另一方面，草酰乙酸还可以促使乙酰辅酶 A 通过三羧酸循环而被氧化。

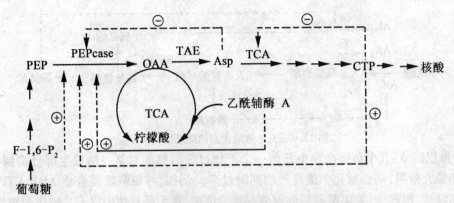

图 13.11 磷酸烯醇式丙酮酸羧化酶的活性调节

草酰乙酸作为合成氨基酸和核苷酸的前体物质,能被产物连续地进行反馈抑制。当嘧啶核苷酸积累时,其合成途径第一步反应的酶——天冬氨酸转氨甲酰酶受到抑制,这就导致天冬氨酸的积累,进而对酶的活性产生反馈抑制。然而,对于三羧酸循环中柠檬酸的合成又必须有草酰乙酸参加。已证实存在三种对 PEPcase 的正调节方式,即:

①嘧啶核苷酸的正反馈(反馈激活);
②乙酰辅酶 A 的反馈激活;
③前体二磷酸果糖的前馈激活。

此外,乙酰辅酶 A 还能增加 PEPcase 对嘧啶核苷酸的亲和力,从而促进了它们的效应。这样,通过错综复杂的调节系统,就能使磷酸烯醇式丙酮酸羧化反应处于最适当的水平。

13.3 诱导与阻遏

现以大肠杆菌为例,较为详细地说明微生物如何利用酶合成的诱导和阻遏来控制有关酶的生物合成。

13.3.1 酶的诱导合成

酶合成的诱导作用是指用诱导物来促进酶的合成作用,这在细菌中普遍存在。如大肠杆菌可利用多种糖作为碳源,当用乳糖作为唯一碳源时,开始不能利用乳糖,但 2~3min 后就合成了与乳糖代谢有关的 3 种酶,一种是 β-半乳糖苷透性酶(permease),它促使乳糖通过细胞膜进入细胞;另一种是 β-半乳糖苷酶,催化乳糖水解成半乳糖和葡萄糖;第 3 种是 β-半乳糖苷转乙酰基酶(也称硫代半乳糖苷转乙酰基酶),它是伴随着其他 2 种酶同时合成的,其功用不明。这里乳糖是诱导物。它诱导了这 3 种酶的合成,这 3 种酶就是诱导酶,关于乳糖如何诱导了这 3 种酶的合成机制,1961 年法国的 Jacob F. 和 MONOD J. 提出了著名的乳糖操纵子模型(lactose operon model)来作了解释(参见图 13.12,13.13)。图中所示的操纵子(operon)是由一群功能相关的结构基因(structural gene)、操纵基因(operator gene, O)和启动子(promoter, P)组成的。其中 Z、Y 和 A 是 3 个结构基因,它们分别转录、翻译成 β-半乳糖苷酶、β-半乳糖苷透性酶和 β-半乳糖苷转乙酰基酶。"O"是操纵基因,控制 3 个结构基因的转录。"P"是启动子,专管转录起始,它的结构上有 RNA 聚合酶的结合位点。启动子和操纵基因合称控制位点。-P-O-Z-Y-a 组成了一个乳糖操纵子,它们共同受一个调节基因(i 基因)的调节,调节基因是阻遏蛋白(fepressor protein)的基因。

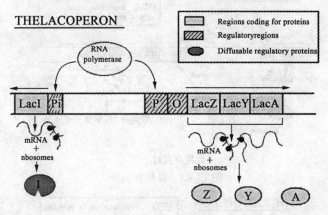

图 13.12 乳糖操纵子及其调节示意图

当无诱导物存在时,由调节基因转录产生 1 个阻遏蛋白的 mRNA,以该 mRNA 为模板合成 1 个阻遏蛋白,阻遏蛋白就和操纵基因结合,阻碍 RNA 聚合酶与启动子的结合,从而阻止这 3 个结构基因的转录,因此不能合成这 3 种相应的诱导酶。这 3 种诱导酶的合成处于被阻遏的状态,也就是说大肠杆菌的生长环境中没有乳糖时,就没有必要合成与乳糖代谢有关的酶。但如果在培养基中加入诱导物,如乳糖或乳糖类似物 IPTG(异丙基-β-D-硫代半乳糖苷),诱导物可以和阻遏蛋白结合,并使阻遏蛋白变构,从而使阻遏蛋白失活,失活的阻遏蛋白不能再和操纵基因结合,此时操纵基因发生作用使结构基因转录,合成有关的 mRNA,并翻译成乳糖代谢所需的 3 种诱导酶。

现已知道在诱导酶的生物合成中,除需有诱导物存在外,还需要 cAMP 和 cAMP 受体蛋白(cAMP receptor protein,简写为 CRP)后者又称分解代谢产物基因活化蛋白(catabolite gene activator protein,简写为 CAP)。CRP 是由相对分子质量为 22×10^3 的相同亚基组成的二聚体。当 cAMP 与 CRP 结合成复合物后,这种复合物能结合到启动子上,促使转录的起始。

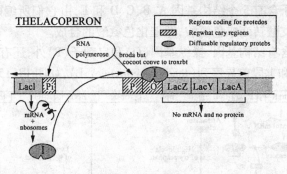

乳糖不存在时

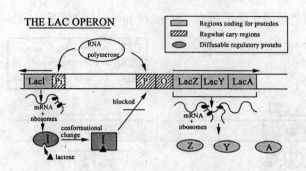

乳糖存在时
图 13.13 乳糖操纵子

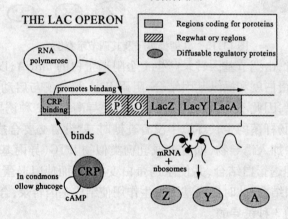

图 13.14 cAMP 与 cAMPs 受体蛋白(CRP)复合物的作用示意图

13.3.2 酶合成的阻遏作用

以大肠杆菌色氨酸操纵子(tryptophan operon)为例说明代谢产物对酶合成的阻遏作用。大肠杆菌色氨酸操纵子含有 5 个结构基因 A、B、C、D 和 E,由它们所编码的 5 条多肽链共同构成 3 种酶来催化分支酸转变成色氨酸,即催化色氨酸的合成。

色氨酸操纵子除含有结构基因、操纵基因(O)和启动子(P)外,还有 1 个衰减子(attenuator,a,也称衰减基因)和 1 段前导序列(leading sequence,L),如图 13.15 所示。

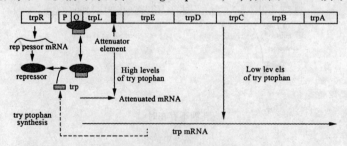

图 13.15 Trp 操纵子结构示意图

在一般情况下,色氨酸操纵子是开放的,即操纵子上的 5 个结构基因进行正常的转录和翻译。这是因为它的调节基因转录成 mRNA,该 mRNA 翻译成的阻遏蛋白是无活性的,无活性的阻遏蛋白就不能与操纵基因结合,操纵基因就发生作用使 5 个结构基因转录并翻译成有关的酶。当终产物色氨酸过多时,色氨酸作为辅阻遏物(corepressor)和阻遏蛋白结合,使无活性的阻遏蛋白转变为有活性的阻遏蛋白,能和操纵基因结合,使操纵基因关闭,操纵基因就不能发生作用,使 5 个结构基因不能转录,阻止有关酶的合成(图 13.16)。

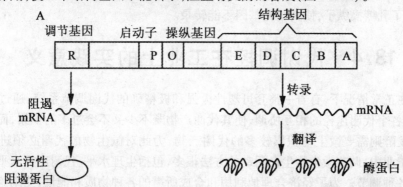

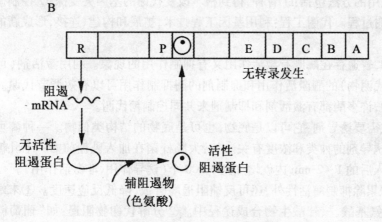

图 13.16　Trp 操纵子可阻遏调控系统

对色氨酸合成的调节除了阻遏调节外,还有衰减子系统的调节。在色氨酸存在时,衰减子使转录水平降低,这是比阻遏作用更为精细的一种调节。

上述细菌利用诱导、阻遏控制酶合成的机制,也可用来解释其他生物的代谢调节。在高等动物还有一种现象,就是动物不合成它不需要的酶,为了适应环境的需要,动物机体的酶合成即会起增强或减弱,甚至停止。最显著的例子是:成人和成年哺乳动物的胃液中无凝乳酶(rennin),而婴儿和幼哺乳类动物的胃液则含较大量的凝乳酶,这是因为婴儿及幼小哺乳动物以奶为唯一食物,需要凝乳酶先将奶蛋白凝结成絮状,以利于在肠道消化。成人和成年动物的主食不是奶,不需要凝乳酶,故不合成这种酶。

13.3.3　分解代谢产物对酶合成的阻遏

前面介绍了大肠杆菌以乳糖为唯一碳源时,乳糖可诱导与乳糖代谢有关的 3 种酶的合成,但如果培养基中既含葡萄糖又含乳糖时,则优先利用葡萄糖,等葡萄糖耗尽后才能利用乳糖,也就是说在大量葡萄糖存在时,乳糖操纵子还是关闭的,葡萄糖阻遏了与乳糖代谢有关的 3 种酶的合成,这也就是所谓的葡萄糖效应。

关于葡萄糖效应的机制不是十分清楚,但现已知道葡萄糖效应不是由于葡萄糖本身,而是由于葡萄糖的代谢产物对酶的合成产生了阻遏作用。葡萄糖的代谢产物抑制了腺苷酸环化酶或激活了专一的磷酸二酯酶,使 cAMP 浓度降低,cAMP 与 cAMP 复合物的浓度也就降低,从而阻遏了乳糖操纵子,使其结构基因不能转录。

13.4 代谢调控在工业上的实践意义

微生物在正常情况下,有着一整套可塑性极强和极精确的代谢调节系统,通过细胞内自我调节,维持各个代谢途径的相互协调,使其代谢产物既不少又不会过多的积累,而人类利用微生物进行发酵则需要微生物积累较多的代谢产物,为此对微生物的代谢必须进行人工控制。在发酵工业中,调节微生物生命活动的方法很多,包括生理水平、代谢途径水平和基因调控水平上的各种调节。为了经济合理地利用和合成所需的各种物质和能量,使细胞处于平衡生长状态,通过反馈抑制、反馈阻遏、酶的诱导调节、酶的共价修饰等手段,高浓度地积累人们所期望的产物。常用的方法包括:①育种,得到根本改变代谢的基因突变株;②控制微生物培养条件,影响其代谢过程。代谢工程:利用基因工程技术,扩展和构建、连接,形成新的代谢流(也称途径工程)。

微生物代谢中,普遍存在酶既有激活作用又有抑制作用的现象。利用激活剂(可以是外源物,也可以是自身代谢物)的酶激活作用和抑制剂的酶抑制作用可以有效调节代谢。如大肠杆菌糖代谢过程中,许多酶都有激活剂和抑制剂来共同控制糖代谢。

诱导酶的合成需要诱导剂,它可以是底物,也可是底物的结构类似物。一种酶可有多种诱导剂,其能力与诱导剂的种类和浓度有关。如:大肠杆菌在加入乳糖前 β-半乳糖苷酶的分子数为5个;加入后的 1~2 min 内就增加到 5 000 个(诱导作用,非激活作用)。

某种代谢物积累除抑制酶活性外,还可反馈阻遏酶合成,降低反应速度。①末端产物阻遏:常普遍存在于氨基酸、核苷酸生物合成途径中。②分解代谢物阻遏:如"葡萄糖效应"。其代谢物阻遏"缓慢利用能源"酶的合成,并有一停滞期。葡萄糖代谢阻遏实际上是其分解代谢物引起的阻遏作用。

习 题

1. 举例说明代谢途径的反馈调节。
2. 何谓酶活性的共价键修饰?
3. 何谓操作子?根据操作子模型说明酶的诱导和阻遏。
4. 简述体液激素的调控过程。

第14章 生物化学代谢工程及其调控

14.1 代谢工程概述

细胞是生命运动的基本功能单位,所有的生物学过程(即细胞代谢过程的总和)是由一个可调控的、生物酶催化的高度偶联的级联化学反应以及物质运输系统(输入/输出)来实现的。在大多数情况下,细胞内生物物质的合成、转化、修饰、运输和分解等过程需要经历多步酶催化的反应,这些反应又以串联的形式形成途径(pathway),其中前一反应的产物恰好是后一反应的底物,途径和途径之间又相互交联形成代谢网络(network)。

微生物细胞在代谢繁殖过程中,经济、合理地利用和合成自身所需的各种物质和能量,使细胞处于平衡生长状态。然而,对于发酵工业和人类的经济活动来说,活细胞这种自身固有的代谢网络的遗传特性并不是最佳的。为了大量积累某种代谢产物,就必须打破微生物原有的平衡状态,这就需要对细胞的代谢途径进行修饰。现代发酵工业通过以代谢控制发酵理论为指导,应用基因突变来改造微生物原有的调节系统。由于该工程在很大程度上依赖于传统的化学诱变技术及设计精巧的选择程序,手段单一,不甚灵活,结果差强人意。这些传统的菌种选育技术的局限性体现在:微生物发酵产物种类非常有限,主要集中在乙醇、丙酮、丁醇、甘油、有机酸、氨基酸和抗生素等代谢物;另外,由于大部分微生物的发酵产物都是多种化合物的混合物,因此目标产物的产率通常比较低,而下游的分离成本则非常高,这使得微生物发酵的生产成本一直居高不下。

DNA重组等分子生物学技术的发展允许人们精确修饰代谢途径中的特定酶促反应以及遗传背景清楚的生物结构(如质粒等)。利用DNA重组技术修饰甚至引入新的特定生化反应序列,旨在直接改善细胞的遗传特性尤其是活性物质的生物合成过程。利用基因工程技术改变代谢流,扩展和构建新的代谢途径,尽可能最大限度地提高目的代谢产物的产率,已取得令人瞩目的成果。代谢工程的基本理论及其应用战略就是在这一发展背景下形成的。1974年,Chakrabarty在假单孢菌(*Pseudomonas putida*)和铜绿假单胞菌(*Pseudomonas aeruginosa*)中分别引入几个稳定的重组质粒,增加了两者对樟脑和萘的降解催化活性,这是代谢工程的第一个应用实例。

20多年来,随着DNA重组技术的日趋成熟,代谢工程的理论和应用也得到了迅速发展。代谢工程发展早期,人们注重的是应用过程中采用的方法及所达到的目的,通常是对特定的代谢途径进行改造,因此当时的代谢工程是多个应用实例的堆积,尚未形成自己的基本理论体系。1991年,Bailey在科学杂志上发表的题为"Toward a Science of Metabolic Engineering"的文章,最先提出了代谢工程的概念,即:"利用重组DNA技术,有目的地操纵细胞的酶、转运和调控功能,从而改善细胞的活性",被认为是代谢工程向一门系统的学科发展的转折点。目前,代谢工程发展的典型目标是:(1)提高细胞现存代谢途径中天然产物的产量;(2)改造细胞现存代谢途径,使其合成新产物,这种新产物可以是中间代谢产物或修饰性的最终产物;(3)对不同细胞的代谢途径进行拟合,构建全新的代谢通路,从而产生细胞自身不能合成的新产物;(4)优化细胞的生物学特性,如生长速率,对某些极端环境条件的耐受性等。代谢工程的核心内容是对细胞代谢网络进行功能性修饰,完成这一过程首先要对细胞的分解代谢和合成代谢中的多步级联反应进行合理设计,然后利用DNA重组技术强化或灭活控制代谢途径的相关基因。从这一点上来说,代谢工程也是基因工程的重要分支,而且通常是一个多基因的基因工程,故可看作为第三代基因工程。

代谢工程和基因工程最重要的区别有两点:(1)代谢工程是基于细胞代谢网络的系统研究,更多地强调了多个酶反应的"整合"作用;(2)在完成代谢途径的遗传改造后,还要对细胞的生理变化、代谢通量进行详细分析,以此来决定下一步遗传改造的靶点。通过多个循环,不断地提高细胞的生理性能(发酵能力)。在代谢工程的概念提出后的近20年里,代谢工程逐渐发展成为一个新的学术领域,并被大量用于微生物发酵工业。

代谢工程是一个多学科高度交叉的新型领域,其主要目标是通过人为的组合细胞代谢途径和重构代谢网络,达到改良生物体遗传性状之目的。因此,它必须遵循下列遗传原理:(1)涉及细胞物质代谢规律生物化学原理,它提供了生物体的基本代谢图谱和生化反应的分子机理;(2)涉及细胞代谢流及其控制分析的化学计量学、分子反应动力学、热力学和控制学原理,这是代谢途径修饰的理论依据;(3)涉及途径代谢流推动力的酶学原理,包括酶反应动力学、变构抑制效应、修饰激活效应等;(4)涉及基因操作与控制的分子生物学和分子遗传学原理,它们阐明了基因表达的基本规律,同时也提供了基因操作的一整套相关技术;(5)涉及细胞生理状态平衡的细胞生理学原理,它为细胞代谢机能提供一个全景式的描述,因此是一个代谢速率和生理状态表征研究的理想平台;(6)涉及发酵或细胞培养的工艺和工程控制的生化工程和化学工程原理,化学工程对将工程方法运用于生物系统的研究无疑是最合适的渠道。从一般意义上来说,这种方法在生物系统的研究中融入了综合、定量、相关等概念。更为特别的是,它为速率过程受限制的系统分析提供了独特的工具和经验,因此在代谢工程领域中具有举足轻重的意义;(7)涉及生物信息收集、分析与应用的基因组学、蛋白质组学原理,随着基因组计划的深入发展,各生物物种的基因组物理信息与其生物功能信息在此交汇,并为途径设计提供了更为广阔的基础,这是代谢工程技术迅猛发展和广泛应用的新推动力。

14.2 代谢工程的研究内容

14.2.1 代谢工程的研究概要

代谢工程关注代谢途径的组合而非单一的反应,因此它必须考察完整的生化反应网络,重视途径和目标产物的热力学可行性、代谢流及其控制。从传统的单一酶反应分析向相互作用的生化反应系统转移是这一组合观点的精髓,其中代谢网络的概念尤其重要,只有这样,生物体代谢运动和细胞功能的图视效果才能被强化。因此,代谢工程第一步的工作利用在广泛而深入的研究中获得的技术信息进行组合设计。

虽然生化代谢和细胞生理学理论为分析反应途径提供了主要依据,但代谢流确定及其控制的研究结果具有更大的实用性。代谢工程最突出的特征也许就是强调生化反应途径与代谢流及其体内条件下的控制相关联。将代谢流的定量分析方法与代谢流控制的分子生物学技术完美结合在一起,系统合理地修饰生物细胞的遗传性状,这是代谢工程的基石。在代谢途径和代谢流的结构体系中,代谢工程的一个基本目标是阐明代谢流控制的因素和机制,对代谢流控制的全面理解是代谢途径修饰的基础。系统研究代谢流及其控制机制有三大基本步骤：

第一,建立一种能尽可能多的观察途径并测定其流量的方法。为了做到这一点,通常从测定细胞外代谢物的浓度入手进行简单的物料平衡。这里必须强调的是,一个代谢途径的代谢流并不等于该途径中一个或多个酶的活性。事实上,酶法分析并不能提供途径真正的代谢流信息,除非相应的酶在体外分析条件下存在并具有活性。在代谢分析中,酶法分析经常会错误地显示相似数量级的代谢流,导致产生不正确的结论。

第二,在生化代谢网络中施加一个已知的扰动,以确定在系统松散之后达到新的稳态时的途径代谢流。常采用的扰动方式包括启动子的诱导、底物补加脉冲、特定碳源消除或物理因素变化等。虽然任何有效的扰动对代谢流的作用都是可以接受的,但扰动应该定位于紧邻途径节点的酶分子上。一种扰动往往能提供多个节点上的信息,这对于精确描述代谢网络控制结构所必需的最小实验量是至关重要的。

第三,系统分析代谢流扰动的结果。如果某个代谢流的扰动对其下游代谢流未能造成可观察的影响,那么就可以认为该处的节点对上游扰动的反应是刚性的,与之相反的情况则称为柔性。在刚性节点处,试图通过改变上游酶活性来影响下游代谢流的做法是徒劳的。

除了上述对代谢途径的物质流和能量流进行分析之外,代谢工程的概念同样适用于分析信息流,如信号转导途径等。随着分子生物学研究的不断深入,生物体内各种形式的信号转导途径作用机制得以阐明和积累,更进一步的意义在于合理设计、修饰甚至更换受体分子、信号分子、驿站分子以及基因表达调控的顺式元件,构建崭新的信号转导途径,最终形成代谢工程新的分支——信号转导代谢工程。

代谢工程中的基因操作部分已经相当成熟,基因重组、克隆和表达的成功率在很大程度上依赖于生物材料与试剂。唯一值得研究的是重组 DNA 分子在目标生物体染色体上的整合机制、频率以及整合子的遗传稳定性,而后者又涉及细胞生理代谢途径的综合平衡、外源基因表达程度与时段的调控设计以及细胞对目标产物的耐受性等相关问题,因此是代谢工程应用的限制性因素。

14.2.2 代谢工程的研究技术

代谢工程多学科结合的性质决定了它的生长优势,同时也暗示了它在研究方法和技术方面的综合性。归纳起来,有下列三大类常用手段：

(1) 检测技术

常规的化学和生物化学检测手段都可用于代谢工程的研究,包括体内确定代谢流的物料平衡和同位素标记示踪方法；表征酶反应进程和性质的酶动力学分析方法；测定同位素富集和关键代谢物分子量分布的光谱学方法,如核磁共振和气相色谱分析等。根据这些测量信息可以判断和描述体内途径代谢流的基本状态,并为细胞的代谢流及其控制分析提供翔实可靠的原始数据。

(2) 分析技术

在获得大量生化反应基本数据的基础上,采用化学计量学、分子反应动力学和化学工程学的研究方法并结合计算机技术,可以进一步阐明细胞代谢途径和代谢网络的动态特征与控制机理,同时确定途径改造的关键靶点。这些分析手段包括能准确测定细胞内代谢流的稳态法、展示代谢流控制过程的扰动法、简化复杂代谢网络分析的组合法以及使生化反应甚至基因表达调控过程定量化的计量法等。

(3) 操作技术

在代谢工程中,代谢途径和代谢网络的操作实质上可以归结为基因水平上的操作。这个过程涉及几乎所有的分子生物学和分子遗传学专门实验技术,如基因和基因簇的克隆、表达、调控;DNA 的杂交检测与序列分析;外源 DNA 的转化;基因的体内同源重组与敲除;整合型重组 DNA 在细胞内的稳定维持等。代谢工程技术得以广泛应用的一个重要前提是外源基因在所有生物物种(包括人体)中转化和表达的可行性,而这种可行性又在很大程度上依赖于各种载体和基因表达调控元件的开发。事实上截止目前为止,仍有许多物种的基因转化和表达还有技术上的难题。

14.2.3 代谢工程的研究战略

就目前所掌握的细胞代谢途径的分子生物学背景知识而言,代谢工程的战略思想主要有以下几个方面。

14.2.3.1 在现存途径中提高目标产物的代谢流

在处于正常生理状态下的生物细胞内,对于某一特定产物的生物合成途径而言,其代谢流变化规律是恒定的。增加目标产物的积累可以从以下五个方面入手:

(1) 增加代谢途径中限速步骤酶编码基因的拷贝数。这一战略并没有改变代谢路径的组成和流向,而是增加关键酶基因在细胞内的剂量,通过提高细胞内酶分子的浓度来促进限速步骤的生化反应,进而导致最终产物产量的增加。

(2) 强化以启动子为主的关键基因的表达系统。在此情况下,重组质粒在受体细胞中的拷贝数并未增加,强启动子只是高效率地促进转录,合成更多的 mRNA,并翻译出更多的关键酶分子。

(3) 提高目标途径激活因子的合成速率。激活因子是生物体内基因表达的开关,它的存在和参与往往能触发相关基因的正常转录,因此提高激活因子的合成速率理论上能促进关键基因的表达。

(4) 灭活目标途径抑制因子的编码基因。这一战略的目的是去除代谢途径中具有反馈抑制作用的某些因子或者这些因子作用的 DNA 靶位点(如操纵子),从而解除其对代谢途径的反馈抑制,提高目标代谢流。

(5) 阻断与目标途径相竞争的代谢途径。细胞内各相关途径的偶联是代谢网络的存在形式,任何目标途径必定会与多个相关途径共享同一种底物分子和能量形式。因此,在不影响细胞基本生理状态的前提下,阻断或者降低竞争途径的代谢流,使更多的底物和能量进入目标途径,无疑对目标产物产量的提高是有益的。但是这种操作成功的概率受到挑战,因为它容易导致代谢网络综合平衡的破坏。

14.2.3.2 在现存途径中改变物质流的性质

在天然存在的代谢途径中改变物质流的性质主要是指:使用原有途径更换初始底物或中间物质,以达到获得新产物的目的。至少有两种方法可以改变途径物质流的性质。

(1)利用某些代谢途径中酶对底物的相对专一性,投入非理想型初始底物(如己糖及其衍生物)参与代谢转反应,进而合成细胞原本不存在的化合物。酶对底物的相对专一性在一些原核细菌中较为普遍,生物代谢途径的大量研究结果表明,参与次级代谢的酶编码基因大多是从初级代谢基因池(Gene Pool)中演化而来的,这种在自然条件下发生的演化作用使得酶分子对底物的结构表现出一定程度的宽容性。在此过程中,虽然细胞固有的代谢途径并未发生基因水平上的改变,但是其物质运输功能也许要经历修饰,因为在一般情况下,生物体并不具备对非理想型底物分子的转运机制。这种底物转运机制的改变仍然需要基因操作。

(2)在酶对底物的专一性较强的情况下,通过蛋白质工程技术修饰酶分子的结构域或功能域,以扩大酶对底物的识别和催化范围。在基因水平上通过修饰酶的结构,以拓展其对底物的专一性,甚至改变酶的催化程序,具有诱人的应用前景。

14.2.3.3 利用已有途径构建新的代谢旁路

在明确已有的生物合成途径、相关基因以及各步反应的分子机制后,通过相似途径的比较,利用多基因间的协同作用构建新的代谢途径是可能的。这种战略包括两方面的内容:

(1)修补完善细胞内部分途径以合成新的产物。

自然界中存在的遗传和代谢多样性提供了一个具有广范围底物吸收谱和产物合成谱的生物群集合,然而许多天然的生物物种对实际应用而言并非最优,它们的性能有时可通过天然代谢途径的拓展而提高。借助于少数几个精心选择的异源基因的安装,天然的代谢物可以转化为更为优良的最新型产物。

(2)转移多步途径以构建杂合代谢网络。

将编码某一完整生物合成途径的基因转移至宿受体细胞中,可以提供具有很大经济价值的生产菌株。它们或者能提高目标产物的产率,或者允许使用相对廉价的原材料,而且这些实验结果对生物物种内特定多步代谢途径的调控和功能的诠释也是很有价值的。这种战略的应用在链霉菌的抗生素生物合成途径改良中具有天然的便利条件,因为这些功能相关的基因往往以基因簇的结构存在。

14.3 代谢工程的意义

生物工程的学科体系建立在微生物学、遗传学、生物化学和化学工程学的基本原理与技术之上,但其最古老的产业化应用可追溯到公元前40~30世纪期间的酿酒技术。20世纪40年代,抗生素制造业的出现被认为是微生物发酵技术成熟的标志,同时也孕育了传统生物工程的诞生。30年之后,以分子遗传学和分子生物学研究成果为理论基础的基因工程技术则将生物工程引入了现代生物技术的高级发展阶段。

现代生物工程的基本内涵包括:用于维持和控制细胞微型反应器(即生产菌或生产细胞)数量和质量的发酵工程(细菌培养)和细胞工程(动植物细胞培养)、用于产物分离纯化的分离工程、用于实施细胞外生化反应的酶工程、用于生产生物活体组织的组织工程以及用于构建高品质细胞微型反应器的基因工程。

菌种诱变筛选程序和细胞工程中的细胞融合技术分别是微生物和动植物微型反应器品质改良的传统手段,而 DNA 重组技术则是创建所有类型细胞微型反应器(即工程菌或工程细胞)的强有力的现代化工具。其中,第一代基因工程是将单一外源基因导入受体细胞,使之高效表达外源基因编码的蛋白质或多肽,它们基本上是以天然的结构存在的;第二代基因工程(即蛋白质工程)通过基因操作修饰改变蛋白多肽的序列结构,产生生物功能更为优良的非天然蛋白变体(Mutein);而作为第三代基因工程的代谢工程则在基因水平上局部设计细胞固有的代谢途径和遗传性状,并赋予细胞更为优越甚至崭新的产物生产品质。

不容置疑,在现代生物工程的整个流程中,细胞微型反应器的设计和构建对产品的生产起着决定性的作用。基因工程是这个过程的主导技术,而作为基因工程高级形式的代谢工程原理与技术则必然在现代生物工程中占据重要地位。

代谢工程是一个基础广应用性强的重要学科领域,它的基本贡献在于体内确定代谢流的控制机制。尽管生物体的代谢途径图谱已经相当精细,但很少能反映出途径中碳源、氮源和能源的真实流量。代谢流分析在真实意义上触及代谢网络中途径扩增的程度,而代谢流控制分析则为关键代谢节点上代谢流的贡献做出了机理方面的诠释。

代谢工程也为化学工程进入生物研究领域开辟了一条大道,因为它直接将分子反应动力学、传质和热力学的基本内核运用到代谢网络反应的分析中。代谢网络可以视为一个化学工厂,其内部结构为基因和酶分子,具有相似的设计、控制和优化过程。例如,依据串联反应的总速率约等于各步反应中最小的反应速率这一分子反应动力学原理,代谢工程采取扩增限速步骤酶反应的战略来提高目标途径的代谢流;另一方面,在化学反应过程中,目标产物产量的最优化还取决于副产物的最小化,代谢工程则通过工艺控制程序优化代谢流分布,或者直接在基因水平上阻断形成副产物的潜在竞争性途径,从而达到提高目标产物产量之目的。

代谢工程的另一个贡献是从该领域特殊的视角抽象出综合与定量的概念,即了解代谢途径在多个相关生化反应的整合后所表现出来的整体功能,正如人们总是从单个基因推测遗传学和酶学信息并由此勾画完整细胞的性质一样。可以预料,根据生物学家们多年研究成果得出的大量零碎信息整理出来的细胞综合性质将受到越来越多的重视,尤其当基因组学和蛋白质组学研究不断深入时,这种信息爆炸的趋势将更加明显。代谢工程为生物学信息质量的升华,同时也为有用产品和过程的开发提供了一个理想的操作平台。

现代生物技术产业崛起的第一个驱动力是建立在世界范围内对碳水化合物为原材料组织大规模生产的兴趣上的。这种资源的绝大部分利用表现在依靠现代生物技术生产具有重要经济价值的生化产品,它们分属化工、医药、食品、材料、信息、能源、环境、纺织等多个领域。碳水化合物作为生物可再生资源,与化石资源(如煤炭和石油等)的有限利用相比,其重要意义不言而喻。第二个驱动力来自生物技术产品成本不断下降,而化学过程产品价格却不断攀升的事实。当今发酵制造业规模效益的实现以及化学过程对环境污染所造成的负担,是形成这一趋势的主要原因。当然,并非所有的生物技术均对化学过程具有绝对的竞争力,但从广义上讲,两者的生产成本正以一定的斜率变化着,这两根直线在不久的将来即会相交。按照工程学家的观点,使这一趋势加速发展的唯一重要的因素是产品结构的调整,而后者正是代谢工程的威力所在。第三个驱动力产生于由分子生物学理论发展起来的基因工程技术。虽然这些技术目前还不能像传统的酶操作技术那样纯熟,然而近年来的飞速发展正在鼓舞人们以极大的热情关注其方法学上的突破。在此,代谢工程同样扮演着重要角色。

代谢工程具有显著威力的工业生产过程有：利用发酵方法直接生产或者在完整植物中表达原来从石油中获得的热塑性塑料聚羟烷酸以及新型生物活性物质聚酮类化合物。原先已经采用生物技术生产，目前正成为代谢工程研究目的部分例子有：橡胶、溶媒、多糖、蛋白质、寡肽、抗生素、食品、生物天然气、乙醇、有机酸、维生素、氨基酸、细菌纤维素酶、谷胱甘肽衍生物、脂类、油类、食用色素等。代谢工程在技术和应用上的突破将对上述过程的经济效益具有直接的效应。此外，通过途径设计构建各类新型手性药物工程菌的尝试也得到相当的关注。

代谢工程在高等植物尤其是农作物的品种改良方面也日益显示出其重大的经济价值和社会效益。借助于合理精确的植物代谢途径设计与改造技术，可培育出具有抗病虫害、抗除草剂和抗环境压力等多种优良遗传品质的农作物。目前大量的农作物转基因品种已经问世，其中包括水稻、玉米、马铃薯、黑麦、红薯、大豆、豌豆、棉花、向日葵、亚麻、甜菜、甘草、番茄、生菜、胡萝卜、卷心菜、黄瓜、芦笋、苜蓿、草莓、木瓜、猕猴桃、越橘、茄子、梨、苹果和葡萄等。可以乐观地预计，代谢工程技术的不断完善必将迎来又一次伟大的绿色革命。

从细胞代谢途径修饰所达到的目的来看，代谢工程的应用领域主要有以下几个方面：
(1) 提高细胞已有的化学物质的产量；
(2) 生产目标细胞本身不能合成的新型功能化合物；
(3) 扩展细胞的底物利用范围；
(4) 形成降解毒性物质的新型催化活性；
(5) 修饰细胞的其他生物学性状。

14.4 细胞代谢工程的最新进展

14.4.1 传统代谢工程

传统代谢工程只是对局部的代谢网络进行分析以及对局部的代谢途径进行改造。由于其还没有真正意义上从全局的角度去分析改造细胞，所以具有很大的局限性。高通量组学分析技术和基因组水平代谢网络模型构建等一系列系统生物学技术的开发能够从系统水平上分析细胞的代谢功能。将这些系统生物学技术和传统代谢工程以及下游发酵工艺优化相互结合，科学家们近一步提出了系统代谢工程的概念。典型系统代谢工程的策略分为以下3轮步骤：

(1) 构建起始工程菌。这一阶段和前面提及的传统代谢工程策略类似：通过分析局部代谢网络结构对局部代谢途径进行改造（如通过敲除竞争途径减少副产物的生产）、优化细胞生理性能（如解除产物毒性和反馈抑制效应）等。

(2) 基因组水平系统分析和计算机模拟代谢分析。如前所述，各种高通量组学分析技术的联合使用能有效地鉴定出提高细胞发酵生产能力的新靶点基因和靶点途径。与此同时，通过使用基因组水平代谢网络模型也可以模拟分析出另外一些新的靶点基因。需要强调的是，这2种系统分析方法鉴定出的靶点基因很多都是和局部代谢途径不相关的，用传统的代谢分析是不可能鉴定出来的。

(3) 工业水平发酵过程的优化。第一轮和第二轮的微生物发酵都是在实验室条件下进行的，其发酵性能和大规模工业发酵相比有很多差异。规模扩大后经常会伴随高浓度的副产物产生,因此还需要再进行下一轮代谢工程改造来优化菌种发酵能力。另一方面,还需要通过进化代谢工程来进一步提高细胞发酵的产率、速率和终浓度,以达到工业发酵的要求。

Lee 研究小组运用系统代谢工程成功改造了大肠杆菌用于缬氨酸的发酵生产。他们首先分析了缬氨酸合成途径的局部代谢网络,使用位点特异突变解除了所有已知的缬氨酸合成途径中的反馈抑制和转录消减效应,使用基因敲除阻断了缬氨酸合成的竞争途径,并通过质粒过量表达扩增了缬氨酸合成第一步反应的操纵子。传统代谢工程策略得到的起始工程菌生产缬氨酸的产率提高到 0.066 g/g 葡萄糖。在进行第二轮改造时,他们通过转录组分析成功鉴定出能有效提高缬氨酸合成的亮氨酸应答蛋白和缬氨酸转运蛋白基因,这些调控回路的扩增使缬氨酸合成产率提高了一倍。同时,他们通过基因组代谢网络模型模拟分析成功鉴定出另外 3 个基因敲除靶点,这些基因的敲除使缬氨酸的产率提高到 0.378 g/g 葡萄糖。Lee 研究小组随后使用相同的策略又改造了大肠杆菌用于苏氨酸(Threonine)的生产。

14.4.2 合成生物学

合成生物学是以工程学理论为依据,设计和合成新的生物元件,或是设计改造已经存在的生物系统。这些设计和合成的核心元件(如酶、基因电路、代谢途径等)具有特定的操作标准。小分子生物元件可以组装成大的整合系统,从而解决各种特殊问题,如可再生生物能源和化合物的生产、药物前体合成、基因治疗等。合成生物学和传统的代谢工程在用于微生物发酵生产时,其目的是一样的,区别在于所使用的技术方法。传统的代谢工程是从整体出发,先研究微生物的代谢网络,分析控制代谢通量分布的调控节点,再在关键节点处进行遗传改造,从而改变细胞的代谢网络和代谢通量分布;合成生物学则是从最基本的生物元件出发,按照标准的模式和程序,将生物元件一步步地组装,整合成一个完整的系统(化合物的合成代谢途径)。合成生物学技术在微生物改造应用中有如下几点优势:

(1) 能减少遗传改造的时间、提高改造的可预测性和可靠性。

(2) 能创建有用、可预测、可重复使用的生物部件,如表达调控系统、环境应答感应器等。

(3) 能有效地将多个生物部件组装成具有功能的装置。

近些年来,已有一些运用合成生物学改造微生物生产化合物的成功案例,其中最具代表性的是 Keasling 研究小组关于抗疟疾药物前体青蒿酸的生产。该研究小组依次设计合成了甲羟戊酸(Mevalonate)途径、amorphadiene 合成酶、细胞色素 P450 单加氧酶,并将它们在酿酒酵母中组装成一条高效合成青蒿酸的代谢途径,使最终的青蒿酸产量达到 300 mg/L 的水平。该技术思路同时也用于合成其他类异戊二烯(Isoprenoid)化合物作为新型生物能源。Liao 研究小组运用合成生物学的方法构建了长链醇的代谢合成途径。该研究小组依次设计合成了氨基酸合成代谢中间物 2-酮基酸的合成途径和 2-酮基酸脱羧还原途径,并将它们在大肠杆菌中组装成一条高效合成异丁醇的代谢途径,使最终的异丁醇产量达到 22 g/L 的水平。该技术思路也可用来合成其他的长链醇,如异戊醇、丙醇、丁醇、活性戊醇和苯乙醇,甚至能够合成非天然的碳原子含量更多的长链醇(六碳至八碳)。

合成生物学虽然在改造微生物提高发酵能力方面取得了一定的进展,但其方法本身还有很多有待完善之处。Drew Endy 提出了用工程学理论来设计合成生物元件的最关键的 3 个因素:生物元件的标准化、系统的解偶联、系统的抽象化。针对生物元件的标准化问题,麻省理工学院组建了标准生物部件登记处(http://partsregistry.org),目前已经收集了3 200个BioBrick标准生物部件。Knight研究小组从BioBrick标准生物部件出发,进一步开发了一系列BioBrick质粒载体。

14.5 代谢流、代谢网络及代谢流分析

14.5.1 基本概念

(1)底物:培养基中存在的化合物,能被细胞进一步代谢或直接构成细胞组分。碳源、氮源、能源(ATP等)以及能满足细胞功能必需的各种矿物元素均属于细胞代谢的底物。葡萄糖作为细胞生长的主要碳源,是最常见的底物。

(2)代谢产物:由细胞合成并分泌到细胞外培养基中的化合物,可以是初级代谢产物(如二氧化碳、乙醇等),也可以是次级代谢产物。

(3)生物大分子:核酸(DNA RNA)、蛋白质、脂质和碳水化合物等。

(4)胞内代谢物:细胞内其他化合物,包括不同代谢途径的中间代谢物和用于大分子合成的结构单元等。

(5)途径:指催化总的代谢物的转化、信息传递和其他细胞功能的酶促反应的集合。

(6)生化反应途径和代谢途径:一系列按序进行的生物化学反应构成生化反应途径。若这条途径在活细胞里运行,则为代谢途径。

(7)生化反应网络:生化反应途径按生物化学规律汇成生化反应网络。

(8)代谢网络:分解代谢途径、合成代谢途径和膜输送体系的有序组合构成代谢网络。广义的代谢网络包括物质代谢网络和能量代谢网络。代谢网络的组成取决于微生物的遗传特性和微生物细胞存在的环境。

(9)代谢网络的联网:代谢中间化合物都在代谢网络上,有些有机化合物虽然不在网络上但仍有可能与代谢网络联网。所谓"联网",就是用化学或生物化学反应把指定的化合物连接到代谢网络上去,从而使它与微生物的代谢建立联系。联网可以用化学或生物学方法(含重组DNA技术)实现。已在网络上或者可以联网的化合物都可能开发成为发酵工业的产物或原料。

(10)通量/物流:指物质或信息通过途径被加工的速率,它与个别反应速率不同。

(11)代谢流和碳架物质流:代谢物在代谢途径中流动形成代谢流。具体地说,处于一定环境条件下的微生物培养物中,参与代谢的物质在代谢网络中按一定规律流动,形成微生物的代谢流。代谢流具备流体流动的一些基本属性,如方向性、连续性、有序性、可调性等,也可以接受疏导、阻塞、分流、汇流等"治理",也可能发生"干枯"或"溢出"等现象。在代谢工程领域,代谢流往往是指碳架物质流。

(12)代谢主流:在一定的培养条件下,代谢物在代谢网络中流动,流量相对集中的代谢流叫做该条件下的代谢主流。代谢途径(网络)的延伸和剪接都可能改变代谢主流,从而实现新基质的利用和新产品的开发。代谢主流的流量测定是代谢工程的重要组成部分。

(13)载流途径:代谢主流流经的代谢途径为主要载流途径,简称载流途径。在代谢工程领域,是指碳流在代谢网络中通过的主要途径,即生产所需产物期间让碳流相对集中流向产

物合成的途径。

(14) 代谢主流的变动性和选择性：微生物的代谢主流处于不断变化之中，其方向、流量甚至代谢主流的载流途径都可能发生变化。这就是微生物代谢主流的变动性和代谢主流对代谢网络途径的选择性。这种变动和选择的根据在于微生物细胞的遗传物质，选择的原因是微生物所处的环境条件的变化。

(15) 理想载流途径：为了提高产物对原料的转化率，要求代谢主流（根据代谢分析的结果）从设定的途径流过，使它成为载流途径。因为这样的载流途径是带有主观性的虚拟的载流途径，所以把它称为理想载流途径。

(16) 代谢网络的节点：微生物代谢网络中的途径的交叉点（代谢流的集散处）称作节点。在不同条件下，代谢流分布变化较大的节点称为主节点。节点分为柔性、弱刚性、强刚性三种。

(17) 节点的刚性：微生物自动抵制节点处代谢物流量分配比率的改变的特性称作节点的刚性。节点的刚性取决于微生物代谢的自身调节机制。

(18) 代谢网络的刚性：微生物自动抵制代谢网络中代谢物流量分布的改变的特性叫做代谢网络的刚性。代谢网络的刚性与主要刚性节点的刚性大小、分布及数量密切相关。

(19) 代谢物流分析：这是一种计算流经各种途径的物流的技术，用于描述不同途径的相互作用以及围绕支点的物流分布。

(20) 代谢控制分析：是指通过某一途径的物流和以流量控制系数表示的酶活之间的定量关系。流量控制被分布在途径的所有步骤中，只是若干步骤的流量比其他的更大些。其基础为一套参数，如弹性系数、流量控制系数和浓度控制系数，可用数学方描述代谢网络内的控制机制。

(21) 流量控制系数：流量的百分比变化除以某一酶活（该酶能引起流量的改变）的百分比变化称为流量控制系数。

(22) 总和原理：是指某一代谢系统中的某一物流的所有酶的流量控制系数之和，其值为1。

(23) 弹性系数：表示酶催化反应速率对代谢物浓度的敏感性。弹性系数是个别酶的特性。

(24) 物流分担比：是指途径A与途径B物流之比。如在葡萄糖-6-磷酸节点上的物流分担比便是EMP途径物流/HMP途径物流。

14.5.2 细胞代谢流的分析与测定

14.5.2.1 细胞代谢流分析的基本理论

代谢流分析是一种专门对代谢途径流量进行测定分析的方法。在测定胞外物质变化的基础上，通过细胞内各种生化反应的化学计量可以计算出胞内各物质的流量分配，相比之下，胞外流量是通过对细胞底物摄取率及产物分泌率的测定而获得的。代谢流分析的最终任务是绘制完整的代谢过程流量图，该图包括由各相关反应组成的完整代谢途径以及各代谢物在稳定态时的流量精细分布。

另一方面，通过比较由遗传或环境因素扰动而诱导的各代谢物流量分配变化，可以确定整个代谢途径中具有特殊地位的途径或反应。因此，代谢流分析除了能定量描述各代谢反应

外,对理解细胞许多生理特性也有很大的帮助,其作用可简单概括为:

1. 确定细胞内代谢途径中的刚性节点

在细菌培养过程中,使用特定的突变株或直接改变操作条件,往往会导致节点处代谢物流量分配发生变化,通过分析比较这种变化可以确定该节点的刚柔属性。通常,刚性节点的分支流量不会发生较大的改变,而柔性节点分支流量会随着环境或细胞性状的改变进行相应调节。因此,准确界定代谢网络中的刚性节点和柔性节点对途径操作的设计具有非常重要的作用。

2. 选择途径的辨别

生化反应的化学计量是细胞代谢流分析的基础,而精确的化学计量又需要对相关生化反应详细背景知识的了解。然而,在许多微生物细胞中,生化反应的分子机制并不是非常清楚。代谢流分析能够帮助人们辨别哪些途径对产生目标产物最优,哪些选择途径则在物料平衡状态下是不可实现的,从而保证靶途径确定的准确性和有效性。

3. 非测量性胞外物质流量的计算

有时,可测定的胞外流量数相对于需通过计算才能获得的胞内流量数是非常小的。在这种情况下,根据先前实验结果建立起来的流量分割率可以直接计算非测量性胞外物质的流量。例如,目标产物相对于副产物的生成速率即可通过化学计量及已测定的副产物流量推算而得。

4. 产物最大理论得率的确定

借助于代谢网络的化学计量,还可以计算从已知底物到目标产物的最大理论得率。为了保证目标产物的形成达到最大值,流量分割率必须是固定的,而且还需要密切注意中间代谢物和通用代谢物对目标产物产量的负面影响。在实际应用中,目标产物产量的实验测量值等同于 hoc 理论得率的现象是完全可能发生的,然而在复杂的代谢网络中,依据代谢量分析结果计算目标产物的产量则更为合理。另一方面,理论得率的计算为途径设计和操作过程提供了一个基准点,在此给定的范围内可以方便地选择最优化的代谢途径。下面就对代谢流分析的基本理论及应用方法作一简单的介绍。

代谢分析流的起点是对涉及代谢底物到目标产物和生物基质的反应网络进行化学计量的描述。对于胞内反应,可用下列方程表示:

$$\frac{dX_{met}}{dt} = r_{met} - \mu X_{met}$$

其中,X_{met}为细胞内代谢物的浓度;r_{met}为该反应形成的细胞内代谢物的净速率,则为细胞的比生长速率。

通常,大部分代谢物池均具有代谢高周转率的特性,因此不同代谢物池的浓度能够快速达到一个新水平,即便细胞处于较大扰动的环境中也是如此。

因此,可以假设途径中的代谢物变化处于假稳定状态,也就是说代谢物并不累积,这时:

$$0 = \frac{dX_{max}}{dt} = r_{met} - \mu X_{met}$$

上式右边的第二项表示由于生物基质生成所引起的代谢物池浓度的下降。由于途径代谢物在胞内的水平相对较低,浓度下降引起的变化是非常微小的,该项可忽略不计,即满足代谢物平衡原则,则:

$$0 = r_{met} = G^r v$$

其中，G 为各反应的化学计量矩阵；v 为各反应的速率矩阵。

据此，利用该方程由测得的胞外流量可推导整个代谢途径中所有代谢物的流量分配。

14.5.2.2 细胞代谢流的测定

胞内外部分代谢物流量的测定是非常重要的，目前流量测定主要有下列两种手段：

1. 直接法测定法

随着细胞的生长和发酵过程的进行，发酵液中各物质成分的变化也可直接测得，并且通过自动控制系统进行在线跟踪，这些直接获得的数据可应用于细胞代谢流量分析，进而推算其他胞内中间代谢物的流量分配。

2. 同位素标记测定法

应用同位素示踪的方法，将化合物某个特定的碳原子定位标记，可以得到该化合物的代谢流量以及参与途径各节点更多的相关信息，当细胞利用 ^{13}C 等稳定同位素标记底物时，代谢底物上的同位素标记信息能够跟随代谢反应流从不同方向传递到代谢网络的各个中间代谢物上，从而形成代谢物同位体的集合。中间代谢物的部分 ^{13}C 标记状态通常能由核磁共振（NMR）波谱和气相色谱质谱（GCMS）联用技术分析得到，这种方法目前被普遍采用。高通量定量分析细胞内代谢物的技术。核磁共振（NMR）、气质联用（GC－MS）、液质联用（LC－MS）和气相色谱－飞行时间质谱仪（GC－TOF）的开发大大提高了分析胞内代谢物的能力，胞内代谢物流量的测定将更加简便、快速、准确。

14.5.2.3 代谢网络及网络分析

1. 代谢网络的组成与性质

分解代谢途径、合成代谢途径和膜输送体系的有序组合构成了代谢网络。广义的代谢网络包括物质代谢网络、能量代谢网络。代谢网络的组成取决于微生物的遗传性能和微生物细胞存在的环境（也就是取决于微生物细胞的生理状况）。

由于微生物的代谢主流处于不断变化之中，其方向、流量甚至代谢主流的载流途径都可能发生变化。也就是说，微生物代谢主流具有变动性，而且代谢主流对代谢网络途径具有选择性。这种变动和选择的根据在于微生物细胞的遗传物质，选择的原因是微生物所处的环境条件的变化。根据细胞代谢流的形成机制和流动属性，可将构成代谢网络的所有途径分为载流途径和代谢主流两大类。载流途径是指在一定的生理状态下，生物细胞的代谢物质在代谢网络中流经的主要途径。既然代谢主流对网络中的途径有选择性，而以特定的初级代谢产物为目的产物的工业发酵过程，要求微生物在合成目的产物期间，尽可能使代谢物相对集中地经载流途径流向目的产物，形成代谢主流，也就是使代谢主流流经理想载流途径。因此，就有必要去解决理想载流途径的设计问题和代谢主流的导向问题。代谢网络的延伸、剪接或重构均可能改变细胞的代谢主流，从而实现新基质的利用、新产品的产生以及新生物合成路线的搭建。

代谢工程要解决的主要问题是改变某些途径中的碳架物质流量或者改变碳架物质流量在不同途径中的流量分布。代谢工程的目标是修饰初级代谢，将碳架物质流导入目的产物的载流途径以获得产物的最大转化率。

作为在大自然设定的条件下长期进化的成果，生物细胞具有在代谢网络某些节点处对抗代谢物流量改变的控制性能，而且这种代谢流分布（主要是碳架物质流量分布）不会因终端产物对其合成途径的反馈调节(反馈抑制和反馈阻遏)的解除而发生重大的调整。人们将生物体固有的这种对代谢流量改变的抵抗能力称为代谢或代谢网络的刚性。

尽管胞内代谢物的基本浓度在细胞生长过程中经常发生波动,但细胞的主要组成物质(蛋白质、RNA、DNA、脂质等)在细胞整个平衡生长过程中却保持相对的比例。用于合成的单元代谢物(如氨基酸、核苷酸、糖的磷酸酯)、能量物质(ATP)和生物合成还原力(如NADH或NADPH)等也近似地按化学计量的比例合成。事实上,根据这一规律可以估算以已知成分为基础培养基生成一个大肠杆菌细胞所需的物质量及能量。尽管细胞代谢网络在不同的环境刺激下能够形成完全不同的代谢物流量分配,但这种改变是代谢途径中反馈抑制的结果,并且这类反馈抑制保证了满足细胞存活的关键物质的最优合成。也就是说,这样的流量改变仍然要支持细胞的主要组成物质和代谢物群的合成,以便于细胞在该环境条件下生存下去。

2. 代谢网络的节点分析

在代谢网络中,将两个或多个不同途径的分支汇合点称为节点。细胞内某种产物的产量与代谢物的流量分配状况密切相关。这种流量分配在构成代谢网络的所有可能的节点处均会涉及并产生程度不同的影响。其中,对目的产物的形成具有重要影响(即相关流量分配能发生明显变化)的那种节点称为主要节点。

在此,以1,6-二磷酸果糖所处的代谢网络结构为例,具体介绍一下节点分析方法。

已知在糖酵解过程中,各种代谢产物、能量(ATP)和还原力(NADPH)均以近似于化学计量的速率合成。其中1,6-二磷酸果糖是该途径中的一个中间代谢产物,因此在细胞正常的生理代谢过程中难以实现超量生产。要在胞外大量积累1,6-二磷酸果糖,必须打破细胞原有的代谢平衡,使代谢途径中主要节点的流量分配有较大的变动,然而这种修饰将会受到细胞自身维持最适生长的调控机制的抵制。为此,人们首先对1,6-二磷酸果糖所处的代谢网络结构进行详细的分析和评估,在此基础上利用化学因子调节该网络的代谢流量,从而实现了1,6-二磷酸果糖的超量生产。

(1)主要节点的识别

图14.1给出了在不同环境条件下酿酒酵母1,6-二磷酸果糖的代谢流量分配图,其中图14.1(a)是在典型实验条件下由糖酵解途径合成1,6-二磷酸果糖的代谢流量分配图。虽然胞内1,6-二磷酸果糖的流量分配率有所提高,但与平衡条件下的代谢流量分配(图14.1(b))相比并没有较大的变动。图14.1(c)绘出了1,6-二磷酸果糖在最大产率时的代谢流量分配。这种理想条件下的流量分布状态已远远偏离了细胞平衡状态以及典型实验条件下的流量分布情况。

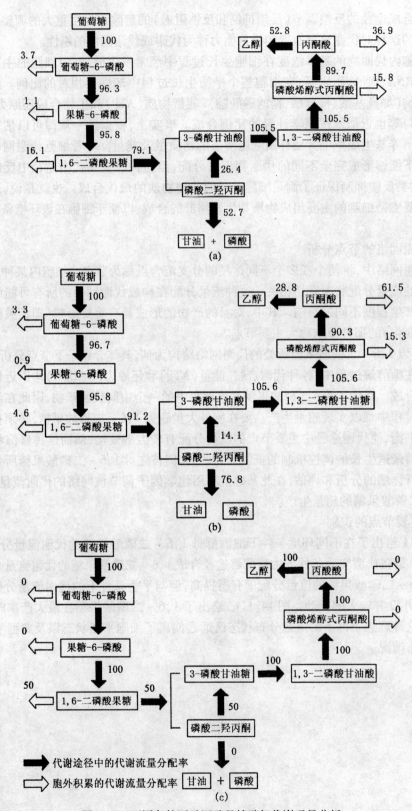

图 14.1 不同条件下酿酒酵母糖酵解代谢通量分析

如果说细胞中的糖酵解途径代谢流量易于改变,并适合1,6-二磷酸果糖的合成和分泌,那么只要阻断1,6-二磷酸果糖的降解途径,就可以实现产物产率的大幅度提高,遗憾的是实验操作并未获得预期的效果,为此对代谢网络中的有关节点进行特性评估。研究结果表明,酿酒酵母能以某种程度积累甘油,其机制是由于磷酸解酮酶和丙酮酸脱羧酶的活性不够高,使得磷酸烯醇式丙酮酸和丙酮酸大量积累,结果本应由乙醇脱氢酶催化的NAD再生改由磷酸二羟丙酮承担而形成甘油。也就是说,甘油的积累量完全由磷酸解酮酶和乙醇脱氢酶的活性所控制,它们形成了甘油副产物合成途径的节点,而磷酸二羟丙酮和丙酮酸均非主要节点。由磷酸烯醇式丙酮酸生成的ATP是1,6-二磷酸果糖的前体,而1,6-二磷酸果糖的合成和分解速率决定了自身的积累,因此葡萄糖-6-磷酸、磷酸烯醇式丙酮酸和1,6-二磷酸果糖节点,被认为是主要节点。

(2) 主要节点的刚柔性判断

① 葡萄糖-6-磷酸节点

这个节点的性质判断是通过在酿酒酵母培养过程中添加Mg^{2+},以改变相应的代谢流量来达到;由于葡萄糖-6-磷酸经葡萄糖磷酸异构化生成果糖-6-磷酸的反应是一个典型的可逆反应,因此在稳定态时,葡萄糖-6-磷酸与果糖-6-磷酸的流量接近平衡。这样,就可将葡萄糖-6-磷酸代替果糖-6-磷酸看做合成1,6-二磷酸果糖的底物。图14.2表示添加Mg^{2+}前(图(a))后(图(b))相关途径的代谢流分配情况。从图14.2中可以看出,添加Mg^{2+}能在很大程度上提高代谢途径中各个酶的活性,并使整个代谢流量提高了1倍多。然而,分配进入1,6-二磷酸果糖节点处的流量比率却基本不变,而胞外1,6-二磷酸果糖的流量比率也只从7.3增加到16.1,不到产物理论得率最高时流量的1/3。以上情况说明,Mg^{2+}添加后对1,6-二磷酸果糖代谢途径的流量分配并没有发生重大影响。另一方面,从无机磷平衡的角度分析,整个代谢过程中还存在大量的高能磷酸化合物,它们阻碍ATP的合成。这些结果表明,葡萄糖-6-磷酸并不是限制性的底物,而ATP可能是限速步骤因子。也就是说,葡萄糖-6-磷酸所处的节点是非刚性的。

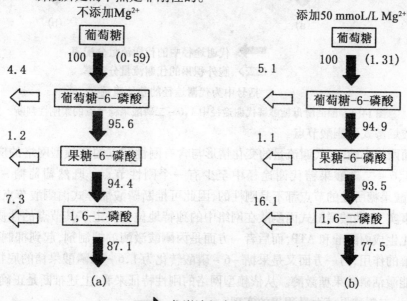

➡ 代谢途径中的代谢流量分配率
⇨ 胞外积累的代谢流量分配率
括号中为代谢途径的整体流量

图14.2 Mg^{2+}对酿酒酵母糖酵解代谢通量的影响

②1,6-二磷酸果糖节点

人们设计下列两组实验验证1,6-二磷酸果糖节点的刚性行为。第一组是在发酵液中添加 EDTA,减缓1,6-二磷酸果糖的分解速率和葡萄糖的摄取利用速率,以验证1,6-二磷酸果糖与 ATP 的合成是否一致;第二组是添加 NH_4^+,以期解除 ATP 等物质对磷酸果糖激酶的抑制作用,通过增加1,6-二磷酸果糖的量,从而刺激磷酸解酮酶的活性,增加 ATP 的合成。图 14.3 给出上述两种情况下的代谢流量分配情况。试验结果表明,与添加 Mg^{2+} 相比,添加 EDTA 时代谢途径的整体物质流量下降了近30%,但1,6-二磷酸果糖节点处的流量分配基本没有发生改变;添加 NH_4Cl 后的代谢流量增加了近300%。然而,1,6-二磷酸果糖节点处的流量分配也基本没有变化。从上述几组数据可以判断1,6-二磷酸果糖所处的节点也不是刚性的。

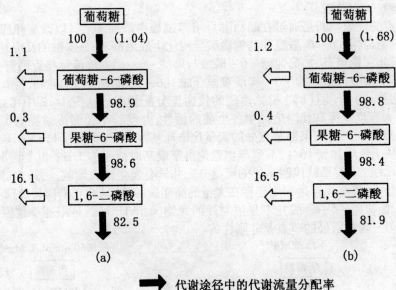

图 14.3 酿酒酵母糖酵解代谢途径中1,6-二磷酸果糖节点的柔刚性判断

③磷酸烯醇式丙酮酸节点

在前面两组实验中,代谢流量的变化情形与含有刚性节点的依赖型网络的应答相一致,这说明在1,6-二磷酸果糖代谢途径中至少有一个刚性节点。既然葡萄糖-6-磷酸和1,6-二磷酸果糖所处的节点都不是刚性的,因此可推断磷酸烯醇式丙酮酸节点是唯一的刚性节点。事实上,磷酸烯醇式丙酮酸在网络中的独特地位也决定了其节点的性质,它被丙酮酸激酶催化生成丙酮酸和 ATP,而后者一方面是丙酮酸激酶的抑制剂,起到抑制磷酸烯醇式丙酮酸分解的作用,另一方面又是果糖-6-磷酸转化为1,6-二磷酸果糖的底物,在一定浓度范围内能激活磷酸果糖激酶。从依赖型网络的刚性特征来看,上述推断是正确的。

④1,6-二磷酸果糖大量积累的实现

上述对整个代谢网络结构特性的分析表明,要实现1,6-二磷酸果糖的大量积累,必须改变磷酸烯醇式丙酮酸节点处的流量分配,以使糖酵解偏离原来的平衡状态。在糖酵解过程中,金属离子对参与反应的各种酶活性的影响是显著的,其中 Mg^{2+}、K^+ 和1,6-二磷酸果糖是丙酮酸激酶的效应物,而催化1,6-二磷酸果糖合成的磷酸果糖激酶的效应物则更多,包括 Mg^{2+}、K^+、NH_4^+、AMP 和无机磷等。在实验中添加 K^+ 用于激活磷酸解酮酶,添加 NH_4^+ 可解除 ATP 浓度过高对果糖磷酸激酶所产生的抑制作用,使1,6-二磷酸果糖在合成初期能够快速积累并达到一定浓度,从而提高了磷酸解酮酶活性,同时减小朝甘油方向的代谢流量,最终提高了1,6-二磷酸果糖胞外流量的分配率。

图14.4表示经化学因子调节后的代谢流量分配情况。与图14.1(b)相比,图14.4中的磷酸烯醇式丙酮酸流量分配率从15.8下降到2.3,流入甘油途径的分配率从52.6下降到12.0,而流入胞外的1,6-二磷酸果糖分配率则从16.1上升到41.9,并已接近理论的流量分配率。以上结果表明,磷酸烯醇式丙酮酸节点的刚性基本上被解除,这也是实现目的产物大量生产的基本实验依据。

由以上讨论可以看出,代谢网络是一个十分复杂的多酶催化反应体系,仅仅改变其中单一反应的特性,对目标产物的合成影响往往不会很大。因此,要实现某一代谢网络或亚网络产物的大量积累,必须在认识网络结构特性的基础上改变主要节点尤其是刚性节点处的流量分配,以使其流量和流向朝有利于产物积累的分支代谢途径发展。

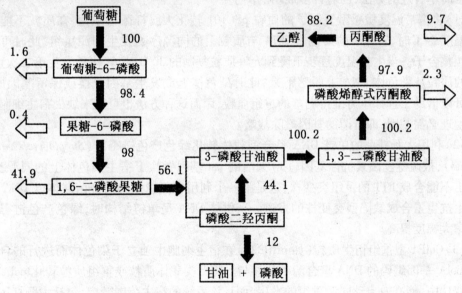

图14.4 酿酒酵母中1,6-二磷酸果糖大量积累的实现

14.6 代谢工程的基因操作技术

在代谢工程中,代谢网络的操作实质上可以归结为基因水平上的操作。这个过程涉及几乎所有的分子生物学和分子遗传学实验技术,如基因和基因簇的克隆、表达、调控,DNA 的杂交检测与序列分析,外源 DNA 的转化,基因的体内同源重组与敲除,整合型重组 DNA 在细胞内的稳定维持等。

促使外源基因稳定地整合在宿主染色体 DNA 上主要有两种战略,即由同源序列介导的体内同源重组以及由转座元件介导的非同源整合。前者采用质粒或病毒载体输入含有同源序列的外源基因,并通过载体上同源序列与宿主基因组内相关序列之间的体内重组反应,将外源基因置入染色体 DNA 的特定位点上,或者定向敲除灭活某一靶基因;后者则借助于转座元件将外源基因随机导入宿主基因组内,同时灭活不期望的功能基因。

14.6.1 原核生物的同源重组

在生物细胞中,DNA 或 RNA 分子间或分子内的同源序列能在自然条件下以一定的频率发生重新组合,这个过程称为同源重组(Homologous Recombination)。一般而言,同源程度越高、同源区域越大,重组的频率就越高。对于原核细菌、噬菌体和病毒而言,同源重组现象的发生尤为普遍。

原核细菌的基因转移操作是基于物理学和生物学的原理建立起来的,将质粒或噬菌体 DNA 导入细菌受体细胞的方法主要有以下几种:Ca^{2+} 诱导转化法、原生质体转化法、电穿孔转化法、碱金属离子法、接合转化法和噬菌体转导法等。

利用质粒 DNA(或重组 DNA)与宿主细胞染色体 DNA 之间的同源性引入遗传重组是一种非常简单有效的方法,已有许多成功的例子:

(1)将携带温度敏感型复制子的质粒 pSC101 转化大肠杆菌宿主菌,在质粒不能复制的极限温度 44℃时,转化子的染色体 DNA 与质粒上的同源序列发生同源重组,此时可以筛选出质粒整合子。当生长温度逐步下降到允许质粒复制的 30℃时,转化子发生第二次重组,整合型的质粒从染色体 DNA 上脱落下来,此时染色体上或发生基因置换或保留基因原拷贝。由于可以借助于选择压力维持剥落的重组质粒,因而这种方法也可用来缺失宿主细胞染色体上的生理必需基因,即所谓的基因敲除战略。

(2)利用大肠杆菌的单链 DNA 整合型载体转化绿色产色链霉菌(*Streptomyces viridochromogenes*),被硫链丝菌素抗性基因(tsr)灭活的 pat 基因置换了宿主染色体上的同源基因,并分离出不能合成 PTT 的重组突变株,这是第一个利用非复制型大肠杆菌载体以 DNA 单链形式产生抗生素合成缺陷型突变株的报道。当供体 DNA 呈单链结构时,绿色产色链霉菌的整合频率大幅度提高。

(3)ColE1 型重组衍生质粒(如 pBR322)在宿主细胞中独立于染色体而进行的自主复制需要 polA 基因编码的 DNA 聚合酶 I 的参与。将此类载体质粒或重组质粒转化 polA 缺陷型的突变株中,能有效启动同源重组的发生,而且该系统的宿主范围较广,包括大肠杆菌和沙门氏杆菌等,因而具有很强的实用价值。

如上所述,利用同源重组技术可以在宿主染色体 DNA 上造成序列特异性的插入、缺失或置换突变,包括扩增途径关键基因、定向灭活靶基因以及引入新基因等,这是代谢工程操作的重要有效手段。其中,根据同源重组原理合理设计和构建不同结构的重组质粒就能分别甚至达到上述目的。

14.6.2 真核生物的基因打靶

所谓基因打靶通常是指采用同源重组技术使得染色体 DNA 发生序列改变的程序,而基因敲除(Gene Knock Out)则是指将一个结构已知但功能未知的基因定向去除,或用其他序列相近基因的取而代之,然后从整体和活体水平上观察构建的突变体所表现出来的生物性状,由此推测原基因的功能。基因敲除的技术路线如下:(1)构建与宿主染色体某一特定区域同源的重组基因载体,典型的基因打靶载体含有与靶基因序列一致的DNA片段,其中插入一选择性标记基因,如hprt或neo基因等,它们通常被置于强启动子的控制之下表达;(2)用磷酸钙-DNA共沉淀法、电穿孔法、显微注射法或逆转录病毒感染法等将重组DNA导入受体细胞核内;(3)以合适的选择性培养基筛选已被击中的细胞株;(4)将击中的细胞株转入胚胎,使其发育成转基因动物,然后对之进行表型分析和分子生物学检测。

真核细胞的基因导入方法与宿主有关。

动物细胞的物理转化法包括:(1)磷酸钙共沉淀法;(2)电击;(3)脂质体包埋法;(4)DNA显微注射法等,除此以外,还可以利用动物细胞或组织的病毒转染法,该法是指通过病毒感染的方式将外源基因导入动物细胞内是一种常用的转基因方法。

植物细胞的物理转化方法包括:(1)枪击法;(2)电场法:将高浓度的质粒DNA加入到植物细胞的原生质体悬浮液中,混合物在200~600 V/cm的电场中处理若干秒,转化后的原生质体在组织培养基中生长一至两周,即可再生出整株植物;(3)融合法:用脂质体包埋外源DNA片段或重组分子,然后与植物细胞原生质体进行融合。高等植物的质粒转化法包括Ti质粒介导的共整合转化系统和Ti质粒介导的二元整合转化系统,此外,也可以借助植物病毒介导的转染系统。

14.6.3 转座子与转座作用

在细菌中,虽然偶尔存在着DNA片段的直接转移(即转化作用),但借助质粒或噬菌体这些染色体外遗传元件转移DNA(即接合作用或感染过程),其频率和效率均非常高。在真核生物中,某些病毒尤其是逆转录病毒也可将遗传物质高效导入到宿主细胞的基因组中。

能介导基因转移的第四种元件是存在于基因组内部并可自由移动的转座子(Transposon)或转座元件。转座子不含复制子结构,它们在DNA分子内部的移动过程也不依赖于任何染色体外的DNA元件。转座子分为两大类:(1)编码自身扩增酶系的DNA转座子;(2)来自于逆转录病毒的DNA逆转录拷贝。转座子介导的基因转移过程在原核生物和真核生物中普遍存在,并通过缺失、插入、移动、交换等形式直接或间接地促进基因组重排事件的发生。因此在途径操作中,常将外源基因插在转座子内部,利用所形成的重组转座子将外源基因带到宿主细胞染色体的某些位点上。

14.7 初级代谢的途径工程(以乙醇生产为例)

生物体正常生理功能所必需的生化反应过程称为初级代谢,其同化途径(合成反应)和异化途径(分解反应)的产物直接支撑着生物的生长、发育和繁殖。除此之外,与上述反应序列紧密耦联的能量代谢途径、辅因子代谢途径、分子调控途径以及信号转导途径也属于初级代谢研究的范畴。

初级代谢的产物具有广泛的应用范围,途径工程在工业上获得实质性成功的大多数例子也集中在这个方面。由于细胞对初级代谢途径存在极大的依赖性,这些途径编码的基因大多属于"看家基因"(House Keeping)家族,因此阻断甚至仅仅减缓原有途径的代谢流便会严重干扰细胞正常的生理生化过程,直至产生致死效应。上述特征决定了初级代谢的途径工程往往采用代谢流扩增和底物谱拓展的所谓"加法战略",尽量避免实施途径阻断和基因敲除的

"减法战略"操作。

乙醇是一种重要的化工原料,广泛用作有机溶媒。作为一种生物能源,乙醇有望取代日益减少的化石燃料(如石油和煤炭),而且它燃烧污染较小,具有显著的环境友好性。更为重要的是,先进的乙醇生产工艺大都使用农业原料,这一过程有利于推动太阳光能的转化利用,同时促进大气中二氧化碳的去除与循环。然而,目前乙醇主要还是以石油为原料通过化学工艺生产,事实上这对于经济的可持续发展战略是不利的。因此,世界上许多经济发达国家都注重以碳水化合物为原料发酵生产乙醇的生物技术开发,并期望由此稳定能源供应、改善能源保障、拉动农业及其他相关传统经济的发展。

14.7.1 发酵生产乙醇

许多细菌、真菌和高等植物中都存在由丙酮酸生成乙醇的途径,它为厌氧条件下的糖酵解途径起着再生 NAD^+ 的重要作用。其中,丙酮酸脱羧酶(PDC)催化丙酮酸的非氧化脱羧反应,形成二氧化碳和乙醛;后者在乙醇脱氢酶(ADH)的作用下转变为乙醇。由于丙酮酸在糖酵解途径中是个关键的节点,与草酰乙酸、乙酰辅酶 A、乳酸等合成途径均有密切联系,因此通过强化表达细胞内 PDC 和 ADH 的活性来扩增目标途径,是构建高产乙醇基因工程菌的主要战略。

微生物菌种利用广谱碳源和能源能力的拓展是设计和改进发酵过程的一项基本内容,这对于那些底物成本在生产总成本中占有重大比例的大规模生产过程尤为重要。例如,乙醇生产的底物成本为 60%~65%,赖氨酸为 40%~45%,抗生素和工业用酶为 25%~35%。由于大多数微生物共享种类齐全的公共代谢途径,因此底物范围的拓展操作通常只需加入有限的几种酶反应即可实现。然而在偶然情况下,这些所引入的步骤需要与下游反应相协调,这对途径工程的设计提出了很高的要求。

乙醇可以从许多可再生的原材料制得,包括含糖作物甘蔗、含淀粉谷物玉米以及木质纤维素类物质(如农业废料、草类和木材等)。美国每年 200 万吨的乙醇燃料生产几乎全部是从玉米中制得的,而且据估计,剩余的玉米每年还可生产一倍量的乙醇。在过去的十年中,美国乙醇的价格已从每升 1 美元以上跌到大约 0.3~0.5 美元,而且在不远的将来,其计划价格将低于每升 0.25 美元。然而,由葡萄糖单体构成的淀粉和蔗糖毕竟来自农作物的果实,以这两种原料生产乙醇不但成本较高,而且对农产品的综合利用也没有直接的贡献。

另一方面,木质纤维素类物质的来源却极其丰富且廉价,由于它不能被人体消化,因此不能用作食品工业的原料,也很难被转化为发酵用的蔗糖。在美国,木质纤维素类物质的存有量足以生产全美总消耗规模的液体可输送燃料。据美国国家可再生能源实验室(NREL)估算,如果乙醇的目前价格为每升 0.32 美元,木质纤维素类原料的价格为每吨 42 美元(干重),那么这一过程相当于每公斤蔗糖的价格只有 0.06 美元,同时乙醇的生产成本低于每升 0.1 美元。木质纤维素类物质之所以被认为是乙醇燃料生产的合适原材料,其原因还在于它可由生长期较短的木材、农业和林业的废料(如作物秸秆和树枝树叶)以及各类废弃物(如腐烂物、废纸和市政固体垃圾)获得。

所有植物来源的木质纤维素类物质均含有丰富的纤维素、半纤维素和木质素,不同的植物三者的相对含量有所差异。在农作物的秸秆或甘蔗渣中,上述三种组分的质量分数分别为 30%~40%、20%~30% 和 5%~10%,其中前两种成分可作为乙醇发酵的原料。纤维素是一种由 100~10 000 个 -D-吡喃型葡萄糖单体以 -1,4-糖苷键连接的直链多糖,多个分子平行紧密排列形成丝状不溶性微小纤维。在工业上,纤维素经酸解或酶解预处理后,释放出的葡萄糖可进入乙醇发酵途径。半纤维素是由多种多糖分子组成的支链聚合物,不同来源的半纤维素其单糖的组成各异。在硬木和谷物废料中的半纤维素中,其主要成分为多聚木糖,由 D-木糖以 -1,4-糖苷键聚合而成,其支链单体上还含有 L-乙酰阿拉伯糖苷和糖醛等修饰基团。在软木的半纤维素中,甘露糖则最为丰富。经测算,木质纤维素类原料中半纤维素组分的有效利用有可能使乙醇燃料的生产成本降低 25%,这显然应当归功于 D-木糖。木糖是自然界中含量仅次于葡萄糖的糖分,仅仅从美国垃圾场的废纸和垃圾中微生物转化的残留糖分,每年就可提供 4 亿吨的乙醇,这相当于在输气管线中以 10% 份量混合的燃料乙醇(由谷物发酵生产)的 10 倍量。

14.7.2 酵母菌属乙醇发酵途径的改良

发酵生产乙醇的微生物最好能利用所有存在的单糖,此外还必须抵抗原料水解物中存在的任何潜在抑制剂。最常见的乙醇发酵菌酿酒酵母以及发酵单孢菌属(Zymomonas)能从葡萄糖生产较高浓度的乙醇,但它们不能发酵纤维素和木糖,而后者在原料中的含量高达 8%~28%。因此,利用这两类微生物从纤维素类物质生产乙醇,必须首先将之进行液化和糖化预处理。此外,酵母菌发酵阿拉伯糖的能力也极弱。早期有人将来自大肠杆菌或枯草芽孢杆菌中的木糖异构酶基因克隆到酿酒酵母中,但这种只移植一步途径的尝试没有获得成功,原因是异源蛋白在重组菌细胞内没有表达出相应的活性。

能发酵木糖的微生物包括细菌、酵母菌和真菌,其中酵母菌中的柄状毕赤酵母(Pichia stipitis)、Candida shehatae 和 Pachysolen tannophilus 是自然界中利用木糖最有潜力的菌属。遗憾的是,这些酵母属的乙醇生产能力很低,而且与发酵葡萄糖的属如酿酒酵母相比,对乙醇的耐受性也不理想。这些菌属对木糖的代谢分别依赖于:木糖还原酶(XR)将木糖转化为木糖醇,木糖醇脱氢酶(XDH)将木糖醇转化为木酮糖,木酮糖激酶(XK)将木酮糖转化为 5-磷酸木酮糖,后者再经 3-磷酸甘油醛进入糖酵解途径。上述三种酶的表达均为木糖所诱导,同时为葡萄糖所阻遏。酵母属(Saccharomyces)各种虽不能发酵木糖,但能利用木酮糖,而且如果培养基中存在细菌来源的木糖异构酶(将木糖直接转化为木酮糖),它们也能发酵木糖,只是所含的木酮糖激酶活性很低而已。

在大多数的酵母和真菌中,XR 和 XDH 的活性分别依赖于 NADPH 和 NADH,然而 P. stipitis 和 C. shehatae 的 XR 却具有双辅助因子的特异性。这种类型的酶具有防止细胞内 NAD/NADH 还原系统不平衡现象发生的优势,尤其是在氧限制的条件下,这一特性非常重要。最近,有人构建了一组高拷贝的酵母菌-大肠杆菌穿梭重组质粒 pLNH,并将部分葡萄糖发酵的酵母属菌种转化为木糖利用者。这些重组质粒含有2复制子、来自 *Pichia stipitis* 的 XR、XDH 编码基因 XR、XD 以及来自酿酒酵母的 XK 编码基因 XK,它们受控于酿酒酵母糖酵解基因的5′端调控区,组成重组操纵子 XYL。将上述重组质粒转化酵母属 sp.1400 株,获得的转化子能同时有效地将木糖和葡萄糖转化为乙醇,而且这些克隆的木糖代谢基因的表达不再需要木糖诱导,也不为葡萄糖所阻遏。

利用途径工程技术改良酵母菌属乙醇发酵过程的内容还包括提高酿酒酵母对木质纤维素水解物中酚抑制剂的抗性。在最近的一项研究中,将来自白色腐烂真菌(*Trametes versicolor*)的漆酶(*Laccase*)编码基因置在 PGK1 启动子的控制下,并转化酿酒酵母。结果表明,漆酶的过量表达赋予了克隆菌对木质纤维素水解物中酚抑制剂的高耐受性,从而改善了酿酒酵母由可再生原材料生产乙醇的产量。

14.7.3 移动发酵单胞菌中戊糖代谢途径的引入

将乙醇合成基因引入肠道细菌,同时在天然乙醇生产菌株(如酿酒酵母和移动发酵单胞菌)中引入来自其他微生物种属的戊糖代谢途径,这是构建理想的乙醇生产菌的主要内容。

迄今为止,已知的细菌中只有少量的种属拥有重要的 PDC - ADH 途径合成乙醇。在这些种属中,移动发酵单胞菌含有最为活跃的 PDC - ADH 系统,事实上它是一种用于酒类饮料生产的细菌天然发酵剂。作为理想的乙醇生产系统,移动发酵单胞菌具有乙醇比产率高、选择性强、pH 值低、产物耐受性好等优点。在葡萄糖培养基中,移动发酵单胞菌可以达到的乙醇产量至少为12%(w/v),相当于理论值的97%。与酵母菌相比,移动发酵单胞菌显示出5%~10%高的产量以及接近5倍大的体积产率。这个细菌具有如此高的产量是因为在发酵过程中,生物基质形成的减少受 ATP 有效性的限制。这种细菌通过 ED 途径每摩尔葡萄糖只能产生 1 mol 的 ATP,而酵母通过 EMP 途径产生 2 mol 的 ATP。事实表明,发酵单胞菌是迄今为止被鉴定的唯一一种能在厌氧条件下专一利用 ED 途径的菌属。此外,在移动发酵单胞菌中,葡萄糖可通过促进扩散方便地跨过细胞膜进入胞内,并借助于一个具有超级活性的丙酮酸脱羧酶-乙醇脱氢酶系统有效地转化乙醇。然而,这个细菌的主要缺点也是只能利用葡萄糖、果糖和蔗糖,不能发酵分布广泛而又廉价的木糖。一般地,微生物代谢木糖到木酮糖通过两条分离的路线:由木糖异构酶催化的一步途径在细菌中是典型的,而涉及木糖还原酶和木糖醇脱氢酶的两步反应通常发现在酵母菌中。在移动发酵单胞菌中,5-磷酸木酮糖进入特征性的 ED 途径进一步代谢。最近几年来,编码木糖利用酶系的基因相继被克隆和鉴定,但是筛选分离能利用木糖的天然产乙醇微生物的努力却没有成功,这推动了将木糖利用基因引入乙醇生产菌以及具有较高乙醇耐受力的菌株中的研究工作。

上述事实使得美国国家再生能源实验室萌发出将其他生物的戊糖代谢途径引入到移动发酵单胞菌中的念头。早期的研究使用来自克雷伯氏菌(*Klebsiella*)或黄单胞菌(*Xanthomonas*)的木糖异构酶基因 xylA 和木酮糖激酶基因 xylB,尽管这两个基因在移动发酵单胞菌表达出了相应的活性,但结果并不理想。不久就有证据表明,实验的失败是由于在移动发酵单胞菌中没有可检测的转酮酶和转醛酶活性,而这是戊糖代谢途径完全发挥功能所必需的。在大肠杆菌的转酮酶基因被克隆并导入到移动发酵单胞菌之后,可观察到少量的木糖转化为乙醇和二氧化碳。下一步是导入转醛酶反应,因为菌株在细胞内积累大量的 7-磷酸景天糖。利用有效的克隆技术构建一个嵌合型穿梭质粒 pZB5,它携带两个不相关的操纵子:第一个编码大肠杆菌的 xylA 和 xylB 基因;第二个表达来自大肠杆菌的转酮酶基因 tktA 和转醛酶基因 tal。这两个操纵子由四个木糖转移和单氧化的戊糖磷酸途径基因构成,并成功地在移动发酵单胞菌 CP4 中表达。重组菌可在木糖的唯一碳源培养基上快速生长,并有效地转化葡萄糖和木糖为乙醇,其产率分别达到木糖和葡萄糖理论产率的 86% 和 94%。这对于将移动发酵单胞菌的 pet 操纵子植入大肠杆菌中表达以生产乙醇的战略来说,是一个互补性的进展。

14.7.4 梭菌属生产乙醇的可行性分析

使用嗜温或嗜热性的梭菌属由纤维素类物质直接厌氧发酵乙醇,是生物能源再生的一种理想选择,其优点为代谢速率快,最终产物回收率高,细胞和酶系稳定,并能直接转化纤维素或戊糖。但这类细菌用于工业规模的乙醇发酵也存在两大缺陷:在乙醇发酵过程中往往伴有乙酸和丁酸等副产物的产生,而且最终产物的最高积累质量分数仅为 3% 左右,只及酿酒酵母与发酵单孢菌属的 25%~30%。利用 DNA 重组技术重新设计糖酵解途径,阻断副产物的形成路线,解除乙醇生物合成的代谢阻遏作用,同时提高细胞对高浓度乙醇的耐受性,是高产乙醇梭菌属工程菌构建的主要内容。

许多梭菌属菌种能从纤维素或木糖直接发酵产生乙醇,其中最有希望成为生产菌的是生长温度在 55~75℃ 范围内的梭菌属嗜热菌种。高温纤维梭菌所有已鉴定的菌株都能从纤维素和纤维二糖直接发酵产生主要最终产物乙醇,其机理是首先将纤维素经过纤维三糖降解为纤维二糖,后者再转化为葡萄糖,进入糖酵解途径。但高温纤维梭菌合成乙醇的能力较低,即使在流加式发酵过程中,由纤维素产生乙醇的产量也只有 8.5 g/L。嗜热糖酵解梭菌虽然不能发酵纤维素,但却能高效利用其他碳源合成 ATP 并积累较高浓度的乙醇。因此,为了提高乙醇产量,可将上述两种嗜热梭菌在纤维素培养基中混合培养,其结果是从含有 80 g/L 纤维素的培养基中,可以生产 25.3 g/L 的乙醇。随着菌种筛选工作的普遍展开,又发现了一批高产乙醇的高温纤维素梭菌,其中 HS-1 野生株单独由纤维素合成乙醇的产量已达到上述二元发酵系统的水平。此外,这个菌株还可由木质纤维素发酵乙醇,虽然其产量较低、发酵周期较长,但具有很高的实用价值。

有些嗜热糖酵解梭菌虽然不能利用纤维素,但能以木糖合成乙醇。在含有 75 g/L 木糖的培养基中,这些菌种发酵乙醇的产量可达 27 g/L。为了进一步提高梭菌属由木糖生产乙醇的能力,降低乙酸和丁酸副产物的产量,同时强化菌种对高浓度乙醇的耐受性,可采用经典的诱变或培养基富集等方法对菌种进行遗传改良。例如,糖酵解梭菌的一株突变株不能在以丙酮酸为唯一碳源的培养基上生长,其合成乙酸副产物的能力比亲本大为降低,在最终培养液中乙醇与乙酸的比率为13:1，而亲本细菌仅为6.7:1。此外，嗜热氢硫梭菌属的一株突变株对乙醇的耐受性比亲本株提高了3倍。上述经典遗传操作的结果同时也证实了基因操作在梭菌属乙醇生产菌改良中的巨大潜力。

14.7.5 高产乙醇的重组大肠杆菌的构建

在非乙醇生产者的肠道细菌中引入乙醇生物合成基因，构建定向高产乙醇工程菌的部分成功是在菊欧文氏菌（*Erwinia chrysanthemi*）、植生克雷伯氏菌（*Klebsiella planticola*）和大肠杆菌中实现的。选择大肠杆菌作为途径操作对象的依据很明显，它生长迅速，大规模发酵工艺简单，遗传背景清楚，基因操作便捷，尤为重要的是能利用广范围的碳源底物（包括戊糖）。第一代的重组菌构建仅仅扩增了 PDC 催化的丙酮酸脱羧反应，同时依赖于内源性的 ADH 途径偶联乙醛还原反应和 NADH 氧化反应。由于乙醇只是上述肠道细菌众多发酵产物中的一种，因此 ADH 活性的缺陷以及 NADH 的积累会形成各种副产物，乙醇定向发酵的目标并未达到。

1987年，Ingram 及其同事首次报道构建了一株能高水平生产乙醇的大肠杆菌基因工程菌。他们将来自移动发酵单胞菌的丙酮酸脱羧酶基因 pdc 和乙醇脱氢酶基因 adh 构成 pet 人工操纵子，插入到 pUC 载体上形成重组质粒 pLOI295，并转化大肠杆菌。该重组质粒以葡萄糖为原料在氨苄青霉素的存在下发酵每升产生34 g 的乙醇。

1991年，美国佛罗里达州立大学的食品和农业科学学院构建了一株品质优良的大肠杆菌（KO11）而获得美国专利号 5 000 000。这种重组大肠杆菌的染色体上整合有移动发酵单胞菌的 pdc 和 adhB 基因，其发酵特性在许多研究工作中均有报道。乙醇的最终浓度超过每升50 g，也就是说，从含有10%葡萄糖和8%木糖的每升发酵培养基中可分别获得54.4 g 和41.6 g 乙醇，这已经接近于每克葡萄糖生成0.5 g 乙醇的理论产量。在一个简单的间歇式反应器中，用木糖生产乙醇的体积产率为每小时每升0.6 g，更进一步的改良已使体积产率达到每小时每升产乙醇1.8 g。用大肠杆菌 KO11 由戊糖（原料为柳木或松木）生产乙醇的成本估计在每升乙醇0.13美元，这已经超额完成了将乙醇生产的最终成本下降到每升0.18美元的2000年目标。更为可贵的是，这种产乙醇的重组大肠杆菌还能发酵除葡萄糖和木糖外的所有木质纤维素类物质的其他糖组分，如甘露糖、阿拉伯糖和半乳糖等。当重组细菌生长在半纤维素水解液中的混合糖培养基时，葡萄糖首先被利用，接下来的是阿拉伯糖和木糖，并且均产生接近最大理论产量的乙醇。在一项比较各种乙醇生产菌性能的最新研究中，将野生细菌和重组细菌置于富含戊糖的水解物培养基上生长，得出的结论是重组乙醇大肠杆菌 KO11 株为目前最佳的乙醇发酵微生物。

尽管如此，各项优化大肠杆菌 KO11 工程株的研究工作仍在继续进行，其中包括改善 pet 重组操纵子的遗传稳定性以及进一步拓展工程菌发酵底物的范围等内容。以重组质粒形式携带 pet 操纵子的大肠杆菌 B 株（pLOI297）和在染色体上整合了 pet 操纵子的 KO11，都需要在发酵培养基中添加相应的抗生素，以维持重组基因的遗传稳定性以及乙醇的最终发酵水平。将 pet 人工操纵子与氯霉素抗性基因一同整合在大肠杆菌的染色体上，整合子在氯霉素不存在的情况下显示出较高的稳定性。但由于 pet 操纵子的拷贝数较少，乙醇产量极低，为了克服这一困难，新的改进思路是选用大肠杆菌的条件致死突变株 FMJ39 作为受体细胞。FMJ39 株携带乳酸脱氢酶基因 ldh 和丙酮酸-甲酸裂合酶基因 pfl 的双重突变，因而只能进行好氧生长，原因在于它不能通过将丙酮酸还原为乳酸而再生 NAD^+。而 pet 操纵子能互补这种突变，因为 pdc 和 adh 基因的表达能将丙酮酸转化为乙醇，同时再生 NAD^+。用含有 pet 操纵子的质粒 pLOI295 和 pLOI297 分别转化大肠杆菌 FMJ39，得到 FBR1 和 FBR2 株。这两株菌都能进行厌氧生长，并在培养 60 代后无明显的质粒损失，但在好氧发酵时质粒迅速丢失。在高密度间歇发酵过程中，由 10% 的葡萄糖可分别产生每升 38 g（FBR1）和 44 g（FBR2）的乙醇，这种遗传稳定性具有较高的应用价值。

重组大肠杆菌 KO11 株能从含有戊糖和己糖的半纤维素酸水解物中生产乙醇，但不能利用纤维二糖，因而难以直接发酵纤维素。产酸克雷伯氏菌（*Klebsiella oxytoca*）含有天然的磷酸烯醇依赖型磷酸转移酶（PTS）基因，赋予该菌株有效利用纤维二糖的特性。基于上述分析，将产酸克雷伯氏菌编码纤维二糖Ⅱ型酶和磷酸—葡糖苷酶的 casAB 操纵子引入到大肠杆菌 KO11 株中，其重组克隆中的一株自发突变株表现出高效利用纤维二糖的优良特性，同时能直接发酵纤维素生产乙醇。

在重组大肠杆菌中，PDC 和 ADH 活性的高效表达是将碳源代谢物由丙酮酸代谢途径转向高水平乙醇合成途径的关键操作。高水平的 PDC 酶量以及该酶对丙酮酸较低的表观 K_m 值相结合，是将碳源代谢流转到乙醇上的有力保证。含有 pet 操纵子的重组大肠杆菌在好氧和厌氧条件下能产生大量的乙醇。在好氧条件下，野生型的大肠杆菌通过 PDH 和 PEL（K_m 值分别为 0.4 和 2.0）代谢丙酮酸，主要形成二氧化碳和乙酸，后者由过量的乙酰辅酶 A 转化而来。移动发酵单胞菌 PDC 的表观 K_m 值与 PDH 相似，但低于 PEL 和 LDH，因而有利于乙醛合成。另一方面，NAD^+ 的再生主要来源于和电子呼吸链相偶联的 NADH 氧化酶。由于移动发酵单胞菌 ADHII 的表观 K_m 值比大肠杆菌的 NADH 氧化酶低 4 倍，所以外源的 ADHII 能与内源性的 NADH 池有效竞争，使得乙醛还原为乙醇。在厌氧条件下，野生型的大肠杆菌首先通过 LDH 和 PEL（K_m 值分别为 0.4 和 2.0）代谢丙酮酸，这两个酶的表观 K_m 值分别比移动发酵单胞菌的 PDC 高 18 倍和 5 倍。而且，与 NAD^+ 再生有关的初级代谢天然酶的表观 K_m 值在大肠杆菌中也明显高于移动发酵单胞菌的 ADH。因此，移动发酵单胞菌的乙醇合成酶系在大肠杆菌中过量表达，完全可以与受体菌固有的丙酮酸碳代谢途径和 NADH 还原过程的天然酶系进行竞争。上述分析表明，对于初级代谢的途径工程操作而言，必须注意新引入的代谢途径与受体细胞内原有的相关途径之间同样存在着代谢流的分布。如果前者不能占据绝对优势，途径操作就会事倍功半，这是途径工程实施"加法战略"首先应考虑的问题。

14.7.6 产酸克雷伯氏菌中乙醇生成途径的引入

最近，有人研究了移动发酵单胞菌的 pdc 和 adh 基因在相关肠道细菌产酸克雷伯氏菌中的表达。克雷伯氏菌细胞内存在着与大肠杆菌相对应的两个额外的发酵途径,即将丙酮酸分别转化为琥珀酸和乙醇。与大肠杆菌一样,重组的产酸克雷伯氏菌 M5A1 株可以将 90% 的碳代谢流从糖代谢途径转入到乙醇生成途径中,仅 PDC 的过量表达就可生产相当于野生细菌能力两倍的乙醇。如果同时提高 PDC 和 ADH 的表达量,则乙醇生产更迅速更有效,体积产率大于 2 g/(h·L),产量为每克糖生成 0.5 g 乙醇,由葡萄糖和木糖为碳源生产乙醇的最终产量为每升 45 g。

构建产乙醇的产酸克雷伯氏菌基因工程菌同样涉及所利用底物范围的拓展。在上述产酸克雷伯氏菌 M5A1 株中,再引入一个携带嗜热细菌热纤维端孢菌(*Clostridium thermocellum*)纤维素酶基因的重组质粒,筛选出的最佳菌株 P2 除了发酵单糖外,还能有效利用纤维二糖生产乙醇。因此,该菌株在生产过程中不再需要添加外源的葡萄糖苷酶,同时也减少了纤维酶的消耗量。

另一方面,将热纤维端孢菌木聚糖酶基因 xynZ 的信号肽编码序列删除,再与大肠杆菌 lacZ 基因的 5′端编码序列融合,重组分子在产乙醇产酸克雷伯氏菌 M5A1(pLOI555)株中获高效表达。这种克隆菌在乙醇生产过程中能积累大量的木聚糖酶,达到每毫克细胞蛋白 25~93 mU 的酶活性。发酵结束后收获菌体,在 60℃ 时将之加入到木聚糖溶液中,释放出的木聚糖酶发生糖化作用。冷却后,水解液用相同的菌株在 30℃ 继续发酵,同时继续补充木聚糖酶用于后续的糖化。结果显示,这种重组的产酸克雷伯氏菌 M5A1 株可利用木糖、木二糖和木三糖,但不能利用木四糖。产酸克雷伯氏菌 M5A1 的其他系列株能产生大量的胞内木糖苷酶,因此估计能运输木二糖和木三糖到细胞内水解。对 M5A1 株而言,利用这种两段式过程由木聚糖生产乙醇的理论产率大约 34%,限制这一产率的因素似乎是木聚糖原料的可消化性,而非木聚糖酶酶量不足或乙醇的毒性。

14.7.7 直接利用太阳能合成乙醇的光合细菌途径设计

上述构建的乙醇生产菌尽管能直接发酵纤维素或纤维素水解物(戊糖和己糖),但就太阳能的利用形式而言,这个过程仍然是间接的,因为纤维素类物质来自能进行光合作用的植物,包括农作物。一种新的思路是将细菌中的光合作用途径与乙醇生成途径组装在一起,构建能直接利用太阳能生产乙醇的超级工程菌。

Cyanobacteria 又称蓝绿藻,属于自养型原核细菌,能进行有氧光合反应,并积累糖原作为碳源的主要储存形式。由于其光合成途径中含有丙酮酸代谢物,因此可以通过引入新途径的操作使之产生乙醇。将来自移动发酵单胞菌的丙酮酸脱羧酶基因 pdc 和乙醇脱氢酶 II 基因 adh 克隆在穿梭质粒 pCB4 上,并转化圆杆菌(*Cyanobacterium*)的聚球蓝细菌(*Synechococcus*) sp. PCC7942 株。这两个基因在蓝绿藻 rbcLS 操纵子(编码核酮糖-1,5-二磷酸羧化酶和加氧酶)所属启动子的控制下获得高效表达,并在培养基中积累 5 mmol 的乙醇。虽然这一产量与上述重组大肠杆菌和酵母菌的生产能力无法比拟,但由于圆杆菌生长需求简单,培养密度高,且能有效利用光、二氧化碳和无机元素,因此该系统对将太阳能和二氧化碳直接转化为生物能源(乙醇)具有重要的意义。事实上,许多蓝绿藻种属已被开发广泛由于食品和饲料工业,因为它无致病性,而且营养价值较高。

14.8 次级代谢的途径工程(以青霉素和头孢菌素合成为例)

原核细菌和低等真核生物拥有丰富而又复杂的次级代谢途径,它们使用与初级代谢途径相同的小分子初始底物,合成的却是种类更多、结构远比初级代谢产物复杂的化合物。以各类抗生素为代表的这些次级代谢产物虽然并非宿主细胞生理活动所必需,但却具有极其重要的应用价值。在过去20年里,次级代谢物的途径工程已发展到使用特异性基因操作方法的新阶段。随着分子生物学原理和技术的不断发展,可以预计抗生素的途径工程将在大规模工业化生产中得以现实。

青霉素、头孢菌素及其各类半合成衍生物仍是临床上最重要的抗感染药物,其工业化生产规模遥遥领先于其他抗生素。虽然目前使用的青霉素和头孢菌素生产菌大多已经过不同程度的遗传改良,但利用途径工程技术构建品质优良的特殊工程菌,使化学改造的反应工序更简洁,仍具有重要的经济价值。

14.8.1 青霉素和头孢菌素的生物合成途径

在过去20年里,青霉素和头孢菌素的生物合成途径已经得到详细的研究和阐明。目前,有关β-内酰胺类物质的生物合成调控机制的研究都是在巢曲霉菌(Aspergillus nidulans)中进行的,因为这个真菌属于含有性周期的子囊菌,利用经典的遗传学技术可以获得较为详细的遗传图谱。在此基础上结合分子生物学技术,就能够较为方便地分析青霉素和头孢菌素等β-内酰胺类抗生素的生物合成途径。

根据化学结构特征,β-内酰胺类化合物可分为五组,但它们结构的共同特征是含有一个四元的β-内酰胺环。青霉素和头孢菌素的生物合成在前两步是相同的:第一步从L-α-氨基己二酸、L-半胱氨酸和L-缬氨酸合成三肽ACV分子,该反应由acvA(pcbAB)基因编码的ACV合成酶(ACVS)催化,它是一个多功能酶;第二步的产物是异青霉素IPN,由ipnA(pcbC)基因编码的异青霉素合成酶(IPNS)催化,IPN是青霉素和头孢菌素生物合成途径的分支点。

在细菌和真菌中,β-内酰胺类物质生物合成的所有结构基因都是成簇排列的。事实上,迄今为止已经鉴定的各类抗生素生物合成基因大多以基因簇的形式存在,推测在进化过程中,为了获得生态选择优势,生物体内的抗生素生物合成基因发生连锁,并通过操纵子的结构形式对其生物合成进行协同控制。

对β-内酰胺类物质生物合成分子机理的深入了解有助于遗传改良生产菌,进而设计和构建新的生物合成途径。例如,由产黄顶头孢霉菌(Acremonium chrysogenum)发酵的头孢菌素C产量与产黄青霉菌(Penicillium chrysogenum)生产的青霉素产量相比,尚存在很大的差距,因此头孢菌素C生物合成途径的遗传操作就有很大的潜力。

14.8.2 青霉素和头孢菌素的途径代谢流控制

目前已成功用于β-内酰胺类抗生素途径改良的战略包括：(1)多拷贝扩增途径关键基因或利用强启动子,促进这些基因的超量表达；(2)表达异源基因,以改变β-内酰胺类物质的生物合成途径；(3)定点修饰 ACV 合成酶等肽合成酶类的底物结合位点和催化结构域,以开发新型β-内酰胺类衍生物。

大量的途径代谢流分析结果表明,在巢曲霉菌中 acvA 基因控制着青霉素生物合成的限速步骤。例如,将强诱导型乙醇脱氢酶的启动子 PalcA 代替 acvA 基因的原启动子,利用报告基因 lacZ 测定由 PalcA 介导的基因转录水平,发现在发酵条件下用人工诱导剂环化五酮诱导的基因表达水平是 acvA 基因原启动子的 100 倍。当 acvA 基因利用 PalcA 启动子超量表达时,青霉素产量大约增长 30 倍。然而,强烈阻遏 PalcA 介导基因表达的葡萄糖也同样阻遏重组菌的青霉素生物合成,因此进一步的构建方案是通过定点突变技术灭活 PalcA 启动子中的葡萄糖阻遏功能区。

巢曲霉菌中 ipnA 和 aatA 基因的超量表达也取得了很大的进展。同样用 PalcA 介导这两个基因的表达,其表达水平提高了 10 倍,IPNS 和 IAT 的酶活分别上升 40 倍和 8 倍。然而,两个基因表达水平的提高对青霉素的产量影响却正好相反,ipnA 基因的过量表达使青霉素产量大约增长 25%,aatA 基因的高效表达使青霉素发酵水平降低约 10%~30%。这个实验结果表明,上述两种酶催化的反应都不是青霉素生物合成的限速步骤。另一方面,表达产物为 PENR1 一部分的 hap 基因的缺失,导致 ipnA 和 aatA 基因表达的减少,仅使青霉素产量略为降低,这个结果与 acvA 控制青霉素生物合成限速步骤的结论吻合,可能产量降低完全是由 hap 基因的缺失引起的。进一步研究发现,作为 PalcA 启动子的一种诱导剂,苏氨酸对装在 PalcA 下游并含有三个内含子的 aatA 基因的表达诱导性较差,这表明初级转录物中内含子的加工可能影响 aatA 基因的超量表达。

与在巢曲霉菌中获得的结果相同,企图通过增加 ipnA 基因拷贝数的方法进一步提高顶头孢霉菌 394-4(经基因操作构建的头孢菌素 C 工程菌)中头孢菌素 C 产量的实验并不成功。然而,将顶头孢青霉菌 Wis54-1255 的 ipnA 和 aatA 基因片段转导入上述生产菌后,一些转化子的青霉素产量大约增长了 40%。

另一方面,将编码 DAOC 合成酶-DAC 羟化酶的基因 cefEF 转化顶头孢霉菌生产菌株,转化子头孢菌素 C 的产量增长 15%,然而在该实验设计时,并不知道编码乙酰辅酶 A-DAC 乙酰转移酶的基因 cefG 与 cefEF 相邻,事实上 cefG 也同 cefEF 一起转入了受体细胞中。随后,再将只含有 cefG 基因的 DNA 片段转化野生型的顶头孢霉菌,结果发现 cefG 拷贝数和转录水平与头孢菌素 C 发酵浓度之间存在着顺变关系。因此,cefEF 是否为头孢菌素 C 生物合成途径中的关键基因尚不清楚。

总之,在野生型巢曲霉菌菌株的生物合成基因中至少 acvA 是控制限速步骤的关键基因,但它对于青霉素和头孢菌素 C 的工程菌是否有效尚待证明。尽管如此,生物合成基因的表达水平对于头孢菌素 C 产量提高仍具有重要意义。

14.8.3 青霉素和头孢菌素的途径设计

脱乙酰氧头孢菌素 C(DAOC)和头孢菌素 C 能被酶催化脱酰分别形成 7-氨基脱乙酰氧头孢烷酸(7-ADCA)和 7-氨基头孢烷酸(7-ACA),两者都是制造半合成头孢类抗生素的重要中间体。临床上重要的口服头孢类抗生素头孢力新和苄氨基乙酰去乙酸头孢菌素就是在 7-ADCA 或 7-ACA 母核上添加相近的侧链基团合成的。虽然头孢菌素与青霉素相比疗效更好,但 7-ADCA 和 7-ACA 的生产工艺过于复杂,从头孢菌素 C 上除去天然的 D-氨基己二酰侧链并不十分有效。从下列两个方面着手都会产生重大影响:分离得到更优化的酶能直接除去侧链和改良生物合成途径来获得 7-ADCA 和 7-ACA。

在 Eli Lilly 公司,头孢菌素衍生物是由青霉素 G 通过化学扩环生产的,这需要基团保护、硫化反应和去保护等工艺,获得的去乙酸基头孢菌素 C 还需合适的酶催化去乙酰基团才能最终形成 7-ADCA。由于顶头孢青霉菌发酵产生青霉素 V 的成本较低,利用青霉素 V 代替青霉素 G 作原料是个很好的思路。为了达到此目的,首先借助于定点突变技术改造带小棒链霉菌(*Streptomyces clavuligerus*)青霉素 N 扩环酶的底物特异性,使之能识别并扩环青霉素 V,获得去乙酸基头孢菌素 V,后者再经青霉素酰胺酶催化水解为 7-ADCA。尽管这一途径设计目前仍停留在实验室研究阶段,但初步的实验结果证实,带小棒链霉菌青霉素 N 扩环酶 cefE 基因在顶头孢青霉菌中能够正常表达。顶头孢青霉菌的 cefEF 基因不适合用于青霉素 V 的扩环反应,因为由其编码产物催化的扩环产物经青霉素酰化酶水解后,形成 3′-羟基头孢菌素,而非 7-ADCA。

基于上述分析,一条简单有效的 7-ADCA 和 7-ACA 生产工艺路线设计如下:将带小棒链霉菌的 cefE 基因与顶头孢青霉菌 ipnA 基因的启动子体外拼接,重组分子导入顶头孢青霉菌中;在转化菌的培养过程中添加己二酸,使之合成带有己二酰侧链的头孢菌素中间代谢物己二酰-7-ADCA。相似地,同时表达 cefEF 和 cefG 基因的转化子可以合成己二酰-7-ADCA 和己二酰-7-ADCA;最后,再利用假单胞菌的戊二酰胺酶将这些头孢菌素中间代谢物的己二酰侧链除去,即可获得半合成头孢菌素的母核 7-ADCA 和 7-ACA。如果将假单胞菌的戊二酰胺酶编码基因也导入到上述顶头孢青霉菌中表达,则有望构建出能通过一步发酵生产 7-ADCA 或 7-ACA 的途径工程菌株。

由于 β-内酰胺类抗生素的生产菌大多为真核生物,因此其生物合成途径的调控机制比原核细菌更为复杂,涉及更深层次的调控回路以及新的诱导与阻遏信号系统,如转录因子、辅激活蛋白和辅阻遏物等。全面了解这些基因表达的调控机制,对合理设计和改造 β-内酰胺类抗生素的生物合成途径无疑是必要的。

在带小棒链霉菌中,头孢霉素的生物合成基因簇含有控制头孢霉素和克拉维酸生物合成的基因 ccaR,这个基因与链霉菌其他次级代谢物(如放线菌紫素等)的调控基因十分相似。更进一步研究发现,许多真菌的单调控子是大型复合物(如 HAP-LIKE 转录复合物 PENR1)的一部分。这一发现对途径设计具有重要指导意义,如果这些复合物的所有蛋白因子在细胞内达到相当的浓度,就能在很大程度上促进 β-内酰胺类物质生物合成基因高效表达,进而提高其发酵水平。

习 题

1. 简述代谢工程的主要研究技术。
2. 什么叫做代谢流、载流途径、代谢控制分析及代谢网络,细胞代谢流的测定方法有哪些。
3. 简述原核生物的同源重组的过程。
4. 发酵生产乙醇的途径是什么?
5. 简述青霉素和头孢菌素的生物合成途径及代谢流控制。

第15章 发酵工程机理

15.1 发酵与发酵工程——基本概念

15.1.1 发酵的概念

发酵现象早已被人们所认识,但了解它的本质却是近 200 年来的事。英语中发酵一词 fermentation 是从拉丁语 fervere 派生而来的,原意为"翻腾",它描述酵母作用于果汁或麦芽浸出液时的现象。沸腾现象是由浸出液中的糖在缺氧条件下降解而产生的二氧化碳所引起的。18 世纪微生物发现,大大促进了发酵业的发展。20 世纪 40 年代由微生物学家和化学工程师的通力合作实现了青霉素的产业化,极大地推动了现代发酵工业的发展,并促进了生化工程这一学科的诞生。近年来,分子生物学和基因重组技术的发展为利用微生物生产异源蛋白和构建高产菌种创造了条件,给发酵工业带来了新的发展机遇。

在生物化学中把酵母的无氧呼吸过程称作发酵,原本发酵只是指微生物在厌氧条件下,将有机物不完全氧化为一些代谢产物而获取能量进行生长的过程。我们现在所指的发酵早已被赋予了不同的含义。发酵是生命体所进行的化学反应和生理变化,是多种多样的生物化学反应根据生命体本身所具有的遗传信息去不断分解合成,以取得能量来维持生命活动的过程。发酵产物是指在反应过程当中或反应到达终点时所产生的能够调节代谢使之达到平衡的物质。实际上,发酵也是呼吸作用的一种,只不过呼吸作用最终生成 CO_2 和水,而发酵最终是产生了各种不同的代谢产物。因而,现代对发酵的定义应该是:通过微生物(或动植物细胞)的生长培养和化学变化,大量产生和积累专门的代谢产物的反应过程。

狭义概念上的"发酵"是指在生物化学或生理学上的发酵,就是指微生物在无氧条件下,分解各种有机物质产生能量的一种方式,或者更严格地说,发酵是以有机物作为电子受体的氧化还原产能反应。如葡萄糖在无氧条件下被微生物利用产生酒精并放出二氧化碳。同时获得能量,丙酮酸被还原为乳酸而获得能量等等。广义概念上的"发酵"则是指工业上所称的发酵,也就是泛指利用生物细胞制造某些产品或净化环境的过程,它包括厌氧培养的生产过程,如酒精、丙酮丁醇、乳酸等,以及通气(有氧)培养的生产过程,如抗生素、氨基酸、酶制剂等的生产。产品既有细胞代谢产物,也包括菌体细胞、酶等。

15.1.2 发酵的特点

发酵和其他化学工业的最大区别在于它是生物体所进行的化学反应。其主要特点如下:(1)发酵过程一般来说都是在常温常压下进行的生物化学反应,反应安全,要求条件也比较简单。(2)发酵所用的原料通常以淀粉、糖蜜或其他农副产品为主,只要加入少量的有机和无机氮源就可进行反应。微生物因不同的类别可以有选择地去利用它所需要的营养。基于这一特性,可以利用废水和废物等作为发酵的原料进行生物资源的改造和更新。(3)发酵过程是通过生物体的自动调节方式来完成的,反应的专一性强,因而可以得到较为单一的代谢产物。(4)由于生物体本身所具有的反应机制,能够专一性地和高度选择性地对某些较为复杂的化合物进行特定部位的氧化、还原等化学转化反应,也可以产生比较复杂的高分子化合物。(5)发酵过程中对杂菌污染的防治至关重要。除了必须对设备进行严格消毒处理和空气过滤外,反应必须在无菌条件下进行。如果污染了杂菌,生产上就要遭到巨大的经济损失,要是感染了噬菌体,对发酵就会造成更大的危害。因而维持无菌条件是发酵成功的关键。(6)微生物菌种是进行发酵的根本因素,通过变异和菌种筛选,可以获得高产的优良菌株并使生产设备得到充分利用,也可以因此获得按常规方法难以生产的产品。和传统的发酵工艺相比,现代发酵工程除了上述的发酵特征之外更有其优越性。除了使用微生物外,还可以用动植物细胞和酶,也可以用人工构建的"工程菌"来进行反应;反应设备也不只是常规的发酵罐,而是以各种各样的生物反应器而代之,自动化连续化程度高,使发酵水平在原有基础上有所提高和创新。

15.1.3 发酵的产品——代谢产物

微生物的代谢产物构成了发酵的主要产品,种类繁多,包括初级代谢产物、次级代谢产物和大分子产物等,见表 15.1。初级代谢产物(primary metabolite)是指与微生物生长直接相关的中间代谢物,它们都是小分子化合物。次级代谢产物(secondary metabolite)或次生代谢物(idiolite)为与生长无关的特殊代谢物,一般分子量都不大。大分子产物包括酶、多糖、蛋白和可降解生物聚合物等。

表 15.1 发酵生产的微生物代谢产物

类别		产品
初级代谢产物	溶剂	乙醇,丙酮,丁醇等
	有机酸	乙酸,柠檬酸,乳酸,衣康酸,丙酮酸等
	氨基酸	谷氨酸,赖氨酸,苯丙氨酸,异亮氨酸,缬氨酸等
	维生素	维生素 B_2,维生素 B_{12},生物素等
	核苷和核苷酸	肌苷,鸟苷,鸟苷酸,肌苷酸等
	多元醇	甘油,1,3-丙二醇等
次级代谢产物	抗生素	青霉素,链霉素,红霉素,头孢菌素,泰乐菌素,万古霉素等
	免疫抑制剂	环孢菌素 A,雷帕霉素(ripamycin)等
	驱虫剂、杀虫剂	阿维菌素,依维菌素,多拉菌素等
	植物生长调节剂	赤霉素
	抗肿瘤药物	紫杉醇,多柔比星,道诺红菌素,丝裂霉素,平阳霉素等
大分子产物	酶	α-淀粉酶,糖化酶,蛋白酶,脂肪酶,植酸酶,青霉素 G 酰化酶,各种基因工程用酶等
	多糖	黄原胶,吉兰胶等
	可降解生物聚合物	聚羟基丁酸(PHB),聚羟基烷酸(PHA)等
	重组蛋白	胰岛素,干扰素,白细胞介素,乙型肝炎表面抗原等

利用微生物生产一些化学结构复杂、难以通过化学方法合成的化合物具有非常大的优势,如成本低廉、减少反应步骤、立体选择性好、反应条件温和、环境污染少等。Demain 指出,微生物发酵有许多优点:因具有很大的比表面积,微生物能快速摄取营养,支持高的代谢和生物合成速率;能进行的反应数量巨大;能适应从自然环境到摇瓶和发酵罐的不同环境,能利用廉价原材料生产有价值的产品;易于进行遗传操作改进其生产能力;能进行特殊的手性化合物的合成/发酵工业提供了各种难以通过化学合成的具有复杂结构的化合物,许多发酵产品

实际上已成为大宗化工产品,如柠檬酸、酒石酸、乳酸等有机酸,乙醇,甘油,谷氨酸、赖氨酸等氨基酸,青霉素以及多种酶制剂等。随着地球上石油等不可再生资源的消耗,利用可再生资源生产化工产品具有越来越重要的意义。如美国2000年生产的乙醇有92%是发酵法生产的。

15.1.4 发酵方法的分类

根据对氧的需要区分:厌氧和有氧发酵;根据培养基物理性状区分:液体和固体发酵;固体发酵的培养基中自由水含量较低,常采用农副产品为原料,能量消耗少,成本低,一些产品的发酵可远远高于液体发酵的水平,但过程的控制、杂菌污染的避免等相对困难。固体发酵多用于初级代谢产物和酶等的生产,但也有很多关于次级代谢产物和生物活性物质生产的研究。液体发酵中,微生物通常悬浮在培养基中(沉没发酵),好氧发酵过程可通过通气和搅拌等操作供氧并驱散二氧化碳,由于发酵液的混合较均匀,发酵过程容易控制,杂菌污染也较易避免,发酵热的移走也较易实施,发酵罐的规模可达到非常大的程度。现在工业发酵多采用液体发酵。液体发酵的方式使发酵罐的规模可达几百立方米。

根据从微生物生长特性区分:分批发酵和连续发酵。分析发酵是指在一封闭系统内含有初始限量基质的发酵方式。在这一过程中,除了氧气、消泡剂及控制pH值的酸或碱外,不再加入任何其他物质。发酵过程中培养基成分减少,微生物得到繁殖。在分批发酵过程中,微生物所处的环境在发酵过程中不断变化,其物理、化学和生物参数都随时间而变化,是一个不稳定的过程。补料分批发酵又称半连续发酵或流加分批发酵,是指在分批发酵过程中,间歇或连续地补加新鲜培养基的发酵方式。连续发酵是指培养基料液连续输入发酵罐,并同时放出含有产品的相同体积发酵液,使发酵罐内料液量维持恒定,微生物在近似恒定状态(恒定的基质浓度、恒定的产物浓度、恒定的pH值、恒定菌体浓度、恒定的比生长速率)下生长的发酵方式。

15.1.5 发酵过程

发酵过程即细胞的生物反应过程,是指由生长繁殖的细胞所引起的生物反应过程。它不仅包括了以往"发酵"的全部领域,而且还包括固定化细胞的反应过程、生物法废水处理过程和细菌采矿等过程。微生物发酵的生产水平不仅取决于生产菌种本身的性能,而且要赋以合适的环境条件才能使它的生产能力充分表达出来。为此我们必须通过各种研究方法了解有关生产菌种对环境条件的要求,如培养基、培养温度、pH值、氧的需求等,并深入地了解生产菌在合成产物过程中的代谢调控机制以及可能的代谢途径,为设计合理的生产工艺提供理论基础。同时,为了掌握菌种在发酵过程中的代谢变化规律,可以通过各种监测手段如取样测定随时间变化的菌体浓度,糖、氮消耗及产物浓度,以及采用传感器测定发酵罐中的培养温度pH值、溶解氧等参数的情况,并予以有效地控制,使生产菌种处于产物合成的优化环境之中。除某些转化过程外,典型的发酵过程可以划分成六个基本组成部分:(1)繁殖种子和发酵生产所用的培养基组分设定;(2)培养基、发酵罐及其附属设备的灭菌;(3)培养出有活性、适量的纯种,接种入生产的容器中;(4)微生物在最适合于产物生长的条件下,在发酵罐中生长;(5)产物萃取和精制;(6)过程中排出的废弃物的处理。

六个部分之间的关系如图15.1所示。研究和发展计划,总是围绕着就逐步改善发酵的全面效益而进行的。在建立发酵过程以前,首先要分离出产生菌,并改良菌种,使所产生的产物符合工业要求。然后测定培养的需求,设计包括提取过程在内的工厂。以后的发展计划,包括连续不断的改良菌种、培养基和提取过程。

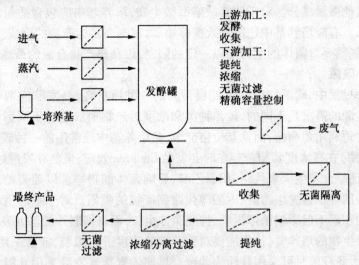

图15.1 典型的发酵过程示意图

15.1.6 发酵工程的概念

发酵工程是指应用微生物学等相关的自然科学以及工程学原理,利用微生物等生物细胞进行酶促转化,将原料转化成产品或提供社会性服务的一门科学。

发酵已经从过去简单的生产酒精类饮料、生产醋酸和发酵面包发展到今天成为生物工程的一个极其重要的分支,成为一个包括了微生物学、化学工程、基因工程、细胞工程、机械工程和计算机软硬件工程的一个多学科工程。现代发酵工程不但生产酒精类饮料、醋酸和面包,而且生产胰岛素、干扰素、生长激素、抗生素和疫苗等多种医疗保健药物,生产天然杀虫剂、细菌肥料和微生物除草剂等农用生产资料,在化学工业上生产氨基酸、香料、生物高分子、酶以及维生素和单细胞蛋白等。发酵工程主要指在最适发酵条件下,发酵罐中大量培养细胞和生产代谢产物的工艺技术。

15.2 培养条件对发酵的影响——发酵工艺的控制

发酵过程中微生物代谢产物的生产取决于三个方面的因素,即微生物的遗传特性(菌种性能)、培养过程中微生物所处的环境状况(发酵的工艺条件)以及反应器(发酵罐)的操作性能。工艺条件控制的目的:就是要为生产菌创造一个最适的环境,使所需要的代谢活动得以最充分的表达。

15.2.1 培养基

培养基提供了菌体生长和形成产物所必需的营养和能量,适宜的pH值和渗透压,是影响发酵水平的关键因素。异养微生物的培养基含有碳源、氮源和多种无机盐。葡萄糖、蔗糖、淀粉、糖蜜等是常用的碳源,除了用于形成细胞结构的含碳化合物和产物之外,相当部分用于产生能量,供生长、维持和产物形成使用。常用的氮源包括铵盐、硝酸盐、尿素、豆饼粉、花生饼粉、蛋白胨、酵母膏、玉米浆等。此外,培养基应含有组成细胞的各种其他元素,如磷、硫、镁、钙、铁以及其他微量成分。对于营养缺陷型微生物,培养基中应包含适量的这些成分,以支持菌体的生长。有时培养基中还需加入前体物质,以提高目标产物的合成。根据其合成特点,发酵过程可能需要对菌体的生长加以一定的限制,以获得产物合成的最高效率。

15.2.1.1 碳源

在工业发酵过程中,碳源往往是消耗量最大的一种原材料,是发酵成本中的重要部分。不同微生物对碳源的需求是不同的,碳源种类和浓度对产物形成也有不同影响。例如,许多微生物都能很好地利用葡萄糖,而且其价格低廉,是培养基中最常用的一种碳源。不过,一些微生物(如酵母菌)在高浓度葡萄糖存在时会发生 Crabtree 效应,虽然在发酵过程中供应足够的空气,微生物还是会发生厌氧代谢,积累乙醇,影响菌体的得率。以葡萄糖为碳源,培养大肠杆菌或枯草杆菌等也会发生乙酸、丙酸等代谢副产物的积累。对于基因重组微生物,乙酸等代谢副产物的积累不但影响菌体得率,抑制菌体生长,而且抑制外源基因表达。因此,在采用葡萄糖进行微生物的培养时,往往需要对葡萄糖的浓度进行控制,或者采用其他利用较慢的碳源,如培养大肠杆菌时可采用甘油为碳源。早期的青霉素发酵采用乳糖作为碳源,如果用葡萄糖作为碳源,则菌体生长很好但青霉素生产受到极大影响,这是因为葡萄糖对青霉素合成具有阻遏作用。采用葡萄糖溶液进行连续流加,避免了葡萄糖的阻遏作用,使青霉素的生产成为可能。现在,青霉素的工业生产中实际上是采用葡萄糖作为碳源的,发酵中通过控制葡萄糖溶液的流加,维持葡萄糖限制的状态,可以有效解除葡萄糖的阻遏,实现青霉素的高产。有的碳源对所培养的微生物有底物抑制作用,如以甲醇为碳源培养甲醇营养微生物时,高浓度的甲醇会抑制其生长。在这种情况下,发酵应维持适当的碳源浓度,避免碳源的抑制,并随其消耗而不断随时添加,避免因缺乏碳源而影响生长和产物生成。

15.2.1.2 氮源

许多研究表明,发酵过程中氮源应加以控制,过高的氮源浓度对菌体生长和产物合成都可能产生负面影响。控制氮源用量以提高发酵效率可分为两种情况,一种是在发酵生产各种碳源代谢产物的过程中,通过限制氮源来限制菌体生长,使过量的碳源能有效地转变为发酵的目标产物;如:进行柠檬酸发酵时,采用氮源限制的培养基,发酵中—菌体生长受到限制,有利于提高柠檬酸对糖的转化率。另一种是高浓度氮源会对菌体生长或产物合成产生抑制,限制氮源可减少这种抑制的发生。

15.2.1.3 无机盐

无机盐类是微生物生长不可缺少的营养物质。其主要作用是构成菌体细胞成分,作为酶的组成部分、酶的激活剂或抑制剂,调节培养基的渗透压、pH 值、氧化还原电位等。一般微生物所需无机盐类,包括硫酸盐、磷酸盐、氯化物和含钾、钠、镁、铁的化合物等。培养基中通常需要加入一定量的无机盐以维持适当的离子强度和渗透压,虽然它们不是作为营养,但有时对微生物的生长和产物生成会产生重大影响。微生物对钙、铁、锰、锌等元素的需求量很小,但微量元素对微生物的活性起到很大的作用。不过,培养中需要达到的菌体浓度不太高或采用复合培养基时,通常不需要专门添加微量元素,但进行高密度培养或采用基本培养基时,则需要添加微量元素。

15.2.2 温度

15.2.2.1 温度对发酵的影响

温度对发酵的影响及其调节控制是影响有机体生长繁殖最重要的因素之一,因为任何生物化学的酶促反应与温度变化有关。温度对发酵的影响是多方面且错综复杂的,主要表现在对细胞生长、产物合成、发酵液的物理性质和生物合成方向等方面。体现在:(1)温度影响微生物细胞生长:随着温度的上升,细胞的生长繁殖加快。这是由于生长代谢以及繁殖都是酶参加的。根据酶促反应的动力学来看,温度升高,反应速度加快,呼吸强度增加,最终导致细胞生长繁殖加快。但随着温度的上升,酶失活的速度也越大,使衰老提前,发酵周期缩短,这对发酵生产是极为不利的。(2)温度影响产物的生成量。(3)温度影响生物合成的方向。例如,在四环类抗生素发酵中,金色链丝菌能同时产生四环素和金霉素,在30℃时,它合成金霉素的能力较强。随着温度的提高,合成四环素的比例提高。当温度超过35℃时,金霉素的合成几乎停止,只产生四环素。(4)温度影响发酵液的物理性质:温度除了影响发酵过程中各种反应速率外,还可以通过改变发酵液的物理性质间接影响微生物的生物合成。例如,温度对氧在发酵液中的溶解度就有很大响影,随着温度的升高,气体在溶液中的溶解度减小,氧的传递速率也会改变。另外温度还影响基质的分解速率,例如,菌体对硫酸盐的吸收在25℃时最小。

15.2.2.2 影响发酵温度变化的因素

发酵热就是发酵过程中释放出来的净热量。

$$Q_{发酵} = Q_{生物} + Q_{搅拌} - Q_{蒸发} - Q_{辐射}$$

(1)生物热:是生产菌在生长繁殖时产生的大量热量。生物热主要是培养基中碳水化合物、脂肪、蛋白质等物质被分解为 CO_2、NH_3 时释放出的大量能量。主要用于合成高能化合物,供微生物生命代谢活动及热能散发。菌体在生长繁殖过程中,释放出大量热量。生物热的大小与菌种遗传特性、菌龄有关,还与营养基质有关。在相同条件下,培养基成分越丰富,产生的生物热也就越大。(2)搅拌热:通风发酵都有大功率搅拌,搅拌的机械运动造成液体之间,液体与设备之间的摩擦而产生的热。(3)蒸发热:通入发酵罐的空气,其温度和湿度随季节及控制条件的不同而有所变化。空气进入发酵罐后,就和发酵液广泛接触进行热交换。同时必然会引起水分的蒸发;蒸发所需的热量即为蒸发热。(4)辐射热:由于发酵罐内外温度差,通过罐体向外辐射的热量。辐射热可通过罐内外的温差求得,一般不超过发酵热的5%。辐射热的大小取决于罐内外的温差,受环境温度变化的影响,冬天影响大一些,夏季影响小些。(5)显热:排出气体所带的热。

15.2.2.3 最适温度的选择与发酵温度的控制

最适温度是一种相对概念,是指在该温度下最适于菌的生长或发酵产物的生成。选择最适温度应该考虑微生物生长的最适温度和产物合成的最适温度。最适发酵温度与菌种,培养基成分,培养条件和菌体生长阶段有关。

在抗生素发酵中,细胞生长和代谢产物积累的最适温度往往不同。例如,青霉素产生菌生长的最适温度为30℃,但产生青霉素的最适温度是24.7℃。至于何时应该选择何种温度,则要看当时生长与生物合成哪一个是主要方面。在生长初期,抗生素还未开始合成,菌丝体浓度很低,此时是以促进菌丝体迅速生长繁殖为目的,应该选择最适于菌丝体生长的温度。

当菌丝体浓度达到一定程度,到了抗生素分泌期时,此时生物合成成为主要方面,就应该满足生物合成的最适温度,这样才能促进抗生素的大量合成。在乳酸发酵中也有这种情况,乳酸链球菌的最适生长温度是34℃,而产酸的最适温度不超过30℃。因此需要在不同的发酵阶段选择不同的最适温度。

最适发酵温度的选择实际上是相对的,还应根据其他发酵条件进行合理的调整,需要考虑的因素包括菌种、培养基成分和浓度、菌体生长阶段和培养条件等。例如,溶解氧浓度是受温度影响的,其溶解度随温度的下降而增加。因此当通气条件较差时,可以适当降低温度以增加溶解氧浓度。在较低的温度下,既可使氧的溶解度相应大一些,又能降低菌体的生长速率,减少氧的消耗量,这样可以弥补较差的通气条件造成的代谢异常。最适温度的选择还应考虑培养基成分和浓度的不同,在使用浓度较稀或较易利用的培养基时,过高的培养温度会使营养物质过早耗竭,而导致菌体过早自溶,使产物合成提前终止,产量下降。例如,玉米浆比黄豆饼粉更容易利用,因此在红霉素发酵中,提高发酵温度使用玉米浆培养基的效果就不如黄豆饼粉培养基的好,提高温度有利于菌体对黄豆饼粉的利用。

因此,在各种微生物的培养过程中,各个发酵阶段的最适温度的选择是从各方面综合进行考虑确定的。例如,在四环素发酵中,采用变温控制,在中后期保持较低的温度,以延长抗生素分泌期,放罐前24 h提高2~3℃培养,能使最后24 h的发酵单位提高50%以上。又如,青霉素发酵最初5 h维持30℃,6~35 h为25℃,36~85 h为20℃,最后40 h再升到25℃。采用这种变温培养比25℃恒温培养的青霉素产量提高14.7%。

工业上使用大体积发酵罐的发酵过程,一般不须要加热,因为释放的发酵热常常超过微生物的最适培养温度,所以需要冷却的情况较多。

15.2.3 pH值

发酵过程中培养液的pH值是微生物在一定环境条件下代谢活动的综合指标,是一项重要的发酵参数。它对菌体的生长和产品的积累有很大的影响。因此,必须掌握发酵过程中pH值的变化规律,及时监测并加以控制,使它处于最佳的状态。尽管多数微生物能在3~4个pH值单位的pH值范围内生长,但是在发酵工艺中,为了达到高生长速率和最佳产物形成,必须使pH值在很窄的范围内保持恒定。

15.2.3.1 pH值对发酵的影响

pH值对微生物的生长繁殖和产物合成的影响有以下几个方面:①影响酶的活性,当pH值抑制菌体中某些酶的活性时,会阻碍菌体的新陈代谢;②影响微生物细胞膜所带电荷的状态,改变细胞膜的通透性,影响微生物对营养物质的吸收及代谢产物的排泄;③影响培养基中某些组分和中间代谢产物的离解,从而影响微生物对这些物质的利用;④pH值不同,往往引起菌体代谢过程的不同,使代谢产物的质量和比例发生改变。例如,丙酮丁醇发酵中,细菌增殖的pH值范围是5.5~7.0为好,发酵后期pH=4.3~5.3时积累丙酮丁醇,pH值升高则丙酮丁醇产量减少,而丁酸、乙酸含量增加。又如,黑曲霉在pH=2~3时产生柠檬酸,pH值近中性时,积累草酸和葡萄糖酸。谷氨酸发酵中,pH=7或微碱时形成谷氨酸,pH值酸性时产生N-乙酰谷酰胺。从以上看出,为了更有效地控制生产过程,必须充分了解微生物生长和产物形成的最适pH值范围。

15.2.3.2 影响发酵 pH 值的因素

发酵过程中,pH 值的变化是微生物在发酵过程中代谢活动的综合反映,其变化的根源取决于培养基的成分和微生物的代谢特性。

有研究表明,培养开始时发酵液 pH 值的影响是不大的,因为微生物在代谢过程中,迅速改变培养基 pH 值的能力十分惊人。例如,以花生饼粉为培养基进行土霉素发酵,最初将 pH 值分别调到 5.0、6.0 和 7.0,发酵 24 h 后,这三种培养基的 pH 值已经不相上下,都在 6.5~7.0 之间。但是当外界条件发生较大变化时,菌体就失去了调节能力,发酵液的 pH 值将会不断波动。

引起这种波动的原因除了取决于微生物自身的代谢外,还与培养基的成分有极大的关系。一般来说,有机氮源和某些无机氮源的代谢起到提高 pH 值的作用,例如氨基酸的氧化和硝酸钠的还原,玉米浆中的乳酸被氧化等,这类物质被微生物利用后,可使 pH 值上升,这些物质被称为生理碱性物质,如有机氮源、硝酸盐、有机酸等。而碳源的代谢则往往起到降低 pH 值的作用,例如,糖类氧化不完全时产生的有机酸,脂肪不完全氧化产生的脂肪酸,铵盐氧化后产生的硫酸等,这类物质称为生理酸性物质。

此外通气条件的变化,菌体自溶或杂均污染都可能引起发酵液 pH 值的改变,所以确定最适 pH 值以及采最适有效的控制措施,是使菌种发挥最大生产能力的保证。

15.2.3.3 最适 pH 值的选择和调控

选择最适 pH 值的原则是既有利于菌体的生长繁殖,又可以最大限度地获得高的产量。一般最适 pH 值是根据实验结果来确定的,通常将发酵培养基调节成不同的起始 pH 值,在发酵过程中定时测定、并不断调节 pH 值,以维持其起始 pH 值,或者利用缓冲剂来维持发酵液的 pH 值。同时观察菌体的生长情况,菌体生长达到最大值的 pH 值即为菌体生长的最适 pH 值。产物形成的最适 pH 值也可以如此测得。

微生物生长最适 pH 值与产物形成最适 pH 值相互关系的四种情况。第一种情况是菌体的比生长速率(μ)和产物的比生产速率(Q_p)都有一个相似的并且较宽的最适 pH 值范围;第二种是 Q_p(或 μ)的最适 pH 值范围很窄,而 μ(或 Q_p)的范围较宽;第三种是 μ 和 Q_p 有相同的最适 pH 值范围,但范围很窄,即对 pH 值的变化敏感;第四种,μ 和 Q_p 都有各自的最适 pH 值范围。属于第一种情况的发酵过程比较易于控制,第二、三模式的发酵 pH 值须要严格控制,最后一种情况应该分别严格控制各自的最适 pH 值。

在测定了发酵过程中不同阶段的最适 pH 值要求后,便可采用各种方法来控制。在工业生产中,调节 pH 值的方法并不是仅仅采用酸碱中和,因为酸碱中和虽然可以中和培养基中当时存在的过量碱,但是却不能阻止代谢过程中连续不断发生的酸碱变化。即使连续不断地进行测定和调节,也是徒劳无益的,因为这没有根本改善代谢状况。因为发酵过程中引起 pH 值变化的根本原因是因微生物代谢营养物质的结果,所以调节控制 pH 值的根本措施主要应该考虑培养基中生理酸性物质与生理碱性物质的配比,然后是通过中间补料进一步加以控制。

补料也不是仅仅加入酸碱来控制,可用生理酸性和生理碱物质来控制,这些物质不仅可以调节 pH 值,还可以补充氮源。当 pH 值和氨基氮含量低时,加入氨水;当 pH 值高,氨基氮含量低时,加入硫酸铵。补糖是根据 pH 值的变化来决定补糖速率,恒速补糖则通过加入酸碱来控制 pH 值。

15.2.4 通气与搅拌

15.2.4.1 溶氧

溶氧是需氧发酵控制最重要的参数之一。由于氧在水中的溶解度很小,在发酵液中的溶解度亦如此,因此,需要不断通风和搅拌,才能满足不同发酵过程对氧的需求。溶氧的大小对菌体生长和产物的形成及产量都会产生不同的影响。如谷氨酸发酵,供氧不足时,谷氨酸积累就会明显降低,产生大量乳酸和琥珀酸。

需氧发酵并不是溶氧越大越好,溶氧高虽然有利于菌体生长和产物合成,但溶氧太大有时反而抑制产物的形成。因此,为避免发酵处于限氧条件下,需要考查每一种发酵产物的临界氧浓度和最适氧浓度,并使发酵过程保持在最适浓度。最适溶氧浓度的大小与菌体和产物合成代谢的特性有关,这是由实验来确定的。根据发酵需氧要求不同可分为三类:第一类有谷氨酸、谷氨酰胺、精氨酸和脯氨酸等谷氨酸系氨基酸,它们在菌体呼吸充足的条件下,产量才最大,如果供氧不足,氨基酸合成就会受到强烈的抑制,大量积累乳酸和琥珀酸;第二类,包括异亮氨酸、赖氨酸、苏氨酸和天冬氨酸,即天冬氨酸系氨基酸,供氧充足可得最高产量,但供氧受限,产量受影响并不明显;第三类,有亮氨酸、缬氨酸和苯丙氨酸,仅在供氧受限、细胞呼吸受抑制时,才能获得最大量的氨基酸,如果供氧充足,产物形成反而受到抑制。

氨基酸合成的需氧程度产生上述差别的原因,是由它们的生物合成途径不同所引起的,不同的代谢途径产生不同数量的 NAD(P)H,当然再氧化所需要的溶氧量也不同。第一类氨基酸是经过乙醛酸循环和磷酸烯醇式丙酮酸羧化系统两个途径形成的,产生的 NADH 量最多。因此 NADH 氧化再生的需氧量为最多,供氧越多,合成氨基酸当然越顺利。第二类的合成途径是产生 NADH 的乙醛酸循环或消耗 NADH 的磷酸烯醇式丙酮酸羧化系统,产生的 NADH 量不多,因而与供氧量关系不明显。第三类,如苯丙氨酸的合成,并不经 TCA 循环,NADH 产量很少,过量供氧,反而起到抑制作用。肌苷发酵也有类似的结果。由此可知,供氧大小是与产物的生物合成途径有关。

在发酵过程中,影响耗氧的因素有以下几方面:

(1) 培养基:培养基的成分和浓度对产生菌的需氧量的影响是显著的。培养基中碳源的种类和浓度对微生物的需氧量的影响尤其显著。一般来说,碳源在一定范围内,需氧量随碳源浓度的增加而增加。在补料分批发酵过程中,菌种的需氧量随补入的碳源浓度而变化,一般补料后,摄氧率均呈现不同程度的增大。

(2) 菌龄及细胞浓度:不同的生产菌种,其需氧量各异。同一菌种的不同生长阶段,其需氧量也不同。一般说,菌体处于对数生长阶段的呼吸强度较高,生长阶段的摄氧率大于产物合成期的摄氧率。在分批发酵过程中,摄氧率在对数期后期达到最大值。因此认为培养液的摄氧率达最高时,表明培养液中菌体浓度达到了最大值。

(3) 培养液中溶解氧浓度的影响:在发酵过程中,培养液中的溶解氧浓度(DO)高于菌体生长的临界氧浓度($DO_{临}$)时,菌体的呼吸就不受影响,菌体的各种代谢活动不受干扰;如果培养液中的 DO 低于 $DO_{临}$ 时,菌体的多种生化代谢就要受到影响,严重时会产生不可逆的抑制菌体生长和产物合成的现象。

(4) 培养条件:若干实验表明,微生物呼吸强度的临界值除受到培养基组成的影响外,还与培养液的 pH 值、温度等培养条件相关。一般说,温度越高,营养成分越丰富,其呼吸强度的临界值也相应增高。

(5) 有毒产物的形成及积累：在发酵过程中，有时会产生一些对菌体生长有毒性的如 CO_2 等代谢产物，如不能及时从培养液中排除，势必影响菌体的呼吸，进而影响菌体的代谢活动。

(6) 挥发性中间产物的损失：在糖代谢过程中，有时会产生一些挥发性的有机酸，它们随着大量通气而损失，从而影响菌体的呼吸代谢。

溶氧的控制一般通过：①调节通风与搅拌；②限制基础培养基的浓度，使发酵器内的生物体浓度维持于适当水平，以补料方式供给某些营养成分而控制菌体生长率和呼吸率。

15.2.4.2 二氧化碳

二氧化碳是细胞的重要代谢产物，CO_2 是微生物的代谢产物，同时也是某些合成代谢的基质。它是细胞代谢的重要指标。在发酵过程中，CO_2 有可能对发酵有促进作用，也有可能有抑制作用。发酵过程中，微生物代谢产生的二氧化碳积累在发酵液中，一方面会造成 pH 值下降，另一方面高浓度的二氧化碳可能影响产物的合成。CO_2 对菌体具有抑制作用，当排气中 CO_2 的体积分数高于 4% 时，微生物的糖代谢和呼吸速率下降。例如，发酵液中 CO_2 的浓度达到 1.6×10^{-1} mol/L，就会严重抑制酵母的生长；当进气口 CO_2 的体积分数占混合气体的 80% 时，酵母活力与对照相比降低 20%。另一方面，CO_2 对发酵也有影响，可以是促进，也可以是抑制，如牛链球菌发酵生产多糖，最重要的发酵条件是提供的空气中要含 5% 的 CO_2。而过高的 CO_2 对肌苷、异亮氨酸、组氨酸、抗生素等发酵则会有抑制作用。

CO_2 在发酵液中的浓度变化不像溶解氧那样有一定的规律。它的大小受到许多因素的影响，如细胞的呼吸强度、发酵液的流变学特性、通气搅拌程度、罐压大小、设备规模等。在发酵过程中通常通过调节通风和搅拌来控制。和氧的传递不同，发酵过程中二氧化碳的传递是从液相向气相传递的，因此液相溶解二氧化碳的分压高于与气相二氧化碳平衡的分压时才能发生液-气相间二氧化碳的传递。二者之间的差越大，则二氧化碳传递的推动力就越大。同时，通过加强搅拌和通气，也有利于提高液-气相间的体积传递系数 K_{La}，提高二氧化碳的传递效率。许多研究表明，高浓度二氧化碳会影响菌体生长和产物形成，特别是在高密度培养或发酵液黏稠、流动性差等情况下，液相二氧化碳水平可能达到相当高的程度，进而影响发酵的进行。对于大型工业发酵罐，罐底部因静压高也会造成溶解二氧化碳的增加，并由于在大型发酵罐中更容易发生混合不均匀的问题，局部高二氧化碳也可能影响发酵的效率。

15.2.5 代谢产物

对于以获取微生物代谢产物为目的的发酵过程，都希望发酵液中的产物达到高浓度，因为高浓度产物便于分离纯化，降低成本。但是，许多代谢产物对生产菌本身具有抑制作用，如乙酸、乙醇、乳酸、水杨酸等发酵过程，当这些产物在发酵液中的浓度达到一定水平后，很难继续提高它们的浓度。对于这样的情况，除了筛选对产物具有耐受性的菌株外，发酵过程中用各种手段将产物不断从发酵液中移走，也是解决产物抑制的有效方法。

在大肠杆菌发酵中，很容易产生代谢副产物乙酸。乙酸的生成不但降低了碳源的利用效率，引起发酵液 pH 值的下降而影响发酵的进行，而且即使将发酵液的 pH 值用碱调节到中性，仍然会对大肠杆菌的生长产生抑制。当发酵液中的乙酸质量浓度达到 14 g/L 时，大肠杆菌的生长就完全停止。乙酸的积累还严重抑制外源基因的表达。因此，在基因重组大肠杆菌发酵中,避免乙酸的积累是实现外源基因高表达的关键之一。在枯草杆菌发酵中,也发现代谢副产物乙酸或丙酸等的积累造成生长的抑制,通过培养基和发酵控制,减少和避免有害代谢产物的积累也是重组枯草杆菌发酵中需要注意的问题。

15.3 分批发酵和连续发酵的发酵动力学

发酵动力学研究发酵过程中菌株的生长速率,培养基(基质)的消耗速率和产物生成速率的相互作用和随时变化的规律。

15.3.1 分批培养

分批培养的操作最为简单,在培养基中接种后通常只要维持一定的温度,对于好气培养过程则还需进行通气搅拌。在培养过程中,培养液中的菌体浓度、营养物质浓度和产物浓度不断变化,但往往表现出一定的规律。

15.3.1.1 菌体的生长

就菌体的生长来说,在分批培养中一般经历延迟期、指数生长期、减速期、静止期和衰亡期等阶段,图 15.2 是在分批培养中菌体浓度变化示意图。

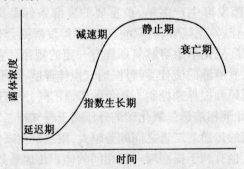

图 15.2 分批培养中菌体浓度变化示意图

1. 延迟期

在培养基中接种以后,一段时间内菌体浓度的增长并不明显,这个阶段称为延迟期。延迟期是菌体细胞在进入新的环境中表现出来的一个适应阶段,这时菌体浓度虽然没有明显的增加,但在细胞内部却发生着很大的变化。产生延迟期的原因有培养基中营养的改变,物理环境的变化,存在抑制剂,孢子发芽,也和种子的状况有关。如果新环境中存在原先环境中所没有的营养物质,细胞就需合成有关的酶来利用它,从而表现出延迟期。

2. 指数生长期

延迟期结束后,因培养基中的营养丰富,菌体的生长不受限制,在一段时间内菌体的比生长速率 μ 保持不变。如果在时间 t_0 的菌体浓度为 X_0,根据比生长速率的定义,有

$$\frac{dX}{dt} = \mu X$$

将其积分可得

$$X = X_0 \exp[\mu(t - t_0)]$$

因而菌体浓度随时间指数增大,故称为指数生长期。若将菌体浓度的对数值对时间标

绘,可以得到一条直线,所以也称为对数期。

在分批培养中,随着菌体的生长,伴随着pH值等的变化,菌体的生长速率和指数生长期的长度会受到影响。

3. 减速期

随着菌体的生长,发酵液中的营养物质逐渐消耗,有害的代谢产物不断积累,菌体的生长受到影响,比生长速率逐渐下降,进入减速期。事实上,自然界中细胞的生长通常都是处在受限制的状况。

Monod方程显示了比生长速率与限制性底物浓度的关系

$$\mu = \frac{\mu_m S}{K_s + S}$$

式中,μ_m为最大比生长速率;K_s为饱和常数;S为限制性底物浓度。Monod方程的形式与描绘酶反应速率的米氏方程相似,但它是一个经验方程。Monod方程是对实验现象的总结,是经验方程(empirical model),而米氏方程是根据酶反应极力推导得出的机理方程(mechanistic model)。

4. 静止期

由于营养物质的耗尽或有害代谢产物的积累,菌体的生长速率不断下降,当生长速率和死亡速率相等时,菌体浓度不变,这一阶段称为静止期。在静止期菌体的表观比生长速率为0,菌体浓度达到最大。如果菌体生长速率降低是由某种营养物质的耗尽所致,而且在菌体生长过程中菌体的得率系数$Y_{X/S}$不变,则在静止期达到的最大菌体浓度

$$X_m = X_0 + Y_{X/S} S_0$$

式中,X_m为最大菌体浓度;X_0为接种后的菌体浓度;S_0为限制性底物的初始浓度。因此X_m与限制性底物的初始浓度成线性关系,当X_0很低时X_m与S_0成正比。

静止期往往是微生物大量生产有用代谢产物的阶段,抗生素等次级代谢产物在静止期大量合成就是典型的例子。一些芽孢杆菌胞外酶的生产往往和芽孢的生成有关,当这些胞外酶大量生产的时候,伴随着芽孢的生成,而此时菌体的生长不明显。

5. 衰亡期

由于营养物质的耗尽或有害代谢产物的大量积累,菌体的生活环境恶化,造成细胞不断死亡,进入衰亡期。一般的培养过程在衰亡期之前结束,但也发现有的过程在衰亡期尚有明显的产物生成。

15.3.1.2 底物的消耗

培养过程中消耗的底物用于菌体的生长和产物的生成,有的底物还与能量的产生有关。根据前述的得率系数的定义,可以得出

$$-\frac{ds}{dt} = \frac{1}{Y_{X/S}} \frac{dx}{dt} = \frac{\mu X}{Y_{X/S}}$$

15.3.1.3 产物的生成

Gaden将分批培养中产物的生成与生长的关系归纳为三种情况,即产物生成与生长相关、部分相关及不相关。第一种情况是产物的生成与菌体的生长相关(图15.3(a)),多见于初级代谢产物的生产。这时产物的生成速率$\frac{dP}{dt} = Y_{P/X} \frac{dx}{dt} = Y_{P/X} \mu X$

或比生产速率 $Q_p = \alpha\mu$
式中 $\alpha = Y_{P/X}$

第二种情况是产物的生成与细胞的生长部分相关(图15.3(b)),产物的生成速率既和细胞的比生长速率有关,也与细胞的浓度有关,即

$$\frac{dP}{dt} = \alpha\mu X + \beta X$$

或 $Q_p = \alpha\mu + \beta$

许多发酵过程产物的生产多具有这种特点。

第三种情况是产物的生成与菌体生长不相关,多见于抗生素等次级代谢产物的生产,其特点是在菌体快速生长阶段产物生成很少,而当生长速率下降时,产物的生成速率大大提高(图15.3(c))。与前两种情况相比,其比生产速率与比生长速率的关系较为复杂,原则上可以表示为

$$\frac{dP}{dt} = Q_p(\mu)X$$

以上表示发酵过程中菌体生长、限制性底物消耗和产物生成的一组微分方程即可构成分批培养的动力学模型。

从上述分批发酵类型可以分析:如果生产的产品是生长关联型(如菌体与初级代谢产物),则宜采用有利于细胞生长的培养条件,延长与产物合成有关的对数生长期;如果产品是非生长关联型(如次级代谢产物),则宜缩短对数生长期,并迅速获得足够量的菌体细胞后延长平衡期,以提高产量。

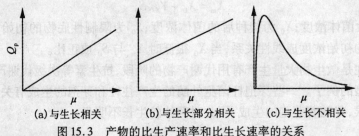

(a) 与生长相关　　(b) 与生长部分相关　　(c) 与生长不相关

图15.3　产物的比生产速率和比生长速率的关系

15.3.2　连续培养

在分批培养中,菌体浓度、营养物质浓度和产物浓度随培养的进行不断变化,当营养物质耗尽或有害代谢产物大量积累时,菌体和产物浓度不再增加,培养过程就要结束。在连续培养中,不断向反应器中加入培养基,同时从反应器中不断取出培养液,培养过程可以长期进行,并且往往可以达到稳定状态,过程的控制和分析也比较简单。虽然连续培养在工业上的应用不像分批操作那么普遍,但在研究中则得到了非常广泛的应用。

图15.4是单级连续培养的示意。反应器中的培养基接种以后,通常先进行一段时间的分批培养,待菌体浓度达到一定程度后,以恒定的流量F将新鲜培养基送入反应器,同时将培养液以同样的流量抽出,因此反应器中的培养液体积V保持不变。假定反应器中的混合处于理想的状态,即培养液中各处的菌体浓度、底物(包括溶氧)浓度和产物浓度分别相同,则流出液的组成和反应器中完全相同。在这样一个系统中,分别对菌体、限制性底物和产物进行物料平衡。

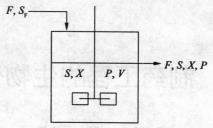

图 15.4 单级连续培养示意

菌体

$$V\frac{dX}{dt} = FX_F - FX + \mu XV$$

限制性底物

$$\frac{VdS}{dt} = FS_F - FS - \frac{\mu XV}{Y_{X/S}}$$

产物

$$V\frac{dP}{dt} = FP_F - FP - Q_P XV$$

式中，X、S 和 P 分别为发酵罐中的菌体、限制性底物和产物浓度；X_F、S_F 和 P_F 分别为加入的培养基中的菌体、限制性底物和产物浓度。通常培养基中不含菌体和产物，因此：

$$\frac{dX}{dt} = (\mu - \frac{F}{V})X = (\mu - D) \times X$$

$$D = \frac{F}{V}$$

式中，D 称为稀释率。当连续培养达到稳定状态时（一般需要通过 3～5 倍培养液体积），菌体浓度、限制性底物浓度和产物浓度恒定，因此：

$$\mu = D$$

也就是说，菌体的比生长速率和稀释率相等。比生长速率是菌体的特性，而稀释率则是操作变量。因此，在连续培养中，只要改变加料速率，就很容易地改变稳态下的菌体比生长速率，从而达到控制菌体生长的目的，这是单级连续培养的一个重要特性。同样，在稳态下，分别可以得到

$$X = Y_{X/S}(S_F - S)$$

$$P = \frac{Q_P X}{D}$$

由于在连续培养达到稳定状态时，培养液的组成恒定，因此也称为恒化（chemostat）培养。如果菌体的生长符合 Monod 方程所示的规律，在操作的稀释率 D 下，达到稳态时的限制性底物浓度为

$$S = \frac{K_s D}{\mu_m - D}$$

习 题

1. 发酵以及发酵工程的概念是什么？发酵的代谢产物有哪些。
2. 影响发酵的因素有哪些，都起什么作用？
3. 简述分批发酵的过程。

第16章 制药工程的生物化学过程

16.1 概　述

近年来,随着生物化学的蓬勃发展,制药工程中越来越多的应用生物化学技术手段提取或制造氨基酸、蛋白质、核酸、酶及辅酶、糖类、脂类等生物体内的生化基本物质,用于预防、诊断和治疗多种疾病,取得了令人鼓舞的效果。

16.1.1 生化药物的定义和特点

中国药典将药物分化学药品、生化药品、抗生素、放射性药品、生物制品。其中生化药物一般是指运用生物化学研究方法从动物、植物及微生物分离、纯化所得,亦可用生物-化学半合成或用现代生物技术制得的生命基本物质,如氨基酸、多肽、蛋白质、酶、辅酶、多糖、核苷酸、脂和生物胺等,以及其衍生物、降解物及大分子的结构修饰物等。

生化药物属于生物药物,其主要特点如下:

(1) 分子量不是定值。生化药物除氨基酸、核苷酸、辅酶及甾体激素等属化学结构明确的小分子化合物外,大部分为大分子的物质(如蛋白质、多肽、核酸、多糖类等),其分子量一般为几千至几十万。对大分子的生化药物而言,即使组分相同,往往由于分子量不同而产生不同的生理活性。例如,肝素是由D-硫酸氨基葡萄糖和葡萄糖醛酸组成的酸性黏多糖,能明显延长血凝时间,有抗凝血作用;而低分子量肝素,其抗凝活性低于肝素。所以,生化药物常需进行分子量的测定。

(2) 需检查生物活性。在制备多肽或蛋白质类药物时,有时因工艺条件的变化,导致蛋白质失活。因此,对这些生化药物,除了用通常采用的理化法检验外,尚需用生物检定法进行检定,以证实其生物活性。

(3) 需做安全性检查。由于生化药物的性质特殊,生产工艺复杂,易引入特殊杂质,故生化药物常需做安全性检查,如热原检查、过敏试验、异常毒性试验等。

(4) 需做效价测定。生化药物多数可通过含量测定,以表明其主药的含量。但对酶类药物需进行效价测定或酶活力测定,以表明其有效成分含量的高低。

(5) 结构确认难。在大分子生化药物中,由于有效结构或分子量不确定,其结构的确证很难沿用元素分析、红外、紫外、核磁、质谱等方法加以证实,往往还要用生化法如氨基酸序列等法加以证实。

16.1.2 生化药物的分类

16.1.2.1 按来源分类

按来源对生化药物分类有利于对不同原料进行综合利用、开发研究。一般可分为以下几类:

(1) 人体组织来源：此类生化药物疗效好、无副作用，来源有限，包含人血液制品类、人胎盘制品类、人尿制品等。

(2) 动物组织来源：此类生化药物主要来源于动物脏器，来源丰富，价格低廉，可以批量生产。但由于种属差异，要进行严格的药理毒理实验。

(3) 植物组织来源：主要包括各种中草药，以及酶、蛋白质、核酸。

(4) 微生物来源：主要包括各种抗生素、氨基酸、维生素、酶。

(5) 海洋生物来源：可取自各种海洋动植物、微生物。目前，对海洋生物药物的研究，主要着眼于寻找抗肿瘤、防治心血管疾病、止血、抗凝、抗炎、抗真菌、抗细菌和抗病毒等药物，以及具有特异生物活性的化合物。如 W·伯格曼从加勒比海隐南瓜海绵（Cryptotethiacrypta）中分离到两种罕见的核苷海绵胸苷和海绵尿苷，从而合成了一系列阿拉伯糖核苷，其中阿糖胞苷已作为抗代谢药，治疗白血病等肿瘤疾患。

16.1.2.2 按化学本质和功能分类

1. 氨基酸类药物

这类药物包含天然氨基酸、氨基酸衍生物和氨基酸复合物，是一类结构简单，相对分子量小，易于制备的药物。

(1) 天然氨基酸：亮氨酸、组氨酸、苯丙氨酸、半胱氨酸、异亮氨酸、丝氨酸、色氨酸、丙氨酸、赖氨酸、甘氨酸、甲硫氨酸、门冬氨酸、精氨酸、苏氨酸、脯氨酸、羟脯氨酸、胱氨酸、酪氨酸、谷氨酸。

(2) 氨基酸衍生物：N-乙酰-L-半胱氨酸、L-半胱氨酸乙酯盐酸盐、S-氨基甲酰半胱氨酸、S-甲基半胱氨酸、谷胺酰胺、S-羟色氨酸、二羟基苯丙氨酸。

(3) 复合氨基酸注射液：有 3S、6S、9S、11S、13S、14S、15S、17S、18S 复合氨基酸注射液。S 代表氨基酸的种类。

2. 多肽类药物

多肽是 α-氨基酸以肽链连接在一起而形成的化合物，它也是蛋白质水解的中间产物。多肽与蛋白质本质相同、化学性质相似，只是分子量不同而导致其生物学性质上有较大差异。生物体中或人工合成的有活性的多肽又被称为活性肽，它在人的生长发育，新陈代谢，疾病以及衰老，死亡的过程中起着关键作用。活性肽是人体中最重要的活性物质。正是因为它在体内分泌量的增多或减少，才使人类有了幼年、童年、成年、老年直到死亡的周期。而注射活性肽便打破了生命的这一周期，从而达到延长生命，有效减缓衰老的神奇效果。

(1) 垂体多肽：促肾上腺皮质激素（39肽）、促胃液素（5肽）、加压素（9肽）、催产素（9肽）、α-促黑素（13肽）、α-促黑素（18肽）、α-促黑素（22肽）。

(2) 消化道多肽：促胰液素（胰泌素，27肽）、胃泌素（14肽，17肽和34肽三种）、胆囊收缩素（33肽和39肽）、抑胃肽（43肽）、血管活性肠肽（28肽）、胰多肽（36肽）、神经降压肽（13肽）、蛙皮肽（10肽和14肽）。

(3) 下丘脑多肽：促性腺激素释放激素（10肽）、生长激素抑制激素（14肽和28肽）、生长激素释放激素（10肽）。

(4) 脑多肽：由人及动物脑和脑脊液中分离出来的多肽、蛋氨酸脑啡肽和亮氨酸脑啡肽（均为5肽），由猪或牛垂体、下丘脑、十二指肠得到系列与脑啡肽相关的多肽，有新啡肽（25肽）、内啡肽（31肽）、脑活素（由两个肽以上组成的复合物）等。

(5)激肽类:血管紧张肽Ⅰ(10肽)、Ⅱ(8肽)、Ⅲ(7肽)等活性肽。

(6)其他肽类:谷胱甘肽(3肽)、降钙素(32肽)、睡眠肽(9肽)、松果肽(3肽)、血活素(分子量为3000的肽为主成分),胸腺素(肽)有:a1胸腺素(28肽)、胸腺生长肽α(49肽)、循环胸腺因子(9肽)、胸腺体液因子(31肽)。

3. 蛋白类药物

蛋白类的生化药物种类很多,包含单纯蛋白质与结合蛋白质等。动物来源的蛋白类药物主要有猪或牛的纤维蛋白原、纤维蛋白、胃膜素(糖蛋白)、明胶、明胶海绵、精蛋白、抑素(糖蛋白)、唾液素(糖蛋白)、腮腺素、水蛭素、肝细胞生长因子。属蛋白质类的激素尚有生长素、甲状腺素、催乳素、促甲状腺素、促泡激素(FSH)、人绒毛膜促性腺激素豆、HCG,促黄体激素(LH)。此外,植物来源的蛋白类药物有植物凝集素、天花粉蛋白、蓖麻和相思豆毒蛋白等。

4. 酶类药物

酶类药物在生化药物中占有重要地位。酶能在机体中十分温和的条件下,高效率地催化各种生物化学反应,促进生物体的新陈代谢。生命活动中的消化、吸收、呼吸、运动和生殖都是酶促反应过程。酶是细胞赖以生存的基础。细胞新陈代谢包括的所有化学反应几乎都是在酶的催化下进行的。

(1)助消化酶类:胃蛋白酶、胰酶、胰蛋白酶、胰淀粉酶、胰脂肪酶、纤维素酶、脂肪酶(微生物发酵)、麦芽淀粉酶。

(2)蛋白水解酶类:糜蛋白酶、溶菌酶、胰DNA酶、菠萝蛋白酶、天花果蛋白酶、木瓜蛋白酶、枯草杆菌蛋白酶、黑曲霉蛋白酶、胶原蛋白酶、弹性蛋白酶、胰腺、颌下腺及尿激肽释放酶。

(3)凝血酶及抗栓酶类:凝血酶(猪、牛血)、凝血酶致活酶、立止血、纤溶酶、尿激酶、链激酶。

(4)抗肿瘤酶类:L-天门冬酰胺、甲硫氨酸酶、组氨酸酶、精氨酸酶、酶氨酸氧化酶、谷氨酸胺酶。

(5)其他酶类:细胞色素C、超氧化物歧化酶(SOD)、RNA酶、DNA酶、青霉素酶、玻璃酸酶、抑肽酶(膜蛋白酶抑制剂)。

(6)辅酶:辅酶类药物在酶促反应中起传递氢、电子和基团的作用,辅酶药物已广泛用于肝病和冠心病的治疗。主要包括CoA、CoQ10、CoL CoE、黄素单核苷酸(FMN)、黄素腺嘌呤二核苷酸(FAD)。

5. 核酸类药物

核酸类药物主要包括核酸及其降解产物和衍生物。如RNA(包括iRNA-免疫核糖核酸)、DNA(脱氧核糖核酸)、聚肌苷酸、巯基聚胞苷酸、cAMP、CTP、CDP-胆碱、GMP、IMP、AMP、肌苷、UTP、NAD、NADP、2-甲巯基呋喃肌苷酸、双甲酰c-AMP。此外,有核酪制剂,6-巯基嘌呤、6-巯基嘌呤核苷、6-硫代嘌呤、5-氟尿嘧啶、呋喃氟尿嘧啶、5-氟尿嘧啶、2-脱氧核苷、阿糖胞苷、阿糖腺苷、2-氟-5碘阿糖胞苷、环胞苷、5-氟环胞苷、5-碘苷和无环鸟苷等

6. 糖类药物

糖类药物主要包括单糖、多糖和糖的衍生物,具有较强的生化作用和较好的疗效。如肝素、硫酸软骨素A和C、硫酸皮肤素(硫酸软骨素B)、硫酸角质素、硫酸类肝素、冠心舒和透明质酸等。此外,还有类肝素(酸性黏多糖)、鹿茸多糖、刺参多糖、玉足海参多糖、人参多糖、黄

芪多糖、海藻多糖、刺五加多糖、红花多糖等。

7. 脂类药物

此类药物包括许多非水溶性的、能溶于有机溶剂的小分子生理活性物质。其化学结构差异较大，功能各异。主要由卵磷脂、脑磷脂、胆固醇、麦角固醇、B谷固醇、胆汁酸（胆酸与甘氨酸或牛磺酸的结合物）、鹅脱氧胆酸、猪脱氧胆酸、胆红素、原叶琳、血叶琳、亚油酸、亚麻酸、花生四烯酸、五－六烯酸、前列腺素系列（PGE1、PGE2、PGE2a 和 PG12）等。

8. 生物胺类

这是一类具有生物活性含氮的低分子量有机化合物的总称。可看做是氨分子中 1~3 个氢原子被烷基或芳基取代后而生成的物质，是脂肪族、酯环族或杂环族的低分子量有机碱，常存在于动植物体内及食品中。微量生物胺是生物体（包括人体）内的正常活性成分，在生物细胞中具有重要的生理功能。但当人体摄入过量的生物胺（尤其是同时摄入多种生物胺）时，会引起头痛、恶心、心悸、血压变化、呼吸紊乱等过敏反应，严重的还会危及生命。

16.1.2.3 按制药工程学科范围分类

1. 基因工程药物

基因工程药物是先确定对某种疾病有预防和治疗作用的蛋白质，然后将控制该蛋白质合成过程的基因取出来，经过一系列基因操作，最后将该基因放入可以大量生产的受体细胞中去，这些受体细胞包括细菌、酵母菌、动物或动物细胞、植物或植物细胞，在受体细胞不断繁殖过程中，大规模生产具有预防和治疗这些疾病的蛋白质，即基因疫苗或药物。

基因工程药物大多数是人体内原有的物质，包括重组人胰岛素、重组人生长激素、重组人干扰素、重组肿瘤坏死因子（rTNF）、促红细胞生成素（EPO）、重组白细胞介素（rIL）、粒细胞集落刺激因子（G－CSF）、巨噬细胞集落刺激因子（M－CSF）、单核细胞集落刺激因子（GM－CSF）、组织型纤维蛋白质酶原激活剂（t－PA）、心纳素（ANF）等。

2. 细胞工程药物

细胞工程是指应用细胞生物学、遗传学等学科的理论和方法，按照人们的需要和设计，在细胞水平上进行操作，重组细胞结构，改变生物的结构和功能，快速培养出人们所需要的新物种的生物工程技术。当前细胞工程所涉及的主要技术领域有细胞培养、细胞融合、细胞拆合、染色体操作及基因转移等方面。通过细胞工程主要生产有以各种疫苗、菌苗、抗生素、生物活性物质、抗体等生物体内代谢的中间产物或分泌物为主的生物药品。它主要研究动植物细胞高产株系的筛选、培养条件的优化以及产物的分离纯化等。

3. 酶工程药物

酶工程药物是将酶或活细胞固定化后用于药品生产的技术。它是从应用的目的出发研究酶、应用酶的特异催化性能，并通过工程化将相应原料转化成有用物质。主要研究酶的分离、纯化、大规模生产和应用以及酶和细胞的固定化及酶反应器等。酶工程生产药物具有生产工艺结构紧凑、目的产物量高、产物回收容易、可重复化生产等优点。

4. 微生物发酵工程药物

微生物发酵工程药物是指利用微生物技术，通过高度工程化的新型综合技术，以利用微生物反应过程为基础，依赖于微生物机体在反应器内的生长繁殖及代谢过程来合成一定产物，通过分离纯化进行提取精制，并最终制剂成型来实现药物产品的生产。它主要研究菌种筛选和改良，发酵工艺，产物分离纯化。利用微生物发酵工程可生产抗生素、维生素、氨基酸、激素、糖化酶、α-淀粉酶、蛋白酶、脂肪酶等生化药物。

16.1.3 生化药物的生产过程

生化药物的生产是一项严格、细致、复杂的工艺过程,主要涉及生化药物的来源、结构、性质、制造原理、工艺过程、操作技术和质量控制等方面内容。由于结构和理化性质不同,各种生化药物的生产工艺过程也不一样,就是同一类生化药物,其原料不同,使用的方法差异也很大。

1. 生化药物的制造方法

(1) 提取法

提取法就是依据相似相溶原理,从动植物的组织或器官中,用溶剂提取天然有效成分的工艺过程,是一种古老经典的方法。用于生化制药的常用溶剂有水、稀盐、稀酸、稀碱溶液、乙醇、丁醇、丙酮、氯仿、乙醚、石油醚等。

(2) 发酵法

发酵法是指通过微生物(或动植物细胞)的生长培养和化学变化,大量产生和积累专门的代谢产物,并将其从发酵液或菌体细胞中分离纯化出来作为生化药物或利用菌体中的酶作为催化物合成生化药物的方法。发酵过程是通过生物体的自动调节方式来完成的,反应的专一性强,因而可以得到较为单一的代谢产物。此外,发酵过程一般来说都是在常温常压下进行的生物化学反应,反应安全,要求条件也比较简单。因此,运用发酵法生产生化药物具有投资少,见效快,可以取得显著的经济效益。发酵法一般包括菌种或细胞的筛选、培养、发酵和产物的提取、纯化等工艺过程。

(3) 化学合成法

化学合成法是指根据已知的化学结构,采用有机化学合成的原理和方法,制造生化药物的工艺过程。近代的化学合成法常与酶合成、酶分解等结合在一起,以改进工艺、提高收率和经济效益。对于一些小分子的生化药物,如活性多肽、核苷酸、氨基酸等,采用化学合成法合成原料易得,成本低,产量大。仅从30余个作为领先化合物的多肽激素中,就已经能变化出数千个衍生物,从中得到比天然激素更为理想的药物。但对于比较复杂的大分子生物药物,实现工业化化学合成生产还有一定的困难。

(4) 组织培养法

组织培养法是指将动、植物的组织细胞接种在一定的培养基中,进行离体培养,以获得生化药物的方法。与直接从动、植物体中直接提取生化药物相比,不受自然资源的限制,通过人工控制可以获得较高含量的有效成分。目前该方法已在多种生化药物的生产上获得成功,其中包含利用动物肾组织培养制造尿激酶,利用苦瓜组织培养获得胰岛素等。组织培养技术是细胞水平上的操作方法,既是生化制药生产方法的创新,也引起了原料来源和构成的重大变革。

(5) 现代生物制药技术

自1982年第一个生物技术药品——DNA重组人胰岛素问世以来,生物技术制药已成为当代医药领域中研究与开发最为活跃,发展速度最快的产业之一。目前,重组DNA技术、杂交瘤技术、酶和细胞固定化技术、原生质体融合技术、细胞大规模培养技术、转基因技术等一系列先进技术组合构成了一个全新的现代生物技术群,综合利用这些技术研制新的生化药物,改造和替代传统制药技术,加快生化药物产业化的规模和进度,是生化制药工业的重要发展方向。

2. 生化药物的制备工艺

制备生化药物的过程一般分为 5 个主要步骤,即预处理、固液分离、浓缩、纯化、产品定型(干燥、制丸、造粒、制片等),其基本模式见图 16.1。根据原料来源和性质的差异,生化药物的制备可选择不同的工艺阶段,每个阶段并非完全独立。选择性提取包含着分离纯化;沉淀分离包含着浓缩;从发酵液中分离胞外酶则不用粉碎细胞,一般离心过滤除去菌体后就可以直接进行分离纯化。选择分离纯化的方法及各种方法出现的先后次序也因材料而异。选择性溶解和沉淀是经常交替使用的方法,贯彻整个制造纯化过程。各种柱层析操作常放在纯化的后期,结晶则只有产品达到一定的纯度之后才能进行。不论是哪个阶段,使用哪种操作技术,都必须注意在操作中保存生化药物的完整性,防止变性和降解。

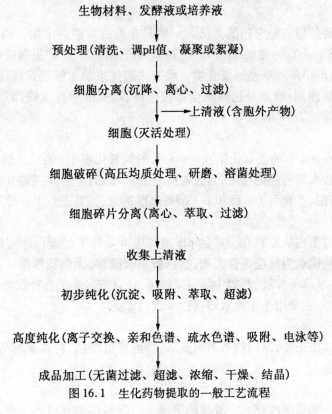

图 16.1 生化药物提取的一般工艺流程

16.2 氨基酸类药物

氨基酸是构成蛋白质的基本组成单位,是具有高度营养价值的蛋白质的补充剂。氨基酸及其衍生物在医药上即可用作治疗药物,也可用来合成多肽药物,对消化道疾病、肝病、脑及神经系统疾病、肿瘤和其他与氨基酸相关联的疾病均有较好的治疗效果。

16.2.1 氨基酸类药物的一般生产方法

目前全世界天然氨基酸的年总产量在百万吨左右,其中产量较大的有谷氨酸、蛋氨酸及赖氨酸,其次为天门冬氨酸、苯丙氨酸及胱氨酸等。它们主要用于医药、食品、饲料及化工行业中。天然氨基酸的生产方法一般有水解法、发酵法、酶转化法和化学合成法四种。而氨基酸衍生物类药物则主要是以20种氨基酸为原料经酯化、酰化、取代及成盐等化学方法或酶转化法进行生产。

16.2.1.1 水解法

1. 蛋白质的水解

水解法是最早发展起来的生产氨基酸的基本方法。它一般以富含蛋白质的毛发、血粉及废蚕丝等蛋白质为原料,通过酸、碱或酶水解成多种氨基酸混合物,然后经分离纯化获得各种药用氨基酸。目前用水解法生产的氨基酸主要由L-胱氨酸、L-精氨酸、L-亮氨酸、L-异亮氨酸、L-组氨酸、L-脯氨酸及L-丝氨酸等。水解法生产氨基酸的主要过程包括水解、分离和结晶精制三个步骤。

(1) 酸水解法

酸水解法是水解蛋白质最常用的方法。一般是在蛋白质原料中加入约4倍体积的6~10 mol/L的盐酸或8 mol/L的硫酸,于110~120℃回流12~24 h,使蛋白质肽链充分断裂成游离氨基酸,除酸后即得多种氨基酸混合物。此方法的优点是水解迅速而彻底,产物全部为L-型氨基酸,无消旋作用;缺点是色氨酸全部被破坏,丝氨酸和酪氨酸部分被破坏,且生产过程中产生大量废酸污染环境。

(2) 碱水解法

蛋白质原料经6 mol/L的氢氧化钠或4 mol/L的氢氧化钡于100℃水解6 h即得多种氨基酸的混合物。该法水解迅速而彻底,且色氨酸不被破坏,但含羟基或硫基的氨基酸全部被破坏,且产生消旋作用,产物为L-型和D-型氨基酸的混合物,工业上一般不采用此方法。

(3) 酶水解法

该方法主要通过蛋白质原料在一定的pH值和温度条件下经蛋白水解酶作用分解成氨基酸和小肽。此法的优点为反应条件温和,氨基酸不被破坏,无消旋作用,也无需特殊设备;缺点是水解时间长,水解不彻底,产物中除氨基酸外,还含有较多的各种肽类。工业上一般很少用该法生产氨基酸,主要用于生产水解蛋白及蛋白胨。

2. 氨基酸的分离

氨基酸的分离方法很多,常用的有溶解度法、等电点沉淀法、特殊试剂沉淀法、吸附法及离子交换法等。

(1) 溶解度法

该法主要依据不同氨基酸在水中或其他溶剂中的溶解度差异进行分离。如胱氨酸和酪氨酸均难溶于水,但在热水中酪氨酸溶解度较大,而胱氨酸溶解度变化不大,故可将混合物中胱氨酸、酪氨酸及其他氨基酸分开。

(2) 等电点沉淀法

由于氨基酸在等电点时溶解度最小,容易析出沉淀,故可利用不同氨基酸的等电点差异分离氨基酸。

(3) 特殊试剂沉淀法

该方法主要利用某些有机或无机试剂与相应的氨基酸形成不溶性衍生物进行分离。如邻二甲苯-4-磺酸能与亮氨酸形成不溶性盐沉淀,后者与氨水反应又可获得游离亮氨酸。

该方法操作方便,针对性强。

(4) 吸附法

吸附法是利用吸附剂对不同氨基酸吸附力的差异进行分离的方法。如颗粒活性炭对苯丙氨酸、酪氨酸及色氨酸的吸附力大于对其他非芳香族氨基酸的吸附力,故可从氨基酸混合液中将上述氨基酸分离出来。

(5) 离子交换法

该方法是利用离子交换剂对不同氨基酸吸附能力的差异进行分离的方法。氨基酸为两性电解质,在特定条件下,不同氨基酸的带电性质及解离状态不同,故同一种离子交换剂对不同氨基酸的吸附力不同。因此,可以对氨基酸混合物进行分组或实现单一成分的分离。

3. 氨基酸的精制

分离出的特定氨基酸中常含有少量其他杂质,需进行精制,常用的有结晶和重结晶技术,也可采用溶解度法或结晶与溶解度法相结合的技术。如丙氨酸在稀乙醇或甲醇中溶解度较小,且 pI 为 6.0,故丙氨酸可在 pH 6.0 时,用 50% 冷乙醇结晶或重结晶加以精制。

此外,可利用溶解度与结晶技术相结合的方法精制氨基酸。如在沸水中苯丙氨酸溶解度大于酪氨酸 100 倍,若将含少量酪氨酸的苯丙氨酸粗品溶于 15 倍体积(w/v)的热水中,调 pI 4.0 左右,经脱色过滤可除去大部分酪氨酸;滤液浓缩至原体积的 1/3,加 2 倍体积(v/v)的 95% 乙醇,4℃放置,滤取结晶,用 95% 乙醇洗涤,烘干即得苯丙氨酸精品。

16.2.1.2 发酵法

工业上,发酵实质上是利用微生物细胞中酶的作用,将培养基中有机物转化为细胞或其他有机物的过程。利用微生物代谢中间产物加入 NH_3 或 HNO_3,即可合成氨基酸。

其中,初生氨基酸是微生物通过固氮作用、硝酸还原及自外界吸收氨使酮酸氨基化成相应的氨基酸,或微生物通过转氨酶作用,将一种氨基酸的氨基转移到另一酮酸上所生成。而次生氨基酸是在微生物作用下,以初生氨基酸为前体转化成的其他氨基酸。大多数氨基酸均可通过以初生氨基酸为原料的微生物转化作用而产生。

微生物利用碳源、氮源及盐类几乎可合成所有氨基酸。目前绝大部分氨基酸皆可通过发酵法生产,其缺点是产物浓度低,设备投资大,工艺管理要求严格,生产周期长,成本高。

16.2.1.3 酶转化法

酶转化法是指在特定酶的作用下使某些化合物转化成相应氨基酸的技术。其基本过程是以氨基酸前体为原料,通过酶催化反应制备氨基酸。酶转化法的优点是工艺简单、周期短、耗能低、专一性强、产物浓度高、副产物少、收率高等。如何获得廉价的底物和酶源是该方法的关键。

16.2.1.4 化学合成法

化学合成法是以某些相应化合物为原料,经氨解、水解、缩合、取代及氧化还原等化学反应合成氨基酸的方法。化学合成法可分为一般合成法和不对称合成法两大类。前者产物为 DL - 型氨基酸混合物,后者产物为 L - 型氨基酸。

16.2.2 L - 胱氨酸的生产工艺

绝大多数氨基酸均可采用酸水解法生产,现以胱氨酸的制造工艺为例。

1. L - 胱氨酸的结构与性质

以毛、发、蹄、甲等角蛋白中 L-胱氨酸的含量最多。L-胱氨酸自稀酸中形成六角形或六角柱形晶体,其分子由两分子半胱氨酸脱氢氧化而成,其结构式如图 16.2 所示。L-胱氨酸熔点为 258~261℃,pI 为 5.05,$(\alpha)_D^{25}$ 为 -232°。在 25℃水中溶解度为 0.011,在 75℃水中为 0.052。溶于无机酸及无机碱,在热碱液中可被分解。不溶于乙醇、乙醚及丙酮。可被还原为 L-半胱氨酸。

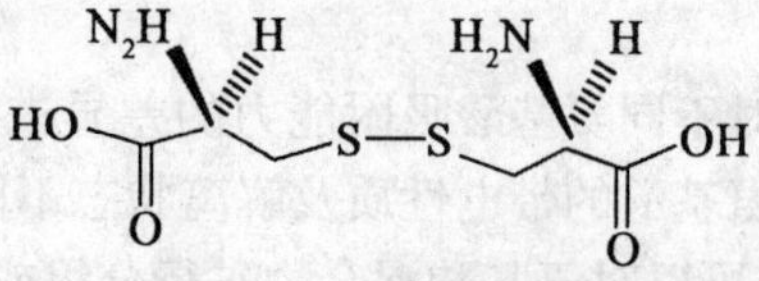

图 16.2 L-胱氨酸结构式

2. 工艺路线

工艺路线如图 16.3 所示。

人发或猪毛 $\xrightarrow[117℃,6.5\sim 7\text{ h}]{\text{盐酸水解}}$ 水解液 $\xrightarrow{\text{氢氧化钠中和}}$ L-胱氨酸粗品(Ⅰ) $\xrightarrow[85℃,0.5\text{ h}]{\text{盐酸、活性炭粗制}}$

$\xrightarrow[\text{pH 4.8}]{\text{氢氧化钠中和}}$ L-胱氨酸粗品(Ⅱ) $\xrightarrow[85℃,0.5\text{ h}]{\text{盐酸、活性炭精制}}$ 滤液 $\xrightarrow[\text{pH 3.5}\sim 4]{\text{氨水中和}}$ L-胱氨酸

图 16.3 酸水解法制备 L-胱氨酸的工艺路线

3. 工艺过程

(1)水解:在 1~1.5 h 内升温至 110~117℃水解 7 h(自 100℃时计)后出料,玻璃布过滤,收集滤液。

(2)中和:用 30%工业碱调至 pH 4.8,静置 36 h,涤纶布滤取沉淀,离心甩干得 L-胱氨酸粗品Ⅰ。

(3)粗制:加入 10 mol/L 盐酸、水,升温至 65~70℃,搅拌 0.5 h,加活性炭 16 kg/0.2 t 粗品Ⅰ,于 80~90℃保温 0.5 h,滤除活性炭。用 30%工业碱调滤液至 pH 4.8,静置结晶,析出上清液后,底部沉淀经离心甩干得胱氨酸粗品(Ⅱ)。

(4)精制、中和:粗品Ⅱ加入 1 mol/L HCl,升温至 70℃,加活性炭 1.5~2.5 kg/50 kg 粗品Ⅱ,85℃搅拌 0.5 h,过滤,加 1.5 倍体积蒸馏水,升温至 75~80℃,搅拌下用 12%氨水(化学纯)中和至 pH 3.5~4.0,析出结晶,滤取胱氨酸结晶,蒸馏水洗至无氯离子,真空干燥得 L-胱氨酸成品。

(5)检验与含量测定:纯的 L-胱氨酸应为六角形或六角柱形白色结晶,质量分数在 98.5%以上,干燥失重小于 0.5%,炽灼残渣小于 0.2%,氯化物小于 0.15%,铁盐小于 0.001%,重金属小于 0.002%。

16.3 多肽与蛋白类药物

16.3.1 蛋白质类药物的分离与纯化

16.3.1.1 材料选择

蛋白质类药物的原料来源有动植物组织和微生物等,原则是要选择富含所需蛋白质、多肽成分的、易于获得和易于提取的无害生物材料。对天然蛋白质类药物,为提高质量、产量和降低生产成本,对原料的种属、发育阶段、生物状态、来源、解剖部位、生物技术产品的宿主菌或细胞都有一定的要求。如幼年动物的胸腺比较发达,老龄后逐渐萎缩,因此胸腺原料必须采自幼龄动物。肝细胞生长因子是从肝细胞分化最旺盛阶段的胎儿、胎猪或胎牛肝中获得的。若用成年动物,必须经过肝脏部分切除手术后,才能获得富含肝细胞生长因子的原料。

16.3.1.2 蛋白质提纯的一般方法

根据蛋白质在溶液中的下列性质分离蛋白质:分子大小、溶解度、电荷、吸附性质、对其他分子的生物亲和力等。

1. 根据等电点纯化蛋白质

蛋白质、多肽及氨基酸都是两性电解质,在一定 pH 值环境中,某一种蛋白质解离成正、负离子的趋势相等,或解离成两性离子,其净电荷为零,此时环境的 pH 值即为该蛋白质的等电点。在等电点时蛋白质性质比较稳定,其物理性质如导电性、溶解度、黏度、渗透压等皆最小,因此可利用蛋白质等电点时溶解度最小的特性来制备或沉淀蛋白质。

2. 根据分子形状和大小纯化蛋白质

蛋白质的一个主要特点是分子大。由此可以用凝胶过滤法、超滤法、离心法及透析法等将蛋白质与其他小分子物质分离,也可将大小不同的蛋白质分离。

3. 根据溶解度纯化蛋白质

蛋白质的溶解度受溶液的 pH 值、离子强度、溶剂的电解质性质及温度等多种因素的影响。在同一特定条件下,不同蛋白质有不同的溶解度,适当改变外界条件,可以有选择地控制某一种蛋白质的溶解度,达到分离的目的。属于这一类的分离方法有蛋白质的盐溶与盐析法、结晶法和低温有机溶剂沉淀法。乙醇和丙酮是有机溶剂沉淀法中最常用的有机溶剂,由于丙酮的介电常数小于乙醇,故丙酮沉淀能力比乙醇强。

4. 根据电离性质纯化蛋白质

离子交换剂作为一种固定相,本身具有正离子或负离子基团,它对溶液中不同的带电物质呈现不同的亲和力,从而使这些物质分离提纯。而蛋白质、多肽或氨基酸具有能够离子化的基团,因此可用离子交换层析进行分离。对已知等电点的物质,在 pH 值高于其等电点时,用阴离子交换剂,在低于其等电点时,用阳离子交换剂。

5. 根据蛋白质功能专一性的不同来纯化蛋白质

采用亲和层析法,即利用蛋白质分子能与其相应的配体进行特异的、非共价键的可逆性结合可达到纯化蛋白质的目的。固相化金属亲和层析(IMAC)是新发展的一种亲和层析技术。蛋白质分子中的咪唑基和巯基可与一些金属元素(如 Cu^{2+}、Zn^{2+} 等)形成配位结合,使蛋白质得到分离纯化。

6. 根据疏水基团与载体基团结合纯化蛋白质

蛋白质分子上有疏水区,它们主要由酪氨酸、亮氨酸、异亮氨酸、缬氨酸、苯丙氨酸等非极性的侧链密集在一起形成,并暴露于分子表面。这些疏水区能够与吸附剂上的疏水基团结合,再通过降低介质的离子强度和极性,或用含有去垢剂的溶剂,增高洗脱剂的 pH 值等方法将蛋白质洗脱下来。如用含酚基疏水基团的琼脂糖纯化重组人表皮生长因子(rhEGF),纯度可达94%,回收率达82%。

7. 根据在溶剂系统中的不同分配纯化蛋白质

这是一种以化合物在两个不相溶的液相之间进行分配为基础的分离过程,称之为逆流分溶,可有效分离垂体激素、氨基酸、DNA等。

8. 根据受物理、化学等作用因素的影响纯化蛋白质

蛋白质易受pH值、温度、酸、碱、金属离子、蛋白沉淀剂、络合剂等的影响,由于各种蛋白质都存在着差异,可利用这种差异来纯化蛋白质。如白蛋白在弱酸性条件下加辛酸钠可耐受67℃的温度,而其他蛋白质将变性。

9. 根据选择性吸附性质纯化蛋白质

在蛋白质分离中,最广泛使用的吸附剂有结晶磷酸钙(羟灰石)、磷酸钙凝胶、硅胶、皂土沸石、硅藻土、活性白土、氧化铝以及活性炭等。诸如催产素、胰岛素、HCG、HMG、细胞质素C等都可以通过吸附层析技术进行纯化。

16.3.2 白蛋白的生产工艺

1. 白蛋白的结构和性质

白蛋白又称清蛋白,是血浆中含量最多的蛋白质,约占总蛋白的55%。同种白蛋白制品无抗原性。主要功能是维持血浆胶体渗透压。白蛋白为单链,由575个氨基酸残基组成,分子量为65 000,pI 4.7,沉降系数4.6,电泳迁移率5.92。可溶于水和半饱和的硫酸铵溶液中,一般当硫酸铵的饱和度为60%以上时析出沉淀。

对酸较稳定。受热后可聚合变性,但仍较其他血浆蛋白质耐热,蛋白质的浓度大时热稳定性小。在白蛋白溶液中加入氯化钠或脂肪酸的盐,能提高白蛋白的热稳定性,可利用这种性质,使白蛋白与其他蛋白质分离。从人血浆中分离的白蛋白有两种制品:一种是从健康人血浆中分离制得的,称人血清白蛋白;另一种是从健康产妇胎盘血中分离制得的,称胎盘血白蛋白。制剂为淡黄色略黏稠的澄明液体或白色疏松状(冻干)固体。

2. 工艺路线

制备白蛋白的工艺路线如图16.4所示。

人血浆 —利凡诺、碳酸钠络合 pH 8.6→ 络合物 —蒸馏水、碳酸钠、盐酸解离 弱酸性,65℃,离心→ 解离液 —浓缩 超滤→ 超滤液 —热处理 65℃,10 h→

热处理液 —除菌过滤→ 白蛋白

图16.4 制备白蛋白的工艺路线

3. 工艺过程

(1)络合:将人血浆泵入不锈钢夹层反应罐内,开启搅拌器,用碳酸钠溶液调节pH值为8.6,再泵入等体积的2%的利凡诺溶液,充分搅拌后静置2~4 h,分离上清液与络合沉淀,其中上清液可供生产人丙种球蛋白。

(2)解离:沉淀加灭菌蒸馏水稀释,用0.5 mol/L盐酸调节pH值至弱酸性,加入0.15%~0.2%氯化钠,不断搅拌进行解离。

(3)加温:充分解离后,65℃恒温1 h,立即用自来水夹层循环冷却。

(4)分离:冷却后的解离液经离心分离,分离液再用不锈钢压滤器澄清过滤。

(5)超滤:澄清后的滤液用超滤器浓缩。

(6)热处理:浓缩液在60℃恒温处理10 h。

(7)澄清和除菌:再用不锈钢压滤器过滤,随后通过冷灭菌系统除菌。

(8)分装:白蛋白含量及全项检查合格后,用自动定量灌注器分瓶灌装,得白蛋白成品。

16.4 酶类药物

16.4.1 酶类药物的一般生产方法

16.4.1.1 生物材料的预处理

酶类药物一般存在于生物组织或细胞中,要提高提取率,则需对生物组织或细胞进行破碎,常用方法有以下几种。

(1)机械处理:即利用机械力进行破碎。一般先用绞肉机绞碎后匀浆,在实验室常用的是玻璃匀浆器和组织捣碎器,工业上常用高压匀浆泵或高速球磨机。

(2)反复冻融:冷到 $-10℃$ 左右,再缓慢溶解至室温,如此反复多次。由于细胞中冰晶的形成,及剩下液体中盐浓度的增高,能使细胞中颗粒及整个细胞破碎,从而使某些酶释放出来。

(3)丙酮粉法:组织经丙酮迅速脱水干燥制成丙酮粉,不仅可减少酶的变性,同时因细胞结构成分的破碎使蛋白质与脂质结合的某些化学键打开,促使某些结合酶释放到溶液中。常用的方法是将组织糜或匀浆悬浮于 $0.01\ mol/L$,$pH=6.5$ 的磷酸缓冲液中,在 $0℃$ 下一边搅拌,一边缓慢倒入 10 倍体积的 $-15℃$ 无水丙酮内,10 min 后,离心过滤取其沉淀物,反复用冷丙酮洗几次,真空干燥即得丙酮粉。丙酮粉在低温下可保存数年。

(4)干燥法:干燥常能导致细胞自溶,增加酶的释放,从而在后处理中破壁不必太剧烈就能达到预期目的。包括空气干燥法($25\sim30℃$)、真空干燥法(需还原剂作保护剂)以及冷冻干燥法(对较敏感的酶适用)。

(5)超声波法:经过足够时间的超声波处理,细菌和酵母等细胞都能破碎。但超声时间过长会引起局部过热导致酶降解。

(6)酶法:用不同的酶对细胞膜或细胞壁进行降解。用得最多的是溶菌酶,如在 $37℃$,$pH\ 8.0$ 下对小球菌进行破壁处理,历时 15 min,即可提取核酸酶。也有用脱氧核糖核酸酶处理,操作与溶菌酶同。

16.4.1.2 酶的提取

(1)水溶液法:常用稀盐溶液或缓冲液提取,一般在低温下操作。一般来说,提取时应在酶稳定的 pH 值范围内,选择偏离等电点的 pH 值,即碱性蛋白酶用酸性溶液提取,酸性蛋白酶用碱性溶液提取。

(2)有机溶剂法:某些结合酶如微粒体和线粒体膜的酶,由于和脂质牢固结合,为此必须除去结合的脂质,且不能使酶变性,最常用的有机溶剂是正丁醇。

(3)表面活性剂法:表面活性剂能与蛋白质结合而分散在溶液中,故可用于提取结合酶。

16.4.1.3 酶的纯化

评价纯化工艺主要看两个指标:一是酶比活;二是总活力回收。

酶的纯化工艺十分复杂,一般包括以下要点:

1. 杂质的去除

酶提取液中,除所需酶外,还含有大量的杂蛋白、多糖、脂类和核酸等。可采用 pH 值和加热沉淀杂质;利用蛋白质表面变性性质的差别,如加入氯仿和乙醇,除去杂蛋白;利用蛋白质稳定性的不同,除去杂蛋白;用核酸酶将核酸降解成核苷酸,使黏度下降便于离心分离除去杂质;利用酶和底物结合或竞争性抑制剂结合后热稳定性大大提高,通过加热除去杂蛋白。

2. 脱盐和浓缩

(1)脱盐:可通过透析和凝胶过滤脱盐。

(2)浓缩:酶的浓缩方法很多,有冷冻干燥、离子交换、超滤、凝胶吸水、聚乙二醇吸水等。

3. 酶的结晶

把酶提纯到一定纯度以后(通常纯度应达50%以上),可使其结晶,使酶的纯度得到一定程度的提高,为研究蛋白质空间结构提供 X 射线衍射样品。酶的结晶方法主要包括盐析法、有机溶剂法、复合结晶法、透析平衡法和等电点等。

16.4.2 胃蛋白酶的生产工艺

1. 胃蛋白酶的结构和性质

胃蛋白酶广泛存在于哺乳类动物的胃液中,能水解大多数天然蛋白质底物,药用胃蛋白酶系从猪、牛、羊等家畜的胃黏膜中提取。药用胃蛋白酶是胃液中多种蛋白水解酶的混合物,含有胃蛋白酶、组织蛋白酶、胶原酶等,为粗制的酶制剂。水溶液呈酸性,难溶于乙醇、氯仿等有机溶剂。pI 为 pH 1.0,最适 pH 1.5~2.0。可溶于70%乙醇和 pH 4 的20%乙醇中。

2. 工艺路线

制备胃蛋白酶的工艺路线如图 16.5 所示。

猪胃黏膜 $\xrightarrow[45~68℃,3~4\ h]{自溶、过滤\ H_2O,HCl}$ 自溶液 $\xrightarrow[24~28\ h]{脱脂、去杂质\ 氯仿或乙醚}$ 上清液 $\xrightarrow[40℃以下]{浓缩、干燥}$ 胃蛋白酶

图 16.5 制备胃蛋白酶的工艺路线

16.5 核酸类药物

16.5.1 核酸类药物的一般生产方法

核酸类药物的生产方法很多,一般包括提取法、水解法、化学合成法、酶合成法和微生物发酵法。

16.5.1.1 提取法

此法类似于 RNA 和 DNA 的制备,即直接从生物材料中进行提取。

1. RNA 的提取

从微生物中提取 RNA 是工业上最实际和有效的方法。一些最常见的菌体含有丰富的核酸资源,如酵母、白地霉、多种抗菌素的菌丝体——青霉素,制霉菌素等菌体。通常在细菌中 RNA 占 5%~25%,在酵母中占 2.7%~15%,在霉菌中占 0.7%~28%。

在菌体内 RNA 含量的变化受培养基组成影响,其中关键是铵离子浓度和磷酸盐浓度。培养酵母菌体收率高,易于提取 RNA。此外,许多酵母中,早期细胞中的 RNA 含量高,其确切数值取决于碳、氮比例和培养基组成等。

一般可以从自然界筛选到 RNA 含量高的酵母菌株,也可用诱变育种的方法提高酵母菌的 RNA 含量。

RNA 的提取实例：啤酒酵母是提取 RNA 的很好的资源。取 100 g 压榨啤酒酵母(含水分 70%)，加入 230 mL 含 NaOH 3 g 的水，20℃以下缓慢搅拌 30 min。用 6 mol/L HCl 调至 pH 7，搅拌 15 min，离心得清液 255 mL。冷至 10℃以下，6 mol/L HCl 调 pH 2.5，置冷过夜，离心得 RNA 1.8 g(纯度 80%)。

2. DNA 的提取

一般从小牛胸腺或鱼精中提取 DNA。这类组织的细胞体积小，整个细胞几乎全被细胞核占据，细胞质含量极少，DNA 含量高。

(1) 工业用 DNA 的提取

取新鲜冷冻鱼精 20 kg，用绞肉机粉碎 2 次成浆状，加入等体积水，搅拌均匀，倾入反应锅内，缓慢搅拌，升温至 100℃，保温 15 min，迅速冷却至 20~25℃，离心除去鱼精蛋白等沉淀物，获得 35 L 含热变性 DNA 的溶液，经精确测定 DNA 含量后直接可用于酶法降解生产脱氧核苷酸。如要制成固体状 DNA，在热变性 DNA 溶液中逐渐加入等体积 95% 乙醇，离心可获得纤维状 DNA，沉淀用乙醇、丙酮洗涤，减压低温干燥得 DNA 粗品，产品含热变性 DNA 50%~60%。

(2) 具有生物活性 DNA 的制备

动物内脏(肝、脾、胸腺)加 4 倍质量生理盐水经组织捣碎机捣碎 1 min，匀浆于 2 500 r/min 离心 30 min，沉淀用同样体积的生理盐水洗涤 3 次，每次洗后离心，将沉淀悬浮于 20 倍质量的冷生理盐水中，再捣碎 3 min，加入 2 倍量 5% 的(用 45% 乙醇作溶剂)十二烷基磺酸钠，并搅拌 2~3 h，在 0℃ 2 500 r/min 离心，在上层液中加入等体积的冷 95% 乙醇，离心即可得到纤维状 DNA，再用冷乙醇和丙酮洗涤，减压低温干燥得粗品 DNA。粗品 DNA 溶于适量蒸馏水，加入 1/10 体积的 5% 十二烷基磺酸钠，搅拌 1 h，经 5 000 r/min 离心 1 h，清液中加入 NaCl 达 1 mol/L，再缓慢加入冷 95% 乙醇，DNA 析出，经乙醇、丙酮洗涤，真空干燥得具有生物活性的 DNA(活性 DNA 制备需在 0~3℃操作)。

16.5.1.2 水解法

核苷酸、核苷和碱基都是 RNA 或 DNA 的降解产物，可通过相应的原料水解制得。水解法又分为酶水解法、酸水解法和碱水解法。

1. 酶水解法

在酶的催化下水解即为酶水解。如用 5′-磷酸二酯酶将 RNA 或 DNA 水解成 5′-核苷酸，以此制备混合 5′-(脱氧)核苷酸。我国从 20 世纪 60 年代开始使用核酸酶 P1 降解核糖核酸生产单核苷酸，日本年产呈味核苷酸(肌苷酸和鸟苷酸)3 000 t，其中 60% 是使用酶解法生产的。

2. 酸水解法

用 1 mol/L 的盐酸溶液在 100℃下加热 1 h，能把 RNA 水解成嘌呤碱和嘧啶碱核苷酸的混合物。DNA 的嘌呤碱也能被水解下来。在高压釜或封闭管中酸水解，可使嘧啶碱从核苷酸上释放下来，但此时胞嘧啶常会脱氨基形成尿嘧啶。

3. 碱水解法

RNA 结构中的磷酸二酯键对于碱性条件不稳定，很容易生成 2′,3-环状磷酸酯，此环状磷酸酯对碱更不稳定，很易加水分解生成 2′,3′-混合核苷酸。取 RNA 配成 3%~3.5% 的水溶液，加氢氧化钠浓度达 0.3 mol/L，升温至 38℃，保温 16~20 h，用 6 mol/L 盐酸中和至 pH 7.0，从 RNA 水解成 2′,3′-核苷酸的降解率达 95% 以上，将 2′,3′-混合核苷酸制成每片含 50~100 mg 的片剂，经临床使用，对非特异性血小板减少症、对白血球减少症、癌症的化疗和放疗后的升白血球均有较好疗效。

DNA 的脱氧核糖 2′位上无羟基,无法形成环状物,所以 DNA 在稀碱作用下虽会变性,但却不能被水解成单核苷酸。

16.5.1.3 化学合成法

利用化学法将易得到的原料逐步合成为产物即为化学合成法。如腺嘌呤可用次黄嘌呤或丙二酸二乙酯为原料合成,但此法多用于以自然结构的核酸类物质作为原料,半合成为其结构改造物,且常与酶合成法结合使用。

16.5.1.4 酶合成法

酶合成法即利用酶系统和模拟生物体条件制备产物,如酶促磷酸化生产 ATP 等。

16.5.2 重要核酸类药物的制备

16.5.2.1 酶解法制备脱氧核苷酸的工艺

利用桔青霉产生 5′-磷酸二脂酶降解鱼精 DNA,可制得四种脱氧核苷酸混合液,然后将其吸附于氯型阴离子交换树脂并分步洗脱,即可分别收集到不同的脱氧核苷酸。其具体工艺路线如图 16.6 所示。

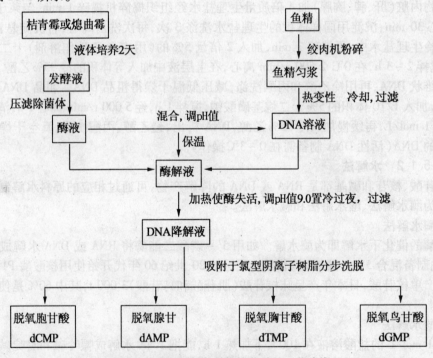

图 16.6　酶解法制备脱氧核苷酸的工艺路线

16.5.2.2 酶-化学合成法制备阿糖腺苷的工艺

1. 阿糖腺苷的结构与性质

阿糖腺苷的化学名称为 9-β-D-阿拉伯呋喃糖腺嘌呤,或称腺嘌呤阿拉伯糖苷,其结构式如图 16.7 所示。早在 1960 年就在实验室合成了阿糖腺苷,1969 年美国用 *Streptomyces antibioticus* NRRL3238 菌株,1972 年日本用 *Streptomyces hebacecus* 4334 菌株发酵法分别制备了阿糖腺苷。1979 年用从 E. Coli 中分离得到的尿嘧啶磷酸化酶和嘌呤核苷磷酸化酶,以固相酶的方法将阿糖脲苷转化为阿糖腺苷。

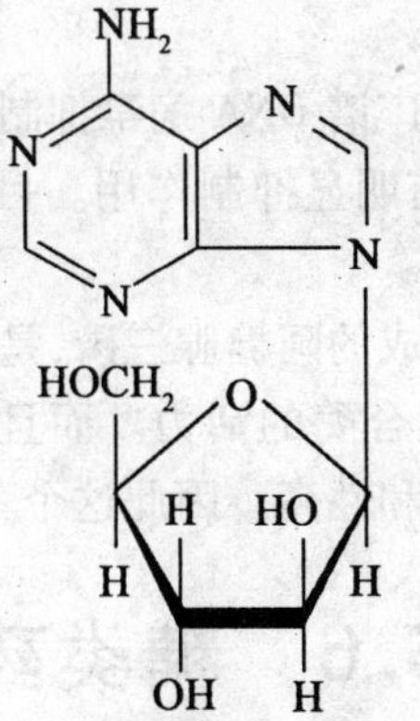

图16.7 阿糖腺苷的结构式

2.生产工艺

最新的阿糖腺苷的合成法是酶－化学合成法：用尿苷为原料经氧氯化磷和二甲基甲酰胺反应，生成氧桥化合物，在碱性水溶液中水解成阿糖尿苷，然后利用阿糖尿苷中的阿拉伯糖经酶法转化成阿糖腺苷。

经选育从阿糖尿苷酶法合成阿糖腺苷的优秀菌株是产气肠杆菌（*Enterbacteraerogens*），这株菌能产生尿苷磷酸化酶（Upase）和嘌呤核苷磷酸化酶（Pynpase），用这个菌株的休止细胞作为酶源，从阿糖尿苷和腺嘌呤能高效地合成阿糖腺苷，菌体也可制成固定化细胞进行连续生产。

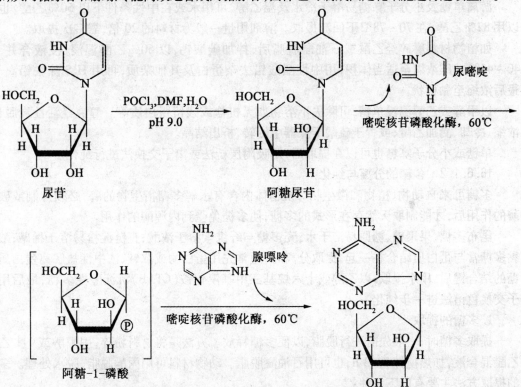

图16.8 酶－化学合成法制备阿糖腺苷的工艺路线

3. 作用与用途

阿糖腺苷是近年来引人注目的广谱 DNA 病毒抑制剂,对单纯疱疹 I、II 型,带状疱疹,巨细,牛痘等 DNA 病毒,在体内外都有明显抑制作用。目前认为,阿糖腺苷是治疗单纯疱疹脑炎最好的抗病毒药物。

阿糖腺苷在体内受激酶作用生成的阿糖腺三磷,是脱氧腺三磷(dATP)的拮抗物,从而阻抑了以 dATP 为底物的病毒 DNA 聚合酶的活力。而且阿糖腺三磷对于病毒 DNA 聚合酶的亲和性比宿主细胞的同一个酶的亲和性高。因此这个药物对于抑制病毒具有较高的选择性。

16.6 糖类药物

糖类是指广布于生物体中的单糖、低聚糖和多糖。多糖类药物在抗凝、降血脂、提高机体免疫和抗肿瘤、抗辐射方面都具有显著药理作用与疗效。在细胞内的存在方式有游离型与结合型两种。结合型多糖有糖蛋白、脂多糖。糖基在糖蛋白分子中的作用有的与抗原性有关,有的与细胞"识别"功能有关。

16.6.1 糖类药物制备的一般方法

16.6.1.1 单糖及其衍生物的制备

游离单糖及小分子寡糖易溶于冷水及温乙醇,可用水或在中性条件下以 50% 乙醇,也可以用 82% 乙醇,在 70~78℃下回流提取。溶剂用量一般为材料的 20 倍,需多次提取。

如植物材料磨碎经乙醚或石油醚脱脂后,拌加碳酸钙,以 50% 乙醇温浸,浸液合并,于 40~45℃减压浓缩至适当体积,用中性醋酸铅去杂蛋白及其他杂质,再用 H_2S 除去铅离子,最后浓缩至黏稠状。

以甲醇或乙醇温浸单糖,可除去不溶物如无机盐或残留蛋白质等。醇液经活性炭脱色、浓缩、冷却、滴加乙醚,或置于硫酸干燥器中旋转,析出结晶。

单糖或小分子寡糖也可以在提取后,用吸附层析法或离子交换法进行纯化。

16.6.1.2 多糖的分离与纯化

多糖可来自动物、植物和微生物,植物体内含有水解多糖衍生物的酶,必须抑制或破坏酶的作用后,才能制取天然存在形式的多糖,使多糖免受到内源酶的作用。

昆布多糖、果聚糖、糖原易溶于水;壳多糖与纤维素溶于浓酸;直链淀粉易溶于稀碱;酸性黏多糖常与蛋白质结合在一起,提取分离时,通常先用蛋白酶或浓碱、浓中性盐解离蛋白质与糖的结合键后,用水提取,以乙醇或十六烷基三甲基溴化铵(CTAB)沉淀酸性多糖,最后用离子交换色谱法进一步纯化。

1. 多糖的提取

提取多糖时,一般先需进行脱脂,以便多糖释放。方法是将材料粉碎,用甲醇或 1:1 乙醇乙醚混合液,加热搅拌 1~3 h,也可用石油醚脱脂。动物材料可用丙酮脱脂、脱水处理。多糖的提取方法主要有以下几种:

(1) 难溶于冷水、热水,可溶于稀碱液的多糖:这一类多糖主要是不溶性胶类,如木聚糖、半乳聚糖等。用冷水浸润材料后用 0.5 mol/L NaOH 提取,提取液用盐酸中和、浓缩后,加乙醇沉淀得多糖。如在稀碱中仍不易溶出者,可加入硼砂,对甘露聚糖、半乳聚糖等能形成硼酸络合物的多糖,此法可得相当纯的物质。

(2)易溶于温水、难溶于冷水和乙醇的多糖:材料用冷水浸过,用热水提取,必要时可加热至 80~90℃ 搅拌提取。提取液用正丁醇与氯仿混合液除去杂蛋白(或用三氯乙酸除杂蛋白),离心除去杂蛋白后的清液,透析后用乙醇沉淀得多糖。

(3)黏多糖:有些黏多糖可用水或盐溶液直接提取,但因大部黏多糖与蛋白质结合于细胞中,因此需用酶解法或碱解法使糖-白质间的结合键断裂,促使多糖释放。

2.多糖的纯化

(1)乙醇沉淀法:乙醇沉淀法是制备黏多糖的最常用手段。乙醇的加入,改变了溶液的极性,导致糖溶解度下降。

在醇溶液中加入一定浓度的盐,如醋酸钠、醋酸钾、醋酸铵或氯化钠有助于使黏多糖从溶液中析出,一般盐的最终浓度 5% 即足够。其中醋酸盐最为常用,因为它在乙醇中溶解度较大,即使在乙醇过量时,也不会发生这类盐的共沉淀。

可以使用多次乙醇沉淀法脱盐,也可以用超滤法或分子筛法(SephadexG-10 或 G-15)进行多糖脱盐。沉淀物可用无水乙醇、丙酮、乙醚脱水,真空干燥即可得疏松粉末状产品。

(2)分级沉淀法:不同多糖在不同浓度的甲醇、乙醇或丙酮中的溶解度不同,因此可用不同浓度的有机溶剂分级沉淀分子大小不同的黏多糖。在 Ca^{2+}、Zn^{2+} 等二价金属离子的存在下,采用乙醇分级分离黏多糖可以获得最佳效果。

(3)季胺盐络合法:黏多糖与一些阳离子表面活性剂如十六烷基三甲基溴化铵(CTAB)和十六烷基氯化砒啶(CPC)等能形成季胺盐络合物。这些络合物在离子强度大时,可以解离、溶解、释放。

使多糖溶解度发生明显改变时的无机盐浓度(临界盐浓度)主要取决于聚阴离子的电荷密度。如黏多糖的硫酸化程度影响其电荷密度,根据其临界盐浓度的差异可以将黏多糖分离。降低 pH 可抑制羧基的电离,有利于增强硫酸黏多糖的选择性沉淀。季胺盐的沉淀能力受其烷基链中的 -CH- 基数的影响,还可以用不同种季胺盐的混合物作为酸性黏多糖的分离沉淀剂。应用季胺盐沉淀多糖是分级分离复杂黏多糖与从稀溶液中回收黏多糖的最有用方法之一。

(4)离子交换层析法:黏多糖由于具有酸性基团如糖醛酸和各种硫酸基,在溶液中以聚阴离子形式存在,因而可用阴离子交换剂进行交换吸附。吸附时可以使用低盐浓度样液,洗脱时可以逐步提高盐浓度如梯度洗脱或分步阶梯洗脱。可以依次分离透明质酸、硫酸乙酰肝素、硫酸软骨素和硫酸皮肤素与硫酸角质素和肝素。

此外,区带电泳法、超滤法及金属络合法等在多糖的分离纯化中也常采用。

16.6.2 D-甘露醇的生产工艺

1.结构与性质

甘露醇是一种己六醇,其结构如图 16.9 所示。为白色针状结晶,无臭,略有甜味,不潮解。易溶于水,溶于热乙醇,微溶于低级醇类、低级胺类、吡啶,不溶于有机溶剂。甘露醇在医药上是良好的利尿剂,降低颅内压、眼内压及治疗肾药、脱水剂、食糖代用品,也用作药片的赋形剂及固体、液体的稀释剂。

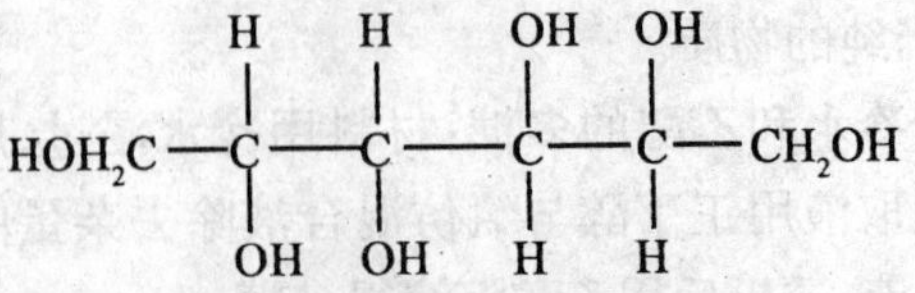

$$HOH_2C-\overset{H}{\underset{OH}{C}}-\overset{H}{\underset{OH}{C}}-\overset{OH}{\underset{H}{C}}-\overset{OH}{\underset{H}{C}}-CH_2OH$$

图 16.9　D-甘露醇的结构式

2. 工艺路线

目前,世界上工业生产甘露醇主要有两种工艺,一种是以海带为原料,在生产海藻酸盐的同时,将提碘后的海带浸泡液,经多次提浓、除杂、离交、蒸发浓缩、冷却结晶而得;一种是以蔗糖和葡萄糖为原料,通过水解、差向异构与酶异构,然后加氢而得。现以提取法为例说明。

$$海带或海藻 \xrightarrow[自来水]{浸泡提取} 浸泡液 \xrightarrow[pH\ 10\sim11]{碱炼} 上清液 \xrightarrow[pH\ 6\sim7]{中和} 中性提取液 \xrightarrow[110\sim115℃]{浓缩}$$

$$浓缩液 \xrightarrow[2:1\ 95\%乙醇]{乙醇沉淀} 沉淀物 \xrightarrow[乙醇回流]{除杂质} 粗品 \xrightarrow[H_2O,活性炭]{精制} 结晶甘露醇 \xrightarrow[105\sim110℃]{干燥} 药用甘露醇$$

图 16.10　提取法制备 D-甘露醇的工艺路线

3. 工艺过程

(1) 浸泡、碱炼、酸化:在洗藻池中放入 2~3 t 自来水,浸入 120 kg 海藻,藻体膨胀后,仔细地将海藻上的甘露醇洗入水中。洗液再洗第二批海藻,共洗四批。将洗液加入 300 g/L 氢氧化钠溶液,pH 10~11,静置 8 h,待褐藻糖液、淀粉及其他有机黏性物充分凝聚沉淀。虹吸上清液,用硫酸(1:1)酸化,调节 pH 为 6~7,进一步除胶状物,得中性溶液。

(2) 浓缩、醇洗:用直火或蒸汽加热至沸腾蒸发,温度 110~150℃,大量氯化钠沉淀,不断将盐类与胶污物捞出,直至得到浓缩液,取小样倒在地上,稍冷却应凝固。将浓缩液冷至 60~70℃时加入 95% 乙醇 (2:1),不断搅拌,冷至室温后,离心除去胶质,得灰白色松散物。

(3) 提取:称取松散物,加入 8 倍的 94% 乙醇搅拌,缓慢加热,沸腾回流 30 min 出料,流水冷却 8 h,放置过夜,离心甩干,得白色松散甘露醇粗品。粗品用乙醇重结晶,得工业用甘露醇,含量 90% 以上。

(4) 精制:取工业用甘露醇加入蒸馏水并加热溶解,然后加入 1/10~1/8 药用活性炭,不断搅拌,80℃ 保温 0.5 h,趁热过滤,少许水洗活性炭两次,合并洗滤液,在搅拌下冷却至室温,结晶,抽滤,洗涤结晶,抽滤,得到结晶甘露醇。

(5) 干燥:将结晶甘露醇用蒸汽在 105~110℃ 干燥,经常翻动,4 h 后取出,即得到药用甘露醇成品,含量 98%~100%,熔点 166~169℃。

16.7　脂类药物

脂类系脂肪、类脂及其衍生物的总称。其共同物理性质是不溶或微溶于水,易溶于某些有机溶剂,在体内以游离或结合的形式存在于组织细胞中,其中具有特定生理药理效应者称为脂类药物。

16.7.1　脂类药物制备的一般方法

16.7.1.1　脂类药物的制备方法

1. 直接抽提法

在生物体或生物转化反应体系中,有些脂类药物是以游离形式存在的,如卵磷脂、脑磷脂、亚麻油、花生四烯酸及前列腺素等。因此通常根据各种成分的溶解性质,采用相应溶剂系统从生物组织或反应体系中直接抽提出粗品,再经过各种分离纯化技术和精制方法,得到纯品。

2. 水解法

在体内有些脂类药物与其他成分构成复合物,含这些成分的组织需经过水解或适当处理后再水解,然后分离纯化。如脑干中胆固醇酯经丙酮抽提,浓缩后残留物用乙醇结晶,再用硫酸水解和结晶才能获得胆固醇。

3. 化学合成或半合成法

来源于生物的某些脂类药物可以用相应有机化合物或来源于生物体的某些成分为原料,采用化学合成或半合成法制备。

4. 生物转化法

发酵、动植物细胞培养及酶工程技术可统称为生物转化法。如微生物发酵法或烟草细胞培养法生产 CoQ10。

16.7.1.2 脂类药物的分离

脂类生化药物种类较多,结构多样化,性质差异很大,通常用溶解度法及吸附分离法分离。溶解度法即根据脂类物质在不同溶剂中溶解度差异进行分离的方法,如游离胆红素在酸性条件溶于氯仿及二氯甲烷,故胆汁经碱水解及酸化后用氯仿抽提,其他物质难溶于氯仿,而胆红素则溶出,因此得以分离;又如卵磷脂溶于乙醇,不溶于丙酮,脑磷脂溶于乙醚而不溶于丙酮和乙醇,故脑干丙酮抽提液由于制备胆固醇,不溶物用乙醇抽提得到卵磷脂,用乙醚抽提得脑磷脂。吸附分离法则是根据吸附剂对各种成分吸附力差异进行分离。

16.7.1.3 脂类药物的精制

经分离后的脂类药物中常有微量杂质,需要适当方法精制,常用的方法有结晶法、重结晶法和有机溶剂沉淀法。如用层析分离的 PGE2 经醋酸-己烷结晶。

16.7.2 重要脂类药物的制备

16.7.2.1 磷脂类药物

磷脂类药物中除神经磷脂等少数成分外,其结构中大多含甘油基团,如卵磷脂、磷脂酸、磷脂酰胆碱、磷脂酰乙醇胺等。现以卵磷脂为例,说明磷脂类药物的制备方法。

1. 卵磷脂的结构与性质

卵磷脂存在于动物各组织及器官中,脑、精液、肾上腺及红血球含量最多,卵黄中含量高达 8%~10%,故得名。其在植物中含量很少,唯大豆中含量甚高。为白色蜡状物质,无熔点,有旋光性,在空气中因不饱和脂肪酸烃链氧化而变色。极易溶于乙醚及乙醇,不溶于水,为两性电解质。临床上用于治疗婴儿湿疹、神经衰弱、肝炎、肝硬化及动脉粥样硬化。其结构如图 16.11 所示。

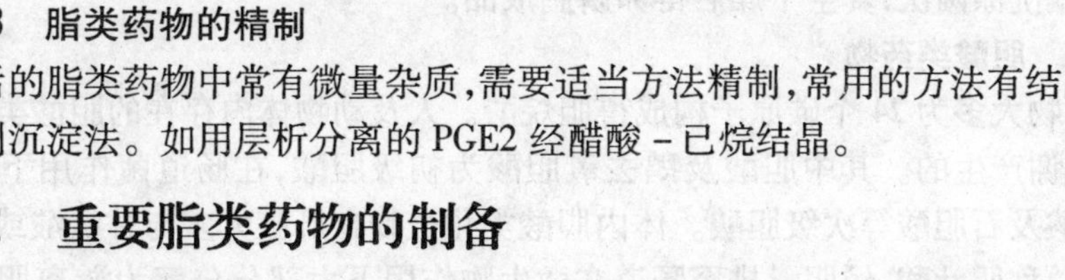

$$
\begin{array}{ll}
\text{CHOOCH}_2\text{R} & \text{CHOOCH}_2\text{R} \\
\text{CH}_2\text{OOCR}' & \text{CH}_2\text{OPO}_2\text{H}\text{—OCH}_2\text{CH}_2\text{N(CH}_3)_3 \\
\text{CH}_2\text{OPO}_2\text{H}\text{—OCH}_2\text{CH}_2\text{N(CH}_3)_3 & \text{CH}_2\text{OOCR}' \quad\quad \text{OH} \\
\quad\quad\quad\quad\quad\quad\quad\quad\quad \text{OH} & \\
\alpha\text{-卵磷脂} & \beta\text{-卵磷脂}
\end{array}
$$

图 16.11 卵磷脂的结构式

2. 工艺路线

以脑干为原料制备卵磷脂的工艺路线如图 16.12 所示。

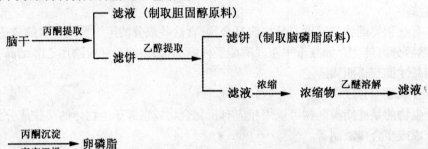

图 16.12 制备卵磷脂的工艺路线

3. 工艺过程

(1) 提取与浓缩

取动物脑干加 3 倍体积丙酮循环浸提 20~24 h,过滤得滤液分离胆固醇。滤饼蒸去丙酮,加 2~3 倍体积乙醇浸提 4~5 次,每次过滤的滤饼用于制备脑磷脂。合并滤液,真空浓缩,趁热放出浓缩液。

(2) 沉淀与干燥

上述浓缩液冷却至室温,加入半倍体积乙醚,不断搅拌,放置 2 h,令白色不溶物完全沉淀,过滤,取滤液于激烈搅拌下加入粗卵磷脂重量 1.5 倍体积的丙酮,析出沉淀,滤除溶剂,得膏状物,以丙酮洗涤两次,真空干燥后得卵磷脂成品。

16.7.2.2 胆酸类药物

胆酸类药物大多为 24 个碳原子构成得胆烷酸。人及动物体内存在的胆酸类物质是由胆固醇经肝脏代谢产生的。其中胆酸及鹅去氧胆酸为初级胆酸,在肠道菌作用下生成去氧胆酸,猪去氧胆酸及石胆酸等次级胆酸。体内胆酸类化合物在肝脏大多与甘氨酸或牛磺酸形成结合型胆酸,总称胆汁酸,经胆囊排至肠道在微生物作用下大部分分解为游离胆酸和甘氨酸或牛磺酸,一部分经粪便排出体外,大部分为肠道吸收进行肠肝循环。

1. 猪去氧胆酸的结构与性质

猪去氧胆酸的化学名为 $3\alpha,6\alpha$ - 二羟基 - 5β - 胆烷酸,是猪胆酸($3\alpha,6\alpha,7\alpha$ - 三羟基 - 5β - 胆烷酸)经肠道菌催化脱氧而成。其结构式如图 16.13 所示。

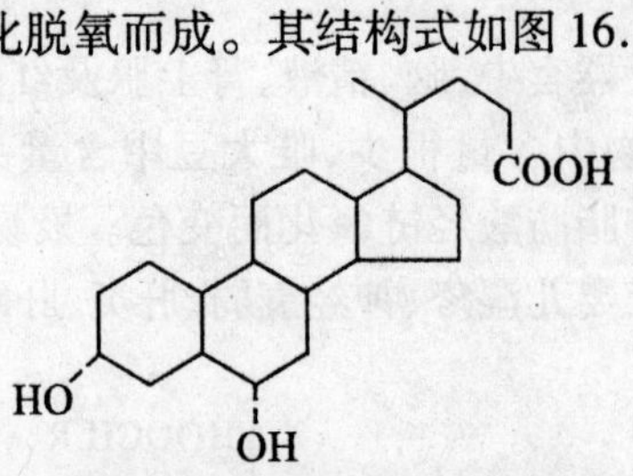

图 16.13 猪胆酸的结构式

2. 工艺路线

以猪胆汁为原料制备卵磷脂的工艺路线如图 16.14 所示。

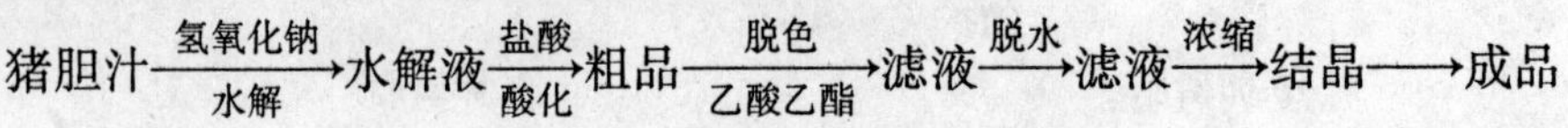

猪胆汁 →(氢氧化钠 水解)→ 水解液 →(盐酸 酸化)→ 粗品 →(脱色 乙酸乙酯)→ 滤液 →(脱水)→ 滤液 →(浓缩)→ 结晶 → 成品

图 16.14 制备猪胆汁酸的工艺路线

3. 工艺过程

(1) 猪胆汁酸制备

取猪胆汁酸制取胆红素后滤液,加盐酸酸化至 pH 1~2,倾去上层液体得黄色膏状胆汁酸。

(2) 水解与酸化

上述胆汁酸加 1.5 倍氢氧化钠和 9 倍体积水,加热水解 16~18 h,冷却后静置分层,虹吸上层淡黄色液体,沉淀物加少量水溶解,用 6 mol/L HCl 酸化至 pH 为 1~2,过滤,滤饼用水洗至中性,真空干燥得猪去氧胆酸粗品。

(3) 精制

上述粗品加 5 倍体积醋酸乙酯,15%~20% 活性炭,搅拌回流溶解,冷却,过滤,滤渣再用 3 倍体积醋酸乙酯回流,过滤。合并滤液,加 20% 无水硫酸钠脱水,过滤后,滤液浓缩至原体积 1/5~1/3,冷却结晶,滤取结晶并用少量醋酸乙酯洗涤,真空干燥得成品。

习 题

1. 简述生化药物的定义和特点。
2. 生化药物的分类方法有哪些?如何分为哪几类?
3. 在氨基酸药物制备过程中一般有哪些分离方法?
4. 多糖类药物的提取和分离方法有哪些?原理如何?
5. 脂类药物的一般制备方法有哪些?

第17章 高分子材料生物合成的分子机制

17.1 概 述

17.1.1 生物材料的概念

生物材料是用于与生命系统接触和发生相互作用的,并能随细胞、组织和器官进行诊断治疗、替换修复或诱导再生的一类天然或人工合成的特殊功能材料。它通常有两个定义:狭义的生物材料是指天然生物材料,也就是由生物过程形成的材料。广义的生物材料是指用于替代、修复组织器官的天然或人造材料。生物材料学是涉及生物材料的组成结构、性能与制备相互关系和规律的科学。其主要目的是在分析天然生物材料微组装、生物功能及形成机理的基础上,发展仿生学高性能工程材料,及用于人体组织器官修复与替代的新型医用材料。其主要研究内容有:生物过程形成的材料结构、生物矿化原理、材料生物相溶性机理、生物材料自主组装、自我修复的原理。

生物材料是材料科学领域中正在发展的多种学科相互交叉渗透的领域,其研究内容涉及材料科学、生命科学、化学、生物学、解剖学、病理学、临床医学、药科学等学科,同时还涉及工程技术和管理科学的范畴。生命材料有人工合成和天然材料,有单一材料、复合材料以及活体细胞或天然组织与无生命的材料结合而成的杂化材料。生命材料本身不是药物,其治疗途径是以与无生物机体直接结合和相互作用为基本特征,可以说,现代医学的进步与生物材料的发展是密不可分的。

17.1.2 生物材料的发展概况

生物材料的开发和利用可追溯到3 500年前,那时的古埃及人就开始利用棉纤维、马鬃作缝合线缝合伤口;印第安人则使用木片修补受伤的颅骨。2 500年前,中国和埃及的墓葬中就发现有假牙、假鼻和假耳。人类很早就用黄金来修复缺损的牙齿,并沿用至今。1588年人们用黄金板修复颚骨。1775年就有用金属固定体内骨折的记载。1851年发明了天然橡胶的硫化方法后,有人采用硬胶木制作了人工牙托的颚骨。如今,器官移植取得巨大进展,但有存在排异、器官来源、法律、伦理等难题有待解决。因此医学界对生物医学材料和人工器官的要求日益增加。

生物材料是研制人工器官及一些重要医疗技术的物质基础,综观人工器官及医疗装置的发展史,每一种新型生物材料的发现都引起了人工器官及医疗技术的飞跃。如,血液亲和性及物理机械性能较好的聚氨酯嵌段共聚物的应用,促使人工心脏向临床应用跨越一大步;可形成假生物内膜的编织涤纶管的应用,促使人工血管向实用化飞跃。

目前被详细研究过的生物材料已超过1 000种,被广泛应用的有90多种,1 800多种制品。西方国家每年耗用生物材料量以10%~15%的速度增长。我国生物材料的研究起步较晚(20世纪50年代),但发展很快。《国家中长期科学和技术发展规划纲要(2006~2020年)》将"先进医疗设备与生物医用材料"列为优先主题。可以肯定,生物材料学的研究将对人类的生产方式和生活方式产生巨大的影响。

17.1.3 生物材料的分类

生物材料应用广泛,品种很多,其分类方法也很多。生物材料包括金属材料(如碱金属及其合金等)、无机材料(生物活性陶瓷,羟基磷灰石等)和有机材料三大类。有机材料中主要是高分子集合物材料,高分子材料通常按材料属性分为合成高分子材料(聚氨酯、聚酯、聚乳酸、聚乙醇酸、乳酸乙醇酸共聚物及其他医用合成塑料和橡胶等)、天然高分子材料(如胶原、丝蛋白、纤维素、壳聚糖等);根据材料的用途,这些材料又可以分为生物惰性(bioinert)、生物活性(bioactive)或生物降解(biodegradable)材料,高分子聚合物中,根据降解产物能否被机体代谢和吸收,降解型高分子又可分为生物可吸收性和生物不可吸收性。根据材料与血液接触后对血液成分、性能的影响状态则分为血液相容性聚合物和血液不相容性聚合物。根据材料对机体细胞的亲和性和反映情况,可分为生物相容性和生物不相容性聚合物等。

17.1.4 生物材料的要求

1. 生物材料的特殊要求

生物材料主要用在人身上,对其要求十分严格,不但能够治病、诊病和防病,更要对人体健康无害;某些特殊应用的生物材料还必须具备生物降解和体内可吸收性能以及合适的力学性能;材料与活体之间具有良好的生物相容性,其中包括对血液的反应(血液相容性),对生物组织的反应(组织相容性)和免疫反应性能等。此外,生物材料的生物老化性能、降解产品的物理、化学性能均是生物材料十分重要的性能指标。

2. 生物材料的功能要求

应用目的不同,对其功能要求也千差万别,如有些生物材料及其制品可以全部植入体内,有些则可以穿透上皮表面(如皮肤)部分植入体内,有些可以放在体内的空腔中但不进入皮下(如假牙、子宫内置物、接触镜等),还有些可以放在体外而通过某种方式作用于体内组织(如与血管系统相连的体外装置)。对于上述几种不同的用途的生物材料,其性能和功能要求也不一样。显而易见,这些功能不可能集于一种材料,但必须要求所有材料均满足生物相容性的要求,即无毒性、无致癌性、无热原反应、无免疫排斥反应等。

3. 生物材料及制品的安全性要求

在生物材料及制品的设计和生产过程中,除保证材料生物相容性和安全性外,还应避免生产和包装过程中的污染,以及在贮存和使用过程中对人体的危害。对于带有药物的生物材料及制品,其生产过程应严格执行有关药物的管理法规。在设计和生产生物材料时,不仅要尽可能避免材料中小分子的渗出,同时还要考虑环境中的小分子进入材料或制品后对材料性能引发的不良影响。

在生物材料及制品的生产过程中,为了消除或减少对病人和其他接触人员的危害,应最大可能的避免感染和微生物污染。在利用异种组织进行治病时,应保证组织源的安全性,且能满足组织的预期使用要求和最佳安全保证。在考虑到病毒和其他可转化的特殊安全时,应加强在生产过程中实际有效地消除或使病毒失活的方法。对于生产和包装一次性使用的制品应确保在贮存和运输过程中的无菌状态,并能采用适当的有效方法进行生产和灭菌。若制品在使用前需要灭菌,在生产过程就应保证产品不低于预定洁净级。包装体系应尽量减少细菌的污染,同时要提供使用前的灭菌方法。此外,生物材料及制品的设计和生产应注意生产条件对产品性能的影响。通常应考虑材料物理特性的变化,如生产过程中的体积/压力速率,工程学特性等。生产条件还应包括生产器械、外部电场、静电释放、压力、温度、湿度等对材料及制品性能影响以及产品在使用过程中与其他诊断和治疗器械的接触,联用对材料性能的影响。

17.1.5 生物高分子材料

高分子材料具有重量轻、比强度高、比模量大、耐腐蚀性能好、绝缘性好等优点。高分子材料就是以高分子化合物为主要成分的材料。所谓高分子就是分子量很大的一类化合物,通常每个分子含有几千至几十万个原子。高分子有时也称为聚合物、高聚物等。

生物高分子材料是一类主要用于临床医学的高分子材料,是生物材料的重要组成部分。生物高分子材料按其来源可分为天然高分子材料和人工合成高分子材料两类。天然的高分子化合物如纤维素、甲壳素、蛋白质、天然橡胶等。人工合成的高分子化合物有各种塑料、橡胶、纤维等。按材料的性质可分为非降解型和可生物降解型两类医用高分子材料。按使用目的来划分,则生物高分子材料又可分为软组织修复替代材料、硬组织生物替代材料、介入性治疗医用材料、口腔科医用材料、血液吸附净化材料和心血管系统医用材料等。

天然高分子物质是生物高分子物质中比较特殊的一类,它是来源于生物体内的高分子,如人类机体的皮肤、肌肉、组织和器官都是由高分子化合物组成的。天然高分子生物材料是人类最早使用的医用材料之一。目前天然高分子生物材料根据其结构和组成,主要分为两大类:一类是天然蛋白质材料,如胶原蛋白、纤维蛋白、丝素蛋白、明胶等;另一类是天然多糖类材料,如纤维素、甲壳素、壳聚糖、透明质酸、肝素、海藻酸、硫酸软骨素等。它们由于结构和组成的差异,表现出不同的性质,可应用于不同的方面。

天然高分子物质的合成涉及物质代谢(分解与严格的细胞内定合成)、能量代谢(供能与产能)以及生长、发育、遗传、变异、衰老、死亡等各种生命过程。本章内容主要介绍天然生物高分子材料及其体内合成的分子机制。

17.2 天然蛋白质材料的生物合成

17.2.1 胶原蛋白

17.2.1.1 简介

胶原蛋白是一种细胞外蛋白质,是脊椎动物的主要结构蛋白,是支持组织和结构组织(皮肤、肌腱和骨骼的有机质)的主要组成成分。胶原蛋白不溶于水,只有粉状的胶原胶白提取物,经过低温酶降解技术,将分子量结构降低后,才会在温水中慢慢溶解,搅拌令其溶解更均匀,利于肠胃吸收。胶原蛋白提取物溶解在水中会出现透明的淡黄色,因为胶原蛋白少数分子与水中的氢分子产生反应,成为氯基酸的一种。

胶原蛋白是人体内含量最丰富的蛋白质,占全身总蛋白质的30%以上。一个成年人的身体内约有 3 kg 胶原蛋白,主要存在于人体皮肤、骨骼、眼睛、牙齿、肌腱、内脏(包括心、胃、肠、血管)等部位,其功能是维持皮肤和组织器官的形态和结构,也是修复各损伤组织的重要原料物质。在人体皮肤成分中,有 70% 是由胶原蛋白所组成的。当胶原蛋白不足时,不仅皮肤及骨骼会出现问题,对内脏器官也会产生不利影响。也就是说,胶原蛋白是维持身体正常活动所不可缺少的重要成分。同时也是使身体保持年轻、防止老化的物质。

目前将胶原分成间质胶原、基底膜胶原和细胞外周胶原,间质型胶原蛋白分子占整个机体胶原的绝大部分。那么,胶原蛋白的分类还主要是包括 Ⅰ、Ⅱ、Ⅲ 型胶原蛋白分子,其主要分布于皮肤、肌腱等组织。但是,其中的 Ⅱ 型胶原蛋白由软骨细胞产生;基底膜胶原蛋白通常是指 Ⅳ 型胶原蛋白,其主要分布于基底膜;细胞周胶原蛋白通常中指 V 型胶原蛋白。

胶原蛋白作为天然生物高分子材料,具有其他替代材料无可比拟的优越性:

(1)胶原大分子的螺旋结构和结晶区,使其具有一定的热稳定性;

(2)胶原天然的紧密纤维结构,使胶原材料显示出很强的韧性和强度,适用于薄膜材料的制备;

(3)最大胶原被用作制造肠衣等可食用包装材料。其独特之处是:在热处理过程中,随着水分和油脂的蒸发和熔化,胶原几乎与肉食的收缩率一致。而其他的可食用包装材料还没被发现具有这种性质;

(4)由于胶原分子链上含有大量的亲水基因,所以与水结合的能力很强,这一性质使胶原蛋白在食品中可以用作填充剂和凝胶;

(5)胶原蛋白在酸性和碱性介质中膨胀,这一性质也应用于制备胶原基材料的处理工艺中。

17.2.1.2 胶原蛋白的结构特点

胶原蛋白的氨基酸组成有如下特点:

(1)甘氨酸几乎占总氨基酸残基的 1/3,即每隔两个其他氨基酸残基(X,Y)即有一个甘氨酸,故其肽链可用(甘—X—Y)$_n$ 来表示。

(2)含有较多在其他蛋白质中少见的羧脯氨酸和羧赖氨酸残基,也有较多脯氨酸和赖氨酸。如脯氨酸和 4-羟脯氨酸含量高达 15%~30%。同时还含有少量 3-羟脯氨酸和 5-羟赖氨酸。羟脯氨酸残基可通过形成分子内氢键稳定胶原蛋白分子。例如,正常胶原在 39℃ 变性,而在缺乏脯氨酸羟化酶条件下合成的胶原在 24℃ 变性成为白明胶。而羟赖氨酸上可结合半乳糖-葡萄糖苷,与特定组织功能相关。如在基底膜胶原(Ⅳ型)中含 hyl 较多,含糖也较多,可能与基底膜的滤过功能有关。

(3)胶原中缺乏色氨酸,所以它在营养上为不完全蛋白质。

胶原大分子在细胞外基质中聚集为细棒状超分子结构,长 280 nm,直径 1.5 nm,相对分子质量接近 30 万。每个原胶原分子由三条 α-肽链组成,α-肽链自身为 α 螺旋结构,三条 α-肽链则以平行、右手螺旋形式(图 17.1)缠绕成"草绳状"三股螺旋结构(图 17.2)。肽链中每三个氨基酸残基中就有一个要经过此三股螺旋中央区,而此处空间十分狭窄,只有甘氨酸适合于此位置,由此可解释其氨基酸组成中每隔两个氨基酸残基出现一个甘氨酸的特点。而且三条 α-肽链是交错排列的,因而使三条 α-肽链中的 Gly、X、Y 残基位于同一水平上,借 Gly 中的 N—H 基与相邻链 X 残基上羟基形成牢固的氢键,以稳定其分子结构。

原胶原分子平行排列成束,通过共价交联,可形成稳定的胶原微纤维(microfibvil),进一步行聚集成束,形成胶原纤维。胶原分子通过分子内或分子间的交联成为不溶性的纤维。因胶原分子氨基酸组成中缺乏半胱氨酸,不可能像角蛋白那样以二硫键相连,而是通过组氨酸与赖氨酸间的共价交联,一般发生在胶原分子的 C- 或 N- 末端之间。

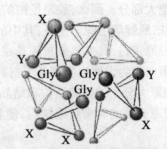

图17.1　胶原的右手超螺旋结构　　　　图17.2　胶原的三螺旋C末端投影

胶原纤维在不同组织中的排列方式与其功能相关。如在肌腱、皮肤及软骨,要分别在一维、二维和三维方向承受张力,因而其胶原纤维排列分别为平行束状(肌腱),多角的纤维片层(皮肤),交叉排布的光滑片层(角膜)及不规则排列(软骨)等方式。

17.2.1.3　胶原的生物合成

结缔组织中的原胶原分子主要由成纤维细胞合成,软骨中胶原由软骨细胞合成,骨胶原来自成骨细胞,基底膜中胶原则由上皮或内皮细胞合成。胶原的生物合成可分为细胞内和细胞外两大阶段。

1. 细胞内合成阶段

在结缔组织细胞中,首先是按蛋白质合成的原则先合成一条很长的,约1 400 个氨基酸残基的肽链,称为溶胶原蛋白,而后转入内质网中进行羟基化和糖基化修饰。

(1) 羟基化修饰

胶原分子组成中含有羟脯氨酸和羟赖氨酸,这两种氨基酸并无遗传密码、反密码及 tRNA 引导入肽链,而是在内质网中,由脯氨酸、赖氨酸残基经羟化生成的。由脯氨酸羟化酶和赖氨酸羟化酶催化,此酶为加单氧酶,需 Fe^{2+} 和维生素 C 为辅因子,α-酮戊二酸作辅底物。如脯氨酸的羟化反应(图 17.3)。

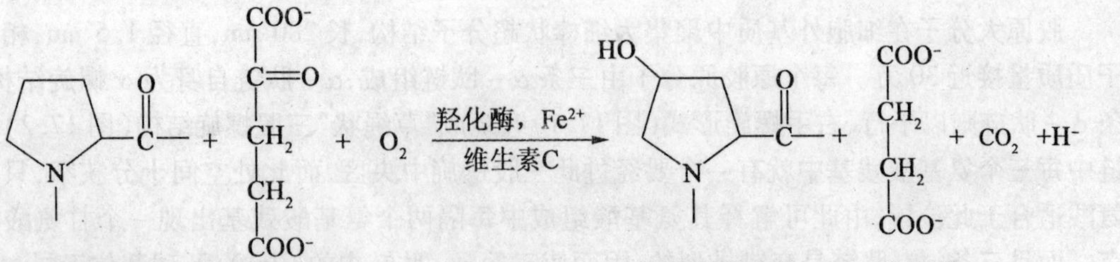

图17.3　胶原分子的羟基化修饰

此羟化反应中需分子氧,缺氧会妨碍胶原的生成,因而缺氧可使伤口愈合延迟。而维生素 C 是维持羟化酶活性所必需的,缺乏维生素 C,胶原合成不能形成正常的纤维,可出现皮肤结节、血管脆弱及伤口愈合缓慢等症状。羟化作用对三股螺旋的坚固性有重要作用,羟化不足的链在体温下不能形成坚固的三股螺旋,因而不能从细胞内排出。

(2) 糖基化修饰

胶原分子中含有共价连接的糖基,根据组织不同,糖含量可达 0.4%~12%。其中糖基主要为葡萄糖、半乳糖及它们的双糖。在内质网中由半乳糖基转移酶及葡萄糖基转移酶催化将糖基联于 5-羟赖氨酸残基上(图 17.4)。

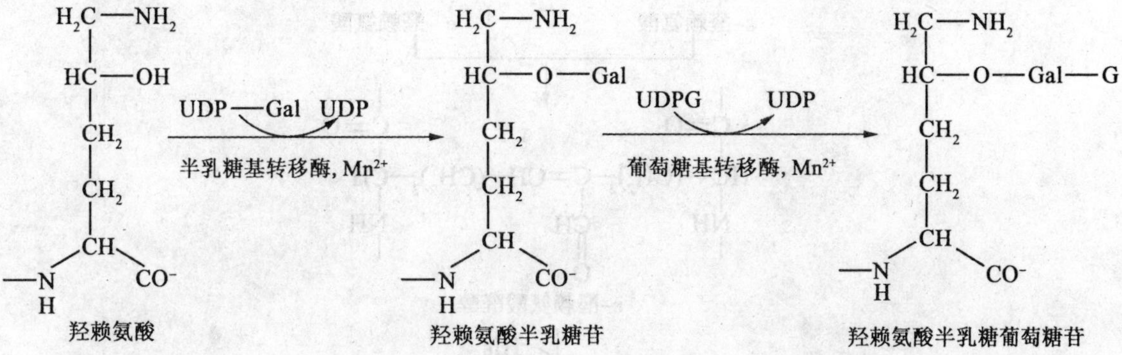

图 17.4 胶原分子的糖基化修饰

UDP—尿苷二磷酸;UDP-Gal—尿苷二磷酸半乳糖;UDPG—尿苷二磷酸葡萄糖。

糖基化的作用目前尚未完全阐明,研究发现这些糖基位于胶原纤维中原胶原的接头处。推测糖基化与纤维的定向排列有关。经羟化和糖基化修饰的溶胶原蛋白,形成三股螺旋而排出细胞外。

2. 细胞外胶原纤维成熟阶段

分泌到细胞外的溶胶原由内切酶作用,水解 N-末端和 C-末端的附加肽链,形成原胶原蛋白,原胶原分子可在中性 pH 值条件下,借分子间各部分不同电荷的相互吸引而自动聚合成胶原纤维,此种聚合不稳定,经共价交联成网使之进一步固定。

胶原纤维的共价交联由赖氨酸氧化酶催化,此酶含 Cu^{2+},是参与交联反应过程的唯一酶,能将赖氨酸转变为醛赖氨酸,ε-醛赖氨酸与另一 α-肽链的 ε-赖氨酸醛醛缩合生成 ε-醛赖氨酸醛酸,再与组氨酸反应生成醇醛组氨酸,后者再与 5-羟赖氨酸进行醛胺缩合形成希夫碱结构可使 4 条 α-肽链间共价交联(图 17.5)。通过共价交联,胶原微纤维的张力加强,韧性增大,溶解度降低,最终形成不溶性的胶原纤维。

胶原蛋白分子共价交联对胶原正常功能有重要意义。例如,人或动物进食山黧豆所致的山黧豆中毒表现为严重的骨、关节及大血管壁的异常,其发病即因为山黧豆毒素 β-氨基丙腈与赖氨酸氧化酶活性位点共价结合而使之失活,从而导致胶原纤维变脆弱。

胶原蛋白与许多人类疾病相关。如骨形成不全或称脆骨病,即是由于胶原蛋白生物合成或转录后的修饰作用障碍所致。现已清楚是由于 I 型胶原突变所致,据突变发生的位置及性质不同,发病的严重性亦不同。此外,有些胶原性疾病涉及多种胶原合成紊乱或合成过程中酶(如赖氨酸羟化酶、赖氨酸氧化酶)活性的异常。如 Ehlers-Danlos 综合症即有 10 种以上不同胶原的缺陷,其症状主要为关节过度伸张,皮肤弹性增高、脆弱,血管脆弱及外伤后皮下粘蛋白或皮下脂肪小结形成等,又被称为"印第安橡皮人"。

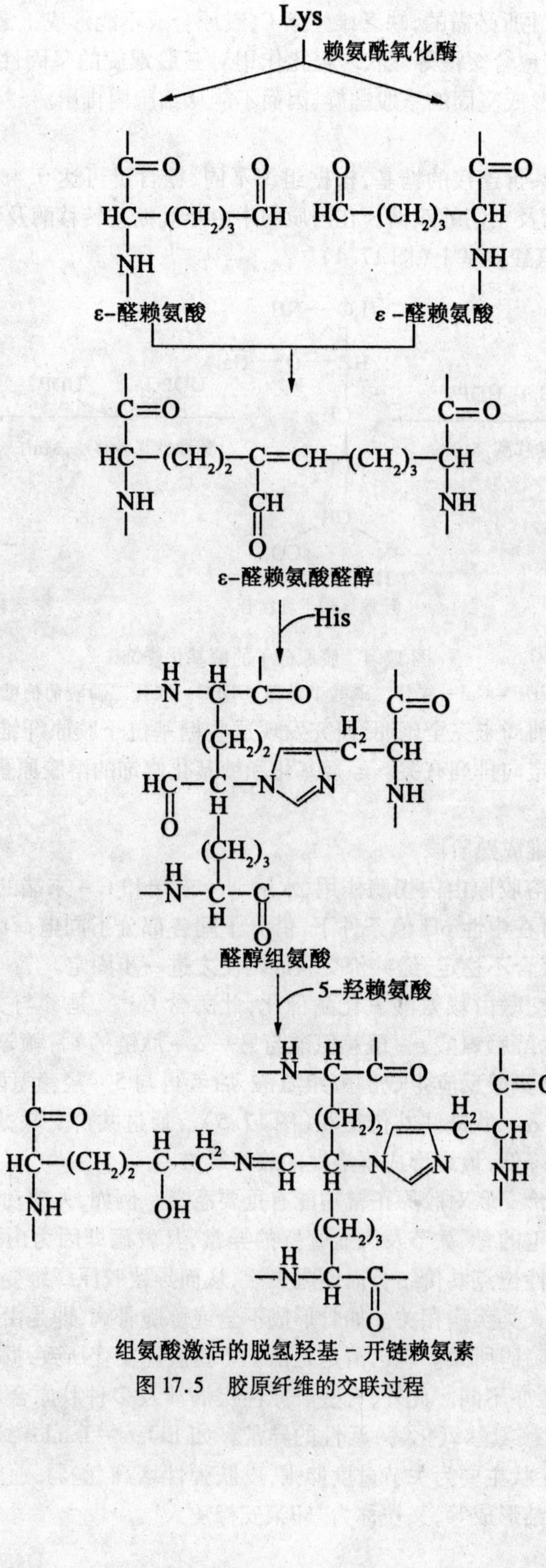

图 17.5 胶原纤维的交联过程

17.2.2 弹性蛋白

17.2.2.1 简介

弹性蛋白是细胞外基质中形成弹性纤维的蛋白质,是哺乳动物结缔组织的主要结构蛋白,通常大量存在于肺、大动脉、某些韧带、皮肤及耳部软骨等富有弹性的组织中,具有随机卷曲和交联性能。弹性蛋白构成弹性纤维,弹性纤维是有橡皮样弹性的纤维,能被拉长数倍,并可恢复原样。弹性蛋白纤维网络赋予组织以弹性,弹性纤维的伸展性比同样横截面积的橡皮条至少大5倍。

弹性纤维与胶原纤维共同存在,赋予组织以弹性和抗张能力。虽然胶原能够给细胞外基质以强度和韧性,但是对于某些组织来说还需要富有弹性。特别是肺、心脏等组织尤其是这样。这种弹性主要依赖于细胞外基质中的弹性纤维。弹性纤维如同橡皮带一样,它的长度能够伸展到正常长度的几倍,当收缩时又能恢复到原始长度。组织的弹性则是通过改变散布在弹性纤维中胶原的数量来控制。

17.2.2.2 弹性蛋白的结构特点

弹性蛋白中疏水性氨基酸含量高达95%,像胶原一样,弹性蛋白也富含甘氨酸和脯氨酸,但是与胶原不同的是,弹性蛋白的羟基化程度不高,没有羟赖氨酸的存在。

弹性蛋白由两种类型短肽段交替排列构成:一种是疏水短肽赋予分子以弹性;另一种短肽为富丙氨酸及赖氨酸残基的α-螺旋,负责在相邻分子间形成交联。由于弹性蛋白很少含羟脯氨酸,不含羟赖氨酸,也没有胶原特有的Gly-X-Y序列,故不形成规则的三股螺旋结构。弹性蛋白分子间的交联比胶原更复杂。通过赖氨酸残基形成共价键进行相互交联形成富于弹性的网状结构(图17.6)。

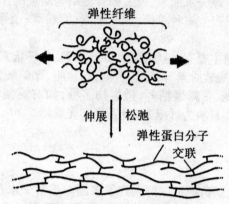

图17.6 弹性蛋白结构模型

在弹性蛋白的外围包绕着一层由微原纤维构成的壳。微原纤维是由一些糖蛋白构成的。其中一种较大的糖蛋白是原纤维蛋白,为保持弹性纤维的完整性所必需。在发育中的弹性组织内,糖蛋白微原纤维常先于弹性蛋白出现,似乎是弹性蛋白附着的框架,对于弹性蛋白分子组装成弹性纤维具有组织作用。老年组织中弹性蛋白的生成减少,降解增强,以致组织失去弹性。

17.2.2.3 胶原的生物合成

弹性蛋白主要由平滑肌细胞合成,其次可以在成纤维细胞中合成。弹性蛋白初合成时为水溶性单体,分子量为70 000,称为原弹性蛋白,在修饰中部分脯氨酸羟化生成羟脯氨酸。原弹性蛋白从细胞中分泌出来后,会进行更进一步的交联反应。弹性蛋白中将近40种赖氨酸残基发生去氨基化生成醛类,并与另外的赖氨酸的ε-氨基缩合成吡啶衍生物,称为锁链素(图17.7)。正是由于锁链素的交联使弹性蛋白卷曲,从而具有弹性,并且使溶解性降低,稳定性增高。

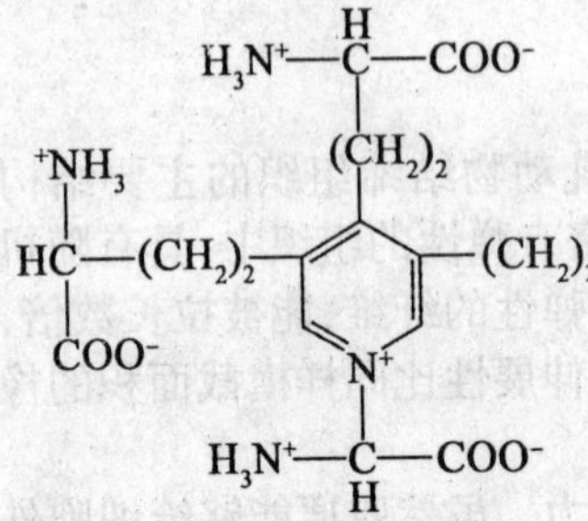

锁链素 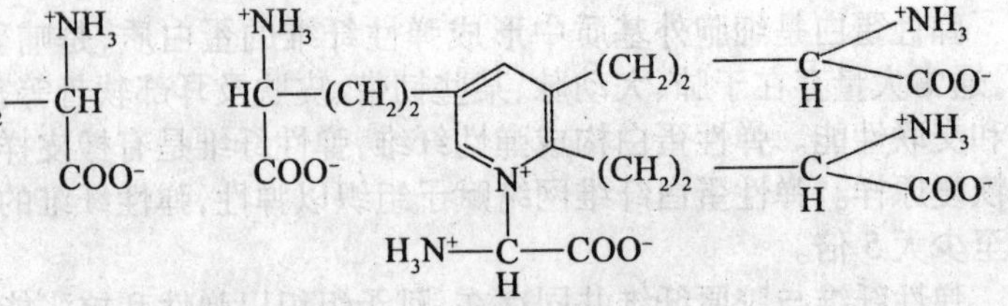 异锁链素

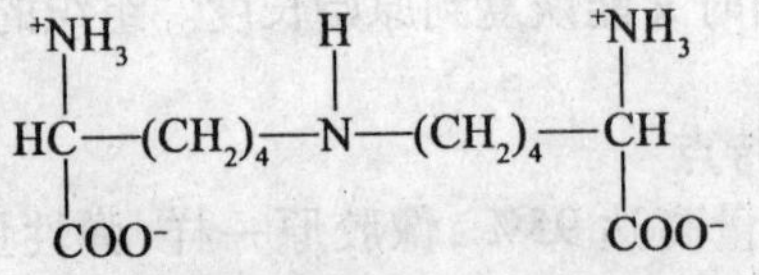

去亮氨基锁链素
图17.7 三种锁链素的分子结构

17.3 天然多糖材料的生物合成

多糖是由许多单糖分子经失水缩聚,通过糖苷键结合而成的天然高分子化合物。主要包括:均聚糖,即多糖水解后只产生一种单糖,如纤维素、淀粉等;杂聚糖,即水解产物是两种或两种以上的单糖,如菊粉等。

自然界广泛存在的多糖主要有:植物多糖,如纤维素、半纤维素、淀粉、果胶等;动物多糖,如甲壳素、壳聚糖、肝素、硫酸软骨素等;琼脂多糖,如琼脂、海藻酸、角叉藻聚糖等;菌类多糖,如 D-葡聚糖、D-半乳聚糖、甘露聚糖等;微生物多糖,如右旋糖苷、凝乳糖、出芽短梗孢糖等。目前研究较多的多糖类材料为纤维素、甲壳素和壳聚糖。

17.3.1 纤维素

17.3.1.1 简介

纤维素(cellulose)是由葡萄糖组成的大分子多糖。不溶于水及一般有机溶剂,是植物细胞壁的主要成分。纤维素是自然界中分布最广、含量最多的一种多糖,占植物界碳含量的50%以上,是维管束植物、地衣植物以及一部分藻类细胞壁的主要成分。醋酸菌的荚膜,以及尾索类动物的被囊中也发现有纤维素的存在,棉的种子毛是高纯度(98%)的纤维素。

纤维素不溶于水和乙醇、乙醚等有机溶剂,能溶于铜氨 $Cu(NH_3)_4(OH)_2$ 溶液和铜乙二胺 $[NH_2CH_2CH_2NH_2]Cu(OH)_2$ 溶液等。水可使纤维素发生有限溶胀,某些酸、碱和盐的水溶液可渗入纤维结晶区,产生无限溶胀,使纤维素溶解。纤维素加热到约150℃时不发生显著变化,超过该温度会由于脱水而逐渐焦化。纤维素与较浓的无机酸起水解作用生成葡萄糖等,与较浓的苛性碱溶液作用生成碱纤维素,与强氧化剂作用生成氧化纤维素。

天然纤维素可分为 α-纤维素(α-cellulose)、β-纤维素(β-cellulose)和 γ-纤维素(γ-cellulose)。所谓 α-纤维素是指从原来细胞壁的完全纤维素标准样品用 17.5% NaOH 不能提取的部分。β-纤维素、γ-纤维素是相应于半纤维素的纤维素。虽然,α-纤维素通常大部分是结晶性纤维素,β-纤维素,γ-纤维素在化学上除含有纤维素以外,还含有各种多糖类。细胞壁的纤维素形成微纤维。宽度为10~30毫微米,长度有的达数微米。应用X线衍射和负染色法,根据电子显微镜观察,链状分子平行排列的结晶性部分组成宽为3~4毫微米的基本微纤维。推测这些基本微纤维集合起来就构成了微纤维。

纤维素材料在医学上的应用形式主要是制造各种医用膜,包括:硝酸纤维素膜:用于血液透析和过滤,但由于制膜困难及不稳定等缺点,已逐渐被其他材料取代;粘胶纤维(人造丝)或赛珞玢(玻璃纸)管,用于透析,但由于含有磺化物及尿素、肌酐的透析性不好等原因,作为透析用的赛珞玢逐渐被淘汰;再生纤维素(铜珞玢),是目前人工肾使用较多的透析膜材料,对溶质的传递,纤维素膜起到筛网和微孔壁垒作用;醋酸纤维素膜,主要用于血透析系统;全氟代酰基纤维素,用于制造代膜式肺、人工心瓣膜、人工细胞膜层,各种导管、插管和分流管等。

17.3.1.2 纤维素的结构特点

纤维素大分子的基环是D-葡萄糖以β-1,4糖苷键组成的大分子多糖,分子量约50 000~2 500 000,相当于300~15 000个葡萄糖基脱水葡萄糖,其化学组成含碳44.44%、氢6.17%、氧49.39%。由于来源的不同,纤维素分子中葡萄糖残基的数目,即聚合度在很宽的范围。分子式可写作$(C_6H_{10}O_5)_n$,其结构如图17.8所示。

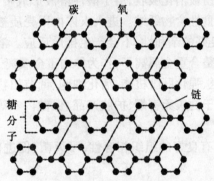

图17.8 纤维素的结构

17.3.1.3 纤维素的生物合成

一般认为纤维素的生物合成包括β-1,4-葡糖链的起始、延伸和中止,是由纤维素合成酶亚基(cesA)组成的纤维素合成酶复合体和其他酶共同完成的一个复杂过程。研究发现CesA糖基转移酶可能是以固甾醇-β-葡糖苷(SG)始葡聚糖的聚合反应。首先以固甾醇-β-葡糖苷和UDP-葡萄糖为底物生成固甾醇纤维糊精(SCD),并在纤维素合成酶的催化下连续进行聚合反应,然后由葡聚糖酶(KOR1)切除聚合在多聚链上的固甾醇-β-葡糖苷,进入纤维素的结晶过程(图17.9)。

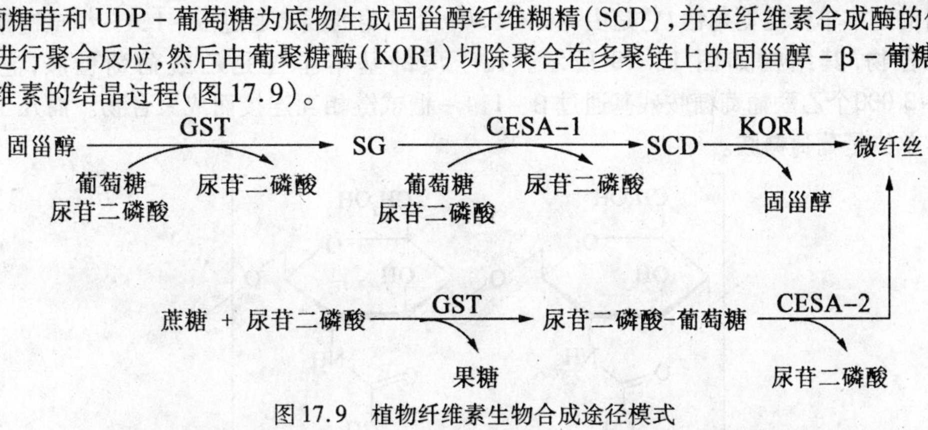

图17.9 植物纤维素生物合成途径模式

GST—尿苷二磷酸葡糖固醇葡糖基转移酶;SG—固甾醇-β-葡糖苷;SCD—固甾醇纤维糊精;CESA—纤维素合成酶;KOR1—葡聚糖酶

此外,纤维素的生物合成还有许多其他的可能机制,如固甾醇通过给植物纤维素合成酶复合体提供良好的脂质膜环境促进纤维素的合成,或是作为一种分子信号控制细胞壁合成基因的适时表达等。实际上,关于纤维素生物合成机制还有很多问题需要解决,如除了固甾醇外,在植物体内还有哪些脂类物质可以起始纤维素的合成,在合成的各步骤中确切地由哪些酶来催化反应的进行,各酶之间是如何相互作用的以及 β-1,4 葡聚糖苷链的中止是如何完成的等等。

17.3.2 甲壳素

17.3.2.1 简介

甲壳素,也叫几丁质(Chitin),存在于自然界中的低等植物菌类、藻类的细胞,甲壳动物虾、蟹、昆虫的外壳,高等植物的细胞壁等,是地球上仅次于植物纤维的第二大生物资源。据估计自然界中,甲壳质每年生物合成的量多达 1 000 亿吨。甲壳素被科学家誉为继蛋白质、糖、脂肪、维生素、矿物质以外的第六生命要素。

甲壳质是食物纤维素不易被消化吸收,溶于酸性溶液形成带正电的阳离子基团,是自然界中唯一存在的带正电荷可食性食物纤维。进入人体内甲壳质被分解成基本单位时就是人体内的成分,对人体细胞有良好的亲和性,不会产生排斥反应。溶解后的几丁聚糖呈凝胶状态,具有较强的吸附能力,可螯合重金属离子,作为体内重金属离子的排泄剂。甲壳素有强化免疫、降血糖、降血脂、降血压、强化肝脏机能、活化细胞、调节植物神经系统及内分泌系统等功能,还可作为保健材料,用于健康无害烟、护肤产品、保健内衣等。甲壳素作为医用生物材料可用于:

(1)医用敷料:甲壳素具有良好的组织相容性,可灭菌、促进伤口愈合、吸收伤口渗出物且不脱水收缩;

(2)药物缓释剂:基本为中性,可与任何药物配伍;

(3)止血棉、止血剂:在血管内注射高黏度甲壳素,可形成血栓口愈合剂,使血管闭塞,从而在手术中达到止血目的,较注射明胶海绵等常规止血方法,操作容易,感染少。

17.3.2.2 甲壳素的结构特点

甲壳质的化学结构和植物纤维素非常相似,是六碳糖的多聚体,分子量都在 100 万以上。纤维素的基本单位是葡萄糖,它是由 300~2 500 个葡萄糖残基通过 α-1,4-糖苷链连接而成的聚合物,其结构如图 17.10 所示。几丁质的基本单位是乙酰葡萄糖胺,它是由 1 000~3 000 个乙酰葡萄糖胺残基通过 β-1,4-糖苷链相互连接而成聚合物。而几丁聚糖的基本单位是葡萄糖胺。

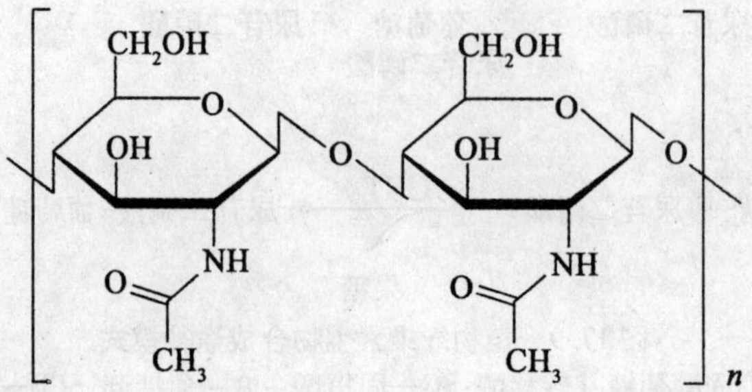

图 17.10 甲壳素的结构

17.3.2.3 甲壳素的生物合成

甲壳素的合成和沉积是一个高度复杂的、多方面互相联系着的系列生化和生理过程,它起始于细胞内,当几丁质整合到外部的超微分子结构如节肢动物表皮和围食膜或真菌细胞壁中时结束(图17.11)。这些级联事件包括:

(1) 糖:如海藻糖或葡萄糖的顺序生物转化,包括磷酸化、氨基化和乙酰化,最终形成底物 UDP-Glc-NAc。这一过程在细胞质中完成。

(2) 几丁质合酶(CS):单体的合成,而后是它们的转运、正确插入质膜和活化。一个 CS 单体为一个酶分子,是一个紧密捆绑着的分子簇的一部分。这样的分布最终确保新生的几丁质多聚体聚结成一个晶状的纤丝(原纤维)。

(3) CS 催化 UDP-Glc-NAc 聚合以及长链几丁质分子的定向。

(4) 几丁质多聚体的跨膜转运,结晶并且通过链间氢键形成微纤丝。

(5) 微纤丝与节肢动物的表皮蛋白或真菌细胞壁的糖类结合形成复合体。

其中,有一些过程如 CS 单体的从头合成可能受激素(蜕皮激素)调节。新合成的 CS 酶通过蛋白酶水解得以活化,此时原位膜结合酶可能由激活态转为非激活态,必要时该酶通过磷酸化-脱磷酸化的过程重新活化。关于几丁质链长度的控制机制,至今还不清楚。

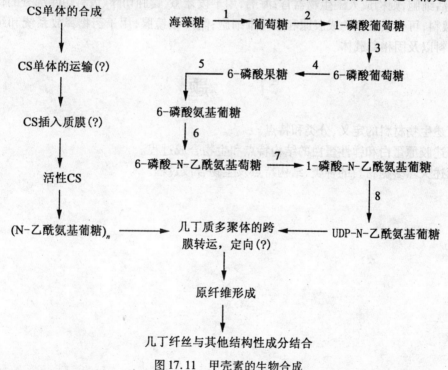

图 17.11 甲壳素的生物合成

1—海藻糖酶;2—己糖激酶;3—磷酸葡糖变位酶;4—磷酸葡糖异构酶;5—6-磷酸果糖转氨酶;6—乙酰基转移酶;7—磷酸乙酰葡糖变位酶;8—UDP-N-乙酰葡糖磷酸化酶;(?)—表示确切机理未知

17.3.3 壳聚糖

壳聚糖(Chitosan)是甲壳素的脱乙酰化产物,甲壳素继续用浓碱乙酸基化则得到壳聚糖,又称可溶甲壳素、壳多糖、甲壳胺,是一种天然生物高分子聚合物,白色结晶性粉末。有很强的吸湿性,仅次于甘油,高于聚乙二醇、山梨醇。在吸湿过程中,分子中的羟基、胺基等极性基团与水分子作用而水合,分子链逐渐膨胀,随着 pH 值的变化,分子能够从球状胶束变成线状。具有很好成膜性、透气性和生物相容性。无毒,且可生物降解。它不溶于水和碱液,但可溶于多种酸溶液中,具有较多的侧基官能团,可进行酯化、醚化、氧化、磺化以及接枝交联等反应对其进行改性。特别是磺化产品,其结构与肝素极其相似,可作为肝素的代用品作抗凝剂。

壳聚糖是甲壳素脱去 55% 以上的 N-乙酰基的产物,其化学结构如图 17.12 所示。

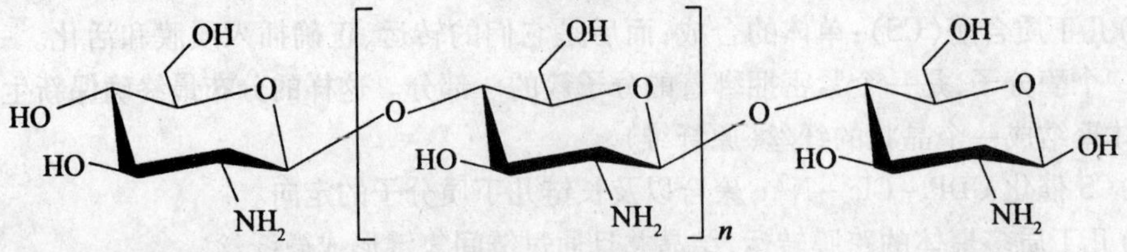

图 17.12 壳聚糖的结构

壳聚糖的适用广,生物相容性良好的新型生物材料正在受到人们的普遍重视,目前在医学上多用于:可吸收性缝合线,用于消化道和整形外科;人工皮,用于整形外科、皮肤外科,用于Ⅱ、Ⅲ度烧伤,采皮伤和植皮伤等;细胞培养,制备不同形状的微胶囊,培养高浓度细胞,如包封的是活细胞,则构成人工生物器官;海绵,用于拔牙患、囊肿切除、齿科切除部分的保护材料;眼科敷料,可生成较多的成胶原和成纤维细胞;隐形眼镜膜,用于药物释放系统和组织引导再生材料以及固相酶载体。

习 题

1. 简述生物材料的定义、分类和特点。
2. 简述胶原蛋白和弹性蛋白的结构特点和生物合成过程。
3. 简述天然多糖材料的种类、结构特点及生物合成过程。

第18章 化工产品的生物化学工程

18.1 工业废物的生物化学工程

工业废物可以作为一种资源进行开发,经过一系列的生物化学反应过程后,投入到农业生产体系之中。工业废物资源化利用主要包括开发饲料和肥料。

18.1.1 工业废物资源化

18.1.1.1 工业废物可资源化的特点

现代化工业的发展越来越快,废物量也日益增大,并且用一般方法难以处理,如果处理得当就为饲料和肥料的生产提供了大量的廉价原料。

有很多的工业废料可以做有机肥料,如化工行业的糠醛渣、火电工业的粉煤灰、糖业废渣、酒精废水、造纸废水、农副产品加工业产生的麻渣、肌醇渣、花生壳、谷壳等、城市垃圾和污泥等。这些废物中含有的大量有机质、氨基酸、糖类、钙、镁、铁、硅以及各种微量元素等都是植物生长所需要的养分。另外工业废物量大、集中、便于收集、加工。

18.1.1.2 工业废物农用资源化的方式

工业废物农用资源化包括了饲料化、肥料化、食用菌生产、能源化和多层次综合利用等。

(1)饲料化:即将工业废物中所含有的有用物质转化为养殖业可以利用的饲料的过程。如酒精、味精废液、鸡粪和蔗渣、滤泥等均可制成饲料。

(2)肥料化:即通过直接回田、废水灌溉或制作堆肥、有机复合肥的方式将工业废物转化为肥料、营养土和改良剂等。

(3)食用菌生产:即利用工业有机废料可以用来替代原始材料进行木腐性食用菌的生产。如木糠、蔗渣等纤维性废料均可来制作食用菌的培养基。

(4)能源化:也可称为沼气化,沼气发酵过程中产生的沼渣、沼液等残余物可在农业生产中用来制造有机肥和饲料等。

(5)农业多层次综合利用:即从多层次、多角度进行优化设计综合利用,有机废物含有的物质万分复杂,通常单一的途径不能够最大程度地发挥最大能量,使之达到最高利用效率,故应用现代科技加工成有机复合肥系列产品可大大提高废物综合利用。

18.1.2 工业废物厌氧堆肥化

工业固体有机废物农用资源化的技术方法和原理与其他有机废物的原理和方法基本一致,其主要的处理方法有堆肥、沼气发酵和纤维素废物的糖化、蛋白质化、产乙醇等。下面主要介绍厌氧堆肥化。

18.1.2.1 厌氧堆肥化原理

厌氧堆肥化的原理即是指在无氧或缺氧的条件下,厌氧微生物分解有机物并使产物达到稳定的一个过程。厌氧堆肥需要经历水解产酸阶段和产气阶段两个过程。在第一阶段,在产酸菌的作用下,有机物被水解成甲酸、乙酸等有机酸及醇、氨、氢和二氧化碳等,同时释放能量。在这个阶段过程,有机酸大量积累,导致 pH 值下降,故也可称为酸性发酵阶段。在第二阶段,由于所产生的氨的中和作用,pH 值逐渐上升,同时,产甲烷细菌开始分解有机酸和醇,其产物主要是甲烷和二氧化碳。随着甲烷菌的繁殖,有机酸迅速分解,因此这一阶段也称为碱性发酵阶段(如图 18.1)。

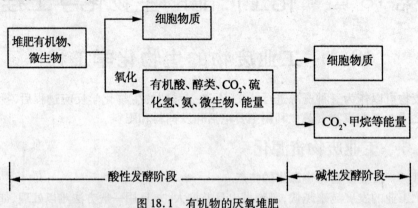

图 18.1　有机物的厌氧堆肥

18.1.2.2　厌氧堆肥化微生物作用

微生物是厌氧堆肥化进行的主导者,其特点为:比表面积大,代谢强度高,数量巨大,繁殖迅速,在堆肥化过程中对有机物质降解起主导作用。下面简要介绍堆肥过程中的真菌以及放线菌的作用。

1. 真菌

在堆肥化过程中,真菌对堆肥物料的分解起着非常重要的作用,它不仅仅分泌胞外酶,水解有机物质,而且在菌丝的机械穿插作用下,对物料的物理结构起到一定的破坏作用,能够促进生物化学作用的进行。Yung Chang 和 Hudson 研究堆肥化过程中的真菌群落演替过程,将堆肥化过程中真菌分为三个特征组,并指出决定真菌在堆肥中起作用的两个最重要的因素为利用复杂碳源的能力及耐受高温的程度。第一组主要为中温类真菌群,在开始升温以后,它们不能适应越来越高的温度而死亡,嗜热真菌和耐热真菌也被高温杀死。高温期过后开始进入降温期,嗜热真菌不能利用纤维素或半纤维素,只能利用简单的碳源,而简单的碳源在前期的过程中已经被消耗殆尽,因此不能再进行繁殖。而耐热真菌能利用纤维素和半纤维素,在堆肥化过程的中后期却能持续存在。第二组真菌是在高温期结束后很快出现的,特别值得一提的是嗜热毛壳酶,它们都能快速利用纤维素和半纤维素且生长迅速。在纯培养条件下对纤维素分解的最适温度为 45~55℃,在 55~60℃时释放值最大,超过 60℃时显著下降。第三组真菌出现在高温期结束后的堆温下降阶段。该组真菌包括两个嗜热真菌、三个中温真菌和三个担子菌。

2. 放线菌

放线菌比嗜热真菌耐受的温度还要高。据 Waksman 等人研究表明,在稳定的厩肥堆肥过程中,65℃时细菌和放线菌迅速生长,而真菌则极少见,放线菌逐渐取代细菌。Golueke 也发现在垃圾和植物残体等混合物的堆肥温度范围内,链霉菌和微单孢菌的数目巨大,尤其是微单孢菌,在所有样品中均大量存在,其数目均在 70℃时达到最高,当温度降至 50℃时,仍能在几天内保持较高数目。但据 Waksman 等人的研究,在堆肥温度高达 75℃时,无法观察到真菌或放线菌,存活的只有产芽孢的杆菌。在对小麦秸秆中各种组分的分解研究中,Waksman 和 Cordon 得出结论:放线菌很少利用纤维素,但是,它们能非常容易地利用半纤维素,并能在一定程度上分解木质素。真菌比放线菌利用纤维素的能力要大得多。

18.1.2.3 堆肥化的生物化学

用于堆肥的物料成分复杂,可变异性大,堆肥过程也难以观察,所以有关堆肥化进程中生物化学变化的详细描述比较少。有研究表明,单一的细菌、真菌、放线菌群体,无论其活性多高,在加快堆肥化进程中作用都比不上多种微生物群体的共同作用,微生物在协同作用下可以发挥更大的作用。某一时刻的温度和可利用的有机物质是决定该时刻堆肥中微生物群落结构的决定因素。

廖宗文等人研究小麦秸秆堆肥过程,通过对小麦秸秆堆肥中加 NH_4NO_3,经过 60 天的堆肥化,秸秆失重总共达到 60%。前 5 天为失重最快的阶段,平均每天达到 2.66%,在接下来的 30 天的这个阶段,平均每天失重率为 1.3%,之后分解十分缓慢,165 天仅失重 3.96%。堆腐过程中失重的原因主要是因为由纤维素和半纤维素被分解。

廖宗文等人通过研究认为:从小麦秸秆的堆肥过程的三个时期来分析,中期时纤维素的分解速度突然下降,可能原因为堆肥堆内温度过高而引起真菌死亡。但是分解半纤维素的放线菌受温度影响不大,所以半纤维素的分解却很平稳。通过液相组分分析,单糖和糖苷变化不大,说明这类物质被分解后又被其他多聚体分解产物所补充,所以木质素的相对含量非但没有下降,反而因物料总量下降而有所升高。

18.1.2.4 影响厌氧堆肥的主要因素

影响厌氧堆肥的主要因素是堆肥堆内的温度和 pH 值。当有机残体积成堆时,由于物料具有一定的隔热性,产生的热量不能及时散发,导致此肥堆内温度升高。堆肥内能达到的最高温度及多长时间能达到主要取决于有机废物的组成成分、水分含量、堆的大小、物料的粒度大小以及通气的程度等。堆肥化进程大体上可以划分为中温、高温、降温三个阶段。在堆肥化的初期阶段,堆内的温度与其环境的温度是一致的,即中温阶段,当堆内中温微生物开始代谢和繁殖时,消耗有机物产生热量后,堆内温度迅速升高,并产生有机酸使 pH 值下降。

随着温度的继续升高进入高温阶段,中温微生物不能适应较高的温度,逐渐衰亡,活动减弱。当堆内温度超过 40℃时,嗜热微生物代替中温微生物进行降解活动,继续分解有机物产生氮和热量,堆内温度及 pH 值继续升高。温度超过 60℃时,产孢细菌和放线菌继续存活,而嗜热真菌因高温死亡。在超过 60℃时,纤维素、木质素很少被降解,而蜡质、蛋白质和半纤维素则被降解。随着易利用有机组分的消耗竭尽,微生物代谢活动减弱。产生出的热量与堆表面散出的热量持平,温度不再上升,随着微生物代谢活动的进一步减弱,产生出的热量小于散失的热量,物料温度开始下降,进入降温阶段。

降温阶段开始时,堆外层温度低于 60℃时,嗜热真菌重新从外部侵入堆内,开始分解纤维素。纤维素和木质素等高聚合物质比较难以水解及同化,产热量更少,温度持续下降,降至 40℃时,中温微生物才能开始繁殖代谢。比较容易利用的有机组分如水溶性糖、脂肪、蛋白质等逐步也被分解。

18.1.3 工业废物制造有机复合肥

可以制造有机复合肥的废物有很多种,制糖、冶金、化工、煤炭、畜牧、制药、发酵和食品加工等行业产生的废物都可用于制造有机复合肥。化工业的糠醛渣、肌醇渣,糖业的蔗渣、滤泥、味精废液、酒精废液,制药厂的药渣,冶金业的钢渣,畜牧业的粪便、沼渣,燃煤电厂粉煤灰、烟草,化工厂的烟渣及农村产品加工的废物谷壳、花生素、剑麻渣以及其他农林废物如木屑、棉秆都已经研究成功并投入生产。有一些某些冶炼业的炉渣,经过研究还可采取一种处理技术使其在生成废渣排放前就转化成另一肥料产品。例如,我国吉林化学工业公司已开发成功硅钙肥,其中含有 Mg 及其他微量元素。在全国许多省份布置试验,效果显著。日本利用高炉废渣也开发成功硅酸钾肥料,这种肥料含 Si、K 及其他微量元素,其 K 具有一部分呈拘溶性,耐淋溶,肥效长,肥效很好。

(1) 糠肥

糠醛渣含粗有机质 95%,腐殖质总量为 30% 以上,含 N 0.5%,P_2O_5 0.1%,K_2O 1.4%,可取自蔗糖厂糠醛车间,可作为制作糠肥的主要原料。普遍的用糠肥生产复合肥的流程如下:

原料→粉碎→过筛→计量→混合→造粒→筛分→干燥→包装→成品出厂

把糠醛渣与适量添加剂、商品氮肥、磷肥和钾肥按一定比例混合,然后通过造粒机进行造粒。造粒方法可用挤压造粒,不会使有机质分解。造粒可用圆盘造粒机,在造粒机里,物料与喷淋下来的黏合剂结合,就结成颗粒。因此,黏合剂的种类、浓度以及用量都十分重要,一般黏合剂加入量为原料的 3%~4% 为宜。此外,糖肥还可以用打砖机械制成不同规格的块状肥料,作为果树的专用肥料。

(2) 腐殖酸复合肥

腐殖酸含有作物需要的碳、氮、硫、磷等重要元素,广泛存在于泥炭土、泥煤和褐煤中,是由死亡的动、植物经微生物和化学分解下形成的一种高分子化合物。腐殖酸含芳香基、羰基、甲氧基、羟基、羧基等活性基团,所以腐殖酸具有酸性、亲水性、阳离子交换性及生理活性等性能。经过加工的含腐殖酸物料,如泥炭土等,加入适宜的氮、磷、钾养分,可以生产出含多种养分的腐殖酸、氮、磷、钾复合肥。腐殖酸复合肥既具有较高的肥效,可提高氮、磷、钾利用率分别为 10%~30%、5%~10%、5% 左右。

生产腐殖酸复合肥时先将腐殖酸原料自然干燥到含水 20% 左右,粉碎成粒径 0.2 mm 左右的颗粒。在常温下加入质量分数为 15% 的氨水,固液比为 1:1.5,泥氨比为 1:0.05,浸泡 1 h,产物经温度为 105℃ 条件下干燥,再与氮、磷、钾肥源混合,即得腐殖酸、氮、磷、钾复合肥。

(3) 晒盐硝皮生产复合肥

晒盐硝皮即盐田里的有机物,它不仅含有丰富的有机物、氮和钾,而且还有许多硼、锌、镁、钙等微量元素。利用硝皮生产复合肥,既可提高肥效,又可清除盐田蒸发池里的苔、海藻等。用晒盐硝皮制复合肥的其他工艺及设备与糠肥制复合肥完全相同。晒盐硝皮从盐田里收集起来经太阳晒干或用干燥器干燥,进入粉碎机进行粉碎过筛,过筛后的硝皮称量后与称好的其他肥料放入混合机内进行混合、混合均匀后用皮带机输送到造粒机进行造粒。利用晒盐生产复合肥生产出来的产品指标均达到部门颁布标准的要求。

(4) 用糖厂废料生产复合肥

甘蔗糖厂的废料含有丰富有机物及植物生长需要的各种养分,经过发酵沤制,生产复合肥料,不仅能提高糖厂效益,回收资源,而且能减少废料排出,解决环保问题。

生产复合肥流程如图 18.2 所示。

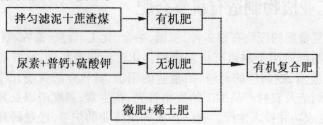

图 18.2 有机复合肥的生产流程示意图

18.2 有机工业废弃物生产乳酸

乳酸,化学名为 α-羟基丙酸,纯品为无色液体,工业品为无色到浅黄色液体。无气味,具有吸湿性。相对密度 1.2060(25/4℃),熔点 18℃,沸点 122℃(2kPa)。折射率(20 ℃) 1.439 2。能与水、乙醇、甘油混溶,不溶于氯仿、二硫化碳和石油醚。在常压下加热分解,浓缩至50%时,部分变成乳酸酐,因此产品中常含有 10%~15% 的乳酸酐。由于具有羟基和羧基,一定条件下,可以发生酯化反应,产物有三种。乳酸是一种需求量仅次于柠檬酸的重要有机酸,广泛应用于食品、医药、化工、皮革、纺织、电镀、媒染等工业领域。目前,乳酸年产量的大约90%是都利用乳酸菌发酵生产的,大约10%是利用化学合成法生产的。发酵法是指通过选择适宜的菌种和发酵底物,人工控制发酵所需要最佳条件,可得到特定的旋光异构体,而通过化学合成法只能得到外消旋体。

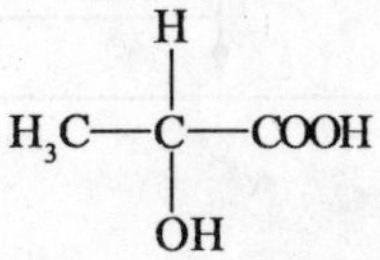

$$H_3C-\overset{H}{\underset{OH}{C}}-COOH$$

图 18.3 乳酸

18.2.1 乳酸菌

乳酸菌指发酵糖类主要产物为乳酸的一类无芽孢、革兰氏染色阳性细菌的总称。凡是能从葡萄糖或乳糖的发酵过程中产生乳酸菌的细菌统称为乳酸菌。这是一群相当庞杂的细菌,目前在自然界中已发现的乳酸菌在分类学上至少划分有23个属,200多种,包括:乳杆菌属(*Lactobacillus*)、双歧杆菌属(*Bifidobacterium*)、肠球菌属(*Enterococcus*)、链球菌属(*Streptococcus*)、乳球菌属(*Lactococcus*)、明串珠菌属(*Leuconostoc*)、片球菌属(*Pediococcus*)、漫游球菌属(*Vagococcus*)、气球菌属(*Aerococcus*)、奇异菌属(*Atopobium*)、利斯特氏菌属(*Listeria*)、糖球菌属(*Saccharococcus*)、肉食杆菌属(*Carnobacterium*)、环丝菌属(*Brochothix*)、芽孢乳杆菌属(*Sporolactobacillus*)、芽孢杆菌属(*Bacillus*)中的少数种、丹毒丝菌属(*Erysipelothrix*)、孪生菌属(*Gemella*)、四联球菌属(*Tetragenococcus*)、酒球菌属(*Oenococcus*)、乳球形菌属(*Lactosphaera*)、营养缺陷菌属(*Abiotrophia*)、魏斯氏菌属(*Weissella*)。

绝大多数乳酸菌都是安全的,都是人体内必不可少的且具有重要生理功能的菌群,其广泛存在于人体的肠道中,属厌氧或兼性厌氧,接触酶阴性,不运动,具有高度的耐酸性,可以在 pH 5.0或更低的酸性环境中生存。有少数种类具有致病性,可引起人类脑膜炎、败血病等。目前已被国内外生物学家所证实,肠内乳酸菌与健康长寿有着非常密切的关系。

目前乳酸菌的主要应用领域仍然是食品和饲料工业。在发酵工业上,乳酸菌的用途主要是生产乳酸。乳酸发酵食品具有悠久的历史。

18.2.2 乳酸发酵途径

不同的乳酸菌体内酶系统不同,所以其代谢糖类物质的途径也不同,因此乳酸发酵可分为三类,即双歧发酵途径、同型乳酸发酵途径和异型乳酸发酵途径。

(1)双歧发酵途径

双歧发酵途径即利用两歧双歧杆菌经分解底物进行发酵产生乳酸。若以葡萄糖为底物进行发酵,2 mol 葡萄糖产生 2 mol 乳酸和 3 mol 乙酸,见图18.4。此途径过程中,2 mol 葡萄糖首先被分解生成 2 mol 6-磷酸果糖,磷酸己糖解酮酶和磷酸戊糖解酮酶分别催化 6-磷酸果糖裂解产生乙酰磷酸和 4-磷酸赤藓糖及 3-磷酸甘油醛和 7-磷酸景天庚酮糖,最后生成乙酸和乳酸。双歧发酵途径的总反应式为:

$$2C_6H_{12}O_6 + 5(ADP + Pi) \longrightarrow 2CH_3CHOHCOOH + 3CH_3COOH + 5ATP$$

(2) 异型乳酸发酵途径

有些乳酸菌可以通过戊糖磷酸途径(HMP 途径)将葡萄糖分解为 5-磷酸核糖,再经差向异构酶作用变成 5-磷酸木酮糖,然后经磷酸酮糖裂解反应生成 3-磷酸甘油醛和乙酰磷酸。最后生成乳酸乙醇。这个反应由磷酸解酮酶催化,它是异型乳酸发酵的关键酶。见图 18.5。

异型发酵的总反应式为:

$$C_6H_{12}O_6 + ADP + Pi \longrightarrow CH_3CH_2OHCOOH + CH_3CH_2OH + CO_2 + ATP$$

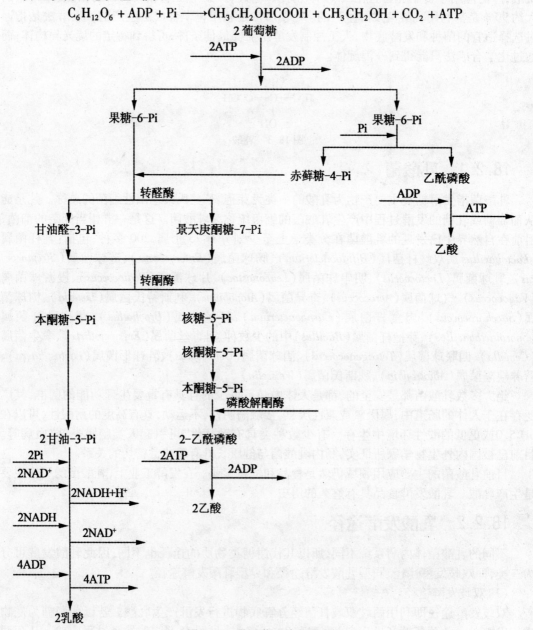

图 18.4 乳酸菌双歧发酵途径

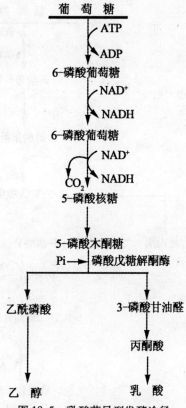

图 18.5 乳酸菌异型发酵途径

(3) 同型乳酸发酵途径

能进行同型乳酸发酵的细菌主要有：乳酸链球菌、保加利亚乳杆菌、德氏乳杆菌等。这些乳酸菌可以通过 EMP 途径将葡萄糖降解为丙酮酸，然后丙酮酸在乳酸脱氢酶的催化下还原为乳酸，见图 18.6。此发酵过程中 1 mol 葡萄糖产生 2 mol 的乳酸。总反应式为：

$$C_6H_{12}O_6 + 2(ADP + Pi) \longrightarrow 2(CH_3CHOHCOOH) + 2ATP$$

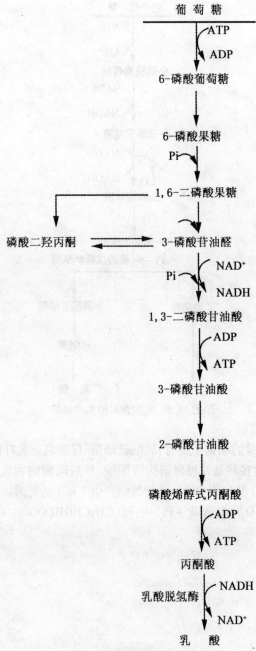

图 18.6 乳酸菌同型发酵途径

18.2.3 有机废弃物作为发酵原料

发酵工业生产乳酸应用最多的原料是葡萄糖、蔗糖、淀粉、纤维素等糖类物质,辅料主要是矿物元素、生长因子和少量有机氮。纯糖物质作为底物进行发酵生产乳酸的产率最高,提取也方便,但用纯糖生产乳酸在经济上是不可行的。有机废弃物含有大量的碳水化合物,利用有机废弃物进行发酵生产乳酸,不但可以解决废弃物的资源化问题,还能降低乳酸的生产成本,因此具有广阔的开发前景。

18.2.3.1 含糖、淀粉、纤维素类废弃物

糖蜜是制糖工业的副产品,一般含糖50%左右,还有丰富的生物素。此外,糖蜜还含有较多的灰分及其他杂质,不能直接使用,需经过稀释、酸化、灭菌、澄清等处理。另外,糖蜜不宜单独使用。

利用淀粉及纤维素类废弃物作为底物进行发酵生产乳酸,首先是用酶或酸将淀粉及纤维素水解为单糖或双糖,然后乳酸菌才能利用单糖或双糖发酵生产乳酸。

含淀粉较多的原料多为玉米、小麦、大米、马铃薯等农作物废弃物,如玉米渣、土豆渣、麦糠、麸皮、农作物的秸秆以及废弃的甜菜叶、茎等,一般含淀粉约70%,粗蛋白6%~8.5%。淀粉质原料首先要进行水解,使淀粉降解为糖乳酸菌才能利用。淀粉质原料的水解方法主要有酸解法、酶解法、酸酶法和酶酸法。但已经发现的能水解淀粉的乳酸菌有明串珠菌(*Leuconostoc sp.*)、植物乳杆菌(*Lb. plantarum*)、发酵乳杆菌(*Lb. fermentum*)、嗜酸乳杆菌(*Lb. acidophilus*)、解淀粉乳杆菌(*Lb. amylolyticus*)、木薯象牙海岸乳杆菌(*Lb. manihotivorans*)、纤维二糖乳杆菌(*Lb. cellobiosus*)、食淀粉乳杆菌(*Lb. amylovorus*)和嗜淀粉乳杆菌(*Lb. amylophilus*)等。美国最大的聚合物生产企业Cargill Dow公司已成功地将玉米渣作为乳酸发酵的起始原料工业化生产聚乳酸。M. Chatterjee等在1997年研究利用纤维二糖乳杆菌(*Lb. cellobiosus*)分解制作马铃薯沙拉后的残渣中的淀粉来制取乳酸,经48 h后淀粉的50%被转化成乳酸。此外,也有报道用甘蔗渣、麸皮水解液、面包废弃物、造纸污泥以及食品加工后的废弃物进行乳酸发酵。

利用纤维素类做底物生产乳酸的菌种主要有曲霉属(*Aspergillus*)、木霉属(*Trichoderma*)和青霉属(*Penicillium*)的菌种,其中最重要的是曲霉属中的黑曲霉(*A. niger*)和木霉属中的里氏木霉(*Tr. reesei*)等。

18.2.3.2 亚硫酸盐纸浆废液

亚硫酸盐纸浆废液作为亚硫酸法造纸工业废弃液,其废液中一般约含20%~35%的可发酵性糖,大多为戊糖。但是亚硫酸盐纸浆废液中还含有较多的二氧化硫、亚硫酸根和木质素等杂质,需经处理才能用于发酵生产。处理方法通常为使用蒸汽将游离二氧化硫蒸发,再用石灰乳处理,沉淀除去处于结合态的二氧化硫。然后通入二氧化碳使pH值恢复至中性才可以用于发酵。

18.2.3.3 厨房垃圾类废弃物

厨房垃圾是人们在日常生活中产成的一种生活废物,并且随着人类生活水平的提高,厨房垃圾的产生量越来越大,对环境造成了极大的危害,严重影响了人们的身体健康。厨房垃圾中含有的有机物成分占95%以上,含有约45%的碳水化合物,20%的蛋白和脂肪,以及35%的蔬菜、水果等,挥发性固体(VS)占总固形物(TS)的90%以上,水分含量大于80%,具有营养丰富、适合乳酸细菌生长的特点。

研究表明,厨房垃圾可以作为发酵生产乳酸的原料,生成的乳酸可合成聚乳酸,聚乳酸是一种可降解性的塑料。Loh等早在1999年就进行了厨房垃圾厌氧发酵的试验,有机酸的最

高质量浓度可达 39.84 g/L,其中乳酸占 65%～85%。Sakai 等也于 2000 年也发现厨房垃圾的自然发酵在调整 pH 为 7 的情况下,37℃发酵 3～5 天,可得到 27～45 g/L 的乳酸。

18.2.3.4 其他可利用废弃物

菊芋含菊粉及果聚糖,水解后得到果糖,并含有可溶性的含氮化合物,其营养较丰富,很适合乳酸菌发酵。

麦根是啤酒生产中制造麦芽时的副产品,含丰富的氮,其中 50% 左右为可溶性氮,氨基酸组成比较齐全,还含多种维生素。需将麦根在 45℃温水中浸 8～12 h 后过滤得到的乳浊液即可利用。

18.2.4 有机废弃物生产乳酸的条件

目前发酵法生产乳酸最常用的方法是分批发酵,这种发酵方法通常能得到更高的乳酸浓度和产量,而连续发酵通常能得到更高的乳酸体积产率,连续发酵方式可以提高生产效率和设备利用率,减少产物抑制作用。

18.2.4.1 菌种的选择

乳酸发酵的三种类型(同型乳酸发酵、异型乳酸发酵和双歧发酵途径)中同型发酵的末端产物只有乳酸一种,理论上乳酸的转化率可达 100%,而另外两种类型的发酵乳酸转化率只有 50%。筛选有竞争力的菌种,应该考虑的因素有:进行同型乳酸发酵,并要求产量高、易纯化、能在高温条件下进行发酵、能抗产物抑制、耐高渗、并不以乳酸为碳源等等。

1. 对工业发酵生产乳酸的菌种选择

乳酸发酵工业用菌种的要求应该是同型发酵菌,其代谢产物主要是乳酸,副产物少,产酸迅速,能耐高温,便于分离提纯和有较高的收率,有利于减少和避免杂菌污染,耐高温也可节约冷却用水。并且同型发酵菌对营养要求不高,可以降低成本。在工业生产上,以乳酸杆菌的应用最多,其中以德氏乳杆菌(*Lb. delbrueckii*)的发酵产率最高。链球菌属(*Streptococcus*)中的某些种以及凝结芽孢杆菌(*Bacillus coagulans*)等也具有较高的乳酸转化率。此外,霉菌中的米根霉(*Rhizopus oryzae*)也是一种工业上常用的乳酸生产菌。

2. 生产中常用的菌种

生产中常用的菌种有乳杆菌属、链球菌属及片球菌属的一些种,如植物乳杆菌(*L. plantarum*)、保加利亚乳杆菌(*L. bulgaricus*)、德氏乳杆菌(*L. delbruckii*)及干酪乳杆菌(*L. casei*)等。从食品和医药角度考虑,最好是采用生产 L-型乳酸的菌种。目前我国中国科学院微生物所已筛选出一株干酪乳杆菌(*Lactobacilluscasei subsp. casei*)。日本、德国等国家也已采用干酪乳杆菌、凝结芽孢杆菌(*B. coagulans*)和嗜热脂肪芽孢杆菌(*B. stearathemophilus*)及相应的新工艺生产 L-乳酸。

18.2.4.2 营养物质的添加

乳酸发酵主要需要的营养物质主要包括碳源、氮源、维生素等。乳酸菌可以利用的碳源主要是单糖和一些寡糖,如葡萄糖、木糖、乳糖等。葡萄糖是自然界分布最广且最为重要的一种单糖,作为碳源的时候通常可以达到更高的乳酸产量,而木糖、半乳糖、阿拉伯糖、乳糖、麦芽糖等的乳酸转化率较低。当然，不同种类的乳酸菌对不同碳源的利用能力也不同。氨基酸和维生素作为乳酸发酵所需的氮源和生长因子，加入这类营养物，可使发酵获得更高的乳酸产量。

工业生产过程中，为了降低生产成本常常加入麦根、麸皮、米糠、玉米浆、毛发水解液等天然廉价的辅料。对德氏乳杆菌来说，以麦根和玉米浆为好。辅料的添加要适量，辅料如果添加的太少，会导致菌体生长缓慢，发酵速度下降，残糖高，产量低，生产周期长。若添加辅料太多，会使菌体生长迅速进而导致过多地消耗营养物质，降低发酵产率。

18.2.4.3 产物抑制作用的降低

生产乳酸的过程中，如果不能及时地把产物提取出来，乳酸的累积便会使环境的 pH 值降低。酸性环境对乳酸菌的活性和乳酸的产生都有严重的抑制作用。在工业生产中，传统常用的方法是加入 $CaCO_3$ 等作为中和剂，中和产生的乳酸，待发酵结束再用钙盐结晶－硫酸化法分离出产物乳酸。但是通过中和的方法虽然能在一定程度上控制环境 pH 值，但产生的乳酸盐对发酵仍有抑制作用。最近的研究表明，原位产物分离技术能在线移去乳酸，降低产物抑制作用，提高产品收率。目前研究较多的原位分离技术有：离子交换法、电渗析法、溶剂萃取法等。

18.3 工业废物生产单细胞蛋白

单细胞蛋白（Single Cell Protein, SCP）一词由美国麻省理工学院（MIT）的 Carrol Willson 于 1966 年首先提出，将微生物菌体蛋白统称为单细胞蛋白，明确单细胞蛋白可作为人类生产和生活中新的蛋白资源。单细胞蛋白又称微生物蛋白，是通过培养单细胞生物而获得的生物体蛋白质，包括细菌、酵母菌、霉菌、放线菌中的非病源菌和藻类等。

18.3.1 可用于生产单细胞蛋白的废物种类

很多碳水化合物、碳氢化合物等有机废物在适宜的培养条件下可用于生产微生物蛋白。不仅是因为这些原料成本低、来源广泛，而且源源不断。而自然界中存在的微生物资源十分丰富，所以能用于生产单细胞蛋白的底物也非常丰富。大多数有机废弃物都有可能作为底物生产单细胞蛋白。用于生产单细胞蛋白的常见废弃物有高浓度有机废水（造纸工业的亚硫酸盐纸浆废液、制糖工业废水、酿造业废水品工业废水、屠宰场废水等）、烃类及其衍生物（石油烃、天然气及其氧化物如甲醇、乙醇、乙酸等）、工业废气（二氧化碳、石油加工厂废气中的烷烃等）、农业废弃物、固体废弃物（城市有机垃圾、造纸厂废弃物、酿造废弃物酒糟、水产加工废弃物、食品加工中的皮物等）。

可用于生产单细胞蛋白的有机废料见表 18.1。

表 18.1　可用于生产单细胞蛋白的有机废料

行业		主要的底物	微生物	最终产物	用途
乳品业		乳糖	保加利亚乳酸杆菌	乳酸氨、SCP	牲畜饲料
			脆壁酵母	SCP、酒精	饲料、食品、能源
			多孢丝孢酵母、假丝酵母	SCP、油	食品、饲料
			脆壁克鲁维酵母	SCP、酒、醋	食品
			球拟酵母	伏特加、香槟	食品
			酶	糖浆	白酒、啤酒
		乳糖+蔗糖	酿酒酵母	酒	食品
食品加工业	麦片、食糖	混合糖类	季也蒙假丝酵母、克洛德巴利酵母	SCP	食品
			汉逊酵母、酿酒酵母	SCP	食品
		蔗糖和葡萄糖	产朊假丝酵母	SCP	食品、饲料
		蔗糖、葡萄糖、果糖和棉子糖	酿酒酵母、产朊假丝酵母	酵母	食品
		淀粉	曲霉、头孢霉、根霉、青霉、曲霉、木霉、地霉	SCP、葡萄糖	食品、饲料
	水果与蔬菜	混合糖类	胚芽乳酸杆菌、保加利亚乳酸杆菌、液化链球菌	乳酸	饲料
		混合糖类及乳酸	酿酒酵母、脆壁克鲁维酵母、产朊假丝酵母	SCP、蔗糖酶	食品、饲料
			产朊假丝酵母	SCP	
		葡萄糖、果糖和蔗糖	必赤酵母	SCP	食品、饲料
		葡萄糖、果糖、蔗糖和山梨糖醇	脆壁克鲁维酵母	SCP	食品、饲料
		葡萄糖和果糖	酿酒酵母、产朊假丝酵母、鲁氏酵母	SCP	食品、饲料
		还原糖、粗蛋白和渣淀粉	双孢子酵母、粗柄羊肚菌	蘑菇	食品
			臭曲霉	SCP、淀粉酶	食品、饲料
			保加利亚乳酸杆菌、嗜热乳酸杆菌、嗜酸乳酸杆菌	乳酸铵、SCP	牲畜饲料
			扣囊拟内孢霉、绿色木霉、产朊假丝酵母、融枯寻霉	SCP	食品、饲料
		混合糖类	混合乳酸菌、链孢霉	SCP	饲料
	肉类	胶原蛋白	巨大芽孢杆菌	SCP	饲料
酿酒业		还原糖	黑曲霉	SCP、柠檬酸	食品、饲料
			产朊假丝酵母、酿酒酵母、双孢子蘑菇、羊肚菌	SCP、蘑菇	食品
			产朊假丝酵母、粘红酵母	SCP	食品、饲料
纸浆和造纸业		纤维素	纤维杆菌粉状侧孢霉	SCP	饲料
			绿色木霉、酿酒酵母	酒精、SCP	饲料
			绿色木霉	SCP	饲料
农业（草秆）		纤维素半纤维素	溶纤维素毛壳霉	SCP	食品、饲料

18.3.2 生产单细胞蛋白的方法

18.3.2.1 微生物作用生产单细胞蛋白

很多种类的微生物可以用于生产单细胞蛋白,如酿酒酵母可利用葡萄糖、蔗糖等为碳源,假丝酵母利用戊糖为碳源,木霉、青霉利用纤维素为碳源等利用糖类发酵生产单细胞蛋白;酵母菌利用石油原料生产单细胞蛋白;氢单胞菌利用二氧化碳为碳源,氢为能源生产单细胞蛋白;甲烷假单胞菌、甲烷单胞菌等可利用甲烷原料生产单细胞蛋白;甲醇专性营养的细菌以甲烷单胞菌属和甲基球菌属为多,甲醇兼性营养的细菌以假单胞菌为多,均可利用甲醇原料生产单细胞蛋白;以酵母菌为主,其次为细菌与霉菌可利用乙醇原料生产单细胞蛋白;单细胞藻类,如小球藻、螺旋藻属及光合细菌可利用太阳光能生产单细胞蛋白。

单细胞蛋白质的生产不受季节、空间阳光的种种限制。另外据单细胞蛋白质的原料主要来自石油,不仅价格低、稳定,而且蕴藏量丰富,我们也不用经常担心制造来源的匮乏。除了常规选育法外,单细胞蛋白的生产还可以采用常规选育法与恒化态优化法相结合进行选育。我们主要的目的是获得蛋白质含量高而比生长速率不变的优秀菌株。所以,筛选时可优先筛选蛋白质高的无毒菌株,然后以恒化态优化法提高其比生长速率。

筛选利用废水生产单细胞蛋白的微生物菌种的方法主要有普通富集法、半连续富集培养法和恒化态优化法三种。普通富集法是在37℃、120 r/min 的条件下,摇床培养24 h 后,用稀释涂平板法分离单菌落,将长出的较大的单菌落继续培养24 h,再重复纯化2次即可。半连续富集培养法是将普通富集法得到的菌株进行摇瓶培养24 h,将菌液浓度和蛋白质含量较高的菌株在37℃、120 r/min 的条件下培养10 h,以10% 接种量接入装有新鲜培养基的三角瓶中继续培养。如此反复多次,直至最终菌液浓度稳定,然后再进行单菌落分离。恒化态优化法是先在温度为35℃条件下进行间歇培养,到菌液浓度增到最大时就开始连续培养。

18.3.2.2 工业废物生产单细胞蛋白

研究表明,造纸厂的亚硫酸盐废液、甘蔗、甜菜糖厂的废糖蜜、纤维素水解液、食品发酵废液、酒精废液等均可用于生产单细胞蛋白。

1. 亚硫酸盐纸浆废液生产单细胞蛋白

在纸浆造纸工业中,纸浆蒸煮过程产生的亚硫酸盐废液中有机物含量达87% ~90%,主要包括半纤维素分解的产物、不同磺化程度的与高分子聚合的木质磺酸、单糖及多糖解聚、纤维素、挥发性有机酸酒精、树脂和糖醛等。

利用亚硫酸盐废液生产单细胞蛋白的主要方法是采用芬兰纸浆和造纸研究所开发的 Pekilon 工艺。该过程包括除去 SO_2、发酵和产物回收三个基本工序。除去 SO_2 是生产的前提,因为 SO_2 的质量浓度大于 30 g/L 时会抑制酵母菌的生长。常用的方法是用石灰沉淀法形成 $CaSO_4$ 沉淀可除去释放出的 SO_2。关键是第二部分——发酵,为微生物生长提供主要碳源的物质为亚硫酸盐制浆过程中半纤维素水解形成的糖类。发酵过程中需补充氮源、磷源及金属离子,并维持 pH 值在 4.5 ~6.0。产物回收过程包括菌体分离、洗涤、灭菌、干燥及包装。

2. Waterloo 单细胞蛋白生物转化法

这种方法是由加拿大 Waterloo 大学的 Moo - Yong 等人开发的。整个工艺流程分为三个部分:原料预处理(包括原料破碎、水解、灭菌)、发酵(通过培养真菌溶纤维素毛壳霉,进行纤维素水解,并得到菌体)和产品回收(即分离和干燥)。

该工艺可以采用价廉、易得的纤维质为底物,能够生产营养价值高且核酸含量低的真菌蛋白,并且重要的是生产费用低。

习 题

1. 简述工业废物可资源化的特点。
2. 厌氧堆肥化的原理以及影响因素有哪些?
3. 用于工业生产乳酸的细菌有哪些?可作为发酵原料的废弃物有哪些?乳酸发酵有哪些途径?
4. 可用于产生单细胞蛋白的工业废物有哪些?

第19章 环境污染物降解代谢生物化学过程

随着人类社会工业的飞速发展,大量人工合成的化学制品广泛使用,各种不同类型的有机化合物进入自然环境。因为其化学结构和特性的不同,一部分能够被自然界的微生物分解的化合物是对环境无害的,当然也有许多化合物是微生物不能够降解的,便富集在自然环境中,导致这类化合物在环境中长期滞留,有些化合物毒性很大,对自然环境及人类产生很严重的恶劣影响。很多科学家正致力于研究能够降解这些有毒化合物的微生物体系,这将对人类社会未来的发展起着重要作用。

19.1 环境污染物降解代谢的生物化学基本概念与原理

19.1.1 环境污染物降解代谢的基本概念

环境中能够降解的污染物通常都是有机污染物,而这些污染物降解代谢过程总是依靠微生物进行自身的生理活动实现催化降解,从而消除环境中污染物的一个受控或自发进行的过程,即是通过微生物作用于有机物污染物将大分子物质降解成小分子化合物的生理生化过程。

利用微生物进行污染物的降解代谢可以消除或减弱环境污染物的毒性,可以减少污染物对人类健康和生态系统的风险。如果想要降解难降解的污染物,就要在人为强化的条件下,利用自然环境中的土著微生物或人为投加外源微生物的代谢活动,对环境中的污染物进行转化、降解与去除的方法。环境污染降解代谢主要由利用微生物代谢能力的技术、活化微生物分解能力的方法和添加特定微生物的方法组成。微生物还有一个显著的特点:极易发生变异,微生物比高等生物容易发生变异,这是因为微生物个体微小,结构简单,比表面积大,与外界环境密切接触,容易受外界的影响,加之微生物繁殖迅速,在较短的时间内其遗传过程多次受外界条件的影响,变异机会加大。这样就可以根据污染物的不断产生而产生对应的新的微生物的种类,来降解相应的污染物。

微生物降解代谢污染物特点之处还在于能够根据不同的环境条件,进行仔细检测,合理设计,促进或强化自然状态下发生的极慢或根本不能发生的降解或转化。这使其又有别于其他生物,在环境污染治理中,微生物的作用更独树一帜。环境污染物降解代谢过程已被成功地应用于清除或减少土壤、地下水、废水、污泥、工业废物及气体中的化学物质。

19.1.2 环境污染物降解代谢的基本原理

微生物降解代谢的简单基本原理是:调节被污染地区的条件,促使污染地原有微生物群落或接种的微生物的降解作用迅速完全进行。作用于污染物分子的微生物不是单一菌株,而是一类相关微生物群落,是因为任何一个微生物群落都存在着一个内在的动态平衡,可以通过改变环境条件等调节其种群结构。微生物对污染物的代谢反应有多种形式,既有有利于生态系统的,也有不利于生态系统的(见表 19.1)。

表 19.1 微生物对化学污染物的作用

作用	化学变化
降解	复杂的化合物变成简单的产物,如矿化物
结合	将化合物转变为较为复杂的结构
脱氧	转变成非毒性化合物
活化	转变成更为毒性的化合物

19.2 环境污染物降解代谢的机理

19.2.1 应用于降解代谢的微生物种类

19.2.1.1 微生物的种类

自然界的微生物的种类丰富、代谢类型多样,凡自然界存在的有机物都能被微生物利用、分解。按来源将微生物进行分类可分为:土著微生物,外来微生物以及基因工程微生物。

1. 土著微生物

土著微生物即是自然环境中存在的微生物。微生物在自然界分布极广,无论是土壤、水体和空气,还是植物、动物和人体的内部或表面都存在大量微生物,可以说是无处不在。天然的水体和土壤是微生物的大本营,一克土壤中含菌量高达几亿甚至几十亿;空气中也含有大量微生物,人员聚集的地方,微生物的种类及含量越高。

当微生物生存的自然环境遭受有毒有害的有机物污染后,改变了原本的生活环境,有些微生物因不能适应新环境而死亡,而能适应的微生物便不断增长繁殖、数量不断增多,即出现一个优胜劣汰的自然进化。或者有些微生物的基因经过刺激而突变,形成了新的可适应的物种。在有机污染物被降解的过程中,还可以观察到微生物种群的生态演替,据此可判断出降解进行的进程。

2. 外来微生物

外来微生物是指自然界已经存在的,但由于环境受到了污染,而原有的微生物生长过慢或者代谢活性低等种种因素造成微生物数量及活性不足以降解消化污染物的时候,可以人为地投加一些针对该污染物降解的高效菌群,但这些菌群不能与原有的微生物群落的相容性太低。否则,容易造成生物入侵的情况。目前已经投入应用的高效降解菌多为若干种微生物混合而成的复合菌群,如光合细菌。目前广泛应用的 PSB 菌剂多为红螺菌科光合细菌群,它们对有机物的降解能力很强,同时也能消耗大量的硫和氮。

3. 基因工程微生物

基因工程菌就是采用基因工程技术手段,将降解性质粒转移到一些能在污水和受污染土壤中生存的菌体内,或将多种微生物的降解基因组装到一个细胞中,使该菌株集多种微生物的降解性能于一体,能定向地构建高效降解难降解污染物的工程菌。这样,基因工程菌既有混合菌的功能,又拥有纯培养菌株的特点。

到目前为止,已发现许多具有特殊降解能力的细菌,这些细菌的降解能力由质粒控制。

自然界中所含的降解性质粒多达 30 余种,主要有 4 种类型,分别为:农药降解质粒,能降解 2,4-D、六六六等;工业污染物降解质粒,能降解对氯联苯、尼龙等;石油降解质粒,能降解樟脑、辛烷、萘、水杨酸盐类;抗重金属离子的降解质粒。

众所周知,油轮海上倾油可引起大面积海域污染,国外已采用"超级细菌"进行海面浮油处理。采用可被降解的生物农药也是处理化学农药对土壤的污染较为先进的方法。此外,河流、湖泊水域的污染防治、酸雨危害以及城市垃圾处理等,也都是亟待解决的难题。

19.2.1.2 微生物的营养需求

微生物是环境中普遍存在的生物类群,其细胞是由相对固定的元素组成。微生物正常的生长繁殖就要不断地吸收各种外界物质来合成自身所需的物质,同时从中获取生命活动所需的能量,如果某一种必需元素缺少的话,那么整个微生物群落的生长就可能限制。这些营养物质是微生物生长、繁殖和进行各种生命活动的物质基础,微生物需要量较大的有 10 种元素,其中大部分用于合成糖、脂类、蛋白质和核酸,少量的其他元素作为酶的组分和辅助因子,为微生物的生命活动提供代谢调节物质、能量和结构物质。

微生物所需要的营养可以分为两大类:一是大量营养元素,如氮、磷、钾等;二是微量元素,如锰、锌、铜、钴等。

1. 大量元素

微生物细胞干重的 95% 以上由碳、氧、氢、氮、硫、磷、钾、钙、镁和铁少数几种主要元素组成,因为微生物对它们的需要量相对较大,因此这些元素被称为大量元素。碳、氧、氢、氮是生命活动最基本的组成元素,在自然环境中的有机碳含量都比较丰富,可以满足微生物生长所需,硫是蛋白质的重要组成元素,磷是组成核酸和三磷酸腺苷(ATP)不可缺少的元素,铁是微生物细胞内过氧化氢酶、过氧化物酶、细胞色素与细胞色素氧化酶的组成元素,是微生物生长所必需的组分。而钾、钙、镁主要以离子形式存在于细胞中,它们的生理功能是多种多样的。

2. 微量元素

微生物除了需要大量元素外,还需要一些微量元素。锰、锌、铜、钴、镍等微量元素,虽然微生物细胞所需的量很少,但却是必需的,因为,微量元素是多种酶的成分。酶能加速生化反应、有机物质的合成,分解及代谢的所有化学反应中都有酶的参与。微量元素一般作为酶或辅助因子的组分辅助催化反应,维护蛋白质结构的稳定。在自然界,微量营养物质无所不在,通常不会限制生长。在酶促过程中,微量元素有多种作用,有些微量元素起结构作用或功能作用,有些微量元素能定向地增加分子的固定。

19.2.2 污染物降解代谢的作用原理

微生物在环境中与污染物发生相互作用,通过其代谢活动,会使污染物发生氧化-还原反应、水解反应、脱羧基反应、脱氨基反应、羟基化反应等多种生理生化反应等。这些生化反应可以使绝大多数有机污染物质发生不同程度的转化、分解或降解。微生物在环境中的生物化学降解转化作用几种主要有以下几种类型。

1. 氧化-还原反应

氧化-还原反应是微生物细胞内最重要的一类生物代谢反应。在生物体中能量的生成通常是氧化-还原反应及电子与质子流动和传递的结果。包括铁、硫等单质的氧化、高价铁和硫酸盐的还原,氨、二氧化氮等化合物的氧化、三氧化氮的还原、羟基或醇的还原等,也包括一些有机物基团的氧化,如甲基、羟基、醛等;有些还原作用是氧化作用的逆过程,但有些则不是逆过程。在自然环境中,这些氧化-还原作用大都是由微生物引起的,是最常见的也是最重要的生物代谢活动。不同的是,氧化作用普遍存在于各种好氧环境中,还原作用需要缺氧或者厌氧的环境。

氧化-还原反应实质是电子的得失反应:获得电子的过程是还原反应,失去电子的过程是氧化反应。细胞中氢及其电子从一个化合物向另一个化合物转移时发生氧化-还原反应,被转移的电子所携带的能量便贮存在新的化学键中。例如:

$$XH_2(还原型底物) + NAD^+ \longrightarrow X(氧化型产物) + NADH + H^+$$
$$XH_2(还原型底物) + NADP^+ \longrightarrow X(氧化型产物) + NADHP + H^+$$
$$XH_2(还原型底物) + FAD \longrightarrow X(氧化型产物) + FADH_2$$

其中还原态的 NADH、NADPH 和 FADH 等还可将所接受的电子和氢传递给其他传递体如细胞色素、辅酶 Q 等。氧化-还原反应是呼吸作用和光合作用等代谢中最基本的反应。

2. 水解作用

水解作用是大分子有机物降解时最基本的一种生物代谢作用,是一种基本的生物代谢作用。许多生物大分子多聚体分解成小分子单体都涉及水解反应,例如淀粉水解成葡萄糖、多肽水解成不同的氨基酸、DNA 或 RNA 分子水解产生许多单核苷酸等。ATP 水解形成 ADP 是另一类直接放出能量的水解反应。在处理有机大分子时,许多微生物经常会用到水解作用这一特殊的生物化学反应,分泌胞外酶使有机大分子物质发生水解作用,转化为其他的小分子物质,然后通过微生物细胞膜而进入细胞体内。

3. 脱羧基作用

脱羧基作用主要发生在微生物降解有机酸的过程中,通过脱掉羧基使有机酸分子变小,脱羧基减少一个碳原子,形成一个二氧化碳分子。在连续的脱羧基反应下,有机酸分子得到彻底降解成小分子物质。

4. 脱氨基作用

脱氨基作用主要存在于降解大分子蛋白质,是使带有氨基($-NH_2$)的蛋白质分子脱除氨基,进而得到降解。构成蛋白质的氨基酸的降解必须先经脱氨基作用,然后才像普通有机酸一样经过脱羧基作用等得到进一步的降解。

5. 其他常见的代谢反应

除了最重要的氧化-还原反应外,常见的生物代谢反应还包括基团转移反应、碳键的形成和断裂反应、消除反应、重排反应、酯化作用、缩合作用、氨化作用以及乙酰化作用等。

生物体中的有机化合物主要含有酰基(羰基)、羟基、羧基和氨基等功能基团。前面我们提到的脱羧基作用以及脱氨基作用都属于基团转移反应。细胞代谢过程中典型的基团转移反应还包括酰基转移反应、磷酰基转移反应、葡糖基转移反应等。生物体将复杂化合物分解为简单小分子并放出能量的过程为异化作用或分解代谢,而大部分合成代谢和分解代谢都涉及碳键的形成或断裂(如图 19.1)。

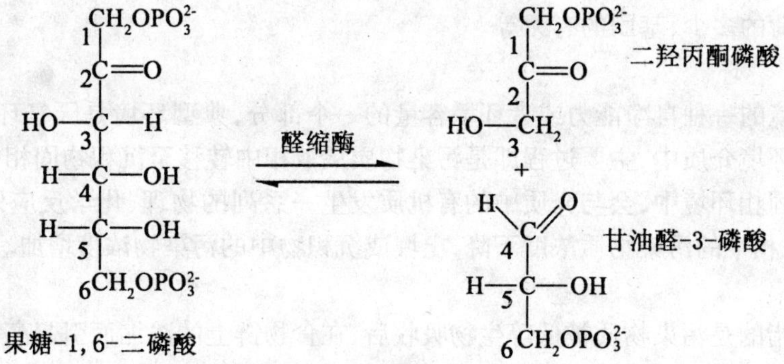

第19章 环境污染物降解代谢生物化学过程

果糖-1,6-二磷酸 ⇌(醛缩酶) 二羟丙酮磷酸 + 甘油醛-3-磷酸

图 19.1 碳键的断裂反应

19.2.3 环境污染物降解代谢的机理

环境污染物降解代谢是指微生物吸收污染物中的营养物质维持生命和增殖,同时降解污染物中的有机质的一系列化学反应过程,此过程包括有机污染物的降解和微生物的增殖。在微生物降解代谢有机污染物的过程中,污染物被降解到怎样的程度是很重要的,学者 Mausnet 等人曾做过针对降解程度的研究,他们把生物降解分为三个阶段,即初级生物降解、环境容许的生物降解和最终生物降解。

(1)初级生物降解是指在微生物的作用下,污染物的化学结构发生变化,改变了分子的完整性,使之更易于被微生物吸收。

(2)环境容许的生物降解是指有机污染物的毒性或其他对环境有害的性质被微生物降解掉,使其降低或完全去除对环境以及环境中生存的生物的毒害作用。

(3)最终生物降解指在微生物降解作用下,使污染物由有机转化无机,完全被降解成二氧化碳、水和其他无机物。

19.2.3.1 环境污染物的迁移转化途径

污染物进入自然环境后,在各种自然力(如水、风等)以及生物力的作用下发生一些简单的物理化学变化,包括稀释扩散、吸附、沉积、生物富集及降解等主要途径。下面对这些途径做简要的介绍。生物降解作用在后面的篇章里做详细的阐述。

1. 稀释扩散

当污染物质被排放到自然环境中,便会自发地从污染源的高浓度区域向低浓度区域进行扩散。在此过程中,作用于污染物的自然环境因素很多,但最主要的因素为环境介质的性质,流动性大的介质,污染物质在其中扩散的速度就较大,反之则较小。如空气的流动性大于水,水的流动性又大于土壤,所以,污染物在空气中扩散度比水中的扩散度大得多,在固体中的扩散则更难,扩散度以扩散系数表示。除了环境介质的流动性,环境参数如温度、压力等对污染物的扩散速度也有一定的影响。

2. 吸附

吸附就是在介质的表面上发生的亲和黏着,包括吸持和吸收。通常是由于静电荷吸引、化学键、黏力或者碰撞、络合或沉淀作用等使表面发生黏着作用而吸附在一起。吸附作用在污染物质的迁移转化过程中会普遍发生。但是,一种介质对某种污染物质的吸附是有限的,很快就会达到饱和。当吸附达到饱和后,如有解吸附作用发生,便还可以继续进行吸附,当解吸附速率与吸附速率相等时,吸附就达到了一个动态平衡,称为吸附平衡。影响吸附平衡的因素主要有电荷的多少、基团的有无等。

3. 沉积

沉积是环境的一种自净能力或者环境容量的一个部分,典型环境是厌氧环境,主要发生于液相和固相环境介质中,主要过程即是污染物质从液相中转移至沉积物固相中。当污染物质进入液相或固相环境中,会与介质中的有机质发生一系列的物理、化学反应以及生物学反应。沉积后,水相中的污染物质浓度下降,土壤或沉积物中的污染物浓度增加。

4. 生物富集

生物富集指的是污染物质被低等生物吸收后,在食物链上的浓缩而引起高等生物体内的污染物质的高浓度积累,当积累达到一定程度时,其概念就转化为富集。生物富集通常采用富集系数来描述,即指生物体内某种污染物质的浓度与它所生存的环境中该物质的浓度的比值。

19.2.3.2 环境污染物进入微生物细胞的途径

污染物作为微生物代谢的基质,其代谢过程与其他化合物的代谢相似,可能包括对基质的吸附、分泌胞外酶、吸收、运输以及胞内代谢等。

微生物能够降解、转化这些物质,降低其毒性或使其完全无毒化,微生物降解有机物有两种方式:第一,通过微生物分泌的胞外酶降解;第二,污染物被微生物吸收到微生物细胞内后,由胞内降解。吸附作用对于保证化合物代谢是必不可少的,是降解代谢作用的第一步。当基质被吸附到微生物细胞的表面,细胞开始分泌一些胞外酶。胞外酶的作用就是将一些不溶性的大分子多聚体水解成小分子量的可溶性产物。但是当胞外酶被吸附、胞外酶变性、胞外酶蛋白生物降解等因素会导致胞外酶失去活性。

当污染物质被分解成小分子,能够达到进入细胞的条件时,微生物从胞外环境中吸收摄取这些污染物质,主要方式有主动运输、被动扩散、促进扩散、基团扩散、基团转位、胞饮作用等。

1. 主动运输

主动运输可以逆物质浓度梯度进行,但是需要消耗能量。主动运输进行跨膜运输的营养物质是没有被修饰而发生改变,这个过程中有时候也需要载体蛋白的参与,在某些方面主动运输促进扩散,但促进扩散不能利用能量进行逆运输。被运输物质与相应的载体蛋白之间存在着亲和力,通过改变亲和力的大小使物质与载体蛋白之间能发生可逆的结合或分离,从而完成物质的运输。

在主动运输中,载体蛋白的构型变化需要能量。载体蛋白对被运输物质具有较强的专一性,性质相近的溶质分子会竞争性地与载体蛋白相结合。能量通过两条途径影响到污染物的运输:第一,直接效应,即直接消耗能量去改变载体蛋白的构型;第二,间接效应,即能量先引起膜的激化,进而改变载体蛋白的构型。

2. 被动扩散

被动扩散也简称扩散,是基质物质进入微生物细胞的方式中最简单的一种,指营养物质从高浓度部位向低浓度部位运动的过程。影响扩散的因素有很多,如细胞外的污染物质的相对分子质量的大小、分子的极性、脂溶性或水溶性等性质,此外还有 pH 值与温度等因素。正常情况下,相对分子质量小、脂溶性、极性小和温度高的物质容易吸收,反之则不容易吸收。但是,扩散不是微生物吸收物质的主要方式,只能吸收水、某些气体、甘油和某些离子等少数物质。

膜内外该物质浓度差决定了物质跨膜运输的速度,内外浓度差越大,运输的速度越快,浓度差小则速度小,当细胞膜内外的浓度相同时,运输的速度降低为零。被动扩散而运输的物质不能进行逆浓度梯度的运输,因此不消耗能量。

3. 促进扩散

促进扩散是需要在载体蛋白协助下进行扩散的一种运输方式,这种方式不能进行逆浓度运输,因此也不需要能量消耗,运输速度同样取决于膜内外物质的浓度差。载体蛋白是位于细胞质膜上的一种特殊的蛋白质,每一种载体蛋白只能选择性地运输某一类能与之结合的物质,在载体蛋白的作用下,可以提高通过选择性渗透膜的扩散速度,而在此过程中载体蛋白不发生变化,类似于酶所起到的作用,故载体蛋白也称为透过酶。促进扩散方式多见于真核微生物中,许多糖类和氨基酸通过细胞采用此种方式。

4. 基团转位

基团转位是微生物在吸收物质时,被运输的物质发生化学变化,才能够进入细胞内,除此之外,其他过程与主动运输是相同的。基团转位主要发生在一些糖类及其衍生物、核苷酸和脂肪酸进入厌氧微生物细胞,在好氧微生物的运输中还未发现。这些物质通过这种方式进入原核生物胞内,同时被磷酸化,如:磷酸烯醇式丙酮酸(PEP)作为磷酸供体。

$$PEP + 糖(胞外) \longrightarrow 丙酮酸 + 糖-P(胞内)$$

19.2.3.3 环境污染物降解代谢生物化学机理

微生物降解代谢是指微生物吸收营养物质维持生命和增殖并降解基质的一系列生物化学反应过程。包括有机物在微生物作用下,发生氧化、放热和酶降解过程,使结构复杂的大分子降解。

1. 呼吸作用

(1) 厌氧呼吸

一些厌氧或兼性厌氧微生物在厌氧条件下进行厌氧呼吸。厌氧呼吸作用过程是指微生物利用化合物而不是利用氧作为电子接受体的过程,在它的电子传递体系中,最终电子受体是像 NO_3^-、NO_2^-、CO_2、SO_4^{2-}、$S_2O_3^{2-}$ 等这类外源无机化合物,但金属和少数有机分子也能被还原,如金属离子如铁(Fe^{3+})、锰(Mn^{4+})等。无氧呼吸通过磷酸化作用,产生 CO_2 和较多的 ATP 用于生命活动,但生成的能量较有氧呼吸要少得多。除了生成新的细胞质外,厌氧呼吸的副产物有氮气(N_2)、硫化氢气体(H_2S)、还原态金属和甲烷气(CH_4),具体产生哪些副产物主要取决于电子接受体的供给情况。下面举两个例子:

① 以 SO_4^{2-} 为最终电子受体

硫酸盐为最终电子受体时,在硫酸还原酶催化下被还原成硫化物(S^{2-} 或 H_2S)并接受 8 个电子,生成 ATP。

$$SO_4^{2-} + 8e^- + 8H^+ \longrightarrow S^{2-} + 4H_2O$$

② 以 NO_3^- 作为最终电子受体

硝酸盐作为电子传递链终端的电子受体时,硝酸盐的 NO_3^- 在接受电子后被还原成 NO_2^-、N_2,并产生 ATP 的过程,此过程也称为脱氮作用。脱氮分两步进行:NO_3^- 被先还原为 NO_2^-,NO_2^- 再被还原为 N_2。总反应式为:

$$2NO_3^- + 10e^- + 12H^+ \longrightarrow N_2 + 6H_2O$$

(2) 好氧呼吸

好氧呼吸是以分子氧作为最终电子受体,将有机底物全部被氧化成二氧化碳和水,并产生 ATP,但其进行的要求为环境中的氧气的体积分数必须超过 0.2%。一些好氧微生物也可利用某些金属污染物作为电子接受体。好氧呼吸利用能量的效率大约是 42%,其余的能量以热的形式散发掉。根据能源的来源,好氧呼吸可分为外源性呼吸和内源性呼吸。外源呼吸,即通常称的呼吸,是指微生物利用外界供给的能源进行呼吸;如果利用自身内部贮存的能源物质进行呼吸,则叫内源呼吸。

2. 电子传递

一些微生物可利用无机分子作为电子给予体,如氨离子(NH_4^+)、亚硝酸盐(NO_2^-)、还原性 Fe^{2+}、还原性 Mn^{2+} 以及 H_2S。当这些还原性无机组分被氧化,电子转移给电子接受体,为细胞合成提供能量。电子传递体系是由烟酰胺腺嘌呤二核苷酸 (NAD) 或烟酰胺腺嘌呤二核苷酸磷酸 (NADP)、黄素腺嘌呤二核苷酸 (FAD) 或黄素单核苷酸 (FMN)、辅酶 Q、细胞色素 b、细胞色素 c1 和 c 及细胞色素 a 和 a3 等组成。电子传递系统不但能从电子供体接受电子并将电子传递给电子受体,还能通过合成 ATP 保存一部分在电子传递过程中释放出的能量。

3. 发酵作用

发酵是一种在无氧环境中重要的代谢作用,底物脱氢后所产生的还原力不经过呼吸链传递而直接交给内源氧化性中间代谢产物的一类低产能过程。通过发酵作用,有机污染物被转化为无害化合物,如乙酸盐、丙酸盐、乙醇、氢和二氧化碳等。发酵产物可以进一步被其他微生物降解,最终转化为二氧化碳、甲烷和水。下面简单介绍一下乙酸发酵,甲酸发酵和乳酸发酵。

(1) 乙醇发酵

乙醇发酵的过程是将糖转变成 ATP、乙醇分子和二氧化碳。糖首先经过糖酵解产生丙酮酸,丙酮酸脱羧基成为乙醛,随后再通过乙醇脱氢酶的作用以 NADH 作为电子供体将乙醛转变成乙醇。大体上可分为酵母菌的乙醇发酵、异型乙醇发酵和同型乙醇发酵。

(2) 甲酸发酵

甲酸发酵即是丙酮酸被一些微生物代谢后转变成甲酸和其他产物。甲酸可以被甲酸脱氢酶进一步转化成氢气和二氧化碳。甲酸发酵有两种类型,一种是混合酸发酵,产生乙醇和乙酸、乳酸、甲酸、氢气和二氧化碳等多种代谢产物;另一种进行丁二醇发酵,丙酮酸被转变成 3 - 羟基丁酮,随后被 NADH 还原成 2,3 - 丁二醇。

(3) 乳酸发酵

乳酸发酵非常普遍,是由乳酸菌包括乳杆菌、芽孢杆菌、链球菌、明串珠菌等将丙酮酸分解成乳酸。乳酸发酵途径可分成两类,同型乳酸发酵和异型乳酸发酵。同型乳酸发酵通过糖酵解途径,在乳酸脱氢酶的作用下直接将丙酮酸分解成乳酸;异型乳酸发酵生物通过磷酸酮解酶途径除产生乳酸外,还产生乙醇和二氧化碳,见表 19.2。

表 19.2　同型乳酸发酵和异型乳酸发酵的比较

类型	途径	产物	产能/葡萄糖
同型	EMP	2 乳酸	2ATP
异型	HMP (WD)	1 乳酸 1 乙醇 1 CO_2	1ATP

19.3　环境污染物生物降解代谢的生物化学过程

19.3.1　城市污染物降解代谢生物化学过程

城市是产生生活及工业垃圾最多的地方,指人们在日常的活动中产生的各种废物、为人类服务而产生的垃圾以及法律、行政法规规定视为生活垃圾的废物。目前,城市发展速度越来越快,产生的各种污染物污染空气、水体及土壤。结合具体情况研究经济有效的措施处理各种城市污染物,是环境保护的重大课题之一。

19.3.1.1　城市固体废弃物降解代谢

城市生活固体废弃物主要是指在城市日常生活中或者为城市日常生活提供服务的活动中产生的固体废物,即城市生活垃圾,主要包括居民生活垃圾、医院垃圾、工业垃圾等。

1. 堆肥化

堆肥化就是利用自然界广泛分布的细菌、放线菌、真菌等微生物,有控制地促进来源于生物的有机废物发生降解代谢作用,使可被生物降解的有机物转化为腐殖质的生物化学过程,可分为好氧堆肥和厌氧堆肥。城市生活活动中产生的有机固体废物一般采用好氧堆肥化技术降解消除。好氧堆肥即是指在有氧条件下,利用好氧微生物的作用来进行的有机物氧化分解的生物化学反应过程(如图 19.2),其分解可用以下通式表示:

有机物 + O_2 + 营养物质 $\xrightarrow{微生物}$ 细胞质 + CO_2 + H_2O + NH_3 + SO_4^{2-} + … + 抗性有机物 + 热量

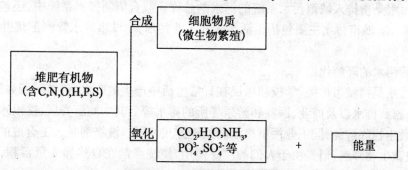

图 19.2　好氧堆肥原理示意图

好氧堆肥从废物堆积到转化成腐殖质的生化过程较复杂,反应堆内的有机废物发生着复杂的分解变化,微生物群落的结构也发生着相应的变化。好氧堆肥大体过程为以下几个阶段:

①潜伏阶段,即微生物在堆肥化开始时所需要的一个适应新环境的阶段。

②中温阶段：即放线菌、酵母菌等各种嗜温性微生物开始降解堆肥中的一些可溶性物质（淀粉、糖类等），同时增殖、释放热量，此过程温度升高。

③高温阶段：中温阶段升温到一定程度后进入高温阶段，此阶段堆内微生物群落结构发生变化，由嗜热性微生物逐渐代替了嗜温性微生物的活动，继续降解代谢中温阶段未能降解的复杂的有机化合物（半纤维素、纤维素和蛋白质等）。

④腐熟阶段：高温阶段反应一定程度时，易分解的有机物大部分都被降解，微生物生长代谢所需要的营养物质消耗殆尽，微生物停止生长并衰竭，堆内只有难分解的有机物和微生物代谢所产生的腐殖质。腐熟阶段是生产优质肥的重要过程阶段。

2. 卫生填埋

城市的固体废物卫生填埋技术是运用各种天然或人工屏障，将固体废物与自然或人类生活的环境隔离开。填埋过程中其固体废物中的有机物质的降解过程与堆肥化过程相似，但是由于有一定量的降水会进入填埋场并产生渗滤液。城市垃圾废弃物中有机物经过生物降解后会在土壤内吸作用下的向下运移，在此过程中得到净化。废物经适当的卫生填埋处置后，会因废物本身的特性与土壤物理化学反应以及微生物生化降解反应，形成类土质、腐殖质等固体产物以及有机、无机废水产物和甲烷、硫化氢、二氧化碳等气体产物。

3. 厌氧消化

厌氧消化是处理工业固体废物的另一种方式，是指在厌氧微生物的作用下，使废物中的有机物转化为无害的小分子的生物化学过程，此过程可除去废物中 30%～50% 的有机物。厌氧消化处理工业固体废物的特点是减少动力消耗、节约能源，容积小，占地面积小，同时可以回收沼气能源、降低污染负荷，发酵残留物还可以作为肥料，增加其经济效益。

厌氧发酵的过程首先是在水解与发酵细菌的作用下，将有机废物分解为小分子物质，以便微生物进一步的吸收与利用；然后，通过产氢产乙酸菌的将第一阶段的小分子产物进一步降解成氢气、二氧化碳和乙酸等；最后，产甲烷菌再将乙酸等产物分解成为甲烷等。

影响有机物的厌氧消化过程的因素有温度、pH 值与碱度、底物组成、废物中固体含量、营养素以及搅拌速度等。

19.3.1.2 城市污水降解代谢

城市污水是指排入城镇污水系统的污水的总称。载合流制排水系统中，还包括生产废水和截留的雨水。城市污水主要包括生活污水和工业污水，由城市排水管网汇集并输送到污水处理厂进行处理。

1. 生活污水的降解代谢

生活污水是指城市机关、学校和居民在日常生活中产生的废水，包括厕所粪尿、洗衣洗澡水、厨房等家庭排水以及商业、医院和游乐场所的排水等。其中厕所粪尿、洗澡水等有机废水是容易被微生物降解的，同工业污染废水的处理方式相同。洗涤剂是人工合成的高分子聚合物，难于被微生物降解，但是由于人们的广泛使用，使洗涤剂在自然界大量蓄积，严重污染环境，下面主要介绍一下洗涤剂的降解代谢过程。

洗涤剂的主要成分是表面活性剂，它的电离性状有阴离子型、阳离子型、非离子型和两性电解质型，其中应用得最为广泛的是阴离子型。阴离子型的表面活性剂包括有合成脂肪酸衍生物、烷基磷酸酯、烷基硫酸酯、烷基苯磺酸盐、烷基磺酸盐、烷基苯磷酸盐等。合成洗涤剂的辅助剂有三聚磷酸盐、硫酸钠、碳酸钠、羟基甲基纤维素钠、荧光增白剂、香料等，我国现在主要产品属阴离子型烷基苯磺酸钠型洗涤剂,一般称中性洗涤剂,对环境的污染最为严重。

洗涤剂之所以难降解是因为它的氢链的碳氢侧链中有一个4级碳原子的称为ABS型的结构,这种结构的链十分稳定,对生物反应有很强的抵抗性,因此难被生物降解。其结构如下:

$$NaSO_3\text{—}\underset{\underset{CH_3}{|}}{\overset{\overset{CH_3}{|}}{C}}\text{—}CH_2\text{—}\overset{\overset{CH_3}{|}}{CH}\text{—}CH_2\text{—}\overset{\overset{CH_3}{|}}{CH}\text{—}CH_2\text{—}\overset{\overset{CH_3}{|}}{CH}\text{—}CH_2\text{—}CH_3$$

要想降解洗涤剂,就要破坏这种稳定的ABS型结构,去掉了4级碳原子,使其改变成易被微生物分解的构型,如直链烷基苯磺酸盐,其结构如下:

$$CH_3\text{—}(CH_2)_x\text{—}\underset{\underset{C_6H_4SO_3Na}{|}}{CH}\text{—}CH_2(CH_2)_y\text{—}CH_2$$

直链烷基苯磺酸盐降解过程中,烷基末端的甲基先被氧化,形成羧酸,再经 β - 氧化,生成苯丙酸、苯乙酸或磺酸盐,然后进行脱磺化作用。

2. 工业废水的降解代谢

工业废水对环境造成污染的影响来源主要是造纸工业废水和冶金工业废水等。在这一小节中,我们主要讨论造纸废水和冶金废水,最后简单介绍一下石油污染的微生物降解代谢生物化学过程。

(1) 造纸工业废水的生物处理

① 活性污泥法

在正常生长的活性污泥微生物体内,由蛋白质、碳水化合物和核酸组成的生物聚合物是带有电荷的电介质。无数细菌和其他微生物形成的絮凝体表面有一多糖类黏质层,比表面积大,具有吸附作用和凝聚、沉淀作用。在活性污泥系统中,有机物的降解过程为生物氧化和絮凝沉淀两个阶段组成,第一阶段在曝气池内进行,第二阶段在二次沉池内完成。

第一阶段中,当污染物被微生物絮凝体吸附,活性污泥表面吸满了有机颗粒达到吸附饱和后,开始生物氧化降解代谢过程。在微生物分泌的胞外酶的作用下,氧化有机物合并成新的微生物细胞物质,使有机物得以降解。此过程微生物增殖、有机物降解、微生物的内源代谢以及氧的消耗是同步的。第二阶段进行絮凝沉淀、成层沉淀和压缩等过程。二沉池中的泥水分离是活性污泥系统的最后一道工序,其工作好坏直接影响处理效果与出水水质。

② 生物膜法

生物膜法是将微生物以及原生动物、后生动物一类的微型动物附着在某种载体(如滤料)上,使其生长繁育,即形成了生物膜。当有机废水与生物膜接触,其中的有机污染物便作为营养物质被生物膜上的微生物降解代谢,污水得到净化。在生物膜上,微生物生长繁衍、死亡、脱落,反复如此,保持生物膜的良好活性。生物膜法的应用工艺主要有接触氧化法、生物转盘法和生物滤床法等。

③ 厌氧消化池

厌氧消化池是厌氧生物处理的一种方法,其处理过程也可称为厌氧消化,其反应过程简单地说即在厌氧条件下微生物群落分解有机物,生成甲烷以及二氧化碳的过程。大体上可分为水解阶段、酸性发酵阶段和碱性发酵阶段这三个阶段。水解阶段中,由兼性细菌分泌胞外酶,将碳水化合物、类脂化合物和蛋白质分解成葡萄糖、脂肪酸和氨基酸,另外还有少量二氧化碳和氨气。酸性发酵阶段中,葡萄糖、脂肪酸和氨基酸进一步被降解成简单的有机物(如各种有机酸和醇类等),由于有机酸大量积累,废水 pH 值下降,成酸性状态。在碱性发酵阶段中,在甲烷菌的作用下,把第一阶段分解产物有机酸和醇类分解成甲烷和二氧化碳,pH 值迅速上升,有机物的最终厌氧分解是在碱性条件下进行。其过程见图 19.3。

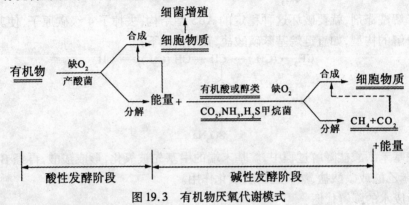

图 19.3　有机物厌氧代谢模式

(2)冶金废水的生物化学处理过程

冶金工业废水中主要含有酚、氰化物和重金属等有害物质。下面分别讲述。

①含酚废水的降解代谢

研究表明,如某些细菌、藻类、酵母菌以及真菌许多微生物经过驯化后可以具有降解苯酚的能力。一般来说,细菌体内存在着编码两条途径的基因,即编码间位途径酶的基因和编码邻位途径酶的基因。在厌氧条件下,苯酚的微生物可能通过 benzoyl-CoA 途径将苯酚降解为 4-羟基苯甲酸。在有氧情况下,苯酚的微生物降解通过邻位途径产生中间产物 β-酮基己二酸,间位途径产生中间产物 2-氧代 4-羟基戊酸,最后均形成三羧酸循环的中间物琥珀酸、乙酰辅酶 A 和乙酸丙酮酸。好氧微生物降解苯酚的代谢途径如图 19.4 所示。

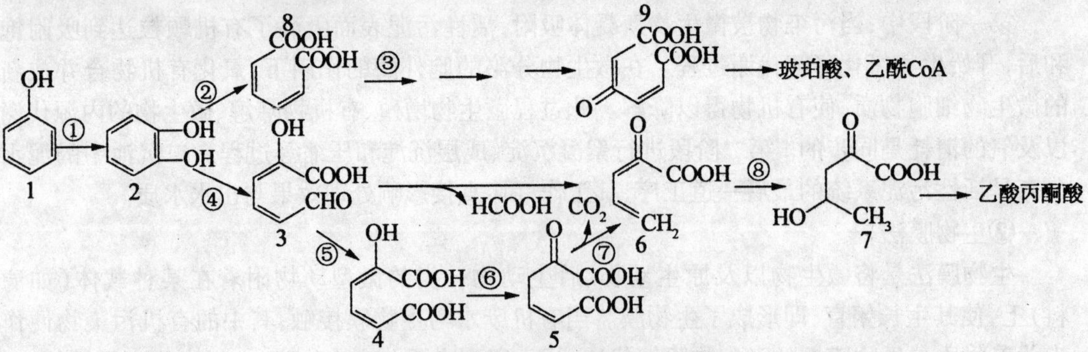

图 19.4　好氧微生物降解苯酚的代谢途径

1—苯酚Ⅰ;2—邻苯二酚;3—2-羟基黏糠半醛;4—2-羟基黏糠酸;5—4-氧代己二酸;
6—2-氧代戊烯酸;7—2-氧代 4-羟基戊酸;8—内酯;9—β-酮基己二酸;
①—苯酚羟化酶Ⅰ;②—邻苯二酚 1,2 加氧酶;③—顺,顺-黏糠酸内酯酶;④—邻苯二酚 2,3 加氧酶;
⑤—2-羟基黏糠酸酯酶;⑥—4-氧代己二酸异构酶;⑦—4-氧代己二酸脱羧酶;⑧—2-氧代 4-羟基戊酸酶

②含氰废水的降解代谢

氰化物可以作为微生物生长的营养物质,以氰化物作为碳源和氮源,在微生物分解代谢过程中将氰化物转化为二氧化碳、氨或甲酸、甲酰胺等,从而更进一步降解成二氧化碳、甲酸和氨等小分子物质,但是缺点就是处理浓度低、承受负荷小等。

氰化物生物降解代谢的方式主要生物代谢和脱除作用。氰化物的生物转化机制有以下几种:

(1) $HCN + O_2 + NADH + H^+ \longrightarrow NH_3 + CO_2 + NAD^+$

(2) $HCN + 2H_2O \longrightarrow NH_3 + HCOOH$

$NH_3 + HCOOH + NAD^+ \longrightarrow NH_3 + CO_2 + NADH + H^+$

(3) $HCN + O_2 + NADH_2 \longrightarrow NH_3 + CO_2 + NAD^+$

(4) $HCN + 2H_2O \longrightarrow NH_3 + HCOOH$

(5) $HCN + 2H_2O \longrightarrow HCONH_2$

③重金属废水的降解代谢

微生物在含有重金属废水的环境中能够生长、代谢,通过氧化还原以及甲基化、去甲基化等微生物活动转变重金属离子的价态以及无机态和有机态的转化,将有毒有害的金属元素转化为无毒或低毒赋存形态的重金属离子或沉淀物。微生物法处理重金属废水可分为生物吸附法和还原法两类。

a. 生物吸附法

生物吸附法主要有主动吸附和被动吸附,被动吸附是微生物吸附重金属的主要形式。其吸附机理是细胞表面的一些基团以及胞内的一些化学基团与金属间的络合、螯合、离子交换、无机微沉淀等作用,静电吸引共价结合是吸附过程中的主要作用。重金属离子可以代替细胞物质结合的 Ca^{2+}、Mg^{2+} 和 H^+,在微生物表面含有磷酸盐、胺、蛋白质和各种碳水化合物等基团能够与重金属离子发生螯合或络合作用。另外,重金属离子能在细胞壁上或细胞内以磷酸盐、硫酸盐、碳酸盐或氢氧化合物等形式在细胞壁上或是细胞内形成无机微沉淀。

b. 生物还原法

生物还原法主要是利用硫酸盐还原菌类将重金属离子还原为无害的价态。在厌氧条件下,硫酸盐还原菌类通过异化硫酸盐还原作用将 SO_4^{2-} 还原为 H_2S,在此过程中重金属离子可以和 H_2S 反应生成溶解度很低的金属硫化物沉淀。硫酸盐还原菌类生物还原法处理重金属的途径主要为:废水中的重金属离子与硫酸盐还原菌类还原 SO_4^{2-} 生成的 H_2S 反应生成难溶固体硫化物而得以转化去除。此外,硫酸盐还原菌代谢过程中分解有机物会生成 CO_2,部分重金属还可以和 CO_3^{2-} 反应转化成不溶性的碳酸盐从而得去除。

④石油污染物的降解代谢

石油的主要成分是烷烃类物质,是一类碳链长度不等的烃类物质的总称,碳链长度可超过 24 个碳原子,最少时仅含一个碳原子。但是造成长期污染的不是烷烃类物质,而是那些成分更复杂的物质。

a. 脂肪烃的降解代谢

链烷烃的降解由微生物在有氧的条件下由混合功能氧化酶催化攻击链末端的甲基,生成伯醇和水,伯醇再去掉两个氢原子进一步氧化为醛和脂肪酸,脂肪酸接着通过 β - 氧化进一步代谢。反应式为:

$$R—CH_2—CH_3 \longrightarrow R—CH_2—CH_2OH + H_2O \longrightarrow R—CH_2—CHO \longrightarrow$$
$$R—CH_2COOH \longrightarrow β - 氧化$$

脂环烃一般不能作为微生物所利用的碳源,所以能够降解脂环烃的微生物非常少。一般降解过程为在酶氧化作用下脂环生成环醇、环酮,再进一步氧化成 ε - 羟基己酸,如果是脂环酸则开环氧化为庚二酸,最后再通过 β - 氧化降解,过程如图 19.5 所示。

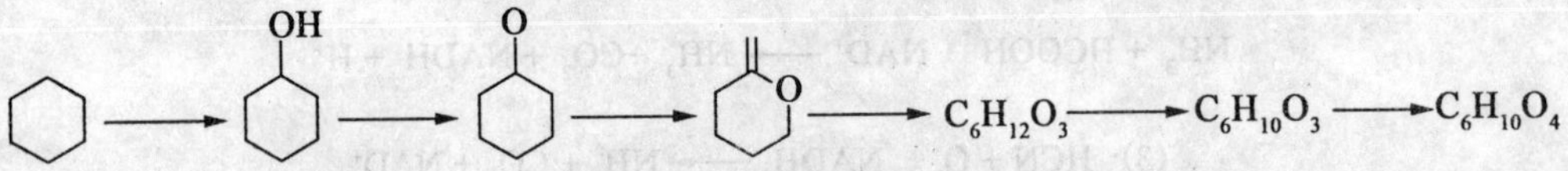

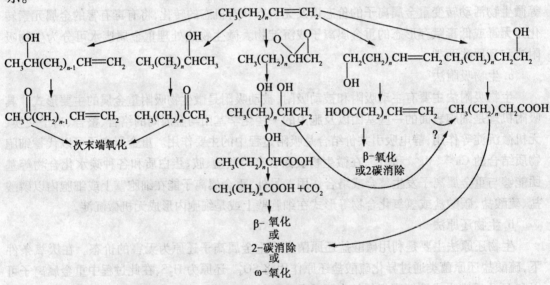

图 19.5 脂环烃降解过程

如果由混合功能氧化酶作用下,环己烷经过的羟化作用生成环己醇,然后脱氢生成酮,再进一步氧化生成内酯,内酯开环,一端的羟基被氧化成醛基,再氧化成羧基。

烯烃生物氧化途径为末端烯烃,其氧化产物随受攻击位置的不同而不同。氧化产物包括:ω - 不饱和醇或脂肪酸、伯醇或仲醇或甲基酮、1,2 - 环氧化物和 1,2 - 二醇,如图 19.6 所示。

图 19.6 烯烃的降解途径

b. 芳香烃的微生物降解机理

芳香烃是一类很重要的有机化合物,种类非常多,比较难降解。

苯是单环芳烃中最简单的物质,为环状,结构非常稳定,不易被微生物降解。其生物降解途径有两种:其一为苯在双氧酶的作用下生成邻苯二酚,然后经 β - 己二烯二酸、β - 酮己二酸生成琥珀酸和乙酰辅酶 A;其二同样是苯在双氧酶的作用下生成邻苯二酚,然后经过 α - 羟基黏糠酸半醛,然后经 2 - 酮 - 4 - 己烯二酸最后生成乙酸和丙酮酸。如图 19.7 所示。

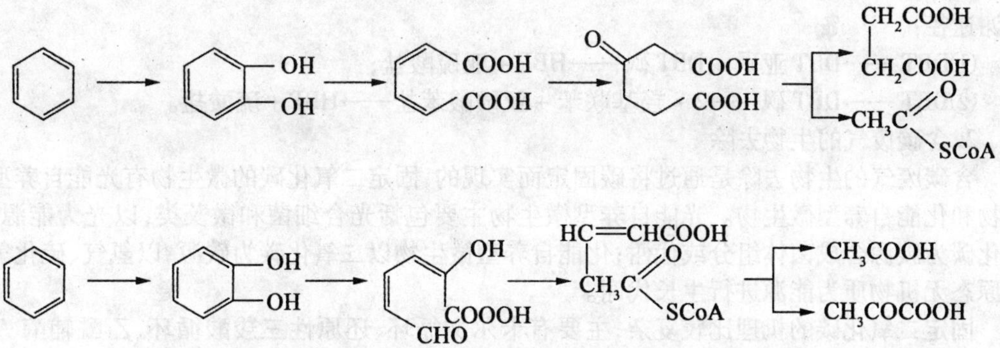

图 19.7 苯的生物降解途径

有侧链的芳香烃的种类也很多,基本上可分为奇数碳侧链和偶数碳侧链两种情况,代谢降解更复杂。有奇数碳侧链的烷基苯,从侧链开始氧化生成奇数碳侧链的苯烷酸,然后经 β-氧化生成乙酰 CoA 和苯丙酸;有偶数碳侧链的烷基苯同样是首先侧链烷基经末端氧化,生成有偶数碳侧链的苯烷酸,再经 β-氧化,生成乙酰 CoA 和苯乙酸。苯丙酸有两条代谢途径:一个是经安息香酸然后破环,另一个是经 2,3-二羟苯丙酸然后破环。

多环芳烃的生物降解代谢首先是一个环二羟基化然后开环,进一步降解为丙酮酸和二氧化碳,然后第二个环以同样方式分解,以此类推。

19.3.1.3 城市废气降解代谢

化工厂、印刷厂等各种工厂在生产过程中不可避免地排放各种有机、无机废气,这些废气通常含有很多有害有毒物质,甚至有一些"三致"物。气态污染物的生物处理同样是利用微生物的生命活动将废气中的有毒有害物质转化成二氧化碳、水等小分子物质及合成细胞自身物质。

气态污染物由于气态特性决定了其生物降解过程首先要从气相转移到液相或固相表面的膜中,然后才能被膜表面的微生物吸附并降解。不同的气态污染物需要不同的微生物群落来处理,总的来说,微生物群落大体上可分为自养菌和异养菌。自养菌对于无机污染物的转化效果比较好,如硝化、反硝化和硫酸菌,不足之处就是自养菌的新陈代谢活动慢,只能处理低浓度无机废气。异养菌能够在适宜的温度、pH 值和有氧条件下,较快地降解代谢有机污染物,并获得能量以供自身生长繁殖,主要处理的气态污染物主要有乙醇、硫醇、酚、甲酚、吲哚、脂肪酸、乙醛、酮、二硫化碳、氨和胺等。微生物净化气态污染物的装置有生物吸收池、生物滴滤池、生物洗涤池和生物过滤池。

1. 含硫废气的生物降解

含硫废气的生物降解依靠脱硫微生物是在需氧条件下氧化硫以及无机硫化物,并将硫化物氧化为 SO_4^{2-}。人们已发现的具有脱硫能力的微生物约有十几种,如氧化亚铁硫杆菌、氧化硫杆菌、酸热硫化叶菌、光合硫细菌以及真菌等。

在有水和氧存在下,某些细菌可将黄铁矿氧化为 SO_4^{2-} 和 Fe^{3+}:

$$4FeS_2 + 15O_2 + 2H_2O \xrightarrow{\text{细菌}} 2Fe_2(SO_4)_3 + 2H_2SO_4$$

有机硫在微生物的作用下氧化成 SO_4^{2-} 的过程为:

$$S^{2-} \longrightarrow S \longrightarrow S_2O_3^{2-} \longrightarrow S_4O_6^{2-} \longrightarrow S_3O_6^{2-} \longrightarrow SO_3^{2-} \longrightarrow SO_4^{2-}$$

含硫废气中含有硫化氢、甲硫醇、二甲基硫醚、二甲基二硫醚、二甲基亚砜等有机硫,有机硫的去除过程也比较困难。

在有氧条件下,微生物可选择性地有机硫转化为亚硫酸盐和硫酸。例如,Rhodococcus IGTS8 能将 DBT 中的硫转化为羟基联苯、亚硫酸盐和硫酸。其脱硫过程有两条不同的有氧代谢途径：

①DBT ——→DBT 亚砜 + DBT 砜——→HBP + 亚硫酸盐；

②DBT ——→DBT 砜——→2 – 羟基联苯 + 亚磺酸苯盐——→HBP + 硫酸盐。

2. 含碳废气的生物去除

含碳废气的生物去除是通过将碳固定而实现的,固定二氧化碳的微生物有光能自养型微生物和化能自养型微生物。光能自养型微生物主要包括光合细菌和微藻类,以光为能源,二氧化碳为碳源合成菌体组分或代谢；化能自养型微生物以二氧化碳为碳源,以氢气、硫化氢等还原态无机物质为能源进行生长代谢。

固定二氧化碳的机理比较复杂,主要有卡尔文循环、还原性三羧酸循环、乙酰辅酶 A 途径等。在微生物生命活动中最重要的代谢反应是将二氧化碳先还原成$[CH_2O]$,再进一步合成复杂的细胞成分。微生物固定二氧化碳的具体过程如图 19.8 所示。

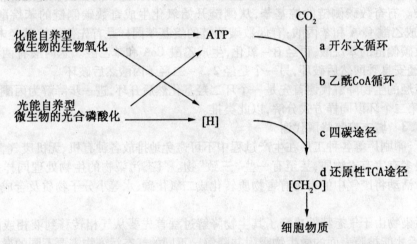

图 19.8　化能自养微生物和光能自养微生物同化二氧化碳的条件与途径

19.3.2　农业污染物降解代谢生物化学过程

农业污染是指农村地区在农业生产和居民生活过程中产生的、未经合理处置的污染物对水体、土壤和空气及农产品造成的污染。农业污染物是指农业生产过程中造成污染(主要是水污染)的废弃物或施加的化学物质,如农药、化肥、杀菌剂、除草剂、生物助长剂、作物秸秆、牲畜粪便、塑料地膜等。

19.3.2.1　农药降解代谢的生物化学过程

农药的微生物降解通过生物酶的作用,将大分子有机物分解成小分子化合物的过程。一般农药的生物降解可分为三个阶段:初级生物降解、环境容许的生物降解和最终降解(这三部分前面已经讲述,不再重复),以上是酶促作用的生物降解。而非酶促作用包括脱卤作用、脱烃作用、胺及酯的水解作用、还原作用、环裂解、缩合或共轭形成以及氧化作用。其中脱烃作用、水解作用、还原等作用前面已经做过介绍,下面主要介绍一下脱卤作用。

1. 脱卤作用

脱卤作用是在相关酶的作用催化完成的,催化这一反应的酶可以直接作用于 C – Cl 键,也可以和氧结合形成不稳定的中间物。目前发现有脱卤作用有以下五种机制：

(1)亲核置换

在谷胱甘肽转移酶(GST)的作用下,生成谷胱甘肽和卤代脂肪烃等中间物,最后脱卤,如图 19.9 所示。

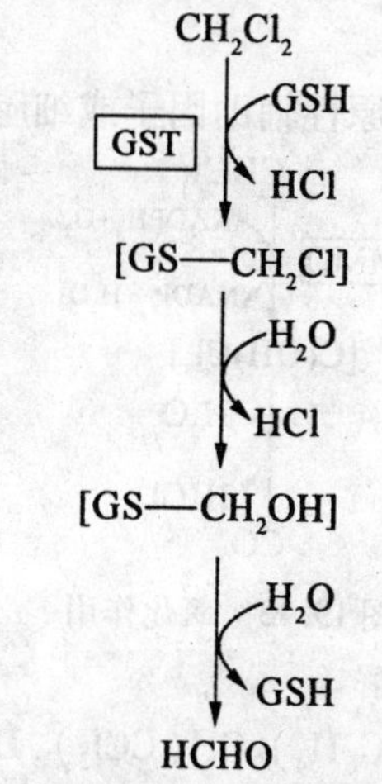

第 19 章 环境污染物降解代谢生物化学过程

$$CH_2Cl_2 \xrightarrow[\text{GST}]{GSH, -HCl} [GS-CH_2Cl] \xrightarrow{H_2O, -HCl} [GS-CH_2OH] \xrightarrow{H_2O, -GSH} HCHO$$

图 19.9 亲核置换

(2) 分子内部亲核取代

由单加氧酶或双加氧酶催化，形成环氧化物，然后再脱去氯，如图 19.10 所示。

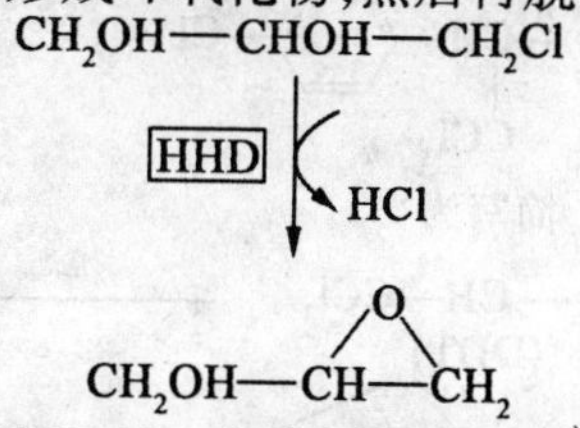

$$CH_2OH-CHOH-CH_2Cl \xrightarrow[\text{HHD}]{-HCl} CH_2OH-\underset{\underset{O}{\diagdown \diagup}}{CH-CH_2}$$

图 19.10 分子内部亲核取代

(3) 水合作用

水合作用是当卤代烃具有不饱和键的时候通过水合后脱卤，如图 19.11 所示。

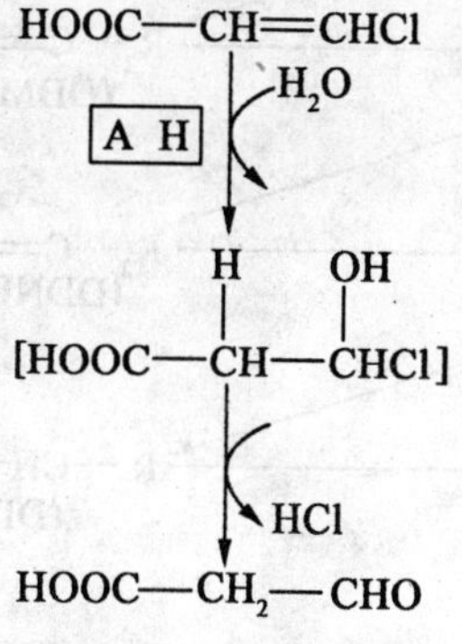

$$HOOC-CH=CHCl \xrightarrow[\text{A H}]{H_2O} [HOOC-\underset{H}{\overset{}{C}H}-\underset{OH}{\overset{}{C}HCl}] \xrightarrow{-HCl} HOOC-CH_2-CHO$$

图 19.11 水合作用

(4) 水解作用

水解作用是在脱卤酶(HAD)的作用下，氯代脂肪烷烃的脱卤反应产生相应的醇类，如图 19.12 所示。

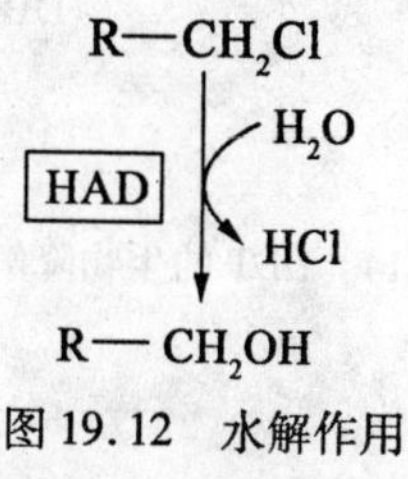

$$R-CH_2Cl \xrightarrow[\text{HAD}]{H_2O, -HCl} R-CH_2OH$$

图 19.12 水解作用

(5) 氧化作用

氧化作用由单加氧酶(MMO)和还原性辅助因子或细胞色素共同催化，如图19.13所示。

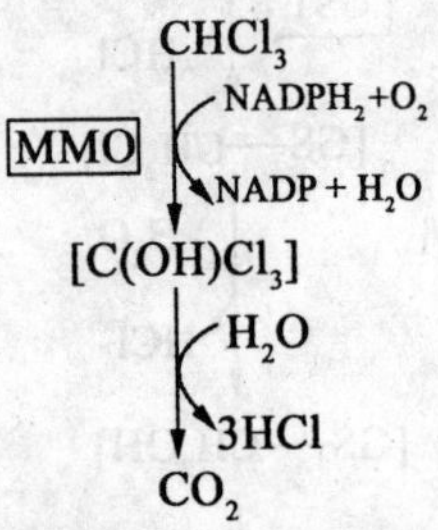

$$CHCl_3 \xrightarrow[NADP+H_2O]{MMO, NADPH_2+O_2} [C(OH)Cl_3] \xrightarrow[3HCl]{H_2O} CO_2$$

图19.13 氧化作用

2. 双对氯苯基三氯乙烷的生物降解

双对氯苯基三氯乙烷，化学式$(ClC_6H_4)_2CH(CCl_3)$，DDT是由英文缩写而来，为白色晶体，不溶于水，溶于煤油，可制成乳剂，是有效的杀虫剂。DDT在土壤中的排出期较长，并且不能彻底排出。A. W. A. Brown把DDT的降解途径做了以下归纳，如图19.14所示。

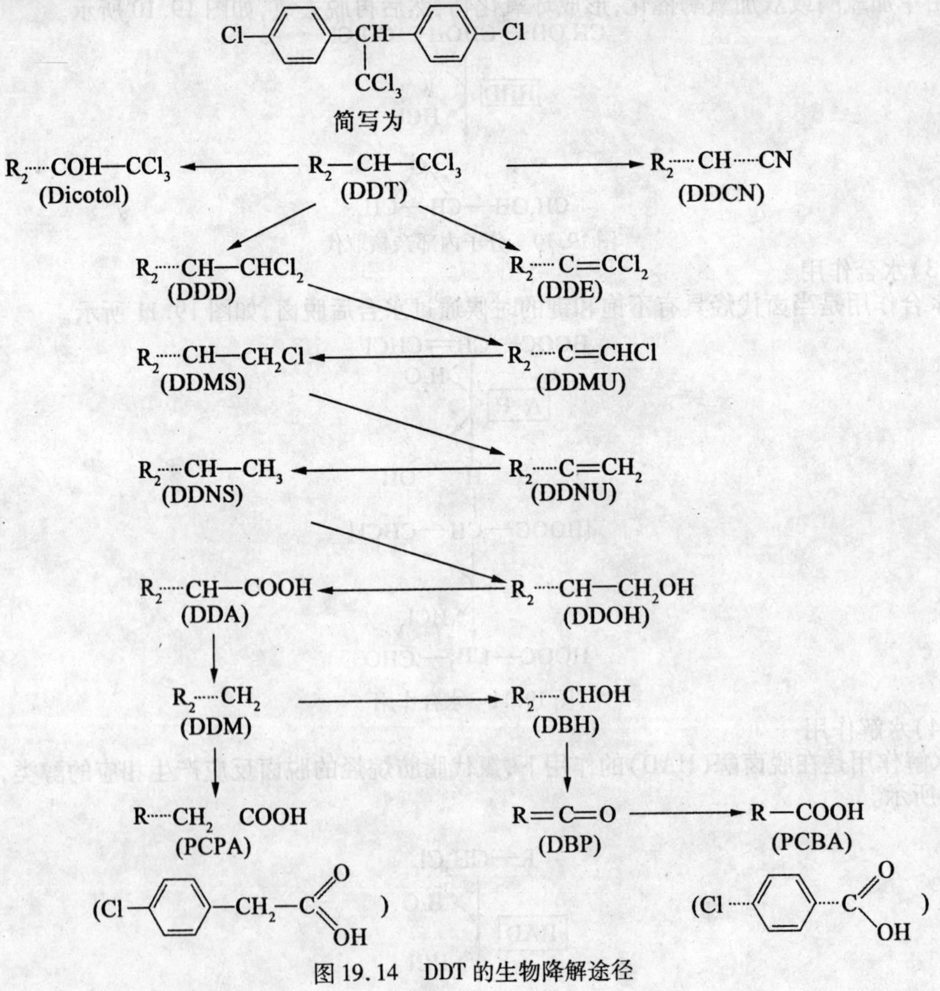

$$Cl-\text{〇}-CH-\text{〇}-Cl$$
$$\quad\quad\quad |$$
$$\quad\quad CCl_3$$

简写为

- $R_2\cdots COH-CCl_3$ (Dicotol) ← $R_2-CH-CCl_3$ (DDT) → $R_2\cdots CH\cdots CN$ (DDCN)
- $R_2\cdots CH-CHCl_2$ (DDD) $R_2\cdots C=CCl_2$ (DDE)
- $R_2\cdots CH-CH_2Cl$ (DDMS) $R_2\cdots C=CHCl$ (DDMU)
- $R_2\cdots CH-CH_3$ (DDNS) $R_2\cdots C=CH_2$ (DDNU)
- $R_2\cdots CH-COOH$ (DDA) $R_2\cdots CH-CH_2OH$ (DDOH)
- $R_2\cdots CH_2$ (DDM) $R_2\cdots CHOH$ (DBH)
- $R\cdots CH_2COOH$ (PCPA) $R=C=O$ (DBP) → $R-COOH$ (PCBA)

$$(Cl-\text{〇}-CH_2-\overset{O}{\underset{\|}{C}}-OH) \quad\quad (Cl-\text{〇}-\overset{O}{\underset{\|}{C}}-OH)$$

图19.14 DDT的生物降解途径

19.3.2.2 其他农业污染物的生物降解

我国为农业大国,除了大量的农药残留在土壤中污染土壤以及地下水之外,还有大量的秸秆、牲畜粪便、塑料地膜等使环境恶化。目前,已有利用秸秆以及牲畜粪便进行生产沼气或进行厌氧发酵产氢,实现有机废物资源利用化。而塑料地膜相对于秸秆或牲畜粪便处理起来要复杂得多。

地膜覆盖栽培技术已从蔬菜、棉花发展到玉米、甜菜和小麦等40多种作物。现今地膜和种子、农药、化肥一样成为不可缺少的农业生产资料。农用塑料薄膜主要有用做地膜的聚乙烯膜和用于温室或塑料大棚的聚氯乙烯膜,无论哪种都是聚烯烃类化合物,自然条件下极难降解,在土壤中可存在200~400年。目前有学者利用米虫降解塑料薄膜,聚合物在生物体内部发生裂解,变成生物个体的营养物质。

现在已经能够生产出可降解的塑料,这种塑料在土壤微生物的作用下,可完全分解成CO_2、H_2O及有机物,为土壤所吸收利用。

生物降解塑料是指一类由自然界存在的微生物如细菌、霉菌(真菌)和藻类的作用而引起降解的塑料,是兼有"纸"和"合成塑料"这两种材料性质的高分子材料。它又可分为完全生物降解塑料和破坏性生物降解塑料两种。完全生物降解塑料主要是由天然高分子(如淀粉、纤维素、甲壳质)或农副产品经微生物发酵或合成具有生物降解性的高分子制得。破坏性生物降解塑料当前主要包括淀粉改性(或填充)聚乙烯PE、聚丙烯PP、聚氯乙烯PVC、聚苯乙烯PS等。

习 题

1. 简述环境污染物降解代谢的基本概念和原理。
2. 可用于微生物降解代谢的微生物种类有哪些?
3. 环境污染物的迁移转化途径以及环境污染物进入微生物细胞的途径有哪些?
4. 简述堆肥化的过程。
5. 农药降解代谢的生物化学方法有哪些。

参考文献

[1] 黄熙泰,于自然,李翠凤.生物化学[M].2版.北京:化学工业出版社,2005.
[2] 黄熙泰,于自然,李翠凤.生物化学习题及实验技术[M].北京:化学工业出版社,2004.
[3] 张楚富.生物化学原理[M].北京:高等教育出版社,2003.
[4] 王希成.生物化学[M].2版.北京:清华大学出版社,2005.
[5] 魏述众.生物化学(适用于工业发酵专业)[M].北京:中国轻工业出版社,2007.
[6] 金凤燮 李宪臻 张春枝.生物化学(工科院校适用)[M].北京:中国轻工业出版社,2006.
[7] 张庭芳.生物化学(工科类专业适用)[M].北京:化学工业出版社,2001.
[8] 李晓华.生物化学[M].北京:化学工业出版社,2005.
[9] 余琼.新编生物化学辅导与习题精选[M].北京:化学工业出版社,2008.
[10] 靳利娥.生物化学基础[M].北京:化学工业出版社,2007.
[11] 吴梧桐.生物化学(供药学类专业用)[M].6版.北京:人民卫生出版社,2007.
[12] 俞建瑛,蒋宇,王善利.生物化学实验技术[M].北京:化学工业出版社,2005.
[13] 古练权.生物化学[M].北京:高等教育出版社,2000.
[14] DAVID L NELSON,MICHAEL M COX.生物化学原理(Lehninger Principles Of Biochemistry)(中文版)[M].周海梦,昌增益,江凡,等,译.北京:高等教育出版社,2005.
[15] H ROBERT HORTON.生物化学原理(影印版)[M].北京:科学出版社,2003.
[16] 李永峰,那东晨.环境分子生物学教程[M].上海:上海交通大学出版社,2009.
[17] 杨传平,姜颖.环境生物技术原理与应用[M].哈尔滨:哈尔滨工业大学出版社,2010.
[18] 韩伟,刘晓烨.环境工程微生物学[M].哈尔滨:哈尔滨工业大学出版社,2010.
[19] 岳莉然,李永峰.环境生物学教程[M].上海:上海交通大学出版社,2009.
[20] 焦安英,李永峰.环境毒理学教程[M].上海:上海交通大学出版社,2009.